中国历史文化名人传

爱是一切

冰心传

王炳根 著

作家出版社

中国历史文化名人传

组委会名单

主任：李　冰
委员：何建明　葛笑政

编委会名单

主任：何建明
委员：郑欣淼　李炳银　何西来　张　陵　张水舟　黄宾堂

文史组专家成员（按姓氏笔划为序）

王春瑜　王家新　王曾瑜　孙　郁　刘彦君　李　浩　何西来
郑欣淼　陶文鹏　党圣元　袁行霈　郭启宏　黄留珠　董乃斌

文学组专家成员（按姓氏笔划为序）

王必胜　白　烨　田珍颖　刘　茵　张　陵　张水舟　李炳银
贺绍俊　黄宾堂　程步涛

出版说明

中华民族五千年文明史中，涌现了一大批杰出的文化巨匠，他们如璀璨的群星，闪耀着思想和智慧的光芒。系统和本正地记录他们的人生轨迹与文化成就，无疑是一件十分有必要的事。为此，中国作家协会于2012年初作出决定，用五年左右时间，集中文学界和文化界的精兵强将，创作出版《中国历史文化名人传》大型丛书。这是一项重大的国家文化出版工程，它对形象化地诠释和反映中华民族文化的基本精神，继承发扬传统文化的精髓，对公民的历史文化普及和建设社会主义文化强国都具有重要而深远的意义。

这项原创的纪实体文学工程，预计出版120部左右。编委会与各方专家反复会商，遴选出在中国文化发展史上产生过重大影响的120余位历史文化名人。在作者选择上，我们采取专家推荐、主动约请及社会选拔的方式，选择有文史功底、有创作实绩并有较大社会影响，能胜任繁重的实地采访、文献查阅及长篇创作任务，擅长传记文学创作的作家。创作的总体要求是，必须在尊重史实基础上进行文学艺术创作，力求生动传神，追求本质的真实，塑造出饱满的人物形象，具有引人入胜的故事性和可读性；反对戏说、颠覆和凭空捏造，严禁抄袭；作家对传主要有客观的价值判断和对人物精神概括与提升的独到心得，要有新颖的艺术表现形式；新传水平应当高于已有同一人物的传记作品。

为了保证丛书的高品质，我们聘请了学有专长、卓有成就的史学和文学专家，对书稿的文史真伪、价值取向、人物刻画和文学表现等方面总体把关，并建立了严格的论证机制，从传主的选择、作者的认定、写作大纲论证、书稿专项审定直至编辑、出版等，层层论证把关，力图使丛书经得起时间的检验，从而达到传承中华文明和弘扬杰出文化人物精神之目的。丛书的封面设计，以中国历史长河为概念，取层层历史文化积淀与源远流长的宏大意象，采用各个历史时期最具代表性的文化符号与雅致温润的色条进行表达，意蕴深厚，庄重大气。内文的版式设计也尽可能做到精致、别具美感。

中华民族文化博大精深，这百位文化名人就是杰出代表。他们的灿烂人生就是中华文明历史的缩影；他们的思想智慧、精神气脉深深融入我们民族的血液中，成为代代相袭的中华魂魄。在实现"中国梦"的历史进程中，必定成为我们再出发的精神动力。

感谢关心、支持我们工作的中央有关部门和各级领导及专家们，更要感谢作者们呕心沥血的创作。由于该丛书工程浩大，人数众多，时间绵延较长，疏漏在所难免，期待各界有识之士提出宝贵的建设性意见，我们会努力做得更好。

《中国历史文化名人传》丛书编委会

2013 年 11 月

冰　心

目录

引言 熟悉而又陌生的冰心

我已经写过多部冰心的传记，从一九九四年出版的《永远的爱心·冰心》，到二十年后的《玫瑰的盛开与凋谢——冰心吴文藻合传》，而这后一部传记，竟已长达一百二十余万字，难道还有增加一个版本的必要吗？

确实，如果仅仅是一个"重复"的版本，人物的深度未开掘，史料没有新的发现，描写还是老一套，叙述的手法不出新，作者的主观投射也没有新的亮点，那就没有意义了。

其实，我的每一次写作，都是在向冰心走近，向冰心的内心世界走近。我专志于冰心研究，已经二十余年。我对学院式的研究怀有不言而喻的恭敬，但我的研究更多的却是非学院式的，我不是不相信文本的研究，但我认为如果仅限于文本的研究将会无法穿透文本，尤其是对冰心这样一个"单纯"而又"多向"的女作家。因而，我主张并实行"文本解读"与"非文本解读"并行的方式，尽管这样做，有被人诟病的危险，但这个冒险在我看来是值得的。我从成立冰心研究会，建立冰心文学馆，在五百平方米的大展厅，在"冰心生平与创作展览"中，阅读冰心一个世纪的人生与七十余年创造的作品。这仅仅是一个开始。我与冰心面谈，与她的家人交谈，访问她的同辈与晚辈的朋友；我几乎是沿着冰心的人生轨迹，走遍了她生活过的每一个地方；《冰心全集》自然是熟悉的，但我还发现、阅读了不少未收入全集的佚文、未刊文字的手本与手稿，还有大量的日记、笔记等；我主编的"冰心研究丛书"已达三百余万字，还有大量未收入丛书的文章，仅是这些文章题目的索引便可编成一本厚书；同时，我主编了二十余年的冰心研究专刊《爱心》杂志。

这个过程大概持续了二十余年，我在这个过程中不断地发现，不断地写文著书，每一篇文章、每一本书都是一个阶段认识的冰心。过程向前延续、流动，过程并非平静如镜，不时有惊涛骇浪，包括韩寒、陈丹青对语言的抨击，吴山对墓碑的涂鸦等等。因而，文在写、书在写，思考没有停止，而思考促使我不断地走近冰心，翻开一页又一页不曾被人翻动过的冰心作品，真实的冰心越来越接近，每一次的思考与发现，都令人兴奋，也令我痛苦。我在走进冰心的内心世界时，随时驻足，犹豫再三，不敢贸然。因而，诉之于世的文与书，不是以新的颠覆旧的，不以新的研究成果否决前头的公论，而是始终指向人——不断加深对冰心的认识，不断地接近与探索一个真实的冰心，揭示出真实的灵魂，我最终的目标是要写出一个立体的多侧面的冰心，写出一个读者熟知而陌生、单纯而芜杂的冰心。

作为一个晚辈，之所以敢于如此深究不懈，完全是遵从冰心本人的意愿。她说："研究是一个科学的名词。科学的态度是严肃的、客观的、细致的、深入的，容不得半点儿私情。研究者像一位握着尖利的手术刀的生物学家，对于他手底的待剖的生物，冷静沉着地将健全的部分和残废的部分，分割了出来，放在解剖桌上，对学生详细解说，让他们好好学习。我将以待剖者的身份静待解剖的结果来改正自己！"（《上冰心研究会同仁书》）可见我是多么的幸运，而同时又是多么的艰难，因为她比同时代或不同时代的任何一位作家都更加苛求自己，也"苛求他人"。她希望研究者像无情的生物学家那样，她则是"待剖者"，"静待解剖的结果"，除了可以供人学习之外，还要显示"不健全"与"残废"的那个部分，予人以警惕，而不是一味地颂扬与吹捧，一色的"冰清玉洁"。

第一章

北京、东京、波士顿、罗马、伦敦、巴黎、柏林、列宁格勒、北平、昆明、重庆

一、迟到的谢文秋

就在谢文秋飞越太平洋，迈着蹒跚的脚步，前来探望闺密时代的老友谢婉莹时，我尚是一个远在南方的局外人。

一九七二年早春二月，美国总统尼克松敲开关闭二十三年的中美大门时，冰心和她的丈夫、哥伦比亚大学博士、中国社会学与民族学的著名学者吴文藻，既是这个伟大事件的参与者，也是受惠者。半年前他们从湖北潜江"五七"干校被召回北京，日夜兼程地赶译这位敲门者的著作《六次危机》，以供中国高层了解当代美国与尼克松。

参加这本书翻译的还有吴文藻燕京时代的学生、留英博士、功能社会学派创始人马凌诺斯基的高足费孝通等人，他们从同一个干校被召回，布置这项秘密政治任务的人是中央民族学院军代表、中国安全部领导人李克农的儿子李力。这些刚从"五七"干校湿漉漉的棉花地里请回的学贯中西的大学者、大作家，在干爽的、有暖气的教研室里，只用一月有余的时间便将一部五百多页的著作翻译完成。

之所以说他们是受惠者，是因为从此他们走出了"文革"的厄运，

又可以教书、做研究了，同时，作为中国作家的代表（那时中国作协尚未恢复），作为学界的领军人物，开始接受国家的使命，接待尼克松"带来"的客人们，在世界面前，显示中国的"文革"并非是"打倒一切"，作家、学者还是有政治地位，有会见外国人的权利的。当然，他们的接待并不能自由进行，必须到民族学院专门设立的接待室。

一九七三年夏天，冰心在接待室里，与原《中央日报》记者、美国耶鲁大学美籍华人学者赵浩生，有过多次谈话。一九五一年之前，赵浩生在南京与东京，多次访问过冰心，他想跨越时代的鸿沟，了解冰心"这位过去以多愁善感歌颂母爱闻名的作家，如何变成爱国革命工作者的故事"。首先从由东京回国的原因问起，冰心告诉他："从我们做学生起，中国就没有抬起头来，一直等到一九四九年中国解放，中国人民抬起头来。你说我在日本听说有这么一个中国的时候，当然想回来，那没问题。"赵浩生专门问到，如果让她重写《寄小读者》会怎样写？冰心说："那我就写美国人民的情况，写美国人民的斗争，我就会比较注意到受压迫的阶级。美国人民为什么那么贫困？百万富翁为什么会那么阔？百万富翁的孩子是什么样的感情？黑人的孩子是什么感情？印第安人的孩子是什么样的感情？"冰心对自己人生观转变做了专门的解释，说："就是跟人民接触嘛——"同时也是因为学习毛主席著作，冰心认为，对她人生观转变有最大决定性的是毛主席的《在延安文艺座谈会上的讲话》，从那时候起，她才知道文艺要为政治服务。谈到"文化大革命"，对外界谣传她在"文革"中死掉了是错的，说"文革"非常可怕也是错的。她说："这个文化大革命是革'四旧'嘛！旧风俗、旧习惯、旧文化、旧思想，而在我们的生活里面，我们这些写作的人就有'四旧'嘛，年轻人觉得'四旧'不好，就来跟我们谈谈，辩论，这有什么可怕？"赵浩生自然也提起在台湾与美国的知名文化人，梁实秋、苏雪林、谢冰莹、李济等等，冰心对他们也都有微词，认为"梁实秋当年走开不必要，他有点苦恼，他以为他跟鲁迅打过笔墨官司"。苏雪林是"胡适劝她走的，她其实不必走，没有什么，就是说，你是中国人，你要是下定决心为人民服务的话，人民是知道的"。谢冰莹"也是一样的，只要她肯为祖国人民服务，都有前途"。

这些话中的意思在当时的媒体上比比皆是，从冰心的口中说出，只不过是增加一些个人的经历，除了对几位作家的前途预测外，其他都是官方语言。在民族学院这间专门的接待室里，冰心和吴文藻、费孝通等人，先后接待了大量的来自欧美、日本、香港、台湾等国家和地区的作家、学者、专家、记者、归国华侨、左翼青年、国会议员、旅行者、猎奇者、驻华大使、国家元首等，仅一九七二年接待与会见的重要人物便有乔纳森·米尔斯基（Jonathan Mirsky）、丹麦作家 M.A. 尼克索夫妇、米勒（Miller）、韩素音、陆文星、费正清、费慰梅、许烺光夫妇、罗伊·梅森、伊朗王后、田中首相、拉铁摩尔（Owen Lattimore）、约瑟夫·艾尔索普（Joseph Wright Alsop）、海伦·斯诺、斯卡拉皮诺、鲍大可等。从一九七二年至一九七六年，接待达百余次，足见尼克松和他带的客人，一下子将谢冰心们推到了什么位置！还处"文革"中的知识分子仍然是"臭老九"，生活在社会的底层，冰心虽可以会见外宾，但同时受到严格监视与控制是不奇怪的。自然，他们操持的必是"文革"语言，因而有时会受到外宾拂袖而去的"礼遇"。一次是美国著名学者拉铁摩尔，一次是会见美国作家约瑟夫·艾尔索普。在接待的来访者中，有一些是冰心燕京时代的朋友，比如韩素音、海伦·斯诺等，还有吴文藻清华与留美的同学顾毓琇等，虽然在接待室无以私语，但老朋友相隔几十年后重逢，还是十分高兴。但是忙碌的会见中，冰心最想见的三个人却迟迟没有现身。

一个是梁实秋，曾经严厉批评过《繁星》《春水》的人，在留学美国时，两人结下了很深的友谊，冰心后来视其为"一生知己"。梁实秋与许多撤至台湾的学者一样，后来去了美国，但他关心北京，关心吴文藻与谢冰心。当他看到谢冰莹的《哀冰心》，明言"冰心和她的丈夫吴文藻双双服毒自杀"后，十分悲痛，写下了《忆冰心》，动情地回忆了与冰心从相斥到相知的往事。后来自然是知道了吴、谢并未"双双服毒"，虽然不见新作，位置好像移到了美国"新闻发言人"的角色上，就通过留在北京的女儿梁文茜与冰心联系，希望她帮助疏通关系，创造回国探访的条件。冰心每次都请梁文茜转告她父亲："来吧，回来看看吧，时过境迁了，我和文藻都很想见你。"但与鲁迅论战、访延安被拒的阴影一直伴随着梁实秋，大陆之行终未成行。

另一个最想见到的是浦薛凤，吴文藻抗战时期国防最高委员会参事室同僚，歌乐山上的"家庭成员"。因为太太留在无锡老家，他公休日常常与吴文藻一同上山，一杯酒可分二盏，一盘刚刚收获的南瓜，把酒论天下，打牌、赏月、观嘉陵，哪样也少不了他。胜利后他复员南京，吴文藻去了日本，冰心就住在浦公馆，被小公主浦丽琳认了干妈。一别几十年，音讯全无，中美关系松动之后，冰心不时打探他们的消息。年前，梅贻琦夫人从美国回来，带来浦薛凤的信函，令吴、谢激动、兴奋，吴文藻当即回信邀其回国访问："故旧都近八十，如早成行，尚有一面之机。"但不知何故，却是没有打动浦薛凤的归心。最后是女儿浦丽琳代父归来，在冰心干妈家长住一月，满足了相隔经年的亲情。

还有一个最想见的人就是谢文秋，冰心留学威尔斯利女子学院的同学，虽为不同院系，但中国二字足以把她们连结到一起。那个时代，有几个留学的女生？冰心还是她与雷温乌兹陆军参谋大学高材生朱世明的月下红娘。儿子吴宗生羡慕英武的朱世明那套少将军服，便认了干爹，谢文秋自然也就成了干妈，虽然民国时期这种认干爹干妈的现象不在少数，但也足见两家的深交。二战结束，战胜同盟国共同管理日本，朱世明为中华民国驻日代表团团长，吴文藻应邀担任代表团政治组组长、盟国谈判顾问，冰心自然也前往东京，正是这一段生死之交，再次将两家捆绑在一起，但最后却天人两隔。朱世明二十世纪六十年代长眠东瀛，谢文秋远在美东，每次与美籍华人相见，冰心都要打听她的下落。终于有一天，谢文秋出现了。

迟到的也有好处，这一回，时局有了变化，冰心可以在家里接待谢文秋了。

酒店经营的日本皇冠出租轿车，将谢文秋从王府井华侨饭店送到海淀中央民族学院教工宿舍区，举头望去似乎有些破败与荒凉，完全不能与美国的大学校园相比。低矮的平房之间，有一栋三层高的灰墙楼房，谢文秋看到了三个并不起眼的字"和平楼",心里才有了一些踏实。她从第一个门洞进入,踏着水泥板的楼梯,正欲举手轻敲 208 号房门时,先是闻到了一股久违的红烧肉的香味。"这一定是婉莹的家了,她在电话中说要留我吃午餐,红烧肉招待,久违了三十多年的香味!"

相聚是轻松而欢快的,北京果脯、福建茉莉花茶、美国巧克力,话题是随意的,没有接待室的定规,也没有外人在场,从日本谈到美国、从归来谈到"文革",一切在三位老人面前,似乎都有些云淡风轻了。午餐有炒青菜、红烧肉,这对于西餐几十年的中国人,是最高的享受了。也许因为"茅台",冰心想制止而不能,吴文藻劝酒、自饮,谢文秋竟然一杯杯喝下,酒后的饮茶就不像餐前的气氛了。

大概是在美国生活太久了,八十三年的生命留在自己的祖国只有二十多年,谢文秋举茶杯的姿势有些像喝鸡尾酒,汉语的词汇似乎不能表情达意,干脆操起了英语。她说,回大陆之前,途经东京,到叶山墓地,去看了长眠在那里的朱世明,"这个冤家"!谢文秋说到这里,长久地停顿下来,冰心示意她喝茶,吴文藻意识到也许这是要在老友面前说出压抑了几十年的话了,两人都不插话,也不规劝。谢文秋呷了一口茶,继续说,她多次在清明时节飞抵东京,到叶山墓地蓄满青苔的石阶上静坐,和他说会儿话,但每次到东京,看到日本的飞速发展,听到大街高音喇叭右翼势力的叫嚣,知道她感受最深的是什么吗?"你们当年的愚蠢!美国人在改造日本,你们却在宽恕日本,除了梅汝璈的东京审判坚持处死战犯外,你们,包括你这个政治组长,你们作为一个代表中华民国的代表团,却没有要求日本的战争赔偿!我的美国朋友说,当然他们是商人,战争赔偿是中国最基本的要求,但你们只字未提,还主张什么'以德报怨',一片宽恕之心。这是我最不能理解的,还有婉莹你,对日的许多讲话与文章,都是这个主张!你们,都太善良了,也太天真了!看看正在复活的日本军国主义!朱世明在世时,和他有过多次争论,他死了,婉莹,你能回答我吗?"

冰心还有吴文藻,完全没有预料迟到的、文静的谢文秋会向他们提出这样的问题!比拉铁摩尔、艾尔索普还要尖锐十分、复杂百倍!

二、日本的谢冰心旋风

吴文藻先是只身抵达东京。三个月后，即一九四六年十一月十三日，冰心携小女儿吴宗黎也登上了美国西北航空公司的航班飞往东京。夜幕下的羽田机场，灯光昏暗，走出机场，但见吴文藻裹着厚实的呢大衣，伫望在冰冷的寒风里。小妹眼尖，飞快奔过去，叫着抱着 Daddy，又一下钻进了父亲温暖的大衣里。上了汽车，吴文藻则是不停地回答女儿的问题，把妻子冷落在一旁。冰心平日常说，他们家的先生是朋友第一、孩子第二、太太第三。

冰心蜷缩在后座的一角，还处在飞机上的心绪里：如何面对这个给自己、给自己的国家与民族制造了深重灾难的日本？汽车在黑暗中行进，道路颠簸不平，两旁没有灯光，黑漆漆的什么也看不清楚。进入市区，偶尔才有几盏暗淡的路灯，借着汽车的亮光，可以看到一些坍塌的房子。吴文藻这才与妻子说话，美国对东京的大轰炸，比重庆还严重，除了一些重要的建筑物外，无论是平民区还是商业区，几乎夷为平地，满街都是瓦砾，按照现在的速度，要清理被炸毁的房屋，还得一两年的时间。冰心长长地舒了一口气，没有想到，比重庆、上海还要惨，美国人轰炸日本，不比日本人轰炸中国仁慈，万恶的战争！

冰心先住在代表团驻地，给他们一家安排的房子正在修葺，需要一些时间才能完工。一家三口倒也清闲，与代表团的成员共同用餐，吴宗黎便成了宠儿，谁都喜欢她，她也爱和每一个叔叔阿姨说话，说她不喜欢日本，她想北平，想祖国。于是有人问她，北平是什么样？却是回答不上来。冰心抵达东京的第二天，代表团为其设宴接风，中华民国驻日代表团团长朱世明、远东国际军事法庭中国最高法官梅汝璈、中国检察官向哲浚（明思）、盟军总部中国联络官王淡如等出席。宴会上谈及箱根与热海等度假胜地，冰心有了兴致，约定周末前往，小妹自然最为高兴。

在去箱根的路上，冰心真切地见到了日本被轰炸的情景："从东京到横滨的途中，印象最深的是无边的瓦砾、衣衫褴褛的妇女、形容枯槁的人群。"只是快到箱根之后，情景才有了改变，箱根的旅馆，比起欧美的一流旅馆也不算差。"从窗口望去，到处溢满东洋风味。山岭、房檐、石塔、小桥等等，使人感到幽雅、舒适。"（《从歌乐山到箱根》）

冰心一家周日晚回到东京，不知道《朝日新闻》的记者从哪里打探到的消息，中国一流女作家谢冰心来到了日本，于是，一大早便来到麻布区中国代表团的驻地，挑头刮起了访问谢冰心的旋风。第二天，以"《超人》的作者谢冰心女士来东京"为标题的文章刊登在了报纸显著的位置，文章说，"小说《超人》、诗集《繁星》出版二十多年后，中国文坛第一流的女作家，享有声望的谢冰心女士，偕同她的丈夫、驻日中国代表团第二组长吴文藻先生（前燕京大学教授）及其女宗黎小姐最近来日"。文章介绍了冰心的近况，并用"谢女士用北京口音谈到"来日本的原因："我之所以来日本，是因为一九三六年去欧洲的途中，大约用了半天的时间，阅读了一点日本文学作品中武者小路先生、芥川先生的作品，从那以后，我就打算好好学一学。"尤其是讲到，"我来日本很高兴的一件事是想再会见二十年前在美国威尔斯利大学时代的好友濑尾澄江女士。现在她住哪里，有谁知道吗？"

冰心这个寻友呼唤，立时引来所唤之友，而且引起东京多家媒体的关注。出现在冰心面前的濑尾澄江同学，已是他人之妇，名字改为三岛澄江了，从美国留学归国后，在东京府立第三高等女学校以及津田英学塾担任讲师。此时，她正担任远东国际军事法庭辩护团的翻译，同时也受岩波书店的嘱托从事一些翻译工作。澄江看到《朝日新闻》后，第二天即前往冰心住地拜访。多么动人而煽情的战后新闻素材！这回不是一家媒体，报刊、电台的记者来了一大帮。"在短暂的沉默后，双方脱口而出的英语因为太过激动而显得结巴。'你瘦了啊'，'你才是呢'，四年间的同窗生活，其中一年还同住宿舍一个房间，流逝的二十年彼此都经历了许多苦难的岁月。'澄江，你不是答应我要来燕京大学当老师吗？''我本来是打算去的。'澄江女士说道，昭和二年从美国归国以来，在学了一点中文后正想要过去的时候，发生了'九·一八'事变，再来是'七·七'事变，不得已只好违背了在波士顿郊外的'山丘上的誓言'。"《朝日新闻》以《事变所阻碍之"山丘上的誓言"，谢女士与思慕的友人再会》为题发表通栏文章，并且配发了两人沉默的照片，以渲染战争的阻隔、劫难重逢的心情。

异国的友谊、战争的阻隔、战后的重逢，两位女士感人的故事，相继在不同的报刊煽情、发酵：一九四六年十二月二十九日日语版的《中国日报》刊登三岛澄江的《美国时代的谢冰心》；《主妇生活》与《妇人画报》的记者将冰心与三岛澄江联合起来进行采访，访谈的内容不仅是回忆两人在美国的友谊（此时两人的"超越政治的友情"有着中日友谊的象征色彩，所以日媒聚焦放大），而且谈到了战后对日本的印象、对中日关系的期盼。当《主妇生活》杂志记者请冰心谈一下来到战败国日本的印象时，冰心说："大大地出乎了我的预料。来到日本后结识了很多日本人，许多人给我的感觉都很好。在中国遇到的大都是一些日本的商人和军人，许多时候感觉都不是很好。总之，我觉得中国和日本的关系应该像美国和英国的关系那样。日中两国使用的文字也一样，人种也有许多共同之处，所以应该相互合作共同进步。我相信日中两国会向这一方向发展的。所以就像她（指三岛女士）和我一样，一直代表日本和中国的两个人也可以成为好朋友进行交往。"她迎着提问又说："毫无疑问地，中国人对日本的军国主义者抱有一种憎恶感。这种想法在战前就有。总之，中国人没有像日本人那样有'国根性'。这一点日本人是无法理解的。日本以前认为日本这个国家是绝对的，所以国民性的感情很强烈。日本曾以军国主义来定义国家，但民族、国家不应该是这样的，文化和教育才应该是国家。中国不把国家和国民理解为同一个概念。中国只是恨军国主义，即使中国人想恨所有的日本人也是恨不起来的。"就在这一次的访问中，一些记者见到冰心，首先是鞠躬不语，有的干脆跪下，他们认为，在中国人面前，日本是有罪的。冰心请他们站起来说话，并说，日本人民无罪，无需谢罪，中国对日本民众没有怨恨。这家杂志的记者，便以《对日本民众没有怨恨》为题著文，传递了战后来自中国著名作家对日本的信息。

重逢之后的三岛澄江，成了冰心家的常客，并且带来许多朋友与记者。那时，同盟国人员本不能直接与日本人交往，因为冰心与三岛澄江的友谊，这种规矩在吴家就打破了。由于战后食品奇缺，冰心也总是留日本朋友在家吃饭。在中国代表团中，吴家最为热闹。冰心与三岛澄江也就几乎天天在报刊出现。《每日新闻》则换了一个方式，从女作家的角度展开报道。这家媒体与冰心有着历史渊源，一九三六年冰心与吴文藻经日赴美，该报曾作报道并有后续深度的访问文章。《每日新闻》这次则动用了日本的女作家上阵，以"佐多稻子、林芙美子等女作家与正在日本旅居的中国女作家谢冰心女士，彻夜畅谈了有关中日文学和女性问题的各种现象"为按语编发文章。因为战争的隔绝，双方对彼此的文学创作与作家情况都不熟悉，女作家用了不少的时间来进行交流，冰心推崇的中国作家是"鲁迅、老舍、巴金，女的有雪林以及来过日本的凌叔华、新进作家沉樱等"。当问到对赛珍珠作品的看法时，冰心说过这样的话："在中国也有很多人阅读赛珍珠。并且，她对中国十分了解。但我认为，东方人的事由东方人来写最能被理解。从这个意义上来说，日本人将来去中国，多多地观察中国后再写中国会比较好。我也打算写一些日本女性。"这似乎与鲁迅的观点相近。座谈中，冰心再一次谈到了战争的责任问题，说："前几天来了一位日本年轻作家，他说：'作为日本人，这次战争使我们对中国惭愧不已。'但是我说这种想法是不可取的。参战的不是所有的日本人，而是一部分，也就是说不是'我们'，而是'他们'。这是中国人，特别是知识分子普遍的认识。我们对日本的民众绝没有恨意，这种恨意只是针对一部分军阀。"林芙美子立时回应，"说实话，我今天是怀着一种不知怎样和您交谈的沉重心情来到这儿的，但听了您的这番话后，我的心情舒畅多了"。这大概是当时与冰心交谈的日本人的普遍心态，冰心总是将战争的责任分开，让他们放松，而他们从冰心的身上，则看到了中国人的善良与美德。

在后来的座谈中，冰心还结识了日本女作家深尾须磨子，接受了中国文学研究者与翻译家饭塚朗的采访。饭塚朗翻译过冰心的作品，但对冰心并不熟悉，尤其对冰心评价不高，认为冰心"是中国现代文学史上，将女性的美丽与人性像放焰火一样转瞬即逝的女流作家。说转瞬即逝，因为从一九三二年开始，她就不再创作了"。但以饭塚朗的身份来访问谢冰心，构成了双重的知名度，因而这个访问被《第一新闻》《神奈川新闻》等多家媒体广为刊用。

被媒体包围了的冰心，除接受访问、参加座谈会之外，还应邀写文章，令冰心不得有半点儿的清闲。这些应邀应景之作，冰心无暇三思，她知道日本人此时想要听到什么，日本人也希望中国作家直接说出自己的观点。在《给日本的女性》中，冰心写道：

世界上最大的威力，不是旋风般的飞机，巨雷般的大炮，鲨鱼般的战舰，以及一切摧残毁灭的战器——因为战器是不断地有突飞猛进的新发明。拥有最大威力的，还是飞机大炮后面，沉着的驾驶射击的，有血，有肉，有情感，有理智的人类。

机器是无知的，人类是有爱的。

人类以及一切生物的爱的起点，是母亲的爱。母亲的爱是慈蔼的，是温柔的，是容忍的，是宽大的；但同时也是最严正的，最强烈的，最抵御的，最富有正义感的！

她看见了满天的火焰，满地的瓦砾，满山满谷的枯骨残骸，满城满乡的啼儿哭女……她的慈蔼的眼睛，会变成锐明的闪电，她的温柔的声音，会变成清朗的天风，她的正义感，会飞翔到最高的青空，来叫出她严厉的绝叫！

她要阻止一切侵略者的麻醉蒙蔽的教育，阻止一切以神圣科学发明作为战争工具的制造，她要阻止一切使人类互相残杀毁灭的错误歪曲的宣传。

因为在战争之中，受最大痛苦的，乃是最伟大的女性！

在战争里，她要送她千辛万苦扶持抚养的丈夫和儿子，走上毁灭的战场；她要在家里田间，做着兼人的劳瘁的工作；她要舍弃了自己美丽整洁的家，拖儿带女地走入山中谷里；或在焦土之上，瓦砾场中，重新搭起一个聊蔽风雨的小篷。她流干了最后一滴泪，洒尽了最后一滴血，在战争的悲惨昏黑的残局上面……含辛茹苦再来拾收，再来建设，再来创造。

全人类的母亲，全世界的女性，应当起来了！

我们不能推诿我们的过失，不能逃避我们的责任，在信仰我们的儿女，抬头请示我们的时候，我们是否以大无畏的精神，凛然告诉他们说，战争是不道德的，仇恨是无终止的，暴力和侵略，终久是失败的？

我们是否又慈蔼温柔地对他们说：世界是和平的，人类是自由的，民族与民族、国家与国家之间，只有爱，只有互助，才能达到永久的安乐与和平？

这几乎是一篇和平宣言，冰心再一次举起了母爱的大旗，希望女性为世界和平，扮演重要的角色。但实际上，正在进行"东京大审判"的二十五名甲级战犯中，没有一位女性，背后的女性能否制止住这些男人的野蛮行径？冰心的呼吁只能成为一种和平的理想主义。尤其日本的女性，根本没有社会地位，没有表达的权利与自由，甚至没有阻止亲人走上战场的勇气。当然，上升到更高的人道或宗教层面，这种呼唤也不是没有道理的，所以冰心有信心，并将她的信心体现在明快的文字之中。

冰心除了应邀著文外，还曾主动写文章，表达她的和平理念。《从歌乐山到箱根》《丢不掉的珍宝》是两篇重要的作品，面对风景如画的箱根，她想起了歌乐山，她希望世界永远和平，风景区永远不要成为"疏建区"，"容我们这些爱好山水的人们，在山头悠闲地欣赏眺望，而不是急急忙忙地抛开天光云影，跑下到黑暗的防空洞里去"。面对吴文藻在日本继续他的收藏爱好，似乎已经忘记了战争掠夺了他十五箱的珍宝，冰心因而发出感叹，难道人类是"善忘"的？

从抵达日本一周《朝日新闻》发出的报道始，谢冰心在日本刮起了一阵阵旋风，名字几乎天天在不同的媒体上出现，她所主张的宽大、宽容与博爱，通过媒体传达给了日本人民，产生了广泛的影响。一九四七年初，中国代表团的接待处，来了一位日本的农村妇女，说她读了冰心的文章，从很远的地方跑来东京，为的是拜望写文章的中国人。接待处的工作人员领着她来见冰心，农妇激动得泪流满面，极其恳切地说："我实在没有想到中国人民如此善良！我痛悔自己的儿子到中国去作战，这样的战死，实在是一种羞辱！"冰心研究会成立后，正在南昌留学的医生下山冈诚子看到有关消息，曾致信说："战败后的混乱时期，冰心先生在日本的文化活动鼓舞了许多人，给许多人指出了生活的目标，很令人感动。在诞生了许多作家的今天，我对冰心先生当时在日本的社会活动、作品研究以及对读者的影响特别感兴趣。"她说的文化活动，自然指的就是出席座谈、接受访问与写文章等等，冰心自己也说，初来日本，忙极了，"在重庆是发疟子生活，冷热不定。在东京简直是如同日夜发高烧，紧张得很，时空一点没法控制"。忙什么呢？"尽为日本人报纸写文章。他们渴要（望）知道中国文艺界情形，和中国文化界对日态度。我见过许多日本女作家，相当失望，过去她们太受蒙蔽了，不但对中国，对世界大势也不清楚。于是我天天写文章，见记者，赴日本人的宴会，日本饭真难吃。"（《致赵清阁信》）

冰心赴日，本为眷属，但由于她的作品自二十世纪二十年代初便在日本不断翻译，其小说、诗歌、散文与儿童文学等都有译本，颇具知名度，因而，在媒体的追踪报道中，吴文藻倒成了配角，多有"中国一流女作家偕丈夫吴文藻与女儿来到日本"之语。媒体在发表冰心的文章、对谈记录时，常有编前语或编后语，"谢女士是一位'爱'的女作家""在中国文坛里被誉为'无与伦比的女作家'""新文学中一流的作家"这样的语言，不时地出现在日本的报刊上。有刊物还将冰心与鲁迅并列为男女作家的代表："她那饱含泪水的优美的爱的文学带给了新时代的青年男女以众多的震惊与希望。在当时的作家中，若把鲁迅作为男代表的话，那么女性代表就要数冰心女士了。"有的对冰心本人还作描写："谢女士虽然身材矮小、给人以丝绸般柔软的感觉，但从她那全身不带脂粉气而漂亮的中国服装所散发出来的却是其不易侵犯的气质和智慧。""宽大的蓝色外套，蓝色的中国服装，不做任何修饰扎起的黑发映衬着聪颖的白色前额。堪称中国首屈一指的女性文学作家的谢冰心女士给人的第一印象便是一位兼具东方寂静和母亲温柔的女性。"不仅是冰心，甚至是连带出中国代表团的名字、中国的声音不时地出现在日本的媒体上。这让大法官梅汝璈大为疑惑，朱世明团长带团首抵日本，无论是日文还是英文的报刊，媒体上没一个字，谢冰心作为眷属，却在日本刮起了旋风？这也是许多人所不能理解的。

三、回国的谢冰心旋风

冰心宽恕、仁爱的旋风，不仅刮在日本，也刮回了国内。国民参政会第四届第三次会议，定于一九四七年五月二十日至六月二日举行。这是国民政府还都南京之后首次举行的会议，实际上也是最后一次会议。冰心早有所闻，接到正式的会议通知后，订好了机票，写信告诉朋友，相见在即。其实，冰心离开中国也就是半年多一点儿的时间。

冰心原定五月十八日乘坐美国西北航空公司的航班和朱世明团长同行回上海，但临时发生了改变，这个改变是朱世明的原因。

被外界传得沸沸扬扬的朱世明与李香兰的"婚外情"，已经不是私下议论而是浮上媒体，这对一个代表中国国家形象的团长来说，是很严重的事件。尤其是李香兰复杂的背景与经历，岂是朱世明所能明了的？但这位倔强的湖南人，似乎并不在乎这些，也许他自认为并无不当行为，可外界的捕风捉影岂可小觑？远在美国的谢文秋将状子告到了宋美龄那儿，蒋介石则是从代表团的渠道得知此事，极是生气，很快做出了免去其团长职务、任命商震为团长的决定。商震上任时，国民政府派专机送至东京，同时接前任团长回国。由于朱世明与蒋介石、谢文秋与宋美龄都有私交，因而，在免职之后又任命其为中华民国驻美国的军事代表团长，也有让他们夫妻团聚之意吧。

于是，冰心便搭了朱世明团长的专机回到上海，比原定的时间晚了两天。三个多小时的航程，冰心都在听朱世明倾诉与李香兰从相识到相知的过程，他绝口否认有越轨行为。冰心说："婚外情并不一定是婚外性，但以人的感情而言，婚外情比婚外性更加严重。当年为你们传情，'朱门一入深似海，从此秋郎是路人'，赞美的是你们两人的情感吧。所以，无论如何，文秋怎能接受这种传闻或事实？那天代表团的宴会，你请了山口淑子（即李香兰），这本也无何不可，但那山口淑子来向你与文藻敬酒，我一眼便看出了眼神里的故事。文藻与你不一样，他木讷得很，可是你的回应，谁还看不出？"情感的话题是无尽期的，就这样，两人在飞机上，从东京起飞谈到上海降落。

朱世明抵达上海，本不一定被媒体盯住，但由于将他的离职与"山口淑子案"捆绑在一起，便可风生水起了。上海《申报》等多家媒体报道了此事，甚至连他与冰心那一天晋京开会，也出现在媒体上。二十一日《申报》，有"朱世明谢冰心今晨同车晋京"的消息，称"朱世明将军定今晨搭快车晋京，短期内仍将来沪；参政员谢冰心女士将同车晋京"。

冰心抵达南京，开会只是一个由头，会朋友是她的目的。与历次参政会一样，既没有提案，也没有发言，无聊时便写些打油诗，在会场上传来传去。但她的出现，却是引起了媒体的关注。从日本回来的作家，战胜国的人们也是多么希望了解战败的日本啊！《中央日报》也是《东南日报》的记者赵浩生首先盯上了冰心，在会场采访干扰太大，第二天又追到下榻处。这一次，冰心依然下榻在浦薛凤公馆，赵浩生希望冰心能讲些故事，来说明战后日本人感情上的变化，冰心满足了他的要求。当赵浩生问到日本的政治时，冰心说，她只能谈谈她所接触到的一些教育文化界的现象。她说，日本的学生有一个很大的特征，就是过于顺从，对任何问题从不争辩，这大概就是军阀统治的结果。

两家报纸的消息一出，邀请演讲的人便纷至沓来。就在会议期间，冰心首先在青年团中央团部礼堂进行了演讲，题目就叫《日本观感》。冰心谈到了日本被美军轰炸的情景，这是她观察日本与评论日本的前提，也既是表明，战争给双方都制造了苦难。"去年十一月十三日，由上海乘飞机到东京羽田机场。到的时候，不过是晚上八点钟，可是路上除了美军和美军车之外，看不见一个人，也碰不到一辆车。冷静得很。第二天坐了一辆车子到东京各处看看，觉得东京受到战争的破坏，可以说远在重庆以上。美国对东京的轰炸，非常有计划，非常彻底。凡是可以利用的建筑，都没有破坏，否则，都炸的炸，烧的烧了。这么大的一个东京，只留下几十所大建筑物和文化区及国会。"从所见之入手，也可以说是演讲的技巧，立即将听众引入情景。接着，冰心从衣食住行方面进行详细的描述。最后讲到日本的复兴，冰心说："日本复兴不可怕，所可怕的是我们不复兴！我们要铲去仇恨的心理，关心日本可爱的青年。伟大的人，总是先伸出同情的手的。两国青年应共同努力谋取东亚所应走的路。"演讲中，冰心在国人面前，同样表达了对日本人民不应有恨的观念："中国人恨的是日本帝国主义，并不是恨日本人。"（《日本观感》）更有人回忆说，"冰心从日本回国度假，在南京新街口北边中山路西侧的三民主义青年团中央团部讲演，内容是战后中日关系，其中有段话：中国是大哥哥，日本是小弟弟，小弟弟不懂事打了大哥哥，大哥哥要原谅他"。

　　这次演讲可说是盛况空前，中央通讯社播发了专电通稿，各地报刊以不同的方式，刊登了这个消息。会议结束之后，冰心即回上海，住在赵清阁家，与顾毓琇等老友相聚，与巴金、靳以、赵家璧等作家朋友们进行了座谈。冰心介绍了战后日本的生活情况，作家们大都处于观望与思考，一时不知如何下笔，或者说写了没有发表。在作家朋友们面前，冰心谈到了"麦克阿瑟主义"，要将日本改造成美国式的民主国家，同时保留了天皇制，不过，天皇以后将会是一种象征，权力在内阁。这与蒋介石"保留天皇制，不改变国体"的波茨坦观点相近。就日本目前的情况看，留下了天皇，也就是保住了日本的体面，一旦失去了体面，麦克阿瑟纵有十几万占领军，恐怕难以控制一个战败后混乱的国家。冰心的这些思考，虽然有她自己的观察，但显然受到吴文藻的影响。政治性太强的话，在公开演讲中她是不会轻易说的。赵家璧此时在晨光出版社主事，曾邀请赵清阁主编一本女作家的近作，自然第一个想到的就是冰心了。冰心说，她实在没有时间，如果出版女作家的合集，倒是有可能写一篇"凑凑热闹"。

在上海，冰心应中华基督教女青年会邀请发表演讲。面对女性，冰心专门谈了对日本妇女的印象。"日本的妇女很使我失望。在我未去日本之前，我以为日本妇女的地位一定比中国好些，但是一去之后，我替她们难过，替她们悲哀。"接着她举了很多例子，比如夫妻不平等，哪怕是留过学的夫妇，从不讨论学问，丈夫请客，太太是女侍，妇女的刊物却是男人来编，麦克阿瑟下令，国会有了女议员，但女议员从不说话等等。妇女们常问的话就是："中国对我们有怎样的看法？"冰心说，只得不停地告诉她们："我们对日本人民没有仇恨，我们只说'打倒日本帝国主义'，因为五十年来，日本对中国的欺侮是日本军阀所造的罪孽。事实上，你们受军阀的压迫和残害比我们还厉害，比我们还可怜。因此，军阀是军阀，你们是你们。"冰心再一次阐明了将"人民"与"军阀"区分开来的观念。

上海之后，冰心乘飞机回到北平，重返燕园。学生们排着队来到冰心下榻的燕南园 57 号，拜见这位传说中的女作家。城中不时有友人来访，北大的教授、女师院的老师，还有已经不小了的小读者、燕大毕业后散落在城里就业的学生，仅仅是在燕大，冰心的日程便排得满满的。六月十四日晚，一九三一年在校级友欢送郑林庄、方觌予出国，冰心曾为该级导师，特邀参加。十六日晚，燕南园的教授设宴接风，吴文藻的得意门生、燕大法学院院长赵承信和林培志，以及社会学系和国文系的熟人，欢聚一堂，开怀畅饮畅谈。十七日，应燕京大学教职员会的邀请，在临湖轩开讲旅日生活，并主持了对日本问题的讨论。十九日，应北平女青年会邀请，作旅日感想的演讲。临湖轩座谈与女青年会的演讲，依然谈到了东京被轰炸的情景与日本人的生活，同时还加进了代表团的工作与生活情况。虽为一般的介绍，对国人却是陌生而有趣，战后能直接了解日本的途径确实太少，几乎隔绝，现在被冰心具体地描述出来。在北平，冰心虽然言明自己为代表团眷属，但作为一个作家并且与日本有较为广泛的接触，不可能不谈到对日本的看法。两次都谈到了"民主"与"再侵略"的问题。冰心认为，日本距真正的民主化尚远，美国报纸常赞美日本人的"合作"，其实这种"合作"是"顺民"式的合作，不是真"合作"。例如去年提倡民主，允许罢工，他们就天天罢工。今年，忽又禁止罢工，而他们也就立刻不罢。这怎么叫民主。同时，不尊重女权，用一只脚走路，也是不民主的体现，要想民主，要想发展得好，"非治好另一只脚，用两只脚一齐走路不可"。麦克阿瑟每天准时到盟军司令部上班，他的专车总是呼啸而过，其他的车辆一律靠边让路，行人止步，成为东京的一道景观，以至许多人专门在路边等候观看麦帅车队通过的风景。日本人敬奉麦克阿瑟与敬奉天皇一般，所以，距离真正的民主远得很。不民主的日本是不是埋下将来再侵略的祸根，谁也不敢断言。从复兴的角度，有人认为，日本可能再侵略，冰心则认为，重要的不是因为他们复兴再行侵略，而是我们不复兴而被侵略。

不民主可能出现再侵略，自己不复兴可能被再侵略。这是了解日本的冰心的警告。北平女青年会的演讲，成为回国之行谢冰心旋风的最后唱本。那天，冰心女士身穿浅地白花短旗袍，配着翡翠叶镶金的头针及黑亮玻璃皮包，头发光滑地卷在头后，白鹿皮鞋白短袜套，特别显得精神的是一双含蓄深刻的眼睛。"由于冰心女士大名的吸引力，以及上述（指渴望了解日本）的理由，虽然定在四点钟讲演，三点不到女青年会的大礼堂就宣布满座，拥挤不堪，讲台下及窗外两旁挤满了人，大部分为学生以及青年军人。"《现代知识》杂志，定格了演讲的盛况与演讲者的风采。

回到日本后，冰心介绍回国演讲情况时说，她不仅在南京、上海、北平作过演讲，而且还有天津，共有十来次。冰心还介绍到在北平的演讲，"会场里的白色的椅子差不多都要被踩坏了的样子。就这样，我的几次演讲都用了扩音喇叭"。每次演讲的现场听众都在千人以上。对于这种盛况，冰心同时坦言，"也有相当多的人批判我这种为演讲会和座谈会而巡回于各地的行为，并指责我'怎么那么要出风头'。报纸上也有类似的报道。我经常成为被嘲笑的对象"。冰心说她是一边注视着这种气氛，一边进行了好几场的演讲。如果按照每一场演讲的听众一千人计算，全部演讲下来的现场听众可超万人，这些听众大都是年轻的知识男女，现场的提问非常活跃。按说，首先应该问及的是战争的责任，战犯与赔偿问题，但出乎冰心意料的，"本来中国人理所当然地应该对日本战犯和赔偿问题等提出疑问或意见什么的，然而有关这些问题几乎无人问津"。冰心加重语气，又说了一句"这着实出乎我的预料"。那么，听完演讲，提出"成山成海"的问题，都是些什么问题？"他们似乎事先商量好似的，无论我去哪个会场，这些问题居然一模一样。他们（她们）对日本关心的重点以及对青年们的兴趣用一句话概括主要集中在以下这些方面：从战争中解放出来的日本青年的战后活动；休战同时妇女们从封建束缚中解放的状况；在政治上获得自由、在法律上获得新权利的日本妇女的生活。妇女们屡屡提出的主要问题则是：关于日本女议员和女学生的情况；妇女团体最近的状况；妇女杂志的发行状况和倾向等。并且有趣的是我还被问及无论哪个外国人都想知道的有关日本花道和茶道的许多问题。"如果这些归纳出的问题，冰心没有过滤的话，那么便可以看出，抗日战争胜利后，在对日本战争责任、赔偿、罪行与反思等一系列重大问题上，中国无论是从最高当局还是平民百姓，从知识精英到年轻学子，都放弃了质问权、追究权、追讨权，从而遗留下一系列的问题、诸多的后遗症。假如远东国际军事法庭，最后没有坚持对七名甲级战犯执行死刑，那么，就不是日本后来的政治家参拜与不参拜靖国神社的问题，而是存在不存在发动侵略战争的问题了，赔偿与赎罪，要以事实来坐实。又假如，对于长达十余年的侵华历史，要求日本做出实际的赔偿，后来日本的政治家还能否认侵华的事实与罪行么？当然这是一个极其复杂的问题，占领国以美国利益为上、国共两党大规模的内战，这是两大根本原因，但作为民意一点儿也没有体现，就没有任何责任么？

无论是从政治、从民意，还是从中国代表团，都在"宽大为怀"，不提战争赔偿、不提认罪定罪，这在当时对美国人来说是不可理解的事情。中国与美国不一样，中国的战争苦难长达十五年，日本犯下了多大的罪行、中国受到了多大的损失？美国虽有珍珠港被袭，但美国将东京炸了个底朝天，还在广岛、长崎扔下了两颗原子弹，战争赔偿如何开得口？把日本弄垮了，也不符合美国的利益。所以只要日本认罪，服罪。中国呢？那时，谢文秋在美国，连她一个有美国国籍的华人都受到质疑！拉铁摩尔当时就敏锐地提出：日本不出几年在工业上经济上又可东山再起，操纵或独霸远东，而使中国、朝鲜、菲律宾等工业幼稚的国家没有兴起和竞争的可能。他认为，日本是在装穷装苦，实际他们并不匮乏，否则何以国民营养得那样壮健，体格依然比上海、北平或朝鲜一般人民好得多呢？以日本工业技术根底之深固，倘使能够获得原料，它不但可以死灰复燃，而且可以独霸远东，使中国处于极不利地位。他认为中国不应该跟在美国的后面亦步亦趋。

发现冰心这方面的谈话与演讲的中国学者解志熙也认为，"还以为把日本人区分成无辜的人民和有罪的军阀，只是中国共产党本其阶级分析的观点所做出的区别对待之道，读了冰心的谈话才明白，这实际上是历届中国政权和所有中国人民的共同态度。这种态度除了中国人一以贯之的不念旧恶、宽以待人的忠恕之道外，在冰心显然还包含了基督教的博爱观念。现在检讨起来，中国人民的这种宽厚忠恕态度，加上美国出于其冷战战略的考虑对日采取的宽纵态度，也许有助于日本顺利渡过战后的难关，但其消极作用却使日本国民如释重负地放弃了对战争责任的反思。事实的真相是当年参战的并不仅仅是一小部分日本军人，那时的日本其实是'举国体制''前赴后继'地进行战争的，即使战时因为当局的新闻限制看不到真实的报道，但一个有良知的日本人并不难想象日本的百万大军为什么要'进入'中国和南洋、'进入'后那么多年究竟都干了什么？可在日本当局的军国主义教育下，当时的日本国民并不想或不愿意想这些问题，绝大多数日本国民都信从、盲从着日本军阀和天皇的战争政策，努力地支持着战争。例如冰心就清楚地'知道日本妇女曾经相信服从他们的命令是爱国的表现这一事实'，可是她仍然宽厚地安慰日本妇女说：'事实上，你们受军阀的压迫和残害比我们还厉害，比我们还可怜。'这就宅心过于仁厚了。宽容仁厚当然是美德，但因此就取消日本人民对战争责任应有的反思，那就未必妥当了。问题似乎就出在这里：当日本人民在战败之初刚刚开始有所反思之时，他们却意外地发现自己不需要反思，因为他们听说自己作为普通国民对战争并无责任，甚至受害更甚于被侵略的人民，于是他们也就释然于怀了，随后便是重新坦然自若地拜祭起靖国神社，以至于渐渐地连那'小部分'日本军阀的罪责也忘得一干二净了。这不能不对战后中日关系的长远发展埋下隐患。当然，我无意于埋怨冰心老人的宽容与仁厚，真正让人感慨的乃是来自中国人民的宽容与仁厚，居然就那么不被珍惜地付诸东流了"。（《复原与补遗：冰心佚文校读录》）这种批评在一定的意义上，道出了谢文秋当年的质疑。

四、重返东京

冰心旅居日本五年，不用说其活动相当丰富，但在相当长的时间却只露出冰山一角。谢文秋的提问，撕开了一道裂缝，从这道裂缝中可以窥见冰心对战争、对日本的疑虑与立场。但是，谢文秋提问的那年（一九八一年），对大陆而言，还处遮蔽阶段，或者尚待发掘，没有战争经历与国外学（经）历的大陆人，知之甚少，许多文章、资料还沉睡在日本与台湾的图书馆与档案馆里。

直到冰心逝世那一年的冬天，听说天津有一位废品收购人手上有冰心的资料，我和冰心的女婿陈恕教授专程前往探访。在那儿看到冰心"文革"中一份交代材料，在作为"罪状"的作品目录中，开列了发表于日本《妇人公论》（一九四七年九月号）上的《最近的宋美龄女士》。我查阅了冰心所有的文集、选本和全集，均无此文，于是，托日本关西大学萩野脩二教授寻找。他的研究生牧野格子小姐，替我找到了这篇文章，原文为日文，译后在我主编的《爱心》上率先发表，从此也就开始了追寻冰心日本的足迹。自二〇〇三年之后，我先后三次访问日本，一次受聘担任关西大学访问学者，其间，接触了一些研究中国现代文学与冰心的日本学者，了解和发现了冰心旅居日本五年大量的文献资料。

朱世明调离之后，在中华民国驻日代表团不少人看来，商震简直就是一介武夫！怎么能与幽默又善交际、周旋于盟国之间又融洽于代表团之中的朱公亮相比？商震到任不几天，吴文藻便递上了辞呈。可刚刚到任的商震，怎能放走政治组的组长？无论是从其职能还是吴文藻的能力，都必须留住他。吴文藻的辞呈便只能搁下，等待时机。

一九四七年八月初，冰心返日，东京开始秋凉。吴文藻的心情不怎么好，冰心陪他前往轻井泽休假，同时，自己也可以躲入山中，完成女作家专集中的那篇小说。行前，吴文藻举行了一次家宴，主宾是盟国对日委员会主席艾其森先生。吴文藻的本意是感谢艾其森在盟国委员会友好的合作，并且因为本尼迪克特而成为朋友。艾其森则早就听说吴文藻的太太是一位著名作家，留学美国，到日本后经常以中国餐招待客人，所以，吴文藻的邀请，立时被艾其森接受。也如燕南园的"第一次宴会"，虽不是匆忙，但在国内两个多月的奔波与演讲，实在让冰心筋疲力尽。冰心没有驳丈夫的面子，还亲自下厨做了一道"红焖狮子头"、一道"小葱拌豆腐"，令艾其森称赞不已。那晚的宴请，商震也在场，更不用说清华的那一帮教授们了，同时，艾其森除太太外，还带了他的秘书等。后来冰心写信告诉赵清阁，那晚宴请，"满园灯火辉煌"。冰心带回赵清阁赠送的 555 牌香烟，成了宴会上男人们的最喜。

轻井泽位于日本的中部，属长野县北佐久郡，早在明治十九年（1886）便成为夏季避暑、冬季观景的旅游胜地，战后美军入驻并管制。轻井泽是美的，冰心的心情却很暗淡，从她在此创作的小说《无题》中体现了出来：蜷缩在飞机客舱中的"我"，静默、乏倦、无力，望着舷窗外的海天，思绪回到战后故国的土地上：拥挤的杂院、心烦的小屋、脏乱的景区，一一从眼前掠过，灰暗、叹息而又无助，中国前途有希望没有？希望又在哪里？只有隔街的横笛还吹着，曲调依然是《茉莉花》。作品描写的情景，为归国所见，心境则是重返东京之后，与战后首次飞日的情景、心境大不一样，那时虽也想着战争的创伤，但希望与信心俱在！战时的口号是"抗战建国"，胜利之时，不是建国之日吗？国人都这样认为。胜利之后的中华民国，从纪年上说，已经有了三十四年，但真正的统一实际也就十九年，"九·一八"后，中国又处于战争与分裂状态，这还不包括与共产党的内斗。现在，抗战胜利了，内战烽火又起，并且还是更大规模自相残杀的战争！所以，表面享受轻井泽诗意而平静生活的冰心，内心却焦虑不安。

国内的信息——内战与国难，也随时传递过来，吴文藻惦念着远在故乡的母亲，被商震改变了的代表团氛围，也令他不快。除了想着辞职之外，他对组里的事情已不是那么热心与投入了，但听审的兴趣却是不减。吴文藻清楚地意识到，旁听这种国际大审判，是从事社会学、人类学研究的学者千载难逢的机会，况且这里更有国仇家恨。一九四八年在风雪中到来，像往年一样，冰心都要发表新年祝词，但今年的祝词变成了"感言"："在圣诞和新年的氛围之中，酒绿灯红之夜，照自古至今的心理习惯而言，人们应该是充满喜乐、充满希望的，然而实际上并不如此！在满天朔风、满地寒雪的当中，饥饿冻僵的人们，口中自然是充满了悲哀，怨抑，和愤激，就是比较饱暖的人们，心中也只是黯淡，失望与萧索。最可惨的是这种情形太普遍了，全世界上几乎没有几个角落，能逃出这'饥寒'的压迫！"（《新年感言》）

尽管是满天的寒风与冰雪，日子还是要过的，放下心情，应邀写作一些散文，但她无法用日文写作，只得稿成后由人译成日文，在日本的报刊上发表。《日本的风景》《日本的房屋》《关于花道》《纯白的婚礼》等都是她这个时期的作品。因找不到冰心的原稿，我请在名古屋大学做研究的虞萍女士将其回译成中文。另一种情况是将在国内发表过的作品，译成日文发表，比如《请客》等。这些作品皆出自冰心的生活与感情经历，回译后的文字上，依然保持了先前文笔的优美。

这一年，冰心还应邀为东京大学开设了一个系列讲座，《怎样欣赏中国文学》。仓石武四郎因为翻译冰心作品，遂由文而友。仓石先前在京都大学任教，冰心到京都旅游，曾邀她作中国文学的演讲，后应聘东京大学教授，与冰心往来更多。他提议冰心到东大作中国文学的专题演讲，不是讲一次，而是做成系列讲座，可以让日本的学生了解中国文学。这也是冰心自己所主张的，让日本了解中国，就是要多读中国的书，而读中国的书首先要从文学作品入手。于是，她爽快答应，但随之就发现，自己身边连一本参考书也没有，讲座内容完全得靠自己的记忆。再就是语言问题，用日语肯定不行，用英语是不是可以？也不行，学生听不懂。最后商量冰心用汉语讲，仓石先生现场翻译，这让冰心觉得十分过意不去，但仓石先生说，只有这一条路了。所以，冰心在演讲的一开始便说："今天我能够到贵校来跟诸位讲话，觉得非常的荣幸。东京大学是日本的第一大学，在这所大学里，女人来讲演的机会，恐怕是很少的。所以我这一次得有机会在这儿讲演，觉得非常的高兴。尤其是有仓石武四郎先生给我翻译。这位仓石先生，诸位已经都知道的，是很有名的一位教授，对于中国文学有很深的研究。请他来当翻译，我真是感谢不尽。"讲座分为四讲，"中国文学的背景""中国旧文学的特征""中国新文学的诞生""中国新文学的特征"。从这个内容可以看出，演讲带有文学史的性质，旧文学与新文学的区分，冰心以胡适提倡新文学为界。在讲到中国文学的背景时，讲到了国民性，讲到了自古反战的态度，列举了许多古代诗人的作品来证明她的观点，比如《乐府》《左传》《论语》，六朝的鲍照、陈琳，李益的《从军北征》，李华的《吊古战场文》，白居易的《新丰折臂翁》，班超、范仲淹、陆游，直到康有为的《中国歌》、梁启超的《二十世纪太平洋歌》等等。因为有爱好和平、反对战争预设前提，因而所选诗人、作家与作品都不能从众，在没有参考资料的情况下，能作此演讲者，是要冒一些风险的。新文学一直讲到胡适、鲁迅、茅盾、老舍、沈从文、丁玲、苏雪林、郭沫若、徐志摩、闻一多、田汉、曹禺。这些在一九四九年后的文学史上才有定论的作家，在冰心的演讲中就给出了文学地位。至于冰心讲到了旧文学与新文学的特点，概括性极强，富有建设性与独创性，一部上百万字的文学史，未必有如此的见地，值得研究。一般认为，冰心才情高于学问，这是不假，但若以为冰心没有多少学问，便有失偏颇了。旅日学者虞萍女士再现了当年演讲的现场情景："冰心每次演讲从下午三点开始，大约进行一个小时，原定地点在东京大学文学部，但由于前来听讲的学生人数比预想的要多，所以只能临时更换教室，最终定在 36 号大教室。许多妇女也积极参加，其盛况在其他中国人演讲会上前所未有。会上仓石做口译，东京大学文学部研究室的山井涌（1920—1990）、副手小野泽精一（1919—1981）、大学院特别研究生（一期生）山下龙二（1924—）做笔记。"（《日本冰心研究之概观》）冰心事先并没有完整的讲稿，只是一个大纲，讲时随意发挥，甚至有的连大纲也没有，所以，这部书也是从日文现场记录整理而成，之后回译成中文。与以上的回译本不同，这个回译本，冰心当时审定过，因而，也就留下了一些遗憾，她对回译稿做了详细的修改，并删除了演讲中许多有趣的部分。仓石和参加演讲会的人对此都表示非常遗憾，但冰心认为没有必要把那些内容收入书中，所以只能作罢。

由于《妇人公论》发表了宋美龄的信函，并且有冰心的附言，这样一来，便将她们之间的关系暴露在媒体的面前了。宋美龄在二战中是位传奇的女性，中国的第一夫人，蒋介石委员长的得力助手、翻译，曾以她的非凡活力与影响，征服全世界。战后的日本媒体，发表了不少的宋美龄传奇故事，但多为转载，直接邀请到接近宋美龄的人撰稿，还是相当困难。冰心知名度本来就高，现在从她的身上又有了新的发光点，因而，媒体便又重新拥了上来，尤其是女性的刊物。《我所见到的蒋夫人》与《我眼中的宋美龄女士》便是应《主妇之友》与《淑女》杂志写的专稿。后者在"举世闻名的女中豪杰"专栏中，设立"宋美龄女士"专题，并在"前言"说，"我们从来日的谢冰心女士那里得知了举世闻名的宋美龄女士的近况。谢冰心女士是宋美龄女士最好的朋友"。

冰心当然不会以写名人而提高或张扬自己，并且对政界重要人物还保持谨慎。她本已答应为司徒雷登写传记，但司徒雷登离开燕大出任美国驻华大使后，她先是犹豫最后决定放弃，将传记素材如数退还。面对宋美龄，要写的东西很多，甚至可以出书，必也大有销路。但冰心相当谨慎，限制自己的笔墨，仅写与宋美龄的交往、直接的观察、日常的生活，这样便没有离开她的"表现自我"的艺术宗旨，也与女性杂志的读者接近。《我所见到的蒋夫人》写"我"应邀前往重庆，见到宋美龄的情景与交谈，从中描写了蒋夫人敏捷的思维、机智的谈吐、忙而有序的工作，同时还描写了她作为家庭主妇的热情，亲自下厨煮咖啡、做点心，请客人用餐等，显示了第一夫人形象的别一个侧影。在《我眼中的宋美龄女士》一文中，冰心对宋美龄日常的衣食起居做了具体的描述，私人飞机上并排设立的两张夫妻床、身高与体重等等，说"夫人是集各种各样的特点于一身的女人。她喜欢整洁，衣服的颜色总是那么的协调。她喜欢整齐、清洁，亲手插桌上的花。她喜欢孩子并喜欢干厨房的家务。她还喜欢文学和艺术"。对于这些日常生活的描写，杂志在前言中便点明："宋女士的社会活动情况非常有名，但有关她身边的事物和日常生活情况我们却完全无从知晓。本刊承蒙谢冰心女士的好意，终于可以初次向读者们详细地介绍宋美龄女士日常生活的全貌。"（以上两文的译者均为虞萍）

新发现的资料显示，冰心对中日战争与未来的呼吁，不仅是面对民众与学者，青年与妇女，她还曾经与日本的高层人物有过对话。日本有一家《镜》杂志，一九四八年第一卷第一号，刊登了《希望を語る》（虞萍将其译为《论希望》），这是一篇三笠宫殿下、谢冰心女士对谈录。三笠宫殿下即为天皇裕仁的弟弟，侵华时进入中国，虽为温和派，但仍是侵华日军中的指挥官。三笠宫既是军人、政治家，也是"中国通"，冰心与之对谈，应该有广泛的话题，并且可能进行深入交谈。但冰心依然没有跳出个人经历、两国见闻与日常琐事范围，倒是在三笠宫提到日本人与中国人的"自然亲近"，尤其是"夹在两个强国之间易于亲近"以及通过经济合作建立联系，引起冰心的注意："我对中国感触最深的是，日本人对于中国人所持有的错误的优越感。我在中国时就认为应该废除这一点。对中国我没有发言权，但作为日本人一方，我觉得这一点反倒由于战败，日本在某种程度上消除了这种错误的优越感。从一般的趋势来看，不如说日本人和中国人非常亲近，这不正适合于双方朝着携手合作的方向共进吗？"冰心赞成三笠宫的观点，认为，"中日两国的经济问题是一个非常大的问题。我对经济问题不太了解，但正如人们常说的，日本的工业水平非常高，拥有优秀的技术，而中国有无限的资源和市场。我认为如果中日在平等的立场上互相帮助、携手合作，而且做到可以直接实现中日经济合作的话，就不会有任何摩擦"。由于"大东亚共荣圈"为日本入侵中国的口号，冰心一般不使用"共存共荣"之类的词，但这一次接下了三笠宫"共存共荣"的话题，说："日本以前就对中国提出了共存共荣。但这种共存共荣不是真正的共存共荣，而是日本的地位高出一筹的共存共荣。这样的话，无论日本怎么号召，中国也是无法接受的。但如果是真正处于同等地位的共存共荣，中国完全没有理由反对。相反，中国会尽最大的努力应和日本的这一期待。"而对三笠宫美苏两国的紧张关系可能引起世界大战的预言，冰心则没有接话，对话戛然而止。

这一时期，冰心依然有很多的不必"赔礼道歉"、战争责任在"指导和煽动战争的人"之类的话，希望唤起"人心、热心、爱心与同情心"，在她看来，这是人类之所以为人类的基本伦理，是普世的价值。她希望重新唤起这一切，唤起人类的希望。也许有人认为，冰心在战争中没有吃什么苦，所以她的话总是超然物外。其实，远离苦难的人是没有资格说这些话的，冰心恰恰是超越了个人的苦难，终于有一次她说出来了。新发现的《妇人之友》第四十一卷第五、六合并号上，有《世界に平和と美を求めて》（谢冰心、羽仁吉一、羽仁元子〈羽仁もと子〉谈），记录了这个事实。羽仁吉一与羽仁元子夫妇为基督徒，热爱中国文化、喜欢陶渊明，羽仁先生去过北平八次，夫人也去了三次，学校（自由学园）接受中国学生，并让他们与日本学生友好地生活在一起。由于这个原因，相互的交谈显得自由而活泼，他们谈到了中国文化，冰心谈到了自己在战争中的经历与苦难，对于自己舍弃北平安乐的生活，以《圣经》谕示做了解释："舍弃自身终会有所得"，"遵从信仰为正义而舍弃安乐，敢于投入有损生命的事业的人们反倒可以保全生命"。冰心第一次透露了她对生命旅程的选择，基于《圣经》的启示。这次座谈冰心第一次说出了大弟弟死于战争之中，还有一个同父异母的弟弟在美国学飞行，准备参加轰炸东京而被她劝阻，这在以前各种场合都不曾有过："由于我父亲在战争开始时已经七十六岁，身体虚弱不能到远方避难。经多方考虑，决定由在铁路局工作的弟弟留下来照顾父亲。之后，华北建立傀儡政权，弟弟被再三劝诱担任重要职务，但他说什么也没答应，终于被关进牢房，死在狱中。父亲在此发生的一个月前左右给儿子留下'绝不能屈服压迫'的遗言后，便在肺炎的煎熬中孤独地离开了人世。此后弟弟的妻子为了避开战争的祸害而四处奔波。在重庆的我们既无法给她寄钱也无法给她寄信，所以我们彼此间确实都吃了很多苦。回家看到比我小十岁的小姑痛心不已，她憔悴得看上去比我大十岁。这件事让我们心如刀绞。"（《在世间追求和平与美》，虞萍译注）

也就是说，对于日本的侵略，她不仅有国仇，也有家恨，离开了安乐的燕南园、逃难到了云南、父亡而不得奔丧、弟弟因为守节死于贫病，她是在请求人们的同情与理解，还是阐述宗教对精神世界的影响？这一切都变得极有意味了。人们可以从实际利益与现实层面上质疑与指责，但这也可能在精神层面上显示了她博大的人文关怀，显示了她超越自我、超越国界的眼光！

五、尊严的选择

冰心描写宋美龄的一组文章、与自由学园羽仁夫妇对话，同时指向了她的战时生活，她的苦难及其与国民政府的关系。回溯有时也许更能显示出事件与人物的完整性，清晰地展示人生轨迹与理想的坚守，实际上，这也是冰山中的一个部分。那么，现在我们就来做这一件事吧。

一九三六年夏，按照燕京大学的规定，任教满七年者，有一年的长休假，你可以写作做学问、可以外出旅行游学，也就是给你充实知识的空间与自由。吴文藻申请到了洛克菲勒基金，决定携带妻子游历欧美，拜师会友，学术交流，进行为期一年的社会学游学访学。八月十三日从北平出发，在南京、上海驻足会友，之后，登上恩普列恩·欧卓·日本号轮船前往横滨港。洛克菲勒基金提供了充足的经费，吴、谢乘坐的是双人间的头等舱。在东京，他们受到日华友协的欢迎，与日本学者鸟居龙藏夫妇、原田淑人、市川房枝、金子繁理等人进行了茶话会。临别，吴文藻应邀题词："学术亲善"，冰心则题写了《繁星》小诗一首："人类呵／相爱吧／我们都是长行的旅客／向着同一的归宿。"

八月二十八日乘船前往檀香山，燕大的好几位同学到港口迎接，以当地风俗献上了夏威夷风情的花环。之后乘船抵达美国西海岸西雅图，在此入关，移民局公务人员让他们稍候，翻阅了有关文件，当看到司徒雷登的信函与洛克菲勒基金会的经济担保书后，非常有礼貌地请他们通过。在西雅图未作停留，即换乘火车经芝加哥，前往波士顿，代表燕京大学参加哈佛大学三百周年校庆。在草地树荫下的鸡尾酒会上，吴文藻认识了来自英国的功能派创始人马凌诺斯基，介绍了中国社会学的情况，马凌诺斯基曾从布朗教授那儿不止一次地听说过吴文藻的名字，对他的"社会学中国化"的主张表示赞成，并邀请吴文藻在途经英伦之时，访问他主持的 Seminar。同时，吴文藻见到博厄斯的第一代学生、耶鲁大学著名语言学家爱德华·萨皮尔（Edward Sapir）和年轻学者阿伦斯堡（Conrad.M.Arensburg）博士，邀请他们到燕京大学讲学并帮助培养实地调查的研究生。留学哈佛的中国学生与校友，为庆祝母校三百周年，专门从中国运来了一座赑屃汉白玉碑，高约三米有余。校庆后的第二天，吴、谢在哈佛庭院，参加了汉白玉碑的落成仪式。在这里，专门安排了吴文藻代表燕京大学致辞。仪式完成后，吴、谢又到哈佛燕京学社参观，并作午餐演讲。吴文藻演讲的内容是哈佛燕京学社对燕京大学图书馆的作用，冰心演讲的是哈佛燕京学社资助出版的情况，她作为《燕京学刊》的编委，主要讲了《燕京学刊》与《引得》两种杂志的学术地位与影响。

校庆结束后，哈佛大学安排吴、谢参观了商学院和商学研究会，最后，他们还去寻了一回旧。在奥斯汀路的一座红砖楼前，吴文藻说，十年了，一点儿也没有变，连红墙的色彩还是那么的鲜艳，当年顾毓琇的宿舍，给谢先生、谢太太的"求婚书"便是在那个窗下写成的。冰心便笑了，依然说，你写了一篇论文，父母看过后都这么说。

回到母校威尔斯利女子大学是在傍晚，两人下榻于慰冰湖畔的接待中心。推开窗户，可见波光粼粼的湖水，只是夜灯下看不远去。冰心告诉丈夫，别急，明天一早就去湖边。所谓接待中心，也就一幢小楼几个房间，晚上只有他们两人居住，鹅黄的灯光柔和地散落四处，制造出夜间静谧朦胧的氛围。吴文藻认为，这也是女校的色彩、女性的光线。躺下时，打开窗户，湖风微微吹来，在哈佛热闹了几天的人，很快进入梦乡。

果然，他们早早便醒，走出大门，屋外的路灯尚未熄灭，晨曦初露，在无人的早间，走到湖边。虽已是夏末，草地的露水依然很重，走过的身后便是两行深深的脚印。远远见晨跑的女士，身旁是苏格兰牧羊犬，冰心便主动打招呼、问早安。晨练者好生奇怪，两个东方人这么早，讲着纯正流利的英语，交谈后方知是校友重返校园。冰心带了吴文藻沿湖行走，湖树已高，当年靠着照相的青枫，已经露出苍劲的盘根，长高的树遮盖了半个湖面，远处的水汽，烟雾般升起。白天鹅在水雾中悠然游弋。纪念教堂的尖顶，已被晨光镀上了金色。音乐楼与图书馆之间的过道，便是传说中的爱情小道，说是年轻学子谈恋爱时手拉手走到路的尽头，便可踏上红地毯了，冰心说："当年没有带你走过，今天补上。"路边湖树高耸，观景台在树林的深处，冰心踩在那块刻着一九〇〇年字样的纪念铸铜上，说这与她的年龄一样大。两人坐了下来，饱览湖光晨色，时间便静止了，不知还有归时。

按照美国的假期，威校刚刚开学，早餐后校园生动起来，不仅是静的景，静的画，景中画中也都有了人在走动。拜访老师、走访旧地，充满着诗意与幸福，脸上总是露着笑容，一景一物一人，都觉得亲切。中午，威校的老师在塔院学生餐厅举行欢迎午餐，自选饭菜，有西餐、日本餐等，但没有中餐，冰心选了一点儿日本寿司与鱼片。大家围坐在一张长条桌上，低声说着话，带去的礼物，便在餐中一一分送，麻纱绣花手帕、真丝围巾、绣花台布，都是中国符号、东方情调，美国老师喜欢得不行。冰心还邀请她们访问中国，说她可以陪同游览北平的长城、西山的寺院，还可听听晨钟暮鼓。又说到各自的家庭，知道冰心已有一女，便鼓动早早登记，长大了就上威校。冰心果然在离开时，到图书馆的登记处，提前为吴宗远做了登记，使用的名字是 MeiMei Wu。之后，两位没有课的老师，还陪同谢、吴在湖上划了一回船，似乎回到了曾有过的湖社，曾有过的学生时光。

纽约期间，吴、谢就住在导师张伯伦家，张伯伦的房子并不比燕南园 60 号大多少，但居住舒适。他们还去新泽西拜访了斯泰莎女士，冰心威校的同学，去百老汇看戏，又去了华盛顿，在西北区第 19 街 2001 号拜会中国大使馆，施肇基大使设宴接待了吴谢，询问了他们访美的日程。在华盛顿拜谒了林肯纪念堂、华盛顿纪念碑等，吴文藻便在国会图书馆待了好几天，每天都是早出晚归，回来见到冰心就说，收获很大。冰心有时与他一起去，也不是要找书，而是想找当年的感觉，有时一个人出来，便去国会山散步，在没有升旗的日子里，还可以进入国会大厦参观，这里的艺术品可与博物馆媲美。

从纽约乘新造的"玛利亚皇后"号轮船（Queen Mary）横渡大西洋，两人前往英国。在伦敦，吴文藻前往政治经济学院，拜访了马凌诺斯基，并参加了他主持的 Seminar。马凌诺斯基还将他尚未发表的《文化论》打印稿交给他，吴文藻格外感动。回到住处，他高兴地对冰心说，仅是得到这一份文稿，就不虚伦敦之行了。一九三六年，英国知名女作家弗吉尼亚·沃尔夫（Virginia Woolf，1882—1941），正在精神极度紧张的状态下，写作和修改她的小说《岁月》，在得知中国作家冰心来伦敦访问后，竟然发出邀请，约其喝下午茶。弗吉尼亚·沃尔夫是现代主义艺术的先锋人物，意识流文学流派的代表，她常常在自己的理论下进行创作，不仅是小说作家，也是小说理论家，同时，还是著名的布卢姆斯伯里集团女主持人。沃尔夫极有风度，但精神不稳定，常常处于紧张亢奋状态，甚至是崩溃的边缘。应该说，那日下午，情绪挺好，他们在雾中的阳光下喝着加糖的英国红茶，谈着中国文化与英国文化。冰心说，本来想在伦敦找个房子住，于是天天看广告，有一次看到一条广告，说是有一间很大的卧房，带浴室，后面对街有一个 Backgarden。就是说有"后花园"，至少也会像北平的"后院"，欣然立刻去看，但一看之下，大失所望。原来意想中的"后花园"，不过是一块豆腐干大污湿的草地，用篱笆围了起来，篱前放着鸡笼和狗屋！"我们中国的后花园，是可以'定终身'的地方。再不济也有一个亭子，几盆花草，几根树。

比如我们老家的后花园，在故家中，算是很小的，却也比我今天所看的大到几百倍……"沃尔夫听了大笑。于是，话题就从中国的园林、岁时节序、大家庭的种种风俗习惯，一直说到祖父、童年……沃尔夫听着听着，忽然说："你为什么不写一本自传，把这些都详细地描写下来，这对于我们外国人，一定是很有价值的。你赶紧写，我替你翻译。"由于沃尔夫平时对社会问题也有关心，因而与吴文藻就有了话题，比如关于英国的国王与中国的蒋介石等等。

两人从伦敦乘火车经法国到意大利罗马。冰心说，意大利是她最喜欢的一个欧洲国家。它是用石头建造起来的：石头的宫殿、教堂，石头的斗兽场，石头的雕像，石头的道路，路边也常有喷泉。罗马是建在七山之上的城市，拥有大小五百座教堂，她几乎都去过了。最大的是圣彼得、圣玛利亚、圣约翰和圣保罗。梵蒂冈就是在圣彼得教堂附近，是罗马教皇的宫殿，这是一个"国中之国"！

从米兰出发，经过瑞士，两人只在日内瓦小住几日。在巴黎，中国大使馆根据冰心的要求，为其联系、安排在第七区以意大利诗人马利亚·希利达命名的街道的一座楼上。房东德利莎小姐热情好客，也是个有些名气的小说家，还常写诗，冰心极是喜欢。住下来后，吴文藻开始忙碌，拜访了法国社会学年刊派创始人杜尔干（Emile Durkheim）的继承者——马塞尔·莫斯（Marcel Mauss，1872—1950）教授，听莫斯的讲座，莫斯特地将他在法兰西学院的讲稿《民族学方法》（打印稿），送给了吴文藻。还介绍吴文藻访问了著名学者布格雷（Charles Bougle），结识了马塞尔·葛兰言（Marcel Granet，1884—1940）等。一九三七年二月十四日，西方的情人节，冰心应邀在巴黎拉丁区中法友谊会作了一次演讲，当她被留学生们簇拥着走进演讲厅时，里面已密密麻麻坐满了人，用现场者的话说，"到会听讲者众，极巴黎一时之盛"。冰心无演讲的题目，完全即兴发挥，讲的是从北平出发，直到巴黎的一路所见与所思。但这个随意、即兴的演讲，被听演讲的一位叫孙鲁生的留学生记录下来，经过整理并经冰心过目，从巴黎寄回北平，分四次发表在《世界日报·妇女界》上（《谢冰心女士在巴黎演讲——由出国到现在》，连载于《世界日报·妇女界》，一九三七年五月二十六日至五月二十九日。河南大学刘涛先生发现，以《冰心1937年在巴黎的一次演讲》为题发表于二〇一二年第三期《中国现代文学研究丛刊》)。

因为要学习剑桥大学的"导师制"，联系燕京大学与牛津大学"讲座"的合作与"荣誉学位"等相关事宜，吴文藻重返英伦，冰心不喜欢伦敦多雾的天气，便留在巴黎，过起了一百天云淡风轻的日子。早间不吃早点，只带一块巧克力，走到卢浮宫，坐在台阶上静静地看宫内大圆花坛里栽的红、黄、白、紫四色分明的郁金香。上午或下午，巴黎学美术的中国女大学生，来陪她谈天说地；到了黄昏，独自去到附近的香榭丽舍大街两旁的咖啡座上，啜着咖啡，看着街上来来往往漂亮的法国女人。

从法国进入德国，他们特别谨慎。那时，纳粹主义在德国盛行，德国的社会学、人类学出现了与政治互动的现象，要么就被排挤在外，受到迫害与移民。在柏林参观了一些景点后，他们未多作停留，重返法国，参观在巴黎举行的世界博览会。离开法国之后，他们又前往罗马尼亚，在那儿也是作了短暂停留，乘火车前往莫斯科，中国驻苏联大使馆派员到车站迎接。在这里，他们意外遇上了吴文藻的同学、中国大使馆一等秘书时昭瀛。苏联那时有作家协会，但冰心的作品没有翻译到苏联，因而，由对外文协出面接待，为冰心夫妇举行了宴会、座谈会，请来苏联作家与诗人作陪、座谈，并且派两位懂英语的女士陪同游览莫斯科，其中有克里姆林宫、红场、列宁墓、托尔斯泰故居等。六月下旬，两人从莫斯科乘火车，经西伯利亚，从满洲里入关，二十九日，回到北平。

此行环地球一圈，时间长达三百二十一天，吴文藻社会学访学可说是满载而归，冰心也带回了许多的写作素材。回到日夜思念的燕园，吴文藻立即着手安排新学年的讲课，冰心忙着回复杂志社、出版社的稿约。就在他们踌躇满志之时，卢沟桥事变爆发，北平、保定、天津、上海与南京相继失守与沦陷。

北平死去了！我至爱苦恋的北平，在不挣扎不抵抗之后，断续呻吟了几声，便恻然死去了！

二十六年七月二十八早晨，十六架日机，在晓光熹微中悠悠地低飞而来；投了三十二颗炸弹，只炸得西苑一座空营。——但这一声巨响，震得一切都变了色。海淀被砍死了九个警察，第二天警察都换了黑色的制服，因为穿黄制服的人，都当作了散兵，游击队，有砍死刺死的危险。

四野的炮声枪声，由繁而稀，由近而远，声音也死去了！

五光十色的旗帜都高高地悬起了：日本旗，意大利旗，美国旗，英国旗，红十字旗……只看不见青天白日旗。

西直门楼上，深黄色军服的日兵，箕踞在雉堞上，倚着枪，咧着厚厚的嘴唇，露着不整齐的牙齿，下视狂笑。

街道上死一般的静寂，只三三两两褴褛趑趄的人，在仰首围读着"香月入城司令"的通告。

晴空下的天安门，饱看过千万青年摇旗呐喊，高呼"打倒日本帝国主义"的，如今只镇定地在看着一队一队零落的中小学生的行列，拖着太阳旗，五色旗，红着眼，低着头，来"庆祝"保定陷落，南京陷落……后面有日本的机关枪队紧紧地监视跟随着。

日本的游历团一船一船一车一车的从神户横滨运来，挂着旗号的大汽车，在景山路东长安街横冲直撞地飞走。东兴楼、东来顺挂起日文的招牌，欢迎远客。

故宫北海颐和园看不见一个穿长褂和西服的中国人，只听见橐橐的军靴声、木屐声。穿长褂和西服的中国人都羞得藏起了，恨得溜走了。

街市忽然繁荣起来了，尤其是米市大街、王府井大街，店面上安起木门，挂上布帘，无线电机在广播着友邦的音乐。

我想起东京神户，想起大连沈阳……北平也跟着大连沈阳死去了，一个女神王后般美丽尊严的城市，在蹂躏侮辱之下，恹然地死去了。

（《默庐试笔》）

从地中海的阳光下、巴黎的花市中，一下子坠入到战争的阴霾里，陷落在了敌人占领的恐怖中。周围空气的反差、心头情绪的跌落，令燕南园 60 号小楼黯然失色。北大、清华南迁，往日书声琅琅的校园，一片死寂，熟悉与不熟悉的老师、同学，随着南迁，走的走散的散，独独留着一所挂着美国星条旗的燕京大学。60 号小楼两位主人如坐孤城，早间带露的鲜花，也不能引起爱花女主人的兴趣。

还要留在已无香馨的花丛里吗？还要留在阴霾下的燕园吗？

但是，此时的冰心有孕在身，燕大没有停课，没有南迁，吴文藻照常上课，只是欧美带回来一肚子的计划与设想，却已无心付诸实施。随时都有坏消息传进燕园，任何一个消息都会打乱人的心情与生活的节奏，人心惶惶，便是如此。冰心就是在这种惶惑中产下了女婴吴宗黎，接生的依然是协和医院的林巧稚大夫，三个孩子都由她亲自迎接到了这个世界。静夜长谈，多是感慨，都是希望早早离开已不属于自己的北平，可是到哪里去呢？

走的决心已下，只是婴儿太小，不知走向何方。

当时，就在北平附近的西山，便活跃着一支抗日的游击队，游击队里也有燕大的学生。严寒的冬天来临，郊野的生存格外困难，燕大学生秘密为他们助捐衣被。在燕园，师生都有爱心，自行繁衍的猫很多，为游击队收集冬衣的人，以"小猫"为代号，深夜便学了猫叫，到老师家收集捐献的物品。只要听到小猫叫的声音，冰心便会起床，将准备好的衣物，从后门送出。有一次感觉东西少了点儿，吴母便说，将垫在床上的褥子抽出一条捐给他们，还说，山上冷，叫他们盖得厚一点儿。

年假之后，下一个学期的课已排好，但是，下一个学年呢？吴文藻作为文学院院长、社会学主任、担任多门课的教授，本应开始考虑，现在怎么办呢？吴文藻楼上楼下地走着，那些书、那些字画、那些家庭文件，每一件都会引起无限的回忆。当孩子们进入梦乡，冰心便会起来陪陪吴文藻，是的，如何舍得下这个由他们一点一滴筑起来的爱巢？欧式的家具，精致的摆设，温馨的窗帘，一切的一切，都得割舍，都得离它们远去？还有墙上挂着的字画！吴文藻除教学之外，爱好收藏，从古代到当代的字画，每次到琉璃厂，除了买书便是购画，然后兴冲冲地回来，一件件地摊开，如获至宝，如数家珍。有一张靠窗的金丝楠半边桌，未上书架、未入书橱的新书都摆在那儿，几乎是一月一换，朋友和学生来访，首先便是站在窗前翻阅吴先生买的新书。还有那一大筐一大筐的教材，整理出来就是大部头的书，有时冰心会说，"如果你有郑振铎先生的那种著书热情就好了"。可是，丈夫只是笑笑，永远是在不停地充实他的教材，不肯成书，现在也要抛下那多年的心血吗？多少个不眠之夜，这对年轻的夫妇相对无言，冰心有时还会轻松一刻，说当年真不该选那个李清照来做论文，现在他们也真成了赵明诚与李易安了。

对 60 号小楼感情的割舍，对燕园的感情割舍，实在太难。吴文藻在住进这座小楼之后，便将自己的终生追求确定在燕园，圈定在社会学中国化的学科上，冰心则是随着未名湖的粼粼波光，灵魂都荡漾在燕园了。现在要走，如何向未名湖告别，如何向燕园说明，如何向司徒雷登辞行？北平沦陷后，司徒雷登曾告诉他们，燕京大学还要办下去，他刚刚从汉口回来，国民政府希望燕京大学在华北继续办下去。同时，美国也是一个保护伞，他将竭尽全力保障学校的安全、学生与老师的安全。但冰心和吴文藻都认为，国难当头，作为一个中国的知识分子，不能不将自己的命运与事业，置于民族的大义之下，他们不能在这里一边听着隔壁清华园日军拷问教授的皮鞭声，一边在波光粼粼的燕园心平气和地讲课，这做不到！冰心说她和文藻都无法接受不走的现实，无法接受在安静的环境里，等待抗战的胜利。司徒雷登仍然和以前一样，平静地听着冰心的诉说，并不去打断她，之后又望了望吴文藻。冰心不是一个感情外露的人，但此时眼里已蓄满泪水，她说，燕大虽然不受干扰，但出入城关，看到北平在日伪统治下的惨状实在气愤，而北大和清华都已南迁，朋友们都走了，闻一多、罗常培、朱自清、俞平伯、吴有训、冯友兰、梁实秋、金岳霖、陈岱孙、浦薛凤……一个个都走了！司徒雷登似乎还想争取一下，说："可是吴宓先生不但不想走，还给我和陆志韦用英文写了一封长信，要求到燕大来当英语老师，周作人先生也没有走，依然来校上课。"司徒雷登不动情感地劝说:"你们知道,我办燕大的理想,是为中国培养人才,而当今国家有难,我们不能只看到眼前,战争不会太久,战后更是需要大量的建设人才,建立强盛的国家与民族。"并且告诉他们,北大、清华都南迁,燕大秋季还可能扩大招生。"你们也知道,我最器重的三个系,国文系、社会学系、新闻系,你这一走,燕大定要受到影响的,冰心你这一走,燕大的人心就动摇了。"司徒雷登还是希望他们三思而后行。但冰心这一回固执地回绝了,希望校长能理解他们的感情,这也是保持自己民族尊严的底线!

司徒雷登的挽留是意料中的事情,但两人去意已定。接下来的是为法学院下年度的人员聘用、招生规模、课程设计等提出方案,纵然是走,也得对得起校长,对得起燕大。为了尊重司徒雷登的挽留之情,两人商量以告假的方式离开,他们依然属于燕大。同时,要尽快确定去向,联系应聘学校。若到后方去,云南自然是首选,清华、北大与南开战时的西南联合大学已在昆明建立,但此时联大也是人满为患。又想起了云南大学,此时任校长的是熊庆来,三年前曾是清华大学的物理系的教授、主任,与萨本栋同事,自然也是熟悉的。冰心还记得,熊校长曾来家里做过客。正在他们想与熊校长联系之际,顾毓琇从汉口来电话,关心和询问他们的去向。顾此时任国民政府教育次长,知道他们的想法后,便告诉了一个信息,由于战时国家的重心转移到西南,所以,熊庆来想将云南大学升格,由省立升为国立,目前正在做此努力。

这个信息对吴文藻十分重要,大学从省立升为国立,自然在学术平台上要加重分量,此时加盟云大,正是机会。吴文藻本想致函熊庆来校长,热心的顾毓琇电话又来了,说是有一个好的机会。云大为了加重其学术研究的分量,充实师资,正准备申请举办人类学讲座,而这个讲座,吴文藻知道可以向庚款董事会申请经费。于是,事情很快有了眉目,熊庆来知道吴文藻愿意来云大担任讲座教授,十分高兴,当即回复尚在汉口的顾毓琇,并即着手申请教席与费用。

冰心则开始做离去的准备,实际上这种准备从年初便已开始。东西卖的卖了,捐的捐了,剩下的衣物送人,学生来了合适的便让他们穿走，大师傅与富奶奶，任他们挑选，贵重的而又带不走的、或不便带在身边的、或是舍不得一同去流亡冒险的，便一一装箱。

现在让我们一道与 60 号小楼的女主人来整理、收集他们家的珍宝吧：

日记。吴文藻的日记，从清华求学起，平均一年两本，开始是毛笔，到了美国改为钢笔，二十一年，计有四十余本。作为一个社会学家的日记，所记录的信息，比之梁实秋的《清华八年》《放洋赴美》，比之浦薛凤《万里江山一梦中》，比之顾毓琇的《求学清华》《波士顿》等等，会丰富多少？冰心的日记，美国留学三年，除写作《寄小读者》外，也记日记，《寄小读者》写给人看，日记留给自己，有多少心灵的秘密藏在这三年的日记中？四五十个日记本，放在一起，装成一箱。

信函。冰心与吴文藻的通信，自一九二三至一九二九年，长达六年，恋爱中的信函，从信封、邮票到信笺，都透出一股温馨一份爱意，多少呀？简单数数，根据冰心的回忆，热恋中的吴文藻每天给她写信，周末还用快递，现在都整齐地分装在十几个蓝色的布篓之中，等候装箱。母亲的信函，寄往美国的、从上海寄往北平的，字迹隽秀，看字便是一种享受，更何况阅信？不敢打开，就原封不动地装箱吧。朋友的信，"小读者"的信，更是多，拿出来都可以当诗来吟当散文来读。还有父亲年轻时，从海上写给母亲的信与诗，母亲去世后，郑重地交给女儿保存。好了，现在就让它们在一起，足足有了两箱。

照片。大大小小的相片，小孩子的相片，旅行的照片，足有十几个相册。冰心的照片，与同时代的人相比，算是最多的。她有一个爱照相、且可以在相机传入中国不久便可以消费得起的父亲；有一个先是爱好后成职业，以相机四处记录现场、田野调查的恋人、丈夫，这些相册也装成一箱吧。

字画和画册。从古代，宋、元、明、清，至现代，吴文藻喜欢的字画便会购下，刘放园也不断地将自认为符合吴文藻口味的送来，一一装裱，可举办一个规模不小的字画展览。还有友人送给冰心的，挑选出几幅带走，比如梁启超的楹联，清代黄应谌的《柴门迎客图》，她实在是喜欢那个深山柴门、儿童迎客的意境，其他的都装了箱。

书，大量的书，许多的签名本。吴文藻的书多是大部头，他找出一些认为必须带走的，其他的全部装箱，欧美原版书居多。冰心留下的签名本居多，"如泰戈尔《新月集》及其他；Virginia Woolf 的 *To The Light House* 及其他；鲁迅，周作人，老舍，巴金，丁玲，雪林，淑华，茅盾……一起差不多在一百本以上。再就是各种善本书，各种画集，笺谱"。郑振铎赠送的《北平笺谱》也在里面，多想带走它呀！

再就是各种纪念品，自小留下来，朋友赠送的，留学搜集的，北平市场掏来的，还有刚刚从罗马、威尼斯、巴黎、伦敦、列宁格勒、莫斯科等地带回来的，也都装箱。怕被碰伤，细心的冰心让学生用报纸一一包裹。只是带走了在山西大同得来的两个铜制托盘，美国留学时使用过的开信封的小刀与暖身的水壶。

全部收集起来，装箱，点了一下数，整整十五只木箱。并且还不包括吴文藻几十布箧的笔记与教材。当这个数字清点下来，冰心几乎晕倒：一个与李清照相同的数字。当金兵攻陷东京（今开封），住在山东淄州（今淄博）的李清照与赵明诚，心中一片茫然，不知如何是好。直到此时，他们才感觉到，国家对他们而言意味着什么，战事一起，天下大乱，小家庭那么多的盈箱满箧的文物金石字画，如何处置？平日的把玩与欣赏，今日却是成了无法安置之物了！相隔几百年，情景却相似："既长物不能尽载，乃先去书之重大印本者，又去画之多幅者，又去古器之无款识者，后又去书之监本者，画之平常者，器之重大者。凡屡减去，尚载书十五车"。冰心自己则是"一切陈设家具，送人的送人，捐的捐了，卖的卖了，只剩下一些我们认为最宝贵的东西，不舍得让它与我们一同去流亡冒险的，我们就珍重地装起寄存在燕京大学课堂的楼上"。"十五车"与"十五箱"，只不过，李清照"十五车"宝物送到南京赵明诚的老家，而自己的"十五箱"宝物，安置到屋顶阁楼上了。面对这些木箱，冰心自语道："我不敢自拟于李易安，但我的确有一个和李易安一样的，喜好收集的丈夫！我和李易安不同的，就是她对于她的遭遇，只有愁叹怨恨，我却从始至终就认为战争是暂时的，正义和真理是要最后得胜的。以文物惨痛的损失，来换取人类最高的理智的觉悟，

还是一件值得的事！"（《丢不掉的珍宝》）

六月三日，星期五，本学期的最后一课，也是吴文藻在燕大的最后一课，这使他想起了都德描写普法战争的《最后一课》，那种对母语、对祖国的眷恋之情，便都灌注到了他的讲课中去了。作为社会学的博士，总是在冷静地观察、记录与思考，此时的吴教授在讲到文明史中的文化成长论时，激情难抑，几欲落泪。下课了，学生代表命全体起立，向他们尊敬的教授赠送墨迹甫干的长卷：

悲愤应难已，问此时绝裾温峤投身何地？莫道英雄无用武，尚有中原万里！胡郁郁今犹居此？驹隙光阴容易过，恐河清不为愁人俟。闻吾语，当奋起。青衫搔首人间世，叹年来兴亡吊遍，残山剩水！如此乾坤须整顿，应有异人间起，君与我安知非是？漫说大言成事少，彼当年刘季犹斯耳，旁观论，一笑置。

潘博金缕曲一首：

文藻先生将有云南之行，燕京大学社会学系诸同学眷恋师门，殷殷惜别，谋有所赠，以申敬意，乃出此幅，属余书之。余书何足以当赠品？他日此幅纵为文藻先生所重视，务须声明所重者诸同学之敬意，而于余书渺不相涉，否则必蒙嗜痂之诮，殊为不值也。附此预言，藉博一粲。

　　　　　　　　　　　　廿七年六月杭县吴雷川并识

六、从昆明到重庆

一九三八年初秋，冰心一家老小六人（包括保姆富奶奶），在燕南园60号小楼前留影后，携了必备的行装，开始了拖儿带女的逃难之行。

先乘火车到天津，走水路，经上海，到香港。在香港，逃亡到这里的三弟为楫，知姐姐体弱，硬板床难以入眠，专门买了一张可折叠、带弹簧的垫子，让带着上路；表兄刘放园考虑到他们要进入云南，必须先乘船到安南（今越南的海防），经河内，然后再坐小火车去昆明，一家老小，长途跋涉，旅途艰辛可想而知，便安排自己家的大丫头瑞雯一路协助。冰心说，这一路，旅途的困顿曲折，心绪的恶劣悲愤，都不能细说。

吴文藻来云南大学，体现为国民政府支援边疆的教育，薪酬由中英庚款董事会支付，项目是开办"人类学讲座"。中英庚款董事会给他指定两项任务：一、在校教书；二、为该会派来的科学人员做边疆民族调查研究工作做指导。吴文藻此时在社会学方面已有很高的声望，他的到来对云大的建设将会产生重要的影响。云大则在"人类学讲座"的基础上，建立社会学系，熊庆来请吴文藻出任系主任。吴文藻不仅以云大与云南建设为课题进行研究，提出云大办学与云南建设的方略，同时对边疆教育、民族问题、民主建政发表了政意与文章。他的《云南大学与地方需要》《论边疆教育》《民主的意义》和《论社会制度的性质与范围》等论文，都是这一时期的研究成果。在出任社会系主任后，吴文藻组织了一个由燕大与云大联手的合作机构——"合作研究工作站"。经费的三分之二来自燕大的关系，其余出自地方捐款。有了这个研究工作站，吴文藻先后将费孝通、翁独健、林耀华、李有义、瞿同祖等介绍到云大教书，或做研究工作。他们几乎都是当时一流的社会学教学与研究人员，"燕京学派"的大本营，已经从燕大转移到了云大。

冰心先在家做起了贤妻良母，相夫教子，成了日常生活。后因为躲避轰炸，从昆明迁到郊外的呈贡县城，在五台山上找了一处独立的看墓人住的房子，谐音会意，称之为"默庐"。这是一个有风景的地方，冰心除了为师范学校义务兼课，便想静下心来，开始写作，并且已经有了长篇散文《默庐试笔》面世。但这个心境很快就被打乱了。

先是父亲在北平病逝，就是她在日本演讲中说到的，不能为父亲奔丧。接到大弟为涵的来信，未读完，一口血竟涌了上来。一代海军宿将，最后在沦陷的北平孤独地离去，连最爱的女儿在父亲临终前的孝道都未能尽到，也不能回去奔丧。冰心凝视大弟为涵寄来的父亲灵堂的相片，满处花圈，两旁的挽联："五十年榘范曾垂亲老见沧桑别有伤心羁燕市／八千里噩音忽至生前论功业不堪回首话楼船。"同时大弟还请人代吴文藻拟一挽联："分为半子情等家人远道那堪闻噩耗／本是生离竟成死别深闺何以慰哀思。"信中除了表示对远在西南边陲的姐姐的关心，还谈到了自己在北平的艰难处境，近来常发热出汗，身体瘦弱不堪，但又不敢多请假，怕请假多了，公司取消食粮配给。"华妹一定要为我订牛奶，劝我吃鸡蛋，但是耗费太大，不得不将我的提琴托人出售，因为家里已没有可卖之物……一切均亏得华妹操心，这个家真亏她维持下去……"冰心读着大弟的信，心如刀绞，不仅是担心，似乎还有一种不祥的预兆。果然不久，大弟谢为涵在贫病交加之中死去，年仅三十八岁，留下五个未成年的孩子。

另一件事是吴文藻的讲座受阻。因为在民族问题上与傅斯年观点不同，傅斯年向朱家骅状告吴文藻，中英庚款资助的"人类学讲座"中止，撤去了吴文藻的学术基石。这时顾毓琇从重庆来信，言及宋美龄领导的"新运妇女指导委员会"缺少一名文化事业组组长，希望冰心能到重庆担任此职，宋美龄以威尔斯利女子学院校友的名义，邀请冰心到重庆参加抗日，别闲居在昆明一个小地方了。刚刚建立起来的默庐生活，又被打乱，一切想要做的事情，又得中止。呈贡简易师专的学生，知道谢老师又将远行，赶来默庐话别，冰心应学生李培伦请求，留下笔墨一幅：

　　一发青山愁万种，干戈尚满南东，几时才见九州同？纵然空世事，世事岂成空。胡马窥江陈组练，有人虎帐从容，王师江镇相逢九原翁，应恨世上少豪雄。

　　培伦同学从乌龙浦来，匆匆索书此以为赠。

　　　　　　　　　　　　二十九年秋八月　冰心

冰心开始并未答应宋美龄的邀请，说是要先看看再说。这个决定的过程，记载在《我所见到的蒋夫人》一文中。朋友在信函中转述宋美龄的意思，"希望尽快见到冰心，让她坐飞机来重庆"。恰好重庆有个学术会邀请吴文藻出席，于是，夫妻两人乘了飞机，来到重庆。宋美龄的生活秘书钱用和来迎接。为了躲避轰炸与酷暑，蒋介石与宋美龄此时不在城里曾家岩德安里的"尧庐"办公，而是避至郊外的黄山别墅官邸。这里原是乡绅黄云阶的别墅，抗战时期由国民政府征用，宋美龄从美国募捐了一笔钱，修缮并加建，计有"云岫""松厅""松亭""云栖""云峰""草亭"等多处楼台亭阁，参差坐落在山坡树丛之中。除蒋宋夫妻外，何应钦、美国总统特使马歇尔等也经常住在山上。陪同冰心前往的有张蔼真和"妇指会"的几位组长，先坐小汽船过江，然后坐滑竿上山。"这天，凝聚在雨中的浓雾随风飘动，到处都能听到溪流声，雄伟陡峭的山壁上郁郁葱葱、树木丛生，一个又一个的山峰在我们眼前滑过。""到了半山腰，进入官邸用地，门口站着持枪的卫兵，里面是整洁的弯路和草地。绕了好多圈后，轿子在小楼前落下。那是蒋夫人的秘书们工作的地方，中国和美国女秘书们正用打字机打着字。"在蒋夫人的住处"松厅"楼，冰心见到了慕名已久的校友。

初次见面，恰如《红楼梦》描写凤姐那样，未见其人先闻其声。先是听到宋美龄用英语打电话的声音，随着放电话听筒咔嚓一声响，蒋夫人倏然走了进来。"我们俩握手后面对面坐下，我不知是惊还是喜。在我至今为止见到的妇女中，确实从未有过像夫人那样敏锐聪颖的人。她身材苗条、精神饱满，特别是那双澄清的眼睛美丽动人。"

开始时她们用汉语交谈，当说到美国母校时，俩人情不自禁地用起了英语。冰心认为，"和中文相比，夫人好像更能轻松地用英语交谈"。其实，冰心自己何尝不是这样？之后，宋美龄开门见山，希望冰心能到妇女指导委员会工作，并且说，"谢女士，国难当头，我们必须一个不漏地动员所有的国民。你应该利用自己的影响力指导青年团体。不能再闲居在昆明郊外的小地方了"。冰心也笑着说，也不能说在昆明郊外的小地方就不能抗战。宋美龄觉得也是，便笑了起来。临了，宋美龄留冰心和"妇指会"成员们一起吃午饭，亲自在桌上烧了咖啡，还给她们吃了她自己做的点心。这让冰心觉得不可思议，重务在身的夫人怎能有时间去厨房呢？

　　初次见面仍未谈妥。宋美龄是个办事利索的人，三天后，便差人询问结果，冰心再次去了黄山。见面时，冰心就宋美龄的邀请，谈了一些实际问题。比如，孩子都还小，战时交通不便，搬家很困难，最重要的是丈夫吴文藻的工作。除此之外，自己身体也不太好，坐办公室做不来，所以还是想和原先一样，住在云南，做点儿……不等冰心说完，宋美龄便打断了她的话，"交通问题再多也能为你解决。我很清楚你有一个幸福的家庭。我并不想让你们家人分开什么的。战时的政府非常需要像吴先生那样做研究的教授。你的工作是一时的还是怎样我们以后商量，归根结底还是希望你们两位能来"。

　　来重庆的事情就这样说定了。"这天我第一次见到蒋委员长。和我们的想象不同，委员长的态度非常和蔼。最显眼的是他那双炯炯有神的眼睛和曲线分明的嘴形。喝完茶后，我们在客厅看了战争时期的新闻电影。"临别时，他们两位希望冰心和吴文藻约好，一同来黄山。"第三次是我与文藻同行，和蒋委员长夫妇以及二三位友人共进午餐。我们从昆明到重庆的搬家计划便在那天定了下来。"

　　冰心说的二三友人，大概是已在国防最高委员会任参事的浦薛凤、教育次长顾毓琇、"妇指会"总干事张蔼真吧。他们都极力劝说吴文藻来重庆，来参事室当参事，既做事又可继续研究。从事社会学研究的学者从政，不仅有可能，甚至可说有其理论基础与思想准备。吴文藻在昆明发表的两篇论文，都与直接从政有关。社会学者的理论，既可启迪他人，也可亲身实践，吴文藻最初的考虑多在前者，只是没有想到竟也由自己实践起来。

　　回到昆明，谢、吴"搬家"与"到重庆做官"，惊动四邻。羡慕、嫉妒、议论与不屑，在云大、在西南联大、在呈贡、在昆明传来传去。那时的教授与学者，似乎有些卑视从政的人。在龙泉镇麦地村，中国营造学社的林徽因给她的美国朋友费慰梅、费正清写信，报告昆明各种各样的战时生活，有可怜的金岳霖躲轰炸，有叶公超被日本人抓去，也有无聊的要去重庆做官的 Icy Heart。说，"朋友'Icy Heart'将飞往重庆去做官（再没有比这更无聊和无用的事了），她全家将乘飞机，家当将由一辆靠拉关系弄来的注册卡车全部运走，而时下成百有真正重要职务的人却因为汽油受限而不得旅行。她对我们国家一定是太有价值了！很抱歉，告诉你们这么一条没劲的消息！这里的事情各不相同，有非常坚毅的，也有让人十分扫兴和无聊的"。"Icy Heart"即是冰心，一个带有贬义性质的英直译，此时，连直呼其名都不愿意，可见情绪之强烈。这种强烈的反感情绪，既是《我们太太的客厅》的结怨，也是因为这样的事实："我们将乘卡车去四川，三十一个人，从七十岁的老人到一个刚出生的婴儿挤一个车厢，一家只准带八十公斤行李……"强烈的反差，令心气高傲的林徽因难以接受而又无可奈何。正如她自己所说，这就是生活。

　　果然，冰心一家六人（包括富奶奶），于十一月下旬，乘坐中华航空公司的飞机，飞往重庆，行李由大卡车随后运抵，富奶奶的丈夫黄志廷押运，一切都是根据最高当局的安排。至此，结束了冰心在昆明两年的潜居生活。飞机着陆在重庆珊瑚坝机场，战时陪都的机场建在长江中间一片裸露的河床上，机场的一侧流淌着江水，另一侧是柔软的细沙和光滑的圆石，枯黄的茅草与坑洼的江水，点缀其间。飞机在水泥的跑道上停稳，冰心牵着小女儿步下舷梯，等候在机场的浦薛凤、顾毓琇，从不远处踏着沙滩上的大石子摇摇晃晃地跑来。一见面，高兴地彼此握手、招呼，热情地接过冰心和吴文藻手中的行李，领着他们往岸上走。上了顾毓琇从教育部派来的汽车，立即便进入了市区。从山清水秀、平静悠然的呈贡，瞬息之间来到烟雾迷蒙、嘈杂忙乱的重庆，冰心的心里立即感觉到了反差。汽车在拥挤的蜿蜒山道上爬行，两旁林立着被敌机狂炸成的颓垣破壁，像是重回四年前游过的罗马废墟，街道来回奔跑着的车轿和匆匆的行人，都有一种紧迫感。顾毓琇风趣解释，说那是被飞机追赶养成的，遇上轰炸，行人车轿，一样的飞快，慢了就挤不进防空洞，就得挨炸。浦薛凤说，重庆建在华蓥山余脉上，一座真正的山城，没有一条北平城里那样平坦的大道，一出家门，就是上坡和下坡，重庆人都不习惯使银元哩，担心一不小心掉在地上便滚到江里去了！逗得满车的笑声。

重庆有着悠久的历史，但真正设市却是在一九二九年。一座山城，一时成了战时的陪都，国民政府各个部门的官员、社会各界的名流云集于此，加上敌机的轰炸，其忙乱拥挤的程度可想而知。尤为紧张的是住房，像样一点儿的房子早就挤得满满的，新建住房根本没有可能。冰心和吴文藻来到重庆，虽然宋美龄有过交代，但一时也是找不到合适的住房，只得先在教育次长顾毓琇租住的"嘉庐"临时安顿下来。

"嘉庐"是一栋建在山坡上独立的房子，顾毓琇住楼下。他们来到一间屋前，顾毓琇边开锁，边朝上努着嘴说："楼上是驻苏大使住的……"开门进去，是一间纵深的房间，虽然有点儿潮，采光也不好，但冰心并未计较，连连向顾毓琇和浦薛凤道谢。

"妇指会"文化事业组的办公地点设在上清寺的求精中学内，离中一路的"嘉庐"并不远。冰心在稍作安顿后，便开始上班，接过文化事业组长之职，方知仅以《妇女新运》为中心的刊物就有五种之多，《妇女新运月刊》《妇女新运周刊》《妇女新运双周刊》《妇女文化》《妇女新运通讯》等，还编辑、出版《妇女新运丛书》。这些刊物与丛书的内容，并非是冰心所熟悉的文学作品，主要用来宣传抗战建国、动员妇女投入抗日救亡运动、交流各地妇女工作经验等等。这对冰心来说都是陌生的。同时，文化事业组还开展了战时妇女生活状况的调查工作，比如重庆沙磁区女性生活调查、陪都职业妇女调查、妇女咨询处登记表统计、陪都托儿所调查等。冰心素喜静，备课与写作都是在安静的环境里进行，就是讲课，学生多一些，也不会像今天这么乱，如果要面对一摊子的杂事，真有些紧张。好在自己与宋美龄达成的是义务性质，许多的事情可以不介入、不参与，但有一件事情是必须亲力亲为的，就是以蒋夫人的名义设立的文学奖。

还是在上半年的"三八"妇女节，宋美龄为奖励妇女写作及提拔新进妇女作家，责成文化事业组举办了"蒋夫人文学奖金征文"活动。征奖资格以三十岁以上未曾出版过单行本著作的女性为限。文体规定为有关妇女问题的论文和文艺创作两种。奖金总额为三千二百元，由宋美龄从美国募捐而来。征文启事发表后，有五百五十二名妇女应征，收到征文稿件三百六十份。宋美龄亲自聘请吴贻芳、陈衡哲、陈布雷、郭沫若、朱光潜、谢冰心等知名人士组成"蒋夫人文学奖金评判委员会"进行评选。虽然以前自己并未参加过此类的评奖，但文学总是不陌生的。于是，冰心将初评选出的一百二十篇作品，分成论文卷与文艺卷，论文卷送陈衡哲、吴贻芳等人评阅，文艺卷由郭沫若、杨振声、苏雪林和她自己审阅。经过半年时间的努力，于"妇指会"成立三周年之际公布评奖结果，十六名参赛者中奖，获奖作品发表在《妇女新运》上。

有人将完成评奖的时间，定在一九四〇年的"双十节"，这是因为设立"蒋夫人文学奖金"的启事中，确有此安排，但实际操作则推迟到来年，其重要原因与沈兹九辞职有关，需要等待新组长到任。所以，宋美龄希望冰心尽快来重庆，哪怕是工作一段时间也好，便是与此项活动有关。冰心到任后，则是以她的影响，立即组织力量，完成这项已经推迟的评奖。这样，整个"妇指会"都松了一口气，张蔼真与冰心向宋美龄汇报了评奖的情况，宋美龄很高兴，并问冰心，国民党里有没有像样的女作家？这个话里的意思是，希望冰心成为国民党里的女作家，但冰心并不想加入党派，便岔开话题，说，也没有像样的男作家呀。宋美龄就说，"所以，希望通过你的影响，多为国民党、多为抗战做些工作"。

评奖结束之后，张蔼真请冰心对青年写作者做一次辅导，谈谈这次征文评奖中的有关问题，以提高女青年的写作能力。冰心爽快地答应了。就在"妇指会"成立三周年的纪念周中，冰心做了一次《由评阅蒋夫人文学奖金应征文卷谈到写作的练习》的演讲，从征文的优点与缺点开始引申出写作的条件，一二三、ABC，开列得很具体，都是一些写作与阅读的常识，但到最后，谈到了作者的修养与写作的风格："一个作家要养成他的风格，必须先养成冷静的头脑，严肃的生活和清高的人格。"具体列为三点："作家应当呈示问题，而不应当解决问题。也就是说作家应当站在客观立场上来透视社会，解剖社会，把社会黑暗给暴露出来。就好像易卜生的娜拉，也不过是呈示妇女问题罢了。所以当妇女们欢宴恭请他的时候，他只说了一句：'我写娜拉的时候，并没有想到您们。'""不要先有主义后写文章,因为先有主义便会左右你的一切,最好先根据发生的现象,然后再写文章。""不要受主观热情的驱使,而写宣传式的标语口号的文艺作品。使人看到感觉滥调和八股。"

冰心在接受宋美龄的聘任之后,同时以"信望久著之人员",遴选为第二届国民参政会参政员。国民参政会,是战时全国团结对外的民意机构,根据《国民参政会组织条例》规定,参政会只有询问、建议之权,所以参政员除定期开开会,提提建议之外,并无多少实权实事。但对冰心来说,却是一件新鲜的事情,起码可以作为一个交友会友的平台,平时见不到的人,一开会都来了。再说,参政员每月可享受薪水,开会还有车马费,既是一个民意机构,也是一个荣誉团体。如果不是有强烈的从政要求,当当参政员,还是蛮不错的。梁实秋与冰心一样,是参政员,享受同等待遇。有一次的参政会,陈布雷曾对冰心细声细语,希望她加入国民党,说是可以增添抗日的力量,也可增加党的光荣。冰心就说,夫人也有这个意思,但觉得还是在党外好,自由一些,至于说光荣更是不敢当的。作为女参政员,冰心也经常要接受报刊的访问。《中央日报》在一九三五年九月,对燕园中的冰心进行过访问,一连三天连载华剑的《述现代女作家谢冰心》的访问记。在重庆,《中央日报》两位记者布谷、岳兰,也是多次访问冰心,在"女参政员访问记"的系列报道中,冰心仍然是见面便告诉他们,不要问政治问题,也"千万不要用参政会的意见来问我",但一问到孩子,"她好像无法掩饰她广大的母爱对儿童深厚的同情心,才对记者说,她只是希望政府当局要极力督促出版界,赶快改善儿童教科书的印刷问题,因为教科书印刷模糊,不仅有损一般儿童的目力,并且会影响他们认字作文的兴趣,问题实在太大了"(《中央日报》一九四二年十一月一日)。

蒋介石提倡"新生活运动七周年纪念日","妇指会"组织了妇女工作比赛,开幕的那天,来了许多的人,蒋介石出席了开幕式。这是冰心来到"妇指会"之后参加的重要活动之一,文化事业组虽不是主办者,但宋美龄希望冰心出席并陪同吃"四菜一汤"的便饭,也让她见识了一下"新运"提倡者的生活方式。晚间,蒋介石与宋美龄发表了纪念广播讲话，并和工作人员聚餐，与中餐不一样，采取了分餐方式，说是这种分餐体现了"新运"推行的"卫生观念"。自到重庆后，参加了抗战建国的实际工作，冰心的心态也调整过来了，不再是家庭与孩子的世界，也不再是沉默静处，开始繁忙，办公、开会、演讲、组织活动，觉得很充实也很有意义，这是她的一生中少有的体验。

> 我渐渐地爱上了重庆，爱了重庆的"忙"，不讨厌重庆的"挤"，我最喜欢的还是那些和我在忙中挤中同工的兴奋的人们，不论是在市内，在近郊，或是远远的在生死关头地前线。我们是疲乏，却不颓丧，是痛苦却不悲凉，我们沉默地负起了时代的使命，我们向着同一的信念和希望迈进，我们知道那一天，就是我们自己，和全世界爱好正义和平的人们，所共同庆祝的一天，将要来到。我们从淡雾里携带了心上的阳光，以整齐的步伐，向东向北走，直到迎见了天上的阳光。

> （《从昆明到重庆》）

这时的吴文藻在国防最高委员会参事室任参事，负责教育与边疆事务。每日和太太一道，从黎明开始，迎见天上的阳光。

七、《关于女人》及其他

重庆的"忙"与"挤"并没有压倒病弱的冰心，她平日总爱静，爱独处，甚至爱孤寂，往往是在这种情景之下，涌来创作的灵感。但是，重庆出现了"奇迹"，她竟然可以在"嘉庐"拥挤杂乱的环境里，有了写作的激情。当重庆凄厉的防空警报响过，当惶悚的人们从防空洞中走出，当孩子的心情尚未从惊魂中缓过，冰心拿起了她的笔："砰砰砰，／三声土炮；／今日阳光好，／这又是警报！……群鹰在天上飞旋，／人们往山中奔走。／这声音／惊散了稳栖的禽鸟，／惊散了歌唱的秋收。……檐影下抬头，／整齐的一阵铁鸟，／正经过我的小楼。／傲慢地走，欢乐地追，／一霎时就消失在／天末银灰色的云堆。／咬紧了牙齿我回到屋中，／相迎的小脸笑得飞红，／"娘，你看见了那群鸽子？／有几个带着响弓？"／巨大的眼泪忽然滚到我的脸上，／乖乖，我的孩子，／我看见了五十四只鸽子，／可惜我没有带枪！"（《鸽子》）鸽子在诗中往往是和平的象征，这回，冰心通过孩子的视觉，改变了鸽子的本意，"我看见五十四只鸽子，可惜我没有带枪！"表达出诗人听警报躲轰炸的强烈的愤怒之情。

战时的重庆，不仅是政治军事中心，也成了文化中心。平时在南京、上海与北平等地出版的报纸与刊物，有的迁到重庆，有的开辟重庆版，而应战时需要创办的报刊也不在少数。报刊的出版，需要大量的稿源。那时中华全国文艺界抗敌协会设在重庆，老舍作为"文协"的主事人，联系与团结了一大批作家艺术家。冰心甫抵重庆，老舍闻讯，即在中法比瑞同学会举行茶话会，欢迎冰心和吴文藻抵渝，同时欢迎的还有茅盾、巴金、徐迟等来渝作家。在渝的作家郭沫若、田汉、张西曼、冯乃超等七十余人出席。喝茶是重庆人的习惯，手捧一杯清茶，纵论天下大事，欢迎茶会也取圆桌方式，自由组合入座，许多人都是文中神交，见面却是不识君，待自我介绍后，方拱手作揖，"久仰久仰"。冰心坐定，身旁竟是阳翰笙，他们之前也未见过面，但阳翰笙认识冰心，便主动打了招呼，说是年轻时便读过她的《繁星》《超人》等。交谈之后，给冰心留下了印象："态度洒脱，吐属不凡。我早知道他是一位多面手的作家，写过许多话剧和电影剧本，还有许多小说。……从我在报刊上读过的他的那些作品，都感到革命气息，跃然纸上。他抨击了地主和与帝国主义相勾结的买办资产阶级对于农民、渔民的残酷的剥削和压迫，赞美了人民武装斗争。'七七'事变以后，他又写了许多抗日的剧本和文章，来唤起中国民众的抗战激情。"（《我的朋友阳翰笙》）冰心虽然与阳翰笙，不属同一个朋友圈的人，但对他的感觉还是准确的，那时阳翰笙担任郭沫若领导的政治部三厅秘书，住在北碚乡下的全家大院，没有多么来往，这次聚会成了他们友谊的开始。那时，中共礼贤下士，常驻曾家岩的周恩来出席茶话会，大家互致问候。茶话会的新雨旧识，围绕着一个抗战文艺而交谈。这是冰心第一次见到中共领袖人物周恩来，晚年，她曾以不无夸张而又富有文学的语言，回忆到这次见面："会开始不久，总理从郊外匆匆地赶来。他一进到会场，就像一道阳光射进阴暗的屋子里那样，里面的气氛顿然不同了，人们欢喜活跃起来了！""只见他不论走到会场的哪一个角落，立刻就引起周围射来一双双钦佩的眼光，仰起一张张喜悦的笑脸。他是一股热流，一团火焰，给每个人以无限的光明和希望！"并将其比喻成重庆"一年难见几次的灿烂的阳光"！（《周恩来总理——我所敬仰的伟大的共产党员》）

冰心在重庆与昆明不一样，这里除了文化氛围外，还有许多了解和熟悉她的朋友，有懂得她的影响与意义的人士，包括政界的宋美龄、文艺界的老舍、作家中的梁实秋等。所以，她一到，报刊的编辑、记者便找上门来，不像在昆明，直到一年后燕大学生杨刚在香港接掌《大公报》文艺副刊之后，才催生了《默庐试笔》。重庆最早找上门来的是刘英士，吴文藻清华的同学，自然明白冰心的意义。那时，他主持《星期评论》（重庆版），希望冰心开设专栏，栏目的名称由冰心自己设定，他只管发稿、送稿费。冰心本来有两个现成的栏目可写，就是她在《默庐试笔》中所说的"难道是没有题材？两年前国外的旅行，两年来国家的遭遇，朋友的遭遇，一身的遭遇，死生流转之中，几乎每一段见闻，每日每夜和不同的人物的谈话；船上，车上，在极喧嚣的旅舍驿站中，在极悄静的农舍草棚里，清幽月影下，黯淡的灯光中，茶余，酒后，新的脸，旧的脸，老年人，中年人，少年人，男人，女人的悲哀感慨，愤激和奋兴，静静听来，危涕断肠，惊心动魄，不必引申，无须渲染，每一段，每一个，都是极精彩、极紧凑的每一个人格、每一个心性对这大时代的反应与呼叫！在这些人的自述和述事之中，再加以自己的经历和观察，都能极有条理有摆布地写出这全面抗战的洪涛怒吼的雷声"。在昆明本欲动笔写出这一切，然而，因为搬家被迫中止，按说，她现在可以动笔写出积压心头多时的一切，但激情过后，重燃就难。两个重大题材——周游世界与战时遭遇，对任何作家来说，都是极为珍贵的，尤其战争苦难是作家的财富，冰心持有丰厚，却不打算消费。那么写什么呢？这时的梁实秋提醒了她，梁以"子佳"的笔名，在《星期评论》上开设"雅舍小品"专栏，既不写抗日，甚至"与抗战有关的"也不写，于是，写写"孩子""衣裳""信"和"病"，还有"女人"。冰心半开玩笑说，写写女人如何？梁实秋写女人，可能还是女人更懂得女人，刘英士拍手欢迎，说写什么都行，只要是冰心女士写的。但冰心却严肃地说，不用冰心的名可行？刘英士转而不解，为何？以"男士"的名义专门谈"关于女人"，也许看的人更多，还可给紧张的战时生活，平添一些谈趣。冰心这样认为，也便这样写去，开篇的《我最尊敬和体贴她们》《我的择偶条件》，像是在众人面前的戏说，一种调侃、两份幽默、三成风趣，以四川人摆龙门阵的方式，一列开出对女人尊敬体贴的原因，而那选择什么样的女人作为配偶，竟然罗列了二十六条之多，要不是朋友"制止"，恐怕还得开列下去。这两篇文章，一改冰心以前的风格，似有一种忙乱中的洒脱与玩趣。但写着写着便变了调，不是关于女人的衣着打扮、容貌姿色、烹饪女红、打情骂俏，更不是关于女人红杏出墙，而是以轻松、调侃的笔调，一个一个地写起了身边的女人。从我的母亲写起，我的老师，我的三个弟媳，我的奶妈，我的同班，都是与自己人生有关的女人，我与她们的故事，没有一丝"荤腥"、没有一件"八卦"，甚至没有男性作家如《子夜》《蚀》中对"美腿""玉臂""腋毛"等性感描写，甚至也没有傅抱石"仕女图"中的婀娜多姿。一片素色啊，却也素得缤纷（只有一篇《我的学生》例外），从城里的"嘉庐"写到歌乐山的"默庐"，从早春写到酷暑写到秋凉写到寒冬，直到嘉陵江的流水泛出冰花，才落下她的生花妙笔，凝神眼前的红烛，听着窗外林间夜鸟低语，还幻想着与笔下的女人生活在一起的温情。

　　就在冰心庆幸以"男士"笔名带来写作的自由时，还是被眼尖的文学研究会的同仁叶绍钧先生识破，以为此等干净之文字，只有冰心可以写得出来，并且从这些文字中发现了冰心的变化："这回选读一篇散文，是从重庆一种叫作《星期评论》的杂志上选来的，那种杂志现在已经停刊了。作者'男士'在那里发表了十来篇散文，总标题是《关于女人》，每篇叙述他所亲近熟悉的一个女人。男士，当然是笔名，究竟是谁，无法考查。但据文坛消息家说，作者便是大家熟悉的冰心女士。从题取笔名的心理着想，也许是真的。现在假定他真，那么，冰心女士的作风改变了，她已经舍弃她的柔细清丽，转向着苍劲朴茂。"（翰先《男士的〈我的同班〉》，《国文杂志》（桂林）第一卷第四、五期）

冰心在写作《关于女人》时，窗外的场景发生了变化。开笔时在城里的"嘉庐"，但三家人长期挤住在一起，怎么行呢？在城里要找到宽裕一些的房子，就是陈布雷以侍卫室出面也难办到。初入渝时，尚在雾季（一般情景是九月中旬至来年的四月中旬），轰炸还不严重，纵是敌机偶有光顾，雾中的重庆，也多看不清楚，所以为患不剧。但是"五·一"刚过，阳光灿烂，有时万里无云，天气又热，成了敌机轰炸的最好时机，常常遥望天际，敌机像群鸦点点，密集地飞来。此时，警报声齐鸣，全城惶然，前呼后拥、抢天呼地向防空洞挤去。进入机关专用的防空洞秩序会好一些，但必须持有入洞证，天天躲轰炸，痛苦不堪言。浦薛凤在《重庆生涯》中有一段详细记录了逃警报的生活："敌机来袭，每期似有固定时间。有时总是上午，有时总是下午，也有总是薄暮，而且每次总以陆续三批为多。如在薄暮，则每当夕阳西斜，大家赶早晚膳。果然晚膳甫毕，预袭警报即响，红球即挂，再等一刻钟或十分钟则双红球挂出（晚上则悬挂两盏红灯），表示紧急警报，同时警响发出。夏季差不多天天如此。入防空洞，等于日常生活之一部分。""令人最感厌恶而痛苦者，厥为连续一星期之'疲劳轰炸'，即夜以继日，陆续分批来袭。每批多则二十余架，少则或仅两三架。往往警报甫告解除，市民正扶老携幼，自防空洞归家，坐未定，饭未毕，而呜呜之汽笛又作尖锐之哀鸣，令人哭笑不得，坐立不安。于是全市民众又得相率进洞挨炸。因此，人人要带些干粮，备些开水。一进洞，多则四五小时，少则总要两小时。何来烧饭工夫？何来购菜机会？天气又酷热，一般防空洞虽初入觉得阴凉，但人多气浊，汗流臭味，自亦难堪。小儿之啼哭，大小便之不方便，一切不堪言喻之生活，实只过来人才能领略。每次解除警报出洞，夜间则总见四处火光正已中弹而在燃烧中。白昼则亦见烟缕四起，表示落弹成绩。"最惨的是大隧道窒息案的发生，由于洞口堵塞不通风，几万人窒息而亡。浦薛凤第二日早晨赶到现场，但见"坡马路两旁，东一堆西一堆，尽是男女老幼之死尸，不可胜计，而且都是衣裤破碎，几乎赤身露体，面貌则一一狰狞可怕。大批员警正在监视扛抬尸身运往对江掩埋。予闻朱君语，初疑误会，及亲眼看见，却知事实。几疑自身在梦境中。而青天白日，明明夏天，明明我是清醒，明明是现实世界。大隧道绵亘数里，可藏数万人，闻通风扇恰已装置，而尚未启用。据（市长）国桢后来告我，司理开用通风扇之人，是晚固亦在洞中，一时慌乱拥挤，各顾各，而终究各不能自顾，闹成此一大惨案"。

这种躲轰炸、逃警报的生活，病弱的冰心岂是受得了的？况且身后还有三个孩子！恰在此时，活泼的小女儿从玩伴那儿感染上了麻疹，高烧不退，还得抱着她躲进潮湿阴暗、空气混浊的防空洞，一躲就是几小时，平时一刻也不停歇、甚至会追逐从"嘉庐"前开过的蒋委员长汽车的"野孩子"，现在像煮熟的热面条蜷缩在自己的怀里，真是心如刀绞。几个同时感染上的小伙伴没有扛过去，先后夭折，吴宗黎顽强命大，挺了过来。冰心想起了呈贡，下决心要找一处不需要跑警报的居所。通过朋友的关系，在嘉陵江岸的歌乐山上，找到一处土屋，先前曾租给中央银行职员做宿舍，环境不比"默庐"差，近有松林，远可眺望嘉陵江，到了晚间，磁器口、北碚的灯光一片，自己却隐在了山林之中。冰心看过后，觉得满意，询问业主，是出租还是出售？业主说缺钱用，如能买更好。冰心手头还有些版税，最后以六千元的价格购下，成了他们重庆的家。简单整理后，搬了进来，冰心为家起了一个名字——"潜庐"。有人解释这个"潜庐"含有政治的隐潜之意，实际上，与"默庐"相似，隐藏、静伏吧，尤其是躲避了敌机轰炸，也体现周边安静的环境。"歌乐山在重庆西边十六多英里，在重庆受最猛烈的轰炸时节，是最美丽安全的'疏建区'。海拔三千英尺，在渝西一带山岭之中，最为幽秀挺拔。而且山上栽遍了松树，终年是重重叠叠的松影，山径上遍铺着软软厚厚的松针。一个空军军官对我说，他从空中认得歌乐山，就是因着这一带

树林。他在兔儿山和陈家山浓密的松影之中，可以认得出我们小屋一角的灰瓦。"(《从歌乐山到箱根》)

虽然这里有时也要躲轰炸，但比起城里却是安全多了。搬进歌乐山中的"潜庐"，也有诸多的不方便之处，因离市区较远，上下山或徒步或坐轿（滑竿），再坐小船或汽船沿江行，上岸后再乘车至城中各处，上班、购物、开会、访友无不如此。每至一处，需要用的时间，或长或短，最快也得两三小时，遇上逃警报，那就更是另一回事了。在这种情况下，冰心如何能再到位于市中心的"妇指会"上班（哪怕每周仅一次）？宋美龄体谅她，且事先曾有"暂时的义务性质"的约定，所以，便同意冰心辞去职务。冰心对宋美龄也尽校友情谊，答应寻找她的接替人、答应如需要仍然可以挂她的名、答应"妇指会"需要帮忙仍会尽力，尤其是"妇指会"的刊物，写稿或组稿，都可尽到义务。宋美龄还叮嘱冰心，作为女参政员，要多为女界说话。

对于冰心的去留，定会引起外界猜测，《妇女新运》在《女作家近况》中，专门说到冰心，文称"谢冰心女士，现任新运妇女指导委员会文化事业组组长，去夏因病在歌乐山养病。其子女（一男二女）亦相随山居。其夫吴文藻博士则每星期末上山团叙。女士最近精神极佳，不久想能复原"。这则消息发表的时间为一九四二年春天，也就是说，冰心虽然没有直接参加"妇指会"的具体工作，但仍然挂名组长，实际的组长是冰心推荐的李满桂（笔名李曼瑰）。研究者以文献资料证明：冰心向宋美龄举荐时在金陵女大的李满桂接任，并得到了校长吴贻芳的同意。（熊飞宇《试论冰心与新运妇指会的关系》）

重庆版的《星期评论》没有办多久便停刊了，子佳的《雅舍小品》发表了十篇，男士的《关于女人》计有九篇，梁实秋继续写他的雅舍小品，"散见于当时渝昆等处"，冰心则停了下来。歇手一年，重庆版的《大公报》找上门来，这回是希望她重续前缘，写《再寄小读者》。冰心听后却是有些心动，自一九二三年写《寄小读者》以后，已经过去了二十个年头，二十年来，《寄小读者》不仅为她赢得了声誉，更是带给了许多的安慰。作品自从发表、出版以来，不知道收到多少小读者的来信，他们谈体会、感想，谈向往、理想，谈难事、好事，欢快而天真的每一句话，都令她感动。因为有了这些来信，总是感觉到小朋友就在自己的身边，旅途的孤独、生活的劳顿，便都有了安慰，现在要让她重续前缘，自然是一件乐意的事情，便满口答应下来。但当静夜思过，该从哪里下笔呢？却又有些犯难了。这回，完全可以写欧美远游了吧，但还是犹豫，会不会重复了二十年前的笔调？文学最忌重复，重复他人与重复自己都是大忌，那么，写抗战吧，可是，将仇恨的种子播在孩子的心田，是不是好呢？面对嘉陵江的流水，冰心想起逝去的青春岁月，想起慰冰湖畔曾读过的爱默生，那些以"论"打头的小品文，如《论艺术》《论生命》《论时间》等，不是对小读者会有启迪么？同时也想起了曾经翻译过的纪伯伦，不是常以一个命题而展开么？于是，"潜庐"中的《再寄小读者》，便是以这种形式出炉，论起了"友谊""母爱""生命"……

　　不要只想你能从朋友那里得到什么，也要想你的朋友能从你这里得到什么。

　　肯耕种的才有收获，能贡献的才配接受。

　　友谊是宁神药，是兴奋剂。

　　使你堕落、消沉的，不是你的好朋友。同时也要警惕，你是否在使你的朋友奋兴、向上？

　　友谊是大海中的灯塔，沙漠里的绿洲。

　　生命中不是永远快乐，也不是永远痛苦，快乐和痛苦是相生相成的。

　　在快乐中我们要感谢生命，在痛苦中我们也要感谢生命。

　　迥异于抒情的《寄小读者》，靠近的是纪伯伦。这样的警句俯拾皆是。如果按照此思路写下去，完全可能成为别一样的《寄小读者》，成为另一部经典，但是，冰心只写到"通讯四"便悄然消失了，以至到后来，她自己都不记得曾写过四篇《再寄小读者》。

不知道这种中断与为了赶写后面七篇《关于女人》有无关系？《星期评论》停刊一年多后，冰心已经将她的写作转移到《再寄小读者》上。到了一九四三年的春天，上海有一家叫"天地出版社"的公司托了冰心的学生来求稿，希望结集出版《关于女人》。冰心便把已经发表过的九篇文章交给他们，但出版社认为文字少了一些，希望能补写几篇，凑成一本。正在写作《再寄小读者》的冰心，答应了出版社的要求，可恰又在"春夏之交，病了一场"，前半部书已经排好了三个月，等后半部的米下锅。"'天地社'催稿的函件，雪片般的飞来，我只好以新愈之身，继续工作。山上客人不少，这三个星期之中，我在鸿儒谈笑、白丁往来之间，断断续续的又写了三万字，勉强结束。"这三万字便是后半部的七篇，从我的同学、我的学生、我的房东、我的邻居到我的朋友的太太和母亲等。一共十六篇，除了前面两篇泛泛调侃之外，每篇都写了一个女人，十四人。若论冰心的交往，与她接触甚至深交的女人不在少数，但是，出版社催得紧，版型等在那儿，当她写完《我的朋友的母亲》时，便搁笔了。最后写了"后记"，一九四三年九月，男士的《关于女人》，由天地出版社出版。印数五千本。

《关于女人》是一本什么样的书呢？竟然产生在抗战的岁月里。书前作者引用《红楼梦》言代序，似乎透出一二："我虽不学无文，又何妨用假语村言，敷衍出来，亦可使闺阁昭传，复可破一时之闷，醒同人之目，不亦宜乎？……"这种托假名、以假语的游戏写作，开始的一两篇，保持了这种风格，但往后便是认起真来，对与自己生命相关的女人，深深地敬佩起来。到了"后记"中，更是清楚地表达了作者的这种情感："我对于女人的看法，自己相信是很平淡，很稳静，很健全。她既不是诗人笔下的天仙，也不是失恋人心中的魔鬼，她只是和我们一样的，有感情有理性的动物。不过她感觉得更锐敏，反应得更迅速，表现得也更活跃。因此，她比男人多些颜色，也多些声音。在各种性格上，她也容易走向极端。她比我们更温柔，也更勇敢；更活泼，也更深沉；更细腻，也更尖刻……世界若没有女人，真不知这世界要变成怎么样子！我所能想象得到的是：世界上若没有女人，这世界至少要失去十分之五的'真'、十分之六的'善'、十分之七的'美'。"清楚地表明了作者托"男士"之名，表达对女人真善美的礼赞！

《关于女人》出版后，《妇女新运》有一长文对全书做了介绍，开篇便在作者的名字上做起了文章："'男士'在文坛上也许是一个陌生的名字，但聪明的读者们，如果细细欣赏《关于女人》这本书中轻松的笔调，细腻的描写，与乎优美的辞句，便会晓得'男士'先生在文坛上不但不陌生，并且还是一位不少青年男女倾倒崇拜的名作家呢。"从"男士先生"到"冰心女士"，提示着让读者产生联想。甚至在美国的朋友，直接向冰心索书："摘录美国的文艺杂志，称誉《关于女人》为：'The Best Seller Chingking'。"（重庆最畅销的书）

《关于女人》出版后，有关作者的猜测、文体的界定、文风的转变、抗战建国的意义等等，一直是人们感兴趣的话题。对于作者，《星期评论》陆续发表时直至天地图书公司出版单行本，虽然署名为"男士"，与作品的影响一样，引来一片猜测声，虽为猜测，但由于作者使用笔名并不是一个秘密，所以，从内部传出的消息，基本也就坐定了"男士"就是"冰心女士"。因而，当《关于女人》的版权易主，三年之后开明书店再版时，作者的署名为"冰心女士"了。

关于文体的界定，则是从开始到现在都存在着分歧。冰心从来都不会在写作时考虑到文体问题，她的最高原则是，心情、灵感与表达的自由。在不同的选本、不同的场合与文章中，她自己对《关于女人》的文体，便有"小说""特写"之谓，特写可视为散文的范畴。学者与编者的界定就更不得统一了，海峡纸质版《冰心全集》与网络版《冰心全集》都将其列入"散文""散文卷"，其他的选本根据选编者的需要与观念，或作为小说，或作为散文。文学史上，杨义将其列入小说散文集。后来还有散文化小说、自传体小说之说。江震龙、徐立钱在《小说？散文化小说？小说化散文——论冰心〈关于女人〉》中，则提出另一个观点：小说化散文。论者认为："《关于女人》的最大特质，是采用'男士'这种和冰心本人女性性别相反的言说方式，我们将之称为'性别错位言说模式'。它吸收小说叙述者'虚构'的特色，叙述者和隐含作者分离，同时又赋予新质——性别错位的虚构的言说者。散文的言说者，是作家进行散文创作的第一步，也是首要的一步。散文的'言说者'如同'叙述文学'中的叙述者一样，选择怎样一个'言说者'来表白作者的情感是十分重要的。……《关于女人》的言说者是'男士'，身份是四十岁未婚的中年男士。而其实作者冰心是一个'女士'，而且是个四十岁左右的已婚女士。这个言说者角色对《关于女人》的风格产生重大的影响。"

这个观点已经接近"同性爱"了，随着冰心关于"同性爱"演讲的发现，对这种以"男士"的假名、女性的视角而描写的对不同女性的赞美、欣赏、暧昧、幻想等等，包括"我的老师"T女士、"我的同学"C女士、"我的学生"S、"我的房东"R小姐等等，都可能做出"同性爱"描写的对象、或是具有"同性爱"色彩的判断，甚至整部作品都可以出现新解读。"对照冰心在慕贞女校的演讲，就应该不难理解何以这些描写会如此生动逼真。冰心在演讲中坦承曾在贝满读书期间'和一个四年级的同学好起来'，'还喜欢女教员'，且'因写给教员的信被那个高班的朋友发现，以致感情决裂'。这让我们感到，在虚构性作品中，冰心以男士身份写出对C女士（陈克俊）和T女士（丁淑静老师）的爱慕，应该是有她当年的情感做基础的。"在青年学者赵慧芳看来，"实际上，这应该是一种意味深长的'易性写作'：冰心是在以男士的身份重写当年经历过的同性爱情，试图把当年的同性爱在易性表达中写出，以达到既不逾规越矩、亦可告慰师友的效果。"（《冰心演讲同性爱》）

关于文风的转变，叶圣陶（翰先）当时曾有"舍弃柔细清丽，转向着苍劲朴茂"的断言，在这个简约结论基础上，解志熙做了较为详细的论述。他认为，二十世纪二十年代末至三十年代中期，冰心曾有个转变期，面对新出现的丁玲、萧红这些女作家，明智地减少了写作，"从而给予自己一个沉潜中拓展视野、积累体验、预备转型的过渡期"。这个过渡期，以《默庐试笔》而结束，这个"试笔"是转型的试笔。到了《关于女人》，"让人不禁感到那个曾经熟悉的'新青年'诗人和小说家已经隐退，而一个真正成熟的散文家则于焉现身。这是人与文的双重成熟：其时的冰心已经人到中年，经过自觉沉潜的准备和抗战风雨的洗礼，她的视野开阔了，体验丰富了，情感深化了，而又深知不能勉强自己写作超出个人经验的题材、不能单凭主观热情制作抗战八股、不能先有主义后写文章，所以她还是决意只写自己熟悉的人和事，但由此而来的作品却并非'与抗战无关'，反倒如冰心自己所说的那样，'我没有特别写宣传性的作品。我只是根据自己的经历写了一些作品，却因时势变成了抗战作品。'这是为什么呢？因为冰心的这些散文在书写身边人事的过程中，自然而然地溶入了民族的历史传统与现实情境、道德情操和文化趣味，从而达到了以小见大的效果和寓深厚于平淡的境界，读者从其从容洗练的文字中，可以亲切地体会到一个民族特有的风骨和胸襟，感受到作者成熟练达的人间情怀和宽厚坚韧的人格修养，因此获得的是深长的回味和成熟的风度"（《冰心四十年代佚文校读札记》）。

二〇一二年十月，我在重庆主持了冰心文学第四届国际学术研讨会，《关于女人》自然成了研讨会聚焦点，大会与分组发言者九十余人，其中有将近百分之十的论文论及《关于女人》，还有许多的论文则是涉及到了这部作品。不少学者都论述到《关于女人》在冰心创作中的转变与抗战建国的意义。陈漱渝认为："《关于女人》的创作意义，并非为解决中国妇女的生存困境提供疗救的药方，而主要在于展示中国从十九世纪末到二十世纪四十年代不同阶层妇女的生活形态，以供有志于改良中国社会的人们进行更为深沉的思考。"李文平则认为《关于女人》是大后方抗战文学的经典文本。"与抗战初期的文学作品多选择英雄人物的传奇故事相比较，进入相持阶段的大后方抗战文学作品，侧重选择普通人的战时平凡的生活为题材。如老舍的《四世同堂》、巴金的《寒夜》等名著都是以普通人的战时平凡生活作为选材对象的。因为普通人的战时平凡生活更具有普遍性与代表性，更能反映出民族战时的生存状态与精神面貌。"《关于女人》就是这样的一部作品。

《关于女人》带给人们最多的话题，还是冰心的女性观、性别意识甚至女权主义等话题，仅从这次研讨会上，就有多篇论文从这部作品出发，或引申、或作为重要的例证，来谈论女性的话题，甚至是后现代女性主义的话题。

八、清苦的"潜庐"

冰心迁上歌乐山后，不时有朋友来访，吴文藻参事室同僚浦薛凤是常客，老舍主持"文协"，上山也最勤快，还有赵清阁，临窗望嘉陵，持青灯一盏，聊得月落乌啼，繁星满天。郭沫若上山后，送来赞美诗一首："怪道新词少，病依江上楼。碧帘锁烟霭，红烛映清波。婉婉唱随乐，殷殷家国忧。微怜松石瘦，贞静立山头。"因为郭沫若的身份，"贞静立山头"被后人解读为对国民政府的清高与拒绝，其实，那应该是她的人格，无党派色彩，无论在什么环境下，冰心总能保持优雅的气质，对朋友的热情大方。"潜庐"待客，常常变出好酒好茶与咖啡，只要有一点儿好东西，总是将其留下，与朋友一起分享。其实，平时的生活清苦，在自家门前种南瓜，到水井挑水做饭，孩子们为多争几粒花生米，闹得不可开交。那时，三个孩子都已上学，儿子在北碚的南开中学住校，周末徒步上山，来回十几里，几百级的台阶，回到家总是饿得肚皮贴后脊梁。从北平带来的保姆富奶奶，一家人都来了，住在"潜庐"，还要供养他们的女儿上学。尽管吴文藻的薪水不低，月薪六百元，但打八折，到手只有四百八十元，比在昆明当教授低。冰心也有参政员的津贴，还有一些稿费，仍然是入不敷出。在北平，北新书局《冰心全集》有版税，北平沦陷后，北新书局受困，版税脱销，零星稿费真是太不经用，且多不准时。巴金见此情景，提议重新编辑北新版"全集"，易名《冰心著作集》，由开明出版社出版。冰心同意了，吴文藻知道后，说巴金是个值得信赖的朋友。为此，巴金写了一篇很动情的"后记"：

> 十几年前我是冰心的作品的爱读者（我从成都搭船去渝，经过泸县，我还上岸去买了一册《繁星》），我的哥哥比我还更

爱她的著作（他还抄过她的一篇小说《离家的一年》）。过去我们都是孤寂的孩子，从她的作品那里我们得到了不少的温暖的安慰。我们知道了爱星，爱海，而且我们从那些亲切而美丽的语句里重温了我们永久失去了的母爱。（我记得《超人》里的那个小孩，他爱他的母亲，也叫我们爱我们的母亲。世界上真的有不爱母亲的人么？）现在我不能说是不是那些著作也曾给我加添过一点生活的勇气，可是甚至在今夜对着一盏油灯，听着窗外的淅沥的雨声，我还能想起我们弟兄从书上抬起头相对微笑的情景。我抑止不住我的感激心情。固然我们都是三十几岁的人了，可是世间还有不少的孤寂的孩子。对于不幸的兄弟，我想把这《冰心著作集》当作一份新年礼物送给他们，希望曾经温慰过我们的孩子的心的这册书，也能够给他们在寒冷的夜间和寂寞的梦里送些许的温暖吧。

有一个场景与两次记载，反映了"潜庐"当时的清苦生活。

场景是，一九四一年除夕，"潜庐"主妇准备好白菜和粉条，希望丈夫从城里带回些肉来，全家能吃个有肉的年夜饭。抗战之后，孩子们一年到头很少吃肉，春节总要满足一下孩子的愿望，可左等右等，终不见爹爹回来。当吴文藻回来到"潜庐"时，已是夜半，肉没有带回，疲惫却是一身，几乎是在除夕之夜回不到家。吴文藻平日住城里"嘉庐"，上一趟山来回三四十公里，从中一路乘公共汽车，至大溪沟或牛角沱改乘小火轮，溯嘉陵江而上，至磁器口上岸，或再坐汽车，再登山而上，或步行一段，坐滑竿上山，每次都要花去两三小时。除夕夜等不到车，只得徒步，走了大半才碰巧搭上了熟人的车子，孩子们等不到爹爹，只得在睡梦中，体味有肉的年夜饭。

记载有两处，一处是西南联大的教授罗常培与梅月涵（贻琦）校长、郑毅生教授，从云南昆明到川东与川西，行程三月，考察民族与语言等，途经重庆，罗常培想到吴文藻与冰心，想去看看他们，也想在山上喘息几日。在《蜀道难》一文中写道：

　　十九日清早，一樵开车来接我们，八时三十分有预行警报，我们把车停在两路口等文藻，眼看着对面的坡上高高挂起一个红球，眼看着道旁的防空地图随时移动敌机的所在；一会儿退到恩施，一会儿又进入川境，可是文藻却杳无消息！九点四十分红球变成两个，空袭的哨子也响了，司机的抱怨，恐怕车子开不出市区，我们也焦急地望眼欲穿，正在这千钧一发的紧急关头，文藻算是姗姗地赶到了。于是，我们才叫司机开足马力往前奔，一樵的这部车年纪已经很大，早就比不上有钱机关所用的一九四一式了，而且前几天刚被敌机轰炸过……过山洞后，紧急警报响了，司机越发拼命往前开着，幸而路上并没发生更大的危险，我们居然在敌机没有临头以前安安全全地到了歌乐山。静下来一回想，这部车虽然破了，可是老福特的引擎"硬是要得"。

　　……

　　冰心虽然做了参政，招待朋友还是照常的殷勤，她的身体比在呈贡时稍微清减了一些，可精神老是那么兴奋着，尤其在剪烛清谈的时候，她总是娓娓不休地越说越高兴。潜庐小而精雅，面对着嘉陵江，老远的望见星罗棋布的几堆房子，那便是沙坪坝和磁器口……夜深人静的时候，除去松涛竹韵之外，往往还从隔壁的林家庙飘送过一两声发人深省的梵呗，越发显出山中清幽的趣味来……

　　这天，顾毓琇题诗一首："皎皎中秋月，征人梦欲还。露华今夜白，歌乐在斯山。"

　　另一处是冰心自己的记载：

　　一九四二年春，文藻得了很重的肺炎，我陪他在山下的"中央医院"也就是"上海医学院"的附属医院，住了将近一个月，他受到内科钱德主任的精心医治，据钱主任说肺炎一般在一星期内外，必有一个转折期，那时才知凶吉。但是文藻那时的高烧一直延长到十三天！有一天早上，护士试过了他的脉搏，惊惶而悄悄地告诉我说："他的脉搏只有三十六下了。"急得我赶紧跑到医院后面的宿舍里去找王鹏万大夫夫妇——他的爱人张女士是我的同学——那时我只觉得双腿发软，连一座小小的山坡都走不上去！等我和王大夫夫妇回到病房来时，看见文藻身上的被子已被掀过来了，床边站满了大夫和护士，我想他一定"完"了！回头看见窗前桌上放着两碗刚送来的早餐热粥，我端起碗来一口气都喝下去。我觉得这以后我要办的事多得很，没有一点力气是不行的。谁知道再一回头看到文藻翻了一个身，长长地嘘了一口气，迸出一身冷汗。大夫们都高兴地又把被子给他盖上，说："这转折点终于来了！"又都回头对我笑说，"好了，您不用难过……"我擦着脸上的汗说："你们辛苦了！他就是这么一个人，什么都慢！"

（《我的老伴——吴文藻》）

吴文藻在医院再住些天，便搬回了歌乐山。住院的费用很高，就是国防最高委员会也没有"公费医疗"一说，还好，陈布雷批准报销了医药费用，让冰心渡过了难关。回家后，正好是"五一"节，大女儿宗远的生日，见到爸爸和妈妈，女儿上来诉苦，说富奶奶只给她吃了一个上面插了一支小蜡烛的馒头。吴文藻和冰心也都苦笑了一下，但父亲看见小女儿宗黎穿着浅黄色的衣裙，头上结了一条大黄缎带，跑上来抱着爹爹，吴文藻的脸上露出了病后第一次微笑。当时，家中连为病后的吴文藻买点儿补品的钱都没有，还是一位做生意的亲戚，送来了一只鸡和两只广柑，算是给吴文藻病后进补。回到家中的吴文藻，仍然咳得厉害，尤其是晚上。冰心曾听人说，广柑连皮炖后再加上白砂糖是治咳嗽的偏方，便将其中的一只让先炖了，可吴文藻觉得又涩又咸，怎么也喝不下去。冰心觉得奇怪，说广柑本是甜的，又加了白糖，怎么会咸呢？吴文藻说，真的，实在难以下咽。于是，冰心便接过来尝了一口，果然，又涩又咸，这才恍然大悟，原来是自己误将盐巴当白糖了，又舍不得扔掉，自己一仰脖子全都喝了下去。

清苦的"潜庐"，终于熬到了胜利之日。一九四五年八月十五日，日本天皇发布诏书，接受《波茨坦公告》，宣布无条件投降。中国人民长达八年的抗战，终于取得最后的胜利。重庆狂欢，整个山城沸腾，马路上到处挤满了市民，一阵阵锣鼓的声音，一队队火炬游行的队伍，涌向市中心象征中国人民抗战决心与意志的"精神堡垒碑"，报纸的号外价钱高到一百元一张。美国、苏联、英国、法国使馆的汽车驶过街头，车头上插着各国的国旗，行人又是一阵夹道欢呼。手里拿着酒瓶的美国兵，在街头被人围在中间。冰心在歌乐山上，"望着满天的繁星，和山下满地的繁灯，听到这盼望了八年的消息！在这震撼如狂潮之中，经过了一阵昏乱的沉默。就有几个小孩子放声大笑，有几个大孩子放声大哭，有几个男客人疯狂似的围着我要酒喝"！（《给日本的女性》）看着周围的孩子与朋友，冰心既没有笑，也没有哭，更没有喝酒，独自一人沉默着，久久在眺望夜空的远方！

在战后去向的选择中，冰心回到了燕南园。虽然"校景外观，一点儿没有改变"，但当他们走到 60 号住宅时，却是面目全非，庭院香溢四邻的紫藤花，连架子都不在了，廊前的红月季与白玫瑰，一株不存！无人居住，门却虚掩，走进去死寂一般，当年的欢乐哪儿去了？依然没有说话，直接登上阁楼，已是四壁如徒，空无一物，离去时留的装有珍宝的箱子不翼而飞。望着眼前的景象，心中空洞无着，都不敢多加停留，默然地站了一会儿，就转身下来。楼前遇到当年的工友，被告知，美国宣战之日，燕大就被封了，60 号小楼成了日本宪兵的驻所，吴先生的书室，成了拷问教授的地方。那些箱子，不知去向。

当时为了安全起见，还有一些箱子藏匿在教学楼的阁楼上，是不是可以躲过厄运？一时还存侥幸，但当她满怀虚怯的心情，走上存放东西的大楼顶阁——侥幸的心情彻底打碎了。小屋敞开着，捻开电灯一看，也是空洞四壁！日记、书信、书籍、字画……藏匿在十五箱的东西，荡然无存！一切都丧失了！冰心没有说话，还是走了进去，祈望着哪个角落出现奇迹，但是，没有，连一本书一片残纸也不曾有。

白发工友拿着钥匙站在门口，看见冰心无言的惨默，悄悄地走了过来，抱歉似的安慰说："在珍珠港事变的第二天清早，日本兵就包围燕京大学，学生们都撵出去了，我们都被锁了起来。第二天我们也被撵了出去，一直到去年八月，我们回来的时候，发现各个楼里都空了，而且楼房拆改得不成样子。……您的东西……大概也和别人的一样，再也找不回来了。不过……我真高兴……这几年您倒还健康。"

是的，只有这个理由才能让她站起来，走下楼去，还活着！还健康地活着！

这就是冰心的全部抗战生活，逃难、失去亲人、颠沛流离、在山头上过着清苦的生活，不仅荒废了写作，现在连已有的创造与积累，手迹、书信、版本、收藏、字画……都失去了，这一切都不是因为罪恶的战争，日本的入侵而造成的灾难吗？然而，冰心觉得宽慰的是，她以自己微薄之力，亲自参加了国民政府领导的抗战建国的大业，参加了作为一个国家与民族不屈灵魂的铸造，没有在燕南园等待胜利的到来，"从古至今，从东到西，不知道有多少人，占有过比我多上几百倍几千倍的珍宝。这些珍宝，毁灭的不必说了，未毁灭的，也不知已经换过几个主人！我的日记，我的书信，描写叙述当年当地的经过与心情的，当然可贵，但是，正如那老工友所说的，我还健在！我还能叙述，我还能描写，我还能传播我的哲学"！（《丢不掉的珍宝》）

当我在回溯与研究冰心长达八年的战时生活，描写因战争加之于她的失去、痛苦与灾难时，发现她并没有因为这一切，动摇与改变她所坚信的爱的哲学，直到走进战争的敌国——日本，仍是没有憎恨，没有改变爱的信念，并且如她所说，还能叙述，还能描写，还要继续传播她的爱的哲学。谢文秋的质疑，正是对这种哲学的质疑吧。

这是一种多么强大的精神力量。

在研究它的形成与传播时，必须回到源头与基点！

第二章 威海、长乐、连城、侯官、上海、烟台、福州、北京

一、军门与官宦之后

十九世纪六十年代中叶，清政府吃过洋人坚船利炮的苦头，接受了左宗棠的上疏，选择福州马尾建立造船基地，从造船到驾船一体化，以创办求是堂艺局开始（后称"船政学堂"），培养造船技术和海军人才。第一批学员便有严复、邓世昌、刘步蟾等海军名宿，从而也使福州成了中国海军的摇篮。

冰心的祖父谢銮恩与严复为同代人。严复在船政学堂毕业后，经过五年的船舰实习，进入到英国伦敦格林威治的皇家海军学院（Royal Naval College）留学。回国后，先在福州船政学堂任教习，之后到天津北洋水师学堂任"洋文正教习"。谢銮恩从长乐迁至侯官（福州），成为谢家第一位识字者后，在"三坊七巷"中的光禄坊道南祠设学授徒。一八八一年，冰心的父亲谢葆璋十七岁，"正好祖父的朋友严复（又陵）老先生，回到福州来招海军学生，他看见了我的父亲，认为这个青年可以'投笔从戎'，就给我父亲出了一道诗题，是'月到中秋分外明'，还有一道八股的破题。父亲都做出来了。在一个穷教书匠的家里，能够有

一个孩子去当'兵'领饷，也还是一件好事，于是我的父亲就穿上一件用伯父们的两件长衫和半斤棉花缝成的棉袍，跟着严老先生到天津紫竹林的水师学堂，去当了一名驾驶生"（《我的故乡》）。

冰心是这样叙述的，并且记下了一个细节，说，从福建乍一到北方，觉得天津特别冷！谢葆璋穿的是夹裤和很薄的棉袍，因为年轻还能挺过去，但却在一个除夕的晚上，因为看《三国演义》，让严又陵先生看见了，罚他站在院子桌子上，整整地站了一夜，手脚都冻麻木了。冰心很为父亲抱不平，除夕应该算是假期，《三国演义》应该不算坏书，严老先生怎能如此罚他？

实际上，军人之间的情谊便是这样结下的，无论哪一个朝代的军人，都必须有严明的纪律。谢葆璋也因为得到如此严厉的"关照"，四年之后，以第一名的成绩结束课堂学习，同届毕业的有郑汝成、沈寿堃、陈如升、黎元洪等。谢葆璋被派上"威远"号练习舰实习。一八八七年初，清政府在德国订购的两艘军舰下水，改变了谢葆璋的命运，将他推向了七年后发生在黄海的血战。那两艘军舰，一艘定名"经远"，另一艘为"来远"。同时，在英国下水的也有两艘，一为"致远"，一为"靖远"。李鸿章决定不再由洋人送舰来华，拟派北洋水师官兵前往接收，用他奏折里的话说，既可免"雇募资遣之烦"，又可使接舰的官兵"复得沿途练习之益"。派往德国接收军舰的管驾官为邱宝仁与林永升，此后分别成为这两艘军舰的管带（舰长），谢葆璋作为见习生参加了这次接舰的行动。派往英国的则是邓世昌与叶祖珪。这次接收军舰的行动，在晚清历史上可说是蔚为壮观的一幕。接舰官兵四百余人，在北洋水师提督丁汝昌的亲自率领下，乘坐招商局的轮船，浩浩荡荡地从天津出发，越太平洋，过大西洋，转过半个多的地球，先到英国，继而抵德。那时，英、德两国为了争取远东帝国丰厚的订单，投入了最先进的技术，设计与打造重量级的装甲巡洋舰（steel armoured cruisers）。接收军舰的大清帝国海军官兵，每到一地都受到友好的接待。当德国的"来远"与"经远"驶抵英国，与这里的"致远"与"靖远"会合时，在英国的朴茨茅斯港举行了隆重的接舰仪式。在这个仪式上，却遇到了一件尴尬的事情。按照海军的传统，军舰交接仪式上，必须演奏国歌，但自大而闭关锁国的大清王朝，根本没有国歌，主方只得临时演奏一首颇具中国情调的民歌《妈妈好糊涂》，代替了庄严的国歌。这件尴尬事给年轻军官谢葆璋留下深刻的印象，以至多次在女儿面前愤愤地说："那时堂堂一个中国，竟连一首国歌都没有！"

不过，接收的编组舰队回国还是浩浩荡荡，气势如虹。官兵都有一种自豪感，这么大这么漂亮的巡洋舰，由着自己驾驶，在十月的金风里，穿越波涛汹涌的大西洋，过好望角，经印度洋，一路乘风破浪，直至一个晨风习习的早间，即一八八八年十二月十日，顺利地抵达福建厦门港。水师提督丁汝昌率"定远"舰等在晨风中迎接。因为严冬，北方封港，直至翌年的夏初，四艘巡洋舰才通过台湾海峡驶往北方，四月二十五日抵天津大沽，正式加入北洋水师。

这一段经历，对年轻海军军官谢葆璋来说太重要了，不仅是驾驶技术得到了历练，而且让他开阔了视野。将近一年的远洋生活，耳闻目濡，无不受到西方现代思想的冲击与影响，这与从未走出过国门的人境界大不一样，并且将体现于日后的思想与行为，体现于对女儿的呵护与教育。晚年的冰心说到这件事时，仍然透出些许自豪："父亲大概没有在英国留过学，但是作为一名巡洋舰上的青年军官，他到过好几个国家，如英国、日本。"自从踏上"来远"号的那一刻，谢葆璋便开始了与这艘铁甲战舰同生死共存亡的命运。一年之后（一八八九年），谢葆璋被提升为北洋水师右翼左营守备。同年六月，"来远"号与"定远""镇远""致远""靖远""经远""威远""济远"号等，开始访问周边国家。先是朝鲜仁川港，次年一月，舰队从上海出发，巡阅台澎防务抵达香港，三月访问越南西贡、新加坡和小吕宋等南洋各口，直至五月，浩浩荡荡的舰队回到威海卫。一八九一年六七月间，又访问日本马关、神户、横滨和长崎。每次，谢葆璋都随舰队出访，既得到了锻炼，也收获了机缘。一八九二年，北洋大臣李鸿章呈奏光绪皇帝，"升署北洋海军右翼左营守备（谢葆璋）充'来远'船驾驶二副"。此时离甲午海战还有两年。

　　两年的时间当然可以做很多事情，北洋舰队再次访问朝鲜、日本、新加坡等，但重大的历史事件，往往发生在瞬间。先是六月日本海军联合舰队十二艘军舰对北洋舰队不宣而战，偷袭了护送援兵赴朝的"济远""广乙""操江"及运兵船"高升"号。之后是九月黄海大东沟的海战，当谢葆璋驾驶的"来远"号在错误的旗语指挥下，排在横队的中心位置迎敌时，已是十分被动了。有关这次海战，在此无法多作描述。我只能说，当海战一个多小时后，北洋水师只剩下"定远""镇远""靖远"与"来远"四艘战舰时，他们同仇敌忾，与敌死战。当日舰以优势兵力包围上来，"来远"号的官兵英勇还击。以下是当年的战场记载，我将其录于此："受弹累百，船尾发火，烈焰飞腾，延及小弹子舱，枪弹四射，机舱为浓烟所蒙。各管轮受熏头目俱眩。三管轮张斌元复身舱底避烟，以调度办事，闻令钟响，强起，手扪左右针，挨机进退。帮带大副张哲溁、枪炮官谢葆璋，策励兵士救水火渐息，复得归队。"当他们再次冲向日舰，同样也是受伤累累的敌舰畏惧了，"及见我队散而复整，且惧有雷艇暗袭，即向东南飞驶而去，华舰跟追十数里，时已向暮，日舰驶甚速，转瞬不见。于是收队，驶回旅顺"。（《甲午战事纪》《清末海军史料》，此处"枪炮官谢葆璋"有误，实为驾驶二副）战斗结束后，"来远"号伤痕累累，当它驶归旅顺港时，中外人士目睹损伤如此严重的军舰，尚能平安返航，大为惊叹。同时，人员伤亡十分惨重，谢葆璋虽未受重伤，但他妻子的一位堂侄在海战中阵亡。炮弹打穿他的腹部，肠子炸出，飞溅到烟囱上，谢葆璋含泪将烧焦的肠子撕下，放回到他的遗体中。

　　成了作家的冰心，不知道多少次用文字、以语言，满含血泪讲述了这段悲壮的战事。而且一讲到父亲的甲午海战，就激动，就恸哭，甚至当众毫不掩饰地大哭，她说，她无法平静，毫不掩饰她的血管里流淌着军人的血。

　　"来远"号没有在大东沟海战中葬身黄海，次年初，加入威海卫保卫战："（二月五日）夜间，日军在南岸炮台掩护下，在南岸鹿角嘴炮台下偷偷地破拆水雷防材，然后派鱼雷艇进港偷袭，击沉北洋海军'定远''来远'（舰上官兵大部殉难，得救者仅为二十余人）……"（《冰心志》）这二十多人中，便有谢葆璋。甲午海战之后，清政府取消了北洋水师的建制，数以千计劫后余生的海军官兵被遣散回乡。在一个月夜里，谢葆璋回到了故乡，当他叩动隆普营那扇大门时，妻子杨福慈急急开门，月光下看到丈夫的脸，"才有两个指头那么宽"。

此后的三年多时间，谢葆璋与妻子杨福慈才有了一段比较安定的生活。以前海上漂泊，总是"会少离多"，战败让他们夫妇终于可以厮守，但厮守也不平静，谢葆璋的心仍系海上，他那曾视之为生命、业已沉没大海的舰船，他那情同手足的如今已是大海冤魂的兄弟。表面是平静与温柔之乡，内在却是漂泊与刚烈的精神渴求，冰心就是在这样一种心情下，种下的一颗美丽的种子。

此时，谢家的居住地为侯官隆普营，冰心曾祖父这一代才进城，之前，祖祖辈辈都是长乐横岭村的农民。因为天灾，逃到福州城里学做裁缝，这和遍布全球的第一代华侨一样，都是为祖国的天灾人祸所迫，漂洋过海，靠着不用资本的三把刀——剪刀（成衣业）、厨刀（饭馆业）、剃刀（理发业）起家，不过曾祖父没有逃得那么远。那时做裁缝的是一年三节，即春节、端午节、中秋节，才可以到人家去要账。这一年的春节，曾祖父外出要钱的时候，因为不认得字，被赖了账，他两手空空垂头丧气地回到家里。等米下锅的曾祖母听到这不幸的消息，沉默了一会儿，就含泪走了出去，半天没有进来。曾祖父出去看时，她已在墙角的树上自缢了！连忙将其救下，两人抱头痛哭，这对刚刚进城的年轻农民，在寒风中跪下对天立誓：将来如蒙天赐一个儿子，拼死拼活，也要让他读书识字，好替父亲记账、讨账。祖父是曾祖母一连生了四个女儿之后才得到的男孩，成为谢家第一个识文断字之人。

所有的传记，在描述到母亲杨福慈时，基本使用了这样的语言：出身书香门第，曾有过良好的家庭影响与教育。幼年不幸，十四岁父母双亡，由叔父杨颂岩抚养成人。九岁时，杨父与同为学官的谢銮恩，作诗论文时定下的"娃娃亲"，直到十九岁，嫁入谢家。这些叙述基本从冰心的回忆而来。实际上，杨家不仅是书香之家，且是进士门第。前六代出了以两江总督杨簠为代表的十二名进士，十二名举人。从第六代开始又形成以杨树庄为代表的"海军世家"。十七世纪二十年代，杨济的第八代孙杨有略，从连城芷溪迁至侯官（福州）谋生，开始以卖笔为生，后得到书院监院的同情，免费接收其儿子杨兰起（杨福慈曾祖父）入院读书。兰起公不负众望，中举成名为官。历任甘肃宁远知县、延榆绥兵备道、江宁布政使加一级、二品文官钦赐花翎顶戴。以后，代代奋发读书，文武人才辈出：杨福慈的祖父杨际春（又名庆琛），是清代嘉庆二十五年（1820）庚辰科进士，钦点刑部山东主事，审理过许多重大疑难案件。他还是诗人、书法家，诗集颇丰，存有《绛雪山房诗集》，是林则徐密友，其来往信札曾被高价拍卖，为世人收藏。杨福慈的父亲杨维屏是道光十五年（1835）乙未科举人，历任甘肃隆德、中卫及河北束鹿等县知县。杨福慈出生于福州，幼年时同其堂姐妹四人，聘请名儒为其家庭教师。九岁之前，熟读"四书五经"，古典名著，能诗善文，是为杨家的一位才女。母亲去世时，冰心曾有过如许的评价："谈到母亲看的书，真是比我们家里什么人看的都多。从小说、弹词到杂志、报纸，旧的、创作的、译述的，她都爱看。平时好的时候，天天夜里，不是做活计，就是看书。总到十一二点才睡。晨兴绝早，梳洗完毕，刀尺和书，又上手了。她的针线盒里，总是有书的，她看完又喜欢和我们谈论，新颖的见解，总使我们惊奇，有许多新名词，我们还是先从她的口中听到的，如'普罗文学'之类。我常默然自惭，觉得我们在新思想上反像个遗少，做了落伍者！"（《南归》）

嫁到谢家的杨福慈，由于丈夫多在海上，离多会少，曾经有过多愁善感的"幽怨"，在和谢葆璋的通信中，时有这种夫唱妇随的幽怨诗文。这些后来都由冰心收藏，也都藏在燕南园那十五个箱子里，与其他的珍宝一同丢失，只有几句诗文存在冰心记忆中，"□□□□□□□／此身何事学牵牛，／燕山闽海遥相隔，／会少离多不自由"。

也就是说，这颗美丽的种子也是两个以诗唱和的人共同播撒的。

二、女娃谢婉莹

公元一九〇〇年十月五日，清光绪二十六年，农历庚子年闰八月十二日，一个女婴降生，起名谢婉莹。正是这一年，义和团、八国联军先后将北京城弄得满目疮痍，南方的福州也受波及，社会动荡、人心不安，在二十世纪曙光初露之时，弥漫在大街小巷。在多事之秋，一个女婴的出生，是再平常不过的事情了，不可能有任何记载。我是在看到冰心晚年于谢氏家族合影照的背后、亲自开列的谱系表中，看到这个女婴夹在这个大家族中的位置：祖父谢銮恩（大德）高居其上，以下是四位学字辈的儿子，分别为谢学廉（字葆琨，号耿如）、谢学清（字葆珪，号穆如）、谢学朗（字葆璋，号镜如）与谢学浚（字葆球，号哲如），冰心的父亲排行老三，再下一辈便是她自己了。这一辈的男丁是"为"字辈，女子则为"婉"字辈，"为"字辈中有九位兄弟，"婉"字辈中有六个姐妹，上头有大姐婉珠、二姐婉榕、三姐婉聪，以下还有五妹婉铿、六妹婉×，冰心为四妹婉莹。在这么一个大家族中，一个小小的女婴跻身其间，别说在社会，就是在这个家族中，能有多大的位置？好在冰心的祖父谢銮恩老先生虽然高高在上，但为人开明，少有封建社会普遍持有的重男轻女之陋习。一个月夜，祖父在院里乘凉，曾笑着对婉莹说："园里最初开三蒂莲的时候，正好我们大家庭中添了你们三个姊妹。大家都欢喜，说是应了花瑞。"（《往事·一》）那幅摄于一九二九年的照片中，可见谢氏家族的阵容，老老少少、男男女女，总共有三十四人之多，但冰心一家不在其间。面对这张照片，我则作如是想：如果谢葆璋一家也在其中，谢婉莹仅为跻身这个大家族中的一名女子，会如何呢？还有日后的冰心么？

关于出生地，冰心有如下的表述："我出生在福州城内的隆普营。这所祖父租来的房子里，住着我们的大家庭，院里有一个池子，那时福州常发大水，水大的时候，池子里的金鱼都游到我们的屋里来。"（《我的故乡》)福州是一座有两千多年历史的古城，城内有三山两塔（三山即于山、乌山与屏山，两塔即乌塔与白塔），隆普营便是在乌山之下，乌塔之旁。隆普称营而不称巷，那是因为这里曾是驻扎军队之所，后成为民居，环境幽静。与隆普营一箭之地，便是当年福州的中心区域，著名的三坊七巷（三坊是衣锦坊、文儒坊、光禄坊，七巷是杨桥巷、郎官巷、安民巷、黄巷、塔巷、宫巷、吉庇巷）。冰心出生时，福州府城由闽县与侯官县组成，隆普营属于侯官。三坊七巷可谓建筑典雅、人文荟萃，是一处既封闭又开放、既有达官贵人居所又网布平民生活情调的建筑群。所谓封闭，指的是居住在这里的人，大都藏富掖财，坊、巷、府、家自成格局，将楼台亭阁、珠玉繁华藏掩于院门之内，往往是一角小门，关下了一方锦衣天地；但他们又大开大合地走出去，出坊越巷，走出福州，翻越武夷山、仙霞岭，或远涉台湾海峡、环太平洋，来到华夏各处，前往世界各地，从而成为高官巨贾、伟人壮士、文化名流。仅仅是冰心出生前后百年时间，先后从这里走出的影响中国甚至影响世界的人物便有林则徐、陈宝琛、沈葆桢、林纾、林旭、梁章钜、严复、郑孝胥、陈衍、陈季良、林长民、林觉民、胡也频、邓拓等等几十位。在一个小小的地方，如此密集地涌现如此重量级的人物，极属罕见。在中国现代史上，他们几乎在滚动历史的车轮，为推动中国历史的进程提供思想与营养。试问，有从事社会变革不受《天演论》（严复译）影响者？有新文学写作而不受"林译小说"启迪者？

当我在列具上述名单时，肯定有人提出质疑，他们属于福州？他们声名并不都是发生在福州呀！这是不错的，也是问题的关键。福建简称为"闽"，这是一个能反映问题本质的象形字，在门内只能是一条虫，大虫，最多为蛇为蟒，只有走出了那个门框，蛇蟒才可成龙。福州可以称之为骄傲的、所有重量级的人物，均是走出福州之后才出现的，要在福州城内寻找本土养育出的大人物，几乎没有可能。

于是，我们看到，这个大家族中名为谢婉莹的女婴，恰恰也是契入了这个规则，而且出走时间非常早，早到竟是在七个月的襁褓里。

谢葆璋在种下那颗美丽种子的同时，便又离开了故乡。清廷决定恢复北洋舰队，原"靖远"舰管带叶祖珪出任统领，原"康济"舰管带萨镇冰成为帮统，同时兼任"海圻"号巡洋舰管带，他要挑选的第一个副手，就是谢葆璋。

"海圻"舰帮带（副舰长）谢葆璋，因管带为兼职，日常的军事与管理事务，便要履行管带（舰长）之职，除了军舰停泊港口之外，须臾不得离开。在昌寿里租房，接家人团聚，是军人谢葆璋，也是父亲、丈夫、儿子谢葆璋的两全之策。那一刻，谢葆璋将七个月大的女儿托在掌心，犹如托着一颗稚嫩的幼芽……

我始终认为，童年于作家极其重要，能否成为一个作家，童年便已注定，成为一个什么样的作家，也可以从他的童年生活中寻找痕迹。巴金的忧郁、丁玲的反叛、老舍的平民、沈从文的诡异，都可以在童年中寻找到根由。大家庭中普通的女婴，却是父母的掌上明珠。因前面两胎的夭折，这第三胎到来时，母亲发誓，无论男女都要加倍爱护。临盆时父亲特地到教会请了一个洋医生来接生，使得这颗幼芽一来这个世界，便受到了格外的呵护。

首先自然得有爱的条件，当时中国大多数家庭，缺少这个条件，但谢家有。谢葆璋作为中国最大巡洋舰的副舰长，俸禄自然不低，虽不能说锦衣玉食，却也是衣食无忧，尤其是谢葆璋已有了初步的民主思想，开明的家庭氛围，使得这种爱具有现代文明的色彩。比如，封建社会对女性的爱，重要一点是要塑造她一双小脚，谓之"三寸金莲"，甚至是越小越好，小脚成了女人第二个美丽的性器官。但谢家抛弃了这个封建陋习式的爱，放任女儿的脚与男儿的脚一样自由生长，设想，谢婉莹如果裹了小小的一双"三寸金莲"，会不会走入现代作家的行列？

此外，谢婉莹有一个非常爱她的母亲。三岁的小婉莹，有一次忽然走到母亲的跟前，仰起小脸，问母亲："妈妈，你到底为什么爱我？"母亲放下针线，用面颊抵住女儿的前额，温柔地、不迟疑地说："不为什么，——只因你是我的女儿！"这"不为什么"四个字，给幼小的婉莹极大的震撼："从她口里说出来，何等刚决，何等无回旋！她爱我……不附带任何条件的，唯一的理由，就是我是她的女儿。"（《寄小读者》）

无论是从"不为什么"的本能的爱，还是因为产子早夭复得后的倍加珍爱，都有理由说明婉莹的爱是应得的。实际上还有一条很重要的原因，那便是谢婉莹自小的聪明、伶俐，或者说聪慧过人所赢得的爱。

只不过三个月大吧，偏又多病，听见端药杯的人的脚步声，惊怕啼哭时，竟会从围在前的众人中，以乞怜的眼光，不望别人，向着母亲，似乎已经从人群里认识了自己的母亲！七个月时，在福州至上海的轮船上，母亲抱着女儿站在栏杆旁，海波声中，竟会呼唤"妈妈"和"姊姊"。一岁多便开始爱美，还爱照相。"海圻"号巡洋舰副舰长，有一套照相的行头，似药箱般大的照相机，架起来得用黑布遮着，还有一大堆冲洗照片的器具，漏斗、盆儿、夹子、烤光板等等，这些也成了小婉莹的最爱。那时，虽然照相技术已经传入中国，但在家中能有技术与设备照相者，凤毛麟角也，可晚年的冰心在叙述这件事时，平实得一点儿也不夸口，倒是以此来显示童年的俏皮：儿时的婉莹，头发短又密，没有一刻的安静，早晨左右两个小辫，总是梳不起来。没有法子，母亲便请父亲帮忙。"站好了，站好了，要照相了！"父亲拿着照相匣子，假作照着。又短又粗的两个小辫子，就这样在逗乐中将就编成。

谢葆璋享受这种天伦之乐的时光并不多，他得驾驶着"海圻"号巡洋舰，在大海上巡逻，一年之中没有几天在家。小婉莹便天天盼着爹爹回来，母亲为了安慰她，夏夜有时坐在马车上，带她到黄浦滩上去兜风。当父亲上岸时，便会待在家里二门不出，一来陪伴妻子女儿，二是怕舰长"萨统"派水兵来唤他。一次，有水兵来传父亲上舰，小婉莹急了，拉住水兵的手，不让他走。水兵笑了："不行，不走要打屁股的！"小婉莹听说打屁股，忙问："谁叫打？用什么打？"水兵说："军官叫打就打，用绳子打，打起来就是'一打'，'一打'就是十二下。"小婉莹天真，仰着头看水兵："绳子打不疼吧？"水兵便用手指比划着吓唬她："呵！你试试看，我们船上用的绳索粗着呢，浸透了水，打起来比棒子还疼呢！"小婉莹更急了："我父亲若不回去，萨统会打他吧？"水兵这才摇头笑了："不会的，当官的顶多也就记一个过。萨统很少打人，你父亲也不打人，打起来也只打'半打'，还叫用干索子。""那就不疼了吧？""那就好多了……"说话间，父亲已换好军服出来，小婉莹只得眼巴巴地望着父亲出门去了。

一次婉莹大病，正值暑月，父亲又不在家。昏迷中的婉莹断断续续说着话，都不是两三岁的孩子所能够说出的。女儿奇异的表现，增加了母亲无名的恐惧。母亲打电报给父亲，说女儿身体和灵魂上都已不能再支持。忽然一阵大风雨，重病的幼女、疲乏的奶妈和深忧的母亲，全都沉沉地睡了一大觉。醒来时，像是那一番风雨，把女儿从死神的怀抱中接回来了，清新活泼，全无病意。

而令母亲慌恐的还不是女儿的病，母亲最怕女儿愣神，有时呆坐一两个小时，定定地面壁或望着外面的风景，不动不说话、不哭也不笑，令母亲心底发毛。这是一个什么样的孩子呢？生身母亲也不知晓！

三、海边的野孩子

一九〇二年，谢葆璋接受了一项新任命。北洋海军统领叶祖珪，利用中日甲午战争时防卫烟台之嵩武军左营旧址，设立海军练营以训练水兵。"海圻"号巡洋舰帮带谢葆璋被任命为练营的管带。次年，叶祖珪、萨镇冰这两位福建籍的北洋海军统领，又做出决定，在练营中附设水师学堂，而他们的爱将谢葆璋则以练营管带的身份兼任学堂监督（校长）。一九〇四年一月十八日，烟台水师学堂正式开学。组建海军练营、开办水师学堂，在北洋水师以至在晚清的海防建设中，具有战略意义：甲午海战中，北洋水师在旅顺与威海的海军学校毁于战火，五年之后，天津水师学堂在八国联军入侵后停办。重建后的北洋舰队，没有一处培养人才的基地。建立烟台练营与水师学堂的构想，便是在这个情景下提出的。经过五年海军学校严格训练、有过惨痛的海上作战经历、有着指挥"海圻"号巡洋舰等海军经验的谢葆璋，成为这个战略思考的具体执行者。于是，不仅是谢葆璋，包括他的一家，便从繁华的上海，搬到了清冷的烟台。

烟台是北方重要的港口，三面环绕的大海，一下子便涌入小婉莹的面前，从此结下不解之缘。早慧的婉莹，变了花样，上演着无数的淘气与可爱。这时保护她与爱她的人，主角已悄悄发生变化，由先前的母亲，转移到父亲身上。她人生的第一堂文化课就是父亲上的。那时父亲忙于拟订筹建海军学校的方案，婉莹却时刻缠着他，说这问那，父亲只得停下笔，指着墙上那副对联："此地有崇山峻岭茂林修竹，是能读三坟五典八索九丘"，说："你也学着认认字好不好？你看那对子上的山、竹、三、五、八、九这几个字不都很容易认吗？"于是，婉莹也像父亲一样，拿起一枝笔，坐在父亲的桌旁，一边读一边写，很快竟也把对联上的二十二个字都会念会写了，但全然不知道是啥意思。直到晚年，冰心忆及此事，仍然说："直到现在我还不知道这'三坟五典八索九丘'究竟是哪几本古书。"

婉莹六岁时才有了第一个弟弟，之前，她是这个海军校长家庭的"独子"，常常跟在父亲的后面，出没兵营、军舰、炮台与水兵之间。父亲想让女儿也像一个小水兵，让母亲专门缝制了一套小军服，这样婉莹跟在父亲的后面，显得更神气了一些。"因着母亲的病弱，和家里的冷静，使得我整天跟在父亲的身边，参加了他的种种工作与活动，得到了连一般男子都得不到的经验。为一切方便起见，我总是男装，常着军服。父母叫我'阿哥'，弟弟们称呼我'哥哥'，弄得后来我自己也忘其所以了。"冰心说，完全是童年的环境把她惯成了一个"野孩子"。父亲如果在办公，她也不回家，喜爱□□□□或讨好上司的下属，便会将其带走，"游踪所及，是旗台，炮台□□海军码头，火药库，龙王庙。我的谈伴是修理枪炮的工人，看守□库的残废兵士，水手，军官，他们多半是山东人，和蔼而质朴□□告诉我许多海上新奇悲壮的故事。有时也遇见农夫和渔人，谈□□中海上的家常。那时除了我的母亲和父亲同事的太太们外，几乎□□见不到一个女性"（《我的童年》）。

于是，她跟□父亲学打枪。砰砰的枪声亦如过年的鞭炮，觉得甚是热闹和好玩。

于是，□跟父亲学骑马。海军学校有两匹用来送信与文件的老白马与小黄马，老白马温顺，小黄马调皮，但都和她结下了友谊。不过，每回与父亲一同骑马，小婉莹总是骑着老白马，父亲则骑在小黄马上，女儿在前父亲断后。冰心曾记载过一个骑马的惊险故事："有一次，我们骑马穿过金钩寨，走在寨里的小街上时，忽然从一家门里蹒跚地走出一个刚会走路的小娃娃，他一直闯到白马的肚子底下，跟在后面的父亲，吓得赶忙跳下马来拖他。不料我座下的那匹白马却从从容容地横着走向一边，给孩子让出路来。当父亲把这孩子抱起交给他惊惶追出的母亲时，大家都松了一口气，父亲还过来抱着白马的长脸，轻轻地拍了几下。"（《童年杂忆》）后来，白马老死，婉莹为它哭了好几场。

于是，她跟着父亲到海上划船，到军舰上去看父亲的朋友。当着水兵的面，父亲有时还会夸上两句眼前的小水兵，受到夸奖的婉莹更是得意，有时还会坐在水兵的中间，给他们开讲《三国演义》，"董太师大闹凤仪亭"，罗贯中对肥胖的董卓追杀英俊吕布绘声绘色的描写，在七岁的小婉莹嘴里，变得更加有趣，逗得水兵哈哈大笑。

于是，更多的时间是与父亲到海边散步，看潮起潮落，看沙滩上一片片的浪花，看远处芝罘岛的灯塔，看满天的繁星，看月亮从海上升起。

于是，海军的营房、水兵的旗台、架着克虏伯大炮的炮台、军舰进出的码头，还有那周围的海边山上，都成了小婉莹活动的舞台。"这是我童年活动的舞台上，从不更换的布景。我是这个阔大舞台上的'独脚'，有时在徘徊独白，有时在抱膝沉思。我张着惊奇探讨的眼睛，注视着一切。在清晨，我看见金盆似的朝日，从深黑色、浅灰色、鱼肚白色的云层里，忽然涌了上来；这时，太空轰鸣，浓金泼满了海面，染透了诸天。渐渐地，声音平静下去了，天边漾出一缕淡淡的白烟，看见桅顶了，看见船身了，又是哪里的海客，来拜访我们北山下小小的城市了。在黄昏，我看见银盘似的月亮，颤巍巍地捧出了水平，海面变成一道道一层层的，由浓墨而银灰，渐渐地漾成闪烁光明的一片。淡墨色的渔帆，一翅连着一翅，慢慢地移了过去，船尾上闪着橘红色的灯光。……这时我的心就狂跳起来了，我的嘴里模拟着悍勇的呼号，两手紧握得出了热汗，身子紧张得从沙滩上站了起来……风晨，月夕，雪地，星空，像万花筒一般，瞬息千变；和这些景色相配合的我的幻想活动，也像一出出不同的戏剧，日夜不停地在上演着。但是每一出戏都是在同一的，以高山大海为背景的舞台上演出的。这个舞台，绝顶静寂，无边辽阔，我既是演员，又是剧作者。我虽然单身独自，我却感到无限的欢畅与自由。"（《海恋》）

这是晚清封建社会一个女孩子的童年么？自由、奔放、无拘无束、无忧无虑、独往独来，既充满幻想又脚踏实地，纵然是二十世纪的现代社会，一般女孩子的童年也无可比拟！

只是有一回，父亲拉着女儿坐在沙滩上，面对烟台美丽的港湾，像面对大人一样说起了沉重的话来："中国北方海岸好看的港湾多得是，何止一个烟台？你没有去过就是了。""比如威海卫，大连湾，青岛，都是很好很美的……"

当女儿提出带她去看一看的时候，这位海军校长捡起一块卵石，狠狠地向海浪上扔去，仿佛要将一腔仇恨扔将出去："现在我不愿意去！你知道，那些港口现在都不是我们中国人的，威海卫是英国人的，大连是日本人的，青岛是德国人的，只有，只有烟台是我们的，我们中国人自己的一个不冻港！""为什么我们把海军学校建设在这海边偏僻的山窝里？我们是被挤到这里来的啊。这里僻静，海滩好，学生们可以练习游泳、划船、打靶等等。将来我们要夺回威海、大连、青岛，非有强大的海军不可。现在大家争的是海上霸权啊！"

父亲第一次在女儿的面前讲起了甲午海战，讲起战败的伤痛，"这些事，都像今天的事情一样，永远挂在我的眼前，这仇不报是不行的！我们受着外来强敌的欺凌，死的人、赔的款、割的地还少吗？""我们中国多么可怜啊，不振兴起来，就会被人家瓜分了去。可是我们现在难关多得很，上头腐败……"（《童年杂忆》）

父亲从未这样沉重地与女儿交谈过，"只有烟台是我们的"，这些话，包括当时的场景、氛围、语气、语感，冰心记了一辈子，也说了一辈子。

童年的婉莹着男装、在驻军最高长官的保护伞下，玩耍于海天，游没于兵营，形成了她后来"海化"的性格。中年的冰心在回顾这些童年往事时，说遗留在她的性格中有五点：第一是对于人生态度的严肃，喜欢整齐、纪律、清洁的生活，怕看怕听放诞、散漫、松懈的一切。第二是喜欢空阔高远的环境，不怕寂寞，不怕静独，愿意常将自己消失在空旷辽阔之中。第三是不喜欢穿鲜艳颜色的衣服，喜欢黑色、蓝色、灰色、白色。第四是喜欢爽快、坦白、自然的交往，很难勉强自己做些不愿意做的事、见些不愿意见的人、吃些不愿意吃的饭！第五是一生对于军人普遍的尊敬。(《我的童年》)也就是说，冰心的性格在烟台水兵与海隅的天地里基本形成。

一九九三年冬天，为了考察烟台对冰心的影响，我专程来到这个海滨城市。虽是隆冬，却也不是太冷，我下榻在位于东山上的华侨饭店，那儿可以看到烟台的海，深蓝而光洁，波涛涌动之时，如蓝色锦缎涌向天际。这就是冰心童年的海，还有海岸上的炮台，儿时的冰心曾在这里听过晚清海军悲壮的军号声，看过军号声中升起的青龙旗，谢葆璋的海军学堂遗址、北方农村金钩寨、海边金色的沙滩、讨小海的孩子等等，我几乎可以根据冰心晚年的回忆，描画出她儿时生活与玩耍的舞台。这是鲁迅小小的百草园、萧红的后花园、巴金的四进深的宅院，甚至沈从文的凤凰沱江所不能比拟的。在这个多彩的舞台上，在这片自由的天地里，如果是一个男作家，我想他一定可以写出大气磅礴的作品，如果是女作家，她一定爱天下。尤其是，二十世纪初叶，那时的晚清朝廷腐败黑暗，社会风雨飘摇，民不聊生，饥饿、贫困、打斗、洪涝、虫灾、鼠疫、霍乱、肮脏的乞丐、阴险的恶棍无处不在，二十世纪的作家，包括生活在中国传教士家庭的赛珍珠，谁个不见，谁个没有经历，甚至有的竟为其中一员。只有冰心，在父亲的保护伞下，自由地眺望大海，出没山野，拥有如此丰富多彩而富有亲情的童年！

四、十一岁之前读过的书

一九三二年夏天，冰心在香山双清别墅为她的第一个版本的"全集"作序时，曾以怨尤的口气，写到烟台这一段时间的生活。她说："我从小是个孤寂的孩子，住在芝罘东山的海边上，三四岁刚懂事的时候，整年整月所看见的：只是青郁的山，无边的海，蓝衣的水兵，灰白的军舰。所听见的，只是：山风，海涛，嘹亮的口号，清晨深夜的喇叭。生活的单调，使我的思想的发展，不和常态的小女孩，同其径路。"（《我的文学生活》）实际上这是一个作家童年个性化的生活，因而，她与一般常态的女孩是不一样的，"终日在海隅山陬奔游，和水兵们做朋友"。再则就是缠着大人们讲有趣的故事，以度童年时光。

二十世纪初叶，中国没有像样的儿童文学，最早引进的安徒生也是在"五四"运动之后。那时，冰心的母亲和奶妈，为她讲的故事只有"老虎姨""蛇郎""牛郎织女""梁山伯祝英台"之类，当然那对充满幻想的小婉莹来说，也非常有趣。以后舅舅杨子敬来烟台，成为父亲的师爷，协助处理海军学校的事务，闲暇时为她讲的故事则上升到了《三国志》，其战争的场面与故事的复杂性远胜于"牛郎织女"类，小婉莹听得入神，竟至晚上舍不得睡觉，奶妈哄着，还得哭着上床。但"三国"的故事岂是一天两天可以讲完的？于是，每回都带着悬念，带着期盼。舅舅有时公务忙便要中止故事，有时竟然间断五六天，"我便急得热锅上的蚂蚁一般。天天晚上，在舅舅的书桌边徘徊。然而舅舅并不接受我的暗示！至终我只得自己拿起《三国志》来看，那时我才七岁"（《我的文学生活》）。

从听故事到读故事，就是在这种情景下转换的。开始的阅读自然有困难，意思一知半解，不认得的字只得猜，但还是满足了好奇的兴趣，不必天天被动地等待，自己可以连猜带蒙，且越看越了解，越看越有味，竟然将《三国志》看完。故事的引力所造成的阅读耐力，竟是如此之强大，这种耐力与着迷从《三国志》，传到《水浒传》，传到《聊斋志异》。"《聊斋志异》真是一本好书，每一段故事，多的几千字，少的只有几百字。其中的人物，是人、是鬼、是狐，都有自己独特的性格，每个'人'都从字上站起来了！看得我有时欢笑，有时流泪，母亲说我看书看得疯了。不幸的《聊斋志异》，有一次因为我在澡房里偷看，把洗澡水都凉透了，她气得把书抢过去，撕去了一角，从此后我就反复看着这残缺不完的故事。"（《童年杂忆》）

冰心的文学启蒙与积累便是从这种听故事到读故事开始的。根据她的回忆，在十一岁之前，她所阅读到的文学作品，数量惊人，就是现在一个文学专业的大学生都不能与十一岁的谢婉莹相比。在中国古典文学作品中，她阅读的书目为：《三国志》《水浒传》《聊斋志异》《东周列国志》《西游记》《天雨花》《再生缘》《儿女英雄传》《说岳》《凤双飞》《封神演义》和《红楼梦》，而且对它们做出比较，"最不喜欢的是《封神演义》。最觉得无味的是《红楼梦》"。在这十二部古典文学作品中，《天雨花》已较偏僻了，《凤双飞》不知道是什么书，但十一岁的冰心却是读过了。这些作品的总字数大概要达上千万，对十一岁的孩子来说，是不是一个惊人的数字？

但婉莹的文学阅读远不止这些。在好几篇文章中都写到她在十一岁之前曾读过《块肉余生述》《孝女耐儿传》《黑奴吁天录》等林纾译的小说。我后来在她的《我的文学生活》中竟看到这样一句话："到了十一岁，我已看完了全部'说部丛书'。"这着实让我吃惊不小。许多研究者与传记作家在引用这句话时都是轻描淡写，其实，这六个字——"全部'说部丛书'"，承载着多少的内涵与多大的分量？

《说部丛书》是商务印书馆从二十世纪初开始陆续出版的一套大型丛书。清末的百日维新之后，西方的思想、文化与文学引进中国，开始是政治科技，之后是文学作品，《说部丛书》主要是出版西方的文学名著，其中又以林纾文言文翻译的小说为最。由于受到广泛的欢迎，商务印书馆又从《说部丛书》中选出林纾翻译的小说，以《林纾小说》单独出版。根据资料显示，《说部丛书》从一九〇三年开始到一九二四年结束，前后长达二十二年。而商务印书馆的《说部丛书》同时分为两种出版：第一种是十集本：第一集两种，第二至十集各为十种，总计九十二种。第二种是四集本：初集、二集、三集各一百种，四集二十二种。总计三百二十二种。

藏书家陆昕的《说〈说部丛书〉》对第二种的数据统计不一，"《说部丛书》共分四集，前三集每集一百种，第四集四十种"。这里所说的两种，实际情况是，第一种十集本，是由第二种初集中的一百种分集出版的。而初集一百种完成于光绪末年（1908），以后的三集均为民国时期的出版物。那么，可以说，冰心在十一岁之前看完全部的《说部丛书》，无论是第一种十集本的版本，还是第二种的四集本中的初集，内容是相同的，也就是说她在十一岁之前已经阅读了西方的文学名著达近百种，其中有她点出过的书名《块肉余生述》《孝女耐儿传》等。

这是一个什么概念呢？要么是冰心回忆有误，要么她确实在十一岁之前读了这么多的西方文学名著。冰心不仅是讲到读的书，还具体地说过这些书怎么来的：一是在军舰上为水兵讲《三国志》得到的奖励："讲书的报酬，便是他们在海天无际的航行中，唯一消遣品的小说。我所得的大半是商务印书馆出版的林译说部。"一是作文写得好，老师批的赏钱："此后便又尽量地看书。从《孝女耐儿传》等书后面的'说部丛书'目录里，挑出价洋一角两角的小说，每早送信的马夫下山的时候，便托他到芝罘市唯一的新书店明善书局（？）去买。——那时我正学造句，做短文。做得好时，先生便批上'赏小洋一角'，我为要买小说，便努力作文——这时我看书看迷了，真是手不释卷。海边也不去了，头也不梳，脸也不洗；看完书，自己嬉笑，自己流泪。母亲在旁边看着，觉得忧虑；竭力地劝我出去玩，我也不听。"（《我的文学生活》）不仅写出了书的来历，而且道出了读书着迷的情景，让你不得不相信。

冰心看书还不限于书本，"我自从爱看书，一切的字形，我都注意。人家堂屋的对联；天后宫，龙王庙的匾额，碑碣；包裹果饵的招牌纸；香烟画片后面，格言式的短句子；我都记得烂熟"。道出了她看书的兴趣与途经范围，"记得烂熟"绝非虚言。冰心晚年曾有一文《谢家墙上的对联》，其中有两联便是十一岁之前记下的，八十九岁时凭记忆写出："此地有崇山峻岭茂林修竹，是能读三坟五典七索九丘。"那时，求知欲特强的小婉莹，只要有字的东西她都看，哪怕是一张极小的纸头，且又过目不忘。八九岁时，她要求老师教作诗，老师就说作诗要先学作对子，于是当场考试。老师笑了笑，出了三个字"鸡唱晓"，婉莹几乎不假思索，对三字"鸟鸣春"。老师大喜，以为她读过韩愈的《送孟东野序》，其实她是从香烟盒上读来的："以鸟鸣春，以雷鸣夏，以虫鸣秋，以风鸣冬"，对时脱口而出。

冰心所说的老师，便是她的表舅父王逢逢，正式求学的私塾老师。之前母亲和舅舅杨子敬都曾教过她，但那只是认字，王逢逢则要她读正式的课本，新旧都有，新的如商务印书馆的《国文教科书》《饮冰室自由书》等，旧的则有《论语》《左传》《诗经》《唐诗》等。王逢逢在对冰心进行正式教育时，还列具了《班昭女诫》，虽也为旧体散文，但他认为，富有文采，更可做道德教育类的材料，老师要他的女学生遵从必要的做女人的规范。作为老师的表舅王逢逢比之舅舅杨子敬，要正统得多，在他看来，学问要有章法，不可尽读那些"三教九流"式的书籍。这样一来，使得冰心在儿时对"四书""五经"也下了一番功夫，从而打下了旧学的根基。

婉莹十一岁之前的晚清，真可以说是风雨飘摇了，推翻中国历史上最后一个王朝的革命，早已从南方开始。此时冰心的一家虽然生活在北方，父亲且是朝廷命官，但南方革命的风云不断地从故乡福州涌来。舅舅杨子敬便是同盟会员，常常有从南方或日本来的朋友，带来或寄来同盟会的报刊与宣传品，其中有章炳麟编的《天讨》。母亲杨福慈受哥哥的影响，赞成同盟会主张，并且以她的病弱之躯，做一些力所能及的事情，比如，将宣传品放在肉松筒与茶叶罐中寄出去。母亲在做这些的时候，显得特别的神秘而又神圣，自然引起婉莹的好奇，也和母亲一起做了起来。《天讨》在当时绝对属于禁书，但婉莹也和大人一样，在夜阑无人之时偷看，同时阅读的还有《神州日报》与《民呼日报》。这些宣传同盟会主张的报纸将婉莹带到了另外的一个世界，原来有那么多的不平、无能与腐败，竟至到了不是关心国事的年龄关心起国事来。

所以也不尽是"野"。谢葆璋虽在行伍，职为军人，但在当时的朝廷内外、友朋之间却是有名的"儒将"。就连清末朝廷"直声震天下"的晚清第一御史江春霖，也知谢葆璋是个"裘带歌壶，翩翩儒将"，早就"心向往之"。一九一〇年二月，因再参弹劾庆亲王奕劻未果，他愤而辞职归乡。江春霖是福建莆田人，南下归乡时船过烟台，便在谢葆璋的客室里住过几天，留下了一副对联："庠舍争归胡教授，楼船犹见汉将军。"冰心说，对联当然是扣住父亲是海军学校校长的职位写的，但不知"胡教授"出自何典？

父亲在求知上对女儿的直接影响，是制造了一种文学的环境与氛围，熏陶着未来的女作家。谢葆璋爱写诗，早年海上与妻子写信时，时不时便以诗唱和。而谢葆璋那一代海军大员，如萨镇冰、黄钟瑛等，生活上有着军人的严肃，内心却有着诗人的气质，常常以诗唱和，幼时的谢婉莹一直想成为他们的追随者，不想却被"性别"阻止了。晚清的女性难以成为一名军人，但诗人的气质却是烙在了身上。

烟台海军校长的家中，每至海风清凉的夏天，便有一位大受欢迎的客人光顾，这就是被冰心称之为小舅舅的杨子玉。杨子玉是冰心叔外祖父杨颂岩的小儿子，母亲杨福慈因为幼年丧母，便是由叔外祖父母养育长大，母亲也教过杨子玉读书识字，感情笃深。杨子玉比婉莹大十四岁，与杨子敬舅舅、王逢逢表舅比，则要亲近得多。那时，杨子玉抱着"实业救国"的思想，报考唐山路矿学堂，学习土木工程专业。每至暑期，便来烟台消夏，而他一来，谢家便热闹非凡。"小舅舅是我们这一代最欢迎的人，他最会讲故事，讲得有声有色。他有时讲吊死鬼的故事来吓唬我们，但是他讲得更多的是民族意识很浓厚的故事，什么洪承畴卖国啦、林则徐烧鸦片啦等等，都讲得慷慨淋漓，我们听过了往往兴奋得睡不着觉！"（《我的童年》）尤其是小舅舅杨子玉善于制造一种文学的氛围：在可望见夏夜星空、可听到海涛清响的书斋里，小舅舅早早地摆上纸墨笔砚，还有扇子，还有奖品之类，当海边的灯塔开始闪亮时，小舅舅便会将父亲、父亲的同事邀来，举行赛诗会。赛诗会的题目不得早出，必须当场议定，议定后便各自去吟去写。燃烧一炷香，用来计时，时间到了，一律交卷，相互传诵，当场评定，冰心记得父亲曾得过头奖。这时的谢婉莹和她的堂哥表哥便端坐一旁，尽情地享受诗意之美、文学之光。婉莹感受自己的父亲，不仅是一位威严的军人，更是一位多才的诗人，直到晚年，她还记得当年父亲在赛诗会上两首不完整的诗。其中一首为《咏蟋蟀》："庭前……正花黄／床下高吟际小阳／笑尔专寻同种斗／争来名誉亦可香。"小舅舅当时称赞诗中透出"军人本色"，父亲则认为是"诗言志"。"笑尔专寻同种斗"，多么深刻之一笔，岂止讲蟋蟀？岂止话昆虫？国人不也如此！赛诗会后，他们还要打坐，直谈到夜深。杨氏一家，杨子敬、杨子玉都是同盟会员。一九○七年杨子玉还曾从唐山赶赴广东参加潮州、惠州起义，只因路上受阻而未能到达。所以，他们的谈话，也具有相当神秘的色彩，婉莹则早早睡觉去了。

无论是冰心的回忆还是其他传记，写到赛诗会，主角均为小舅舅与父亲。实际上，真正的主角是冰心本人，那个默默端坐于一旁的小婉莹，每一次赛诗会制造出的文学情境与氛围，都在她幼小的心灵，播下了一颗诗的种子，这种情境与氛围甚至不是读几本书便可以产生的。如果我是摄影师拍摄这一场景时，镜头一定对准那个静默无声的小姑娘，这兴许是她日后成为诗人的肥沃土壤。

还有一次她与父亲的对话，我认为那也是一次文学生活的启蒙。

婉莹居住的军营，入夜时分可见岛上闪烁的灯塔，一盏给远航之人希望与温暖的灯光。忽然在除夕的酒后，婉莹在灯光里向父亲请求，要去当灯台守。这让父亲十分惊讶，她的理由则是："看灯塔是一种最伟大，最高尚，而又最有诗意的生活……""我晚上举着火炬，登上天梯，我觉得有无上的倨傲与光荣。几多好男子，轻侮别离，弄潮破浪，狎习了海上的腥风，驱使着如意的桅帆，自以为不可一世，而在狂飙浓雾，海水山立之顷，他们却蹙眉低首，捧盘屏息，凝注着这一点高悬闪烁的光明！这一点是警觉，是慰安，是导引，然而这一点是由我燃着！""晴明之日，海不扬波，我抱膝沙上，悠然看潮落星生。风雨之日，我倚窗观涛，听浪花怒撼崖石。我闭门读书，以海洋为师，以星月为友，这一切都是不变与永久。""三五日一来的小艇上，我不断地得着世外的消息，和家人朋友的书函；似暂离又似永别的景况，使我们永驻在'的的如水'的情谊之中。我可读一切的新书籍，我可写作，在文化上，我并不曾与世界隔绝。"父亲只得如实地指出女儿的"文学幻想"过于美丽。他问：如若病了怎么办？倘若有大风浓雾、触石沉舟的事，你须鸣枪，你须放艇……能做到么？父亲最后站起来安慰女儿："清静伟大，照射光明的生活，原不止灯台守，人生宽广得很！"（《往事·二》）

婉莹显然不可能实现当灯台守的愿望。所以，我认为那只是一次文学的启蒙与想象，但这次与父亲关于灯台守的对话，却一直像灯塔一样闪亮在女作家的心中。

实际上，整个谢婉莹与烟台的叙述，我也多偏重文学，而将严酷的现实，摒之于幕后。不用说，那是中国历史上黎明前的黑暗时代。这个时代的特点是摇摇欲坠的晚清王朝，深刻的内部矛盾与外部矛盾，无可制约地推动着历史的前进，最终退出历史的场景，中国翻开了新的一页。身为晚清海军学校校长的谢葆璋，也处在矛盾的交织点上。一方面，他要对学校与学生负责，要忠于职守；一方面他同情革命，憧憬着改变现实。十一岁之前的谢婉莹不会理解父亲这种矛盾的处境，但矛盾的结果，她是知晓的，并且改变了她的身份与角色。一九一一年初秋，"父亲恋恋不舍地告别了他所创办的海军学校，和来送他的朋友、同事和学生，我也告别了我的耳鬓厮磨的大海，离开烟台，回到我的故乡福州去了"！（《我的童年》）

五、回到女儿身

辞官后的谢葆璋，携家眷老小乘船离开烟台。八年前婉莹来烟台时，是父母的独生女。现在离开烟台，已有弟弟三人，大弟谢为涵、二弟谢为杰、三弟谢为楫，分别为五岁、三岁和一岁，很有规律的，每隔两年有一个弟弟出生。婉莹觉得很奇怪，母亲没有为自己生下一个妹妹，连续都是弟弟，与海军学堂的大环境一样，都为男性，婉莹也就继续可以着她的男儿装，稳稳地当她的"莹哥"了。那一刻，"莹哥"将不到一岁的三弟"小小"拥在怀里，在秋日海风的吹拂中，客船徐徐停泊在上海的吴淞码头。

谢葆璋离开烟台海军学堂的时间，几乎是选择一个历史的契机，甚至有点儿革命党人逃亡的意味。此时，推翻满清统治的革命，在南方如火如荼，他要回到革命的南方故乡。就在他们暂居沪上期间，武昌起义爆发，谢葆璋在天津水师学堂的同学黎元洪被推举为湖北军政府都督。那些天，上海各报尽是武昌起义的消息，黎元洪致外省的通电、对外国使领馆的文告等等，每每写得慷慨激昂，篇末均以"黎元洪泣血叩"收尾，感动了许多沪上民众。起义与被推翻的双方，谢葆璋都有熟悉之人，革命离他竟是如此之近，而他一时之愤选择辞职，这下倒是有心情观察这场离自己很近的革命。暂居上海虹口租界旅馆的谢葆璋，时时刻刻都在关心着这场革命，盼革命之后给中国带来强大与繁荣。谢婉莹也争着与父亲阅读那些报纸，为上海的光复、为上海女子北伐敢死队参军参战的英勇行为、为上海援鄂志愿决死团开赴湖北作战的英雄气概，而欢呼而感动。那时，上海各界纷纷捐款劳军，婉莹把攒下的十块压岁大洋，送到了《申报》报馆去捐献，端详着上款写有"幼女谢婉莹君"字样的收条，感觉自己也为这样一次天翻地覆的革命，献上了一份力量。回到旅馆，便将那一纸薄薄的收条，仔细地珍藏了起来。

回到故乡福州，已是这年的冬天了。轮船航行在青山碧水之间，纵是隆冬，也是绿意醇浓。看惯了蔚蓝的大海与寒冷的枯黄、第一次回到故乡的谢婉莹，眼前一亮，青山、绿水、白雾与细雨，涌起了一缕诗情：

> 清晓的江头，
> 　白雾蒙蒙，
> 　　是江南天气，
> 雨儿来了——

> 我只知道有蔚蓝的海，
>
> 　　却原来还有碧绿的江，
>
> 　这是我父母之乡！

（《繁星》）

　　完全没有父亲辞官造成的压抑，也没有革命留下的时代气息，一派田园风光，一种回乡的喜悦，一片童真，这大概就是地域与环境的变化造成的新颖而形成的诗情。大跨度的时空转换，别说在一个孩童的眼里，纵是老夫也会变得活跃起来。第一缕回乡的诗情，一直保存在婉莹的心中，十年后，直至成为冰心之后，才显示在了文字上。

　　轮船驶过马尾时，谢葆璋让女儿站在自己的身边，告诉她眼前的罗星塔，与芝罘岛上的灯塔不同之处是，在向远航的人致以光明和温暖的同时，还是海外华侨怀念故乡的标志，故又称"中国塔"；告诉她那是福建船政学堂，中国最早的海军摇篮，萨统便是从这里毕业的，还有甲午海战中许许多多的水兵和将领都是从这里走出去的。父亲便在船上给女儿列举了一串的名字：严复、邓世昌、刘步蟾、方伯谦、林泰曾……最后父亲对女儿说，我们福建人水兵多、甲午海战阵亡的人也多，便是与这座著名的船政学堂有直接关系的。女儿忽然问父亲，为什么不在这里上学，而要跑到天津去？父亲告诉女儿，那都是祖父的安排。

　　现在就要见到祖父了。谢葆璋一家从闽江万寿桥旁的南台码头下船，之后坐了轿子进城。祖父谢銮恩在大厅迎候他们，三个弟弟均未见过祖父，怕生，便躲在了后面。婉莹在上海时与祖父有过共同生活，自然记得，便先上前向祖父请安，祖父摸着孙女的头，夸她长高长大了，言语中透出慈爱之情。

　　谢葆璋一家没有回到婉莹出生时的隆普营，而是住进了位于南后街杨桥巷万兴桶石店后的一座大院里。杨桥巷即是"三坊七巷"中的一巷，属于城中心位置，而这座大院是祖父刚刚买下来的，之前为林觉民一家人居住。也就是十个月前，即四月二十七日，黄兴等领导的广州起义爆发，当时尚在日本留学的林觉民决意回国，参加起义，因消息走漏，起义失败，八十六位起义军战死或失败后遇害。林觉民留下了"意映卿卿如晤"的千古绝唱而慷慨悲歌走上了刑场。当时，林觉民的岳父恰在广州做官，得知消息后连夜派人快马回福州报信，为避株连，家人急忙将房产变卖，全家躲进偏僻的早题巷。买下这座房子的人便是谢銮恩老先生。"我们这所房子，有好几个院子，但它不像北方的'四合院'的院子，只是在一排或一进屋子的前面，有一个长方形的'天井'，每个'天井'里都有一口井，这几乎是福州房子的特点。这所大房里，除了住人的以外，就是客室和书房。"（《我的故乡》）

不用说，这是一个大家庭居住的房子，有好几个院子，有好几进屋子，还有客室与书房。根据谢葆璋回乡后被安排在这座大房子中居住的位置显示，购置这座房子的钱可能大多出自他在烟台当海军学堂监督的薪俸，即如冰心说的"这所房子很大，住着我们大家庭的四房人。祖父和我们这一房，就住在大厅堂的两边，我们这边的前后房，住着我们一家六口"。从常理上说，大厅两侧的房子为正房，一家之主的祖父居住在此是肯定的，而别一侧要么是家族中的排行老大、要么是排行老小。谢葆璋排行为三，怎么也轮不到他们一家，之所以如此安排，可能是在购房的出资上，谢葆璋为大。

住进大房子后的谢婉莹，环境发生了根本的变化，远离大海，房子再大也不及海军学堂的校舍呀，也不再是水兵王国中的海军公主了。大家庭中的辈分与等级，如兵营般的森严，祖父下有两个伯父、一个叔父，两个伯母与一个叔母，再就是堂哥、堂姐、堂弟、堂妹一大堆，婉莹要在这个大家庭中生活了。母亲教导说，回到福州住在大家庭里，不能再像野孩子似的了，一切都要小心。对长辈不能没大没小的。祖父是一家之主，尤其要尊敬……也就是说，她再也不能像烟台那样的自由任性地当"野孩子"了，不能着男装，不能穿军服，更不能骑马打枪，她必须回到自己真实的身份上：

一个大家庭中的女儿身！

大人们七手八脚地帮助她找回身上少女的气息。

堂姐婉聪、婉铿与婉莹算是同龄人，但她们已是一身早熟的女儿装，被裹过的脚，三寸金莲点地，一颤一颤的，婀娜多姿，耳朵上也已挂上了银质的耳环。伯母等家中几个女中长辈看着一身素装的婉莹，直摇头，十一岁了，脚未裹，耳眼未扎。哎哟哟，小侄女的耳朵怎么这样大，耳垂像个小坠子。女儿男相，有的福享，可耳朵还得要扎，不然婆家送来的耳环戴哪儿？衣服得换上花的，素花也不行，那是妇人穿的，哪有少女便穿素花的道理？鞋子要穿绣花鞋，这个不难，几房中的女人开上两个夜车便有了。早晨起来梳头，要把头发盘好，逢年过节还得略施粉黛，小侄女长得水灵，但女儿总要会搽脂粉、会戴花、会穿金戴银。长辈们虽是七嘴八舌，可也不是说说玩的，婉莹在母亲的指点下，一件一件地开始了她的女儿功课，只是在耳朵的大耳垂上打洞，母亲有些不忍，可也找不出理由。又是父亲"支招"，说婉莹"左耳唇后面，有颗聪明痣，把这颗聪明痣扎穿了，孩子就笨了"，这才免去了那一针。婉莹后来还爱上绣花，在一方扎好绷紧的白布上，用不同的丝线，绣出玫瑰、荷花、蝴蝶、画眉鸟什么的，让她着迷。

待婉莹女儿的打扮停当，便要过年了。辛亥年的除夕、壬子年的春节，对谢婉莹来说是全新的，地点转换，节目改变，人也不同了。身上穿着新做的月季大花棉袄、脚下踏着刚刚换上的金百合的绣花鞋，从腊月二十三日起，便看着大人忙乎开了。最先是叠"元宝"，用金银纸箔，叠成元宝的样子，然后用绳子穿成一串一串的，准备供神供祖的时候烧；然后就忙着扫房，洗刷门窗，擦亮铜锡器具；更要取出糟腌的鸡、鸭、鱼、肉。祖父则忙着写春联，婉莹站在书案前，看看字、研研墨，或是拿着水滴向砚台加点儿水，父亲过来帮忙，便是将祖父写好的春联，贴在擦得纤尘不染的大门、中厅或房门的柱子上。祖父还要在自己的书桌旁边，贴上"元旦开笔""新春大吉"之类的吉利话。放花炮、拜年，拿压岁钱自然是少不了的，因为大家庭里兄弟姐妹多，祖父的红纸包里，只是一两角的新银币，但因为长辈也多，加上各人外婆家给的压岁钱，每人几乎都得到好几块！还要和堂哥堂姐堂弟堂妹们比，比从自己外婆家得到的东西，谁的好，谁的多，灶糖、灶饼啊，一盒一盒的点心啊。尤其要比灯笼，"福州方言，'灯'和'丁'同音，因此送灯的数目，总比孩子的数目多一些，是添丁的意思。那时我的弟弟们还小，不会和我抢，多的那一盏总是给我。这些灯：有纸的，有纱的，还有玻璃的……于是我屋墙上挂的是'走马灯'，上面的人物是'三英战吕布'，手里提的是两眼会活动的金鱼灯，另一手就拉着一盏脚下有轮子的'白兔灯'"。墙上挂的、手里提的、拉的，晚年的冰心活画了她在梦幻般灯的世界里顽皮而得意的形象。尤其是南后街的花灯："那就不是孩子们举着玩的灯笼了，而是上面画着精细的花鸟人物的大玻璃灯、纱灯、料丝灯、牛角灯等等，元宵之夜，都点了起来，真是'花市灯如昼'，游人如织，欢笑满街！"（《童年的春节》）福州过年真是热闹，远胜于烟台哟！只是开心时得记住身份，时时不要忘记自己是个女儿家。

有时，还会当起"两栖动物"。逢年过节，表姐表妹来了一群，往往住在东院，堂哥堂弟们也是一大堆，扎在西屋。东院的姐妹们，"她们在一起谈着做活绣花，擦什么脂粉，怎样梳三股或五股辫子；怎样在扎红头绳时，扎上一圈再挑起几绺头发来再扎上一圈，这样就会在长长的一段红头绳上，呈现出'寿'字或'喜'字等花样等等；有时也在西院后花园里帮助祖父修整浇灌些花草"。西屋的堂兄弟们，则在那里吹弹歌唱，下棋作诗。刚刚进入这个大家庭、刚刚换上女儿装的婉莹，则是两边来回，哪儿好玩便往哪儿跑，表姐与堂哥们，有的比她大了七八岁，也不把婉莹当回事，做什么事都不拒绝她也不避开她，有时还让她递个纸条传个情。过目不忘的谢婉莹，在她八十六岁的头上，还记得纸条上传情的文字："×妹妆次，自违雅教，不胜怀念，咫尺天涯，未得畅谈，梦寐萦思，曷胜惆怅，造府屡遭白眼，不知有何开罪，唯鄙人愚蠢，疑云难破……"还有一位堂哥向一位表妹写了一首诗，婉莹读后觉得不错，也记下了："此生幽愿可能酬，未敢将情诉蹇修，半晌沉吟曾露齿，一年消受几回眸，迷茫意绪心相印，细腻风月梦借游，妄想自知端罪过，泥犁甘坠未甘休。"（《两栖动物》）当时还极是佩服这位堂兄的才华，没想到几年后被婉莹识破，竟是从清代专写妆奁诗的王次回《疑雨集》中抄来的。何止是"两栖动物"，更有越轨之举。比如祖父谢銮恩平日吸水烟，婉莹就站在一旁，常为祖父点烟，闻那烟味，觉得很香。一次趁祖父不注意时，她竟偷偷地吸了几口，结果呛得大声咳嗽，被祖父发现。还有一次，夜里等到祖父睡下，与表哥表姐们打起麻将来，虽然她也知道祖父是最讨厌赌博的。所以冰心又说，在福州注意转变自己的性别身份，但时不时还是"一个既淘气又不守法的'小家伙'"。

在那个笑语喧哗、目迷五色的少年群里，大有忘其所以而飘飘然的谢婉莹，正是处于求知欲旺盛时期，无论是烟台的"野孩子"，还是福州沉迷的女儿家，只要一见到书，便如鱼儿遇见了水，一头便扎了进去。祖父的书房就在婉莹居室的对过厢房，那儿有一长列的书柜，婉莹有空便钻进祖父的书房里，从下往上看，从坐着到站着到踮起脚尖到站在了凳子上，祖父也从不制止。无论看什么书，从唐诗到《巴黎茶花女遗事》都允许看，婉莹便在祖父的知识海洋中畅游，包括这个大院中柱子上过道中的对联，都被她背个烂熟。"海阔天高气象，风光月霁襟怀"；"知足知不足，有为有弗为"；"花花相对叶相当，红紫青蓝白绿黄"；"君子才如不羁马，知君身是后凋松"。这些对联或是祖父写的或是亲戚送的，每副对联均有典出，体现了鲜明的家族文化色彩。谢婉莹自小便十分喜爱，直到晚年，还常常将记忆中的对联题赠给求字者。

祖父也是开明的，这位旧式教育的老先生，因为特别喜欢从小不在自己身边长大而又十分聪明伶俐的孙女，他的世界几乎是无保留地对婉莹开放，这让谢家上下都有些不解。但有时又是平等的，比如，那时福州刚有电灯公司，安装电灯时，谢家的孩子一天到晚跟在工人的后面，盼着电灯点亮。电灯点亮之后，他们发现，大权掌握在祖父的手里。所谓大权，就是大院里的总电闸安装在祖父的屋子里，每天晚间九点，祖父便会将总闸关上，无论是东院还是西院，是祖父的南厢房，还是婉莹的北厢房，全都一片漆黑。于是，各个小家便会亮起早已准备好的蜡烛或油灯，不同的灯光下是不同的话题，是不同的女红，祖父则上床歇下。冰心后来回忆道："只有这个时候，我才体会到我们这个大家庭是一个整体，祖父是一家之主！"

祖父还与婉莹有过一次影响了她一生的谈话。这是一次"我从哪里来"的身份确认。意思是说现在谢家这样，可以居住在三坊七巷，有这么大的房子，但是，他们是从长乐的乡下来的，并非"乌衣门第"，而是一个不识字、受欺凌的农民裁缝的后代。祖父的话，"给我的印象极深，我的感触也极大！假如我的祖父是一棵大树，他的第二代就是树枝，我们就都是枝上的密叶；叶落归根，而我们的根，是深深地扎在福建横岭乡的田地里的"（《我的故乡》）。这就是冰心将祖籍填写为"长乐"而不与她的堂兄弟那样填写"福州"的道理，既是表达了身份认定、布衣观念，也体现了倔强性格与人生真实。

谢婉莹在这个大家庭中生活了将近两年，祖父并不知道她将来会成长为一个女作家。福州的春节、元宵、端午和中秋等等乡土习俗，给冰心以心灵的滋养，也留下深刻的印象。但这些风情与人物，对她以后的作品，却是没有多少影响，无论是背景还是细节，很难找出福州的影子，更没有"闰土""孔乙己"，没有"翠翠"与"傩送"，没有"祥子"和"虎妞"这样乡土色彩鲜明的人物。但这个大家庭对冰心性格影响却是深远的，尤其是曾一度沉迷的"调脂弄粉、添香焚麝"的生活。冰心在成年后认为，福州大家庭中这个角色的转变极其重要，仅仅有烟台"野孩子"的养成是不够的，女性的人格是不健全的，"我也不能不感谢这个转变！十岁以前的训练，若再继续下去，我就很容易变成一个男性的女人，心理也许就不会健全。因着这个转变，我才渐渐地从父亲身边走到母亲的怀里，而开始我的少女时期了"（《我的童年》）。这种性格的形成，则影响着她的作品，影响着她的文学精神，影响着她的人生观与文学观。

六、接受现代中学教育

十一岁之前，冰心接受的教育、读过书，基本在私塾。私塾教育对冰心十分重要，没有私塾中"四书五经"的旧学基础，就不可能有后来的"冰心体"语言，因为这个富有特色的语言，古文占了重点的成分。有人读了冰心简洁的文字，忽略甚至认为冰心无多少旧学根底，这是一个天大的误解。当然，仅仅是旧学也是成就不了一个现代作家的，一个引领现代文学女作家的。

辛亥革命之后，旧学废止，新学渐兴，谢婉莹考上了福州女子师范学校预科，成了谢家第一个上新学的女孩子。学校与私塾不同，先是环境变了，不在自家而在学校，朝夕相处的不是堂兄与表哥，而是陌生的同学，同时，课程设置针对的不是个人而是全体。第一次过起了学校生活，头几天很不惯，她偷偷地流过眼泪，当然不能表现出来，要不大家庭里不赞成女孩子上学的旧派长辈，会以此为理由劝其辍学！"女孩子的手指是不能当门闩的！"在重男轻女的大环境下，虽有父亲的庇护，但传统力量仍很强大。福州女师的地址，在三坊七巷外的花巷，由一所很大的旧式宅第改造而成，校长是黄花岗七十二烈士之一的方声洞的姐姐方君瑛。"我记得我们课堂边有一个小池子，池边种着芭蕉。学校里还有一口很大的池塘，池上还有一道石桥，连接在两处亭馆之间。"（《我的故乡》）直到晚年，冰心还记得作文老师是林步瀛先生，教体操的是日本女教师，姓石井。

系统接受现代中学教育，是在北京。北京政府的海军部建立之后，即电令谢葆璋来京就职，时间为一九一三年的春末夏初。正式任命是四月七日，"海军总司令处二等参谋"，这是他在离开烟台海军学校辞去的职位，先衔接上。七月授衔为"海军上校"，一个月之后晋升为"海军少将"，十月擢升为"海军部军学司司长"。所有的任命均为"北京政府临时大总统袁世凯令"。

父亲进京后，杨子敬一家也跟去了，父母和弟弟们自不必说，谢婉莹只得辍学，从此成了北京人。最初的北京，留下的并非是美好印象。如果用色彩来描述，烟台是蓝色的，福州是碧绿的，而北京是灰黄的。黄土铺就的尘土飞扬的马路，秋日夕照下的苍黄的城郭，灰头土脸的四合院，谢婉莹和三个弟弟坐在马车里，探出头来望着布幔下灰黄的街道、匆忙而又迂缓的行人和流汗奔走的人力车夫……

在茫然而又漠然的心境下，马车把他们送到了东城铁狮子胡同中剪子巷14号，父亲为家眷的到来租住的院子。大门左边的门框上，挂着黑底金字的"齐宅"。进门右边的两扇门内，是房东齐家的住处。往左走过一个小小的长方形外院，从朝南的四扇门进去，是个不大的三合院，便由谢葆璋一家居住。"这个三合院，北房三间，外面有廊子，里面有带砖炕的东西两个套间。东西厢房各三间，都是两明一暗，东厢房作了客厅和父亲的书房，西厢房成了舅舅的居室和弟弟们读书的地方。从北房廊前的东边过去，还有个很小的院子，这里有厨房和厨师父的屋子，后面有一个蹲坑的厕所。北屋后面西边靠墙有一座极小的两层'楼'，上面供的是财神，下面供的是仙！"（《我到了北京》）

海军少将将宝贝女儿安排在北屋的正房。两明一暗的正房，有玻璃后窗，有雕花的"隔扇"，隔扇上的小木框里，都嵌着一幅画或一首诗。框里的画，是水墨或彩色的花卉山水，诗多半是《唐诗三百首》中的句子。冰心很喜欢这种装饰，诗句大多是在烟台与福州读过的，但有一首七律是从来没见过的："飘然高唱入层云 / 风急天高（？）忽断闻 / 难解乱丝唯勿理 / 善存余焰不教焚 / 事当路口三岔误 / 人便江头九派分 / 今日始知吾左计 / 枉亲书剑负耕耘。"冰心觉得很有哲理意味，便将它记下来了。

住进三合院的谢婉莹感觉到的是狭仄冷清，既不能与福州前后几进的大院相比，更无烟台的海阔天空。父亲任职的海军部，就在铁狮子胡同，离中剪子巷一箭之地，但海军部不能像烟台那样"跟班"，父亲不能带她去"衙门"，弟弟们又小，周围没有哄着玩的水兵，屋里也没有一大堆的堂哥堂姐之类的伙伴。她自将烟台与福州的生活喻为"山中岁月""海上心情"，将北京视为"辇下风光"。那多彩的山中岁月与海上心情都已远去，眼前的辇下风光却未看到。婉莹只能整天在家跟着母亲，为母亲做一些家务，学些针黹，帮母亲梳头，晚间则在堂屋的方桌边，和三个弟弟各据一方，帮他们温习功课，俨然成了一位小先生。

北京做官的父亲，比烟台消沉多了。新的政权没有令他兴奋反而使其消沉，个中原因婉莹不明白。父亲既没有兴致带孩子们外出游玩，自己也不出去打牌、听戏、喝酒、应酬，只是对旧日的同学、好友还有一些交往。记得父亲曾去瀛台与被"囚禁"的副总统、昔日天津紫竹院海军学校的同窗黎元洪下棋。在家的父亲也不甘寂寞，从海军部下班回家，便在院子忙乎开来，砌花台，卷起袖子种花、浇水，还搭起一个葡萄架子，把从烟台寄来的葡萄秧子栽上。后来还把花园渐渐扩大到门外，种了野茉莉、月季、蜀葵等，又为孩子们立了一个秋千架，周围的孩子就常来看花，打秋千，把大院称作"谢家大院"。

就在这时，京味文化开始进入谢婉莹的视野，从糖锣担子到民俗表演，从放风筝至梅兰芳，这些代表京韵文化的符号，都是烟台、福州所不曾有过的，文化的反差才令谢婉莹有一些兴奋与新鲜感，但也有种陌生与惶惑，有时还会产生隔膜与失落。冰心是这样描述当时心境的："弟弟们睡觉以后，我自己孤单地坐着，听到的不是高亢的军号，而是墙外的悠长而凄清的叫卖'羊头肉'或是'赛梨的萝卜'的声音，再不就是一声声算命瞎子敲的小锣，敲得人心头打颤，使我彷徨而烦闷！"（《我到了北京》）

婉莹在她不开心的时候，也曾尝试过写作，想以自己的想象与描写，填补生活中的不足，冲淡烦闷的心情。与她的乡贤林琴南以文言文翻译小说一样，她也用文言体写作小说，曾写过一部侦探小说《女侦探》，还用文言体写过一部女革命家的小说，叫《自由花》，但与烟台写过的章回小说一样不成功，只留下一个记忆中的存目。另一项文学活动却是成功的，就是给弟弟们讲故事。婉莹讲的故事不是书中现成的，也不完全为杜撰，而将自己看过的新旧译著几百种的小说，人物布局，差来错去地胡凑，自成片段，讲起来绘声绘色，让弟弟们聚精凝神，笑啼间作，弟弟便对姐姐充满了敬意。冰心后来说她在一年多的时间内，讲过"三百多段信口开河的故事"，给弟弟们、也给她的烦闷的生活平添了几分色彩。

平淡的生活也有亮色的时候，母亲到北京后，订阅了《小说月报》《东方杂志》以及后来的《妇女杂志》等报刊，每当邮差送来杂志，如同送来了欢乐，不等母亲看过，她便一头扎进了书刊的世界里。

她完全没有意识到，现代杂志的阅读，对后来自己的人生观、女性观产生了重要的影响。《妇女杂志》由上海商务印书馆出版，与《小说月报》主编同一人，都是王蕴章先生，也正是这个原因，杂志创刊的第二年，聘请了当时女界名流朱胡彬夏担任编辑主任。胡彬夏曾是第一批赴日女留学生，为下田歌子"贤妻良母主义"的信徒，一九〇七年又被官费派往美国威尔斯利女子大学留学。婚后从丈夫朱庭祺姓。朱胡彬夏的出现，使得这本以女性青年阅读为主的刊物，成了宣传"贤妻良母主义"的大本营，并且对杂志结构做出适合女学生阅读的调整。早期（前六卷）《妇女杂志》提倡"贤妻良母主义"的主要内容为：使该时代女性在保有中华民族传统道德规范之余，并依着科学新知来主持家政，并以家庭改良为要务。朱胡彬夏认为："吾妇女欲见重于人，必先为家国社会有所兴作焉"，而"女子可做之事，改良家庭……改良家庭即整顿社会"。这一时期的《妇女杂志》栏目有论说、学艺、家政、名著、小说、译海、文苑（旧体诗词，古文）、传记、记载、图画、写生、摄影、书法、美术、琴棋书画刺绣篆刻等，真可谓内容丰富，栏目活泼，成了当时最受女青年、女学生欢迎的刊物。《妇女杂志》所提倡的"贤妻良母主义"，对处于鸿蒙初开、求知欲旺盛的谢婉莹而言，无疑既是新鲜有趣又是深刻有理的。当"五四"时期讨论女性解放问题时，她似乎有相当的发言权，把自己平日的观察与《妇女杂志》中的新观念糅合在了一起，一泄方快。所以，她的观念不仅是新颖，同时也是成熟的。包括对女学生三个阶段的分期，似乎在《妇女杂志》的文章中，可以看到相似的观点："我国社会对于女学生之观念，其初惊讶之，其继畏惧之，其终厌恶之。"

冰心辍学一段时间后继续上学，舅舅杨子敬为其选择了离中剪子巷不远处的灯市口，由美国基督教公理会办的贝满女子中学，开始了她的完整的现代中学教育。但这个过程并不顺利，这回是因为外乡人的原因，私塾与外乡现代教育的差异所致。

贝满是英文 BRIDGEMAN 的音译，捐款兴建这个学校的美国人的姓氏，学校以捐建人的名字命名。入教会学校，对谢婉莹而言，不能像福建的另一位作家林语堂那般顺理成章，因为他们家没有基督徒。好在福州也有教会学校，仓前山的英华书院便是，婉莹的二伯父谢葆璎在此教中文，堂兄谢为枢也在那儿读书。教会学校的外籍教师均为传教士，到过他们福州的家，留下的印象并不坏，尤其婉莹出生，接生婆便是传教士。自然母亲不会反对上教会学校，父亲对教会学校也了解，认为他们教学认真，英语口语纯正，便对女儿说，去贝满上学也好！

海军少将这个决定对女儿的成长十分重要，但海军公主与她在福州上师范预科一样，开始很不习惯，甚至觉得"很苦"，第一天上学便将要交的学费弄丢了，不知道到哪儿去就餐，一天没有吃饭等等。冰心后来列举了"很苦"三个方面的原因："第一是我初小是在山东乡下上的，程度遂不及贝满，刚一来便感到应付的为难，尤其是算学一科，分数很低的。第二年才补上，以后才有很好的成绩。第二个原因是我口音的关系，才从山东来，国语一点也不会说，开口感到困难，一切练习口才的集会便不敢参加。第三是《圣经》不熟，我是生活在非基督教家庭的，对于《圣经》没有丝毫根底。"数学跟不上，作业与考试都不及格，说话山东口音很重，老师与同学听不太懂，回答问题只能到讲台上将答案写在黑板上，同学们赐她一个外号"侉子"。

显然，冰心被"现代教育"的课程卡住了。福州女子学校的预科，仅学过算学中的加减乘除，而中学的数学从代数起步，一到上课，便觉得"脚跟站不牢，昏头眩脑，踏着云雾似的"。如此情景，十道题能做对五道就不错了，考试不及格便是不可避免的了。但这一切并没有难倒从水兵堆中走出来的聪慧而又倔强的谢婉莹。因为代数的缺课，母亲请了培元蒙学的一位数学老师来给女儿补课，冰心也极是用功，"我每天回家以后，用功直到半夜，因着习题的烦难，我曾流过许多焦急的眼泪"。眼泪可以开花也可以结果，代数补习完毕，数学便追上去了，而其他的如几何等一切难题迎刃而解，甚至成了同学们崇拜的偶像，遇有难题便来向她请教。此时的冰心对数学甚至有些出神入化了，"竟有几个困难的习题，是在夜中苦想，梦里做出来的"。

口音问题也很快得到纠正，并且练成了一口标准、地道的京腔，以至没有人能听出她曾有过的山东或福建的口音。"在贝满还有一个集体活动，是每星期三下午的'文学会'，是同学们练习演讲辩论的集会。这会是在大课堂里开的。讲台上有主席，主持并宣告节目；还有书记，记录开会过程；台下有记时员，她的桌上放一只记时钟，讲话的人过了时间，她就叩钟催她下台。节目有读报、演说、辩论等。辩论是四个人来辩论一个题目，正反面各有两人，交替着上台辩论。大会结束后，主席就请坐在台旁旁听的教师讲几句评论的话。我开始非常害怕这个集会。第一次是让我读报，我走上台去，看见台下有上百对的眼睛盯着我看，我窘得急急忙忙地把那一段报读完，就跑回位上去，用双手把通红的脸捂了起来，同学们都看着我笑。一年下来，我逐渐磨练出来了，而且还喜欢有这个发表意见的机会。我觉得这训练很好，使我以后在群众的场合，敢于从容地作即席发言。"（《我入了贝满中斋》）

那么《圣经》呢？由于没有基督教的家庭背景，没有接触过《圣经》，并且一开始便是难读的《列王记》，讲述犹太国古王朝的历史，小小年纪谢婉莹对本国的历史都不甚了了，犹太古国的历史还不"枯燥无味"？这个时候协和女子书院的校长麦美德教士以讲"圣经故事"的形式讲述《圣经》，却是引起了婉莹的兴趣。"圣经故事"虽然也来自《圣经》，但以故事的形式进行讲述，这对初学者来说形象而生动，婉莹便是通过这种形式，走进《圣经》，接近上帝。当《圣经》课从《旧约》读到《新约》时，谢婉莹便已沉入其中了，她从《福音》书里了解了耶稣基督这个"人"，看到了一个穷苦木匠家庭的私生子，竟然能有那么多信从他的人，因为宣传"爱人如己"，而被残酷地钉在十字架上，这个形象是可敬的，也是可亲的。此时婉莹尚无信仰，在她心目中，耶稣尚是人子，而非神子，但《圣经》对她日后形成的爱的哲学，却是产生了重要的影响。

一个在入校时代数成绩不合格的学生，经过四年的努力，现代科学中的基础课、数学、物理、化学、英语等等各门课程都取得了优异的成绩，包括体育，她还记得当时的体育老师是美国人，下肢运动这样下口令："左脚往左撇，回来！右脚往右撇，回来！"国文就更不用说，曾经得到过 100+20 的高分。在毕业考试中，谢婉莹的成绩名列前茅，按照校规，应届毕业生中的最高分者，要在毕业会上致"辞师别友"的演讲，要编写歌词，在毕业会上演唱。这些，谢婉莹都做得很到位，但她并无得意反倒有了伤感，中学时代的生活与友谊这么快就结束了。"而今回忆起来，中学时代的生活，是较大学时代甜蜜得多，所得的朋友也亲密得多，而现在最好朋友，仍是中学时代所认识的。"

冰心四年贝满中学生活，可记载的还有：

一次是郊游。先是坐了王祥的洋车到西直门，之后改骑小毛驴上西山。婉莹在烟台骑过大马，毛驴自不在话下，加上第一次出城郊游，情绪亢奋，在上山的石板路上一路扬鞭驰骋，第一个到达目的地卧佛寺，很有一些她在习作小说中描写过的女侦探与女英雄的气概。郊游并不是一个学校，由教会中的女青年会组织，包括从天津来的教会女校，冰心记得她们的衣着比贝满同学讲究、鲜亮。

二是课外综合的训练。琴、棋、书、画，是旧时培养才女的四项标准，而一些大家闺秀常常具备这些涵养。翻开一部《红楼梦》，金陵十二钗哪一位不是才艺双全，琴、棋、书、画样样晓得？所以，富家女子，不一定接受仕途教育，但培养她们的才艺却是普遍的。谢婉莹在她的童年时代，对此便有了耳闻目濡，进入少女时代，家庭更是有意识培养。这个任务不是由她的父母亲，也不是请了琴师、画家面授，而是由革命党人、小舅舅杨子玉来完成。杨子玉此前已从唐山路矿学校毕业，回到家乡参加过福建的光复之役，革命之后，也到了北京，一方面从事有关的革命活动，一方面参加铁路的测量工作。杨子玉在北京，谢家便是他的落脚点。他鼓励婉莹学写字，给她买了许多字帖，还说要先学颜真卿，后转柳宗元，再学赵孟頫；给婉莹买了颜料和画谱，劝她学画；买了考究的棋盘和黑白棋子，教她下围棋，通俗易懂地启发"围棋不难下，只要能留得一个不死的口子，就输不了"；还送来一架风琴，在婉莹初入贝满中学时，交了学琴的费用。冰心虽然说她自己与琴、棋、书、画结不上缘，但实际上这些教育影响了她的一生，给她优雅的人生平添了丰富色彩。比如她的字清秀隽逸，晚年向她求字者众，留下的书法作品，给她的喜爱者、研究者不尽的喜悦。

三是参加过反对"二十一条"的示威游行。一九一四年到一九一八年，社会动荡，政坛像走马灯似的变化无常，翻翻这几年的大事纪便可知晓。第一次世界大战爆发，日军侵占山东济南、青岛，袁世凯称帝，袁死后黎元洪任总统，张勋复辟，段祺瑞执政等等，这些都不可能不影响到哪怕是美国人办的学校，影响到一个女学生平静的校园生活。就在婉莹入校的第二年，日本政府向袁世凯提出了吞灭中国的"二十一条"，袁世凯为了换取对他的支持，竟然接受了日本的要求。显然，这种出卖国家与民族的行为，遭到了全国人民强烈反对，各地掀起了大规模的讨袁抗日爱国的浪潮。贝满女校的同学也是群情激愤，冲出校门，与全北京的学生一起，汇入中央公园（今中山公园）。谢婉莹走在贝满游行的队伍中，带队是斋四同学、学生会的主席李德全。在万人如海的讲台上，李德全慷慨陈词，说："别轻看我们中国人！我们四万万人一人一口唾沫，还会把日本兵淹死呢！"集会后，婉莹交上了爱国捐，并与同学一道宣誓不买日货。谢婉莹满怀悲愤回到家里，见到父亲沉默地在书房墙上贴上一张白纸，上用岳飞笔迹横写着"五月七日之事"六个大字。婉莹与父亲默默地站在横披的下面，发誓永远不忘这个国耻日！另一次是张勋的辫子军进京。辫子军纪律极坏，为了防止家人被骚扰，海军少将不得不将家眷送到外地避难。谢葆璋选择了烟台，那里还有他的部下与朋友，于是婉莹在母亲的庇护下，从塘沽乘船，到了烟台，躲过了十二天的复辟闹剧。如此的经历，在中国的知识分子身上早早地烙下了时代与社会动荡的印记，从而引发庄重的使命感与责任感。

七、少女时代的同性爱

冰心的婚恋曾引起过人们的关注，她和其他女作家似乎都不同，庐隐、丁玲、萧红等女性作家的叛逆，皆与反抗封建包办婚姻有关，冰心的家庭没有为其设定门当户对的婚姻关系，因而，也就没有反叛，民主的家庭却是让她不需反叛而成为可以自由选择的新女性。但在当时的大环境下，男女的交往极其严格，更不用说自由来往了，因而，没有对指定男性的反抗，也没有与男性的自由交往，那么，少女时代的性爱启蒙，则可能就在同性身上。

当入校时困扰谢婉莹的学习问题解决之后，另外一个潜藏的情感问题便浮上来了。婉莹入贝满女中，正值豆蔻年华，青春的骚动、情窦的初开，都令海军公主萌生了交友的情怀；同时，社会上也是西风渐进，知识女性走出家庭、走向社会渐成时尚。冰心平日阅读的《妇女杂志》，有专门栏目介绍女性社会交往。但在教会所办的女校，校规甚严，青春期的欲望与向往，不仅受到校规的严格限制，同时受到性别的限制，如何冲破种种限制，成了教会学校女生的情感苦恼。女校的交友无法在异性之间，在青春期缺乏自我控制能力的情况下，舍远求近，面对了身边同性，开始了交友，并且由交友到产生感情，最后成为了教会女校一种特有的风景——同性爱。在一次演讲中，冰心描述了这道风景："彼时风气初开，各同学竞以交友为时髦课程之一。乃又格于校章，管理严密，平时不能轻越雷池一步，不得已，在可能范围中，舍远求近，弃异性而专攻同性恋爱之路途。初则姐姐妹妹，亲热有逾同胞，继则情焰高烧，陷入特殊无聊恨海，终则竟超越情理之常，来一下卿卿我我，双宿双飞，若妇若夫，如胶如漆。""当局者迷，旁观者清，此中丑象百呈，怪事不能胜数。常见有第三者参与其中，居然吃醋拈酸，打鸡骂狗，或则娇啼宛转，抢地呼天，如丧考妣，如失灵魂。"并坦陈"我非超人，未能免俗，亦曾一度为同性恋爱之蚕丝沾惹"，那么，谁是沾惹谢婉莹的"同性爱的蚕丝"呢？（玉壶《冰心演讲同性爱记》，《玲珑》1936 年 6 卷 28 期）

根据冰心的演讲，大致可以推断为：

首先爱上的是一位年轻的女老师，她教过冰心的"历史、地理、地质等课"，名字叫丁淑静。后来在《我的教师》中描写丁淑静时，改变了一下课业，成为了代数教师，但"其他的描写，还都是事实"。

冰心说丁淑静老师是在她入校时还未站稳，"便在这云雾之中，飘进了我的生命中来"。对丁淑静的描写是这样的：

"螓首蛾眉，齿如编贝"这八个字，就恰恰的可以形容她。

她是北方人，皮肤很白嫩，身材很窈窕，又很容易红脸，难为情或是生气，就立刻连耳带颈都红了起来，我最怕的是她红脸的时候。

在描写与丁淑静单独相处时的情态，非初恋人的心境可比：

> 在我抬头凝思的时候，往往注意到她的如云的头发，雪白的脖子，很长的低垂的睫毛，和穿在她身上稳称大方的灰布衫，青裙子，心里渐渐生了说不出的敬慕和爱恋。在我偷看她的时候，有时她的眼光正和我的相值，出神的露着润白的牙齿向我一笑，我就要红起脸，低下头，心里乱半天，又喜欢，又难过，自己莫名其妙。

（《我的教师》）

恶补代数的时候，冰心说她用功到半夜，遇到难题时，也曾流过焦急的眼泪，而在泪眼模糊之中，灯影之下，往往涌现出丁淑静美丽慈和的脸，一想到她，仿佛就得了灵感，"擦去眼泪，又赶紧往下做"。

教师在学校自然属公众人物，同学中敬爱她的，当然不止一人，但大概都有一种"私意"，以为世界上根本就没有一个男子，配做丁老师的丈夫，然而向丁老师求婚的男子，那时总在十个以上，有的是学校的男教师，有的是校外人士。学生们对于丁老师追求者，"一律的取一种讥笑鄙夷的态度。对于男教师们，我们不敢怎么样，只在背地里替他们起上种种的绰号，如'癞哈蟆''双料癞哈蟆'之类。对于校外的人士，我们的胆子就大一些，看见他们坐在会议室里或是在校门口徘徊，我们总是大声咳嗽，或是从他们背后投些很小的石子，他们回头看时，我们就三五成群的哄哄笑着，昂然走过"。谢婉莹暗恋着丁淑静的时候，圣经课正读着《所罗门雅歌》，她便模仿雅歌的格调，写了许多赞美心目中丁淑静的句子，"在英文练习簿的后面，一页一页的写下叠起。积了有十几篇，既不敢给人看，又不忍毁去。那时我们都用很厚的牛皮纸包书面，我便把这十几篇尊贵的作品，折存在两层书皮之间"（《我的教师》）。

就在冰心沉浸在对教师的爱恋之中时，她自己却也被高年级的同学所爱恋。在当时的教会女校，学生爱上同性的老师与高年级同学爱上低年级同性的同学，都是常事。

贝满女中的学生人数并不多，却有相当部分住校者，她们来自河北保定、通县或外省，家庭不一定富庶，基本都是基督徒。这些同学的衣着单调，不是蓝便是青，梳髻穿裙，冬天里是黑色臃肿的棉衣，平时说话行事都很拘谨、严肃，几乎听不到她们的笑声。城里的学生就不一样，比外乡学生活泼多了，淘气多了，也会开玩笑。城里的学生不住校，谢婉莹每天由一位高高大大、名叫王祥的车夫，拉着洋车送她到校门口，放学时则又来接她回家。在学校遇到生活上的问题，也是城里的同学来帮助，最首帮助她的是一位二年级的女生，名叫陶玲，"一个能说会道、大大咧咧的满族女孩子"，带她走进自修的大教室，进入大餐厅的内间，享用四菜一汤的"小灶"等等。按说婉莹很容易被陶玲所"猎获"，但同性的恋情也是有缘分的。婉莹是典型南方人的身材与体型，个儿小、瓜子脸蛋、苗条、秀气，在她的成绩好上之后，在她被"小碗儿""小谢"爱称般地被叫着的时候，同学们也就悄悄地喜欢上她了。"在中学最坏的现象就是交朋友，因为那时社交严紧，发现感情的对象只有同性，在那时很容易与高班的同学因同学的起哄而成朋友。我那时彼也和一个四年级的同学好起来。"这个同学根据后来冰心的回忆与描写，可知她名字叫陈克俊。与丁淑静一样，"男士"在《我的同学》中称她为 C 女士。"C 女士是广东人，却在北方生长，一口清脆的北平官话。"只不过，冰心对她的描写，没有放在贝满女中而是放在升入大学之后的时间段里，但那初次的印象与交往，应该是发生在贝满女中里。

第一次见面便是那么的与众不同，"那时的女同学，都还穿着制服，一色的月白布衫，黑绸裙儿，长蛇般的队伍，总有一二百个。在人群中，那竹布衫子，黑绸裙子，似乎特别的衬托出 C 女士那夭矫的游龙般的身段。她并没有大声说话，也不曾笑，偶然看见她和近旁的女伴耳语，一低头，一侧面，只觉得她眼睛很大，极黑，横波入鬓，转盼流光"。这是一个远的镜头，随之拉近，"及至进入礼堂坐下——我们是按着班次坐的，每人有一定的座位——她正坐在我右方前三排的位子上，从从容容略向右倚。我正看一个极其美丽潇洒的侧影：浓黑的鬃发，一个润厚的耳郭，洁白的颈子，美丽的眼角和眉梢。台上讲话的人，偶然有引人发笑之处，总看见她微微地低下头，轻轻地举起左手，那润白的手指，托在腮边，似乎在微笑，又似乎在忍着笑。这印象我极其清楚，也很深。以后的两年中，直到她毕业时为止，在集会的时候，我总在同一座位上，看到这美丽的侧影"。远景与特定、正面与侧景，从穿着到说话的声音，从眼睛到鬃发，从"润厚的耳郭，洁白的颈子"，低眉、托腮，一举手一投足，无不呈现了"情人眼里出西施"的风姿。每当集会，便是她们相会之时，"在末座静静地领略她稳静的风度，听取她简洁的谈话。……她的温和的美，解除了我们莫名其妙的局促和羞涩，我觉得我并不是常常红脸的人，对别的女同学，我从不觉得跼蹐"。因为不在同一班级与年段，相处只能在集会中或查经班里，谢婉莹本来觉得查经班与做大礼拜都是负担，希望星期天多与母亲在一起，但因为陈克俊的原因，竟然对各种集会、对查经班与做礼拜，有了某种的期盼。"梦境中还常常有着 C 女士，她或在打球，或在讲演，一朵火花似的，在我迷离的梦雾中燃烧跳跃。"（《我的同学》）在一次教会学校组织的西山郊游中，谢婉莹与陈克俊还穿了从天津中西女校借来的白绸子衣裙，表演"天使"的形象，引起同学的赞美与羡慕。

于是，可以看到，在贝满女中，婉莹既暗恋着年轻老师丁淑静，同时与高出两届的陈克俊产生了梦中情人般的恋情，由于社交的阻隔，豆蔻年华的谢婉莹，将交友与爱恋的对象，投入到了同性的身上。从人性的经验而论，这也是一种自然现象，当她（他）的性欲初开而受到环境的限制时，发泄的对象往往便是选择了同性。但无论是异性爱还是同性爱，都具有占有性与自私性，用冰心自己的话说，"无论同性或异性的恋爱都是有占有性的，两人便或彼此监视，禁止交朋友"，处于同性三角恋情中的谢婉莹，自然也脱不了这种规则的制约。所以，当她写给丁淑静的"雅歌"与信件，被陈克俊发现之后，感情的决裂就成了必然了。"感到朋友之无趣，便将以前和那朋友的信一同烧掉，从此对于朋友感情皆尽。"(《我自己的中学生活》)从冰心后来的讲述中,这种情感的切断很是决然,她认识到这种同性之间的爱是一种"不健全的、自私的、有害的"情感行为,并且对这种交友的方式有了"反感"。后来,低年级的学生有追求者,冰心也都一概拒绝,不再陷入同性爱的情感旋涡。但是,冰心与陈克俊的感情,决裂之后并非成为了"敌人",依然还是朋友,在进入大学之后依然还有交往,在一起照相、参加歌咏队,甚至还参加过一次共同演出:

> 在 C 女士将要毕业的一年,我同她演过一次戏,在某一幕中,我们两人是主角,这一幕剧我永远忘不了!那是梅德林克的《青鸟》中之一幕。那年是华北旱灾,学校里筹款赈济,其中有一项是演剧募捐,我被选为戏剧股主任。剧本是我选的,我译的,演员也是我请的。我自己担任了小主角,请了 C 女士担任"光明之神"。上演之夕,到了进入"光明殿"之一幕,我从黑暗里走到她的脚前,抬头一望,在强烈的灯光照射之下,C 女士散披着洒满银花的轻纱之衣,扶着银杖。经过一番化装,她那对秀眼,更显得光耀深大,双颊绯红,樱唇欲滴。及至我们开始对话,她那银铃似的声音,虽然起始有点颤动,以后却愈来愈清爽,愈嘹亮,我也如同得了灵感似的,精神焕发,直到终剧。我想,那夜如果我是个音乐家,一定会写出一部交响曲,我如果是一个诗人,一定会作出一首长诗。可怜我什么都不是,我只做了半夜光明的乱梦!

> (《我的同学》)

中学时代的同性爱,如果不是冰心自己说了出来,大概是不会有人知道的。一九三六年五月,冰心和吴文藻即将赴欧美游学,天主教会办的慕真女子中学邀请冰心演讲。面对与自己二十年前一样豆蔻年华的女生,冰心讲起了她在贝满女中的学生生活。演讲并非追怀远逝的同性爱的恋情,而是意在说明这种情感的不健全性与有害性,显然是希望对慕真的女生有种劝导与警示的作用。也许邀请者希望已成为著名作家的冰心讲讲中学生交友的话题，冰心便带出了同性交友的经验与认知。当时有人做了记录，主要的观点刊在了慕真女校的校刊上，同时配发了马玉波《谢冰心印象记》，记载了演讲的情形。

刊登冰心演讲《我自己的中学生活》的《慕真半月刊》，是为校刊，发行范围很小，影响也有限，但由于冰心的知名度，尤其是演讲的话题，立即被上海的一些报刊所注意。也就在同年的六月，二十世纪三十年代"女学生们人手一册"的畅销杂志《玲珑》，刊登了据说是从上海日报上转载来的署名"玉壶"的文章，题目叫《冰心演讲同性爱记》，将《我自己的中学生活》中关于"同性爱"放大为标题。冰心的演讲本为口语，倩茵记录的《我自己的中学生活》也保持了口气方式，到了《冰心演讲同性爱记》变成了文白参半，内容基本相同，只是有详略之别，因而可推断为《玲珑》杂志上的文章，并非从《慕真半月刊》来，而是别有稿源渠道。

冰心有关同性爱的话题，直到二十世纪四十年代仍然被媒体炒作，但奇怪的是，一九四九年之后，甚至在所有冰心研究的文章中，均未出现过这方面的内容。直到二〇一二年冰心文学第四届国际学术研讨会后，青年女学者赵慧芳在一个偶然的机缘中，看到一九三六年第六卷第二十八期《玲珑》杂志上刊有一篇《冰心演讲同性爱记》。继而追溯到《慕真半月刊》上的《我自己的中学生活》，还查到了四十年代的那两篇炒作的文章。赵慧芳对此发现，既惊喜又十分慎重，先后求证过多人，最后才成文发表，成为冰心研究的另一个"突破口"。之所以说是"突破口"，是因为冰心曾描写过诸多女性，与许多女性成为一生知己，尤其在《关于女人》中，对十余位女性的精彩描写，《我的教师》与《我的同学》中就涉及到"同性爱"的内容，但是没有一个研究者从这个视角进行研究，包括重庆国际学术研讨会，创作于此的《关于女人》成为研讨会的重要话题，但无一人言及"同性爱"三字。所以，当赵慧芳发现有关"同性爱"这一组文献之后，她对冰心与女性的交往、冰心的《关于女人》等作品，便有了新的理解。

第三章

北京、横滨、西雅图、芝加哥、默特佛、威尔斯利、青山沙穰、绮色佳、曼哈顿、华盛顿、上海、北平、百灵庙、包头

一、"五四"运动的那些日子

一九一八年秋天，冰心在完成了四年的中学教育后，升入北京协和女子大学理预科学习。这个选择与鲁迅、郭沫若一样，学医而非学文，学医又为西医而非中医。女生学西医在当时富有挑战性，于冰心而言并非谋生，也不是为了替病人解除病苦，仅仅是为了给自己的母亲看病。

母亲多病，先时看中医，把把脉便可开药方，到北京之后，父亲坚持改看西医。西医无把脉之说，但要用听诊器听病者的心肺，请到海军少将家为谢太太看病的西医为男性，母亲非常不习惯，不肯让医生听诊，就是隔着厚厚的棉衣，也只给一个背影。医生很难听到什么，一脸无奈。看到母亲的窘境与病痛，站在一旁的女儿暗下决心，长大学西医，为母亲看病。

进入协和女子大学理预科的第一天，跨入校门的情境让她记了一生：清朝佟王府邸，大门上有女书法家吴芝瑛写的"协和女子大学校"的金字蓝底花边的匾额，进入二门，王府前三间大厅改成大礼堂的长廊下，"开满了长长的一大片猩红的大玫瑰花！这些玫瑰花第一次打进了

我的眼帘，从此我就一辈子爱上了这我认为是艳冠群芳、又有风骨的花朵，又似乎是她揭开了我生命中最绚烂的一页"（《我的大学生涯》）。然而，谢婉莹绚烂的一页并非开放在协和女子大学，并非开放在医学上，而是开放在燕京大学，开放在文坛中。

如果将谢婉莹升入大学的九个月之后，也即是一九一九年的五月，中国历史上翻开了最悲壮、最富有现代意义的一页。"五四"运动的爆发，改变了中华民族的现状，改变了中国社会的走向，也改变了无数志士仁人、无数青年学子的命运。历史上、文学上对"五四"运动的记载与描写，对它的研究，从未间断，社会前进与倒退，最终要从"五四"寻找源头。青年女大学生谢婉莹便是被这个空前壮阔的运动卷入其中，并且在激流中寻找自己的位置，散发出绚烂的光彩。

"五四"运动的爆发，并非一朝一夕所为，也不是一日结束，晚清的思想家们，之前的陈独秀、李大钊、胡适、鲁迅等人，便在思想文化界发出了呐喊，有了文化与思想的铺垫，并且与之后的活动相连，形成了新文化运动的波段。"五四"运动的导火索，是第一次世界大战结束后的"巴黎和会"，也就是世界列强重新瓜分世界势力范围的一次会议。中国代表在和会上提出，取消日本强加给中国的"二十一条"，归还德国在山东的权利，取消列强在华的特权等，但会议没有接受中国代表的要求，而是将德国在山东的权利转让给日本。北京政府的中国代表竟然也准备接受强权的决定。此消息，被当时任职于国民外交协会的林长民先生"闻之"，又接到自费到巴黎和会"观会"的梁启超电报，证实了传闻，心急如焚，漏夜草就《外交警报警告国民》一文，以真名林长民署之，发表在五月二日《晨报》二版头条。林长民在讲述了事情的经过之后，向国人呼吁："胶州亡矣，山东亡矣，国不国矣！""国亡无日，愿合我四万万众誓死图之。"消息一出，引起全国的震惊，尤其是北京的大学生。五月三日的晚上，北京大学等十几所大学的学生会主席集合，商讨游行示威之事。五月四日恰逢星期天，午后，北京十二所学校的三千余名爱国学生，浩浩荡荡走上街头，涌向天安门，举行游行示威。他们呼喊的口号是"外争国权，内惩国贼""取消二十一条""拒绝和约签字"等，矛头直指三个亲日派官员，曹汝霖（交通总长）、章宗祥（驻日公使）和陆宗舆（币制局总裁）。游行队伍先到东交民巷美国使馆请愿，由于没见到美国公使芮恩施，学生们的一腔怒火转向赵家楼曹宅，有人准备好了煤油和火柴，于是火烧赵家楼，痛打章宗祥，成为"五四"运动标志性事件。

谢婉莹的协和女子大学不在当日游行的十二所大学内，她当天也不在学校，而是在外国使馆区东交民巷的德国医院，看护生病的二弟。当时婉莹的父亲谢葆璋已是海军部的参事，之后不久总统徐世昌将授予他"二等文虎章"，那时能到德国医院看病的中国人是能数得出来的。也就是说，无论从家庭条件还是与当局的关系来看，她与一般的热血青年学子有所区别，但谢婉莹在听说"五四"运动的情况后，依然"又是兴奋又是愤恨"，心在激昂地跳，"窗外刮着强劲的春风，槐花的浓香熏得我头痛！""'五四'这一夜，我兴奋得合不上眼。"谢婉莹当时并没有在现场，没有亲身感受，只是听了女佣与亲戚的描述，便有如此激动的情绪，这大概与她在烟台养成的男儿性格有关。

以下便是谢婉莹在"五四"运动中的表现：

第二天从医院回家，到学校，大家都不上课，站在院子里面红耳赤地大声谈论日前发生的事。协和女大学生会是北京女学界联合会成员，谢婉莹参加了联合会的宣传股。"出席女学界联合会和北京学生联合会的，都是些高班的同学，我们只做些文字宣传，鼓动罢课罢市，或对市民演讲。为了抵制日货，我们还制造些日用品如文具之类，或绣些手绢去卖。"协和女大是个教会学校，一向对于当前政治潮流，不闻不问，而这次波澜壮阔的爱国力量，终于冲进了这个校园，修道院似的校园，也成了女学界联合会代表们开会的场所了。同学们个个兴奋紧张，一听见什么紧急消息，就纷纷丢下书本涌出课堂，谁也阻挡不住。"我们三五成群地挥舞着旗帜，在街头宣传，沿门沿户地进入商店，对着怀疑而又热情的脸，劝说他们不要贩卖日货，讲着人民必须一致奋起，反对日本帝国主义的侵略压迫，反对军阀政府卖国行为的大道理。我们也三三两两地抱着大扑满，在大风扬尘的长安街，在破敝黯旧的天安门前，拦住过往的人力车，请求大家捐些铜子，帮助援救慰问那些被捕的爱国同学。我们大队大队地去参加北京法庭对被捕学生的审讯。我们开始用白话文写各种形式的反帝反封建的文章，在各种报刊上发表。"（《回忆五四》）

这个时间段大致是五月五日至八月二十一日。中间还有一个暑假，尤其是各校为了防止学生"闹事"，五月底便开始放假，像郑振铎这样的一些学生领袖，都在假期回到了外地家乡。但在北京城里的学生依然，尤其是谢婉莹，作为学生会的干部、女学界的代表，继续参加学生运动。

无论是冰心本人还是研究文章、人物传记，在叙述冰心"五四"运动表现的时候，都未涉及海军部参事、少将父亲谢葆璋。以五月四日事件论，北京政府的基本态度是学生爱国但不明真相，纵火焚烧触及了法律，为社会的安定，采取了强制措施；而在事件暂时平息却又于六月三、四日两天，学生再次大规模的游行，北京政府的态度则认为学生被政治派系利用，以"保护及监视""规劝回校"等办法处置。自然学生方及其舆论宣传，均不认同北京政府的态度与做法，为获大众支持，还加大对北京政府侮辱、殴打学生的宣传。作为谢葆璋不可能不明了政府的态度和事实的真相，在明了政府态度的情况下，他对女儿的行为没有任何的限制与劝阻？一任其自由而行？按照冰心的回忆，海军少将谢葆璋不仅是学生运动的同情者，甚至是学生运动的支持者，"父母比较开明，从不阻止我参加学生运动"，还说"我的父亲对于抗日救国尤其热心"，这可能是冰心有意回避了父亲的态度、突出了自己在"五四"运动的表现？冰心创作的第二篇小说《斯人独憔悴》，则是写出学生运动中，父子不同的态度及冲突：颖铭与颖石两兄弟均为在校的学生，"五四"运动中成了学生会的代表与干事，停课、上街游行，演讲时被军人的刺刀扎伤。父亲化卿知道后，非常生气，将他们召回并关在家里，狠狠训斥了一顿："你们是国民一分子，难道政府里面，都是外国人？若没有学生出来爱国，恐怕中国早就灭亡了！照此说来，亏得我有你们两个爱国的儿子，否则我竟是民国的罪人了！"冰心说，这些话是父亲提供的，甚至说是父亲"添上去的"。而这里，则可能留下了冰心这类家庭对待"五四"运动的某些信息，甚至可能透出谢婉莹的自传色彩。

暑期的谢婉莹还参加了北京地方法庭对北大学生案的审判。正是这次听审，改变了谢婉莹的人生。事后，她将这次听审的经过与感想，写成了文字，寄给了《晨报》。四天以后，即八月二十五日，北京最有影响的《晨报》以"女学生谢婉莹投稿"为名，全文发表了她的文章《二十一日听审的感想》。

> 刘律师辩护的时候，到那沉痛精彩的地方，有一位被告，痛哭失声，全堂坠泪，我也很为感动。同时又注意到四位原告，大有"不安"的样子，以及退庭的时候，他们勉强做作的笑容。我又不禁想到古人一句话，"哀莫大于心死"。唉！可怜的青年！良心被私欲支配的青年！

这是一篇只有一千三百字的短文，是谢婉莹第一篇被印成了铅字的文章，虽为时作、杂感，但从感情的取向到文字的清新，都有鲜明的"五四"气息。所以，研究者一般将其视为冰心的处女作。九天之后，"女学生谢婉莹"在《晨报》上又发表了另一篇文章《"破坏与建设时代"的女学生》，这几乎是一篇行将登上文坛青年人的女性观与人生观宣言。这篇文章的观念之成熟，很难想象出自一个年仅十九岁的女大学生之手。

二、新文学的骁将

仅仅是发表一两篇对重大事件描述或表明观念的文章，并不能体现作者的文学才华，但谢婉莹身边的一个重要的人物，就是时任《晨报》编辑的刘放园，一个给谢家赠送《晨报》的学者，一个比谢婉莹大了近二十岁的表兄，成了将小表妹引向文坛的伯乐。《二十一日听审的感想》

由他编发，让他惊奇的是这个平时给自己端茶递烟的小表妹，竟然有如此清新的文字！而在当时，读书的女性不多，能写作的女性更是凤毛麟角，一个女作家呢？刘放园当然明白它的意义！于是，他不仅给谢家赠送《晨报》，还不断地寄来《新潮》《新青年》《改造》等新出的杂志与图书。这一下又扩大了冰心的新文学视野，从这些书报上，她知道了杜威和罗素，也知道了托尔斯泰和易卜生，并且懂得小说里有哲学、有社会问题与矛盾等，一时，喜欢小说的心情，又显著地浮现出来。而时不时来谢家大院与父亲对饮的表兄刘放园，竟然在父亲面前表扬小表妹能写，鼓励她可以尝试着写一些白话小说。放园表兄的话，对婉莹有着直接的点拨作用，之前她写过不顺畅、不成功的小说，可能与自己受文言小说束缚有关，《小说月报》已有了新写法，但篇篇离不开言情，她并不喜欢。放园表兄的"点拨"很重要，白话小说在当时，也许不仅是一种时尚，还可能更适合自己。

于是，在一个初秋的晚上，谢婉莹洗漱完毕，像要上床睡觉的样子，悄悄地关上了房门，在南窗下的小桌上，铺开了稿纸，磨墨，试了几管小楷，在荣宝斋的竖格宣纸上，写下了四个绢秀的小字：两个家庭。以下的文字便飞快地流出：

> 前两个多月，有一位李博士来到我们学校，演讲"家庭与国家关系"。提到家庭的幸福和苦痛，与男子建设事业能力的影响，又引证许多中西古今的故实，说得痛快淋漓。当下我一面听，一面速记在一个本子上，完了会已到下午四点钟，我就回家去了。

这个现在看来似乎平淡、没有多少特别的开头，叙述的角度与句式，也说不上有什么过人之处，但上推至二十世纪初叶，则就让人耳目一新了。白话与"我"的艺术视角，叙述方式与探讨的问题都具有开创性的现代意义。要知道，章回体小说、《小说月报》中的小说，没有这种语言与叙述方式，多为全知全能的描写。这个第一次写白话小说的女大学生，从"我的叙述"落笔，开始了她的小说创作，并且将叙述的视角伸向了当下的现实："我"所见到的陈华民一家，"我"所见到的三哥与亚茜一家，两个家庭中的男人虽为留英同学，但由于家庭环境与各自太太的"好"与"坏"，竟然致使一个男人走向新生，另一个男人走向毁灭，从而显示出家庭与女性在事业中的意义。

> 三哥坐一会儿，便回去了，我送他到门口，自己回来，心中很有感慨。随手拿起一本书来看看，却是上学期的笔记，末页便是李博士的演说，内中的话就是论到家庭的幸福和苦痛，与男子建设事业能力的影响。

这是小说的结尾，叙述的完整性、思考的新颖性与深刻性，得到了圆满的起承转合，很难想象，这是一篇出自第一次拿起笔来用白话写作的女学生之手的小说！

小说誊清之后，如何署名？她不想再用"女学生谢婉莹"了，她怕人知道自己写小说，那就用幼时姑母为自己抽签得来而从未用过的"珠瑛"吧，可也觉得不好，姑母说这个名字是寄在吕洞宾名下的，封建色彩很浓。想了一会儿，最后落上了"冰心"二字。写好后再看看，觉得不错，这两个字简单好写，对同学、熟人，是个陌生的名字，不会被人取笑，而"冰心"也有了"婉莹"中"莹"的含义。第二天，表兄刘放园来谢家与父亲喝酒论道，临走时，婉莹红着脸将封好的小说交给表兄。

三天之后，《两个家庭》在《晨报》第七版"小说"的栏目下，以连载的方式赫然刊出，署名为"冰心女士"（一九一九年九月十八日至二十二日，《晨报》分五次连载）。"在报纸上看到自己的创作，觉得有说不出的高兴。"实际上高兴的还不止冰心，《晨报》兴奋的程度可能不亚于作者本人。发现新文学中的一个有才华的青年作家，对报纸的发行与影响，也许是不可估量的，所以，不惜版面，一连用了五天连载这篇小说。编辑还稍嫌"冰心"二字较为中性，为了突出女性色彩，加上了"女士"二字。于是，"冰心女士"连续五天在北京影响最大的报纸上出现，走进了千家万户。

有人将《两个家庭》作为冰心的处女作，也说得过去，"冰心"这个当时无人知晓的名字，正是通过这篇作品，登上了文坛。也就是说，一个在当时无人知晓在后世无人不知的名字，正是始于这篇小说。报纸的刊登与看重无疑是一个重要的信心指数，加上背后有一双强有力的推手，于是，青年冰心绚烂的小说之花，便在这个世界自由绽放。

半月之后，冰心以家庭为场景，描写父子两代人在参加学生运动上的矛盾与冲突的小说《斯人独憔悴》，在《晨报》上以六天的时间大篇幅连载。每天报纸送达谢家，海军少将便寻找女儿的文章，之后与夫人争相阅读。在传统文化中，小说不登大雅之堂，轻看以至鄙视小说，是仕途中人常见的事情。没有资料显示海军少将谢葆璋，反对、干涉女儿的小说写作，加上刘放园这只背后的推手，前一篇还没有登完，下一篇邀稿的电话便来了，并且总是鼓励，说就按这样的路子写下去，写下去，将身边的问题一一搜罗出来，写到小说里。十月三十日至十一月三日，《秋雨秋风愁煞人》又在《晨报》连载。

从九月十八日至十一月三日，"冰心女士"的名字十六次出现在北京最有影响的《晨报》上，她写作了两万四千余字，奉献于《晨报》的读者。这个数字，在电脑码字的网络时代，算是小儿科了，但在尚处毛笔时代的二十世纪初叶，每天要写近五百字的小楷，仅就字数而言就了不起了，况且还是一个在校的学生。这年底，她创作的另外两篇小说《去国》《庄鸿的姊姊》也在《晨报》上连载，作品所表达的主题，延续了前三篇小说，即以人物的命运，表达社会问题。从美国留学归来的英士，在"亲爱的祖国"种种不得志的情况下，不得不再次远渡重洋，"太平洋浩浩无边的水，和天上的明明的月，还是和去年一样。英士凭在栏杆上，心中起了无限的感慨"。他万万没有想到的是，去年一腔热血回国，一年后又不得不怅怅地"去国"。所以，他在船上对妹妹说："我盼望你回去的时候的那个中国，不是我现在所遇见的这个中国。"（《去国》）改良的心情在怅然中显得乏力，但也是真切的企盼。

"五四"运动那一年，即是一九一九年半年多的时间内，用冰心自己的话说是："几乎每星期有出品"，并且定位于"多半是问题小说"。如此看来，"问题小说"后来被评论家经常使用的概念，并不是评论家对她的创作概括，而是她自己一开始便有的思考与追求。成为"冰心"之后，表面文静的小婉莹儿，着了魔似的，脑袋瓜里装的都是看来的、听来的、了解到或早存心底的各种问题与人物，构思成熟后便成了小说，这就是她自己所说的青春期"一心只想做小说"的状态。来年的一开春，便有了《一篇小说的结局》《世界上有的是快乐……光明》。这个时候的冰心，稍稍偏离了一下眼前的现实，回到烟台与福州童年的世界里，但是依然没有欢乐，《一个兵丁》《还乡》《一个军官的笔记》《三儿》《鱼儿》《一个不重要的兵丁》等，便是对这个童年世界的描述，同样也是悲切与痛苦。冰心的描写借助了童年印象，她认为，这些回忆又渗入了一知半解、肤浅零碎的哲理，与问题小说的写作也是一脉相承。

三、弃医从文

"五四"运动后，又一个夏季来临，以时间计，冰心读完了两年的预科，秋天即可正式进入大学了，实现当医生的梦想。然而，这个梦想未能成真。预科的完成，不仅需要考试，同时需要平时实验课的记录。凭谢婉莹的聪慧，考试应无问题，但是实验课却是过不去。"五四"运动后，由于上街游行、演讲、宣传，还有赈灾募捐，落下了一些解剖实验课，其他的课尚可补上，解剖实验课无法补，不可以想象将一只等剖的兔子放置几天，也不可能为了一个学生的补课另剖兔子一只。实验课为理预科的基础，实验课的缺席，对升学将意味着什么？

立志学医的理预科学生谢婉莹走到了人生的十字路口，是继续学医还是改为学文？学医，不仅有预科拉下的实验课，同时还在体检中发现了肺部的阴影，这也可能导致做医生不合格；而学文，原本无打算，但由于"五四"运动中出色的表现，便有了优势：仅是小说便已发表了十五篇，且都登在《晨报》上，而在《晨报》改版一周年的庆典时，竟然有十九岁女学生写的纪念文章，与胡适、鲁迅、周作人同一个版面。恰在这年的春天，华北协和女子大学并入燕京大学，成为燕大女校。燕京大学在司徒雷登校长的领导下，发展迅速，直至可与北京大学、清华大学齐名。当时燕大国文系主任是陈哲甫，又是《燕大季刊》的编辑，对谢婉莹自是熟悉。因而，冰心经过慎重考虑并征得父母同意，表达了希望转入国文系的愿望，她不仅受到欢迎，而且跳过本一，直接升入本科二年级，与贝满中学比自己高一届的陶玲、黄世英成了同班同学。

从此，中国少了一名良医，多出了一位作家，一位家喻户晓的女作家。

冰心转入燕大直到毕业，三年时光，恰是燕京大学草创期。也正因为草创，因为司徒雷登要在古老的中国办一所最好的现代大学，所以一切也都在艰难的跋涉中，在与社会和时代的挑战中蓬勃向上。司徒雷登自己曾这样设问："能否在这座一度是这个国家文化和政治中心、迷人而古老的城市里，通过集思广益，通过自由地进行教育的办法来兴办一所教会大学？"这个设问成为建校之初办学的基本方针。冰心的成长与思想的形成，有其大环境，那就是整个新文化运动，是社会要求变革的思想解放，有基本言论自由；同时，也有小环境，这就是燕京大学活泼的天地、谢家大院温馨自由的氛围。冰心说这一段生活是她一生中"最热闹、最活跃、精力最充沛"的时期。

转入燕京大学、弃医从文的谢婉莹，可说是进入了自由境界。功课与理预科相比，轻松多了，依然可以不住校。有的课程，如"社会学""心理学"等，依然可以在女校；有的课程，如"哲学""教育学"则要到男校。从中剪子巷到男校所在地崇文门内的盔甲厂，比到女校所在地灯市口佟府夹道要远得多，但谢葆璋家有专车，每天由王祥拉着那辆漂亮的洋车，将她送到男校或女校的门口。冰心便会趁着没有熟人时下了车，急匆匆地进到校园，有时去教室，有时奔图书馆，有时则到阅览室，有时还可能去临时集合地开会等等。那时虽然男女合校，但女生到男校上课仍然是一件新鲜事，冰心后来记载了一些细节，挺有意思：

当时男女合校还是一件很新鲜的事，因此我们都很拘谨，在到男校上课以前，都注意把头上戴的玫瑰花蕊摘下。在上课前后，也轻易不同男同学交谈。他们似乎也很腼腆。一般上课时我们都安静地坐在第一排，但当坐在我们后面的男同学，把脚放在我们椅子下面的横杠上，簌簌抖动的时候，我们就使劲地把椅子往前一拉，他们的脚就忽然砰的一声砸到地上。我们自然没有回头，但都忍住笑，也不知道他们伸出舌头笑了没有？

（《我的大学生涯》）

进入大学之后，没用冰心这个名字的谢婉莹，成了燕大的活跃分子。燕大有个"学生自治会"，自治会里有许多个委员会，每个委员会里谢婉莹都派上了用场，只有一个伙食委员会没有参加，因为她没有住校，自然管不了伙食。在学生会中，谢婉莹负责请名人来校演讲，鲁迅、胡适、吴贻芳……她做主持，开始由她介绍主讲人，之后便坐在讲台下静静地听。女校还为附近佟府夹道不识字的妇女们，义务开办一个"注音字母"学习班，学生会又派谢婉莹去当校长。于是，她得四处找校舍、招生、请老师，全一人包办，居然进行得很顺利。开学那天，校长"训话"，讲台前坐的都是中年妇女，只前排右首坐着一个十分聪明俊俏的姑娘。课后她就过去和她搭话，女学生叫佟志云，十八岁，佟王后裔，识得字，只不过也想学学注音字母，她反问谢婉莹："校长，您多大年纪了？"冰心只得笑着说："反正比你大几岁呢！"想以此保持一点儿做校长的"尊严"。

那时的学生在服务社会的感召下，热心社会福利与公益的事情，每办一项，都得学生自治会自己筹款。最方便最容易的筹款，就是演戏卖票！连莎士比亚的《威尼斯商人》《第十二夜》都敢上演，用英文演出，这在今天的大学是不可思议的事情，但当时他们照样上演，照样有人掏钱看戏。

一九二〇年秋天，北方五省遭受百年未遇的大旱。那时，学生的社会责任感强，救国助民亦当己任。燕京大学男女校的"青年会"开展了赈灾义演活动，将所筹之款全部捐给灾民。义演选择了比利时剧作家莫里斯·梅特林克的童话剧《青鸟》，冰心不仅参与剧本的翻译，还在剧中担任角色。十一月二十七日，在米市青年会举行首场演出，七百多个位子，座无虚席，为灾民募捐到一千多元钱。据说，鲁迅还陪同俄国盲诗人爱罗先珂来看演出，鲁迅写文章说，爱罗先珂先生说某一出戏燕京大学演的比北京大学好得多。为此还引起了一番争论，北大同学说爱罗先珂先生是个盲人，怎能"看"出演出水平的高下？

为了这次赈灾，为了践行燕京大学"因真理，得自由，以服务"的校训精神，冰心和她的同学们，三人一组，抱着扑满，走向北京的街头，在天安门，在东单、西单，在行人多的地方，站在腊月的寒风中，向行人募捐、请路人施舍，直到自己被冻僵。当各路人马回到学校，将扑满砸开，面对白花花的"银子"时，暖流才回到自己的身上。海军少将的女儿，从来没有为自己的吃喝发愁过，也没有做苦力的经历，但此时，她觉得兴奋。当这个赈灾活动结束后，燕京大学出版了《燕大青年会赈灾专刊》，冰心撰写发刊词："我们燕京大学的学生，不敢以此自足，也不敢说这便是大规模的服务事业。——我们记录了这工作里的一切经过，一半是纪念现在的同学，这次社会服务的工作，一半也是盼望千秋万世后来的同学，知道我们在一九二一年的时候，社会服务的精神，已经蓓蕾萌苗；或者可以鼓舞着他们更要完全地证实了我们的校训是：'以真理得自由而服务。'"

北京大学在"五四"新文化运动中，不但涌现出学生领袖，同时，学生所办的《新潮》也影响极大。司徒雷登一心要将燕大办成一流的大学，他在草创之初忙于聘请教师、募集资金、选择校园的同时，仿效北大，放手让学生编辑出版刊物，刊名就叫《燕大季刊》，逢三、六、九、十二月出版。编辑委员会中的许地山、瞿世英、熊佛西来自男校，女校便由谢婉莹代表，陈哲甫教授算是教师方面的代表。

《燕大季刊》本意为学生自由发表意见、主张、思想与作品的园地，但创刊之初，几无稿件，更不要说为新文化运动助威呐喊。学校不管刊物，只供经费，文章之事，全部委托编委会。因而，许地山、瞿世英、熊佛西、谢婉莹们的责任重大，组不到稿，只得自己写，务必将版面填满。创刊号三月出版，协和女子大学与燕京大学合并之事，自然是刊物的重头戏，内容丰富，但出版一期之后，便是一九二〇年的暑期，季刊的第二期（六月）、第三期（九月），均在暑期中。刚创刊的刊物，既无来稿也无积稿，同学大多不在北京，恰又遇上了直皖战争爆发，邮路又不通，刊物"几乎要入枯鱼之肆了"。这个时候，已经决定转入国文系的女生谢婉莹"独任其难"，不分白日黑夜写稿，仅《燕大季刊》第一卷第三期（九月出版），便有她七篇文章，其中有散文《遥寄印度哲人泰戈尔》《画——诗》，小说《一个忧郁的青年》，杂感《译书的我见》《解放以后责任就来了》《怎样补救我们四周干燥的空气》，以及与瞿世英合作的社会调查《北京社会的调查》。全部署名为谢婉莹或婉莹，只有《遥寄印度哲人泰戈尔》用了"阙名"，"冰心"二字仍未露面，她还是不想让燕大同学，知道谢婉莹便是冰心女士。下一期，仍然以婉莹的名字刊文六篇：杂感《圈儿》《我》，诗《影响》《天籁》《秋》，论文《文学家的造就》。

转入国文系的谢婉莹，更是激情喷发，写作不再是副业，平时心思都在上头，不仅写小说，写诗、写杂感，随手拈来皆成文章。一九二〇年的暑期，天高云淡，谢婉莹觉得阳光灿烂。

燕京大学男女同校在中国算是早的，而《燕大季刊》男女合编的刊物就更属开了先河了。瞿世英说是"中国有男女同学以来，第一次男女同学共同工作"。这个工作指的就是合编刊物。女生除谢婉莹外，后来还有一位陈姓的同学。每一期会稿，编委们都得坐在一起，通报各自手头的稿件，有的则提起讨论。冰心说她自小与表兄与弟弟们相处惯了，和男同学在一起，一点儿也不别扭，还会与许地山、瞿世英、熊佛西争论问题，有些巾帼不让须眉的味道，而另一陈姓女生则静坐一旁，默然不语，从不插话。自然也会讨论一些当时报刊发表的作品，谈到"冰心女士"时，谢婉莹则沉默，乖乖地坐在一旁，听他们怎么说，与刚才争论时的谢"厉害"判若两人。许地山比冰心大七岁，在完成了文科的学业后，又入神科，继续另一科学业。冰心与许地山，可说是亦师亦友亦同学，又是福建同乡。许地山在燕大也算一奇人，披肩的长发，高高的颧骨，黑红的脸膛，细眯的眼睛，花格子的衣服，说话声音洪亮，燕大季刊社辩论时，他那独特的闽南音的官话腔调，可绕梁三日。燕京大学虽说男女合校，但男女同学在一起开会时，女校则会派一位老师跟随其后，手里拿了一本书，面无表情地坐在一旁，监督他们的言行，不过，若遇许地山讲到兴头，校监也会笑出声来。有一回，许地山写了一篇文章，请冰心代为编辑，冰心在"雇工"一词的"雇"字上加了一个单人旁，许地山当时只是傻笑，并不说什么，几天之后，冰心收到厚厚的一封信，来信人正是许地山，几页纸满满地都在论证"雇工"的"雇"字不用加单人旁，冰心还没有回过神来，信又来了，补充还未论证到的地方，这让冰心彻底服了，她说真是没有见过世界上如此认真之人。其实，冰心当时并不知，许地山在与这位小同乡的交往中，已经开始悄悄地萌生爱意。

从形式上看，燕大季刊社可视为一个校园的小团体，可以独立开展活动，且在小范围内，又有男有女，尽管有校监跟随，依然是块自由的土壤。比如，许地山可以将辩解"雇"字的信件寄到冰心的手上，自然也就可以将其他的信件寄达。王统照的日记中曾记载，燕大季刊社中，许地山暗恋冰心，瞿世英何尝不痛苦？"《罗素月刊》为讲学社所编，而友人瞿世英是所辑记者。瞿小予三岁，英文甚佳，人活泼而聪明，询才士也。然闻郑振铎言，彼与冰心女士甚熟洽，而彼则已婚，有时亦烦闷，甚至强颜以欢，少年早婚而又稍有学识，则处境良苦，然以予较之尤难倍褪。"（王统照《民国日记》）如果说这期间瞿世英对谢婉莹有什么想法的话，则也属暗恋吧，自己已有家室，喜欢上了面前的新女性，只能自生烦闷了。

燕京大学校训"因真理，得自由，以服务"（Freedom Through Truth For Service），由司徒雷登从《圣经》中"非以役人，乃役于人""你必须明白真理，真理将给你自由"两句格言归纳而成。一个学校的校训，往往体现了它的办学宗旨。司徒雷登作为基督徒、燕京大学作为教会办的大学，在制定校训时，既有宗教的色彩，也有普世的追求。司徒雷登作为一个基督教的自由派，他懂得只有通过满足中国青年的求知渴望，反映中国舆论的要求，才能更好地赢得中国青年的信任和对美国的好感。他着力提高大学的教学水平，开展学术研究，按照西方模式，建立了一套高效率的行政管理体系和教学体系，包括制度、内容和方法，以培养中国青年。

宗教与世俗并举，这就是燕京大学！

在这种氛围中，谈冰心的宗教信仰、对宗教的理解、对大爱的坚守，就比较切合实际了。也就是说，冰心的宗教情怀，是燕京大学这种独特的环境中孕育的，她选择了宗教信仰，选择了《圣经》，同时也保留了自己的理解与表述。她可以接受洗礼，也可以不在教堂施行洗礼，直到一九二二年秋天在接受洗礼后，仍然可以选择不上教堂做礼拜的形式。

冰心世俗的宗教情怀，盖出于此！

一九二一年一月四日北京成立的"文学研究会"与一九二一年一月上海改版的《小说月报》，是中国现代文学史上两个重大历史事件，而这两个重大历史事件却是同一班人在北京与上海两地发起的，可见新文学力量的影响与活跃。文学研究会发起者最积极的联络人是郑振铎，当时他还是铁路管理学校的学生，自然也是"五四"新文化运动的活跃分子，时常与一些作家、学者联络，萌生了成立一个文学社团的念头，联络到了最初的十一位发起人：周作人、朱希祖、耿济之、瞿世英、王统照、沈雁冰、蒋百里、叶绍钧、郭绍虞、孙伏园、许地山，包括他自己共十二人。这些人并非都在北京，其如叶绍钧（叶圣陶）在江苏，沈雁冰（茅盾）在上海，所以文学研究会在北京中央公园来今雨轩成立时，此二人未能出席，倒是有些会员来了，在来今雨轩前的那张照片上有真实的记载。

文学研究会成立后，郑振铎极想办一个会刊，而此时沈雁冰恰在上海商务印书馆接替王蕴章出任《小说月报》主编。新任主编不是沿袭原《小说月报》消遣与娱乐的路子，而是要将其改革为新文学的刊物，于是，就想借助刚刚在北京成立的文学研究会的人脉与力量，实现自己的改刊抱负。在这种情况下，远在上海的《小说月报》也就成了文学研究会不挂名的会刊。《小说月报》的沈雁冰通过郑振铎在北京组稿，文学研究会的郑振铎通过沈雁冰在上海发稿，南北合作，一时造成了新文学的风云际会。

冰心未出席来今雨轩文学研究会成立大会，但由于她的创作与文学研究会的宗旨颇为一致，同时，仅在发起人中便有燕大季刊社的瞿世英、许地山，早已相识的福建长乐同乡郑振铎，因而，文学研究会第一批会员中便有谢婉莹。

文学研究会"宣言"，提出带有宗旨性的"三种意思"：一是"联络感情"，二是"增进知识"，三是"建立著作工会的基础"。冰心基本不参加这些会务活动，但对她的约稿，却能认真完成。《小说月报》革新后的第一期，即十二卷第一号，与文学研究会成立同步，实际上稿约在此之前，由郑振铎等人分头进行。向冰心约稿的是许地山、瞿世英，在燕大季刊社说定。那时，冰心沉浸在《圣诗》的写作氛围中，给《小说月报》的稿子不能是诗，但《圣经》的故事与教义，依然盘桓于心，雨夜清光中，忽然看见"墙上画中的安琪儿。——这白衣的安琪儿，抱着花儿，扬着翅儿，向着我微微的笑"。这回冰心的思绪，并未停留于宗教描写，而是迅速转入了尘世，道旁的孩子，茅屋里的老妇人。别说安琪儿的宗教画面，想象中的尘世，那氛围亦如宗教般的纯静，绝对不是当时那种时髦的、描写工农大众笔墨所显示出的苦难与悲切，他们是一个孩子，一个老妇人，但他们又是安琪儿世俗的延伸。于是，便有了"光明澄静，如登仙界，如归故乡"。

稿件由郑振铎打包寄往上海，出乎意料，那篇简短的《笑》被主编排在了"创作"栏目中的头条，之后依次是文学研究会诸公叶绍钧、许地山、慕之、潘垂统、瞿世英与王统照的作品。沈雁冰之所以将《笑》排在他革新后期刊的头号、创作栏的头篇，除了冰心以现代白话语言、温婉纯静的笔墨，使得《笑》给人以耳目一新外（与其革新后刊物的面貌相一致），同时还寄寓了他的深意。三个月后，冰心的小说《超人》来了，这回主编不仅将其排在创作栏目的首篇，并且以"冬芬"的笔名加了一个有些武断煽情的附注："雁冰把这篇小说给我看过，我不禁哭起来了！谁能看了何彬的信不哭？如果有不哭的啊，他不是'超人'，他是不懂得吧！"在这一年里，冰心给《小说月报》的另外三篇小说，《爱的实现》刊于第七号"创作"栏头条，以下依次为王统照、朱自清、孙梦雷、落华生、庐隐女士、叶圣陶，而《最后的使者》与《离家的一年》同时占去第十一号的头条与次篇。雁冰先生真是厚待冰心女士，不仅给了最大方的版面，而且给了最优裕的位置。冰心女士只要有作品，必排头条！

《超人》发表后，主编沈雁冰再出新招，即从下一号（第十二卷第五号）开始，开设"第一次特别征文"，征求对《超人》《低能儿》与《命命鸟》的批评，也就是通过这种与读者互动的方式，吸引人们的眼球。三篇小说，《超人》发表的时间晚于后两篇，但在主编开列的征文篇目中排在了第一，如果加上茅盾对《超人》的附注，很容易看出茅盾对《超人》的青睐，显示了冰心举足轻重的地位。因而这次征文所得的文章，收到大量的对《超人》的评论，《超人》的发表也就成了一件当年文坛上轰动性的事件。

一九二一年的沈雁冰，创作才华尚未显山露水，但他的主编能量、组织能力与评论才华，在主编《小说月报》后一一显露。继第一次特别征文尝到了与读者互动的甜头之后，来年更进一步："我们极欢迎读者诸君对于本刊有所批评，尤欢迎批评本刊所登的创作……以后此项稿件如能多些，当别立一栏。极盼诸君不吝赐教。"这里所说的"别立一栏"就是自十三卷第八号开辟"创作批评"栏目。同样，这个栏目的指向又朝着冰心女士而去，仅在第八号刚刚开辟的栏目中，就有佩薇的《评冰心女士底三篇小说》，即《超人》《爱的实现》与《最后的使者》；有直民的《读冰心底作品志感》、张友仁的《读了冰心女士的〈离家的一年〉以后》等三篇不短的文章，下一期即第九号更有王统照的《论冰心的〈超人〉与〈疯人日记〉》。不知道是主编的组稿还是自发来稿，如此集中地评论一个作家，实属罕见。

有学者认为，《小说月报》如此的大幅版面与大量评论，使得冰心"一举成名"。这从一定的意义上说也不无道理，但是，冰心的成名实际更早，她的成名的平台应是《晨报》与《晨报副镌》。待到一九二一年在《小说月报》上露面时，她已经不是小有名气而是名满京华了。那时文学研究会的成员，在成立之时或之前享有冰心文名的有几人？而那些最初在《小说月报》上发表作品的人，哪一个可以与冰心齐名？所以，沈雁冰实际上是借助了冰心的文名与影响，为他革新洗面的刊物带来了崭新气象，主编沈雁冰先生用冰心的文名，扩大改革后的刊物影响，也就是说，冰心一时成了沈雁冰主编的《小说月报》的形象代表，一面温暖亲和的旗帜。

从这个意义上说，沈雁冰在《小说月报》上，不是推出了冰心，使其"一举成名"，而是冰心体现了主编革新的精神，以她的作品，开创了《小说月报》的新面貌，实现了主编的宣言与意志，完成了刊物的华丽转型。沈雁冰对《小说月报》革新的成功，一方面得益于他的编辑与组织才能，同时体现了他的评论家与思想家的洞察力。之前，他早已注意到冰心在《晨报》发表的一系列表现社会、青年、家庭的"问题小说"，因而，当他接手主编一家刊物，实现其文学抱负的时候，便毫不犹豫地打出了冰心这张牌。应该说，不是《小说月报》使冰心"一举成名"，而是冰心使得《小说月报》"一日更新"。当然这是一种双赢的关系，冰心在《小说月报》上尽情地展示她的文学才华，不仅仅是加固了她在读者中的形象，同时，也确立了她在中国现代文学史上的位置。

中国现代文学馆馆长舒乙先生曾说："冰心先生是文学研究会初期活动的最大明星。"这不仅体现在《小说月报》上，同时，商务印书馆出版的"文学研究会丛书"中的第一个诗集是冰心的《繁星》（一九二三年四月）；而"文学研究会丛书"中的第一个小说集也属于冰心，即一九二三年五月出版的小说集《超人》。

四、被爱与婚姻观

对冰心的研究，常被一件事情所困惑，除了贝满女中有过短暂的

"同性爱"之外，并且在认识到其"有害性"之后，便回到了正常的交友与感情的位置上。但在升入大学，尤其是"五四"时期，青春如华的谢婉莹，为何没有发生爱情故事？论条件，她是最有可能产生爱情故事的呀！

大的环境，那可是一个提倡个性解放、女性自主、婚姻自由的时代；

家庭环境，冰心的父母民主，女儿的婚姻由女儿做主，决无父母之命，也不行媒妁之言；

小的环境，燕京大学在中国大学中最早实行男女同校，男女学生同处一室听课，共同参加课外的社团活动，比如合唱团、戏剧社、文学社等等，男女同学有许多的时间相处，虽然也有校规、有校监，但毕竟有了直接的交往机会；

冰心本人，不仅是课外活动的活跃分子，而且是组织者与发起者，比如演出，比如编辑校刊、募捐、郊游等等，哪一次的学生活动没有"小婉儿"的身影？在一定的意义上说，谢婉莹简直就是燕京大学的"形象大使"。

更重要的，冰心不仅是才女，而且可以称之为美女，现存的文字与照片，清楚地显示了她作为女性的优越，将"校花"的桂冠戴在头上也不为过。冰心恰如她的本名谢婉莹那样的清丽、婉约，身材小巧玲珑，黑发下的瓜子脸，突显了南方姑娘的丽质，皮肤白皙而细腻，直至百岁，依然柔软细腻。

"五四"时期的新女性？冰心可说是众多男性心目中的完美形象！论才，有几个女人比得上？论貌，北国的雪地开出的南国之花，有几个女人比得上她的优雅？论交际，她绝对不自闭，燕大校园里的活跃分子，与男生打交道也落落大方！论心地，绝对善良，从她那双为灾区抱着扑满在寒风中募捐而冻伤的手便可知晓。论家庭，海军少将的公主，温馨而开明的家庭……二十世纪之初，偌大一个中国，偌大一个京城，有几人能配比冰心？

应该，有一些疯狂追求的男士！应该，有一生铭心刻骨的爱情故事！

我所听说的是，当冰心在《晨报》、在《小说月报》上连续不断发表作品时，引来了一大批的"粉丝"，崇拜者、爱慕者有之，但她们一般都不知道"冰心女士"是现实生活中的何许人也，只得将信件写到报馆，由报馆转给冰心。大概是出于女性的矜持与自我保护，对于来信，冰心一般都不回复，对一些自己觉得有意思的信件还会挑出来给父母过目。此后便无下文，也就自然没有故事了。

直到二○○五年版《鲁迅全集》出版后，该书的组委会副主任委员、鲁迅研究专家陈漱渝发表了《鲁迅与冰心——由一条注释引出的典故》，才引出了一段有故事的"爱情"，而这段"被爱"的故事又与宗教的世俗化有了联系。新版《鲁迅全集》新增佚文二十二篇，书信十七封，不仅补充了内容，还进行了重新校勘与增加注释。在新增的书信内容与注释中，陈漱渝先生发现了鲁迅一九二一年九月十一日致周作人的信，及关于这封信的一条注释。他说，鲁迅信中有一段稀奇古怪的话，看后如读天书，不知所云。"コホルコ？コ之蓄道德云云，即指庐山叙旧而发，闻晨报社又收到该大学全体署名一信，言敝同人中虽有别名'ビニミー'者而未曾收到该项诗歌，然则被赠者当别系别一ビニミー云云，大约不为之登出矣。夫被赠无罪，而如此断断，殊可笑，与女人因被调戏而上吊正无异，诚哉如柏拉图所言，'不完全则宁无'也。"

这段"神秘密码"，被既熟悉二十世纪二十年代文坛掌故、又精通日语的人民文学出版社前社长楼适夷先生破译，两个不同的日文单词，均为日语的音译与意译"冰心"二字，"蓄道德""不完全则宁无"均为此信之前冰心文章的标题。这样就可以看得懂了，因为一首诗歌，鲁迅在向他的老弟传递一个"冰心"的故事。

那么，这是一首什么诗歌？

长江万叠的轻波，／被好事的太阳，／无端相迫；／化作白云，／飞入乱峰幽壑，／多劳的明月，／负着新愁万斛；／悄然几度穿林，／静照寒泉空谷。／还有那竞妍的万绿，／风前跳舞，／恣情的行乐。／我入山不过一周，／他们天天叮咛——相促：／千万寄语她，／不可不一来；／来述我们往日如梦的

欢情，／来预言我们前途簇新的生活；／来慰我们现在百结的
寂寥，／来写我们万缕千丝——／欲诉不能的衷曲。

诗的题目就叫《致冰心》。这当然是一首直白的爱情诗，并且是发
表在《晨报》上的爱情诗。作者刘廷芳又是何许人也？刘廷芳是燕大的
教授、《生命》的主编，一九二〇年从美国留学归来，应司徒雷登的邀
请出任教职。他既是大学的教授，也是一位诗人；不仅是虔诚的基督徒，
也是现代中国基督教运动著名的活动家，先后主编或编辑基督教刊物
《生命》《真理与生命》《紫晶》《圣歌与圣乐》等。作为一名有着多重
身份的人，自然与冰心有接触的机会，甚至也想将冰心拉入他的扩大基
督教影响、致力基督教会改革的行列中来。冰心的《圣诗》可说是刘廷
芳催生的。

一九二一年的冰心尚未接受洗礼，由于她一路求学的经历，从中学
到大学，均为教会学校，宗教氛围和神学课业，冰心可说是耳闻目濡，
尤其熟读《圣经》并有自己的领悟。之前，她也写过《画——诗》此类
从《圣经》中领悟出的随笔。当牧师刘廷芳向她邀稿时，显然谈及他的
宗教改革，谈到了他的基督教义中国化并以此改造国民的想法。"五四"
时期，各种思潮进入，各种现存与传统的观念也都有人主张并实行改
造，在刘廷芳这样从美国留学归来的牧师看来，早已进入中国的基督
教，应该进行改造，以此适合中国的国民与国情。刘廷芳显然不是激进
主义者，这一点他与冰心的社会改良观亦有相通之处，而他们在新诗的
写作上，也有许多的话可说，并且在不久之后都成为了文学研究会会员
（刘廷芳的编号为三十六号，冰心的编号是七十四号）。

冰心为刘廷芳的《生命》月刊写稿，依然走了《画——诗》的路子，
只不过形式发生了变化，不是以散文而是以诗歌的形式（这种变化也许
是诗人刘廷芳的提议，或许企望借助诗人冰心的芳名，对他的基督教改
革产生影响），故而可以统称为"圣诗"。正如她在《圣诗》的前言所云：
"圣经这一部书，我觉得每逢念它的时候，——无论在清晨在深夜——
总在那词句里，不断地含有超绝的美。其中尤有一两节，俨然是幅图

画；因为它充满了神圣、庄严、光明、奥妙的意象。"比如《客西马尼花园》（《路加福音》第二十二章第四十四节）、《骷髅地》（《约翰福音》第十九章第三十节）等，冰心对耶稣受难的过程中神人之间内心争战的痛苦挣扎以及残酷的血腥画面，作了诗性的描写，覆盖了一层朦胧的诗意轻纱，悄悄地将神学最重要的救赎镜头淡化了，化成了以"爱"为主的唯美圣诗。那么，作为牧师的刘廷芳，是否对冰心舍教义就诗意的描写，提出过他的建议？如果没有，刘廷芳可能算不上一位真正的牧师，哪怕是要对宗教进行改革的牧师，作为燕京大学神学教授，作为基督教会出资办的《生命》月刊的主编，对冰心送来的《圣诗》，一定有探讨的必要；并且还有一层，与冰心的交谈可能会让他心情愉快，让他的生命焕发出青春。作为学生与作者的冰心，没有理由拒绝与刘廷芳教授的交谈，况且她也没有与比她大的男性交往的心理障碍。

　　《生命》月刊在发表了冰心《我＋基督＝？》等四题之后，便已是一九二一年六月。暑期来到，燕京大学放假之后，神学教授上庐山避暑去了，但是，他的心却还落在了校园，冰心的影像不时地伴随着他在"乱峰幽壑"，致使愁肠百结。这种思念甚至到了不能抑制的程度，于是，他写信，写诗，并且有了"千万寄语她，／不可不一来；／来述我们往日如梦的欢情，／来预言我们前途簇新的生活；／来慰我们现在百结的寂寥，／来写我们万缕千丝——／欲诉不能的衷曲"这样的诗句。

　　无法想象冰心在读到这首诗之后的激愤，这种情绪可能不单因为九月四日读到《晨报》上的诗，之前，冰心可能接到过刘廷芳在庐山直接寄给她的信与诗，因为没有得到回复，刘廷芳进了一步，干脆在报纸上发表出来。这种指名道姓带有胁迫意味的"爱情诗"，刚刚接手《晨报》第七版的编辑孙伏园竟然安排版面发表？由于孙伏园与鲁迅的密切关系，此事鲁迅自然成了第一个知情者，于是便将平时对冰心的存念连着道听途说一同打包，在他的胞弟面前添油加醋地"八卦"了一番。男人喜欢议论以至窥探女人，尤其是名女人，漂亮女人，这种人类的劣根性，在举起大棒与劣根性搏斗的鲁迅者，也逃不脱劣根性的干系。倒是冰心没有"如此断断"，没有去"上吊"，没有也不可能组织全校学生签名"此冰心非彼冰心"的上书，愤怒而理智着，表现出来相当的冷静与节制，在报上看到《寄冰心》的当天，她写下了《蓄道德能文章》的杂文，仅一百多字：

> 记得有一联，上句模糊想不起来了，下句是"蓄道德能文章"。
>
> 这一句原不是什么格言，"蓄"字和"能"字，也没有什么意思；它忽然浮上脑海来，只为的是"道德"和"文章"这几个字连在一处。
>
> 人格和文字的关系，不必我赘言了，因为文字本来是表现作者个人的人格的，因为蓄道德的作者，他的文章也是蓄道德的。反之，便是……
>
> 作者不蓄道德，他虽然能文章，他的文章也只是济恶的、助虐的。他愈能文章，他文章的济恶助虐的程度也愈高。
>
> 所以作家最要的是人格修养；等人格修养得高尚了，再去做文章，或者就不至于妨害他人，贬损自己！
>
> （《晨报》1921 年 9 月 6 日）

同样，文章也发表在《晨报》上，完全没有对事对理的争辩，仅仅是表明一个态度，希望看得懂者不要做无道德的文章，不要"妨害他人，贬损自己"，这后一句话算是最重的了，但也十分理智。一个当事者、仅二十岁的女学生，能做得如此的大气与大度，完全超越了刘廷芳，甚至也可能超越了传播八卦的鲁迅。

事情到此该了结了吧，可是没有，冰心还有后头的优雅表现。九月中旬开学后，老师与学生总要会面，冰心没有因为《寄冰心》而中止与《生命》月刊的联系，也就是说没有断绝与刘廷芳的往来，而是继续给《生命》投稿，继续她的《圣诗》写作。开始以为九月之后发表的诗歌，可能是刊物的存稿，也可能是冰心先前已就稿，但仔细看了一下，不是！九月之后，《生命》共发冰心的《圣诗》三首，分别写于"九月二十七日"与"十二月八日夜",诗歌后面的落款,明确无误。

如此说来,是不是"如续前缘"?

如果说在九月之前的《圣诗》是诗化了的《圣经》故事,那么,这后三首不仅是"诗化"而且是"我化"了的《圣经》:冰心沿用《圣经》故事,表达诗情,同时也表达己意。这三首诗《沉寂》《何忍》《天婴》都很有意思。《沉寂》是从《约伯记》第四十二章第三节演绎来的,原文为:"你问,天知的我怎能疑惑你的智慧;我讲论自己所不明白的事,奇妙异常,不能领悟。"而到了冰心的诗中,被演绎成了"我化"的诗意:"尽思量不若不思量,/尽言语不如不言语""我只口里缄默,/心中蕴结;/听他无限的自然,/表现系无穷的慈爱。"冰心以《圣经》中的经典,表达出自己不思量、不言语、听他无限自然的观念,也就是不想为此事而断断不休,但是在心里可以保有"无穷的慈爱",慈爱,而不是"欢情"——"今日如梦的欢情"。在第三首中,《天婴》则有这样的诗句:"我这时是在什么世界呢?/上帝呵!/是繁星在天,/夜色深深——/我这微小的人儿,/只有:/感谢的心情,/恬默的心灵,/来歌唱天婴降生。"我们原本是为了歌颂"天婴"走到一起来的,为何要生出那么多的情怨恩仇?想到这些,心也就恬静了。刘廷芳清楚冰心写作《圣诗》的思路,他不会不明白此时的冰心,在她的圣诗中,寄托了多少诗情与心思?

刘廷芳在刊登完冰心的《圣诗》之后,终于止步,不再"寄语"。但是,他的内心却始终未能将冰心放下。一九三〇年十一月,北新书局出版了刘廷芳的诗集《山雨》,依然收入了这首诗,只是题目换成了《山中半封信》,并且删去了其中过于轻薄的三句:"来述我们往日如梦的欢情,/来预言我们前途簇新的生活;/来慰我们现在百结的寂寥。"如果一九二一年九月四日《晨报》上发表的是经过这样处理的诗,也许是很优美的,十年后这样做,自然也表达了刘廷芳对冰心的尊重。但他在《山雨》诗集的扉页上,仍然题写了如下的献词:

空谷之兰

> 横海的燕子
> 白衣天使
> 花园中小孩
> 献

刘廷芳题写的四句话，究竟是指代一人还是四人？北大教授方锡德说，得不到合理的解释，但有一点是肯定的，"不论是指代四人还是一人，冰心肯定都身居其中。'空谷之兰''白衣天使''花园中小孩'，这些抒情形象在冰心的作品中都不止一次地描写过，但这些形象同时也过于普泛化，不大具有独特性，因而也就不大具有确指性。而'横海的燕子'这一抒情形象，却是冰心的独创"。"因此，用这一抒情形象来指代冰心，不仅是一种聪明机智的选择，而且让诗集《山雨》的献赠对象明确无误。"（《冰心与刘廷芳的文学交游考述》）这是熟知二十世纪二三十年代文坛掌故、熟知冰心全部作品的人，才可能做出如此真切的解释。

与刘廷芳成了一段后人发掘的"被爱的故事"，尽管"五四"时期的冰心，没有爱情故事发生，但爱情的思考却还是有的。她在之后写作的《关于女人》中有一篇文章《我的择偶条件》，以风趣与诙谐的笔调，列举了二十五条择偶的条件，包括"不是胖子""不浓施脂粉、厚抹口红""不穿洋装""懂得几句外国语言""希望对方也不招致许多无聊的男女朋友，哼哼洋歌，嚼嚼瓜子，把橘子皮扔得满地""希望对方也相当的整齐清洁——至少不会翻乱我的书籍，弄脏我的衣冠""希望对方不戴白玉兰，不在屋子里插些丁香、珍珠梅之类""希望对方不穿浓艳及颜色不调和的衣服""希望对方也不以旅行为苦""希望对方也爱泅水，不怕海风""希望对方不怕山居的寂寞""希望对方喜听京戏""希望对方遇有小惊小怕时，不作电影明星式的捧心高叫""希望对方不在案侧或床头，挂些低级趣味的裸体画，或明星照片""希望对方喜欢炉中的微火和烛火，以为在柔软的光影中清谈，是最惬心的事""对吃大葱大蒜的气味不厌恶""喜听音乐""希望对方不反对我养狗或养鸽"云云。都是一些小节，而对于"容貌性情以及经济生产能力等等，我都可以随遇而安，不加苛求的"。斤斤计较于小节，一般被视为择偶的挑剔，冰心虽是以一个男士的名义对女性的要求，但事实证明基本上是她自己的择偶条件了。当时，冰心择偶条件还有"三忌"：母亲说，我女儿不嫁给军人；父亲则认为，我女儿不嫁给做官的；冰心本人则另有一条——不嫁给文艺界的人，可做朋友，不可当配偶。母亲的观念是从自身的经验中得出的，嫁给了海军军官谢葆璋，总是"会少离多"，一个在海上漂泊，一个在家独守空房，所以，她不希望女儿再嫁军人。父亲则是从官场现象中观察得来，自古至今，官场凶险，尔虞我诈，他不希望女儿因嫁给做官的而担忧。冰心给自己的定规，则是不嫁给文艺界中人。她说："文艺界的人太浪漫，差不多都有一些风流韵事，而我认为，恋爱、婚姻是人生一件特别严肃的事情，不轻易去爱一个人，如果爱了，就要真挚和专一。因为，爱应该是人格的爱。"（程明《依然坦诚纯真——冰心的爱情与情趣》，《彩虹》1995 年第 10、11 期合刊）

由于有了上述的戒规，父母之命，自行之规，加上挑剔性的种种细微末节，几乎无人可以进入她谈婚论嫁的视野，或者即使进入到这个视野里，很快便会被剔除出去。这在一般人来说是难以想象的，而对于一个感情丰富的女作家来说，坚守婚恋上的"洁癖"，简直不可思议。她之前的陈衡哲，同时代的黄庐隐、凌叔华，还有晚一些的丁玲、张爱玲，哪一个不是在她们的青春期便已深陷感情的旋涡？

唯冰心独善其身！纵是发生了像刘廷芳那种比较恶劣的事情，冰心也能水过无痕般地处理清爽，要不是研究者的"好事"，后人竟不知晓曾经发生过的一切。至于冰心在青春期的男女感情的经历，无论是从她的文字里还是从她的生活中，都难以寻得。这只能说，冰心是一个非常特殊的女性，但这种感情里洁癖式的坚守，感情世界无男女之情的纠葛，可能使得她的写作，止步于亲子之爱，而不能深入至男女之情，可能使得她的作品，止步于爱的咏叹，而不能深入到男女之爱的骨髓。就文学与艺术的创造规律而言，爱是永恒的，而男女之爱则是永恒中的永恒。

从"五四"倡导的女性解放，进而步入文坛，从在学校的抛头露面到文名满京华，冰心完全可能成为男性追逐的对象，也可能滑入男性的怀抱。冰心的把持与坚守，使她避免了一般性妇女解放的后果、作家情感的危机，那么，她的内心世界是苦闷还是坦然？是矛盾还是平静？仅从她的那些静美与凄婉的文字中，除了平静，还能看出什么？

但平静中也有波纹，这个波纹的符号叫惆怅。

在婚恋问题上，冰心以排除法设置了过高且无目标的台阶，无人能逾越种种藩篱走近她，但台阶上藩篱中处于青春期的冰心，心中不免还是有了惆怅。无法在现实中走进她的婚恋过程，于是，终于开笔在文字中表达她的婚恋主张。

少年英俊的薛炳星博士，应邀到华北大学演讲，做研究，与父母的知交黄燕可先生的女儿黄葹因相识。暂住黄宅的薛炳星，又认识刘若蘗，她们两人长得清秀漂亮，既是大学的同窗，也是好友。刘若蘗暑期没有回家，也住进了黄宅。一个屋子三个人，一俊男两美女，故事不可避免地发生了。开始无猜，一起说话，一起看书，一起在夜空中数天上的繁星，一起讨论问题，包括感情与理性的关系等等。就在薛炳星被两女性觉察出"似乎有什么心事""有时很腼腆，像女孩儿似的，有时又很沉默"之时，另一位先生卫希褆出现了。通过刘若蘗的嘴，读者知道了"这卫希褆也是我们班里一个高材生，他非常爱慕葹因，我看葹因待他也还不错，要说希褆这个人，总算很好，品学都出人头地"。葹因本来很看得起希褆，但在炳星到来之后，"觉得自己的理想，又高了一层。希褆不能占领她心灵的全部，是她近来才感出的"。实际上，薛、黄之间已生爱意，而刘对薛也有意思，卫则将自己爱慕黄的心情向薛全盘托出，这就形成了"两女对一男"与"两男对一女"的双三角关系。也就在这个时候，王校长进而提出，暑假之后延请薛炳星在华北大学担任文学系主任。薛炳星首先想到的是与希褆、葹因这三人的关系，"觉得实在是个难关，如他们的问题不解决，在此步步都是危机"。就在陷入两难境地之时，他得到了杭州大学的聘书，为了成全黄、卫的爱情，薛炳星理性地决定离开北京，回到杭州任教。离开前他对卫说："希褆君！我便说了，我和黄女士互相了解的心，是比和别人的深一些，也许这就是相爱。但我相信，我们从来没有一句关于爱情的话。所以如此，只为我万分小心，不肯来侵你的地位。一切交付你了，你向前奋斗吧！"是爱情逃避还是理性抉择？到杭州后的薛炳星，继续与北京的三人保持联系，只不过将三个人的回信合写在一起，直到薛的父母提起亲事，提到黄家也有这个意思之时，炳星才第一次单独给蕹因写了信，成为了信中密友。在黄蕹因明确地拒绝了卫希禔之后，来年夏天，薛炳星应邀出席他们的毕业典礼并做演讲时，在一个夜晚，他才以诗与蔷薇向黄蕹因表达了爱慕之情。在诗意的天坛，薛炳星送走了卫希禔，告别了刘若蕖，在有双方父母俯允的情况下，两个年轻人恋爱之手，才轻轻握在了一起。斜阳下并肩仰望天坛庄严的殿宇，薛炳星从衣袋里拿出一只小红匣子，打开，取出一枚耀光夺目的钻石戒指，黄蕹因沉默了一会儿，慢慢地接过来，戴在左手的无名指上，履行了庄严而神圣的爱情。

这就是冰心诉诸文字的爱情，理性高于感情，感情需要自由的选择来建立，爱情与婚姻必须得到双方父母的俯允才能确立。这篇小说叫《惆怅》，但小说本身并不惆怅，叙述者在惆怅的情态下完成的并不惆怅的爱情故事。后来的事实证明，这也可能就是冰心的婚恋预言。因而，这篇小说无疑具有一定的婚恋理想，所以，小说完成后，冰心没有像其他的作品那样即行发表，而是将之收于箱匣，藏之心底，直到一九二九年婚后，才将作品公开发表出来。（天津《益世报副刊》第18—25期）于是，可以看到，冰心并非没有描写男女情感的作品，只是她的描写与当时那些勇敢的新女性所不同罢了，其观念与分寸基本止步在改良的主张前，在"五四"大量的婚恋故事中，现出了另一样的色彩。作品中，既不是主张遵从父母之命，但也希望得到父母的俯允；既不主张媒妁之言，但也不希望放任感情的发泄，从而提出，在自由恋爱的同时，需要有理性的选择。这也鲜明地体现了冰心的改良色彩，"'自由选择、理性裁决、父母俯允'——在五四恋爱故事中风采独具的'另类'特征。因此，小说《惆怅》不仅在冰心自己的文学创作中，而且在整个二十年代文学创作中，都是一个罕见的存在。它是五四爱情婚姻故事中一个独特的叙述类型，一个十分珍贵的文本"（方锡德《五四爱情故事的另一种叙述》）。

五、《繁星》与《春水》

在燕大校园，谢婉莹是一个活跃分子；在社会上，冰心是一个广为人知的女作家；回到中剪子巷的谢婉莹，是谢家大院的"莹哥"。

现在放弃一下叙述，进行一次"情景再现"：

灯市口的燕大女校，传出下课的晚钟。

冰心背了书包，独自一人匆匆走到校门口。车夫王祥急忙站起来，擦得锃亮的洋车在等候，冰心轻轻将书包放在车上，坐进车内。西照的阳光，无力地落在车篷上，王祥忙把车帘放下。拉上车的王祥跑得飞快，一会儿便进入东皇城根南街，右拐进入大佛寺东街，前面便是一条又一条的胡同了——西扬威胡同、山老胡同、利薄营胡同、铁猴子胡同，最后拐入中剪子巷。一路上，冰心兴致好时，可掀开左边的车帘，远远地望一眼金碧辉煌的皇城，高耸的景山与北海的白塔寺。

洋车在中剪子巷 14 号的门楼前停下，吱呀一声推开门，弟弟们玩的秋千架迎立眼前，刚刚要弄过的刀枪剑戟堆了个满地，父亲种的秋海棠在墙角的花盆中盛开。冰心一声赶一声地唤着，"小小——""杰弟——""涵弟——"，于是，平静的谢家大院又热闹起来，三个弟弟从不同的房间冲到院子里，围着抱着一天未见的姐姐，叫着"莹哥"，告诉这告诉那，都要争着说。这时母亲便会出现在台阶前，冰心亲切地叫一声"翁妈！"弟弟们继续缠着姐姐不放，母亲便会让他们各自的保姆与奶妈带了回屋。

这时，门又推开了，父亲谢葆璋从海军部衙门下班了。王祥的车在接回冰心之后，又到铁狮子胡同北京政府海军部，等候军学司长。谢葆璋的海军衙门离住宅只一箭之地，一会儿便到，所以，长期以来，父女俩可由王祥一辆车接送，彼此都不耽误。冰心见到父亲，叫了声"爹爹"，便引随父亲来到书房，接过父亲脱下的军装，整齐地挂在了衣帽架上，待仆人端上热水，稍做盥洗后，便是晚餐的时光了……

餐桌上自然有很多的话题，每一天都不一样。冰心在这里听到了父亲衙门里的一些人物和故事，她的一些问题小说的素材便取自于此。晚餐后，父亲回到他的书房，或是喝茶读书，或是与朋友聊天，母亲要管理一些家务，弟弟们则还要与姐姐在一起多待一会儿，或者看一些刚刚出版的报刊。

"五四"运动之后，中国文化空前活跃，西方的各种思想、观念、思潮、文学作品大量涌入。"五四"运动不仅是一场社会政治的运动，更是一次思想解放的运动，马克思、易卜生、杜威、罗素、托尔斯泰、契诃夫、泰戈尔、尼采等等，分别以英文、俄文、日文或者翻译成中文，摆在了中国知识分子面前，由于没有先前之见，没有主流意识形态的限制，甚至没有权威的指点与阐释，任何人都有接受的自由、选择的自由、思想的自由以至创造的自由。冰心就是在这样一个大的环境下，在她的中剪子巷三合院中的北屋南窗下，贪婪地阅读，自由地吸收。她说，大学的课程她在学校完成，回到家便是自己的世界、自由的天地。她不必为家事分心，也不必为油盐柴米担忧，享受着双重的自由，社会的自由与家庭的自由。在这个自由的天地时，冰心与泰戈尔相遇了，并且很快就进入了他的世界，喜爱上了他的诗、同情着他的人生，并且认为自己与泰戈尔在"梵"中合一了：

在去年秋风萧瑟、月明星稀的一个晚上，一本书无意中将你介绍给我，我读完了你的传略和诗文——心中不作别想，只深深的觉得澄澈……凄美。

你的极端信仰——你的"宇宙和个人的灵中间有一大调和"的信仰；你的存蓄"天然的美感"，发挥"天然的美感"的诗词，都渗入我的脑海中，和我原来的"不能言说"的思想，一缕缕的合成琴弦，奏出缥缈神奇无调无声的音乐。

泰戈尔！谢谢你以快美的诗情，救治我天赋的悲感；谢谢你以超卓的哲理，慰藉我心灵的寂寞。

这时我把笔深宵，追写了这篇赞叹感谢的文字，只不过倾吐我的心思，何尝求你知道！

　　然而我们既在"梵"中合一了，我也写了，你也看见了。

（《遥寄印度哲人泰戈尔》）

　　在一个八月初秋的夜晚，一个十九岁的中国姑娘在她的窗前，写下了她对印度哲人泰戈尔的感想。"遥寄"也是一种寄，并且是一种在"梵"的世界中可以看得见的寄语。

　　从冰心后来的情况看，当时读的哪一本书也许并不重要，重要的是她走近了泰戈尔，泰戈尔也救治了她。也就是说，冰心是在大量涌入面前，选择了兼具宗教思想家、哲学家、诗人、小说家与戏剧家的泰戈尔。冰心对泰戈尔的接近与喜爱，亦如陈独秀对马克思、鲁迅对尼采、胡适对杜威、巴金对克鲁泡特金，怎么评价都不为过。如果以我的清点，起码可以列出思想启蒙者、文学观念的来源与组成部分、翻译作品的资源、小诗写作的引路人等，最为显性的影响，便是直接催生了《繁星》与《春水》。

　　但是，《繁星》的写作却是很随意、很自由、也很轻松的，绝对没有那种"语不惊人死不休"或是"推"还是"敲"之类的中国传统诗歌写作的故事。让我们再做一次情景再现：北京中剪子巷寒冷的冬夜，冰心和她的弟弟们围着火炉，阅读着泰戈尔的《迷途之鸟》（Stray Birds），因为是英文本，冰心得随时翻译并读给弟弟们听，十三岁的大弟弟忽然想起姐姐平日里的话，便兴起地对姐姐说："你不是常说有时思想太零碎了，不容易写成篇段么？其实也可以这样的收集起来。"姐姐果然受到启发，从那时起，只要有诗意、有哲理的想象，便记下在一个小本子里。

　　童年呵！
　　　是梦中的真，
　　　　是真中的梦，
　　是回忆时含泪的微笑。

夜里，忽然忆起烟台的童年，便有了一些句子，便写在了那个小本子上；早上起来，照着镜子，忽然感觉不怎么自然，便将这段话写在了本子上：

镜子——
　对面照着，
反而觉得不自然，
　不如翻转过去好。

人类呵！
相爱吧，
　我们都是长行的旅客，
　向着同一的归宿。

这里没有具象，却是有些韵味，便在王祥的车里涂鸦起来；回家见到母亲，发现脸上的忧愁，便悄悄地记下这么几句话：

母亲呵！
　撇开你的忧愁，
容我沉酣在你的怀里，
　只有你是我灵魂的安顿。

整个一部《繁星》，一百六十四首，基本都是这样产生的。从一九一九年寒冬至一九二一年年底，这种零星的写作积累了两年，一九二二年新年的第一天，在《晨报副镌》编辑上门邀稿时，才被唤醒，开始以《繁星》集束陆续发表。冰心的新作，以《繁星》命名的小诗，自然引起读者的注意；而鲁迅的《阿Q正传》自一九二一年十二月四日也开始连载，直到一九二二年二月十二日登完。《繁星》从一九二二年一月一日至二十六日，一百六十四首小诗，刊登完毕，与《阿Q正传》后四章同时出现在《晨报副镌》上。《繁星》的幸运还不仅于此，北京《晨报副镌》连载尚未结束时，上海《时事新报·学灯》自一月十八日也开始连载，南北两大城市、古老与现代的两大都市，《繁星》闪烁，交相辉映。

一部不经意的诗集，两地连载，全国开花，这对一个仅有二十一岁的女大学生而言，是一个多么了不起的鼓励呀！那一段时间，冰心时常可以在同学中听到对《繁星》的议论，阅览室里，有的同学总是直奔《晨报副镌》中的《繁星》而去；吴文藻所在的清华学校，竟然有人将连载的报纸开了天窗，每一首《繁星》都剪辑下来，最后以宣纸将其装裱。而在冰心的内心，仍然有许多"零碎的思想"，从而又催生了《春水》。

依然如《繁星》的开头，将"春水"二字置在行首：

春水！
又是一年了，
还这般的微微吹动。
可以再照一个影儿么？

"可以再照一个影儿么"，表示了《春水》承接了前一部诗的形式、情感与内容，只是写作的方法发生了一些变化。从三月五日（一九二二年）起笔，整理、写作，到六月十四日完稿，前后一百天，成诗一百八十二首。《晨报副镌》从三月二十一日开始刊登，每日刊登几首，随来随登，没有便隔几天，让读者也等待，直至六月三十日刊登最后的第一百八十二首，画上了优美的休止符。

《春水》尚在连载之时，应陈哲甫、许地山邀请，周作人要为文学会演讲《论小诗》。不巧，因身体不适未去，演讲稿登刊《晨报副镌》。周作人除教课、做研究、办刊物之外，自己也写诗，他在一九一九年写作的长诗《小河》，胡适评价为"新诗中的第一首杰作"。他对《晨报副镌》连载的《繁星》与《春水》，自然是要关注的，自然也是要发表意见的。在演讲的文稿中，先是综论小诗：

> 所谓小诗，是指现今流行的一行至四行的新诗。这种小诗在形式上似乎有点新奇，其实只是一种很普通的抒情诗，自古以来便已存在的。本来诗是"言志"的东西，虽然也可用以叙事或说理，但其本质以抒情为主。情之热烈深切者，如恋爱的苦甜，离合生死的悲喜，自然可以造成种种的长篇巨制，但是我们日常的生活里，充满着没有这样迫切而也一样的真实的感情，他们忽然而起，忽然而灭，不能长久持续，结成一块文艺的精华，然而足以代表我们这刹那的生活的变迁，在这一意义上这倒是我们的真的生活。如果我们"怀着爱惜这在忙碌的生活之中浮到心头又复随即消失的刹那的感觉之心"，想将它表现出来，那么数行的小诗便是最好的工具了。

然后直指冰心：

> 冰心女士的《繁星》，自己说明是受泰戈尔影响的，其中如六六及七四这两首云：
>> 深林里的黄昏，
>>> 是第一次么？
>> 又好似几时经历过。

>> 婴儿，
>> 是伟大的诗人，
>>> 在不完全的言语中，
>>> 吐出最完全的诗句。

（《论小诗》）

周作人选了这两首小诗作为冰心的代表作，这年九月，他受邀任燕大副教授，准备演讲稿时，自然知道冰心女士是燕大学生，以学生的作品作为演讲的内容，这在现代文学史上也是不多见的。

在静美中也在惆怅中，冰心完成了大学本科学业。她的毕业论文选择了自己并不熟悉的元代戏曲，想趁写作论文机会，多读些戏曲多看一些文献资料。指导老师是周作人，"我把论文题目《元代的戏曲》和文章大纲，拿去给周先生审阅。他一字没改就退回给我，说'你就写吧'。于是在同班们几乎都已交出论文之后，我才匆匆忙忙地把毕业论文交了上去"（《我的大学生涯》）。

就在冰心准备毕业论文的时候，老师鲍贵思（Grace M.Boynton）对她说，美国威尔斯利女子大学已决定给她两年的奖学金，每年八百美元的学、宿、膳费，让她读硕士学位。鲍贵思就是威尔斯利女子大学的毕业生，甚至她的母亲和她的几个妹妹也都毕业于威校，可说是威校世家了，故对于母校感情很深，在冰心面前曾多次盛赞校园之美、校风之好。当她将这个意向告诉冰心，并征询她的意见时，冰心的回答很干脆："我当然愿意。"

燕京大学一九二三届的毕业典礼于六月四日举行。冰心之前为《燕京大学一九二三级同级录》作了序，除为自己写了《谢婉莹小传》外，还分别为她的好友陶玲与黄世英写了小传。毕业典礼上，有教员与学生五百余人出席，"在毕业典礼台上，我除了得到一张学士文凭之外，还意外地得到了一把荣誉奖的金钥匙"。而在一个月之前，小说集《超人》作为"文学研究会丛书"之一，由上海商务印书馆出版发行。连同诗集《繁星》与《春水》，作为一个刚刚毕业的女大学生，冰心已握有三个著作版本了。

五年的大学生活（包括理预科两年），冰心以一个女学生的身份，在以优异成绩完成大学学业的同时，更跻身在文学家之林，成为知名度很高的"五四"新文学的代表作家，不仅造就了她自己的文学高峰，而且为新文学的宝库增添了另一样的色彩，使得整个"五四"新文学呈现出丰富性与多样性！

六、《寄小读者》初刊与吴文藻"阴差阳错"相遇

白冰心确定前往美国留学的那一刻起，别离的愁绪便笼罩着中剪子巷的谢家大院。作为冰心，虽然那时名满京华，却是一个从未离开过家的孩子，一个没有离开过母亲的女儿；而作为这个家庭，这座大院，则像是被人取走了他们共同拥有的"一颗明珠"，三个弟弟的依靠与偶像，海军少将谢葆璋与夫人的精神寄托。离愁别绪虽然笼罩好几个月，彼此心里明白，却是谁也不曾捅破，憋在各自的心底。但是，随着别离的临近，尤其是七月十七日，威校将"特别学生"正式录取函寄达谢家大院时，那种离别愁绪便如抽丝飘起，再也憋不回去了。

先是外出与友人告别，回到家中泪痕未干，又要面对沉默无语的母亲，灯光下母亲的针线活，在中国传统文化中有着象征的意义，弟弟们的呆望更让姐姐无法承受，便只得走进自己的房间，关起门来，扶着书架，独自流起了眼泪。有时悲伤袭来，饭也不吃，躺在床上装睡；有时夜来不能入睡，便独至琴房，拧亮琴灯，心不在焉乱弹琴，指法错乱，甚至是反复地按着琴键，也不知道什么时候停了。最后的一夜，为了冲淡别离的愁绪，父亲命女儿多请几个朋友来，冰心从西城将王世瑛和她的姐妹们请来，人多热闹了一番，终于打发了别离前的夜晚。但就在第二天，午餐后就要走了，再也不能不面对最不能舍的母亲了："母亲坐在中间屋里，看见我，眼泪便滚了下来。我那时方寸已乱！一会儿恐怕有人来送我，与其左右是禁制不住，在人前哭的，不如现在哭。我叫了一声'妈妈'，挨坐了下去。我们冰凉颤动的手，紧紧的互握着臂腕，呜咽不成声！——半年来的自欺自慰，相欺相慰，无数的忍泪吞声，都积攒了来，有今日恣情的一恸！"（《往事·二》）

父亲毕竟是军人，离别总有一些告诫的话，弟弟们虽然舍不得姐姐的离去，却是处在不知愁滋味的年龄，甚至幻想替代了愁绪：十三岁的小弟弟谢为楫，一日神秘地说："姊姊，你走了，我们想你的时候，可

以拿一条很长的竹竿子，从我们的院子里，直穿到对面你们的院子去，穿成一个孔穴。我们从那孔穴里，可以彼此看见。我看看你别后是否胖了，或是瘦了。"有时，弟弟们还要求姐姐给他们写信，随时报告地球那一边的故事，正是这个要求，促成了中国现代文学史上一部重要作品的产生。

鉴于中国几无儿童读物的现状，冰心多次向《晨报》建议，希望能开辟专栏，为儿童世界的小朋友提供些许的读物。却没有想到，就在她愁绪满结之时，《晨报·儿童世界》栏目登场。

> 冰心女士提议过好几回，本刊上应该加添一个儿童的读物。记者是赞成的，但实行却是一件难事。
>
> 中国近来的学术界，各方面都感到缺人。儿童的读物，一方需要采集，一方也需要创作，但现在哪一方都没有人。
>
> 因为没有人，所以这一件事还搁到今日。
>
> 从今日起，我们添设儿童世界一栏，先陆续登载周作人先生的《土之盘筵》。以后凡有可以为儿童读物者，或创作或翻译，均当多多登载。即非儿童读物，而为有关于儿童学问的评论者，如承赐下，本刊亦所欢迎。

这是专栏开辟出的当日（一九二三年七月二十四日），记者的"余载"，道出了开不出这个栏目的尴尬：无人无作品！但对冰心而言，却是一个良机，栏目的开设不仅与弟弟们的要求契合，即将的远行，也使得自己有了写作的素材，而给弟弟们的信扩大开来，对象便是广大的小朋友小读者了。愁绪中抱病时，一时懒得动笔的冰心，看到《晨报·儿童世界》栏目后，立时振作起来，提笔写信，用的称呼不是亲爱的小弟弟，而是"似曾相识的小朋友"，以此显示，冰心已决定将给弟弟们私密性的通信，变为公开的写给小朋友们的文学作品了。

在中国传统的文化中，儿童、小朋友之类的名词基本不使用，它的出现，与"五四"新文化运动中，将对"儿童的发现"作为对"人的发现"现代启蒙精神的重要内容有关。传统文化中往往使用"儿子""女子""孺子""竖子"之类的名词，而父辈对儿女有绝对的支配与管教的权力，这里没有平等可言，所谓"父父、子子"是与"君君、臣臣"相对应的，台阶与等级分明。冰心不是高高在上，而是一开始便将自己降格成为小朋友中的一员，处于与小朋友平等的地位，甚至为了取得这个地位，说了一些小朋友爱听的好话：

> 在这开宗明义的第一信里，请你们容我在你们面前介绍我自己。我是你们天真队里的一个落伍者——然而有一件事，是我常常用以自傲的：就是我从前也曾是一个小孩子，现在还有时仍是一个小孩子。为着要保守这一点天真直到我转入另一世界时为止，我恳切地希望你们帮助我，提携我，我自己也要永远勉励着，做你们的一个最热情最忠实的朋友！
>
> （《寄儿童世界的小读者·通讯一》）

离别的那天，怕过于伤心，冰心不让母亲送行，自己强装了微笑，带着两个弟弟，两个表妹，坐在车内，"马一扬鬣，车轮已经转动。只几个转动，街角的墙影，便将我亲爱的人们和我的相互的视线隔断了……"从此进入"梦境"。

位于西城的西直门火车站，为京包铁路的起点，京津线的火车也从这里发车。这座由留美归来的工程师詹天佑设计建造的车站，形状犹如航船。冰心一行人从马车上下来，进入船形的站室，休息等候。由于购买的是头等包厢的车票，故有站员引道，优先进入车厢，直至行李安顿好后，仍然似乎还在梦中。两个弟弟眼泪汪汪地站在一旁，火车就要开了，也都没有顾得说上句安慰的话，仅仅是将小小的脸庞双手托起随又放下，就这样做了最后的告别。"慢慢的火车出了站，一边城墙，一边杨柳，从我眼前飞过。我心沉沉如死，倒觉得廓然……"（《往事·二》）

此时已是秋日午后，蒸汽机的火车冒着浓烟，沿着古朴泛青的城墙，如举狼烟般地驶出北京城。杨柳在阳光下开始泛黄，也有枯叶飘落，可冰心无心贪享，倚窗抱了一本《国语文学史》，却是一直发愣，哪里看得下去？只是以此掩饰自己的感情罢了！直到车抵天津，情绪才开始平复。

车出天津，便是津浦道了。夜色开始围拢起奔突的火车。冰心关上包厢的车门，室里只她一人，却是怎么也睡不稳，几次起来挑窗，望着"模糊的半圆的月，照着深黑无际的田野"。火车在风驰电掣里、轮声轧轧里，奔向无限的前方，冰心出神地想："明月和我，一步一步的离家远了！"车近江南时刻，情绪才变得欢快起来，冰心说她不再在梦中了，她清楚地意识到快乐的旅行开始了。于是，在父亲特意为远足的女儿订下的包厢里，"我靠在长枕上，近窗坐着。向阳那边的窗帘，都严严的掩上。对面一边，为要看风景，便开了一半。凉风徐来，这房里寂静幽阴已极。除了单调的轮声以外，与我家中的书室无异。窗内虽然没有满架的书，而窗外却旋转着伟大的自然。笔在手里，句在心里，只要我不按铃，便没有人进来搅我"。

在行驶的小屋里，冰心展开纸，提起笔，写下了"亲爱的小朋友"，记下了沿途的见闻：一路往南，浮云蔽日，轨道旁时有小湫，也有小孩儿在水里洗澡游戏，小女孩则戴着大红花，坐在水边树底做活计，"那低头穿线的情景，煞是温柔可爱"。车过南宿州至蚌埠，轨道两旁，雨水成湖。"湖上时有小舟来往。无际的微波，映着落日，那景物美到不可描画。"从此之后，上下车人的口音变了，北京、山东的乡音渐远，不免渐渐地陌生心怯起来。五日早间七时半，火车抵达上海车站，表兄刘放园已在上海安家，专车前来迎接。他的女儿刘纪华等一伙小友，拥着姑姑走出了站台，令冰心生出欢喜来。

冰心是提前到达上海的，出国轮船定为十七日，其间还有十一二天的时间，她却感觉时间紧张得不行，除了家庭的聚会与钱行之外，还要办理出国的有关手续，接受一些同学会和青年会的话别。燕京大学赴美留学的有四人，冰心、许地山、陶玲与李嗣绵，他们与清华"集体放洋"学生不同，均为大学毕业之后，攻读研究学位。这其中，许地山的情况又有所不同，用今天的话说，实际上他已"就业"，燕大毕业后他留校任助教，是周作人教授的助手，冰心听过他的课。所以，虽然他们也曾经为同学，且同为《燕大季刊》的编辑，她却以师长尊之。许地山却是心存爱慕之意，尤其是妻子在前往北京途中，病逝上海之后，这种爱慕更是明显，包括这次到美国留学，很重要的原因可说是追随冰心而来。尽管许地山没有表白过，但作为敏感的女诗人，不会不感觉到这种情意。

八月十七日是去国的日子，上海《申报》报道了清华学校等百余人离沪前往美国留学的盛况：

> 北京清华学校学生，于昨日乘提督公司约克逊总统号赴美留学。船停在美国虹口外虹桥招商局中栈，送行者有……约六百余人，商务印书馆赠送学生五色绸质国旗各一面，英美烟公司特派人将欢送盛况摄制影片，各学生于十一时络绎上船，至十二时三刻，送客皆下船，斯时船上音乐齐奏，乘客将该船所预备之颜色纸条，在船上向下掷与送客，清华，约翰二校之欢送者，高唱校歌……该船本定下午一时启碇，后因待潮水，至三时始开驶，但于二时许，乘客皆入舱进膳，送行者亦陆续别去……又北京燕京大学学生，于今日赴美者，亦有四人，内有谢冰心女士，其著作曾散见于各报，并曾出版《超人》与《繁星》等诗集，现得学校奖金，入威尔斯利女子大学专攻文学，余为陶玲女士，自费入蒙得好列纪大学习社会学，许地山入哥伦比亚大学研究宗教，李嗣绵入麻省工业学校……
>
> （《申报》1923 年 8 月 18 日）

"她是翩翩的乳燕，/ 横海飘游，/ 月明风紧，/ 不敢停留——/ 在她频频回顾的 / 飞翔里 / 总带着乡愁！"冰心船上记下了离家别国时的心情。美国邮轮带着一船的乡愁，离开了那片海棠形祖国的海岸，驶入近太平洋海面。这艘美国的邮轮，一下了载走了一船中国未来的精英。环顾一下站在头等舱平台上的人头吧：顾毓琇、梁实秋、李迪俊、孙国华、吴景超、吴文藻、张忠绂、孙立人、齐学启、熊式一、李先闻、赵敏恒、应尚能、陈植、方重、许地山等，他们将对日后中国的文学、文化、教育、科学、思想、历史与心灵史等诸多方面，产生深远的影响。

"约克逊总统"号邮轮同时也是交际的平台，那些未来的精英们，开始在这个平台上相识与交往，冰心是第一次出现在这种社交平台上。头等舱的甲板上，中国留学生成群结队地出现，无论是北京的清华、还是上海的圣约翰，不同群体人的交谈，都会带出"冰心女士"四个字。这个近四年常常在报刊上出现的名字，这位被猜测被猜想的女士，这个明星般的女作家，现在就在同一条船上！

可以借助当年船上合影的照片，做一次情景再现：早餐后甲板上，洒满阳光，冰心出现了，此前清华留学生仅是极少数人认识冰心，但在船上却似乎都已熟知，圣约翰的同学也不用介绍，见面都绅士般地鞠躬问候，"久仰！久仰！"之类的客气话，令冰心生怯。"当日最引人注意的，似为谢冰心女士，她的文名早著，秀丽大方，毫无骄矜态度，捧她的人很多。"（张忠绂《迷惘集》）还好有燕大的陶玲陪同，许地山也在一旁，李嗣绵则提议在甲板上照相，清华留学生一下子挤来好几个，于是，我们看到了那张邮轮上早餐后的留影，之后，冰心又独自拍了一张，竟是满脸的忧愁，回望着远逝的家园。

"约克逊总统"号邮轮驶在近太平洋。秋日的海面，平静如镜，蓝极绿极，舟如行冰上，凉风习习，一等舱的甲板上，留学生们三五成群，或眺望海景，或玩着套圈子抛沙袋的游戏。冰心这才想起临行前收到吴搂梅的信，说她弟弟吴卓也是这一届清华学生，可能同船出国，希望给予关照。虽然甲板上见面都很自然，但直接到清华男生的船舱中去找人，还是觉得不便。上船之后，许地山就像保护神似的跟在身边，冰心便求助于他。

许地山自是乐意，颤颤悠悠地很快便将吴先生找来。吴先生来到甲板时，冰心与陶玲等人正在抛沙袋，冰心说，一块玩吧，看谁抛得远呢。看看人多起来，便分了两个组，吴先生自然和冰心分在一组，抛过沙袋，便又靠在栏旁，望着海面的风景，冰心就像大姐姐般问起吴先生，晚上睡得可好？晕不晕船？她说："你姐姐写信，说你也乘这班船出国，方知你在船上……"冰心快人快语，吴先生只是讷讷地点头，但当他听到姐姐写信之事，便觉十分诧异，反问："家姐写信？她并不识字！"这回让冰心感到奇怪了："你姐不在美国？还是贝满的同学呢？你是不是叫吴卓？"吴先生这才恍然大悟，并觉得有些尴尬。吴先生说，他不是吴卓，叫吴文藻，吴卓是他的同班同学。冰心知道许地山找错人了，此吴先生非彼吴先生也。吴文藻就要回去唤吴卓，却被冰心叫住，继续抛沙袋。

玩了一阵，又累了，海面平缓，波光粼粼，冰心的情绪极好，又靠阑说话，吴文藻就在她的身边。这位高挑个儿的青年，看上去挺英俊，听口音为吴越侬语，便知他是江浙人了，顺便问了一些留学的问题。吴文藻告诉她，上一届的同学潘光旦推荐他入 Dartmouth College（达特茅斯学院），学社会学，之后，吴文藻也问冰心相似的问题。冰心说，自然是想学文学的，准备专修研究英国十九世纪诗人的课。吴文藻在清华"自由教育"的环境中，饱读课外书，当冰心讲到研究英国诗人时，他便举出了几本英美重要的研究拜伦与雪莱的专著，问是否读过？这一问，可真把这位当时文名大噪的冰心难住了，但还是很坦然回答，说那些书都没有读过。没有想到冰心的坦然引起了吴文藻的惊讶："这么重要的书你都没有读过？"并劝导她，这次出洋，可要多读些书，"你如果不趁在国外的时间，多看一些课外的书，那么这次到美国就算是白来了"。

吴文藻看似不知轻重，一个刚刚迈出清华门槛的毛头小伙，竟然劝导起大名鼎鼎的女作家来，但实际上吴文藻的底气十足，那语气与自信的神态，都深深地刺伤了冰心。"我从来还没有听见过这样的逆耳的忠言。我在出国前已经开始写作，诗集《繁星》和小说集《超人》都已经出版。这次在船上，经过介绍而认识的朋友，一般都是客气地说'久仰、久仰'，像他这样首次见面，就肯这样坦率地进言，使我悚然地把他作为我的第一个诤友、畏友！"（《我的老伴——吴文藻》）也正因为这样，他给冰心留下了与众不同的特别印象。这个"阴差阳错"的相识，加上

"阴差阳错"的进言，却埋下了日后爱情的种子。

"约克逊总统"号邮轮出东京湾后，开始驶入太平洋深处。远洋的潮涌与风浪不断在加大，中国留学生大多为第一次出海，晕船者居多，独冰心泰然自若，行走如陆地。梁实秋也就是这个时候与冰心初次见面。印象是冷冰冰地拒人千里之外，这种感觉，与他对冰心诗歌的批评相似："我从《繁星》与《春水》里认识的冰心女士，是一位冰冷到零度以下的女作家。"读她的诗"得不到同情与慰安，只有冷森森的战栗"。冰心并不是因为读到梁实秋的批评文章，有意冷漠相对，而是她交友的矜持与性格的孤傲所致。在相识之后，这种"冷冰冰"的印象便开始融化，有一次梁实秋竟然问起了冰心"为何爱海、如何爱海"的问题来。为何有那样深的感情？冰心微笑着打趣起来："爱海是这么一点一分的积渐的——爱起来的……"

清华学校作为留美的预备学校，未设专业科系，但学生的爱好在"五四"新文化运动的冲刷下，呈现分明。一九二〇年，梁实秋便与顾毓琇等人结社——"小说研究社"，自然属"文人派别"。他们研究小说，也写小说，次年便又扩充为"清华文学社"，高一个年级的闻一多也加盟。那时，他们血气方刚，敢作敢为。一九二二年三月，俞平伯与康白情分别出版了诗集《冬夜》和《草儿》，获得包括胡适在内的许多人好评。清华学生闻一多和梁实秋对此颇有微词，先是闻一多写了《冬夜评论》，继而梁实秋写了《草儿评论》。虽然两篇文章都未分开发表，但梁实秋有办法，这年的八月，将《冬夜草儿评论》合为一书，由他父亲出钱，作为"清华文学社丛书"第一种，由琉璃厂公记印书局出版。可见当年清华学生的风采，这种风采自然延伸到了"约克逊总统"号邮轮上。

邮船继续在太平洋航行，开始几天的新鲜感过去了，该玩的已经玩过，该会的朋友也都会过，船上的生活显得单调起来。于是，一个在中国现代文学史也要留下印迹的《海啸》诞生了，发起者便是梁实秋。船上出版刊物，梁实秋、顾毓琇们首先想到的便是冰心，自然还有许地山（落华生）了。梁实秋找到冰心邀稿，希望共同来办《海啸》。冰心自是乐意，于是，在每一期的《海啸》上都出现了"冰心女士"的名字。

《惆怅》《纸船——寄母亲》《乡愁——示 HH 女士》最初便是发表在
"约克逊总统"号邮船的壁报上:

我从不肯妄弃了一张纸,
　　总是留着——留着,
叠成一只一只很小的船儿,
　　从舟上抛下在海里。

有的被天风吹卷到舟中的窗里,
　　有的被海浪打湿,沾在船头上。
我仍然不灰心的每天的叠着,
　　总希望有一只能流到我要它到的地方去。

母亲,倘若你梦中看见一只很小的白船儿,
　　不要惊讶它无端入梦。
这是你至爱的女儿含着泪叠的,
　　万水千山,求它载着她的爱和悲哀归去。

　　落款的日期是一九二三年八月二十七日,太平洋舟中。
　　《海啸》在出了几期之后,船上看的人络绎不绝,大家都觉得质量
不错,于是,挑选了十四篇,由许地山寄给了《小说月报》。该刊在这
年年底出版的第十四卷第十一号上,全部刊出由"约克逊总统"号上寄
来的《海啸》稿件,从而使后人能够一睹前辈作家当年的风采。这十四
篇稿的篇目和作者是:《海啸》(梁实秋)、《乡愁》(冰心女士)、《海世
间》(落华生)、《海鸟》(梁实秋)、《别泪》(一樵)、《梦》(梁实秋)、
《海角的孤星》(落华生)、《惆怅》(冰心女士)、《醍醐天女》(落华生)、
《纸船》(冰心女士)、《女人我很爱你》(落华生)、《约翰我对不起你》
(C.Rossetti 著,梁实秋译)、《你说你爱》(Keats 著,CHL 译)、《什么是爱》
(K.Hamsun 著,一樵译)。

有意思的是，冰心三篇都是诗，许地山除一首诗外，还有三篇小说，而顾一樵也写了一篇小说。只有梁实秋和冰心没有小说，梁实秋是从不写小说的，冰心则被梁实秋批评为有小说的天才而无诗人的天分。这回在梁实秋的面前，偏偏不写小说，而是献上她的三首诗，能说冰心女士"是一位冰冷到零度以下的女作家"？能说冰心的诗中只有"冷森森的战栗"而没有动人丰富的情感？或许冰心当时在"约克逊总统"号邮船上根本没有想到要来一番"自我证实"，只不过是远涉重洋、远离亲人而引发的特定情感的真切流露罢了。

当冰心他们在船上热心壁报的时候，吴文藻有空也会去看看热闹，每一期的文章都看过，但他自己并不参与，更多的时间是在船舱里看书，并且还结识了一位同船的日本学者，谈得很投机。这位学者竟然是达特茅斯的校友，当知道吴文藻将要前往自己的母校留学时，便自告奋勇地给霍普金斯博士写了一封推荐书，说吴文藻是一位很有思想的年轻学者，希望他"可能会用您自己的眼光来关注他"。

八月二十八日，"约克逊总统"号邮轮进入西太平洋，以美国西部时间计算，有两个二十八日的白天，再过两天，"约克逊总统"号邮轮便要抵达美国西海岸了。相处十几天的留学生们有些恋恋不舍，纷纷留下日后在美联系的地址与电话，冰心留下的是鲍贵思父母家的地址，这是她入学之前、也是在美留学的家：默特佛镇火药库街四十六号（46Powder House Street Medford，Mass.），电话号码：1146R。大部分学生留下的则是学校的地址，吴文藻在船上虽然与冰心有些接触与交谈，但也不谈文艺，不谈冰心的作品。在即将分别之时，吴文藻却给冰心留了地址，留下了日后联系的方式。

七、入学威尔斯利女子大学

"约克逊总统"号邮轮在美西时间九月一日早晨，抵维多利亚（Victoria），从皮吉特湾（Puget Sound）进入西雅图（Seattle），中国的留学生们在此登陆。教育机构、当地华侨与媒体对中国一大批的留学生抵达美国，极是重视与关注，船甫靠岸，便上来了许多人，接待的、照相的、摄影的，"逼我们在烈日下坐了许久，又是国旗，又是国歌的闹了半日"。

美国政府对中国留学生很关心，国务院派出火车专列，从西雅图到芝加哥，送中国留学生沿途就近下车至就学地。冰心与部分中国留学生下榻西雅图青年会宿舍。国务院、当地华侨与青年会等机构举行欢迎会，放映好莱坞电影接待中国留学生。灯亮时，离家的情绪又袭上心头，一想竟在万里之遥，不觉苍凉。三日晚间上了火车，"这串车是专为中国学生预备的，车上没有一个外人，只听得处处乡音"。专列还加挂一节敞篷车厢，为的是让最初踏上美洲大陆的中国留学生沿途观光。九月的落基山，丛林已经开始泛黄透红，火车在落基山山脉穿行，四面高耸的山林，火车亦如长蛇，在半山徐徐蜿蜒。中国留学生们戴着遮阳帽，时有人坐到最后一节的敞篷车上，坐眺远山近林，感受美国秀丽多彩的山川，呼吸自由清新的空气，而"巍然的四围青郁的崖石，使人感到自己的渺小"。冰心总喜近水，觉得看山滞涩，情绪抑郁。

七日早间火车抵达芝加哥，这是专列的终点站，因而安排了游览市区。旅游车从车站接上中国留学生便出游了。又遇阴雨，雨雾笼罩下的高楼，从马车时代古老的北京一下子进入汽车时代的现代都市芝加哥，冰心立时感觉到满街散发着汽油味。街道行走着许多黑人，各处的公园和花屋处，都觉得新鲜。冰心、陶玲等夜宿女青年会宿舍，静夜中微雨落叶打窗，在怅然的心情中，写寄家书，报告芝加哥城的秋风！

芝加哥之后，乘坐火车的中国留学生们也分流了，再次各奔东西。许地山入哥伦比亚大学，在纽约；顾毓琇进麻省理工学院学习电机专业，地点为剑桥；吴文藻去达特茅斯学院学社会学，在新罕布尔州，他们先后各自乘车前往。冰心进威尔斯利女子大学，于八日早晨登车赴波士顿。这回与从西雅图出发的情景完全不同，车上除了三个中国女学生外，都是美国人了。在进入新英格兰大地时，窗外多为平原，有时也见山畔的流水，穿过山石野树之间，潺潺流过。到了春野（Springfield，现译为斯普林菲尔德）时，两个女伴也握手下车去了。从太平洋西岸，绕到大西洋西岸，最后一站，孤零零只剩下冰心一人了。

在夕阳含山的黄昏里，火车驶入波士顿车站，已有人在等候。冰心提前做了准备，有过简单的化妆，以去除长途旅行的疲惫。冰心着黑色的衣裙，脚踏长筒靴子，除托运行李外，手上只有简单的行包。就在她立于站台盼顾之时，鲍贵思的父母鲍老牧师夫妇迎上来了，见面的第一句话是："孩子，你到家了。"让离国远游半月有余、绕了地球半圈的冰心，泪眼盈眶。之前，鲍老牧师曾到过中国，在燕京大学与冰心见过面，有过交谈，冰心还陪他们游过北京。此时现在波士顿的暮色中见面，一点儿也不陌生，异国他乡，竟有温馨之感。

鲍家住在离波士顿三十公里之外的默特佛镇。在美国，居住于大城市周边的镇上，基本属中产阶级。鲍老牧师可能比中产阶级还富裕一些，不仅有独立的住宅，在大西洋岸还有小岛，家有福特汽车，雇佣一个女工和一名司机。冰心在夜色中进入默特佛镇，先在一家餐厅用过晚餐，之后来到位于火药库街的住宅。此时，室内鹅黄的灯光已亮，鲍老牧师夫妇唤着孩子，从一间书房前经过，顶天立地的书架上，装满了各种书，大书桌后立着一排排厚而大的精装书。鲍老牧师告诉她，那是圣经，也是他读经的地方。鲍贵思母亲引导冰心上楼，说这间房是女儿格雷斯的书房，以后便是她的卧室了。床上铺着蓝花被子，冰心一下子便明白了这是细心的鲍贵思的交代，因为自己平时穿着不是黑色便是蓝色，鲍老牧师也将她爱好的色彩，用在了被褥上。洗漱后躺下，闻到了一股阳光的香味，手伸到枕头底下，竟然摸到了三块巧克力。夜色里，冰心望着看不真切的天花板，恍如躺在中剪子巷温暖的家。

第二天早起，一人悄悄下楼，出门时，清凉的空气扑面而来。打量着四周，并不见围墙，青绿的草坪，延伸到大橡树底下，晨光中泛着晶莹，走了过去，草坪上便留下清晰的脚印。再回身看着昨夜住过的房子，四方宽大，二层楼，暗红的墙体，镶嵌着半圆形灰色百叶窗，高高的壁炉烟囱，已镀着晨间暖色的阳光。从外表看，这座住宅已有年头了，但沧桑中的美感，冰心更是喜欢。她知道，这种住宅在美国称之为 villa，也就是郊外住宅。不经意，见鲍老牧师夫妇正在晨光中慈爱地望着自己，她心头一热，走近问了早安。与他们站在一起的还有一位老者，鲍老牧师介绍说，她就是鲍贵思的姨母 Josephine Wilcox，冰心也就与鲍家同辈一样，称她为周姨（Aunt Jo）。从此，"鲍家就成了我的家，逢年过节，以及寒暑假，他们都来接我回'家'"。

住进默特佛镇时，离开学还有一周的时间。赶在这段时间，鲍老牧师让司机开车，陪同冰心在北汉普郡一带游览。九月中旬的新英格兰大地，万木染霜，开始泛红的枫叶，涂抹在墨绿之上，生出无限的美景。冰心虽然生活在中国的北方，与北汉普郡的纬度基本持平，但对异国他乡的秋日风光，仍有太多的新鲜感。到了入学的时间，鲍老牧师便用车将冰心送到威尔斯利女子大学（Wellesley College）。对于即将就读的大学，冰心从鲍贵思老师那儿，早已烂熟于心，有过无数的憧憬，现在来到校园，真如进入人间天堂。这座已经有了近半个世纪历史的女子大学，坐落在湖边起伏有致的山地上，每一幢建筑都是艺术品，不同的立面、门窗与色彩，体现出鲜明的个性，大片绿色的草地，一直延伸到湖岸水边。此时，冰心似乎体会到了鲍老牧师安排自己参观游览别的大学校园的用心，前几天，当她站在斯密史那美丽的校园，心中曾生出无限的感叹，不知道自己即将就读的威校比它如何？现在，她可以有信心地说，仅就校园而言，威尔斯利女子大学是最美的。这些都可能成为写作《寄小读者》的素材，她心中暗自高兴。冰心将想法告诉了鲍老牧师，牧师点点头，表示赞许。

注册处是建在小山坡上的一座房子里。人不少，多为欧美的学生和老师。当冰心出现时，这个典型的东方女生，一下子吸引了人们的眼球。冰心在注册处得到的学号是 015754，学校规定，不同国度入校的新生都必须有一个英文名字。冰心临时想了想，填上了 MARGARET（玛格丽特），抬头征询鲍老牧师的意见，又是赞许的目光与点头的微笑，这样冰心在注册栏中的名字就比较长了：HSIEH（MARGARET）WAN-YING，即是谢（玛格丽特）婉莹。家庭地址写上了中国北京中剪子巷 14 号。毕业学校自然是中国北京燕京学院（YANCHING

COLLEGE），于一九二三年获得学士学位。在教派的栏目中，标明为
CONGRAGATIONAL CHURCH（公理会，基督教会的一个教派）。
在填监护人时，冰心首先想到鲍老牧师，但学校要求最好有亲戚关系或
本校的教师，而站在一旁的宗教系老师 Miss Kendrick，十分喜爱这个有
信仰的东方女生，便主动地当起了监护人，注明了非亲戚关系。

　　注册处办完手续后，鲍老牧师的车直接开到了另一个山坡上的闭璧
楼前。经过校园，可见打扮鲜艳的美国学生，"学校如同一座花园，一
个个学生便是花朵。美国女生的打扮，确比中国的美丽。衣服颜色异常
的鲜艳，在我这是很新颖的"。闭璧楼高六层，一九〇八年建成，"说也
凑巧，我住在闭璧楼（Beebe Hall），闭璧楼和海竟有因缘！这座楼是闭
璧捐款所筑。因此厅中，及招待室，甬道等处，都悬挂的是海的图画"
（《在美留学的三年》）。其实，还不止是图画，楼下的接待室，还有好
几艘船的模型，包括海盗船。玻璃画是西方的传统，闭璧楼中也体现
分明，高大的半圆形的立窗，顶上一片便是不同形状的船形彩色玻璃
画。冰心非本科生而是研究生，学校本不安排住宿，但为了照顾中国留
学生，专门给她安排了一个房间，室内地毯、书架、床铺、书桌一应俱
全。行李早已有人从火车站搬运过来，冰心进门时，一件件如数在屋，
令她十分感动。

　　送走鲍老牧师，冰心在室里一个人打坐片刻，便开始以北京居室
的方式，安排自己的房间。但安静不了多会儿，隔壁的同学便探头进来
了，之后还挤进了一大堆，有的在注册处便见过"神奇的东方美女"，
没有想到竟成了邻居，说笑声便不绝于耳。虽然她的英文很好，但还有
听不懂的口音，冰心说的话，她们有时也听不懂，于是又是一阵善意的
笑声。这时，Miss Kendrick 也来了，探望她的被监护人，她也称冰心为
"神奇的东方美女"，这让冰心有些害羞。

　　威尔斯利女子学院在二十世纪四十年代撤销了研究生院，成为标
准的文理学院。二十世纪二十年代，设研究生院招收研究生，采用学分
制，完成后可授硕士学位。冰心研修英国文学，第一学年（一九二三年
九月至一九二四年五月）的课程设置：编号为 302、307、101、309 的英

国文学，同时有编号为 101 的阅读和朗诵，编号为 101、120 与 121 的个人卫生与体育，编号为 101 的数学与编号为 102 的英语作文，以及圣经与历史等课。完成这些科目，对于冰心而言不是困难的事情，因而，当她安顿停当之后，便一头扎进了威校美丽的校园，熟悉这里的环境，建立与它们的联系，享受异国他乡的美景，并且与北京、甚至与烟台的生活经历产生联想，联想最丰富的便是环绕了半个校园的一湖秋水了。

慰冰湖出现在冰心的面前，那一瞬间便让她怦然心动。校园的地图上标注的是 Lake Weban，冰心不知先前是否有中国留学生译过，但她立时觉得可以用"慰冰湖"三字音译，谐音会意，又是对自己思乡的一种安慰。因为在海边长大，自己的童年世界里，湖是海的女儿，见到湖便想到海，想到海便回到家，临湖联海想家，冰心用这种方式寄托自己的乡思。第一次站在 Lake Weban 岸边的枫树下，秋风微波，一层一层地向岸边彩色的林带涌去，她便想到大海的波浪，涌上来又退下的，都在金色的沙滩上，那一刻，恍如回到了童年的芝罘海湾，"慰冰湖"三个字便在此时脱口而出！

朝阳下转过一碧无际的草坡，穿过深林，已觉得湖上风来，湖波不是昨夜欲睡如醉的样子了。——悄然地坐在湖岸上，伸开纸，拿起笔，抬起头来，四围红叶中，四面水声里，我要开始写作给我久违的小朋友。小朋友猜我的心情是怎样的呢？

水面闪烁着点点的银光，对岸意大利花园里亭亭层列的松树，都证明我已在万里外……一声声打击湖岸的微波，一层层的没上杂立的潮石……湖上的月明和落日，湖上的浓阴和微雨，我都见过了，真是仪态万千……每日黄昏的游泛，舟轻如羽，水柔如不胜桨。岸上四围的树叶，绿的，红的，黄的，白的，一丛一丛的倒影到水中来，覆盖了半湖秋水。夕阳下极其艳冶，极其柔媚。将落的金光，到了树梢，散在湖面。我在湖上光雾中，低低地嘱咐它，带我的爱和慰安，一同和它到远东去。

（《寄小读者·通讯七》）

这是冰心入校后不久，在慰冰湖的湖亭给小朋友写的文字，第一次将慰冰湖的万千仪态传递给了远东故国的小朋友，告诉小朋友她在黄昏的落日里湖中泛舟，在湖岸聆听湖水的微波，在夕阳中感受湖的光影，托给湖面的雾，带去她的思念与乡愁……"海好像我的母亲，湖是我的朋友。"冰心做了另一种的比喻，"我和海亲近在童年，和湖亲近是现在。海是深阔无际，不着一字，她的爱是神秘而伟大的，我对她的爱是归心首的。湖是红叶绿枝，有许多衬托，她的爱是温和妩媚的，我对她的爱是清淡相照的"。与海相比，虽然爱湖不及爱海，但慰冰湖的"温和妩媚"，与之相对的"清淡相照"，几乎成了冰心留学美国生命中不可或缺的亲密朋友。不管是课余还是饭后、是落日还是艳阳、是雾是雪、是冰是凌、是风是雨，都有一个东方女子的身影出现在湖畔，出现在湖岸，出现在湖的水影里。冰心在给二弟的信中说："慰冰湖更是我的唯一的良友。或是水边，或是水上，没有一天不到的。"甚至在母亲寿辰的前一天，拾起一片湖石，用小刀刻上："乡梦不曾休，惹甚闲愁？"然后远远地抛入湖心，头也不回，相信那石永沉湖底，直到地老天荒。"只要湖水不枯，湖石不烂，我的一片寄托此中的乡心，也永古不能磨灭的！"（《寄小读者·通讯十六》）由此，可以理解为，这种对慰冰湖的依恋，是冰心将对大自然之爱转化为母爱，慰冰湖成了母爱的象征，并且具有了神秘色彩。

入校一周后——西历九月二十五日，便是中国传统的中秋节，这个被赋予了团圆意义的节日，冰心却一人独自在外，不能与家人团聚。按照威校传统，每年中秋节的晚上，老同学都要邀请新同学荡舟赏月。今夜的慰冰湖，"云影只严遮着，月意杳然，夜色渐渐逼人，湖光渐隐。几片黑云，又横曳过湖东的丛树上"，因为没有见到明月，归途中，同学们多了一重惆怅、一分遗憾，而对冰心而言，似是逃过一劫，她最怕此时见到明月而引起伤感，但是躲过了十五却在十六与明月猝然相遇。本以为无事，敲开东楼的门，却遇上了熄灯倚窗观月的同学，满屋子月光，同学不仅邀其入内，而且以手臂揽过了她，靠到窗前一起赏起明月来——她哪里晓得中国女生此时的心情？"我惨默无声，我已拼着鼓勇去领略。正如立近万丈的悬崖，下临无际的酸水的海。与其徘徊着惊悸亡魂，不如索性纵身一跃，死心的去感觉那没顶切肤的辛酸的感觉。"终于挣脱开去，跑回自己的房间，关上门拉上窗帘，用手绢蒙起了桌上嵌着父母照片的相框，又匆匆拿起一本很厚的书来，企图苦读，但是茫然地翻了几十页，实在没有气力再敷衍了，干脆推开书，退到了床上，万念俱灰地饮泣了起来。现在看来，这些做法也许有一些小女子的矫情，但下面的这段话，却是打动了万千的读者：

　　乡愁麻痹到全身，我掠着头发，发上掠到了乡愁；我捏着
　　指尖，指上捏着了乡愁。是实实在在的躯壳上感着的苦痛，不
　　是灵魂上浮泛流动的悲哀！

（《往事·二》）

　　初入威校，一切都是好奇与新鲜，冰心以文字记载的同时，也拍了不少的照片。比如倚靠在慰冰湖岸边枫树下、偎坐于湖岸观景台上，都是入校不久的照片，在闭壁楼前与同学的合影，一张与体育系的谢文秋、一张是周淑清、黎绍芬等，这些照片与照片中的人物，不仅定格了初入威校的情形，在日后的人生旅途中，像谢文秋还时有相伴。黎绍芬即为黎元洪的女儿，她们的父辈是天津水师学堂的同学，现在他们的女儿又成了美国威尔斯利女子大学的同学。校园的照片，大多为同学自拍，甚至自己冲洗，冰心并不是都满意。因而，她选择了一个周末，与美国同学乘火车进城，在波士顿的一家照相馆，很隆重地拍了一张彩色的半身像：着淡花丝绸质地的布扣大开襟上装，黑发绾挽，平分覆过眉梢，脸微侧而显丰满，微抿双唇，明眸幽思，活脱脱一个含蓄而又稳重端庄的东方青春女性。摄影师抓住了传神的一瞬，按下了快门，从而完成了冰心年轻时最为经典的写真，成为无数作品集、画册中的封面与压轴之作。这张照片，冰心寄给了父母亲，为的以释父母对女儿的思念，却没有想到日后还会引出许多的故事，甚至在当时就有故事了。有同学

告诉冰心，波士顿一家照相馆的橱窗中，陈列一张放得很大的照片，路过的人都称之"东方美女"，像极了你！是不是就是你的照片？冰心茫然不知，在一个周末，又进城，取照片的同时看到了橱窗，果然是自己，放印得比真人还大。冰心与店主交涉，希望取下不做展示，店主尊重照片主人的名誉权，但这里同时还有著作权，"被摄者是你，拍摄者是我"。最后达成折中的协议，将陈列的照片移至后台，将另一张照片推到前面，算是照顾到了双方的权益。

冰心入威校之前，在国内已有三本书的版税，同时，仍然不断在报刊上发表新作，按照当时版税的收入，供她在美国留学应无问题。但这些都留在了国内，供父母亲使用，她在威校的奖学金，曾为美国副国务卿史汀生的个人捐助，每学期八百美元，威校的年费相对较高，奖学金全部用于年费，零花钱一分也没有，衣着、照相、同学聚会怎么办？威校其他的中国同学，费用来自不同的渠道，王国秀为清华官费，每月可领到八十美元。她告诉冰心，不是清华的官费生，也可以申请清华的半官费，每月可以领到四十美元，条件是教授们期终优秀成绩的评语。冰心果然填写了申请表，果然也真的得到了清华每月四十美元的零用钱。这四十美元在二十世纪二十年代，可不是小钱呢，冰心不用分心就可专致学习、尽情享受威校的美景！

威校对入学前的谢婉莹有所了解，作为"特别学生"录取的时候，便体现了对这个学生的重视。入校后她便引起学校的注意，说"谢小姐是为数不多的中国女作家之一，她已经发表过散文、故事和诗词。她也是她那一届毕业生（三十二名男生和八名女生）之中唯一获得'金钥匙'奖的女生。颁发该奖的标准是课程学习、课外活动和个人品德"。每周发行一次的校报（Wellesley College News），在冰心入校不久便对她进行过一次专访，请她介绍神秘的东方古国燕京大学学生生活的情景。除了学习与生活外，对于男女同校的问题，美国同学更是关心的。冰心如实告知："这些活动很少有男生一起参加。女生基本只有课堂学习和班级开会时候有机会接触男生。燕京男校离女校不远，很有名。"冰心很风趣地告诉他们："我们彼此很喜欢。在教室里有二种观点是好事。不

过我们不在一起玩的。"(步起跃《威校报刊上的冰心和鲍贵思》)

冰心在熟悉她的学校、她的慰冰湖时，也把这些以通讯的方式，告诉她的小朋友。在闭璧楼活动室，有排信箱，铜质的小方盒上，标注着每个房间的号码，这是全楼同学与外界联系的重要渠道。每次回到闭璧楼，冰心都要来开信箱，基本上不会失望，故国来信、同学飞鸿、发表作品的报刊，但家书却不是每天都会有的，时间稍久，只得在"上下楼之顷，往往呆立平时堆积信件的桌旁，望了无风起浪的画中的海波，聊以慰安自己"。最多的是"约克逊总统"号邮轮的清华同学，报告入校的喜悦，报告新生活的感受，爱慕之情、相思之意，也皆有之，有的洋洋洒洒，好几页纸。一般情况下，冰心会以慰冰湖的明信片，写上简单的几句话，算是礼节性作复。只有一个例外，就是吴文藻，他寄来的不是信，而是一张达特茅斯冰雪校园的明信片，几行清秀的文字也仅是报告到校后的情况，冰心却是看了许久，陷入沉思。与别的清华同学，又是一个不一样，一如见面的方式？文学追求的就是不一样，难道这个现实中的不一样，正在向自己走来？

这次，冰心面对寄自汉诺威的明信片，却写了一封回信，落款不是冰心而是谢婉莹。

闭璧楼中居住的学生，基本来自欧美，以美国的学生居多。东方的学生只有两人，除冰心之外，还有日本的濑尾澄江。澄江读的是本科，冰心为研究生，但是同一专业，课程安排基本相同，指导老师也是同一位。再加上她们"拿起笔来写字，拿起筷子吃米饭，一下子就相视而笑，莫逆于心"。因而走得特别近，课余之暇，常会聚在一起聊天说话，有时还到附近的市场上，买些大米、猪肉、青菜等，在宿舍的电炉上做饭。尽管她们并没有多少烹调技术，但对吃腻了西餐的东方人，还是香喷喷的。

都知道中国的留学生中秋夜未见到月亮，濑尾澄江记在心上。一个月后的周末，美国的同学打扮得花枝招展会朋友去了，澄江来隔壁房间看冰心，谈到慰冰湖的月色时，便推开了窗户，闭璧楼前的树林和草地，如同罩上严霜一般。"月儿出来了！"冰心惊叫了一声，两人便匆匆披上外衣，向湖边奔去。曲曲折折地离开了径道，从露湿的秋草上轻软无声地踏过。下了斜坡，湖水便在脚下。两人在已有露珠的草地上顺坡势靠坐在一起，澄江脱下外衣铺在地上，冰心的外衣盖在两人的身上。四周月色朦胧，湖水更显得白了，淡淡的湖波下，对岸远处有一两星灯火闪烁。湖心忽又隐隐传来笑语，果然在月夜中，有一只小舟载着两个人，从淡雾中徐徐地泛入林影深处。两人坐在湖畔月下，说着各自故国故乡的事，当月亮升高、湖风愈凉之时，盖着与垫着的衣裳都已受了露湿，便不再坚持了，疲缓地站起，转过湖岸，上了层阶，回到闭璧楼。澄江邀请冰心到她屋里再坐一会儿，并且捧过纪念本子来，要她留字。冰心在"快乐思想"的栏目下，略一沉吟，写下了"月光的底下，湖的旁边，和你一同坐着"（《好梦》）。

八、一病足惜

细雨轻烟的慰冰湖，枫叶飘零的闭璧楼，既让冰心忘却故国的深秋，又令冰心忆及故国的深秋。十一月二十四日，哈佛大学与耶鲁大学举行足球比赛（美式足球即为橄榄球赛），哈佛大学研究生浦薛凤为冰心弄到了门票。美式足球手足并用，可踢可抛，彼此推撞拉跑，扑地倒压，赛场内十分热闹、激烈。不料却遇上了大雨，露天的球场无遮无挡，浦薛凤虽然带了雨伞，但全场无一人撑用，就怕撑起雨伞挡住后座的视线，于是就这样在大雨中淋着，美国的同学哪里在乎一点点雨，照样忘情加油、欢呼，有的还从裤袋中摸出扁瓶美酒，如哈佛获胜一次，便喝一口，以示庆贺。球赛之后，本来还有哈佛中国学生会宴请外埠来此观赛的华籍同学，冰心觉得身体疲倦，聚餐盛会就不参加了，浦薛凤便雇了计程车送冰心至车站，再从车站打车送其回学校。

第二天是星期天，冰心有时也上学校的霍顿纪念教堂做礼拜，读读经，听听唱诗，当日却没有去，早起仍然感觉疲惫。到了晚间，秋雨后月明风清，S教授请她去共进晚餐。在小小的书室里，她们灭了灯，燃着闪闪的烛光，对着熊熊的壁炉，谈着东方人的故事。这时，冰心回头看见一轮淡黄的明月，从窗外正照着她们，似是远天的投影，上下两片轻绡似的白云，将半月托住。教授也回头惊喜赞叹，她们匆匆饮了咖啡，披上外衣，一同走出门外，原来不仅月光如水，疏星也在天河边闪烁。两人在秋凉的夜地里站着，教授兴趣依然，指点着告诉冰心，那边是织女，那个是牵牛，还有仙女星、猎户星、孪生的兄弟星、王后星等等，最后却说出了伤感而又充满诗意的话来："这些星星方位和名字，我一一牢牢记住。到我衰老不能行走的时候，我卧在床上，看着疏星从我窗外度过，那时便也和同老友相见一般的喜悦。"在教授的微喟中，冰心也感觉到了一阵寒意，月光中，教授送冰心回闭璧楼，在上下的曲径上，缓缓地走着。回到屋里，冰心感到悄然不怡，加上昨晚看球赛淋雨，病就袭上来了。

就在这天夜里九时，一阵激烈的咳嗽，立时便吐出了血来……急切间，伸手按响了呼唤铃。清脆的铃声，惊动了门房……

心血来潮，如听精灵呼唤，从昏迷的睡中，旋风般翻身起坐——

铃声响后，屋门开了，接着床前一阵惨默的忙乱。

狂潮渐退——医生凝立视我无语。护士捧着瓷盘，眼光中带着未尽的惊惶。我精神全飏，心里是彻底的死去般的空虚。颊上流着的清泪，只是眼眶里的一种压迫，不是从七情中的任一情来的。

最后仿佛的寻见了我自己是坐着，半缚半围的拥倚在床阑上，胸前系着一个大冰囊。注射过的右臂，麻木隐痛到不能转动，然而我也没有转动的意想。

心血果然凝而不流，飘忽的灵魂，觉出了躯壳的重量。这重量层层下沉，躯壳压在床阑上，床阑压在楼屋上，楼屋又压在大地上。

凝结沉重之中，时间一分一分的过去，人们已退尽。床侧的灯光，是调节到只能看见室内的一切的模糊轮廓为止，——
其实这时我自己也只剩一个轮廓！

从以上的描写中可以看出，这是进入医院进行紧急抢救的情景。应
该说已不是一般的旧病复发了，而是已进入了昏迷状态。留学之前，她
曾在抱病，也曾咨询过医生，记挂着母亲的病也担心自己的病，但医生
告诉她无碍，才有了信心远行，没有想到入校仅仅十周，病便将她击倒。
昏迷中，做了一个奇异的梦：

> 我在层层的殿阁中缓缓行走，却总不得踏着实地，软绵绵
> 的在云雾中行。
>
> 不知走了多远，到了最末层；猛抬头看见四个大字的金匾，
> 是"得大自在"，似乎因此觉悟了这是京西卧佛寺的大殿。
>
> 不由自主地还是往上走，两庑下忽然加深，黑沉沉的，两
> 边忽然奏起音乐，却看不见一个乐人。那声音如敲繁钟，如吹
> 急管，天风吹送着，十分的错落凄紧！我梦中停足倾耳，自然
> 赞叹，"这是'十番'，究竟还是东方的古乐动人！"
>
> 更向里走，殿中更加沉黑，如漆如墨，摸索着愈走愈深。
> 忽然如同揭开殿顶，射下一道光明来，殿中洞然，不见了那卧
> 佛的大像，后壁上却高高的挂着一幅大白绫子，缀着青绒的大
> 字，明白的是："只因天上最高枝，开向人……"光梢只闪到
> "人"字，便焘然地挈了回去。我惊退，如雾，如电，不断的
> 乐音中，我倏然地坠下无底深渊去……
>
> 无限的下坠之中，灵魂又寻到了躯壳：耳中还听见"十番"，
> 室中仍只是几堆模糊的轮廓，星辰在窗外清冷灰白色的天空中
> 闪耀着——
>
> （《往事·二》）

这是一个类似地狱之门的梦。此时的冰心远在西方，所受教育均为

西文，骨子里却是东方女子，梦中不是进入圣经里的天堂，音乐也不是管弦，"十番"便是典型的民族乐器，北京西郊卧佛寺大殿以及高悬的"得大自在"，似乎还在显示某种隐喻！梦醒之时，天还未明，便挣扎着探身取了铅笔，将梦中所见的"只因天上最高枝，开向人……"十个字，写在一张小纸上，塞在浴衣的袋里。这十个字是什么意思呢，那灯光未照及的四个字又是什么内容呢？思索了许久而不得要领。这里或许也隐匿着某种人生"意味"？

冰心住进了圣卜生医院，一幢建在校园小山坡上的房子。不大，二层尖顶建筑，几间病房，实际是校医院。仅仅在入院时有过一阵紧张，之后便趋平静。冰心在此住了十七天，第二天就被看护允许写字。医院的护理人员十分精心，病床的位置一天移动好几次，早晨将病床推至窗前，可享受阳光，可眺望校园风景，可听鸟鸣，可见小松鼠在林间跳跃，远一些是霍顿纪念教堂红色的尖顶、音乐楼的墙体、图书馆的立窗，中间大片的草坪绿地，穿过秋叶落尽的疏林，可见慰冰湖清澈的波光，那波光荡漾到了眼前，感觉便清新气爽了许多。

在医院受到无微不至的关怀，"饮食很精良，调理得又细心。我一切不必自己劳神，连头都是人家替我梳的"。冰心自小养成男儿性格，可十几天的住院，竟然流了三次眼泪。

第一次是面对闭壁楼认识与不认识的同学送来的慰问，"花和信，不断地来，不多时便屋里满了清香。玫瑰也有，菊花也有，还有许多不知名的。每封信都很有趣味，但信末的名字我多半不认识。因为同学多了，只认得面庞，名字实在难记"！闭壁楼的同学，在知道她生病后，一个个起劲关心起她，都来医院探望，但都被看护拒绝，只得留下花，留下话，留下满屋香馨；电话铃响，也是询问病情、希望前来探视的声音，能不感动落泪？在被允许写字后，第二封信便是写给闭壁楼中九十六位"西方之人兮"的女孩子："感谢你们的信和花带来的爱！——我卧在床上，用悠暇的目光，远远看着湖水，看着天空。偶然也看见草地上，图书馆，礼堂门口进出的你们。我如何的幸福呢？没有那几十页的诗，当功课的读。没有晨兴钟，促我起来。我闲闲地背着诗句，看日影渐淡，夜中星辰当着我的窗户；如不是因为想你们，我真不想回去了！"以一种西方式的俏皮话语，传递病中的心情。为解姐妹们的牵挂，冰心还专门"秀"了一下她与花"无奈"的亲密相处："日长昼永，万籁无声。一室之内，惟有花与我。在天然的禁令之中，杜门谢客，过我的清闲回忆的光阴。"

第二次是鲍老牧师的夫人（B夫人），从默特佛经波士顿专程前来探望，因而被准许进入病房，"医生只许她说，不许我说"。见到病中的冰心，她难过得双眼含泪，说："本想我们有一个最快乐的感恩节……"遗憾中便又安慰："不过不要紧的，等你好了，我们另做安排……"老夫人握着冰心冰凉的手，沉静许久不说一句话。"等她放好了花，频频回顾地出去之后，望着那'母爱'的后影，我潸然泪下——"

第三次在感恩节那一天，孤身在外，亲人不得见，朋友不能会，连窗前草地上也无行人，人人都回家过节了。病房孤身一人，枯看窗外风景，树枝严霜，湖波不流，曾有过的慰冰湖，银海一般的闪烁，意态也成清寒，秋风中的枯枝，从立在湖岸上，变得疏远，秋云幻丽，在广场上忽阴忽晴，与病中的心情一般，飘忽无着！万般孤寂中，回想曾读过的古诗，"到死未消兰气息，他生宜护玉精神"，从黄仲则跳到李贺，"马蹄隐隐声隆隆，入门下马气如虹"，都是胡乱地联想。继续无聊，便又找出闭璧楼女生的信来读，一个美国朋友写着："从村里回来，到你屋去，竟是空空。我几乎哭了出来！看见你相片立在桌上，我也难过。告诉我，有什么我能替你做的事情，我十分乐意听你的命令！"日本的朋友写着："生命是无定的，人们有时虽觉得很近，实际上却是很远。你和我隔绝了，但我觉得你是常常近着我！"中国朋友则说："今天怎么样，要看什么中国书么？"无事还从寥寥数字中，揣摩出了国民性来，一夜就在杂乱的思想中度过。第二天，清早的时候，扫除橡叶的马车声，碾破晓静。这一日便是如中国的中秋节似的感恩节，"每逢佳节倍思亲"，想起故国家园，想起父母兄弟，感情的闸门再也关不住了：花影在壁，花香在衣，朦朦的朝霭中，默望窗外，万物无语，不禁泪如雨下……

圣卜生医院中的冰心，给小朋友写了两篇通讯。《通讯九》向父亲报告病中情景（以上病中情景，均出自《通讯九》），《通讯十》写"我"与"母亲"，既道出了"我"儿时的情景，性格的形成，更是描出了母亲博大宽容的爱，成为经典中的经典，成为选本最多的篇章，成为不可或缺的课文，成为描写母爱的代表。

本来就是"旧病复发"，圣卜生医院十几天的治疗与疗养，一日好似一日，基本康复了。冰心打算出院后，立即补上两周拉下的课，但就在这时，医生却告诉她，病虽然是好了，但这种病还需要疗养一段时间，不宜马上回校上课，过两天，送至青山沙穰继续疗养，并要她安心。安心？还能安心！冰心听了医生的话后，几乎神经错乱，我是来读书的，不是来疗养的，如果继续在医院待下去，所有的计划、安排都成泡影，怎能安心疗养？可是，医院继续按照治疗程序进行。冰心当时并不知道，圣卜生将冰心的肺支气管破裂导致吐血，诊断为肺结核，也就是中国所说的肺痨。这是一种传染疾病，在盘尼西林发明之前，肺结核尚属疑难病症。所以，医院没有让冰心退学或休学，已经是考虑到她的留学身份了，但坚持必须继续疗养，病愈后再回校上课。

一九二三年十一月十五日下午，"一乘轻车，几位师长带着心灰意懒的我，雪中驰过深林，上了青山（The Blue Hills），到了沙穰疗养院"。威尔斯利位于波士顿西郊，青山则位于波士顿南郊，两地相距三十多公里，尤其是沙穰疗养院建在青山之中，孤立而寒冷。汽车下山了，护送人走了，病中的冰心，一人留在了寒山里的沙穰疗养院。"如今窗外不是湖了，是四围山色之中，丛密的松林，将这座楼圈将起来。清绝静绝，除了一天几次火车来往，一道很浓的白烟从两重山色中串过，隐隐地听见轮声之外，轻易没有什么声息。单弱的我，拼着颓然地在此住下了！"（《寄小读者·通讯十一》）

病弱、离校、远离故国亲人，寒冷、孤单、陌生无助，这就是冰心上了青山的现实。颓然而沮丧的心情，孤立无援的瘦弱身影，大概持续了十几二十天。一室寂然，雪满山野，有时为着打破止水般无聊的生活，"忽发奇想，想买几挂大炮仗来放放，震一震这寂寂的深山，叫它发空前的回响"。但在美国，何来鞭炮？却是有枪！在做梦也看不见炮仗的情况下，冰心幻想有一支小手枪，"安上子弹，抬起枪来，一扳，砰的一声，从铁窗纱内穿将出去"！安静、无聊至绝望，也是有些可怕的。

有一篇描写困顿中挣扎的文字，冰心多次提到了"造物主""造物者"和"上帝"，以西方人的方式过圣诞节、平安夜，楼前雪地中间的一棵经过装饰的松树上，结着灯彩，树尖上一颗大星星，树下挂着许多小星星。开始像往常一样，静卧门廊，夜半时，忽然飘来柔婉的《平安夜》歌声，将她从浓睡中引出。睁开双眼一看，天上是月，地下是雪，中间圣诞树上的大灯星，现出了一个完全透彻晶莹的世界！耶稣诞生的情景，"一千九百二十三年前，一个纯洁的婴孩，今夜出世，似他的完全的爱，似他的完全的牺牲，这个彻底光明柔洁的夜，原只是为他而有的"。侧耳静听，忆起旧作《天婴》中的两节诗句："马槽里可能睡眠？／凝注天空——／这清亮的歌声，／珍重的诏语，／催他思索，／想只有泪珠盈眼，／热血盈腔。／奔赴着十字架，奔赴着荆棘冠，／想一生何曾安顿？／繁星在天，／夜色深深，／开始的负上罪担千钧！"静默静想的冰心，感觉自己心定如冰，神清若水，默然肃然，当歌声渐远时，又渐渐进入梦乡。第二天便是圣诞日了，完全是另一个情景："朝阳出来的时候，四围山中松梢的雪，都映出粉霞的颜色。"冰心说："一身似乎拥在红云之中，几疑自己已经仙去。"就在默想出神之时，护士来了，微笑着道了"圣诞大喜"，便将她的床从廊上慢慢推到屋里，随之捧进几十个红丝缠绕、白纸包裹的圣诞礼物，堆了一床。冰心微靠床阑，一包一包地打开，五光十色的玩具和书，足足开了半点钟。到了夜间，又是一番情景：圣诞晚会上（冰心称之为庆贺会），不仅有本院的女孩子，从一个也属隔离疗养的小学来了二十多个小孩子，喜庆而热闹。晚会的大厅中，"一棵装点得极其辉煌的圣诞树，上面系着许多的礼物。医生一包一包的带下去，上面注有各人的名字，附着滑稽诗一首，是互相取笑的句子，那礼物也是极小却极有趣味的东西"。冰心得了一支五彩漆管的铅笔，一端有个橡皮帽子，随着的诗是："亲爱的，你天天在床上写字，写字，／必有一日犯了医院的规矩，／墨水玷污了床单。／给你这一支铅笔，还有橡皮，／好好的用罢，／可爱的孩子！"（《寄小读者·通讯十一》）此时，医生、护士、病人，把那厅坐满。八个国家之多的人，无论老的少的，用英文唱着同一首歌，冰心说，在灯火辉煌中，歌声嘹亮地过了一个完全的圣诞节。

　　吴文藻利用休年假时间，从汉诺威乘火车到波士顿，再乘公车抵达剑桥，住进了顾毓琇租住的宿舍。与清华同学聚会时，才从浦薛凤那儿听说了冰心生病的情况，便提议结伴上山探望。于是，在圣诞节后的第二天，沙穰疗养院的雪景中，出现了三个黑点，中国的留学生浦薛凤、顾毓琇与吴文藻，一袭清华装，黑色的大衣，竖立的领口，三个江南水乡的翩翩少年。他们的出现，令冰心惊奇，兴奋得脸上现出红晕。上山之前，三人都未曾言及礼物，待见到冰心，忽然发现每人都有一份献给病中女士的礼物，圣诞虽过，但那礼物还算是圣诞礼物。按照美国人的习惯，冰心当面一一打开，浦薛凤送的是巧克力，顾毓琇送上的是手套，当打开吴文藻的礼物时，则是一本精致的笔记本，说是留待"病中书写"，冰心却脱口而出，这是她最喜欢的东西。疗养院的圣诞礼物是铅笔，现在又有了本子，能不喜欢？三个清华的才俊，又经过美国的大学生活，都已不怎么拘谨了，礼过之后，又询及如何消时度日。冰心不便实情相告，不想将自己的愁绪传染给他们，便也幽默了一回，说，北美森林中的 Eskimo（爱斯基摩人），黑发披裘，以雪为家，过着冰天雪地的生活，圣诞晚会上，来了十几个小朋友，他们说，日前他们见到了 Eskimo，冰湖溜冰处，黑发披裘，飘然而过。原来，他们说的这个Eskimo，指的就是她。冰心说，因她曾于风雪之中林间游走，山下冰湖溜冰处的沙穰小朋友便传说林中来了一个 Eskimo，并以她的黑发披裘为证，说得大家都开心地笑了起来。此时浦、顾两位，尚不知他们表面有些木讷的同乡吴文藻，与冰心已有"书"与"信"往来，各各都揣了爱慕之心上了青山，吴文藻自然不能单独对冰心表示慰问，只是在调侃的话题前止步，最后趁着空隙，劝了几句听从医生的安排、好好休养之类的"悄悄话"。

在中国古典的诗词里,"风雪""故人"是经常出现的意象,且多半伤感。但远在异国他乡,孤寂病中的冰心,这些却给她带来温暖与欢乐,而且最盼望的也是"风雪故人来"!

一路追随冰心而来的许地山,在位于曼哈顿的哥伦比亚大学哲学系攻读硕士学位,第一个年假自然是筹划着如何去见冰心,时间也安排在圣诞节前后。许地山不属"清华帮",且由于性格的怪僻,多不合群,尤其内心还秘藏对冰心的私情,他在威尔斯利未能寻得冰心之后,便独自上了青山。见到冰心独处的清冷,举目无亲且不说,接触的都是身份不同的病人,面对私爱着的人,不免心生凄楚,但冰心在尊为师长的许地山面前,却表现得开朗和乐观,问了许多燕京大学同学的事情,尤其陶玲,许地山将所知道的都告诉了她,并且报告了许多国内的消息,更令冰心的思想变得活跃。冰心还主动讲到疗养院的情况,有二十多人吧,隔壁有个女孩正跟她学习中文。第一天教的是"天""地""人"三个字,女孩睁了大眼睛看着她,说,你们中国人太玄妙了,初学就学这么高大的字,她们往往是从"猫"呀"狗"呀的开始,说得许地山也笑了起来。这日下山,大雪弥漫,许地山一人在风雪中向山下走去,想着自己探望的女友,病中的冰心,一时差点儿迷失了道路。许地山下山后,在雪天的灯下,听着青山后传来隆隆的火车声,想着一个疲倦旅行者的身影,冰心诗心如潮,挥毫写道:

> 银海般的雪地,
>   怒潮般的山风——
> 这样的别离!
> 山外隆隆的车声,
>   不知又送谁人远去。

(《倦旅》)

一个反问句,"谁人远去"?她的心里其实是清楚的,"送你远去",诗中凄楚的离别,透着牵挂,似还有一丝的甜蜜。对于这次探望,许地山在四月二十六日致冰心的信中这样写道："自去年年底一别刹那间又是三四个月了。每见薄英在叶便想到青山底湖冰早泮，你在新春底林下游憩的光景，想你近日已好多了。"时隔一年后，也就是一九二五年，许地山已获哥伦比亚大学硕士学位，转至英伦牛津大学曼斯菲尔学院攻读。他特地选择了一月一日，给冰心写信，仍然念及一年前上青山探望的情景："去年今日正是我末次到青山去看望你底时候。一年的热情又在冷雨中默默地过去了。"许地山是研究神学与文学的，此信，既是一种文学的表达又是一种神学的感叹！

冰心更没有想到的是，司徒雷登校长竟也上山来探望！他来美国是为扩建燕大募捐，冰心曾从媒体上知道校长来美，但她绝对没有想到校长会上山来看她。见到病中的冰心，司徒雷登作了详细的询问，吃什么药、打什么针都要问及，在慰问后，还为冰心带一个大礼，就是邀请冰心毕业之后回燕大任教。司徒雷登离开青山后，特地向燕大的师生写了一封信，报告了探望冰心的情况："我曾往 Sanatarium 探望谢婉莹女士，其病势不久可复，气色很好，也很高兴，大部的时间用在散步、写作、读书上。"

圣诞节的欢乐与神谕，朋友、师长与同学的连连探望，驱散了初上青山心头的阴霾。冰心愉快地写信告诉母亲："我童心已完全来复了。——一切都完了，只没有母亲在我旁边！"为了感觉母亲与亲人都在自己的身旁，她为窗前的星星起名，叫"兄弟星"，以大小亮度区别大弟、二弟与小弟，将月亮幻化成母亲，将太阳理解为父亲，心灵的家园全然安置在青山之上了。计算着"抱病入山的信"可能刚刚送到母亲的手上，也估摸着全家人正在商量谈论，长吁短叹，"无知无愁的我，正在此过起止水浮云的生活来了呢"！

此时的冰心又开始写作，写山，也写人，童年时代的不多往来的玩伴——烟台金钩寨的六一姊，大学时代只几面之交的同学淑敏。《别后》是一篇一九二一年的未完稿，三年后在青山发现后续写，连同《悟》，成为她在美国留学不多的小说创作。而在青山，更多的写作给了小朋友，《寄小读者》从通讯十三至十八，占了全书的六篇之多。同时，《往事》（二）、《山中杂记》也为"遥寄小朋友"，在叙述的完整性上，将离家前后、太平洋舟船上、初入威校的情景补充完成，让小读者对冰心决定留学之后至病前病中的生活情景，有个全貌了解。

终于，出院的时间到了，在度过美国的国庆节后，冰心走出了青山。从阴霾漫天而进，到灿烂晴空而出，季节与气候的变化不说，单就人和心情而言，冰心认为自己已经"回若两人"啊！

> 我曾说：
>
> "别离碎我为微尘，和爱和愁，病又把我团捏起来，还敷上一层智慧。等到病叉手退立，仔细端详，放心走去之后，我已另是一个人！
>
> "她已渐远渐杳，我虽没有留她的意想，望着她的背影，却也觉得有些凄恋。我起来试走，我的躯体轻健；我举目四望，我的眼光清澈。遍天涯长着萋萋的芳草，我要从此走上远大的生命的道途！感谢病与别离。二十余年来，我第一次认识了生命。"
>
> （《往事·二》）

鲍老牧师开车将冰心接到默特佛的家中，静夜中，冰心细细地回顾体味了病中六月的生活，将感觉一一记在了通讯第十九之中：一个是弱，一个是冷，一个是闲，再有一个就是爱与同情。当她写到第四点的时候，她说，应该用庄肃的心情来写这一段。她过去总认为，同情是应该得的，爱也是必得的，时间久了，便有一种轻藐与忽视了。然而此种"应得"与"必得"，只限于家人骨肉之间。比如说母爱，和弟弟们的爱，这种爱原本是应该得到的，家人之间没有问题，因为骨肉之爱是无条件的，或者说，以血缘为基础的爱是无条件的。但是在朋友同学之间，"同情是难得的，爱是不可必得的，幸而得到，那是施者自己人格之伟大！此次久病客居，我的友人的馈送慰问，风雪中殷勤的来访，显然地看出不是敷衍，不是勉强。至于泛泛一面的老夫人们，手抱着花束，和我谈到病情，谈到离家万里，我还无言，她已坠泪。这是人类之所以为人类，世界之所以成世界呵！我一病何足惜？病中看到人所施于我，病后我知何以施于人。一病换得了'施于人'之道，我一病真何足惜"？病中青山，大家身边都无亲人，只有一缕病中爱人爱己、知人知己的哀情，将这些异国异族的女孩儿亲密地联系在一起。病让她对爱与同情有了深一层的理解，从"施于我"到"施于人"，成为人生中的一个转折，成为生命中不可或缺的元素，她要将这种元素放大、持久，在人间开花结果。"别人怎么施与我，我将怎么施与他人。"从接受爱到施之爱，就是这个大变化，使她的爱的内涵与境界，比进山之前提升了一格，变成了"另外一个人"。出山之后，她决定用一生来实践在内心给自己定下的将爱"施于人"的承诺，并以诗意的语言，描述这一喜悦的获得：

> 爱在右，同情在左，走在生命路的两旁，随时撒种，随时开花，将这一径长途，点缀得香花弥漫，使穿枝拂叶的行人，踏着荆棘，不觉得痛苦，有泪可落，也不是悲凉。

（《寄小读者·通讯十九》）

同时，冰心的世纪名言，"有了爱便有了一切"，也第一次出现在这里，只是多了三个字，即"有了我的爱，便是有了一切"！

九、美国朋友、中国同学

冰心出院，时值暑期，鲍老牧师认为，应该让孩子散散心，不要老是待在屋子里写作，对健康不利。于是，由他们家的司机开车，在周姨的陪同下，开始在周边旅游。

首先是游览了玷池（Spotpond）、玄妙湖（Mystic Lake）、侦池（Spy pond）、角池（Hornpond）等。美国东部的丘陵地带，被称为"Pond"的池塘很多，像绿宝石般地镶嵌在新英格兰丛林的大地上。从这个湖

（池）到哪个湖（池），路程都不太远。且美国在二十世纪二十年代，公路网络已很发达。冰心记下了湖畔驰车的感觉："水畔驰车，看斜阳在水上泼散出的闪烁的金光，晚风吹来，春衫嫌薄。这种生涯，是何等的宜于病后呵！"他们乘坐的是黑色福特牌汽车，车厢大且可敞篷，夕照中的敞篷车上，立一东方女孩，飘飞的秀发与颠簸的车行，给夏日繁花大地，平添几分亮色。我在二十一世纪初，曾经多次游历这片美东大地，就在冰心所举的湖畔之间，还有一个重要的池塘，即后来我们习惯称呼的"瓦尔登湖"（Walden Pond），却是不曾光顾。对新英格兰大地上的池与湖，冰心总的印象是"秀丽"，极处则用加上"明媚"："水上的轻风，皱起万叠微波，湖畔再有芊芊的芳草，再有青青的树林，有平坦的道路，有曲折的白色阑干，黄昏时便是天然的临眺乘凉的所在。湖上落日，更是绝妙的画图。夜中归去，长桥上两串徐徐互相往来移动的灯星，颗颗含着凉意。若是明月中天，不必说，光景尤其宜人了！"

周姨还陪冰心到了大西洋滨岸（Revere Beach）。这是一处海滨的度假区，沙滩上游人如织，除冲浪游泳者外，还有多处游艺场，孩子们骑着铁马铁车呼啸前进，空中的旋转车，洋面上的小艇，五光十色交织在一起，令刚刚从山里出来的冰心，眼花缭乱。冰心本爱海，但大西洋的海滩太多的商业与嘈杂，她不喜欢，觉得无味，早早�抜转车头，回到山间林中，改为从高处的静处观海："这是海的真面目呵。浩浩万里的蔚蓝无底的洪涛，壮厉的海风，蓬蓬的吹来，带着腥咸的气味。在闻到腥咸的海味之时，我往往忆及童年拾卵石贝壳的光景，而惊叹海之伟大。在我抱肩迎着吹人欲折的海风之时，才了解海之所以为海，全在乎这不可御的凛然的冷意！"（《寄小读者·通讯二十》）

从大西洋滨岸回到默特佛，稍事休息，冰心将游湖与观海的见闻与感受，写作了《通讯二十》，告诉故国的小朋友。过了几天，威校的K教授，也就是冰心的监护人，来到默特佛，接冰心到新汉寿（New Hampshire，也今译为新罕布什尔）的白岭（White Mountains）避暑。K教授自己开车来，冰心坐副驾驶位置。汽车出波士顿，沿着缅因州边界前行，之后便是一路的盘山道路，望着两旁的丛林，苍翠欲滴。K教授告诉冰心，再过两三个月，这里是一片枫叶泛红，犹如色彩缤纷的崇山画廊，美极了，每年这个季节，波士顿大自然的爱好者，便从这条道上山观赏红叶。

以冰心的美国地理知识，她将自由（Freedom）、白岭、华盛顿（Washington）与戚叩落亚（Chocorua）诸岭并列，还有远在天边的总统山脉（Presidential Range）、麦迪逊（Madison）等重叠相映的群山。冰心居住的白岭，"高出海面一千尺，在北纬四十四度，与吉林同其方位。早晚都是凉飙袭人，只是树枝摇动，不见人影"。不知为何，冰心说，她只爱看戚叩落亚。每天黄昏独自走到山顶看日落，便见戚叩落亚的最高峰，全山葱绿，只有峰顶赤裸露出山骨。此为山峰太高，地处高寒，天风劲厉，不适宜树木的生长。与中国一样，名山均有传奇故事，戚叩落亚山也有英雄的传说，《通讯二十二》中，冰心将这个故事，详细地讲给了中国的小朋友听。

白岭有座十八世纪的老屋，独立地隐藏在丛林之中，与山后一处酿私酒的屋子为邻。这座屋主人两姐妹是 K 教授的好友，平时不曾居住，夏日来此避暑，属假日别墅。K 教授为了让冰心得到更好的休息，将其带上了山，也让这位中国的女作家，体验一下真正的新英格兰农家生活。"果然的，此老屋中处处看出十八世纪的田家风味。古朴砌砖的壁炉，立在地上的油灯，粗糙的陶器，桌上供养着野花，黄昏时自提着罐儿去取牛乳，采蓇果佐餐。这些情景与我们童年在芝罘所见无异。所不同的就是夜间灯下，大家拿着报纸，纵谈共和党和民主党的总统选举竞争。"（《寄小读者·通讯二十一》）田园风光自然有趣，但时间一长，便觉得十分寂寞。偌大一座山中老屋子，只住五人，两姐妹、K 教授，再就一个才五岁的纽芬兰孩子，因为他的母亲在此做佣工。好在 K 教授可以用车将冰心载到附近景点游玩，白岭之中也多湖。叫得出名字的便有银湖（Silver Lake）、戚叩落亚湖（Lake Chocorua）、洁湖（Purity Lake）等，处处湖山相衬，显得十分幽静，感觉比青山还美。有时，还到戚叩落亚湖畔野餐，烧烤与自助，比在老屋中等待用餐，多了许多的乐趣。野餐的位置，有时选择在小桥边，不远处的湖面波平如镜，水的尽头便是突起矗立的戚叩落亚山峰。野餐之后,冰心便与 K 教授在湖畔徘徊,如在画中行走,山风吹面,竟有飘飘欲仙之感,好像不是在赏玩而是皈依了!

山中虽是清静,离别时却热闹了一番。八月六日,也就是离开白岭的前一天,午睡起后,古屋的主人 C 夫人请冰心换上新衣,但见 K 教授也穿上由中国绣衣改制的西服出来。其余的人身上也都有了中国元素:或挂中国的玉佩、或着中国的绸衣。当暮色降临山间之时,C 夫人招呼大家团团坐在屋前的一棵大榆树下,女佣端出一盘盘的茶果,K 教授郑重地告诉冰心,今夜要过中国的瓜果节。是夜为中国的农历初六,双星还未相迤,银汉薄雾迷蒙。一钩弯月下,冰心自然成了中心! C 夫人为她斟上蒲公英酒,K 教授举杯起立,说:"我为全中国的女儿饮福!"

冰心也站立起来,含笑而答:"我代全中国的女儿致谢你们!"大家一起笑着,将杯中之酒饮尽。

美国没有酒过三巡之说,茶果之后,C 夫人起立举杯,说:"我饮此酒,祝你健康!"于是大家又纷纷离座。K 教授和 F 女士还祝福冰心的将来,一时杯觥交错、铿然相触、欢声笑语,直至夜阑……

第二天一早,冰心在白岭的古屋草坪露桌上,匆匆写就《通讯二十三》,抬头的称呼是"冰季小弟",一气呵成千余字。早餐之后,便乘 K 教授的车下山,前往位于大西洋岸的伍岛。

伍岛(Five Islands)是鲍老牧师家的海岛,岛上有房有船有管理人员。知道冰心要来,早早做好了准备。海于冰心而言,自然不陌生,但伍岛还是让她心思"昏忽"。伍岛的环境奇特,两处断涧,均以松木小桥通过,涧深,足有数丈,海涛在涧下冲击断崖,声如阿雷滚过。岛上有松林一片,立于磐石东望,与对岸的西班牙一水相连。岛的四岸,或在晨昏,或在月夜,冰心都曾静坐过,又恰逢当月农历十五那日,满潮的海波一直冲到了窗下,令人心悸。夜间的淡雾中,灯塔里的雾钟,断断续续地敲响,引起冰心无限的遐思,想到那个未竟的灯台守的愿望,连带出父亲与母亲的容貌神情,此时水面清彻的雪鸥鸣声,便觉得比孤雁还哀切了,惊醒之后,总不能复眠。

伍岛令冰心激动处是泛舟海上。几乎每日出海，小舟一般在近岸泛行，大船则可就不一样了。八月十三日，上岛的第七天，一船载了十六人，在海上举行聚餐。大船驶出海口，乘风扯起三叶大帆，冰心坐近阑旁，在水手们扯帆时的歌声中，忆起烟台海上与水兵取乐的情景来。正在凝神之时，同船的 B 博士却笑着招她到舟尾，说是让她把舵："试试看，你身中曾否带着航海家的血统？"这时，舱面的人都笑看冰心，似是鼓励。冰心不假思索地接过舵轮，平静坐下，凝眸前望，此时，管轮和驾驶只她一人。冰心稳握轮齿，桅杆与水平纵横，只凭纤细文静的左右手转动、推移。此时的冰心还真有父亲水兵的风度，心神倾注，果决果断，海风过耳，不闻不动，当船驶到叔本葛大河（Sheepcult River）入海之口时，两岸逼近，波涛汹涌，在沉稳扶轮屏息之时，还偶然侧首，阑旁士女，言笑阵阵，恍知自己责任重大！现在两腕轻一移动，都关系着男女老幼十六人性命安全，且又是初次，真有些惶恐了！想起父亲，比起万船如蚁，将载着数百水兵的战舰，安全驶进港湾，便觉得不算什么了。当船在旋转自如抵达岸边后，一船的人都笑着举手向她致敬，拥她为船主，称她为航海家的女儿。

一九二四年八月十七日，一年前乘"约克逊总统"号邮轮离开上海的日子，冰心游历美东、沉浸于山水之间一月有余之后，乘了"便佳城"号（City of Bangor），自巴斯（Bath）借大西洋一角，回到了波士顿。

冰心重回威尔斯利校园，中国同学特别高兴，王国秀、谢文秋、桂质良、陆慎仪等，虽然不同年级不同科系，但却是生活在一起，王国秀还与冰心同一宿舍。由于生病辍学半年影响了许多课程，冰心刚放下行装，就去拜访导师罗拉·希伯·露密斯博士，这是一位对中国学生很友好也很严格的老师。露密斯博士在听冰心讲述青山沙穰的情况时，几乎是瞪大了眼睛，吃惊地称冰心为"谢女士"，说冰心说出的话，简直把她吓坏了，说威尔斯利的英语，是高雅的英语，冰心的话中怎么夹进那么多俚语和俗语？冰心这才意识到，那是在疗养院受到了病友们的影响，这个国家的高贵与卑下，南方人与北方人，首先在语音上就分别出来了。

重返威校，冰心没有回到闭璧楼，而是住进了娜安辟迦楼。不用说，这个学年学业十分繁重，但在露密斯博士的指导下，以她的聪慧与勤奋，很快就赶上来了。其间由于疲劳过度，曾又患过一次吐血，这回她没有让人知道，坚持挺了过来。在这座新宿舍里，她开始几乎像孤岛般地封闭自己。在学分上，威校还算通融，监护人K教授起到了重要的作用，甚至青山疗养院的费用，都是K教授想办法以奖学金支付。如此的厚爱，只能以发奋回报。虽说有吴文藻的帮助，阅读过不少的专业书，但那毕竟不是课业，所以，一个学期，冰心杜绝一切的交往与活动，全身心地投入在专业学习之中，用她自己的话说："如同带上衔勒的小马，负重地、目不旁视地走向前途。"

没有写作，童心也不能唤起，她几番提笔又都放下。但有一篇文章，需要提起，那就是《介绍一本书——〈北京的尘沙〉》（《燕大周刊》第48、49期，1924年10月）。在冰心诸多的选本中都漏过了这一篇，但却是研究冰心思想的重要篇章。

《北京的尘沙》（Peking Dust：by Ellen N.La Motte）是冰心在默特佛鲍贵思的书架上偶然看到的一位美国人在一九一六、一九一七两年游历北京的笔记。冰心开始以为又是万里长城、西山诸寺铃声铎语的赞美者，又是肤浅的一日的消遣书。没有想到一打开便放不下来，待放下之后惊出了一身冷汗。一本文笔尖刻、真实得令人刺痛的书，冰心说。书的开宗明义第一章，便是"可怜的老中国"，记载了作者在来中国的船上和一个英国人谈话，他问："欧洲各国怎样的要求安顿他们的势力范围，是向中国政府请问吗？"英国人笑道："我们才不请问呢，大家定规好了，选好了地点，只通知中国政府一声！"当问这个到日本游历过的英国人，喜欢不喜欢日本时，英国人说，"我不很喜欢日本人，他们与中国人比不了。总体来说，日本人是以常人待我们，中国人却以超人待我们"。（原文是 In Japan they treat you as an egual, in China they treat you as a superior.）书中专门有一章讲"顾问官与指导"，说中国政府中的各国顾问官，从英国、美国、法国、俄国、日本、意大利、德国来，只是指导中国以就死之路，为自己本国谋攘夺，将中国钉在贫弱无能的地位，以便易于控制。在各顾问各自为谋的情势之中，政治的北京，是个宽阔的惨默无声的战场，表面上充满了东方化的礼让与国际交谊，而底下有个翻腾冲击的海洋！然而中国人对此还洋洋不睬。末后他说，总之，中国人是太腐败了！冰心写道："我不能再多举……这书一直到底，'中国人总之是无能的'！'欧洲的被侵服者'等字样不一而足。不幸一九一六到一九一七又正是法国老西开问题、英国十二项要求、对德宣战等等，相继发生的时候，种种怯弱，种种无能，都被作者清清楚楚地看在眼里，要他不生轻蔑之心，如何能够？幸而作者不曾久住，他在书末说，'我们就要离此巨大蛮野的北京城而去，这城中只是旋风般的飞语与飞扬的尘沙，对于这两样，我们都已觉得呼吸闭塞，我们要到日本看樱花去了。'"总之，本书"上而国政，下而洋车夫倚外人势力欺压国人，巡警怕事，袖手他顾；道路污秽狭仄，在骆驼颈下，马溺上行走，都在被人讥笑之列。甚至于在卷二第十三章'会见中国总统'文中，说北海会客室中的陈设，如煤气灯之类，简直是从'贱价店'中采买来的，又讥笑着说这就是中国所沾染的西方文化！——'贱价店'原文是（Five-and-ten-cent store），中国没有这种店铺，店中大小物件，价钱没有大过五分或十分的。——事实如此，我又有何话可说"！这种事情在国内也许看得是很平淡的，但在国外完全不一样，走在路上，出现在茶会与宴会里，冰心说："我脸上刺着中国，背上负着中国，中国的事就是我自己的事，当着无数异族人面前，我，我便是上下数千年、纵横数万里的中国！我非木石，如何能不受感触？"

冰心在这篇文章中，丝毫不掩饰"愤愧"之情，但这不是她的目的，正如闻一多面对在异国受到的耻辱，不仅仅是写了《洗衣歌》之类的诗，他甚至连西洋画都不学了，要中止留学提前回国。冰心当然没有到这种程度，她在将书介绍给国人看的时候，提出了她的"国家主义"主张：

按照中国同胞的习惯，在讲到国家的问题时，往往便是推给领袖与政府，冰心却认为："如其说领袖误了我们，不如说我们误了领袖。不好的领袖，我们不能裁制驱逐，好的领袖，我们不能保护服从，与之同力合作。与其怪罪于领袖，不如怪罪我们自己。我们尽我们一分心，就是愿对于领袖，能尽裁制或服从之责，更愿为领袖制造环境，预备后盾。""政府既是从人民产生，无知识的人民，产不出有知识的政府。即或有个例外，而几个先觉，决不能支配指挥四万万个后觉。"因而冰心认为，改造与振兴中国，要从我们自己开始，"默默然地从我们街头巷尾的张大哥、李大姐、秃儿、妞儿入手。彻底说是自我们自身起，渐渐地向外发展，我的弟兄姊妹，我的中表，我的朋友，我朋友的朋友……一个警察的不尽职，可陷全市于叫嚣，一个军士之不尽职，可陷全师于覆没。看重了自己对团体的关系，不论你是总统，是国会院长，是外交官员，是医生，是律师，是车夫，是阍者，只要安分守己，竭力地尽了自己的职任，你便已救了国"！这其中，做一个学生、书记、牧者等等似乎都容易，但加上一个"好"字，便不容易了！因为冰心认为，"其中需要人生观，需要哲学，需要爱的哲学"。

但就在冰心这篇忧国忧民的文章发表后不久，刚刚从苏联莫斯科东方共产主义劳动大学留学归来的蒋光赤教授，在《现代中国社会与革命文学》（《民国日报·觉悟》，1925 年元旦）的文章中，极尽质问、嘲笑之能事，说冰心是"好一朵暖室的花"，"冰心女士真是个小姐的代表！'我想弟弟……''我的母亲……''姊妹们……'冰心走来走去，总跳不出家庭的一步"。"读者能够从冰心女士的作品中看出时代和社会的背景吗？她与那唐宋以前的小姐有什么区别？""若说冰心女士是女性的代表，则所代表的是市侩性的女性，只是贵族性的女性。什么国家，社会，政治，……与伊没有关系，伊本来也不需要这些东西，伊只要弟弟、妹妹、母亲或者花香海笑就够了。"最后断言："我们现在所需要的文学家不是这样的！"共产党员的蒋光赤，革命者的蒋光赤，不仅挖苦而且武断。其实，冰心作品中不仅有弟弟、妹妹，有母亲与花香海笑，同时，也有国家、民众、社会甚至政治，只是她的态度、观念与他不一样罢了。

与"大江会"的国家主义有关的活动，留学生们便是千方百计地表现中华民族灿烂的文化。为此，纽约的中国留学生余上沅、闻一多、赵太侔等组织上演了英语话剧《杨贵妃》，波士顿的中国留学生也不甘落后，当剑桥中国学生会主持人沈宗濂提出，为了宣扬中华民族灿烂的文化，同时也是招待外国的师友，应该上演一出英语的中国戏。这一提议得到大家一致的赞同，并且很快就确定下了改编的剧本为《琵琶记》。由顾一樵（顾毓琇）将原本四十二出的剧本改编成适合美国演出的剧本，再由梁实秋翻译成英文。

演员的阵容经过反复磋商，最后是如此排定的：

蔡中郎	梁实秋
赵五娘	谢文秋
丞相之女	谢冰心
牛丞相	顾一樵
丞相夫人	王国秀
邻人	徐宗涑
疯子	沈宗濂

在美国演出中国古装戏，最难的是服装和布景，别说现成的戏装，连中国式的花布都买不到。纽约的留学生上演过《杨贵妃》，闻一多等设计、绘制了许多的服装，冰心开始管剧务，由她出面，同意借给，一部分则是依据闻一多的意见在波士顿制作。根据剧情，买来金纸和银纸，剪成图案，贴在素色的戏袍上，灯光一照，分不清真假，且都华丽无比。余上沅与赵太侔专程前来帮忙，"太侔一到，不声不响，揎袖攘臂，抓起一把短锯，就锯木头制造门窗。经过他们二位几天努力，灯光布景道具完全就绪"。

留学生们为慎重起见，还专门作了一次彩排，特别请了波士顿音乐学院专任导演的教授前来指导。据梁实秋回忆，"他很认真负责，遇到他认为不对的地方就大声喊停予以解说。对演员的部位尤其注意，改正我们很多缺点。演到蔡伯喈与赵五娘团圆的时候，这位导演先生大叫：'走过去，和她亲吻，和她亲吻！'谢文秋站在那里微笑，我无论如何鼓不起这一点勇气，我告诉他我们中国自古以来没有这个规矩，他摇头不已"。

《琵琶记》正式演出是一九二五年三月二十八日晚。冰心本来没有担任角色，但临演出前，饰演丞相女儿的演员病倒，只有救场。波士顿美术剧院，观众大多是美国人，有大学教授、文化界的人士，也有不少学生和侨胞前来捧场，黑压压一片，千人的剧院座无虚席。演出前，由在波士顿音乐学院读书的王倩鸿女士致开幕词，中国学生会主席沈宗濂致欢迎词、演说，奏乐后，才正式开幕演出。虽为首次演出，且又多无舞台经验，但演出顺利，没有人忘台词，台下也没有人开溜，最后落幕，掌声雷动，几乎把屋震塌。《琵琶记》演出成功，达到了那一批中国留学生的愿望，宣传了中华民族文化，所有参加演出人员，包括当时的一些华侨都极为高兴。翌日，《基督教箴言报》报道此事，并且刊出了演出剧照。

自从在青山沙穰疗养院与吴文藻别后，虽互有通信、寄书，但各自紧张的学习，加上不近的路途，两人总是难得见面。重返威校"闭关"的时间里，吴文藻也曾来探望，但也不是单独的，都有清华同学一起来，第一次见到潘光旦便是吴文藻带来的。吴文藻到波士顿，一般住在清华同学的宿舍，有时在梁实秋与顾毓琇合住的奥斯汀园5号，有时住在鼓兰姆街浦薛凤处，"文藻则每次从其毕业处所前来访视婉莹，必下榻予寓。外间不知实情，误认予是有意。回忆清华高班同学友好吴毓湘兄曾专函直陈谓：间接听到消息，确否固尚不知，但终身大事，对方之健康亦系重要条件。予乃遽实相告，并谓对伊真有意者，早已另有其人，亦是清华同学，予之好友"（《浦薛凤回忆录》）。此时的冰心对吴文藻的印象，已不再仅仅是憨厚、直言与特别，还有心细、关心和体贴，并感到吴文藻虽出身小商之家，但没有那种斤斤计较之习气。作为女性，尤其是作为像冰心这样的大家闺秀，由于家庭环境的影响，特别喜爱干净与整洁，这一点，冰心已悄悄从吴文藻身上看到了。他穿的衣服，谈不上高档，但总也干净利索整洁，看着舒服，她绝对不能接受那种不拘小节邋里邋遢的"艺术天才"，她接触过太多这种以才自傲不拘小节的人了，她不喜欢这种人，为什么天才就要邋里邋遢？都说天才可以这样放纵自己，都说艺术也许需要这样的天才，但她绝对不会选择这样的人作为终生伴侣！冰心的宿舍，总是收拾得干干净净，书该放在什么地方、衣服挂在何处、平常使用之物品摆于哪儿，全都清清爽爽，有条不紊，从不凌乱。桌上相框里那张刚到美国时拍的照片，两旁署有两行自书的诗句："到死未消兰气息，他生宜护玉精神"，显示了自己为人的追求。冰心虽然在心里多次想到吴文藻，并且将他与自己所认识的甚至追求她的男士作比较，每回，心的天平都倾向了他，这是远在达特茅斯的吴文藻不知晓的。演出《琵琶记》，可能为见上一面提供了机缘，于是，她给吴文藻写了一封信，邀请观看演出，为表诚意，还特地将入场券夹在封中寄去。

吴文藻收到冰心的来信和入场券，心里自是高兴，却很犹豫。那时他正处大学的最后一个学期，毕业论文尚在准备之中，并且在为"大江会"的成立，做学理上的准备，列举西方各国有关的著作书目，写出介绍大纲，这一去，又得花去好几天时间，思来想去，最后还是以学业为重，只得写信给冰心，为不能去波士顿深感抱歉。冰心收到此信，曾自责是不是热情了一些？然而，就在《琵琶记》演出的那个晚上，吴文藻准时赶到波士顿美术剧院，坐在了冰心送给他入场券的座位上。这着实令冰心喜出望外。第二日，回到她在美国的家，默特佛火药街 65 号，一帮清华的同学又追了过去，吴文藻最后一个走进来，冰心便悄悄地对他说："你能来看演出，我很高兴。"两人相视而笑，吴文藻想到自己险些失去这个机会，可要造成多大的遗憾？

由《琵琶记》还引出另外的一个"典故"——"秋郎"。谢文秋是上海人，长得秀气，且生性活泼，这回与梁实秋同台演"琵琶"，一个蔡伯喈，一个赵五娘，成了一对夫妇，逢场作戏，自是无妨，可台下戏言，则就不同了。善于观察的冰心，自然发觉梁实秋有些喜欢上了谢文秋，而实际上，谢文秋喜欢的是朱世明，并且由冰心为她传情。很快，谢文秋与朱世明订婚了，关系在留学生中公开，冰心便调侃了梁实秋一回："朱门一入深似海，从此秋郎是路人。"梁实秋说，"秋郎"二字来历在此。

梁实秋在科罗拉多大学完成大学课程后，于一九二四年秋天入哈佛大学研究院攻读硕士学位。他选修了白璧德的《十六世纪以后文艺批评》，深受影响，即开始由喜爱浪漫主义转向追求人文主义。梁实秋与顾一樵一起赁居奥斯丁园5号，也就经常结伴前往威尔斯利看望中国同学，冰心、谢文秋等几位女同学也就常请他们在威尔斯利镇上一家中国饭馆用餐，饭后又一起到慰冰湖上泛舟论谈。所谈的话题，大多是选修的课程、国内的情况等等，为了扩大知识面，同时也有个交流的机会，后来有人提议以"湖社"的名义，将这种聚会固定下来，隔几个礼拜聚一次，每次由一个人主讲，其他人可以提问，通过介绍各自所修的专业，增加大家的知识；另一个议题则是根据亲朋的来信，介绍祖国的情况。于是，"湖社"就这样办起来了，参加湖社聚会的有哈佛大学的陈岱孙、梁实秋、浦薛凤、沈宗濂、时昭瀛，麻省理工学院的有曾昭伦、顾毓琇、徐宗涑等，有时从外地来波士顿的中国学生，也可以临时参加，吴文藻、瞿世英、石超涵等都参加过"湖社"活动。威校的"二谢"，谢冰心与谢文秋自然是主人，还有其他的女生和附近女校的中国留学生。这时的慰冰湖便属于中国留学生了，平静的湖面上，划来三五小舟，行到避静处，停泊一起，或登上岸去，坐于满地厚厚落叶的湖岸。于是，湖面、湖畔，便有汉语的抑扬顿挫之声，所谈的有政治、经济、军事、教育、哲学、文学等等，吴文藻介绍现代文明与社会学，冰心那一讲是李清照的生平和诗词创作，每至动情之处，只有湖水微拍船舷之声，而船上的人，都随着李清照的故事，回到那正受列强欺凌的故土……这一段时间，除了他们到威尔斯利湖上泛舟，冰心等人也在节假日前去剑桥，"做杏花楼的座上宾"，来往多了，梁实秋改变了对冰心冷冰冰拒人千里之外的印象，"我逐渐觉得她不是恃才傲物的人，不过对人有几分矜持，至于她的胸襟之高超，感觉之敏锐，性情之细腻，均非一般人所可企及"（《忆冰心》）。

十、绮色佳之恋

冰心第二学年的课程顺利完成，主课英国文学的成绩都在 B 以上，那时老师给学生打分极严，B 就是好成绩了。英国文学 307 取得三学分，两个学期都是 B；英国文学 309 也是三个学分，成绩第一学期 B，第二学期也是 B；英国文学 101 有三个学分，但无成绩，因属毕业必修课，免考试。同时，冰心与导师取得了一致意见，以介绍与翻译南宋女诗人李清照的词作为学位论文选题。

一九二五年的学业，对冰心和吴文藻都很重要，他们的交往也如学业般的升温，开始进入恋爱阶段。暑期已至，威尔斯利校园姹紫嫣红，湖边的草莓与黑莓都已成熟，随手可采可食，沙樱在路的两旁生长，红碎的花在五月便已落尽，一串串的樱桃正在泛红，沉甸甸地挂在了枝头，山坡上高大的橡树，举着巨大的手臂，保护着一些不知名的黄花、狗尾巴草、长生草，野蜜蜂便在花丛中忙个不停。湖岸的紫色鸢尾花，像是给慰冰湖围上了一圈中国丝绸般的围巾，白色的天鹅在早间散发着薄雾平静如镜的水面悠闲游弋，时不时举起长脖，伸进湖水，抬头便留一串晶莹的水珠，滴满湖中。野鸭也来了，成群成群地飞来，且无规则无节制地在湖面划来游去，嘴里还要发出嘎嘎的叫声，惊扰一湖沉睡，白天鹅生气了，飞扑过去追逐，更是吓得野鸭拍水乱飞，划出一串长长的纹浪。留校的女学生不睡懒觉了，早早就有人环湖晨跑，白色的运动衫在深绿的橡树林中飘闪，如同晚间湖岸的萤火虫儿。冰心放下一切，尽情地享受了几天校园的夏日风情，之后，便和她的美国同学乘一天一夜的火车，前往明尼苏达州的银湾（Silver Bay）风景区旅行了。

六月底，冰心一人独自北上，前往纽约州北部的绮色佳（Ithaca，一般译为依萨卡）。著名的康奈尔大学便坐落在绮色佳绝美的山水之间。按照美国大学的规定，硕士学位必须具备两门外语，冰心选择法语作为第二外语，康奈尔大学的语言中心，每年都要接收大量的补习语言的学生，冰心来此，既为补习，也为旅行，同时也为与吴文藻相会。之前在"湖社"，他们有过相约，吴文藻也选择了补习法语，现在，他们如期来到康奈尔大学的语言中心，在风景如画的 BB 湖瀑布旁相会了。

康奈尔的冰心、绮色佳的冰心，少有的激动与激情，开心至极兴奋至极幸福至极，她说："这些都是画中的境呵，我做了画中人！"她说，"这些都是诗中境呵，我做了诗中人！"她还说，"这是悲剧之一幕呵，我做了剧中人"。两人一头扎进了那山那水那泉那瀑之间，两颗思念之心两颗牵挂之心两颗猜度之心，在绮色佳的山水之间，升华成两颗相爱之心。

那些天的日日夜夜，他们在林中漫步，沿山路登攀，于曲径处盘桓，立溪涧仰望峭壁悬岩。冰心在泉边，吴文藻说帮她拍照；冰心在瀑前，吴文藻说，留个影吧；冰心在湖中，手里有桨，舷有水声，吴文藻说，给她记下这水声；冰心去到墓地，吴文藻也爱幽静，对着长眠九泉之下的异国同胞，冰心竟然唤起人生与人性哲学的思考。吴文藻自然还有更深刻的表述，人自知活着也就那么几十年，但谁也不甘清净，不甘流散，不甘落伍，于是，就有了人生本质是悲剧的感叹，有了"这是悲剧之一幕呵，我做了剧中人"……吴文藻为冰心拍了许多的照片，便放到照相馆去冲洗，冰心却是紧着盯着，要"单子"，说是自己取，照片要了，连底版也不放过。可吴文藻也是有心之人，自然有办法把冰心的照片留在身边。

终于有一天，从落霞到月明，开始还有些矜持，不知不觉间，手和手拉到了一起，绕着 BB 湖，走呀，说呀，笑呀，几次还在石椅石凳上坐下。这样转了一圈再加一圈，吴文藻终于鼓起了勇气，终于开口了，却是找了一句文绉绉的话向冰心女士表达，说："我们可不可以最亲密地永远生活在一起？"竟然用了一个提问句！水涧如雷的轰鸣，几乎将他的提问句冲到九天云外了。吴文藻问过之后，望着月下湖水，湖边的冰心，听着水的轰鸣，风的呼啸，心的狂跳，吴文藻加重了语气、态度与情感："希望能做你的终身伴侣。"冰心还是没有回答，瀑布的轰鸣任它而去，湖中的倒影也看不出脸上的绯红，冰心却说，夜凉了，该回了。可回到宿舍的冰心，长夜难眠，想了许多，可实际是什么也不能想，她被幸福感紧紧地裹在了不灭的灯光下。

第二天，校园中心区漫步，从科学大楼前第一任校长的雕像，走到对面创办者康奈尔先生面前，各怀心思地踩着地上两行脚印，一红一黑，来来回回。吴文藻时不时抬头窥看冰心，发现她眼圈乌黑，可眼睛明亮，一夜未眠？冰心终于开口了，说，作为她自己没有意见，但她的事情，自己是不能完全做主的，必须在父母同意之下，方能明确。不过，冰心望着乐呵呵的吴文藻，笑了笑说："我可是一个多病之人啊，说走就走，到时谁来与你终身相伴？"吴文藻立时为这玩笑话认了真来，说："反正做你的终身伴侣，你走哪儿我跟哪儿。"说到后一句话时，竟又轻松地笑了起来。

热恋中的一对年轻人，也去听课，每晚从教室出来，都要坐在石阶上闲谈，夜凉如水，头上不是明月便是繁星。于是，之后的考试，冰心第一次考试得了 A，第二次得了 B，第三次降到 B-……这就是爱情，在感情方面，女人的投入总是多于男人，哪怕是冰心这样的智者与才女。

他们去得最多的地方是康奈尔大学图书馆，两个中国的青年男女，在阅览室的明亮的灯光下，特别显眼。有一次结束晚自习，走出阅览室，在图书馆的门口，有人追了上来，问他们是不是从中国来的？当得到确定的回答后，那个追上来的女人显得特别的兴奋，她改用中文说，她也是从中国来的，这让冰心和吴文藻都觉得惊奇，看那长相，绝对的美国白种人，但她的中文讲得很地道，并且带有江南口音。那个追上来的女人为了释疑，先做自我介绍，说她叫赛珍珠，在江苏的镇江长大，后来又在徐州生活了很久，现居住在南京，她的丈夫也是传教士，研究农业，正利用休假在康奈尔大学攻读农业经济的硕士学位。她呢，则在攻读英国文学的硕士学位。听到这里，吴文藻也就笑了，对冰心说，你们是一个专业。冰心自然高兴，那时，赛珍珠尚未成名，两人都不知道这个名字，但同一专业，又都来自中国南方，便让她们亲近起来。冰心也做了自我介绍。赛珍珠听到"冰心"二字时，一下子激动得拍起手来，说她在中国就读过《繁星》，在江南小镇上的夜空里，还读过《春水》，她说："你知道'春水'对江南意味什么吗？亲切！"她还背过那里面的诗句，没有想到在绮色佳见到了诗人。赛珍珠接触过中国"五四"新文化，对陈独秀、胡适、鲁迅、郁达夫、徐志摩、郭沫若等"知识精英"深表敬意，她曾经说过，对于冰心与丁玲，"我很为这两位无惧无畏的女作家感到自豪"。她敬佩胡适，认为他"是个无所畏惧的、反对传统陋俗的青年"（《赛珍珠在中国》，［英］希拉里·斯波林著，张秀旭、靳晓莲译）。而他的丈夫约翰·洛辛·布克还是胡适在康奈尔大学的同窗好友。一说就非常近了，原来地球竟然如此之小。后来，他们还去拜访了赛珍珠夫妇，但那两间租住的半山上的小房子，却是零乱不堪。那时，他们亲生的女儿卡洛尔智力发育不全，被送到了一所残校，赛珍珠为了重建做母亲的自信，又从一家教会私人小孤儿院领回一个严重营养不良的小女孩。由于没有稳定的收入，家务都得自己打理，但布克却不在乎，与吴文藻很谈得来，一个做农田调查，一个学社会学，是有很多共同的话题的。

还有另外一对恋人来到绮色佳——梁思成与林徽因。冰心和吴文藻得知消息，找了时间前去探望，并且相约到附近 Cayuga Lake 野饮。吴文藻与梁思成为清华同窗，冰心与林徽因却是第一次见面。冰心说："那时她是我的男朋友吴文藻的好友梁思成的未婚妻，也是我所见到的女作家中最俏美灵秀的一个。"此时，林徽因与梁思成已渡过一九二四年的情感难关，冰心与吴文藻则刚刚确立恋爱关系，可说是两对热恋中人。当他们乘坐梁思成驾驶的租来的汽车，在语言中心会合后，汽车穿越校园，过横跨峡谷上的大桥，进入校园中心区，从那片高坡草地上，Cayuga Lake 尽收眼底。康奈尔大学每一幢大楼，便是绮色佳的一个景点，大学的教堂，除学生外，市民也都可自由进入。Cayuga Lake 虽然不在校园内，但 BB 湖的瀑布，从上游注入其中，梁思成驾驶的汽车，从湖畔丛林中的 89 号公路缓缓开进。夏日的湖畔林带，色彩斑斓，胡桃木还在盛开，金黄的花在阳光下灿烂明亮，毛蕊草、蒲公英、酢浆草塞满林带，尤有一种叫覆盖子的鲜红的野果，随处可见。林徽因提议停车采果，梁思成说无驻车标志，不能停车。于是，一边是碧绿的湖面，一边是黑色的公路，缓行的车上的两对恋人，心情就像路边的鲜花那样灿烂。

冰心与林徽因虽然是第一次见面，但彼此并不陌生。林徽因的叔父林觉民，黄花岗就义后，其家人因怕被株连，变卖了家产，隐居他处，而购得此屋的便是冰心的祖父谢銮恩老先生。林徽因与冰心作为晚辈，尤其是林徽因对福州根本无印象，她的出生与教育都在杭州、北京、东京、巴黎，哪里会知道这些事情？但当冰心问到一九二四年泰戈尔来中国的事情，林徽因便开始滔滔不绝了。她向冰心描绘了自己接待与陪伴泰戈尔在北京游玩与演讲的情景。冰心在青山疗养院养病时，曾经有人问过对泰戈尔访华的看法，当时她的回答是，来的人与招待的人，都把事情看得太重了。现在听到林徽因的叙述，果然如此，甚至比外人传说的还要严重。不过，林徽因对记者的描写，略有微异：那日泰戈尔至天坛草坪演讲，自己搀扶泰戈尔上台，徐志摩担任翻译，在北京引起的那样的议论，是不曾想到的，同时也给了自己很大的压力。林徽因说此话时，开车的梁思成也笑了起来，说也是对他的压力。冰心自是敏感之人，便将话题岔开，提出是否找地方停车，"卡尤加湖（Cayuga Lake）上泛舟去"。可是，待所有人都出来后，却不见林徽因。梁思成回到车旁，打开车门，请她下来。林徽因却说："刚才让你停车不停，现在停车我不下，如何？"梁思成只得将她从车内抱了出来。

卡尤加湖，已是稔熟的水湾，晨昏与月夜的水面："月儿正到了将圆未圆时节！夕阳已落，霞光未退。鱼肚白的，淡红的，紫的，一层层融化在天末，漾浮在水面，将水上舟上的人儿，轻卷在冰绡褶里。月儿渐渐高了。湖上泛来一阵轻云，淡淡的要梦化了这水天世界！遥望见岸上整齐的点点的灯光映到水里，是弯弯曲曲的一缕缕一条条，光丝竟欲牵到船下！四围紫山，圈住这茫茫光影。是花？非花！是雾？非雾！是梦？非梦！人世间决不能有此梦，决擎受不起此梦！月光照着我的衣裳，告诉我，'有你在，有我在，决不能是梦'！湖水扣着船舷，告诉我，'你在船上，我在船旁，上有湖天，湖月，中有湖山。这一切都互相印证，决不能是梦'！"（《绮色佳 Ithaca》）

白日当然别有一番风味。在湖上，吴文藻则与梁思成谈起他们清华同学的情况，以及建筑与环境的一些话题，冰心与林徽因便改为听众了。上岸后，他们找了地点，从车上搬下许多的食品，开始野炊了。冰心穿上带来的围裙，用在威校学到的厨艺，理菜、烧烤，吴文藻则随时准备"抓拍"，林徽因还乘冰心理菜时，从后面探出半个身体，恰被吴文藻摄入镜头。野餐后，在吴文藻的提议下，他们又去林中观看瀑布，沿着三十八万年前的海底河床，从褐色的沉积岩层走过，厚厚的落叶覆盖于山体与路面，山风吹来，未入秋已显秋凉。进到瀑布的尽头，一线瀑布从山崖之巅直落而下，四周水雾弥漫，又是吴文藻大显身手的时候。

难忘的绮色佳，最甜美的两个月。八月底，冰心和吴文藻的暑期补习结束了，冰心接受了吴文藻精心为其准备的礼物：一支 Ideal（即"理想"）牌钢笔，一大盒印有谢婉莹三个字的第一个字母 X.W.Y 的特制信笺。

离开绮色佳后，冰心应邀前往参加"大江会"的活动。年会的地点确定在雪拉鸠斯（Syracuse），冰心与吴文藻同时前往，同行还有王国秀等同学，他们一行先游览著名的尼亚加拉大瀑布（Niagara Falls）。在三姊妹岩旁，观赏银涛卷地，乘"雾姝"号（The Maid of the Mist）小船，直到瀑底。"仰望美利坚加拿大两片大泉，坠云搓絮般的奔注！夕阳下水影深蓝，岩石碎进，水珠打击着头面。泉雷声中，心神悸动！"（《寄小读者·通讯二十六》）于是想到绮色佳的瀑布，那六十天的"深邃温柔"，都被此"万丈冰泉，洗涤冲荡"。"月下夜归，恍然若失！"这么一语轻带，一般的读者难解其中之味，但若放进绮色佳之恋中，便可会心一笑了。

藏得如此深的感情与恋情！

在雪拉鸠斯，冰心参加了美东中国留学生"大江会"的年会。罗隆基在年会做讲演，继续阐述国家主义，介绍"大江会"一年来的发展；吴文藻也做了演讲，并在理论上进一步地确认。但"大江会"依然处于联谊阶段，冰心、谢文秋、王国秀等女友，远远地听着、说着、笑着，并不十分在意，更多的是外出游玩。在这里，一大帮中国留学生，在异国他乡的土地上，也是"书生意气，挥斥方遒。指点江山，激扬文字"了一番，愉快地度过了十多个日日夜夜。

十一、《漱玉词》与《求婚书》

李清照（易安）是中国唐宋以来最伟大的女词人，生于名门死于乱世，她与丈夫赵明诚的故事脍炙人口，既是"人比黄花瘦"的婉约代表，又有"生当作人杰，死亦为鬼雄"的豪放之作。中国诗词的英译难度极大，既有用典、象征、比兴，又有韵律、节拍与词牌的限制等，译不好便会韵味全无，甚至不知所云，而选择李清照可说是难上加难了。尤其是那时，英译李清照的参考文本，哪里去找？入学之初，冰心曾有一篇作文《孔子的哲学与中国的影响》，全班同学没有一个知道"孔子"是谁，老师让学生到图书馆查找参考书，可是威校的图书馆却找不到几句有关孔子的英译。现在冰心选择李清照，威校的图书馆哪里能找到参考书？好在有"湖社"，有哈佛大学图书馆，有在哈佛念书的福建籍同乡陈岱孙。在哈佛燕京学社中文图书馆建立之前，哈佛大学的怀得纳（Widener）图书馆，中文藏书最多。一九二五年秋季开学后，冰心便去那儿查找资料。往往是陈岱孙在图书馆前等候，冰心来后，他们一同进去。那时陈岱孙是研究生，哈佛对研究生格外优待，不仅可以借书，还可以持证自由进入书库，书库里设有专门为研究生写论文准备好的小桌，研究生可以根据自己的需要到书架上找书，用过后由馆内工作人员放回原处。陈岱孙有一个摆有书桌的研究小隔间，他就悄悄地把冰心带到这里，用自己的证件，拿着冰心需要的书目，进入书库。冰心在那间小隔间里静静地等候，陈岱孙一本一本地抱出来，冰心便飞快地看，做笔记，来不及摘抄的便带回威校，下次归还。

虽说李易安的词在中国享有盛名，但在欧美几乎无人知晓，冰心苦苦找寻，最后也只找到三人翻译她的词，却又不是英语，而是法语。一个是朱迪思·高迪尔夫人，她翻译了《漱玉词》中的几首词，同一本书中，一个叫乔治·苏里·戴英杭的，翻译了七首易安词。一九二三年法国巴黎出版的《宋词选》，有利·德·莫兰对李清照词的翻译。而且这些翻译，很难传达李易安词的意境、文字的隽永和谐，与中文相距甚大。连译者苏里·戴英杭也承认，"难得几乎无法翻译"。在哈佛大学中国图书馆中，冰心倒是找到了一些中文图书，包括她所要用的翻译蓝本、王鹏运选编的李清照《漱玉词》（一八八一年北京初版）、《宋史》，还有《小说月报》上连载的郑振铎《文学大纲》等。

在完全没有文本参考的情况下，进行李易安词的翻译，也就是说，冰心首次要向英语世界的读者，介绍一位中国古代的女词人，这是要有很大勇气的。她的英国文学导师罗拉·希伯·露密斯博士问她为何选择李易安的词作为硕士论文。冰心的回答是，李清照是中国十二世纪最有才华的女诗人，她是一位真正的天才，直到二十世纪的中国尚找不出一个人可与她媲美，但是，历代中国的文学史上很少提到女诗人，这不平等。这确实是个很重要的理由，但可能还有其他的原因。海外一位研究者很敏锐地发现，谢婉莹与李清照有许多相似的地方，一为出生在山东，一为生活在山东；两人皆出于官宦富贵之家，年少时家境优越；两人所处的社会大环境，均为动荡；更多的是两位女士在艺术的灵感方面、个人的气质方面极为接近，甚至她们作品中的精神也有共同之处。（［斯洛伐克］马利安·高利克《中国现代知识分子的典范》，李玲译）这里说的是冰心本人，其实，还有吴文藻，是否与赵明诚也有相似之处？赵明诚也不是一位诗人，他想写诗填词，却远不及妻子。但赵明诚却是"一位学问渊博的人"，"是一位学者"，冰心在论文中多次提到这几句话，这一点与吴文藻也相似。还有，吴文藻虽然不像赵明诚那样有大量的金石收藏，但作为一个社会学家，他对现场记录与历史文献，有着极高的敏感度与浓厚的兴趣。这是与吴文藻接触两年多来，他给冰心留下的深刻印象。在美国，虽然他们的学科不同，但有许多兴趣十分接近，包括爱清洁的习惯等。并非冰心对清华那一帮追求她的人无动于衷，她曾经将吴文藻与清华其他同学做过比较，如果换上闻一多这样的诗人、才子，和他永远不收拾的桌面，仅这一点，冰心就不能接受。就像许地山不修边幅，冰心认为，可以尊重每一个人的个性，但是选择终身伴侣却又是另一回事。还有，浦薛凤为人热情，家境又好，可是，那次邀请冰心看球赛，也成了可以炫耀一下的事情，这让冰心不怎么舒服。还有梁实秋、顾毓琇等等这些清华的才俊，冰心在私下里都一一放在心的天平上掂量过，但天平总是倾向吴文藻。那时的脸有些发烫，不知是壁炉中燃烧的火焰烘烤，还是内心燃烧的火焰所致！

有关婚恋的事情，在冰心这个年龄已经不能回避了。母亲自然担心，信中也多有言辞，甚至让表兄刘放园写信交代，在美国若有合适的同学，要留心一些，不要再错过了机会。吴文藻出现在她的生活中，是缘分，许多人都不理解冰心这位已是名满天下的女诗人、女作家，为何选择吴文藻这样一文不名的书呆子？其实，在冰心的内心是做过认真的对比与考量的，在自由恋爱的前提下，坚守了她"理性选择"的主张。对李易安的解读、对《漱玉词》的翻译，既有做学位论文的辛劳，也有一种憧憬未来的甜蜜。

进入实际的翻译前，确立了一些原则，这个原则使她的翻译减少了一些困难，那就是放弃易安词的韵或节拍。词可吟诵，吟诵时有伴乐，翻译时不可能保持中文吟诵时的伴乐，译作也不可能成为有伴乐的诗歌。因此，她认为，"在翻译中看来可以做到的，而且希望能够做到是要逐字精确地翻译。要保持原诗中经常引喻的古代人名和风俗习惯的风韵，尽量保持词的情态……"最终呈现的是根据原词译成的"长短不一的英文格律诗"。

"逐字精确地翻译""保持词的情态""英文格律诗"这三点，成为冰心对李易安词翻译的三原则，这与她在尚未进入翻译实践时所主张的"顺""真""美"是一致的。冰心选择了《漱玉词》中的二十五首词进行翻译，每天有时间便一字一字地翻译、斟酌。对于前两项她自己觉得可以把握，但对后一项，是否成了一首完整的英文格律诗，常常是把握不准。冰心对英语的词汇、语感与发音，都达到了很高的水平，且对英语诗的研究是她的专业，但她毕竟没有以英语的思维方式写过英语诗，在这一点上，她的导师露密斯博士起到了重要的作用，给她以得力的指导。用冰心的话说，"她以自己想象力和诗的智慧帮助笔者把这些中国词译成了英语"。

冰心与露密斯博士合作得很好，她们在一起喝中国茶或咖啡，然后慢慢地品味李易安，然后在想象中将其转化成英语格律诗。当她们对一首词烂熟于心后，才开始在纸头上用钢笔写了下来，推敲、斟酌。冰心回到宿舍后，再细细地体味，直到满意，便用英文打字机敲打出来，送给露密斯博士批阅。

最后完成是这样的，我们将《声声慢》原词与译诗作一对照，看看冰心是如何翻译的：

寻寻觅觅

冷冷清清

凄凄惨惨戚戚

乍暖还寒

时候最难将息

三杯两盏淡酒

怎敌他晚来风急

雁过也

正伤心却是

旧时相识

满地黄花堆积

憔悴损如今有谁堪摘

守着窗儿

独自怎生得黑

梧桐更兼细雨

到黄昏点点滴滴

这次第

怎一个愁字了得

The Slow Tune

Seeking, searching, lonely I go,

Forlorn and sad, grieving with hurt;

The season grows warm, despite its chill,

Yet hard it is to find any rest.

How could two or three weak cups of wine

Fight now for me against sharp evening wind?

The geese fly by while I am in distress,

The very birds that once I knew.

Falling, the yellow flowers cover the ground;

They are all faded now

Who would want to gather them?

Alone by the window I keep my watch,

But day seems never to grow dark.

The fine rain drips on the sterculia leaves

And even with the evening never stops.

Alas, why should this one word "sad"

Grieve me so much?

（中英文均根据冰心手稿排列）

　　每一首词的翻译都是这样完成的，比自己写作《繁星》《春水》艰难得多，但冰心做得很愉快。为了让英语世界的读者，不仅从字面，并且从韵味上欣赏与理解李易安，冰心还以图表的方式，简明扼要地介绍中国诗词的常识，对所翻译的词背景、意境、情态等等做了较为细致的论述。这个以"文体"为内容的论述，极见功底，读者不仅可对李易安的词有总体认知，而且可以作为每一首词中韵味、情态生活与风情的索引。而每一首词中针对英语读者的脚注，也可以帮助他们了解与体味词的具体意象。

在与"李易安"交流甚至互动中，不知不觉间，进入冬季，严寒来临。威校的第一场大雪，便将校园覆盖得严严实实，娜安辟迦楼门前的雪足有一公尺深，树下与低洼处更甚，大雪压枝，窗口挂凌，室内却是温暖如春。炉边的水仙，嫩绿的芽叶不知严寒，依然散散慢慢地生长、开放，冰心有空便站在水仙花前，与它说些好听的话，以便它小小的花朵开得更娇艳。又坐下读李易安，当读到易安与明诚在书房相互"考字"时，她忽然想起了吴文藻。不知道他在哥伦比亚如何？分别也有几个月了，信常有，甚至周日也不间断，整个一座楼的同学，都知道了谢婉莹有个哥伦比亚大学的男朋友，可是怎么不见呀，怎么不让他来慰冰湖划船？冰心想着这些，望着窗外的白雪，心里有好多的甜蜜。与吴文藻从相识到交往也有两年多了，她在读着李易安时，怎么感觉到自己也成了李清照，而吴文藻真有几分像是赵明诚，就更觉得好笑了。室温实在太高，烫得脸颊绯红，她于是想到雪地走走，呼吸一下新鲜的冰冷的空气，也让自己的思绪平静下来。冰心从衣架上取下裘皮大衣，将娇小身材紧紧地裹在里面，再加上围巾与帽子，还有长筒的靴子。一切停当之后，才从宿舍出来，下了楼梯，在楼道上跺跺脚，开了门便出去了。

先是沿着慰冰湖行走，湖面已是厚厚的冰层，岸边的树也都没有了夏日的风情，雪压枝头默立湖岸，连摇曳的风姿也无力。冬天的慰冰湖色彩单调，她也就不曾写信告诉远东的小朋友。行走时，她想起中国诗画中"踏雪寻梅"的意境，便向图书馆的方向走去。从教堂旁擦过，便是一片树林，树丛的后面是图书馆，它与塔院之间，曾有一条小溪。冰心记得，小溪的两旁，一到春天，各种花树盛开，极是灿烂。现在寻来，大雪中，小溪也被积雪填满，前后犹如平地，她不敢贸然走近，退回到图书馆的台阶前。此时，华灯初上，明月初升，雪地上大树枝桠的阴影，形成了各种各样的图案，横竖撇捺，酷像中国文字，又似写满冰心心中的"相思"，便又走进林中雪地，捡出一枝，信手涂鸦，写在雪地上：

躲开相思，

　披上裘儿

走出灯明人静的屋子。

　小径里明月相窥，

枯枝——

　在雪地上

又纵横地写遍了相思。

　　这就是《相思》，冰心后来说，这是她在热恋中写给吴文藻的情诗，但他却是不知。既没有寄给他，也没有告诉他，就留在雪地上，留在心底里，后来还是导师问她是否写过情诗，冰心才说了出来，记了下来。

　　一九二五年秋天，吴文藻进入哥伦比亚大学研究院，开始攻读社会学专业。清华学堂官费留学的时间为五年，达特茅斯学院用去了两年，他必须用这三四年的时间，攻下硕士与博士学位。这样，从大处说，才有本领报效祖国；对个人而言，才可以立足大学。吴文藻曾将自己的想法，告诉了冰心，也曾希望冰心继续留学。冰心理解并支持他，但并未答应继续留学，恰如冰心未答应许地山的请求一样。

　　哥大与哈佛、耶鲁那样，其名声在中国如雷贯耳。"五四"时期的风云人物胡适便在哥大攻读博士学位。吴文藻能够升入哥大的研究生院，且是要求极严、人数更少的社会学的研究生，感到幸运也感到压力。那时，美国本土第一代的社会学家尚健在，学业必然受到美国社会学领域主流倾向的影响，这也为他日后站在这个学科的前沿，做好充分的准备与铺垫。

　　紧张的学业中，一九二五年的圣诞节来临了。曼哈顿到处闪烁着圣诞灯光，昼夜不停的车流，给这个城市更是增添了喜庆的气氛。哥大校园中的吴文藻喜气洋洋，一大早便与王国秀在校门口会合，他们要去新泽西火车站迎接来此休年假的谢婉莹。王国秀从威校毕业后，到了哥大历史系攻读硕士学位。他们从车站将冰心接到哥大，就住在王国秀的宿舍里，每天，吴文藻便来陪同。他们一起到哈德逊河乘坐游船，前往自由女神岛，虽是冬天，阳光下还算温暖，海风吹来，并不觉得太冷。两人手拉手绕着基座慢行，然后又乘电梯登上女神的顶层，"天风海涛"，冰心脱口而出，似乎回到了童年的烟台，回到了那手举火炬甘当灯台守的幻想之中。这一切吴文藻原来也知道，冰心觉得好生奇怪。这回吴文藻来了一个故作神秘状，心想，你那《往事》（二）中不是写得清楚了么？实际上，他们自从交往后，冰心在国内发表的作品，吴文藻基本都读过了，冰心经常发表作品的《小说月报》，哥大图书馆一本不缺。

从哈德逊河公园上岸，他们去了华尔街。二十世纪二十年代，美国的经济处于复苏时期，金融业开始繁荣，华尔街的热闹已现端倪，但这一切似乎与他们没有关系。他们未作停留，从华尔街乘公共汽车去时报广场。这天恰好是一九二五年的除夕，时报广场除旧迎新的活动已经开始，好不容易钻进人群，在倒计时中，等候着焰火盛开，钟声敲响，新年来临。

去得多的是到百老汇看戏，莎士比亚的《罗密欧与朱丽叶》正在上演，吴文藻征求冰心的意见，冰心笑而不答。恋爱中的吴文藻自然明白，便去买了票，进入剧场，发现座无虚席，找到的位置原来是最后一排。冰心却很高兴，说这样好，累了还可以靠在后面的柱旁站一会儿。英语的莎士比亚原汁原味，两位恋爱中的中国留学生像舞台的演员一样，进入戏中情景，冰心轻轻地靠在吴文藻的身旁，吴文藻则把冰心的手握在掌心，两颗年轻的心在罗密欧、朱丽叶的面前陶醉了。

出游归来，吴文藻总要将冰心送到王国秀的住处，发现总是有朋友来访，还引起了王国秀的抗议，说冰心是她的客人，可时间都被他们占去。被抗议者则反击说，国秀言差矣，冰心仍吴先生之客人，也是我们大家之客人，怎可独占"花魁"，于是，引来一阵欢笑。

离开纽约之后，冰心又游历了华京（Washington D.C. 即华盛顿）。刚刚离别恋人，独自出行，一点儿也不孤单，愉悦鼓满心胸，快乐的心情一路相随。远远望见国会的白楼，心中生出一种庄严感，忽然又觉得半天矗立的白楼美得不行，纯净纯洁得如同一座玲珑洞开的仙阁。"楼前是极宽阔的白石街道。雪白的球灯，整齐的映照着。路上行人，都在那伟大的景物中，寂然无声。"不知道是被眼前的美景所诱，还是好心情所致，灯下推开椅子，飞快走下高楼，直向国会图书馆走去。"路上我觉得有说不出的愉快与自由。杨柳的新绿，摇曳着初春的晚风。熟客似的，我走入大阅书室，在那里写着日记。"出门时一天星斗，看见路旁手推的篷车，黑人在叫卖炒花生栗子，觉得亲切而熟悉，她好像回到了北京。于是，忘了自己病后不吃零食的习惯，走上前去，买了两包，灯下黝黑的脸，也觉得和气地在向她笑。

回到威校时，已是一九二六年开初，波士顿的天气依然寒冷，许多地方的积雪尚未融化，娜安辟迦楼还在冰雪的包围中。冰心静下心，除了到冰封的湖面滑滑冰，其他的时间都在写作论文与李易安的翻译上。她希望早点儿提交给导师，请她指教，如能早日确定论文答辩的时间更好。当慰冰湖水开始荡漾之时，冰心的论文已全部完成。装订整齐后，她恭敬地递交给了导师露密斯博士。威校校刊（Wellesley College News）以《威校毕业生翻译中国诗词》为标题，进行了专门报道，称"谢小姐实属把她的诗词翻译为英文的第一人"：

> 威校有一位很有意思的外国学生，名叫谢婉莹，是北京燕京大学 1923 年毕业生。该校是威尔斯利在中国的姐妹学校。谢婉莹在北京读本科时专攻诗词，目前在威校即将完成研究生的第二年学习（注：虽然后来威校已经转换为 100% 本科教育，不过在本世纪上半叶尚有少量研究生）。她正在缮写毕业论文，内容是把中国最有名的女诗人李易安的诗词翻译成英文。李易安是中国十二世纪一位特别爱她夫君的浪漫诗人。她最精彩的诗词全是写给丈夫的。她丈夫也是个诗人，不过更是一位学者。李易安诗词流传到海外的，以前仅有一本法文版《Le Livre de la Jade》。谢小姐实属把她的诗词翻译为英文的第一人。据谢小姐称，她采用了"最流行的自由诗词体裁"来翻译。

（Wellesley College News，1926 年 5 月 26 日，步起跃译）

　　送别冰心后，吴文藻也开始了紧张的硕士学位论文的写作，他"以学术研究为祖国服务"的主导思想，选译了研究孙中山的三民主义学说，论文的题目为《孙逸仙的三民主义学说》。在写作论文的同时，他发表了学术生涯中的第一篇论文《民族与国家》，由此可以看出他的治学方法与关注的问题：三民主义、民族、国家，都是忧国忧民的理论问题。吴文藻的论文，与冰心的《绮色佳 Ithaca》发表在同一期刊物上。一为爱情，一为事业，两朵生命之花，同时绽放在西方的土地上。

　　吴文藻在完成硕士论文答辩后，乘车前往波士顿。他要帮助冰心做回国前的各种准备，更重要的是，他记住冰心在绮色佳的承诺，也明白还有一道关坎，父母的俯允。现在她先行回国，父母的俯允，是她本人征询还是别的方式？吴文藻问冰心，冰心心里自明，对于婚事，只要她自己愿意，父母也会同意，但冰心还是给未来的丈夫一个表现机会，写求婚书。

　　吴文藻果真认真对待起冰心的意见，刚刚完成了硕士学位论文，躲进剑桥青枫下的小楼里，开始撰写起婚姻与人生的论文来。

　　先生
　谢
　　太太：

　　　请千万恕我用语体文来写这封求婚书，因为我深觉得语体文比文言文表情达意，特别见得真诚和明了。但是，这里所谓的真诚和明了，毕竟是有限的。因为人造的文字，往往容易将神秘的情操和理外的想象埋没掉。求婚乃求爱的终极。爱的本质是不可思议的，超于理性之外的。先贤说得好："道可道，非常道。名可名，非常名。"我们也可以说，爱是一种"常道"或是一种"常名"。换言之，爱是一种不可思议的"常道"，故不可道；爱又是超于理性之外的"常名"，故不可名。我现在要道不可道的常理，名不可名的常名，这其间的困难，不言自明。喜幸令爱与我相处有素，深知我的真心情，可以代达一切，追补我文字上的挂漏处。

令爱是一位新思想旧道德兼备的完人。她的恋爱和婚姻观，是藻所绝对表同情的。她以为恋爱犹之宗教，一般的神圣，一般的庄严，一般是个人的。智识阶级的爱，是人格的爱。人格的爱，端赖于理智。爱——真挚的和专一的爱——是婚姻的唯一条件。为爱而婚，即为人格而婚。为人格而婚时，即是理智。这是何等的卓识！我常觉得一个人，要是思想很彻底，感情很浓密，意志很坚强，爱情很专一，不轻易地爱一个人，如果爱了一个人，即永久不改变，这种人的爱，可称为不朽的爱了。爱是人格不朽生命永延的源泉，亦即是自我扩充人格发展的原动力。不朽是宗教的精神。留芳遗爱，人格不朽，即是一种宗教。爱的宗教，何等圣洁！何等庄严！人世间除爱的宗教外，还有什么更崇高的宗教？

令爱除了有这样彻底的新思想外，还兼擅吾国固有的道德的特长。这种才德结合，是不世出的。这正是我起虔敬和崇拜的地方。她虽深信恋爱是个人的自由，却不肯贸然独断独行，而轻忽父母的意志。她这般深谋远虑，承欢父母，人格活跃，感化及我，藻虽德薄能鲜，求善之心，哪能不油然而生？她这般饮水思源，孝顺父母，人格的美，尽于此矣，我怎能不心悦诚服，益发加倍的敬爱！

我对于令爱这种主张，除了感情上的叹服以外，还深信她有理论上的根据。我们留学生总算是智识阶级中的人，生在这个过渡时代的中国，要想图谋祖国社会的改良，首当以身作则，一举一动，合于礼仪。家庭是社会的根本，婚姻改良是家庭改良的先决问题。我现在正遇到这个切身的问题，希望自己能够依照着一个健全而美满的伦理标准，以解决我的终身大事。我自然更希望这个伦理标准，能够扩大它的应用范围。令爱主张自己选择，而以最后请求俯允为正式解决，我以为这是最健全而圆满的改良南针，亦即是谋新旧调和最妥善的办法。这就是我向二位长者写这封求婚信书的理由。

我自知德薄能鲜，原不该钟情令爱。可是爱美是人之常情。我心眼的视线，早已被她的人格的美所吸引。我激发的心灵，早已向她的精神的美求寄托。我毕竟超脱了暗受天公驱使而不由自主的境地，壮着胆竖立求爱的意志，闯进求爱的宫门。我由佩服而恋慕，由恋慕而挚爱，由挚爱而求婚，这其间却是满蕴的真诚。我觉得我们双方真挚的爱情，的确完全基于诚之一字上。我们的结合，是一种心理的结合。令爱的崇高而带诗意的宗教观，和我的伦理的唯心观，有共同的理想基础和共同的感情基础。我们所以于无形中受造物主的支配，而双方爱情日益浓密，了解日益进深。我想我这种心态是健全的，而且稳重的。我誓愿为她努力向上，牺牲一切，而后始敢将不才的我，贡献于二位长者之前，恳乞您们的垂纳！我深知道这是个最重大的祈求；在您们方面，金言一诺，又是个最重大的责任！但是当我作这个祈求时，我也未尝不自觉前途责任的重大。我的挚爱的心理中，早已蕴藏了感恩的心理。记得当我未钟情于令爱以前，我无时不感念着父母栽培之恩，而想何以实现忠于国孝于新的道理。自我钟情于令爱之后，我无时不深思默想，思天赐之厚，想令爱之恩，因而勉励自己，力求人格的完成，督察自己，永保爱情的专一。前之显亲扬名，后之留芳遗爱，这自命的双重责任，固未尝一刻去诸怀。

我写到这里，忽而想起令爱常和我谈起的一件事。她告诉我二位长者间挚爱的密度，是五十余年如一日。这是何等的伟大！我深信人世间的富贵功名，都是痛苦的来源；只有家庭的和睦，是真正的快乐。像您们那样的安居乐业，才是领略了人生的滋味，了解人生真义。家庭是社会的雏形，也是一切高尚思想的发育地，和纯洁情感的养成所。社会上一般人，大都以利害为结合，少有拣选的同情心。我们倘使建设一个美满愉快的家庭，决不是单求一己的快乐而已，还要扩大我们的同情圈，做到"亲亲而仁民，仁民而爱物"的真义。我固知道在这万恶的社会里，欲立时实现我们的理想，决不是一件容易事。可是我并不以感到和恶环境奋斗的困难，而觉得心灰意懒。我深信社会上只有一二位仁人君子的热心毅力，世道人心，即有转移的机会和向上的可能。我质直无饰地希望令爱能够和我协力同心，在今后五十年中国时局的紧要关键上，极尽我们的绵薄。"舜何人也，予何人也，有为者亦若是！"总之，恋爱的最终目的，决不在追寻刹那间的快乐，而在善用这支生力军，谋自我的扩充，求人格的完成。婚姻的最终目的，亦决不在贪图一辈子的幸福，而在抬高生活的水平线，作立德立功立言等等垂世不朽的事业。天赋我以美满愉快的生活，我若不发奋图报，将何以对天下人？又将何以对自我？

我仿佛在上面说了许多不着边际的话，但是我的心中是恳挚的，我的脑经是清明的。我现在要说几句脚踏实地的痛心话了。我不爱令爱于她大病之前，而爱她于大病之后，未曾与她共患难，这是我认为生平抱恨的一件事！我这时正在恳请二位长者将令爱付托于我，我在这一点子上，对于二位长者，竟丝毫没有交代。我深知二位长者对于令爱一切放心，只有时时挂念着她的身体。我自从爱她以来，完全作如是观。我总期尽人事以回天力，在她身体一方面，倘使您们赐我机会，当尽我之所能以图报于万一。

我自己心里想说的话，差不多已说完了。我现在要述我的家庭状况，以资参考。藻父母在堂，一姐已出阁，一妹在学。门第清寒，而小康之家，尚有天伦之乐。令爱和我的友谊经过情形，曾已详禀家中。家严慈对于令爱，深表爱敬，而对于藻求婚的心愿，亦完全赞许。此事之成，只待二位长者金言一诺。万一长者不肯贸然以令爱付诸陌生之人，而愿多留观察的时日，以定行止，我也自然要静待后命。不过如能早予最后的解决，于藻之前途预备上，当有莫大的激励，而学业上有事半功倍的成效。总之，我这时聚精会神的程度，是生来所未有的。我的情思里，充满了无限的恐惶。我一生的成功或失败，快乐或痛苦，都系于长者之一言。假如长者以为藻之才德，不足以仰匹令爱，我也只可听命运的支配，而供养她于自己的心宫；且竭毕生之力于学问，以永志我此生曾受之灵感。其余者不足为长者道矣。临颖惶切，不知所云。

　　敬肃，并祝万福！

吴文藻上

一九二六，七，一。美国剑桥。

　　一封以论文的形式写就的求婚书。其中论及爱情的专一、爱情的价值、爱情的目的，爱情与道德、爱情与宗教、爱情与人格、爱情与学业、爱情与家庭改良和社会改良之关系等等，重点在于论述寻求一位承担完成社会改良之重任的志同道合者，以作"立德立功立言等等垂世不朽的事业"。这种求婚的方式，这封求婚书的内容，极为真切地体现了吴文藻认真、憨厚、一丝不苟等性格及以改造社会为己任的社会责任感，体现了吴文藻留学时的精神追求，与他的硕士学位论文、处女作论文三足鼎立，观点互补、观念一致。《求婚书》当属私密文件，到了二十世纪八十年代后，才开始在一定的范围内流传，之后在青年中、在社会上流行。随着时代的变迁，读者从中读到的东西越来越多，爱情者读到了纯真，道德学家读到了良知，社会学家读到了改良，人类学家读到了家庭的价值与意义……而那句"令爱是一位新思想旧道德兼备的完人"，几尽冰心一生。网络上，有人将吴文藻《求婚书》与林觉民的《与妻书》并列，称他们同为二十世纪两大"情圣"。他们写作的背景完全不同，一个在盛开自由之花的国度，一个走在赴死的荆棘路上。一个求生，一个求死，一个奔向幸福，一个视死如归，但都条分缕析、含情脉脉。

十天之后，冰心带着吴文藻的求婚书，带着她的硕士学位，也带着某些隐约的留恋，告别了美丽的威尔斯利、告别了慰冰湖、告别了亲爱的同学、告别了美国的"家"——鲍老牧师夫妇和周姨。晚风吹拂中，依然在西海岸的西雅图上船了，还是"约克逊总统"号邮船，海天、海浪、绮丽的海洋之景，物依旧，景依然，人却两非，熟悉的只有吴文藻的同窗好友潘光旦。又一个十五日的航程，虽有家有国在彼岸召唤，但水天茫茫，也无《海啸》，甚至爬至桅杆表现的激情也没有了。好在潘光旦是位饱学之士，刚刚完成的优生学的学业，成了活跃的话题。人们在"约克逊总统"号邮轮头等船的甲板上，晚霞里、清风中，常常见到一位手持双拐的学者、一位蛾眉秀发的女士，谈笑风生。

七月二十六日夜，"约克逊总统"号邮轮驶入近中国海，波涛如吼，水影深黑，明月在水上铺成一条闪烁碎光的道路。看着船旁哗然飞溅的浪花，冰心真切地感受到祖国的气息。"母亲！我美游之梦，已在欠伸将觉之中。祖国的海波，一声声的洗淡了我心中个个的梦中人影。"第二天早晨，天未明时，冰心即起，望见江上片片祖国的帆影，完全不能入睡，"俯在圆窗上看满月西落，紫光欲退，而东方天际的明霞，又已报我以天光的消息！母亲，为了你，万里归来的女儿，都觉得这些国外也常常看见的残月朝晖，这时却都予我以极浓热的慕恋的情意"（《寄小读者·通讯二十八》）。与三年前远游时的愁绪，形成了鲜明的反差。

在上海小歇之时，热闹的日子，冰心将美国留学生活欲入烟云之时，收到二弟为杰从北京寄来的《寄小读者》，只匆匆地翻过，止水般的热情，重又荡漾起来！五月间，还在美国时已经得到消息，《晨报》连载三年的游美通讯，不断在青年读者中投下涟漪，每一篇都留下了美好而深刻的印象。北新书局抓住机会，瞄准市场，趁着冰心归国之际，推出她的留美作品集《寄小读者》，内收入通讯二十七篇、山中杂记十则。现在，散发着墨香的新书已在手上，封面上丰子恺的设计，太符合她的心愿了。

一位文静的小朋友席地而坐，专心致志地读着一本打开的书，书的封面是冰心的手书——寄小读者。

为了使《寄小读者》完整地记录留学美国的全过程，冰心在上海与北京分别又写了一篇，这样，书的通讯增加至二十九篇。首次印刷后，十个月的时间，已是第四版了。两篇后写的通讯收入第四版，冰心为这个版本，写了自序："假如文学的创作，是由于不可遏抑的灵感，则我的作品之中，只有这一本是最自由、最不思索的了。"四版之后，《寄小读者》便以精湛的内容、精美的形式，亭亭玉立于中国新文学之林，在儿童文学的行列中，站在了前头。

从此《寄小读者》成了现代文学尤其是现代散文的代表之作，成了"五四"之后中国现代散文发展的源头，自然也成了冰心最具代表性、最具经典意义的作品，与《繁星》《春水》一样，成为冰心的代名词。

十二、燕京大学任教

冰心回到北京，回到中剪子巷的谢家大院时，暑气尚未消退。全家人的热情与亲情更是可想而知，除了有说不尽的话，便是吃不完的好菜，喝不完的"接风酒"。上海丰盛的宴席，还没有来得及消化，北京的宴席又一桌接一桌而来。长辈们只顾高兴，谁也没有想到，这个离家三载的"莹官"，肠胃有些西化了，不怎么适应中国菜的油腻。加之暑气与劳累，腹泻不止，与父母、与弟弟们亲情的享受，常常被肚子骚扰，很是扫兴。并且是久泻不止，药都不起作用。后来还是房东齐老太太用鸦片烟膏给止住了。

自然要问到女儿的婚事，婉莹靠在母亲的身边，细细诉说，三年的接触与情感，像是淙淙溪水，流过母亲的面前。母亲端详着吴文藻的相片，掂量女儿的眼力，一块石头落地。父亲戴上眼镜，细细地读起了吴文藻的求婚书，对这个未来的姑爷印象不错，说这字里行间都严谨，生活中也应该是严谨，家境虽不是很好，但可以接受，只是担心像他这样的独子，"放洋"之前是否有婚约，这是要了解一下的。冰心说，这倒是没有直接问过，梁实秋、顾毓琇等人去美国前都有过婚约，她相信吴文藻是没有的。但母亲还是让父亲尽早通过上海方面的熟人了解一下吴家的情况。

离别三年，不仅是自己的变化，家庭也是如此。父亲刚过六十大寿，刘放园的红泥金贺寿对联挂在堂上："花甲初周德星双耀，明珠一颗宝树三株"，一家人都写进去了。父亲的官职也升了，由海军部参事升为海军部次长。虽然北京政府总在不同派系军阀的控制下，总统与总理的人选不断更换，但政府的各部还算稳定，尤其是海军部的班底，基本由那些老海军人员在支撑。但随着南方政府的誓师北伐，北京政府军在北伐的打击下，节节败退，海军部的人心也不稳定，海军总司令杨树庄等都有倒戈的可能。杜锡珪内阁任命谢葆璋为海军次长，他可说是受命于危难之中。但他毕竟是经历过甲午海战、经过辛亥革命的老海军，在海军部从二等参谋到军学司长，也有十余年了，面对政局的动荡，自然有自己的考虑，但他首先是要坚守自己的岗位。父亲的变化还体现在家庭中，原来请来照顾父亲的姨娘，也有了孩子，按照谢家的排行，起名谢为喜。冰心出于对母亲的挚爱，对于同父异母的弟弟（还有一个妹妹），鲜有提及。而三个弟弟也都成了大人了，大弟为涵上了交通大学，二弟为杰、三弟为楫分别考入燕京大学的本科与预科。

人员的变化导致居住的改变，冰心回国之后，加上大弟即将与舅舅杨子敬的女儿杨建华成婚，中剪子巷的住房显得非常紧张。于是，在冰心归国后不久，谢葆璋一家便迁至了圆恩寺一处大房子里，搬家用的是冰心《寄小读者》的版税。

迁入圆恩寺之后，全新的生活开始了。还在即将启程回国之际，冰心便收到了燕京大学的路费，不仅兴奋，更是新奇。归国后的燕京大学已经不是出国前的那个燕大了，四月繁花时，已先后辞别了盔甲厂男校与灯市口女校的旧校区，六月开始迁入位于京郊的海淀新校园。两个重要历史时刻，冰心都未能见证，但司徒雷登与新校园建设的传说，却是时不时传入耳中。

现在，冰心就要走进这座美丽的新校园了。汽车将冰心送到娄斗桥旁的一座古香古色的大门前，抬头便见斗拱流彩的牌楼，琉璃飘檐瓦当

"燕京大学"的匾额悬挂在鎏金钉朱门之上。校门左右两侧还有一对威武的石狮，鬓发虬卷，目光炯炯有神，使西校门更增加了几分庄严。冰心惊叹其古典与豪华，中国大学的校门她见得不多，美国大学的校门倒是见了不少，尽管校园优美，但校门却是简易，有的仅是立了一个牌子，有的根本就没有校门，就是有，比如母校威尔斯利女子大学，也只是简单的两方立柱，连门楣也不曾有，校名就刻在旁边的一块牌子上。燕京大学的校门竟是如此的气派，令冰心感到意外。

走进校门，便是雕栏石拱长桥，桥下是一片荷花池，莲蓬与荷叶在夏末的微风中，飘来阵阵清香。拱桥、莲池，也是典型的中国元素，怀疑这难道真是美国人建设的校园？也许文化是需要反观的，若在东方看东方，不一定能体味出它的经典与韵味，若从西方看东方，特色一下子便跳了出来，亦如自己从东方观西方那样，常常会对西方人并不是十分在意的景象大加赞叹，道理大概如此。冰心想着这些，便到了校园的主体建筑的楼前，更是中国古典风格，歇山式加庑殿的大屋顶、灰色筒瓦、红色立柱、白色粉墙、蓝绿色调为主的斗拱彩画，无不透出古香古色中国书院式的气息，只有大玻璃立窗从西洋建筑引进，但并未破坏整体建筑之美，反倒令室内采光明亮，弥补了中国古典建筑之不足。站在楼前观看，庭院广场中还有两座精美的华表，楼的名字却是英文"Bashford Hall"（施德楼），这大概也是像美国一样，以捐赠者的名字命名？

这座体量宽大的楼宇，便是燕京大学的中心，校长、校务、注册等一切均设在这里，相当于美国大学的行政楼。冰心在这座刚刚启用的大楼里，拜见了校长司徒雷登。司徒校长对她回校任教表示了诚挚的欢迎，并且让校长办公室的人员，陪同冰心到校务处办理有关手续。在冰心的住房上，费了一些周折，最后安排在燕南园53号英美国籍女教师居住的小楼里。

冰心在这个美轮美奂的校园里、在这种春风拂面的气氛中，开始了她的教学生涯。根据燕大规定，获博士学位留学归来任教，一般可聘为讲师，冰心的学位为文学硕士，但因为她的文名甚高，也被聘为讲师。担任讲师的冰心，教的是大学一年级的必修科——国文，用的是古文课本，同时，还为高班同学开选修课，其中有《欧洲戏剧史》。冰心说，教材用的是她在美国读书时的笔记，可照本宣科。当时，有个同学叫焦菊隐，只比冰心小三四岁，但爱听冰心的课，有时，还会争论，一点儿不像师生。

为了扩大学生的视野，活跃学习气氛，冰心还邀请一些校外的作家来班上讲课，介绍他们的创作体会和艺术观点，使学生保持与创作界、学术界的联系。与冰心同时在"五四"运动中登上文坛的庐隐，正在北京师大附中任教，冰心便将她请来，给学生讲《海滨故人》等小说的创作。庐隐在课堂上谈了许多，从她的生活道路到文学主题，她认为，如果人生无法回避他的悲哀，那么，创作就可以面向这种悲哀。悲哀对于人生来说是痛苦的，但对于文学来说，却可能是一道绝望的彩虹。庐隐说到动情时，落下了眼泪……这天，冰心留下庐隐，请她在校外的常三饭店吃饭，点了庐隐喜欢的坛子肉、溜黄菜、红烧鱼等，边吃边聊一点儿开心的事情，聊她们福州老家的"三坊七巷"，还有南后街的花灯。冰心是在一次福建同乡集会上结识庐隐的，那时，她的名字叫黄英。此后，时有交往，冰心对庐隐的命运深表同情，但并不赞成她将自己的痛苦与悲哀，全都塞给社会和人间。她说，世界并不都是绝望，还有同情有爱。当然，冰心的劝说并没有改变庐隐的创作，而她的存在也正是因了"悲哀"与"绝望"，这就是文学。冰心当然也是尊重庐隐的创作个性与自由的，因而，当她要为学生邀请校外作家讲课时，首先想到的便是庐隐。

冰心邀请校外作家，自己也常被校外邀请，与文学爱好者座谈，与学生交流。自从归国后，北京大学就来邀请她。北京大学的传统是学术空气十分活跃，除正常课外，经常开展社会学科与自然学科的各种演讲，这种学术演讲活动，有的由本校教授担任，有的则邀请国内外著名学者前来做学术报告。冰心知道，李大钊、梁启超等人都曾前往北大做过学术演讲，因而，当接到他们的邀请时，开始有些胆怯，但终还是去了，演讲地点设在北大第三院大礼堂，时间是下午四时。当日《北京大学日刊》发布广告，听讲的人很多，一个大礼堂坐得满满的，走廊上有人加座，窗前与门口也有人站立。冰心演讲的题目是《中西戏剧之比较》，着重讲了悲剧，先从悲剧的概念入手，到它的演变，到希腊、罗马、英国等悲剧的产生，侃侃而谈，全无了先时的胆怯。最后，冰心将演讲拉近至现实："今天为什么要讲悲剧呢？自从'五四'运动以来我们醒悟起来，新潮流向着这方面流去，简直同欧洲文艺复兴时一样。文艺复兴后，英人如醒悟的一般，觉得有'我'之一字。他们这种'自我'的认识，就是一切悲剧的起源。'我是我'，'我们是我们'（I am I. We are we.），认识以后，就有了自由意志，有了进取心，有了奋斗去追求自由，而一切悲剧就得产生。莎氏《Richard》（理查德）里就是'我是我'，所以他说，'我要爱我'，这是一个好例。"

冰心将她专业的学识与强烈的社会责任感融为一体，很能见出当时受"五四"运动影响那一代知识分子的治学精神。这个演讲，程朱溪与傅启学将他们的笔记做了整理，交《晨报副镌》发表。

由于冰心毕业于燕京大学，三年后又回校任教，因而，教师大多是她昔日的老师，像系主任马鉴，周作人、沈尹默、顾随、郭绍虞教授等等，都是她尊敬的师长。其他系的老师也是这样，比如，历史系的顾颉刚、物理系的谢玉铭、新闻系的张琴南、蒋荫恩教授等，论资历、论年龄，冰心真正是小字辈了。因而，每当学校教授开会，冰心总是挑个边角的座位，惶恐地缩在一旁。又好在都是她的老师，教授们也都爱护着她，亲切地称她为 Faculty Baby（教授会的娃娃）。冰心对她的老师，也是极尽敬重，当教务处安排课程，征求意见时，她就挑选第一堂课的时段，因为，教授们都不爱上第一堂课，太早。

燕京大学的新校园，从总体规划到一座座的建筑，在世界的大学之林，当属一流，但真正让这座美丽的校园活起来、动起来、优雅与妩媚起来是在未名湖放水之后。冰心到校一年间，多次从几近干涸的湖底走过。但在之前，已是盛极一时，是为圆明园附属园林淑春园的一个湖泊，湖中的石舫和小岛，给清波荡漾、垂柳依依的湖面，既增添了稳重又产生了动感。淑春园为和珅所有时，成了这位朝中重臣的避静之所，湖心岛被筑成"蓬莱仙阁"。和珅被查抄后，淑春园几易其主，英法联军火烧圆明园也殃及了淑春园，司徒雷登从陈树藩手上买下这块地皮时，已是一片荒芜。墨菲规划校园，找到了当时的资料，不仅保留了湖面的自然与形体，而且增加了它的历史容量与现代色彩，保留湖心岛的石舫自不必说，在与石舫遥遥相对的湖岸，建起了一座类似码头的牌楼，一切的建筑元素，都来自不远处的圆明园遗址。在北面与东面，建筑了与女生宿舍"四院"相配套的四座男生宿舍、男教师宿舍与体育馆。这些建筑体型阔大厚重，内部与女生四院木质结构不同，一律采用钢筋水泥，既具中国古典的造型，又有现代建筑中用电、取暖、自来水一应设施，给秀丽的湖面立起了阳刚之帆，这都是经典之笔。

激动的日子定在八月十五日（一九二七年），冰心和在校的教职员工见证了这一个历史时刻。清晨的微风中，一行人来到博雅塔下，由司徒雷登校长与捐赠人的代表博晨光教授，共同拧开了水塔专用的注水管开关，地下的清泉之水，经过博雅塔水泵的抽取与压力，跳着欢快的舞步，直奔低洼的湖底，在一片欢呼声中，博雅塔巍峨的倒影，从塔顶开始，一层一层地出现在湖面上，一波一波地映落在水中央。冰心一下子想到遗留在湖底的足印，一下子又想到慰冰湖中的投石，在湖水徐徐上升、层层起浪中，感慨万千。

向湖中注水前后持续了二十余天，虽是假期，但冰心时常来校，一来校便要去看湖水，多深了，博雅塔倒影多长了？有时在湖边还会遇到司徒校长和鲍贵思老师。自从校长夫人路爱玲去世后，鲍贵思更加关心司徒雷登，他们在一起的时间更多，校园中散步，常常见到俩人的身影。冰心深知他们之间相知的真诚，俩人又都像长者一样关心着冰心，所以，冰心见到他们，一点儿也不回避，甚至与之同行，说说话。一次在半湖水边相遇，三人便在石椅上坐下，冰心则像顽皮的孩子，以一叶秋草，插在岸边，等着水波渐渐地将其淹没，然后用英语俏皮地对两位长者说："This is what we have achieved today."（这是我们今天的成绩。）

一九二七年的秋季开学，燕京大学迁入新校区一年后，未名湖以大家闺秀式的优雅和端庄，出现在学子的面前。从西校门进入，穿过施德楼，便可闻清新水汽，这是暑假离校前所没有的，等你涉过钟亭的山径，眼前的情景便如画中了：湖面碧波荡漾，秋风徐来，高耸的博雅塔影在涟漪中随波摇晃，湖岸与湖心岛的柳树、青枫，树冠已呈金黄，雍容华贵地环绕、装点着碧水湖面，天光云影，若明若暗，如诗如画，鲜活地托出了一个人间天堂。老生们争相传诵，绕湖撩水，流连忘返，新生还未落座，便被窗外秀色诱走，那一年的未名湖啊，完全属于燕园人。

虽然燕京大学聘冰心为讲师，但司徒校长对冰心相当器重，他明白一个知名的作家对一个学校的影响，所以，在冰心受聘不久，她便担任了两个重要的职务。一个是燕京大学决定编辑出版的《燕京学报》（由哈佛燕京学社资助）编委，与《燕大季刊》不同的是，学报追求学术含量与品位，编辑委员会主任由国学家容庚出任，编委都是燕大的重量级的学者、教授，如宗教学院的赵紫宸、哲学系的冯友兰、副校长吴雷川、国学大师洪煨莲，还有黄子通，许地山已由英国牛津大学留学回来，也担任了编委，谢婉莹成了最年轻、资历最浅的代表。她的大学毕业论文《元代的戏曲》，也在创刊号（一卷一号）的《燕京学报》上发表，时间与未名湖放水的八月十五日为同一天。另一个职务是燕京大学委员会委员，这个委员非同小可，燕大在教学上是教授治校，而对学校的事务，则是委员会决定。自然，冰心又是最年轻的委员，司徒雷登也就是因为她年轻的原因，可以自由与学生交谈、接触，以便听到年轻教师、尤其是学生对学校建设的意见。冰心自是灵活之人，做任何事情都会寻找到一个活泼而富有诗意的形式。当未名湖水荡漾起来后，她自己掏钱购了一条小船，然后邀请不同院系的学生，划船游湖，从湖中欣赏校园的风光。

父亲谢葆璋在升任海军次长四个月后，一九二七年一月，由北京政府任摄政大总统之职的顾维均授予海军中将，达到了一生中最高的军阶，但由于北阀军的节节逼近，北京已是一座危城，甚至如巢中之卵。冰心在燕园与家里，完全是两种不同的气氛，静谧与动荡反差特大。谢葆璋在被授予海军中将三个月后，改到海道测量局任局长，同时兼任海岸巡防处处长。但这个任命在年底便被奉系军阀张作霖免除了。而张作霖的独裁统治很快就结束了，随着蒋桂冯阎反奉大战的胜利，张作霖退出北京，十余年与南方（先后为广州、武汉、南京）国民政府对峙、并立的北京（北洋）政府，就此结束。南京国民政府随之任命谢葆璋为海道测量局局长兼海岸巡防处处长，官复原职，但任职的地点则从北京迁至了上海，"我们的家便也搬到了上海的法租界徐家汇，和在华界的父亲办公处，只隔一条河。这房子也是父亲的学生们给找的"。搬到上海之后，冰心活动的天地又开阔了，每至假期，便回上海与父母团聚。"那时平沪的火车不通，在寒暑假我们都是从天津坐海船到上海省亲。我们姐弟都不晕船，夏天我们还是搭帆布床在舱面上睡觉。两三天的海行，觉得无聊，我记得我们还凑了一小本子的'歇后语'，如'罗锅儿上山——钱短'、'裱糊匠上天——糊云（胡云）'、'城隍庙改教堂——神出鬼没'、'老太太上车——别催（吹）了'、'猪八戒照镜子——前后不是人'，等等，我们想起一句，就写下一句，又笑了一阵。同时也发现关于'老太太'和'猪八戒'的歇后语还特别多。"（《我回国后的头三年》）

这一年的寒假，冰心回上海过春节，因体弱多病休学在家的三弟为楫，也已开始写小说，写诗当然更早，不仅在北平，在上海也和作家们有了来往，有时去找徐志摩、陆小曼谈诗谈小说，谈那个时代青年感兴趣的种种问题。春节过后，竟将丁玲、胡也频、沈从文，用父亲的汽车接到家里来，谈天说地，也开始了日后的友谊。

回国后的头三年，冰心主要是适应新的环境，当好老师。同时，吴文藻仍在美留学，书信的往来很是频繁，写作完全退到了其次，用冰心自己的话说："简直没有写出一个字。"当然，这并不是事实，除了她为四版《寄小读者》作序、为新出版的散文集《往事》写作序诗外，还有其他的诗文存世。实际上，诗人、作家的头衔虽然退居其次，但仍然是她的光环，教职也因为这个光环显得更有分量。

为纪念"三·一八"惨案一周年、为悼念惨案中殉难的燕京大学学生魏士毅，燕京大学举行了活动，编辑出版《三·一八周年纪念》特刊，在燕园建立烈士纪念碑。冰心应邀为特刊撰文："窗外要下雪了，窗内又是冷清清的，午睡起仍旧去不了我心中的抑郁！""感情和不平充满了我的心坎。""未曾相识的同学！一死重于泰山的魏女士！我以最高的羡慕与崇敬，来俯首到你的座前！"《哀词》仅为一百多字的短文，使用了十二个感叹号，表达了她对事件的愤慨与对魏女士的敬意。

"三·一八"惨案就发生在中剪子巷谢家大院的不远处。冰心还在美国留学，燕大纪念活动之前，曾向父亲问过详情，仍在海军部任职的谢葆璋告诉女儿，当时，段祺瑞不在衙门内，卫队开枪也不是他下的命令，但他对血案当然有不可推卸的罪过。在他知道惨案后，曾经老泪纵横，长跪不起，四十七条人命的罪过太重了，只得辞职、下野。父亲说，这是最起码的赎罪吧！段祺瑞下野之后，依然觉得罪孽难消，从此终生素食，虽不是日日念经，但多少也是一种赎罪吧。父亲说到最后，竟然有些黯然。冰心又问父亲，惨案发生后，政府还说是学生先开枪，这是谁的谎言？由于惨案就发生在眼皮底下，总理府与海军部也就一墙之隔，那些天有关惨案的事情，自然听到不少。父亲由黯然而愤慨，对女儿说，是有这一说，当时就连执政府内的人都不相信，学生怎么可能先开枪，他们哪来的枪？手无寸铁呀。对一群手无寸铁的学生开枪、动武、施暴，还要推卸责任？还是人吗？当时话一出口，舆论哗然，《京报》《语丝》等众多报刊，都以事实进行无情的驳斥，大报小报连篇累牍地跟踪揭露评论，社会这才了解了真相。可以说，"三·一八"惨案，冰心虽然不在国内，但她可能比一般的人更了解，且不止是学生一方，还从父亲那儿，了解到执政府的一方。所以，在她的《哀词》中，便有了这样的文字："感情和不平充满了我的心坎。"

一年之后所作的长诗《我爱，归来罢，我爱！》，则是充满了悲愤之情："这回我要你听母亲的声音，／我不用我自己的柔情——／看她颤巍巍的挣扎上泰山之巅！／一阵一阵的／突起的浓烟，遮蔽了她的无主苍白的脸！""归来罢，儿啊！／你看家里火光冲天！／你看弟兄的血肉，染的遍地腥膻！／归来罢，儿啊！／你老弱的娘／哪敢惹下什么怨愆？／可奈那强邻暴客／到你家来，／东冲西突／随他的便，／他欺凌孤寡，不住的烹煎！""归来吧，儿啊！／先把娘的千冤万屈，／仔细的告诉了你的朋友。你再招聚你的弟兄们，／尖锐的箭，／安上了弦！／束上腰带，／跨上鞍鞯！／用着齐整激昂的飞步，／来奔向这高举的烽烟！"冰心少有这样语气的诗句，完全不同于《繁星》《春水》，诗中的"母亲""泰山"与"强邻暴客"均有所指。当时（一九二八年五月三日）日本军队正在济南屠城，死者五千余众，冰心听到这一残暴行径时，义愤填膺，深夜挥毫，写下了这一诗篇。那种要与"强邻暴客"决一血战的形象，在她的作品中也是不曾出现过的，而这却是一首爱情诗，向哈德逊河岸边的恋人发出的呼唤，反映了冰心在外国侵略者血腥屠杀面前的正义与愤怒！

十三、临湖轩的婚礼

吴文藻准备博士论文时，在哥大图书馆看到了《汉萨德的不列颠巴力门辩论录》，就是史称鸦片战争英国出兵之前的国会议员们的辩论。从这份文献记录中，看到了代表英国不同阶层与利益的议员们的态度与立场，如果那时清政府不是那样的自大，而是派出外交使团前往英国斡旋，并且不完全中断中英贸易往来，鸦片战争是可能避免的。当然，吴文藻清楚，历史是不可能有假设的，但是对于刚刚统一了中国、对于刚刚建立的南京政府，则有着重要的历史借鉴的作用，这就是在贸易自由、贸易摩擦中，如何与西方交往的问题。从这个意义上说，研究鸦片战争，尤其是从英国的态度、西方的观念上，研究八十多年前发生的军事行动，成了强盛中华民国重要的现实问题。吴文藻最后确定论文的选题是《见于英国舆论与行动中的中国鸦片问题》。张伯伦教授本意是希望吴文藻通过这一命题的研究，注意研究中国的现实问题，同时训练他运用历史方法与分析文献资料的能力，而这一点无论对社会学、人类学都是十分重要的。在张伯伦导师的指导下，吴文藻极是用功，博士论文很快定稿。按照哥伦比亚大学的规定，研究生的博士论文必须由学生自己花钱，印制两百份交给校方。张伯伦教授知道吴文藻的经济状况，便给了他两百美元，博士论文才得以及时印刷。一九二八年年末，吴文藻完成专业必修课的笔试及格，之后，博士论文答辩委员会一致通过他的论文，正式授予吴文藻博士学位，并且得到了哥伦比亚大学近十年内最优秀的外国留学生奖。

待学业和论文全部完成后，已近圣诞节，吴文藻立即准备行装，谢绝美国同学的挽留，甚至没有来得及被邀请参加汉诺威城王室举行的集会，便匆匆登上归国的旅程。这回，吴文藻没有走太平洋海路，而是东渡大西洋。十二月二十三日从纽约港起航，乘坐邮轮，过大西洋抵达英伦，游览伦敦剑桥大学与牛津大学校区，感觉与美国剑桥、曼哈顿相似的校园氛围。在大英博物馆参观，在实物面前感受中英贸易及鸦片战争。吴文藻离别英伦，一路参观游览，在巴黎、列宁格勒、莫斯科做了短暂的停留与观光，最后取道西伯利亚铁路回到北平。

出站时，日思夜想的人已在寒风中迎候。

吴文藻归国，本应回清华任教，还是初进哥伦比亚时，他曾答应清华大学社会学系主任陈达的邀请。后在学习期间，燕京大学社会学系的创始人步济时则邀请他到燕大任教。这使吴文藻心动，在征求了冰心的意见之后，接受了燕京大学的聘任，担任社会学系讲师，对清华的报答是，同意兼任两门功课。

吴文藻回到北平的准确时间为一九二九年二月二十四日，司徒雷登将校长的客房作为他的临时住处，冰心接到电报后，先联系了这个住所。别后三年，憨厚的吴文藻更显老成，冰心有一种见到亲人的感觉，她十分珍惜这种感觉，这可能就是人们所谓的缘分吧，从一个陌生男人到有了亲人的感觉，这是爱情使然？

此时冰心的家已在上海，吴文藻稍作安排后，便乘车南下，拜见"谢先生谢太太"，二弟为杰与刘纪华同行。三弟为楫开车来车站迎接。谢家热情款待，母亲感觉自己见到的吴文藻，与女儿平日的描述相同，觉得亲切而随和，父亲还单独与他进行了长时间谈话，结论是，若以才学而论，与女儿还是般配，暗中赞许女儿的眼力。原先乡下婚娶的担心，也曾派了人了解，早就放心了下来。

在上海，谢家举行了订婚仪式。"那仪式是我的表兄刘放园先生一手操办的。我记得在红帖上，女方的介绍人是张君劢先生（他的夫人王世瑛是我的好友），男方的介绍人却是胡适先生。我不知道文藻和胡先生是否相识，但刘放园表兄做过北京《晨报》的编辑，同这些名人是熟悉的。我不记得那天张、胡是否在座；那张红帖也已经找不到了！"（《回忆中的胡适先生》）

从上海回北平后，冰心和吴文藻开始筹办婚礼。司徒雷登让有关部门将正在兴建的燕南园 60 号小楼，分配给他们婚后居住。这是一座二层高的小洋楼，呈方形，楼上与楼下一样多的房间，厨房与锅炉房另设。建筑部门曾以总体设计和室内布局的图纸，征求他们的意见，吴文藻说，只要有放书的地方即可，冰心则根据自己的爱好与审美观提了一些要求，又如，希望阳台上也能睡觉等。当时他们曾打算一辈子读书、做研究，不太想要孩子，希望将这个住宅，建成简朴的二人居住的世界。建筑部门也都按照这些要求进行修改和施工。

婚礼定于六月十五日在临湖轩举行。这天上午，冰心还在监考，吴文藻上课后骑了自行车赶去理发，不想在未名湖畔的小路上，为了让人，自己跌倒，包扎加理发，连中餐的时间都占去了。时辰已近，客人都到了，吴文藻才匆匆赶来，考验着急性子新娘的耐性。

筹备委员会将婚礼的现场布置得庄重、简朴、美观，"司徒雷登先生的家本来就是一幢有中国特色的建筑物，举办仪式的客厅既大又气派"。午后二时，清华大学开来一辆大轿车，校内和校外被邀请的客人一百多人，除了十名左右的亲戚外，其余的都是燕京、清华两大学的同事，陈岱孙、江先群、陈意等。没有邀请学生，怕人太多。四时整，婚礼开始。"客厅里缀满了鲜花。所有的东西都是纯白的，白丁香、毛樱桃梅、白玫瑰、海薯、栀子等，而且新郎新娘走在用纯白缎子铺的通道上。全体来宾站在仪式台前这条白缎子通道的两侧。仪式台上放置的两个缎垫也是纯白的，宣誓时跪在上面。因为我们是以基督教的仪式举行婚礼，所以司徒雷登先生为我们做了主持。音乐是钢琴与四把小提琴的合奏，十分悠扬肃然。"（《纯白的婚礼》）

整个婚礼仪式进行了半个小时，庄重肃穆而又欢快热烈。仪式之后，新郎新娘为来宾切蛋糕，请水果，分喜糖，"除了结婚大蛋糕以外还有各种点心，饮料有果汁、茶、咖啡等"。在接受来宾的贺词后，新郎新娘拍合影，并和花童、伴娘、主婚人司徒雷登、鲍贵思、冰心的舅母、二弟谢为杰和萨本栋等合影留念。

五时许，在未名湖的微风中，新娘换上了便装，司徒雷登黑色的福特牌小汽车，停在了门前，来宾送一对新人上车，前往西郊大觉寺度新婚之夜。

大觉寺是一座建于辽代的寺院，高大苍虬的千年银杏，高耸的古刹，斑驳的立柱，高悬的横联，黑底鎏金："无去来处""动静等观"，充满了玄机和禅意。刚刚行基督徒婚礼的新郎与新娘，选择了佛院大殿旁、古木银杏下一排低矮的禅房，作为他们的新房，就在这里度过他们的新婚之夜！汽车抵达寺院时，阴沉终日的天空，忽然启开西天一角，夕阳从旸台山的峰间探出一束亮光，照在古刹的上空。立时，大觉寺中的古树苍松，夕照中的古刹屋顶，一片辉煌。刚刚从黑色的小轿车上下来的新娘，上了半天课又行婚礼的谢婉莹，来到这幽静而壮观的山中寺院，身心放松，忽然觉得累了，饿了，渴了。也就在这时，有村姑挑来一担鲜嫩的黄瓜，瓜蒂上尚存花蕾，冰心见此，全然不顾新娘的身份，当即买下三根鲜嫩的黄瓜，就势坐在了"碧韵清池"的石槛上，大口地无顾忌地吃了起来。"新婚之夜是在京西大觉寺度过的。那间空房子里，除了自己带去的两张帆布床之外，只有一张三条腿的小桌子——另一只脚是用碎砖垫起的。"（《我的老伴——吴文藻》）

基督教的婚礼与在佛教古刹寺院中度过新婚之夜，无论是过去还是现代，均可谓是另类。冰心总是像在诗歌中玩集龚那样，运用东方与西方的语言、智慧、信仰、符号，左右逢源驾轻就熟地创造她的文学和人生。

对于这个婚礼，冰心极是满意，而全部的费用只花了五百元，相当于一百五十美元。二十多年后在日本著文，她还曾感叹："那真是个黄金时代。"更主要的是体现了她的人生的丰富以至驳杂。

在大觉寺住了两天，吴文藻与冰心回到学校，由于60号住宅尚未竣工，他们又只得分住。暑假后，才开始他们的蜜月旅行。从天津坐船去了大连，从大连再坐船去了上海。母亲知道了女儿如此简单的婚礼，心痛之余便是责怪父亲，说是陪嫁不足，父亲却是笑了，说虽然父亲当过官，官还不小，可就是没有攒钱的本领，他没有陪给女儿一箱子金钱，却是给了女儿一肚子的书。冰心这时就说，父亲陪的"嫁妆"胜过金山银山！在上海，谢葆璋为女儿的婚事宴请了客人，上海《良友》画报，还特地刊出冰心与吴文藻两帧婚礼照片，文字说明为："当代女文学家谢冰心女士，于六月十五日与北平燕京大学社会学教授吴文藻博士举行结婚典礼，主婚人系该校长司徒博士，新夫妻婚后往西山度蜜月再来沪消夏。"署名为：聂光地摄寄。上海后自然要到江阴，吴家更是举办了隆重的婚宴。这些天，吴文藻总是沉醉在幸福之中，有时间便陪着冰心，小心地呵护着，就怕她乡下生活不习惯，尤其是那阴暗潮湿的小屋，她自小哪住过这样的房子？可冰心通情达理，凡事尽量将就，处处给新婚的丈夫面子，有时间，她就坐到那棵大桂花树下。七月，尚未开花的桂树，叶也清香，浓荫中小鸟的啾叫，如天籁之声，冰心就想到中剪子巷后院的大槐树，又说给吴文藻听，让丈夫宽心。吴文藻自是体谅新婚妻子的心情，从心底生起感念之情。

杭州是蜜月旅行中的一站，但只住了一天便热得受不了，冰心说，西湖简直就是一个大蒸笼。恰在此时，在莫干山避暑的表兄刘放园，邀请他们上山。商务印书馆在莫干山设有招待所——滴翠轩，每年组织专家上山避暑、写书。高梦旦、郑贞文、郑振铎等，并邀请了刘放园，带了眷属上山避暑、写书。郑贞文的女儿当时是小学生，也在山中，六十五年后曾给冰心写作，回忆了这次见到冰心的情景："我见到你的印象是：常常穿一身素色的长旗袍，身长玉立，皮肤白净，说话温柔，风度高贵（有别于振铎嫂嫂的活泼娇媚），'美极了'——当时我对于一个可爱的漂亮的人的最高赞美辞。"

商务印书馆组织的避暑人员，每天早餐后便在各自的小桌上写作、译书，冰心、吴文藻属蜜月旅行，自然不一样，白天常常是两人在一起说话，憧憬婚后的生活与人生，规划和设计60号楼的布置。已经有人向他们推荐了一位大师傅，除做饭外，还兼管洗衣服、床单，收拾楼下的书房客厅等。月初冰心患重感冒，在学校的疗养院又遇到了富妈，满族人，说一口纯正的北京话，性格文静，说话轻声细语，主动要求到他们婚后的家庭做事。冰心很喜欢她，便高兴地答应了。并告诉她，婚后他们就两个人生活，事情不多，也没有什么重活。富妈自我推销说，她会做针线活，新房子里总得有窗帘、床单、桌布什么的，可先做准备。富妈就这样来到了他们的身边，在江阴，冰心还写信叮嘱富妈需要做的事情。到了晚上，面对那满山的滴翠，冰心和吴文藻便加入聊天的行列，大伙坐在廊上乘凉、说话，数着上山的轿子，点点星火，经竹影中向上移动，然后便有人说："明天又能有新邻居了。"那时，山上没有电灯，点的是洋油灯，上山轿子由轿夫手持灯笼，在前引路，晚上寂静，可以听见的只有草丛中虫鸣和着轿夫踏上石阶的沉重脚步声，可以看见的，只有天上无边的星斗、林间的萤火虫和着轿夫引路的灯笼，对于刚从美国留学归来的吴文藻来说，真有出尘的感觉。

　　蜜月旅行后回到北平，燕南园 60 号住宅已经完工，也就在冰心与富妈正忙着购买新房一应用品，想作一番精心布置的时候，吴文藻得到导师张伯伦来北平的消息，并且时间仓促，又希望能在自己的新家招待他。冰心本就是好客之人，这回丈夫的导师来华，当然应该尽力款待，可只有不到一天的时间，他又要去陪导师，但冰心还是答应了。也正是这一天，使这位文坛才女、大家闺秀在料理家务方面崭露头角，充分显示了她作为家庭主妇的干练和精明。当吴文藻陪着导师回到燕南园 60 号小楼时，简直都不能相信自己的眼睛：房间布置好了，书已整上了架，地毯铺上了，双层窗帘安上了，桌椅摆开了，花瓶中插上了鲜花，邀请作陪的客人已在厅前等候。客人一到，冰心便吩咐大师傅将丰盛的饭菜摆在了客厅的桌上，一切都令吴文藻觉得不可思议，误以为"进错家门"。张伯伦教授则是大加赞赏，为自己的学生高兴，留学刚刚回国，便有了这样一个温馨甜美的家，一个这样漂亮能干的太太。吴文藻还邀请导师参观了小楼，楼上楼下，屋里屋外，张伯伦认为，这样的小楼，在美国也属中产阶级的精良住宅。吴文藻还告诉导师，建造小楼时，除泥石砖瓦取自当地，其他建筑材料大多从国外运来，门扇窗框是美国上好的红松，门上精制的黄铜把手，是德国的工艺品。房间铺设了打蜡地板，屋角有造型典雅的壁炉，还有独立的锅炉房以供冬季取暖。张伯伦听后，又对司徒雷登赞美了一番，并且幽默地说，有机会要去会会这位拿美国人的钱来做中国人的事的基督徒。

当在繁星下送走了客人，吴文藻对妻子的辛劳不仅是感激，更是心痛，他想安慰，可冰心连在壁炉前的软沙发上坐一下的力气都没有了。

夏日的燕南园，莺飞草长，阳光透过槐树茂密的叶间、柏树密绿的叶边，洒落在60号小院的草地上。小石桌旁的栅栏下，盛开的玫瑰，大红、粉红、米黄，相趣地簇拥着。每次见到这些亲自挑选种下的玫瑰花，冰心都会有阵阵的惊喜，就像刚刚跨入佟王府即将开始大学生活的那份心情。栅栏的另一边，是一架紫藤，紫花引来蜜蜂，引来小鸟，尤有钻进花丛里的小蜂鸟，满院热闹。紫藤架下则有一头雪白的奶羊，咩咩的叫声，常常令路人驻足，女主人不在院里，也会在楼上窗前与驻足者说上几句话。多数的情况下，院子里有人，这时已不是两口之家，吴文藻母亲倪赛梅也被接来北平，与儿子媳妇同住，妹妹吴剑群也考入了燕大的家政系，加上富奶奶，共五个人。自儿子来到这个家庭，全家人都升级了，富妈则升为富奶奶。有一日，一家人都在室外享受夏日的阳光，独吴文藻一人埋头书房，婆婆让媳妇唤出儿子，吴文藻手里还捏了一支钢笔，室外的阳光，耀眼得睁不开眼。待走到石桌边，家人正在观赏早间开放的丁香，吴文藻也站在了丁香花前，目光茫然地又像应酬似的问："这是什么花？"冰心忍笑回答："这是香丁。"丈夫点了点头说："呵，香丁。"便又回到书房，那神态那语气逗得一家人大笑。

母亲去世后，父亲谢葆璋辞去了在海军出任的一切职务，回到了北平，和姨娘一家住在城里的四合院内。冰心虽不能陪侍在旁，但到周末，总要抽空探望年迈的父亲。一天两人带了孩子进城里去看望父亲，让吴文藻上街给孩子买"萨其玛"（一种点心），孩子不会说萨其玛，只说一个字"马"。吴文藻没有弄明白便到了稻香村，也只会说买"马"。店员开始莫名其妙，吴文藻就说，是孩子吃的"马"，店员这才弄明白。还有一次，冰心孝敬父亲，要送一件双丝葛的夹袍面子，自己在家与父亲说话，便差了吴文藻到东升祥布店，可是他把布料说成了羽毛纱。店员不解，便打了电话来问："您要买一丈多的羽毛纱做什么？"一家人听了都大笑起来，冰心便对父亲说："他真是个傻姑爷！"父亲笑了说："这傻姑爷可不是我替你挑的！"这两件事，抗战后在云南，成了苦中取乐的笑谈。一次，西南联大的梅贻琦校长夫妇到呈贡默庐度周末，说起清华，冰心写了首宝塔诗：

马

香　丁

羽　毛　纱

样　样　都　差

傻　姑　爷　到　家

说　起　真　是　笑　话

教　育　原　来　在　清　华

梅校长不动声色，笑笑，接过笔再写两句：

冰　心　女　士　眼　力　不　佳

书　呆　子　怎　配　得　交　际　花

"宝塔诗"活画了60号小楼里两位知名学者、一对年轻夫妇的欢乐而谐趣的生活。冰心在美国照的那张彩照，寄回国内，以慰父母的思念。母亲去世后被吴文藻要来了，摆在了书桌上。替丈夫擦拭桌面，冰心就问："那照片你是每天都看上一眼呢，还只是一种摆设？"吴文藻笑了说，当然是每天要看的。有一天，冰心趁吴文藻上课去了，把一张影星阮玲玉的照片换进了相框。过了几天，吴文藻都没有吭声，冰心终于忍不住就提醒他，说，你看桌上的照片是谁呀？吴文藻说，不是你的照片？认真一看，立即生气起来，说，何必开这样的玩笑！

十四、信念的坚守

《寄小读者》之后，冰心为了适应教职，写作成了见缝插针的事儿，尤其是婚后母亲去世、三个孩子相继来到世间，一九三一年儿子吴宗生、一九三四年大女儿吴宗远相继出生，加上支持吴文藻博士"社会学中国化"的教学与研究，"新贤妻良母主义"就不仅是之前的理论，而是真真切切的实验了。其间，重要的作品有两部，一部是记录母亲上海病逝全过程的《南归——贡献给母亲在天之灵》，一部是与吴文藻、郑振铎、文国鼐、雷洁琼、顾颉刚等人，受邀沿平绥铁路采风、考察后写作的《平绥沿线旅行记》，均为纪实性的散文。其余仅得小说八篇，其中有《第一次宴会》《冬儿姑娘》《我们太太的客厅》《相片》，还有新诗若干首，散文十余篇。这对于一个处于创作旺盛期的作家来说，实在是太少了。这一现象，向世人表示了女作家的一个重要的观念：生活第一、写作第二。

然而，创作的淡季，却又是作品出版的旺季，成为冰心燕园时期的奇异现象。

造成这种现象的推手首先当为北新书局。一九二五年初，李小峰、孙伏园等人继承了"五四"运动传播新文化的北京大学新潮社的关系，成立了私营出版机构。由于这种关系，当年新潮社的撰稿人，鲁迅、周作人、冰心、孙伏园、潘梓年等都成了北新的作者。冰心《春水》的首版是作为"新潮社丛书"之一种，在北新书局成立不久，抢先出版《寄小读者》，北新书局持有了冰心两个重要的版本。一九二七年春天，因为被传宣传了共产主义，北新书局遭查封，李小峰被通缉，北新书局南迁上海，但北京仍然保留分店。北新书局的变故与出版的变化，却是没有放松与冰心的联络，甚至对她的作品出版，因为赵景深的介入而更加系统化，冰心的作品成了北新的金字招牌。

北新书局在三个方面出版冰心的作品：一是冰心的新作，冠以"黄皮丛书"，封面设计以黄色为标志，简易刊行。这个丛书系列，与"新潮社丛书"有相似之处。《南归》（散文集）、《闲情》（小说诗歌集）、《冰心游记》（即《平绥沿线旅行记》）、《姑姑》（小说集）等，均作为"黄皮丛书"由北新书局及时推出。二是出版作品集，如《去国》（小说集）、《冬儿姑娘》（小说集），它与"黄皮丛书"有所区别，即是冰心早期的作品，或者大多为早期作品，这种作品集不属北新的初版，其他的出版商还在使用，北新仍然不放过，与作者协商版权，得以出版。三是对已拥有版权的作品集，大量地重印、再版，比如《寄小读者》《春水》等，包括"黄皮丛书"与其他单行本的再版的周期与速度，都与市场紧密接轨，稍一脱销，即行印刷。一个北新书局便将冰心的作品弄得满天飞，长销不衰，既是体现了冰心的作品受大众欢迎的程度，反映了那个时代的审美需求，也说明了民国时期出版商的敏锐、敬业与对市场的准确把握。

但是，北新书局并不能在市场一枝独秀，冰心作品的出版，竞争相当激烈。上海商务印书馆也是最早出版冰心作品的商家，起码拥有《繁星》与《超人》两个版本，均为"文学研究会丛书"的作品集。同时，一九二六年成立于上海的开明书店，本来冰心与书店老板章锡琛、章锡珊兄弟并不熟悉，但由于郑振铎的加盟，也将冰心的作品带来了，《往事》（小说、散文集）便是这家书店出版的冰心第一版本。这个选集版本用了一篇广为人知的篇名、却从未被出版社使用的《往事》作为书名，虽然所收作品皆为早前发表的《悟》《六一姊》《别后》《往事》《剧后》《梦》《到青龙桥去》等小说、散文，但由于书名起了重要的作用，使得出版后在市场上大获成功。与其他的作品集一样，《往事》在一个月内便再版三次，同时奠定了其后与作者合作的良好基础。

其他一些小出版公司也加入了竞相出版冰心作品的行列。其如大公书局《冰心杰作选》、上海新文学社《冰心女士小说集》、上海艺林书社《冰心文选》、仿古书店《冰心文选》、新京启智书店《冰心小说集》、上海万象书屋《冰心选集》等，将冰心的作品炒得沸沸扬扬，满世界都是，没有一家书店书亭没有冰心的作品集。同时，还有大量的盗版本出现，《冰心作品选粹》《冰心文选》《冰心女士近作集》《冰心名篇新编》

等等，几成泛滥之势。由此，又逼出了一套冰心自认为向来不敢出版的《冰心全集》："我从来没有刊行全集的意思。因为我觉得：一、如果一个作家有了特殊的作风，使读者看了他一部分的作品之后，愿意读他作品的全部，他可以因着读者的要求，而刊行全集。在这一点上，我向来不敢有这样的自信。二、或是一个作家，到了中年，或老年，他的作品，在量和质上，都很可观。他自己愿意整理了，作一段结束，这样也可以刊行全集。我呢，现在还未到中年；作品的质量，也未有可观；更没有出全集的必要。"但是由于盗版本、冒印本太多，"禁者自禁，出者自出！唯一的纠正办法，就是由我自己把作品整理整理，出一部真的全集。我想这倒也是个办法。真的假的，倒是小事，回头再出一两本三续编，四续编来，也许就出更大的笑话！我就下了决心，来编一本我向来所不敢出的全集。"（《我的文学生活》）

冰心的意思是，在尚未到中年、走了因盗版而逼出的出版全集的路子。虽说是全集，并非十余年来发表的全部作品。冰心在编选时，设定了一些标准，"将在思想和创作的时期上""值得道及的"作品，尽数收入。也就是说如果她自己认为不那么值得道及的作品，便不在收入之列了。明显的例子是，唯一一篇相当于中篇小说的《惆怅》，可能因为描写的题材、结构的方式、语言的使用等方面，都带有明显的不同于她自己作品的另类色彩，所以，发表前曾积压，发表时有犹豫，最终未入"法眼"、未能收入"全集"之中。犹豫的证明是，小说卷为"全集"之一卷，却在出版中，排在了之二诗歌卷、之三散文卷之后。如果不是让她自己来编选"全集"，作品的篇目可能便会发生变化了。

但是，"全集"的推出，是否就能杜绝盗版本？现在的回答是否定的，盗版本依然猖獗。只不过市场上多了一个权威的版本，使得冰心作品的版本更多，覆盖率更高。值得玩味的是，北新书局在出版《冰心全集》时，不是以一、二、三卷来标示"全集"的序列，而是出现了一个完整的副题目，"冰心小说集""冰心散文集""冰心诗集"，成了出版作家"全集"的特例，从这个书名中就可以看出，北新的老板非常有心思，每一集都可以单独出版、读者可单独购买，从而又产生了三个冰心作品体裁版本。事实上，后来的再版，北新正在这样做的，既是全集，每一卷又可单独印行，以其出版印刷的灵活性，适应于市场。

无论是以哪种原因、何种形式，北新书局出版《冰心全集》这一举动，却是含有重大意义。当年，为北新书局提供了大量的出版资源的鲁迅、周作人兄弟没有出版全集，名气比冰心大的胡适等人也没有出版全集，如果论资排辈，怎么也轮不到冰心出版全集呀！北新书局的标准是以读者计、以市场计，以争取更多的版权计，以说服作者的方式出版了一个年仅三十出头女作家的全集，其意义非同小可。多少年后，有学者研究民国时期的出版情况，发现并指出了这一现象，北新书局出版的《冰心全集》，是中国现代文学出版史中出版的第一部作家个人全集：

> 这本书的版本意义在于，它是"五四"新文学的第一部在世作家的全集书。笔者查一九三五年出版的《生活全国总书目》，截至编这本书目时，文学类的个人总集共有三种，除了《冰心全集》以外，一是苏曼殊的《曼殊全集》，另一种是蒋光慈的《光慈遗集》。后两位当时都已去世。
>
> （宋庆生《民国时期书刊升值》）

良友图书印刷公司是在印刷业的基础上办起的出版社，创办人伍联德为广东人，富有开拓创业精神。他以《良友画报》为开端，创造了出版行业的奇迹。这家出版公司除了创办《良友画报》而在出版史上永垂千古外，还有一个重要的举动，就是以大家的风范、高屋建瓴的姿态，编辑出版了在学术界影响深远的《中国新文学大系》。编辑这套大系的掌门人竟是一个从上海光华大学毕业不久的赵家璧先生。"良友"本来没有冰心的版本，实际上冰心也一直没有授权它出版过独立版本，但是，这套"大系"却是无论如何绕不过冰心的。大系选编的是自一九一七年至一九二七年十年间的主要作品，也即是一般意义上称之中国新文学运动第一个十年的主要作品。这一时期，正是冰心创作的鼎盛期，无论是小说卷还是散文卷抑或诗歌卷，都选入了冰心的大量作品，大系的"导言"，均有对冰心的论述。《中国新文学大系》，五百万字选材，二十万字导言，布面精装十大部"，"全书由蔡元培作总序，胡适、郑振铎、茅盾、鲁迅、郑伯奇、周作人、郁达夫、朱自清、洪深、阿英等在文艺界各个领域具有权威性的人物担任各集的编选。半个多世纪以后的今天，这套丛书以它不可替代的史料价值，依然被现今的出版社所重印"。(《民国出版史》)"大系"无论是从选编的范围与对象、还是选编者的知名度与分量，都具有权威性。这对一个出版通俗读物为主的出版公司而言，立即跃上了文学与学术的平台，在当时就产生了很大影响，人们对新文学第一个十年的评价与定位，必然受到这个具有文学史性质选本的影响。冰心作为这个"大系"选本中的重要成员，并受到选家的高度评价的作家、诗人，在新文学集体亮相的群像中，以不同的身段展现在公众的面前，而这里的"公众"，更多的体现为知识界、文学界、学术界、教育界等。由此可见，良友出版公司与北新书局等出版社，在不同的平台上，向不同的读者群，大量地输送着冰心的作品。

这一时期，不仅是冰心的作品集铺天盖地，而且同时也进入课本与选本，尤其是选本。这种选本有别于冰心单个人作品的选本，如《中国新文学大系》那样，往往是多人的合集选本，其如"女作家作品集"之类。这些选本，大都由名人担纲选编，以强调其选编的权威性，一般都会有选编的序文、前言，对所选的作品与同时代的作品进行比较，说明所选之理由。

随着冰心的作品进行不同的选本，也就进入到了作品研究的阶段。陈西滢在《新文学运动以来的十部著作》中的《冰心女士》(《西滢闲话》)，张若谷在《真善美·女作家专号·中国现代的女作家》中的《冰心女士》(《真善美·女作家专号》)，毅真在《几位当代中国女小说家》中的《闺秀派的作家——冰心女士》(《妇女杂志》第十六卷第七号)，张天翼在《十年来中国的文坛》中的《冰心》(《文艺月刊》第一卷第三期)，黄英 (阿英)在《现代中国女作家》中的《谢冰心》(北新书局出版)，贺玉波在《中国现代女作家》中的《歌颂母爱的冰心女士》(复兴书局出版)等，都属于此类文章，一看标题，似乎是个作家论，实际上也真是个作家短论。这一时期可以称之为书评的，只有两篇文章：张逸菲《〈往事〉与冰心女士》(《开明月刊》)，赵景深《冰心女士的〈南归〉》(《星期文艺》)。

十五、未了的公案

对于冰心作品的批评，无论从哪一方来说，都属于正常的，冰心从未因论点而生好恶，包括像梁实秋、蒋光慈那样的酷评，她甚至在许多的场合下表示过，这些批评对她都是有意义的，直到晚年，她仍然认为《繁星》《春水》不是诗，没有诗的韵味。但是有的批评不是限制在作品，而是延伸到冰心的为人处世上，甚至于她的长相、打扮上。比如，季羡林曾在清华旁听过冰心的课，据他所说被冰心赶了出去，他说他很不喜欢冰心的那副基督徒般的打扮，头发总是绾成一个结。有的人甚至将冰心与林徽因做比较，说她从长相到才华都输于她的同乡，因而，便用小说来讽刺她，《我们太太的客厅》便成了燕园时期留下的一桩公案。

一九三三年九月发表的小说《我们太太的客厅》，立即引来热议。有人指认小说写的是林徽因，林徽因自己对号入座，告诉李健吾，说冰心写了一篇小说《太太的客厅》（？），朋友以她为中心谈论时代应有的种种现象和问题。她恰好由山西调查庙宇回到北平，她带了一坛又陈又香的山西醋，立时叫人送给冰心吃用。她们是朋友，同时又是仇敌。林徽因的留美同学、同时也与冰心交往甚密的陈意说"冰心的《太太的客厅》这篇小说是讽刺林徽因和徐志摩的"。甚至一般的读者，也有这个印象："我上初中后，有一次大姐拿一本北新书局出版的冰心短篇小说集《冬儿姑娘》给我看，说书里那篇《我们太太的客厅》的女主人公和诗人是以林徽因和徐志摩为原型写的。徐志摩因飞机失事而不幸遇难后，家里更是经常谈起他，也提到他和陆小曼之间的风流韵事。"（文洁若《才貌是可以双全的·林徽因侧影》）

小说写的是北平一座独立小院中的客厅，这个客厅被仆人炫耀为

"我们太太的客厅"，是"我们太太"举行沙龙聚会的场所。作品在对"我们太太的客厅"做了长镜般的描写之后，先是太太上场，太太的用人和女儿也先后进入场景，之后便是艺术家、自然科学家、政治家、哲学教授、诗人、外国的交际花、医生——登场并表演。"我们太太"则是导演与领衔主演，待华灯初上，各路人马纷纷离去，壁炉燃起来了，独诗人留下，暧昧状态中，银行家、我们的先生回来了，我们太太在诗人离去一瞬间，还是"忽然地站起，要叫住诗人"，但诗人已走出了小院门口，走进了逼人的暮色之中，去赴另一场约会了。

从艺术上说，冰心的这篇小说可说是上乘之作，情景与人物的描写，白描可入画，语言可传神。小说脱去冰心惯有的自我抒写风格，通篇充满了调侃与暗喻。在一个几千字的短篇中，描写了十余人物，每人着墨不多，却是栩栩如生，个个鲜活。但是，没有人去分析这篇小说的艺术手法，关注的是冰心是不是描写了黑暗、苦难与反抗，至于冰心对知识阶层的讽刺与鞭挞，仍然不入法眼。

那么，为什么会对号入座去了呢？

小说连载在《大公报》的《文艺》副刊上，当时副刊的编辑不是别人，正是刚刚走马上任的沈从文。沈从文对冰心当然是尊重的，但从感情上说，或者从文人的圈子而言，他不属于冰心的燕京派，而与徐志摩、林徽因等人走得更近。小说连载时，作为小说家沈从文，自然能掂量出它的分量，但也可能感觉到了些什么，因为沈从文便是进出"太太客厅"的重要一员，并且将刚刚发表的短篇小说《蚕》的作者——萧乾，带进了"太太客厅"。显然，不知道沈从文以什么方式，向尚在山西做文物调查的林徽因传递了某些信息。林徽因也是读了作品的，才有了她的得意之作，诚如她自己向李健吾所言，送给冰心一坛山西老陈醋。"吃醋"在中国是有明确指向的，你调侃"太太客厅"，我让你"醋上"加醋。是不是真有其事，无从考察，但文人之间的战法还是符合林徽因身份的。

冰心与林徽因虽为同乡，见面却在康奈尔大学，两人的专业与生活道路，本是井水不犯河水的，只因林徽因也玩一些诗与小说，便与冰心有了交叉，但这依然可以是不相干的，那时，中国尚无排行榜，写诗写小说也不是林徽因的专业与营生，何来不相容？再说，什么京城文坛几大美女之类的话，也是后人套上去了，冰心都已是孩子的母亲了，还会为此而较真？

冰心两性观念的传统与严谨，她的新贤妻良母主义，在初入文坛时便已确立，并且未因成名、未因时空转换而有所变化，她在接受彭子冈的访问时，明确主张不寻与不写因了自身的原因而制造出的爱情烦恼。对于林徽因与徐志摩的关系，并且被外界传得沸沸扬扬，冰心既不理解，更不认同。尤其是对徐志摩四处"拈花惹草"的举动，对他在张幼仪、林徽因、陆小曼之间的关系，简直就是持谴责的态度。其实，冰心大可不必动容，因为任何人与任何的家庭，都有各自的生活与生存方式，冰心的过错在于扮演了"拯救者"，以诗与文的方式，无意间介入了林徽因的私生活、影响了他人的生活方式。冰心虽然留学美国，懂得尊重他人的个性与私生活，但对林徽因与徐志摩，似乎没有把握住自己。

一九三〇年冬，林徽因因病辞去东北大学的教职回到北平，来年初被诊断为肺结核，医生认为必须马上疗养。这时的梁思成尚留沈阳，徐志摩恰恰也从上海来回北平之间，开始在北大等校兼职执教。林徽因遵医嘱，来到西郊香山疗养。恰如冰心在青山沙穰疗养一样，自然有不少人上山探望，徐志摩自然是去的次数最多的一个，本来就有一些"浮言"，这香山病中的浮言，就更甚了。加上林徽因病中无聊，开始写诗，徐志摩又大做"欣赏状"，这就使得浮言从嘴上游到纸上，加上许多的不知情，又加上传播八卦时添油加醋的陋习，所以，浮言入冰心之耳，已经不知道是什么样儿的了。因而，当丁玲主编的刊物《北斗》通过沈从文向她邀稿的时候，冰心写了一首长诗《我劝你》，与林徽因的诗《激昂》，同时出现在刚创刊的《北斗》上，《我劝你》还成了创刊号的重头作品。

这是一首什么诗呢？恰如标题所言，一首明明白白的劝诫诗，具有强烈的劝导与说教的意味。后来的研究者认为，"在这首诗里，冰心的劝告对象显然是一名已婚女性，她美丽高贵，却身陷婚外恋情中，且对象还是一名浪漫诗人。冰心对女子发出警告，劝她不要真诚和心软，因为诗人是在用充满剧情和诗意的美丽谎言投合她的爱好。冰心还暗示如果继续这场爱情的游戏，女子的'好人'丈夫将会离去，女子也将停留于迷途不得返，而这场游戏却只是诗人无穷游戏的一场，因为诗人又寻到了'一双眼睛'"（黄艳芬《"教婆"应为冰心》，《新文学史料》2010年第2期）。这是后人的研究，在当时，联系林徽因与徐志摩的浮言，人们很容易产生联想。

对于诗的寓意、寓指，丁玲写信告诉了代为邀稿的沈从文自己的看法。沈从文则又写信给徐志摩，不指名的称诗的作者为"教婆"，并且对"教婆"的说教不以为然，信中说："我这里留有一份礼物：'教婆'诗的原稿、丁玲对那诗的见解、你的一封信，以及我的一点□□记录。等到你五十岁时，好好地印成一本书，作为你五十大寿的礼仪。"

显然，林徽因怎么会接受劝诫呢？林徽因是一个会接受劝告的人吗？恰在此时，徐志摩飞机失事，又是因为赶来听林徽因的演讲，文坛一片哗然、一片惋惜，痛失诗人也感叹诗人，冰心便是那不同声音中的一个，在给青岛山东大学任教的梁实秋写信时，表达了她的谴责之情：

> 志摩死了，利用聪明，在一场不人道不光明的行为之下，仍得到社会一班人的欢迎的人，得到一个归宿了！……最后一句话，他对我说的："我的心肝五脏都坏了，要到你那里圣洁的地方去忏悔！"……谈到女人，究竟是"女人误他？""他误女人？"也很难说。志摩是蝴蝶，而不是蜜蜂。女人的好处就得不着，女人的坏处就使他牺牲了。——到这里，我打住不说了！

冰心的信并不是当年写的，而是一年之后，文坛一些人又在沸沸扬扬地纪念之时，说给梁实秋听的，并且他们还可能曾就《我劝你》有过话语，所以信中有"假如你喜欢'我劝你'那种的诗"的文字。信中"'我的心肝五脏都坏了，要到你那里圣洁的地方去忏悔'"！冰心用了引号，不是一句虚言。二十世纪八十年代末，文洁若陪同萧乾去看望冰心，谈到费正清书中写到徐志摩当年在英国怎样热烈追求过林徽因。冰心说："林徽因认识徐志摩的时候，她才十六岁，徐比她大十来岁，而且是个有妇之夫。像林徽因这样一位大家闺秀，是绝不会让他为自己的缘故打离婚的。"接着，冰心随手在案头的一张白纸上写下这样十个字："说什么已往，骷髅的磷光。"并回忆说："一九三一年十一月十一日，徐志摩因事从北平去上海前，曾来看望过。这两句话就是徐志摩当时写下来的。他用了'骷髅''磷光'这样一些字眼，说明他当时已心灰意冷。"八天之后，徐志摩于鲁境失事。作为写给梁实秋的私人信件，当然不是发表之作，但是，也不可能仅是梁实秋一人可以看到，熟人之间互相传阅信件也是常事，尤其是涉及到一个共同的话题时，这种传阅的可能性更大。那时，沈从文也在青岛山大任教，所以，林徽因知道信的内容，也是可能的，而冰心的这些话，与她当时对徐志摩的悼念、思念，真是冰火不相容的。

一年不到，《我们太太的客厅》出来了。由于有了这些前嫌，林徽因的感情波澜可想而知。但她毕竟是优雅的文人，表达感情的方式显得相当节制而艺术。但也真正地结怨了，绝交是不用说的，并且一有机会，便要说上几句。这种结怨，甚至影响到了林徽因和梁思成周围的朋友，也延续到了林、梁的后辈身上，影响到网络时代的"谢迷"与"林迷"。

《我们太太的客厅》确实是一篇小说，小说便是虚构，起码不是写真写实。比如最重要的客厅场景，小说用了一千零七十二个字来描写。从全景式的环境描写中可以看出，这是一座西式建筑，一个中西合璧的客厅，软纱帘子下有张小小的书桌，桌上有墨碗、毛笔与宣纸，挂着的笼子里有金丝鸟；北墙的中间是壁炉，南边是法国式的长窗，有大沙发，地上是"皇宫花园"式的地毯，书架上是精装的尚未翻译的E.E.Cummings的诗，和Aldous Huxley的小说。女主人公是社交名媛，满墙挂的是颇为自恋的"我们太太"的玉照。

那么，现实中林徽因的客厅呢？

根据林徽因年表，他们定居北平东城北总布胡同3号，是在一九三一年十月。在这座四合院中，才有了"太太客厅"。那么，这座院子与客厅的真实布局如何？林徽因的女儿梁再冰和儿子梁从诫回忆，都不是这样的，真实的场景与冰心描写的"太太客厅"大相其异。而与梁思成、林徽因同住于北总布胡同的金岳霖在写到这段生活时，也没有提到"太太客厅"，而是说聚会是在他的院子里进行的："我们住在北总布胡同，他们住前院，大院；我住后院，小院。前后院都单门独户。三十年代，一些朋友每个星期六有集会，这些集会都是在我的小院里进行的。因为我是单身汉，我那时吃洋菜。除了请了一个拉东洋车的外，还请了一个西式厨师。'星期六碰头会'吃的咖啡冰激凌，和喝的咖啡都是我的厨师按我要求的浓度做出来的。"（金岳霖《梁思成、林徽因是我最亲密的朋友》）

这里都未出现"太太客厅"的字样。小说中的人物设置与现实中聚会的人物有别，当然哲学教授、科学家、艺术家等，要对号入座也不是没有可能，但与小说描写却是无关，包括对太太的描写。而且林徽因搬进北总布胡同后的一月余，诗人徐志摩便飞机失事，也就是说，他可能没有出席过太太客厅的聚会。太太客厅的沙龙式的聚会，如果有的话，也应该是在一九三一年之后吧。

二十世纪三十年代的北平，虽然经历了"九·一八"东四省沦陷的伤痛，但古城依然，文化气氛甚浓，教授的薪俸也高，可请车夫、厨子、保姆等，不必自己做家务，知识分子小圈子的聚餐与聚会现象相当普遍。这种聚会有的是吃饭，有的是聊天，有的是商量如何郊游之类，像冰心在燕京大学有"星期五叙餐会"，慈慧殿3号有"读诗会"，来今雨轩有茶会等，只是各自的叫法不一。冰心从聚会中看出了教授、哲学家、政治家、艺术家、诗人们，在国难日重的情景下，依然那么空虚度日、无聊无求，便是有感而发了。于是，小说的构成元素是从北平聚会、沙龙中，杂取种种，合成一处，比如描写客厅中墙上的照片，便是取自陆小曼，但小说也仅是用了陆小曼客厅的照片元素，作品的描写并不限于这个客厅。场景如此，人物亦然，所以说，认定小说是讽刺某一个人，那只是读者的感觉，与作者本是没有关联的。

但是，冰心的小说在虚构的同时，却是使用了几个重要的元素，这就给对号入座者提供了"依据"，也给后人造成了误读。这几个重要的元素是"太太的客厅"这个名词，京城聚会处不少，但用"太太客厅"作为聚会或沙龙的名称，却是有特指的可能。有文字称，那时京城的知识界，无人不知"太太客厅"，那就是林徽因北总布胡同的客厅。冰心可能是考虑到小说讽刺语言的基调，以一个用人的口吻炫耀着我们的太太，讲述着我们"太太客厅"的故事，只有用这个叙述角度与口吻，才与作者的构思相协调，但这个称谓，却是构成了某些特指，由于这个特指，作品中的所有讽刺与调侃、暧昧含情与大方离去，都与"太太"有了关系了。"太太客厅"描写的人物，科学家、哲学教授、文学教授、政治家、诗人等，也与现实中的人物容易形成对应，尤其是诗人，那见面时的描写："诗人微着身，捧着我们太太指尖，轻轻地亲了一下，说：'太太，无论哪时看见你，都如同一片光明的云彩……'我们的太太微微地一笑，抽出手来，又和后面一位文学教授把握。"这是很容易让人认出这个诗人就是徐志摩，不仅是举动，那"一片光明的云彩"，也容易让人联想到徐志摩的情诗《偶然》"我是天空里的一片云"的意象。再就是太太女儿的名字，冰心顺手便用了"彬彬"，也是犯下一忌，因为林徽因的女儿"再冰"，平日也被唤作"冰冰"。好了，一个作品中埋下了这么一些的"危险"元素，麻烦是免不了的。"以发表小说公开讥讽'太太'，孤傲气盛的林徽因绝对不堪，'结怨'之深势在必然，而且波及到后代。"（陈学勇《林徽因与冰心——答王炳根先生》）抗战期间，冰心受宋美龄之邀，前往重庆"做官"，一时惊动四邻。羡慕、嫉妒、议论与不屑，在云大、在西南联大、在昆明传来传去。林徽因向远在美国的费慰梅写信，借此相讥："朋友'Icy Heart'却将飞往重庆去做官（再没有比这更无聊和无用的事了），她全家将乘飞机，家当将由一辆靠拉关系弄来的注册卡车全部运走，而时下成百有真正重要职务的人却因为汽油受限而不得旅行。她对我们国家一定是太有价值了！很抱歉，告诉你们这么一条没劲的消息！这里的事情各不相同，有非常坚毅的，也有让人十分扫兴和无聊的。""Icy Heart"即是冰心，一个带有贬义性质的英直译，此时，连直呼其名都不愿意，可见情绪之强烈。这种强烈的反感情绪，既是《我们太太的客厅》结怨的延续，也是因为这样的事实："我们将乘卡车去四川，三十一个人，从七十岁的老人到一个刚出生的婴儿挤一个车厢，一家只准带八十公斤行李……"强烈的反差，令心气高傲的林徽因难以接受而又无可奈何。正如她自己所说，这就是生活。

不仅是林徽因在朋友圈说冰心，她的朋友圈子里的人，有时为了林徽因也拿冰心来说事。一九四一年十二月三日，傅斯年来到李庄镇上坝月亮田营造学社住地，见到梁思成、林徽因夫妻时，才知道不但林徽因长期患的肺结核加重，而梁思成的弟弟、著名考古学家梁思永也一病不起，马上就要驾鹤西去了。傅斯年闻听大骇，意识到非有特殊办法不足以挽救梁思永和同样处于病中的林徽因的生命。于是，傅氏向中央研究院代院长朱家骅写信求助。这本来是一件善事，但信中却也把冰心拿来垫背："思成之研究中国建筑，并世无匹，营造学社，即彼一人耳（在君语）。营造学社历年之成绩为日本人羡妒不置，此亦发扬中国文物之一大科目也。其夫人，今之女学士，才学至少在谢冰心辈之上。"这大概也是"太太客厅"落下的余波吧。

一九三六年夏天，燕大搬到新校园十周年之际，燕园为司徒雷登六十岁生日举行了盛大隆重的庆生活动。无论司徒雷登是校长还是校务长，冰心和吴文藻都是坚定的司徒雷登的支持者，无疑属于"司徒雷登派"。他们对国内苦难的超越与对外族入侵的仇恨，与司徒雷登的观点一致，从平绥沿线的旅行中，便可见得。在治学理念上，主张通才，主张学以致用，为改造中国的现实服务，也都是赞同的。司徒雷登的办学理念来自美国的教育传统，但又做了适合中国的改造，恰如吴文藻的社会学理念来自美国，却是进行了中国化一样。尤其是，在燕京大学，司徒雷登最重视的新闻系、社会学系与国文系三个学系，从院系的设置上，国文系与新闻系，属于文学院，吴文藻作为社会学系的主任，却是代理过文学院长。可见他们的办学理念的相通。冰心自不必说，作为老师，因为鲍贵思的关系，与司徒雷登是走得最近的一位。将司徒雷登与燕京大学比拟为父子关系，最初便出自冰心："燕大的一切，便是他的一切。他与燕大团体的关系，是父母与子女的关系，是领袖与群众的关系，是头脑与肢体的关系，祸福与共，痛痒相关。"庆生活动持续了三天三夜，冰心一次不落地参加了这些活动，当为庆生活动专门写作的《司徒雷登校务长的同情与爱》在燕园内外广为传播之时，冰心正在做精心的准备，与吴文藻踏上环球游学的旅程。

第四章

东京、香港、天津、北京、福州、厦门、新德里、圣蒂尼克坦、洛桑、日内瓦、长崎、广岛、从化、扬州、上海、西西里岛、塔什干、莫斯科、明斯克、花园口、丹江口、大连、承德、武汉、湛江、鹰潭、进贤、南昌、井冈山、丰城、咸宁、潜江、名古屋、镰仓、大阪

一、选择

从公开的文章中显示，冰心几乎是在一夜之间改变了信仰，抛弃了她形成与坚守了半辈子的"爱的哲学"。其实，这中间有一个对北京选择的过程，有一个回到北京后沉潜、反思、接受洗脑的过程。

一九四八年元旦，冰心在寒风中发表了那篇冰冷的"新年祝词"之后，国内的局势发生了急剧的变化，消息混乱，物价飞涨、学生运动、国军失利等等，通过各个渠道传到了东京，原来代表团所代表的中华民国，已是岌岌可危了。一心想回国的冰心和吴文藻，完全不知所措。"北平有炮声，景超今天来信也说过。我们成了丧家之犬，奈何？"有国内的朋友还邀请她写文章，可她已无心情动笔。

一九四八年对国民政府来说是灾年。国共两党从东北到华中、华东，摆下决战的战场，辽沈战役、淮海战役、平津战役，国民党兵败如山倒，共产党的军队势如破竹，江山变色，政权易位，已在不可避免之中了。远在东瀛代表中华民国政府的代表团，几乎也被自己的政府忘记了，战后对日所要做的一切工作，包括战争赔偿、追讨文物、签订协

议，甚至人员工资等等，国民政府都顾不上，所有的力量都在与共产党军队作战，所有的精力都在想保住"青天白日满地红"的江山。但是，一切的抵抗都被共产党的军队击碎。

冰心和吴文藻要回去的那个地方，北平——燕大，又如何呢？不太平、动荡，在冰心的经历中并非没有经历，也并非十分可怕，从燕京大学创办那一天起，北平就没有太平过，军阀混战、政权更替，但这与日本的入侵是有区别的，文化与教育总还是要发展、总还是在发展，司徒雷登正是在军阀混战、政权不断地更替中，完成了创造一流大学的梦想。当一九二八年奉系军阀撤出北平时，燕京大学在海淀美丽的新校区全部落成，只等一个太平的日子举行落成庆典了。因而，在冰心和吴文藻的心中，国内政权的更替与日本帝国主义的入侵有着本质的不同，哪一个政治集团、政治派别不需要办教育？但是，当解放军的炮火在北平周围打响，真正兵临城下之时，他们还是被震惊了。对于傅作义将军，冰心在绥远之行中有过接触、交谈，那个在涿州战役、在百灵庙前金戈铁马的形象就在眼前，这位正义而勇武的将军，现在要与解放军决战了，会不会重现当年的情景？果真摆下战场，决一雌雄，北平可就遭殃了，天坛、北海、故宫、紫禁城、颐和园，还有那些城墙、城楼、城中的牌坊，千年的古都将要在炮火之下，毁于一旦？这些，连想都不敢想，为了安全起见，吴文藻决定先将儿子吴宗生接来东京。

北平的炮声惊动了中国驻日代表团的每个成员，日本的媒体、尤其是英文报纸，天天都有消息，没有一条消息可以让他们高兴，已是人心浮动了。代表团第二组在吴文藻的领导下，平时就有很浓的学习风气，到了一九四八年底，面对国内的政局，平时的学习成了自发的座谈，吴文藻牵头，谢南光、瞿络琛、王信忠、朱炳南，还有陈耀庭是基本人员，随后经济组的组长吴半农参加，并介绍了同组的邵逸周。冰心有时也出现在学习会上。学习会的内容是"鉴于国内局势，蒋介石与国民党政权已到岌岌可危的程度，交换对于国内外形势的看法以及代表团的出路问题"。学习会每两周或一周在冰心、瞿络琛或谢南光家举行一次。这个学习座谈会处于秘密状态，谢南光成了实际的主持人。

谢南光是吴文藻的副手，开始只是觉得他是个热心人，办事麻利、乐于助人。谢南光经常光顾吴宅，对冰心很崇拜，说他在台湾时也写过诗与小说，日文与中文的都有，冰心便惊讶，说只知道他办事干练，能力强，没有想到还是诗人、作家。谢南光就接着说，他还写过专著《台湾人如是说》《台湾人的要求》《日本主义的没落》，表达日据时代台湾的愿望与诉求，是当记者观察来的。谢南光自谦是个杂家，不像吴先生对社会学那样专业，更不像吴太太对文学那样的执着，自己什么事情都做，到日本来之前，曾在福建做事。于是，他们之间又多了福建这一道话题。

从谢南光所说的经历来看，冰心和吴文藻又感觉到这是一个神秘的人物。什么事情没有做过呀？在台湾当过记者，在重庆收集日本情报，又回台湾组织革命同盟，还在国民党中央统计调查局做过委员、军事委员会委员，又在福建运输、林业、教育与调查多个机构任职，一九三九年的国民党员，最后是从台湾调查委员会的任上，受命来到日本，成了二组副组长。谢南光，还有什么身份是人们所不知道的？国内的消息，有的是从媒体、广播中获得，有的是从官方渠道所知，有的是友人信中告诉，有的则是谢南光悄悄地告知，并且多是共产党那边的消息，这对他们而言，是很吃惊的。有时，还会介绍毛泽东写的文章给吴文藻，比如《新民主主义论》等。无论是从对社会学的角度还是从了解共产党的角度，吴文藻并不拒绝这种阅读，有时甚至还会主动从不同的渠道获得共产党的信息，与冰心交谈与讨论。有组织的且又为秘密的学习座谈会，便是在这种情况下开展起来的。

在一次学习座谈会上，谢南光做了一个提议，说请社会学专家吴文藻教授谈谈有关国共两党的比较研究。吴文藻没有推辞，对于国民党，他说无需多言，同仁们大都是党员，那么，对于共产党，自己没有多少研究，但从抗战胜利后的国共谈判来看，他们的基本主张是建立联合政府。抗战时期，共产党在民主建国的问题上，发表的一些观点是值得关注的。说时，吴文藻从口袋中掏出笔记本，延安的《解放日报》，在一九四三年曾发表过社论《抗战与民主不可分离》，说现在所进行的世界战争，就是法西斯主义的政治原则与民主的政治原则之间的战争。在这个战争中，自由主义与共产主义在民主的旗帜下反对法西斯主义。按照这一说法，共产党人是把自己列入西方自由主义精神同盟军的。后来毛泽东与访问延安的美国外交官谢伟思等人谈话时就说："我们并不害怕民主的美国的影响，我们欢迎它；美国人发挥美国影响的其他方法是多谈美国的理想；在中国或在美国，每一个美国官员见任何中国官员时，可以谈论民主；每一个在中国的美国士兵都应当成为民主的活广告，他应当对他遇到的每一个中国人谈论民主。……总之，中国人尊重美国人民主的理想。"抗战的最后一年，毛泽东作过《论联合政府》的报告，批驳了国民党关于"大敌当前，民主民生的问题不应该提起，等日本人走了再提好了"的说法。这个报告主张"发展个性"和"个性解放"，说"有些人怀疑中国共产党人不赞成发展个性"，这是不对的；"民族压迫和封建压迫残酷地束缚着中国人民的个性发展"，而新民主主义制度则解除这些束缚，"保障广大人民能够自由发展其在共同生活中的个性"。他认为，在中国建立社会主义社会的一个必要条件就是"几万万人民的个性的解放和个性的发展"。

吴文藻谈到国共谈判破裂后，出现了严重的内战，而这个战局并不是原先预计的那样，共产党领导的解放军势如破竹，那么，共产党的主张是不是还依然？国民政府、蒋委员长到现在却有求和的愿望，但共产党会不会接受呢？摆在我们面前的是如何看待共产党，尤其是如何看待共产党军事上取得胜利之后的国策与国体。如果说，国民党独裁、不允许共产党存在，那么，推翻了独裁的国民党，共产党会不会允许反对党的存在？他们提出联合政府时是因为没有主导政府，一旦主导政府是不是还能兑现承诺？如果共产党是个讲信誉的党，那么，中国可能有希望，但吴文藻又说，这些都是未知的。

谢南光也谈共产党，他从这个党的宗旨来阐述，比如为人民大众，消灭剥削，追求社会平等等，所以，追随的人众多，这也是共产党与国民党较量的本钱，得人民便是得道，得道者多助失道者寡助，这也是一个历史的法则。但也有人对共产党有很多的担心，苏联的共产党、斯大林，不仅独裁而且残酷，别的不说，苏军进入东北，客观上是对日本作战，但他们对中国也是实行杀、烧、抢、奸，也是无恶不作。中国共产党与苏联共产党，苏联红军与人民解放军当然不一样的，但担心还是存在的。

每一次的学习座谈，都将研究共产党与代表团的出路、各人的归宿联系在一起。冰心不是每次都参加，但因为她的影响与作用，有时会专门受到邀请，有时为了让冰心参加，便安排在吴宅边打牌边议论。

一九四九年春天，朱世明再次路过东京，邀请了吴文藻、冰心还有吴半农到热海密谈，这次列举并提供了商震在代表团"贪污腐化"的事实，提出绝对不能让商震在代表团干下去，哪怕是朱世明不能回来，也不能让他再干。这一回，果真如愿，朱世明回国经过一番活动，并且提供了确凿的事实，国民政府同意免去商震的职务，朱世明重回对日代表团，再次担任团长的职务。

朱世明重回代表团，对人员做了一些调整，商震并未回国，在日本当起了寓公。国内的形势更是急剧变化，人民解放军在北平举行了入城仪式，"打过长江去，解放全中国"的口号，已经成为"渡江战役"的动员令，南京被"解放"，国民政府还存在吗？此时，朱世明完全清楚他所代表的这个政权，已经走到了什么地步了。因而，当吴文藻请他参加学习座谈会时，朱世明几乎未加犹豫便答应了，并且让他的办公厅主任郑晏安也参加。由于朱世明的介入，学习座谈会的内容很快发生了变化，由"空谈形势变为密谋起义"。朱世明开始很起劲，主动表示要亲自拉拢代表团宪兵队长李建华，还鼓励谢南光和进步华侨杨春松等联系，指示通过他们与日共领导野坂参三等建立联系。野坂参三曾在延安从事共产党的活动，回日本后仍然保持着密切联系，但不是直接的，需要通过苏联代表团的电台。因而，谢南光又代表朱世明，和苏联代表团团长德列维恩科将军接洽（时间为一九四九年九月二十七日）。德列维恩科表示愿在费用方面及和国内联系方面尽力帮助，并约朱世明吃饭，以便详谈。但就在这时，朱世明竟犹豫起来，没有去与德列维恩科见面详谈。以后的多次密谋起义，还有进步华侨和日共领导参加。这时吴文藻成为实际的组织者，朱世明则在会上举棋不定、时有动摇，认为日本还是在被占领状态，以"情况特殊为理由，不愿立即采取行动"。

一九四九年十月一日，中华人民共和国在北京宣告成立，电波迅速将消息传到东京。同一个短波频道上，原先的电台广播呼号"北平广播电台"变成了"北京中央人民广播电台"，从广播中可以听到北京天安门广场上群众的欢呼声和歌唱声。冰心和吴文藻在家秘密收听，内心既有一种失落，也有一种兴奋。一个新政权的产生，从历史发展的意义上说，必定伴随了它的合理性与进步性，不然，旧的政权便不会消失。中华民国虽然没有消失，却已是偏隅台湾，东山再起、反攻大陆的可能性不是没有，但那绝对不是短时期内的事情。吴文藻对冰心说，国民党政府既软弱又无效率，却可以维持二十年的政权，那么共产党至少也可以掌权二十年吧。是继续代表这个政权还是另做选择，已经不可回避地摆在了两人的面前。

十月一日之后，便是中华民国国庆"双十节"，代表团照例举行的招待会，朱世明因为不在东京，致辞由吴文藻公使代表，只有简单的几句话，接待盟国的代表，也没有往年的热情，一些国家的代表似乎也有些诡异的眼光，这让吴文藻感到很不对劲。自从《波茨坦公告》以来，中华民国跻身于大国之中，国家的尊严与民族的自尊都得到体现，但也就短短的五年时间，所谓的大国已颜面扫地，令人扼腕长叹。招待会上，一名团员的妻子"悄悄"告诉外国代表："今年我们最后一次庆祝双十节，明年就庆祝十月一日了！"这句悄悄话立即放大，第二天便被刊登在东京的多家报纸上。

中华人民共和国成立后，一些国家纷纷承认，苏联、印度、荷兰、瑞典、瑞士等走在前面，中华民国驻法国的大使馆宣布起义，为新政权服务，更是引起轩然大波。在这种情况下，驻日代表团可说是处于惶惑之中，有人主张仿效法国大使馆，吴文藻的态度是比较坚决的一个，日共也主张，"立即通电起义，不成，可退到苏联代表团，乘苏联船回国"。但朱世明的态度却还在动摇之中，而此时退居台湾的国民党，已经得到代表团"中统"与"军统"特务的密告，引起了关注，短时期内先后派出秘书长张群、外交部亚洲司司长费正铭等到东京，了解情况，并与朱世明密谈、施加压力。

离东京约八十公里的叶山小镇，驻日代表团有座别墅，作为周末或节假日休闲娱乐之用。"代表团的资深成员举办宴会时，子女就在附近的海滩游泳。"朱世明在观望与犹豫不决时，曾和代表团的资深官员在叶山小镇开会，"彼此交换不寻常的意见"。虽然会议上公开听到的言论，多为对美国政策的不满之词，但此次会议，对朱世明更加不利。会议之后，"谣言盛传，驻日代表团要学法国大使馆叛变，提出主张的人据说是法律顾问吴文藻"。

朱世明重回团长"宝座"之后，吴文藻又成为仅次于副团长的第三号人物，这也就将他推到前台了，吴文藻多次与朱世明私下商量，如果台湾真的追查起来怎么办，退路在哪里？要么就担当起来，举行起义，要么就可能束手就擒，那罪定会不轻的。吴文藻还讲到了横滨的一位领事，被人密告为通共，回到台湾便被枪毙了，他们不得不防。朱世明曾自诩崇拜毛泽东、金日成，到了关键时刻，却变得优柔寡断起来。这位有着"湖南脾气"的人曾细想过，说："我们都有些不切实际，就是宣布起义，能逃出麦克阿瑟的手掌？真以为苏联能保护我们？还不世界大战？"

到了一九五〇年四月，朱世明还是被召去了台北。这个召去有着两个版本，吴半农说，国民政府"发表朱世明为伪国防部次长，企图把朱骗到台湾，以便调虎离山"。吴文藻等人都反对朱世明去台湾，若去，必定凶多吉少，"后来朱世明不顾我们的劝阻，还是到台湾去了。果然，朱一去，护照就被吊销。所幸朱行动机灵，见势不佳，利用私人关系，立刻逃回东京"（有关未遂起义的事实与引用，均出自吴文藻档案中吴半农《关于吴文藻》）。另一个版本来自朱世明副官黄仁宇，他们是在陪同"外交部长"吴铁城访问汉城时接到蒋介石办公室的电话，匆匆赶往台北的。"到台北后，我才了解朱将军案子的严重程度。有一家报纸如此报道：'但既然朱世明敢回来，他一定觉得没什么好担心的。'多种刊物都提到叶山会议，但没有一家给予明确定义。一家杂志社以朱将军的案子和数年前山口淑子（中国称为李香兰）案并列，让读者更觉复杂。"黄仁宇说，许多人都有一个错误的印象，以为蒋介石是独裁者。"在朱将军的例子中，结果绝非由蒋一人决定。朱必须和不同部门局处主管面谈，其中包括控告他的人，之后才能达成共识，做出处置。因此我们在台北停留了十二天，到最后一刻才了解最后的安排。"于是，朱世明出入在各个部门，沟通与解释，最后是在酒桌上与汤恩伯取得了谅解，才得以脱身。（黄仁宇《黄河青山》）

朱世明回到东京，立即递上了辞呈，吴文藻、吴半农、谢南光、郑晏秋、瞿络琛先后辞职，离开代表团，新任团长是何士礼。为了取得辞职的合法性，吴文藻等人将辞职的时间提前至三月，以便朱世明的批准得以生效，离开代表团的时间是一九五〇年五月，至此密谋起义以失败告终。

冰心在回忆到这一惊心动魄历史事件时，仅有这样几行轻描淡写的文字：

> 这时我们结交了一位很好的朋友——谢南光同志，他是代表团政治组的副组长，也是一个地下共产党员。通过他，我们研读了许多毛主席著作，并和国内有了联系。文藻有个很"不好"的习惯，就是每当买来一本新书，就写上自己的名字和年、月、日。代表团里本来有许多台湾特务系统，如军统、中统等据说有五个之多。他们听说政治组同人每晚以在吴家打桥牌为名，共同研讨毛泽东著作，便有人在一天趁文藻上班，溜到我们住处，从文藻的书架上取走一本《论持久战》。等到我知道了从卧室出来时，他已走远了。
>
> 我们有一位姓林的朋友——他是横滨领事，对共产主义同情的，被召回台湾即被枪毙了。文藻知道不能在代表团继续留任。一九五〇年他向团长提出辞职。
>
> （《我的老伴——吴文藻》）

朱世明、吴文藻、谢南光、郑晏秋、瞿络琛和吴半农先后离开代表团，昔日代表一个泱泱大国的团长、组长、将军、外交官，一夜之间成为无国可依的游民、无家可归的"丧家之犬"。朱世明曾希望去美国发展，与家人团聚，但被麦克阿瑟的外交官婉拒，几个散落东京街头的将军、外交官们，为了生存只得再次抱团，注册成立了一个龙根（Lungan）贸易公司，推举朱世明任总裁，其他的均为合伙人，以商人身份侨居东京。

谢南光通过华侨的关系，从马来西亚的《星槟日报》，为吴文藻取得一个不领薪水的驻东京记者身份。那时能定居日本的外国人，除了商人之外，便是记者，吴文藻重新获得行动的自由。冰心则由于仓石武四郎的关系，被东京大学中国文学科聘为非常勤讲师，讲授中国文学，有了相对固定的收入。但无论如何，日本不是久留之地，台湾显然不能去，美国呢，考虑得多一些，但对冰心而言，读者群是个大问题。印度也曾考量，作为社会学专业自然没有问题，但冰心呢？依然是读者的问题，文化的问题。最后还是想回到北平，不，现在已改回北京，如何？

对于新政权，无论从理论上观照，还是从行为与言论上解读，并不被冰心和吴文藻视为洪水猛兽。与中国历史上的改朝换代一样，总有其合理性与进步性，不然便不足产生；同时，任何政权都是离不开知识分子，教育、文化总是要办要发展，中国共产党也无例外吧。军阀混战、八年抗战，教育与文化都没有停止，难道在一个新政权建立后，会摒弃教育与文化？这是他们作为知识分子对新政权的基本估计。在这个大思维的前提下，自人民解放军进入北平后，冰心和吴文藻曾通过一些途经日本回国的朋友，传递了自己回北京的心情与愿望，还表示，愿意将在日本收集的关于日本政党、经济及美国管理日本第一手资料送交祖国。这些东西应是极为珍贵的，对新生的政权研究日本、美国及美国对日政策都有非常高的价值，甚至是情报价值。老舍应周恩来总理邀请回国，途经日本，冰心和吴文藻前往横滨探望，再次表达了回北京的愿望。曾有资料显示，之前国内曾派人策反吴文藻等起义，这个人是蒋介石第二位夫人陈洁如的养女陈瑶光的丈夫陆之久。陆一九二六年起从事中共地下党的工作，一九四九年上海解放后，华东局统战部长吴克坚指示陆之久由香港潜入日本，做驻日代表团工作，动员朱世明、谢南光、吴文藻、吴半农等高层人士起义。（李伟《上海滩的神秘老人》）

离开代表团之后，吴文藻则由日共安排，在东京郊外寻租了一座空置的仓库，经过装修后，成为东京隐居之地。之所以说是隐居，因为此时的吴文藻通过有关渠道，开始接受中华人民共和国安全部门的指令，以记者的身份在东京收集有关情报，接触最多的是谢南光。谢南光不住东京而在横滨，但他经常光顾吴家，来时将帽檐压得低低的，路人不能见其面目，而他一来，吴宅便会闭门谢客，连窗帘都得拉上，晚上还将灯光关暗，常常忙到深夜，有时还会住下，等到天亮，才与吴文藻悄悄钻进 45 型的雪佛兰轿车，消失在晨雾中的大街小巷。因为有些神秘，邻居以为这家人在做黑市生意。这种判断对他们有利，不至引起国民党特务的注意，也不会引起美国情报局的注意。这年从五月开始，麦克阿瑟已经下令，发动了对日本共产党清洗运动，日共也转入了地下斗争，隐居在郊外的吴文藻，显得特别小心谨慎。

一九五〇年秋天，吴宗生从美国高等中学毕业，面临升大学问题，朋友劝吴文藻和冰心把孩子送到美国上大学，但他们另有考虑。同时毕业的还有吴半农的儿子吴晓光。"我是去美国还是回国，这涉及到我们全家去向。决定让我回国，父母亲是做过慎重考虑的。同时对我回国之后所学专业，也与我有过商量。我喜爱活动、交际，所以想学习新闻，认为当记者可以满足自己的兴趣。但父亲没有同意，他希望我学建筑，并且给他的清华同学梁思成写了一封信。回国记得是乘坐货轮，一艘运钢板的大货轮，从神户上船，船上只我与另一位女乘客。母亲在衣服的夹层缝了一封信，应该是日共的信件，告诉我收信人的姓名，（还记得这个名字吗？——王问）不记得了。在塘沽上岸后，我被海关拦住了，不放行。那时，国内忙于镇压反革命，台湾的特务很多，把我带到一个小房子里审问，我就说出了那个名字。不多会儿，又来了一帮人，我将那封信交给他们，态度立即就变了，我被安排在马连道一个招待所，一周之后就送到了北京，本来我要求上清华大学，但那时，清华大学还没

有建筑系，北大有，我就上了北京大学工学院，以后合并到清华大学，我也就跟着上了清华了。"（吴平与王炳根的谈话）

送走儿子之后，日本的新学年也开始了。冰心走上了东大的讲台，作为一名老师，一面在这里为日本学生讲授中国文学，一面在等待着消息。这时，吴文藻收到洛氏基金会两千美元的经费，为去耶鲁从事研究工作做准备。于是，他们就公开宣扬要到美国去教书，一九五一年七月十五日出版的《妇人民主新闻》第241号发表消息：《谢冰心女士近日将赴美》，冰心特地到圣心女子中学为两个女儿办转学手续，指定转入耶鲁大学附近的女子中学，只等签证一到就会动身去美国。"然而，事情却出乎意料地起了变化。据包括费正清在内的数位美国友人的通信称，吴文藻在东京申请赴美签证被拒，这是根据美国政府的一项法规，即拒绝那些'有损于美国利益'的人入境，之后他便携家属回到了北京。"（阎明《中国社会学史———一门学科与一个时代》）

像十几年前离开燕南园一样，又开始装箱了，只不过这回没有学生，而且要关起门来收拾，吴文藻连一张纸片也不放过，所有的资料都由他一手装箱，最后数了数，冰心顿时傻了，又是一个十五箱，真是"宿命"。日本人在北平弄丢了他们十五箱的珍宝，现在他们又从日本带回十五箱，也是珍宝啊！如果说，那个十五箱更多是他们两人的私密，那么，这十五箱便是国家的机密了。吴文藻一一编号，并且记住了每一箱中装的东西。十五个箱子都是一个样式，只有吴文藻知道每一个箱子的轻重。其他的衣物，为冰心生日花了五百美元定做的貂皮大衣与手袋，给他们传递过无数北京消息的三菱牌电子管短波收音机，还有缝纫机、压面机、英文打字机等，还有日本的古玩、字画，以及大妹小妹的玩具、书刊等，则是装在另外式样的箱子里。日本投降时，军工厂尚存大量制造飞机的原料，后来都改为民用，铝合金则制成旅行箱，既轻便又结实，吴文藻一口气购回十只。冰心笑他真够阔气了，吴文藻说，也算是带回祖国的礼物吧！

秋天到了，又一个秋季新学年即将开始，冰心没有来得及站在讲台上与同学们告别，只留下一篇动情的文章，寄语东大的学生："从一个中国人的立场出发，从一个教师的立场出发，我最关心的是新发展的中日两国文化和文化人的迅速交流。为什么呢？只有加速彻底的文化交流，两国间真正的永久的和平才有了基础。"

一九五一年八月二十三日，横滨港码头，吴文藻、冰心、吴宗远、吴宗黎一家四人，登上了一艘印度的轮船，悄然离开了日本。

淡金色的夕阳下，送行的只有一只漂浮在海面上的木屐。"啊！我苦难中的朋友！你怎么知道我要悄悄地离开？你又怎么知道我心里丢不下那些把你穿在脚下的朋友？你从岸上跳进海中，万里迢迢地在船边护送着我？"（《一只木屐》）

二、洗脑

冰心一家在香港上岸，之后到了天津。紫竹林是父亲谢葆璋求学天津水师学堂的旧址，这儿有家安全机构的招待所，现在成了他们一家四口隐居之所。他们自从下船之后，便都由安全部门负责安排，并"约法三章"：不得露面、不见媒体、不写文章。有关负责人告知：冰心和吴文藻回到祖国，对新生的政权是个好消息，人民政府表示热情欢迎，但由于尚有任务需要执行、还有与二位相识的进步人士暂留日本，所以，需要隐姓埋名。以冰心的知名度，香港的媒体一旦嗅出，消息便会满天飞。从香港到天津，保密措施严密，一路悄无声息，连两个在自由世界生活惯了的孩子，说话也都压低了声音。

吴文藻在日本五年积累与收集的资料与情报，成了给新生政权的见面礼。那时，中日隔绝，处于敌对状态，对来自日本的大量资料与情报，中央军委和国家情报安全部门视若珍宝。有专门的房间放置，天天有人过来，吴文藻便向他们介绍，有时他们也看，随时请教吴文藻。也就在这个过程中，安全部门并未放弃对冰心和吴文藻的调查，只是做得隐蔽，有时以了解资料背景为借口，让他们讲述在日本的活动与经历，都有人现场记录。吴文藻是社会学专家，冰心有作家的敏锐，哪里不知道这种询问的性质？但无论如何，安全部门还是给了他们相当的面子，既进行了调查，又没有将他们推到被调查的位子，算是两全。

因为孩子的上学原因，不久，将他们一家接到北京，住进了洋溢胡同一座四合院里，在这里继续天津未完成的事情，同时，吴文藻也接受了任务，指挥仍在日本的有关人员，收集情报资料。冰心则开始接受改造旧思想、接受新思想的学习。她参加了中共中央直属机关委员会组织的为期半年的《辩证唯物主义与历史唯物主义》和《中国近代史》两大系列讲座，系统地接受共产主义的历史观、世界观与方法论。授课人都是顶级的红色专家与学者：杨献珍讲历史唯物主义与唯心主义总论，做关于反映论的专题报告；人大教授、哲学博士讲唯物论与唯心论；陈奉同讲米丘林学说；科学院王淦昌所长报告物质的构造问题；艾思奇讲矛盾的特殊性与普遍性、量变与质变、辩证法的三个最基本规律，再讲历史唯物主义；胡绳分别就唯物主义部分与辩证法解答问题，强调斗争是绝对的、统一是相对的哲学观点。历史部分由范文澜讲近代史的分期，荣孟源讲鸦片战争和太平天国，邵循正讲中日战争和戊戌变法，荣孟源再讲义和团运动等。这些课题对冰心而言，都是全新的，甚至是闻所未闻的，回到家与吴文藻说起，连吴博士也有弄不清楚的问题，冰心觉得很是兴奋。讲座设在中南海中央直属机关的小礼堂，她总是提前到来，坐在最前面那排的位置，像个认真听讲的小学生，一边听一边记，每次讲座下来，她的笔记本便会密密麻麻记上十好几页，来不及的就用英文字母代表，比如"社会主义"以"S"代替，"资本主义"则用"Z"表示，总之是尽量多地记下，不仅记在本子上，更要记在脑袋中。这种由"S"代替"Z"的学习，就是被后来概括出来的从旧社会过来的知识分子的"洗脑"。尤其是当她读到毛泽东《在延安文艺座谈会上的讲话》时，简直冒出了一身冷汗。"立场问题""态度问题""工作对象问题"，对照一下自己全错了，文艺为工农兵服务、学习马克思主义、改造世界观，原来写作还有这么复杂？还有"歌颂光明"与"暴露黑暗"，"普及"与"提高"，谁曾想过？尤其那段对人性论的批判，就像是对着了自己。看来，三十多年的写作习惯，现在行不通了。想想在日本的言论与文章，那不就成了主张"爱敌人"啦？这回是一人躲在房间里连读三遍，越读越是汗颜！

一九五三年九十月间，中国文学艺术工作者第二次代表大会在北京召开，全国各地知名作家、艺术家聚集北京，共享盛会。冰心应邀出席会议，第一次接触、进入到了一个陌生的世界，会议代表几百号人，没有几个相识的，只有为大会作报告的郭沫若、茅盾有过交往，周扬也只是听说过，但他们在主席台上，离她很远。报告中的用语、词汇大都陌生，比如"社会主义现实主义"，比如文学创作是共产党领导的事业，与党的关系是机器与螺丝钉，还有描写英雄人物等等。那些在主报告中受到表扬的作品，她都没有读过，作者的名字也没有听说过，令她感到欣慰的是，巴金与老舍都被点名表扬。十几天的时间，冰心驻会，天天与新的面孔和新的观念打交道，也觉得蛮有意思。不少场合，当介绍到冰心时，还是有人说读过她的作品，甚至有人说是她的"小读者"，这让她意外也感到惶惑。也有不少的人会说，"欢迎加入我们的文艺队伍"。冰心听出了弦外之音，这个文艺队伍原来是他们的！有时她也会诙谐地回答："俺也是一员啊！"山东侉话帮了大忙，气氛就融洽了起来。感受最深的是，共产党的领袖们对文学艺术的热爱与重视，无与伦比。毛泽东讲话，周恩来作政治报告，毛主席、刘少奇副主席、朱总司令、周总理、陈毅副总理，那么一大批的领导人，竟然抽出宝贵时间来接见大会的代表，并且在一起照相。北洋政府自不必说，国民党也不会这样，蒋介石连小说都不看，戏也不听，只读经，只有宋美龄有些爱好，组织过一次以"蒋夫人"名义设立的文学评奖。欧美的政党领袖更无接见作家艺术家这一说，最多是竞选时拉拢名演员造势拉票。共产党为何如此重视作家与艺术家？这是她一时闹不明白的，作为其中的一员，感受到被器重的骄傲与自豪，但也有莫大的精神压力，就是说，以后要按照共产党的要求改造自己，按领导的指示讲话指导写文章。不仅是像自己这样的人要改造，大会号召每一个作家都要接受改造。"思想改造"这个词对她极其陌生，如何进行"思想改造"就更在云里雾里，但她想，既然大家都要改造，自己也就跟着改造吧。

在小组的讨论会上，冰心以"归来者"的身份发言，第一次说出了自己回到北京的观感，"我回到祖国，回到我最熟识热爱的首都，我眼花缭乱了"！冰心是老北京了，却是第一次用诗的语言，赞美北京，赞美了今天的天安门、故宫、天坛、白塔。应该说，这是真实的感情。自一九〇〇年八国联军入侵之后，北京日渐破败，战事倥偬之中，还有谁来维护古都？至一九四九年中共接管北京，仅天安门就清理出上千吨的垃圾，更别说木建筑的腐朽、油漆的剥落了。新旧北京在她的心里有过比较，感受也就深了。但作为作家艺术家的会议，仅仅谈些感受是不够的，还必须落实到自己的身上。冰心在聆听了大会的报告与发言之后，对照毛主席《在延安文艺座谈会上的讲话》，检查起自己来："我过去的创作，范围是狭仄的，眼光是浅短的，也更没有面向着人民大众。原因是我的立场错了，观点错了，对象的选择也因而错了。"（《归来之后》）在笼统的认错之后，立即就回到了"还能写"的问题上："我的文字工具还是可用的。我能以参加这次的全国文代大会，得到了学习的机遇，感到十分快乐，十分兴奋。我虽然细小，也还是紧紧挨着这块大磁石的一条钢针。在总的路线中，我选定了自己的工作，就是：愿为创作儿童文学而努力。我素来喜欢小孩子，喜欢描写快乐光明的事物，喜欢使用明朗清新的字句。在从前那种'四海皆秋气，一室春难暖'的环境中，我的创作的欲望，一天一天地萎缩淡薄下去，渐渐地至于消灭。如今在这万象更新的新中国的环境中，举目四望，有的是健康活泼的儿童，有的是快乐光明的新事物，有的是光辉灿烂的远景，我的材料和文思，应当是取之不尽、用之不竭的。"她没有一概地否定自己，说她还有优点，语言的清新，喜欢写光明与快乐，愿意为儿童写作，这些都是她的优势，希望能在新中国的文学事业上发挥作用，并且将"齿轮与螺丝钉"的关系，形象地改造为"大磁石与钢针"。最后回应在大会的主题词上："我一定要好好学习社会主义现实主义的文艺理论，好好研读先进的文学作品，好好联系群众。在我的作品中，我要努力创造正面艺术形象，表现新型人物，让新中国的儿童看到祖国的新生的、前进的、蓬蓬勃勃的力量，鼓舞他们做一个有教养的、乐观的、英勇刚毅的社会主义社的建设者。"

在这次大会上，冰心被选为中国文学艺术界第二届全国委员会委员，同时参加了全国文协会员代表大会。她的名字、她的发言，出现在大会的简报上，出现在各大报的名单中。消失了多年的女作家冰心，在北京浮出了水面，并且是以大会亮相的"华丽转身"出现在公众的视野里，也就成了一条新闻。香港《大公报》以北京专讯的方式，首发署名耕野的《女作家谢冰心回到了北京》，立即在台湾、日本与美国引起反响。梁实秋感叹道，不知道什么原因，她还是回到了北京！胡适、顾毓琇、浦薛凤等都吃惊不小。

冰心在大会上讲要为儿童写作，不是空穴来风。实际在她尚未完全浮出水面时，业已开始构思写作中篇小说《陶奇的暑期日记》。为了解新中国儿童的生活、语言、思想与感情，冰心经常邀请胡同的小朋友到家做客，每回与小朋友交谈，从不"高高在上"，她坐在小凳上，让小朋友坐沙发，说这样可以平等对话。在浮出水面后，又参加了学校的一些活动，接受少年先锋队献上的红领巾，这让她想起在重庆参加过的三民主义青年团评议员活动，并在心里进行着比较，新中国的孩子活泼多了，也"淘气"多了。这大概就是小说中"陶奇"名字的由来吧！

在由丁玲、老舍介绍加入文协，成为会员后，冰心也就算接受了新中国对她的工作分配，即在文协儿童文学组担任组长。"文代会"后，中国作家协会正式挂牌，她也就自然成了作协会员、作家了。

到了新中国为冰心出版第一个作品选本《冰心小说散文选集》的时候，她写了一篇自序，在这里，自我批判便具体了，直接指向了"人类之爱"：

> 我开始写作，是在五四运动时期，那正是中国反帝反封建的资产阶级民主革命一个新的阶段，当时的中国社会，是无比的黑暗的。因此我所写的头几篇小说，描写了也暴露了当时社会的黑暗方面，但是我只暴露黑暗，并没有找到光明，原因是我没有去找光明的勇气！结果我就退缩逃避到狭仄的家庭圈子

里，去描写歌颂那些在阶级社会里不可能实行的"人类之爱"。同时我的对象和我的兴趣，主要是放在少数小资产阶级知识分子上面，我没有"到工农兵群众中去，到火热的斗争中去，到唯一的最广大最丰富的源泉中去"。脱离群众，生活空虚，因此我写出来的东西，就越来越贫乏，越空洞，越勉强；终至于写不下去！

对"人类之爱"的自我批判，实际与当年的左翼理论家对她的批判差不多，只不过那时她不接受，坚持自己的"哲学"与"信仰"。在抛弃资产阶级的"人类之爱"时，冰心引用了一段毛泽东"讲话"中的一段话，便显得有些趋时了，"五四"运动时毛泽东在哪儿？只不过是北大图书馆的一名图书管理员！但在那次"文代会"上，三个主题报告与大会发言，均以"延安讲话"为最高标准，冰心也就顺势引用。

这是指公开发表的言论。在自书简历中，则直言了她的难处：

> 至于写作，当然是我最喜欢的工作，但是这里的问题就很大很多，比方说，我从前的作品，今天再看一遍，人生观、立场、观点处处都有很大的问题，资产阶级的文艺思想去掉以后，我文章里只剩下稍有可取的就是炼字造句了，而这是文学中次要的部分，我自己觉得我还是对生活不熟悉、不深入，而且对于儿童文学的理论没有研究，对于马列主义的文学理论也不熟悉，因此写起来不流畅，甚至于不易下笔，反不如从前蒙在鼓里的时候，胆子大一点，一篇很不成熟很肤浅的东西，改来改去，改到自己都厌烦的时候，自信心和抒情就都减少了，现在所写，就是每次出国的和平运动的纪事和游记，应各报纸杂志之约的，自己都觉得不"精彩"，写完了自己都不记得，只觉得同别人写的大同小异。

在对自己的创作道路与思想进行自我批判之后，冰心借题进入到所受教育的批判上，箭头直指燕京大学，并且隐名指向司徒雷登："燕京大学成立，正在北洋军阀统治时期，所有帝国主义国家都在中国出头露面，支持着这些军阀连年混战。在兵荒马乱之中，帝国主义者从容地伸入魔爪，浑水摸鱼，巧取豪夺。他们中间，有的人就披上宗教的外衣，在中国进行着最恶毒阴险的文化侵略。"（《伟大的保证，伟大的关怀》）这个出席全国人大第一届第一次会议上的发言，冰心整理成文，发表在《北京日报》上。从对燕大的赞美到对燕大的批判，文化侵略、教育魔爪、阴险恶毒的手段等等，用了粗糙而严厉的语言，对昔日美轮美奂的燕大，举起了批判的武器。"痛心"与"愧汗"自然指的就是自己了，因为她的教育、修养、气质、精神、思想、学识，哪一点不是燕大给予的？就是今日外交舞台上的生辉、新中国形象大使所具备的涵养，追溯起来，哪一项不是从燕大而来？

搬入民院和平楼后，吴文藻与冰心有过一次长谈。吴文藻不赞成冰心的这种自我批判，他认为，文学上的事情，可以争论，可以批判，但对教育要慎重，世界文明由教育来传承，教育具有超阶级的性质，孔子也说"有教无类"。燕京大学的教育不是没有缺陷，但它基本是欧美的办学理念，这个理念经过历史的考验，培养了无数的人才，为人类文明做出了贡献。因为美国的政治与体制原因而否定一切美式教育，那是危险的。冰心听任书呆子的丈夫诉说，他的一套教育理念，冰心也能接受的，但是，却撇嘴一笑，说他还是没有汇入工农大众。

三、新的工作与外交形象

在中央军委和国家情报安全部门与吴、谢合作暂告一个段落时，周恩来总理曾有一次专门接见。中央军委联络与情报部门的负责人罗青长坐了小车来到洋溢胡同，接走了谢、吴夫妇。在中南海西花厅，周恩来总理在夫人邓颖超的陪同下，和他们进行了亲切的交谈。总理见面的第一句话就是："你们回来了，你们好啊！"这"回来"二字，着实令人感到温暖，顿生回家的感觉。作为共产党和人民政府的领导人，说"你们回来了"，这就没有见外的意思，将自己看作一家人，还有什么比这更能温暖人心？吴文藻坐在周恩来的旁边，第一次见面，却没有陌生感，他向总理谈到自己的身世，说，原本就是教书的，抗战到了重庆，误入仕途，又去了日本，本想很快就回来，但没有想到国内的局势……总理接过他的话，连声说："没有关系，革命不分先后，吴先生在日本也为我们党做了许多有益的工作。"并且称赞他"对革命是有贡献的"。显然，这是总理对他们的肯定，令吴文藻感动。他也择取要者，向总理汇报了战后日本的有关情况。周恩来又问到冰心的身体，并且以他超人的记忆，说出了大概有十几年没有见面了吧？周恩来记住了那次在重庆文协会上的见面，仅就是一面，竟然会清楚地记起，这不是常人所能做到的。当时总理还询问了他们子女的情况以及对工作安排的想法。冰心告诉总理，儿子在清华大学建筑系学习，两个女儿都在读中学。总理就问，中学之后有什么打算。吴文藻告诉总理，大女儿想学历史，小女儿想学医。总理略作沉思，建议他们的两个女儿学习外语，说他们家的条件好，学习外语有好基础，新中国成立后，与许多国家建立了外交关系，外事活动多，而外语人才奇缺，希望他们不仅为国家培养建设大厦的人才，还要为国家培养与外国人打交道的人才，并叮嘱，请他们与孩子们商量一下。此后，吴冰和吴青都按总理的期望，报考大学时选择了外语，再以后，她们成才了，成为外语大学的教师，为新中国培养了许多的外语人才。

总理在这次会见时，还征求了冰心和吴文藻对工作安排的意见。吴文藻在回国之前，也曾考虑过这个问题，能为新中国做哪一些工作？那时，中国与印度的关系友好，吴文藻对印度的情况熟悉，曾希望，如果能将自己派到印度，可以发挥作用；如果不去印度，则可回到学校教书，这是他的本意。冰心则没有具体的想法，只是希望多为孩子写一些作品。但是当总理询问到他们对工作安排的意见时，吴文藻和冰心用了当时刚刚学会的流行词予以作答：听从组织的分配，从而失去了在政府最高领导人面前表达对工作选择的诉求。

吴文藻在继续与国家安全部门合作了一段时间后，接受了新工作，到成立不久的中央民族学院工作。虽然他曾希望被派往印度担任外交官，但到大学工作，吴文藻也乐意接受。不过，这里有一个对他的认定与接受的问题。以他的资历而言，应有较高的地位：他二十世纪三十年代便是燕京大学教授、法学院院长，以后是云南大学社会学系主任、文法学院院长，战时国防最高委员会参事就不用说了，战后盟国对日谈判顾问的地位是很高的，并且具有公使衔，所收集与带回的资料与情报，对新中国是有贡献的，而且现在还在继续收集情报，为国家服务。但当他来到中央民族学院后，完全没有参照他曾有过的任职资历，也没有考虑到他为新中国所做出的特殊贡献，仅仅是一个普通的教职，研究部的一名教授，直到第二年研究部下成立了一个"民族情况教研室"，才由他接任教研室的主任。而在这里任教的他的学生费孝通、林耀华等，都是副院长、系主任，当年提倡并主持"社会学中国化"的"燕京学派"带头人，成了学生的部属。学生走在前头，比先生更有成就与出息，吴文藻并非接受不了，但他从中体会出的是——新政权对他的不信任！严重的不信任！五十三岁却显得有些老态的吴文藻教授，提了公文包推开四合院院门，走出洋溢胡同。吴教授在东城区挤上了一辆公共汽车，转车、再转车，终于到了位于西郊魏公村的中央民族学院。这里没有未名湖，没有博雅塔，没有达特茅斯宽大的学院广场，没有哥伦比亚镶嵌着常青藤的哥特式教学大楼，举目望去，几幢新的建筑，还算有些特色，红柱灰墙大盖顶，但与燕园的贝公楼相去甚远，几幢无规则排列的楼房还在建造，周边的草地尚未来得及清理，工地的嘈杂与吵闹，盖过了琅琅的读书声。

冰心浮出水面与吴文藻悄悄地被安排教职不一样，一夜之间又出现在公众视野，在中国作协，她与张天翼一道，担任了儿童文学组组长，经常带领十几位青年作家定期座谈，讨论创作。为了不影响上班，活动时间多半安排在晚上。有时大家谈得高兴，散会已是深夜。别人骑自行车飞奔离去，青年女作家葛翠琳就陪冰心走回家。那时，中国作家协会在东总布胡同，冰心家住东单洋溢胡同，葛翠琳住北京饭店后门北京文联宿舍。"长长的胡同里，夜深人静，各家紧闭宅门，冰心和我踏着月光漫步而行，轻声讲说各种事情，仿佛母女间的倾心交谈，倍感温馨。"

冰心在工作的同时，开始写作中篇小说《陶奇的暑期日记》，这部在冰心的创作中，无论是人物还是情调，都属于转型的作品，写得很不顺利，反复地修改，最后连自己都不想看，一个五万多字的小说，前后写了三年。但是，作为回到北京之后，冰心为新中国少年儿童献上的第一份礼物，还是引起很大的反响，一九五六年五月由少年儿童出版社出版，很短的时间内便多次印刷。《光明日报》在"图书评论"的栏目中，发表了一篇很长的书评，分析了这部作品与以前旧作的区别。冰心本人对作品并不满意，甚至不愿送人，包括赵清阁这样的老朋友。当然，新中国并非仅将冰心当作一个专业作家来使用。她成了全国人大代表，这是一个高于国民政府参政员的身份，虽然不能像西方的议员那样，但在中国却是有着很高的荣誉与地位，不仅出席全国人民代表大会，讨论国事，并且可以到全国各地参观视察。一九五六年冬季，冰心便回到故乡福建省的福州与厦门，视察了近两个月的时间，既是以人大代表的身份了解社情，也是作为作家接触新的生活。

冰心在国内刚刚浮出水面，便被派到出国访问的代表团中，开始活跃在国际舞台上。这不仅意味着新政权对她的政治信任，也是在执行重要的政治与外交任务。她的首次出国，是应印度印中友好协会的邀请，参加中印友好协会派出访问团，对印度进行访问。访问团仅由六人组成，冰心名字赫然在列。团长丁西林，副团长是夏衍，团员有诗人袁水拍等。那时出访，团长不带夫人，冰心被派入访问团，显示了新中国外交柔性的一面。冰心的经历、影响、人道主义立场、与印度的文化象征泰戈尔的精神联系，尤其翻译过他的作品，在出国访问时倒是成了她的优势。夏衍与袁水拍虽然都是作家与诗人，但他们是共产党员，而团长留学英国，文理两科皆通，属中性，稳固的左、中、右结构。访问团活动的舞台在印度，但它展示的形象却要出现在全世界面前。二十世纪五十年代初，西方甚至亚洲的一些国家，对社会主义国家怀有恐惧感，甚至视若洪水猛兽，因而，展示共产党领导下新中国的柔性一面、人情味的一面十分重要。外交活动往往又是集体亮相，这个场合中，在团长不能带夫人的情况下，女性团员也就显得非常重要，她代表的是中国妇女，是中国的母亲，温柔、美丽、睿智、贤惠，热爱生活。此时的冰心甫一出现在国际舞台上，便成了新中国女性形象的代言人。

五十九天的访问，从新德里印度总理尼赫鲁、总统拉金德拉·普拉沙德的会见，在泰戈尔故居，冰心传递出泰戈尔诗歌的神韵，令印度听众也入迷，朗诵完毕，爆发出热烈的掌声。之后回到纯正的北京话，介绍了泰戈尔在中国的友谊与影响，包括她自己对泰戈尔的理解与翻译。冰心这一次的表现，更是出色，联系到上一次与英迪拉·甘地优美的谈吐，副团长夏衍对她的外交能力与魅力，十分折服："使我这个干了多年外事工作的人感到佩服。她那种不亢不卑、既有幽默又有节制的风度，我认为在这方面，我们文艺队伍中，可以说很少有人能和她比拟的。"（《赞颂我的"老大姐"》）

回到北京，代表团进行了小结，从团长到团员、从副总理到外长，对冰心的外交能力给以了高度的评价，认为她为新中国的妇女争光，也为新中国的形象添彩。

首次在外交舞台上出色的表现，用当时的话说叫"让祖国满意"。她自己则是这么认为的："国际活动，我是喜欢的。我是政治觉悟不高的人，对于政治觉悟比我还低的环境和我从前差不多的人，距离较近，他们的心理意识，我也比较摸得着，我可以同他们直接谈话，又少一层隔膜，我觉得在这一方面，我虽然仍是会犯错误，但是，还比较有把握。"（冰心自书简历）此后，冰心作为新中国外交舞台上的形象大使，不断地出现在各类代表团中，向世界传递着柔美的声音、表现优雅的身姿。一九五五年四月，冰心再次被派往印度，二十天后回到北京，行李还未打开，又接受了新任务，参加李德全为团长的中国妇女代表团，前往洛桑出席世界母亲大会，并对瑞士、法国和顺道的苏联、捷克进行访问。从洛桑飞日内瓦，乘火车到伯尔尼，又经布拉格到莫斯科。刚到中国大使馆，冰心便接到电话通知，八月六日日本有会。七月二十九日回到北京，隔两天，即是八月一日，冰心又出现在中国代表团中间。这次的任务是到日本出席禁止原子弹和氢弹世界大会，团长是刘宁一。

三四年前她悄然告别日本，没有想到现在竟然是以新中国代表团的身份，再次踏上东瀛的土地。飞机在羽田机场降落，乘车前往东京，冰心坐在车后的一角，回忆起战后第一次乘车走过这条路的情景，建筑断垣残壁、行人衣衫褴褛，战后多少年了？也就十年，如今一片繁荣，新栽种的树都长高了，楼也盖起来了，路很宽很平整，汽车也多了，几乎看不到几个行人。麻布区已经远去，那是一个时代的终结。新中国在和平十年之后，也该有如此的成就吧。

旅居日本五年，在日本也走过不少地方，但冰心没有去过长崎、没有去过广岛，那是被美国原子弹摧毁过的城市，盟国对日委员会明令不得进入。仅仅是出于对盟国人员的保护？还是出于对战争罪恶、原子弹罪恶的掩饰？这一次她将要访问这两个城市，要与这里的土地与人民见面，要听一听全世界爱好和平者的声音。

首先是到了长崎，在出席大会开幕式后，便到复兴的市区巡礼。各国代表陆续登上国际文化会馆（即"原爆资料馆"）的高楼，四周眺望被炸的中心街道，参观资料馆里陈列的原子弹毁坏杀伤的种种相片和表格。在原子武器爆炸之下，长崎市民死者七万五千多人，伤者也有七万四千多，其中大部分是老幼妇孺。代表们慰问了原子弹受害者，伤残、遗孤、老人等，控诉了原子弹的罪恶。

广岛的景象更加惨烈，如果是十年前的冰心，爱的旗帜会举得更高，和平的声音会喊得更响，对日本人民的同情会加倍，对战争的罪恶思考会更强烈，但现在，新中国的几年生活，已让她感到那样的发言，可能不合时宜，将会与大众的声音不相协调，她现在要说的只有两个字——"控诉"。

由于冰心在日本的影响，也由于她有许多的日本朋友，所以，尽管这一次出席大会，均为集体行动，但日本朋友还是找机会见到了她，比如奥野信太郎对下榻在王子饭店的冰心进行的访问，便是逸出这次大会的一个对话。这个对话涉及面非常广泛，其中被问到对新中国、对日本与美国的看法时，冰心的话还是很有意思的。对新中国，也吐了真言：

　　我觉得从感动来说，新中国给予我的感动在我一生中是最大的。我在五十几年间经历了许多政府的执政。我所经历的这些政府中，没有一个政府像现在的政府这样为人民尽心尽力。我不是党员，也不属于任何一个政党，是无党派。但我从心底里拥护这个政府，也就是为人民的政府。直到现在我一直都是中国人，但我从未像今天这样为自己是中国人而感到骄傲过。因为我是中国人，所以无论去哪个国家都能高高地抬起头。这是因为中国人热爱和平，对任何一个国家都没有任何侵略的念头，也没想过要侵犯其他国家，而且从没想过要在哪个国家投下原子弹，从没想过要和其他国家签订不平等条约。我们国家需要的是五项原则，平等互惠和和平共处的原则。正因为如此，作为中国公民无论到哪个国家都受到欢迎。我觉得成为这样一个国家的公民是非常光荣的，现在是我一生中最愉悦的时期。

　　（《新中国の作家生活》——谢冰心、奥野信太郎对谈）

　　在日本转了一圈之后，从香港回到广州，已近秋声。这一年，作为新中国形象大使，冰心三度出访，从印度到瑞士、法国、捷克、苏联，又从西方转到东方的日本，真是马不停蹄。五十五岁的冰心回到广州，确实感觉到累了，组织上也考虑到她的身体状态，同意她顺道到从化温泉休养一些时日，再回北京。

四、"反右"表现

　　浮出水面的吴文藻，与妻子的精神状态完全不能比，在他自认为没有得到信任、重用的情况下，情绪消沉、低落，终日言行谨小慎微，尤其怕成了无产阶级"专政对象"，几乎没有舒心的日子。

　　说是为了照顾吴文藻教授，免得两地奔波，中央民族学院在新建的和平楼，分配给他一个单元。于是，一家人便只得搬离洋溢胡同的四合院。民院的和平楼为教职工宿舍公寓，三层，每层有八套房，分配给吴文藻的为二层靠东，编号 208。冰心给远在上海的赵清阁写信，感叹房子很小，"连卫生间、厨房、工人屋子，只有六间"，实际上也就是两明一暗的三间房吧。吴文藻走进走出，不知道该说什么，何时住过这么小的房子？哪怕战时，也有"默庐"与"嘉庐""潜庐"啊，更不用说在燕南园与东京麻布了。还说因为照顾自己，才赐给了这么一套房子，站在屋里望着冰心，他愧意顿生却不敢言。冰心倒是豁达，认为房子小、且偏远，也有好处，"搬出城后，工作效率较高，来访的人少了，不必要的会也不去了"，最后竟然冒出一句"可是很好玩。除了没有院子之外，别的没有什么不便"。很好玩指的是什么呢？有些幽默，也有些无奈！

说没有什么不便，更是在朋友面前争面子了。有卫生间不错，但没有洗澡间呀，更无热水管道，就为此，吴文藻在他的日记中隔三差五便有一句"到孝通家洗澡"云云。费孝通是民院副院长，按照级别，他的房子是平房，并且大得多，设备也要齐全一些，老师到学生家洗个澡应该是可以的，可是方便吗？冰心又到哪里去洗澡呢？还有两个从小卫生惯的女儿，这对她们都是不可或缺的"日常功课"啊！

吴文藻精神的转折点出现在一九五七年二月。早春的季节，北京依然寒冷，但吴文藻的心情似有春意。就在一次与专家会谈后回到学校，他接到正式通知，被通过为全国政协委员。这个通知对吴文藻十分重要，当上政协委员，说明共产党与人民政府对他有了信任与尊重，在政治上与冰心的全国人大代表一样，有了同等的地位，于家中、于校内、于社会上，赢得了自信。这个"通知"比治病的任何良方都管用，吴文藻走路回家、上楼，步子轻盈，以至冰心以为是不是时光倒回"燕园时代"。

成为全国政协委员后，社会活动自然就多了，就在同月的二十七日，午后三时，吴文藻乘车来到中南海，事先的通知是最高国务会议（扩大到千人），听李富春作报告。但会议开始后，毛泽东主席主持并讲话，内容是"人民内部的矛盾如何处理"，一口气讲了近四个小时。吴文藻说他"听得非常兴奋"，回家的路上，春风拂面，不觉得寒冷了，晚饭后已是九时，仍至费孝通家洗澡，浴室里竟然传出嘹亮的歌声来。

自三月五日始，全国政协第二届第三次会议在北京举行，这是吴文藻成为政协委员第一次出席大会。第二天午后四时，周恩来总理专门会见新进政协委员，说了一些欢迎之类的话，周恩来的记忆力超强，在与吴文藻握手时，还特地询问了冰心的健康情况，称赞她的"外交丰采，令人钦佩"。吴文藻自觉这次会议，一定要发言的，不仅因为是新进委员，更因为毛主席的讲话。政协会议的主题就是百花齐放、百家争鸣，正确处理人民内部矛盾的问题，自己得有个态度吧。但他还是谨慎，到大会秘书组去找了去年新进委员的发言，以作参考。

大会期间，几个民主党派的领导人都作大会发言，各种声音都有，因而，吴文藻的发言显得更谨慎了。他写了发言稿，让冰心看，请她帮助修改，又请谢南光看，请费孝通看，四处征求意见。费孝通也带了他的文章给老师看、给师母看，这就是那篇著名的《知识分子的早春天气》。

费孝通一进门，便说他在民盟会上有个发言，他们认为不错，昨夜根据讲话改成了文章，自觉有些意思，毛主席都号召"鸣放"，却是鸣放不起来，这篇文章也算是响应号召，重在讲"鸣放"的心理，吴先生考虑问题周全，请老师看看。声调里，可透愉悦之情。吴文藻接过文稿，打坐沙发，便看了起来，冰心从卧室出来，费孝通便笑嘻嘻问师母，说，那个"乍暖还寒时候，最难将息"，是不是指早春天气？冰心立时纠正，"不是早春天气，那下句是什么？'三杯两盏淡酒，怎敌他晚来风急，雁过也，正伤心，却是旧时。'雁过也，不是秋天"？饱读诗书的费孝通"噢"了一声，说，一直将"乍暖还寒"理解成为早春，冰心笑笑："望文生义吧，你看后面还有'满地黄花堆积''梧桐更兼细雨'，黄花就是菊花，梧桐落叶，都是秋天的景色。"在李清照面前，费孝通当然敌不过师母了。冰心善解人意，便问，文章引用了？费孝通回答，没有直接引用，只是用了乍暖还寒是早春天气的意思，冰心说，那也没有关系的。两人正说着，吴文藻文稿还没有看完，站起来指了一段："这里说的是不是我呀？"他让冰心看，冰心快快瞄过，并念出了声：

去年一月，周总理关于知识分子问题的报告，像春雷般起了惊蛰作用，接着百家争鸣的和风一吹，知识分子的积极因素应时而动了起来。但是对一般老知识分子来说，现在好像还是早春天气。他们的生气正在冒着，但还有一点胆怯，自信力不那么强，顾虑似乎不少。早春天气，未免乍暖还寒，这原是最难将息的时节。逼近一看，问题还是不少的。

冰心念过，说："可不说的就是您——吴老文藻先生。"一时满屋生笑。费孝通这篇文章《知识分子的早春天气》，在政协会闭幕后没几天，便在《人民日报》显著的位置上发表。当了政协委员后，民院请吴文藻出山，担任图书馆馆长，同时也在考虑恢复社会学问题，这一段时间，吴文藻显得很活跃，频频与社会学家联络、交谈，这时雷洁琼、费孝通、潘光旦、陈达时常出现在他的生活中。但在图书馆长位置还没有坐热，民院组织"鸣放"，多次邀请吴文藻出席，他先是躲避，不愿在公开的场合多说话。但到了六月初，在本校民主党派会议上发言，他还是没有克制住，手上捏了个发言提纲，题目有些火药味："民主党派起什么作用呢？"此时离帮助党内整风、实行"鸣放"转入反击资产阶级右派的进攻，只有五天的时间了。

冰心是幸运的，还在中共中央发出《关于整风运动的指示》之前，便被全国人大组织到江南视察了。据她的日记记载，这次江南之行，主要是参观访问工艺美术行业，接待部门多为手工业管理局等机构，第一站是扬州，真正是"烟花三月下扬州"。冰心的心情不坏，身体还行，终日在外参观、听汇报、开座谈会，回到客栈还得补记当天的日记，之后是镇江、无锡、苏州、上海，不仅是视察，还会了许多朋友，到万国公墓为母亲上坟。

离开上海，是在雨中，当冰心回到北京之时，北方的天气似乎比南方还热。尤其是那如火如荼的整风运动，她赶上了组织"鸣放"的尾巴，中国文联召开文艺家整风座谈会，听说冰心已回到北京，请她出席并作发言。冰心在会上讲了两方面的内容，一是讲她到南方视察时看到了问题：

1. 南京云锦，由于原丝出口，现在只能用人造丝来织云锦。

2. 无锡泥人，全部做三叉口，这是土产公司订货，只要三叉口，不要别的。

3. 面具，不能做花脸，因为没有须子，政府不给丝。

4. 绣有湘绣、苏绣、锡绣之分，现在只有苏绣，因为土产公司只要苏绣，只许一花独放。绣花的稿子全是北京拿下去的。官扇也如此，画师都难过得要哭，"计件工资"画细画一天两件，画粗画一天八件，越画得好，工资越少。

对工艺美术，民间艺术，如不再挽救，国际声誉也会失去的。

（中国文联给文化部、外贸部、商业部、财政部的报告）

另一个是附议吴祖光的发言，讲到文艺评级："文艺评级是荒唐的事。评一次，人心大乱一次。评一次就创造一次矛盾。这不是由谁评的问题，而是文艺工作根本不能评级。"但在公开的报道中，谢冰心似乎没有出现过，在"鸣放"中"噤声"，没有她的声音也是不行的呀！《人民日报》敏锐地发现了这个问题，并派了记者林岗，上门听其"鸣放"。

五月十九日，冰心从江南回京的第五天，和平楼208室的门被林岗敲开了。通报、落座，刚沏的从南方带来的明前茶未呷上一口，记者便发问："对最近的中共整风有什么看法？"

针对毛泽东提出中共整风是采取和风细雨的方式，冰心说："和风细雨这个方针是英明的，可惜晚了。'三反五反'时为什么不提？'肃反'时为什么不提？现在共产党整自己的党员了，强调和风细雨了。"林岗一惊，素日听说冰心是一个平和之人，却语出惊人。他请谢代表慢慢讲，他要做些记录，冰心就按照自己的思路往下说：

　　"肃反"的时候，我不在国内，也许我来说这些话较为公允。我听朋友们介绍了情况，那是近乎残酷的，多少老教授受到伤害。我有些朋友，在敌伪时期，蒋介石统治时期，坐过牢，受过苦刑。从敌人的狱门出来，他们的腰板更硬了。"肃反"运动中，他们无辜地挨了整。这一回却像是被抽掉了脊梁骨似的，成了软体动物，再也直不起来了。学生们斗争他，朋友们见了不理他。最残酷的是，又要他活着，要他教课。不应该那么做，这太过火了。许多做法是违反宪法的！有些人自杀了，这不是平常的损失。这是我们队伍、向科学进军的队伍中少了几个人。没有人可以替代他们的工作。这种做法不合中国传统。国家伤了元气，学术方面倒退了好几年。再不整风，那真不堪设想。好的教授没有了，好的科学家没有了，好的医生、护士没有了。"肃反"时候，高等学校里提出了百分之五的控制数字。如果这是个一百人的单位，只有两个反革命分子，那就要找上三个补上；若有二十个反革命分子，他也只挑五个，这怎么会不乱？"士可杀，不可辱"，知识分子受了伤害，是终身不忘的。这个问题应当作个交代。现在是，共产党员把他们打了一巴掌，扬长而去。他们心上的伤不愈合，整风要他们说真话是不可能的。最近听有一个人说："我不觉得党内党外有什么墙"。这并非由衷之言。我知道这人就有一肚子冤。他是"一朝被蛇咬，十年怕井绳"。他怕整风过去了，自己再要遭不幸。我知道共产党中也有被斗错了的。他们也有意见，为什么不说？应该说出来！不然，又要出个斯大林来！

　　我在国外的时候，从报纸、传记、秘闻录、电台广播，知道了许多斯大林的事。回国来却见把他奉为圣人。直到他死了，赫鲁晓夫一揭发，才知道了比我原先知道的更为严重得多的事实。党的领导难道不知道斯大林的这些事吗？我们中国也吃过他的亏。为什么他死了，有的同学听到死讯还昏厥过去。那个时候，我一句话也没有说。许多人没见过斯大林，也不了解斯大林，写了多少纪念文章，真是可笑！我的女儿把魏巍的（纪念）文章抄在了日记本上，现在翻开一看，每一句、每一字都成了讽刺。

毛主席是真正的中国人。可是，现在似乎什么事儿都是要毛主席出来讲话。这怎么行？这回整风以后，一定要订出个制度来，现在的制度不合理……

（林岗《与冰心的谈话》）

记者完全没有想到，冰心一放竟然放出了这么大个"炸弹"来，真是不鸣则已，一鸣惊人。原来以为冰心讲些文艺界的事情，提些具体的意见，可以写篇文章见见报，也算完成了任务，这一下，连记者也把握不住了。问题太大，话太尖锐，只得将冰心的谈话，发在《人民日报》的"内部参考"上，供领导参阅。

上门"逼宫""鸣放"的还不止这一回。吴文藻自从六月三日放言后，便集中精力改写他的文稿去了，"拒绝参加会议"。这令民院的领导摸不清他的底细，还有什么话没有说？为什么不再参加会议？于是，派了办公室霍流主任，登门造访吴文藻，恰好冰心在家，也就一起谈话。依然有明前茶，依然以提问方式开始。吴文藻的话照常尖锐，冰心的插话也不含糊，说"去年下去观察，被肃反家属哭哭啼啼喊冤枉。由于共产党的控制，言论不能说开，如儿童刊物，在宗派主义控制下很多东西不能出版。拉少先队，接待外宾，献花等都由少先队来做，这是些有特殊阶级的子弟"。"我们还有民主党派，但小孩子除了少先队以外，就不能有些民主党派。那些不是少先队的小孩子很受压抑。"冰心在私下闲谈时还说："我很悲观，毛主席死了，怎么办？""党团员的光荣是多少人的血染成的，党员是奴才，团员是奴才的奴才。""共产党灭亡，将来从内部分裂开始，旧派亡，新派产生，从清朝到国民党，到共产党，这样看来，共产党是可能亡的。""我过去以为个别现象，现在看来，普遍都有点问题，危险得很。有人又说：像钱俊瑞之类应该'自刎以谢天下'。""现在看来，一般党员都是'理屈气壮'。""现在大家对人都虚伪，不说心里话，总是捧场，党也爱人捧场。而敢直言者，总是吃亏。民主党派的钱，乞由国家给，现在不平等，有国人说，中国只有一个党是重要的，其余不然。"（冰心档案）这些话，可能远超出右派言论，甚至超出所谓右派头面人物的尖锐程度，但冰心却没有被打成右派，不知是什么原因。

吴文藻的情况不同，他在几次讲话与谈话之后，便拒绝再参加座谈会，心又沉到民族学、图书馆的研究与事务中去了。一向认真阅报的吴文藻竟然没有注意到六月八日《人民日报》的社论，没有听到"这是为什么？"的喝问。十四日当他受邀出席民主党派的会议时，因为迟到一刻，开场白没有听到，他一进门，立即感觉到气氛与风向不对，会议的主题不是"鸣放"，不是除"三害"，而是反击"鸣放"，吴文藻则成了反击的目标，批评他的不是一人两人，多人在发言中都列举了他的言论。他当时很想站起来问一声大会主席，是不是偏题了？前几天还在极力动员"鸣放"，今日却将他的"鸣放"当靶子？并且批评中多有不实之词，这是怎么回事？但会议的主席不等提问，便将话挑明了，说吴文藻在"鸣放"中，借助党内整风之际，疯狂向党进攻，其言论恶毒、用心歹毒，是民院典型的资产阶级右派分子，根据中央的精神，必须组织反击！

吴文藻不知事情起了如此的变化，一通批判下来，险些晕倒！第二天，六月十五日，结婚纪念日，儿子也选择了这一天举行婚礼。吴文藻完全没有了心情，冰心感觉到丈夫的神色不对，婚礼一结束，便匆匆赶回，路上，吴文藻向冰心诉说了原委，认为，现在最重要的是得写一份更正函，会上的批评多有出入，违背原意。回到家，立即着手，就会上对他的批评，进行了陈述与更正，希望实事求是，不要哗众取宠。此时的冰心已在作协列席过几次党组扩大会了，其中一次是批判萧乾，一次是批评艾青，感受了反右斗争的气氛与锋芒，因而提醒丈夫，态度要平和、诚恳，不要让人感到是在反驳。

六月二十七日至七月十五日，第一届全国人民代表大会第四次会议在北京召开，将近二十天的会议，主题只有一个，从周恩来的报告到代表的发言，集中精力批判右派分子。人大会议不知道用了什么火力，下了什么猛药，一夜之间，大大小小的右派竟然幡然悔过、低头认罪。那么，冰心在人大会议上表现如何？是否也加入了厮杀的行列？《冰心全集》的编者为尊者讳，未收入她在人大会议上的发言，为后人留下一个存疑的空间。为此，我查阅了当年的《新华半月刊》，在代表发言的栏目中看到了谢冰心七月十二日的发言《一面坚决地斗争，一面彻底地改造》。

冰心在发言中，没有泛泛地批判章罗反党同盟，首先将批判的矛头指向了费孝通，这既是批判，也是自我开脱，甚至在政治上有种自我保护意味。因为她和吴文藻与费孝通的关系，无人不知，而她与吴文藻还看过那篇反党文章，说什么也是无法绕开的。所以，冰心一上来就说："从费孝通的'知识分子的早春天气'和'早春前后'两篇文章中，我们感到了彻骨春寒的阴郁寂寥的空气！他说是在谈知识分子，他'所熟悉的一些在高等学校里的老朋友的心情'。他戴上了浓黑的眼镜，把'一时之感，一隅之见'概括扩大到解放后的八年光阴，到新中国的四极！这样就模糊是非，混淆视听，使得立场不稳、观点模糊的人，不假思索地起了共鸣，推波助澜地做了右派野心家的应声虫，结果走上了反党反人民的错误的路子！"

当人大会上大小右派纷纷认罪的时候，吴文藻还在认罪的道路上艰难跋涉，起步慢的人，止步也慢，惯性思维总是追不上大起大落的变局，要叫他承认反党反社会主义，挖思想根源，终日抱着脑袋在书桌上苦苦思索，"回忆童年时代，感到难受"。想不下去，便读王西彦小说《艰苦的日子》，读阿·托尔斯泰的《苦难的历程》。最后还是以三项罪名，将其打成右派："1. 他钦佩储安平'党天下'的谬论，高兴地给费孝通打电话说你们年青一辈应向储安平学习。""2. 污蔑'肃反是不道德的，是侵犯人权、人身自由没有保障'，'政府存在着权能不平衡的矛盾，权力之大和能力之低都是古所未有的，人民代表大会职权不足，没有法制'。他说'不能笼统地拥护共产党，共产党对知识分子没有经验领导，我们有经验，党不能领导文教事业，应该让贤，让民主党派来办，大家竞争一下'。主张成立'民主党派联合会'和'检查组'，由民主党派带头监督，推动整风。""3. 污蔑斯大林是通过'杀头'上台的，赫鲁晓夫是通过'政变'上台的。他把斯大林与希特勒相比，认为斯大林是独裁者。又说：斯大林和沙皇时代的暴君一样。"处理结果：撤销中央民族学院图书馆馆长、历史系民族志教研室主任。保留全国政协委员、教授，由教授二级降至三级。

这一年，冰心一家出了三个右派分子：吴文藻、吴平、谢为楫。

根据中共中央《关于划分右派分子的标准》，以其中的任何一条，冰心均可定为右派分子，"攻击肃清反革命分子的斗争""污蔑共产党的革命活动和组织原则"，只要将她和林岗的谈话与这个标准一对照，冰心都是在劫难逃。这个谈话所能阅读到的人可能有限，但《人民日报》的"内部参考"是高级领导干部必读之文件，陆定一、周扬，甚至作协党组副部级的领导都能看到，但是，没有人提出以此为据，将冰心打成右派，甚至在许广平直接向陆定一告发时，冰心也没有被打成漏网右派分子。

"鸣放"阶段，冰心大部分时间不在北京而在南方视察，这可能使得她没有鸣放的言论出现在媒体上。而在进入反右后，作协反右的主战场在党内，是丁玲、陈企霞，是冯雪峰等，且以党组扩大会的形式展开，冰心为民主人士，成了观众与听众，大庭广众之下，少有冰心的发声。再加上冰心平时人缘好，也不参与政治上、职位上的角逐，与人没有太大的利益与利害冲突，加上居于郊外、经常出国，在作协机关的时间有限，这些都可能成为原因。

但当我们对右派分子扫描一下便会发现，这一切并不足以令冰心逃之夭夭。

右派分子的名额可能也起到了作用。毛泽东曾经对右派比例做过估计，1%到1.5%，所以，当时全国五百万左右的知识分子按比例就是五万多右派分子，但实际扩大化之后，远远超出这个数字。冰心有可能就是被这个比例做了有限的保护。在进行组织处理阶段，作协党组开会定右派，有人则认为作协的右派划太多了，因而，主张能不划的就尽量不划。郭小川那时是作协秘书长、党组成员，在他的检查中谈到："在反右派斗争中，我总希望斗争对象越少越好，只要别人不揭发，我就不提出来作为斗争对象。如谢冰心、臧克家、韦君宜、黄秋耘，我都不斗争或不主张划为右派分子。"（《检讨书——诗人郭小川在政治运动中的另类文字》）

而这一切实际上都挡不住一个右派分子的产生。远的不说，谢为楫被打成右派，最终的定案是因为他批评了一个科长，说他不尊重知识分子。谢冰心可不仅仅是批评了科长，她批评了毛主席。她担心毛主席死了怎么办？她在文联整风的座谈会上，批评工艺美术存在的问题时，也涉及到了党的方针政策，这也是犯忌的，对一般知识分子而言，完全可能因此而获罪。

大多数人认为她是受到了周总理的保护，也许有一定的道理，周总理有可能保护冰心。但是，在进入被打的程序之后，要将一个人打成右派，哪怕是大人物，也不需要总理的批准，共产党的各级党组织大权在握，无需请示，就是请示，也应该有文字材料，但这一切在冰心的档案中均未出现。也就是说，如果属总理保护，周恩来在运动一开始就要给作协打招呼，从而令冰心不进入反右程序之中，成为逍遥运动之外的"另类"，这种可能性大吗？

不能确定毛泽东是否看到过冰心的言论，以常理，"内参"主要是提供给决策者的，毛泽东也多从内参中了解情况。从内参诞生的那一天起，就具有情报性质，或者干脆就是情报，因而，毛泽东从《人民日报》的"内参"上看到冰心的言论可能性很大。也许正是这一点，真正救了冰心。

一九七九年一月，胡耀邦主持的理论务虚会，郭罗基曾就作协反右运动的情况，询问了周扬："当年你怎么下得了手呢？"周扬说："抓右派之前，主席给我一个名单，名单上的人都要一一戴上帽子，而且要我每天汇报'战果'。我说，有的人鸣放期间不讲话，没有材料，怎么办？主席说，翻延安的老账！我当时常常说'在劫难逃'，许多人听不懂。"不知内情，谁能听得懂？（郭罗基《浴火重生的周扬》）这个名单如何来的，周扬没有说，可以肯定的是，这个名单中没有"谢冰心"三个字！只有追寻到了这里，这才解开了冰心之所以没有被打成右派分子的疑案。是的，冰心与林岗的谈话周扬看过，他一定认为毛泽东看过，而毛泽东在看过之后依然没有将冰心列入右派分子的名单中，那么，作协还敢将她打成右派分子吗？哪怕是看过档案中冰心的其他私下的更尖锐的讲话，哪怕有许广平的密告，他们也不敢将冰心打成右派，甚至也没有这个权力。包括茅盾、老舍、巴金、曹禺这些有着重要影响的作家，只要不在名单，谁也不敢将他们打成右派，纵然有过激言论，也不能，而只要在毛泽东的名单中，没有说过什么话，也可以打成右派，因为可以翻旧账呀！丁玲、陈企霞、冯雪峰不正是在翻旧账的战利品吗？

五、《小橘灯》的诞生及其创作

《陶奇的暑期日记》中确实没有了冰心旧作中的伤感情怀、惆怅情调，伤感与惆怅不仅是冰心旧作的风格，也属美学特长，当新的作品中失去了伤感与惆怅，艺术魅力便大大地减弱了。尽管这里有欢乐与豪情，但这种艺术的魅力不属于冰心，她在转移描写视野的同时，也在转变着艺术的风格，显然，两者都不成功。让冰心重新赢得新中国孩子们的喜爱、赢得她在文学园地中特色的作品，是随后发表的《小橘灯》。

竟然是在反右运动中，诞生了《小橘灯》。这回她接受了《陶奇的暑期日记》的教训，回到写自己熟悉的生活中来。故事很简单，情景也单纯。"我"——去看一个朋友，朋友住在乡公署的楼上，楼下有一部公共电话，朋友不在家，"我"拿一本书边看边等。这时，一个八九岁的小女孩来打电话，她的个儿不高，够不着话机。"我"便过去帮助，小女孩说要给医院打电话，但不知道医院的电话号码，要问电话局，并说只要说是到王春林家来就知道了。"我"替她做了这些事，小女孩回家了。之后，"我"一直惦记着这个孩子，医生来了吗？这时朋友还没有回来，就想不等了，到小女孩的家中去看看。小女孩开门看到"我"，先是惊奇，后是高兴，说妈妈已经打过针了，现在好多了。小女孩问"我"吃过饭了吗？说这是家里的年夜饭，红薯。她说她妈妈很快就会好的，大家都会好的。"我"去的时候带了几个橘子，给了小女孩，小女孩把橘子瓣开，橘瓣给了母亲，橘皮做了一盏小橘灯送"我"下山。小女孩在这样艰难的环境中，也没有忘记给他人温暖。当"我"提着小橘灯，走在山道上的时候，心里有一种温暖而忧伤的感觉。小孩子的父亲是因为同情革命者被抓走的，冰心没有正面描写，将其处理成背景，而将可爱的、令人同情的小女孩，推到描写的层面上，革命的故事以忧伤与温情的笔调来叙述，从而产生了"冰心体"的艺术魅力。

于是，我们可以看到，冰心在这篇不长的作品中，回到了原先的叙述方式，爱与同情中加进了革命的内容，亲情＋忧伤＋乐观精神，达到了艺术的和谐。她的《小橘灯》，恰如巴金在抗美援朝时的《团圆》，亲情＋人性＋革命英雄主义，同样成为老作家们在新中国、既保留了创作风格又能融入了新的生活元素的典范。《小橘灯》很快成为冰心结集出版新作的书名，北京出版的儿童文学作品集也以此为名，同时出现在各种选本中，出现在新中国语文课教材中。新中国的许多小读者，正是在《小橘灯》中认识了冰心，走进了冰心的文学世界。

《莫斯科的丁香和北京的菊花》是归来之后，冰心写作的第一篇散文，在这篇描写花卉的散文中，开始出现了意识形态语言，"莫斯科的今天，就是北京的明天"等，这在民国时期的散文中从未见过。之前，情绪最强烈的时候，比如纪念"三·一八"周年、日军飞机轰炸、"八·一五"胜利日等，冰心的散文与诗歌，均未出现过政治话语，最多赋以象征意义。散文中的政治话语、意识形态语言，当然不是冰心仅有的，她只是开始从众，但这个从众一开头便如影随形，再也摆脱不开。

域外散文是她这一段时间写作的主要体裁与题材，与其在国际舞台上的外交身影一致。她以和平使者出访印度，在瑞士、日本、埃及等国家参加国际会议后，描写域外生活的散文，便频频地出现在国内的报刊上。此时的冰心，无论外交身份还是散文写作，代表的是国家，是"我们"而不是"我"，这是与之前域外散文的根本区别。无论从哪一个意义上说，冰心的这种立场——国家的立场，无可指责。一个刚刚建立起来的政权、一个独立自主的民族，当它出现在地球上、自立于民族之林时，这个组织的每一个成员，都有责任维护和爱护它的形象。冰心在外交舞台上做到了，通过媒体报告出访的信息时，也做到了。因而，作品中大量地出现了国家与国家、民族与民族、人民与人民之间友谊的描写，为自己的国家、政府、民族受到尊敬而深感自豪。"我们"的叙述与感情，代替了"我"的叙述与感情，让人感觉到冰心的写作，也是在执行政治任务。激情与豪情是这一时期域外散文的艺术特征，这与新中国之初意识形态语言合拍、协调。

这一时期，冰心的翻译之作值得研究，从《印度童话集》（穆·拉·安纳德著），到重译《吉檀迦利》（泰戈尔著），从《喀布尔人》《弃绝》《素芭》（泰戈尔著），到《许愿的夜晚》《我写歌》《一封信》（安利塔·波利坦著），以及《泰戈尔诗选》《萨·奈都诗选》，全部是印度作家、诗人的作品。与创作不一样，冰心说："一般说来，我翻译的很少，因为我只喜欢翻译我喜爱的作品。"这是一个很重要的观点，译有所好，显然泰戈尔是她的最爱，这个爱的内容，也许并非是在译前译后语中所云，而是另有心灵的沟通与灵魂的喜爱。于是，我们就可以看到冰心归来之后，创作与翻译相背的现象，她很想写作，但只能写与自己语言风格、审美追求不一致的作品，此时的写作不是自我表现，而是为了工作、为了"完成任务"；另一方面，她在悄悄地进行翻译，向着泰戈尔走去，向着爱走去，保持心灵中的些许湿润，在公共话语的掩护下，为社会输送着爱与童真。

我曾经在一次演讲中，讲到这种现象："归来之后，她的翻译与写作便呈矛盾的状态。一方面在自我否定，一方面又十分热心翻译泰戈尔，夜深人静时与泰戈尔对话；一方面是在接受马克思主义，一方面又在翻译博爱的作品；一方面在批判知识分子，一方面又通过翻译表达知识分子的良知。这是一种相背的现象。因此，我曾想道：也许只有翻译，完整地体现了冰心本真的内心世界，我们应该从翻译，包括她对翻译对象的选择、作品的选择、现代优美汉语的使用上，来解读冰心。"

六、向左转，开步走

"反右"运动即将落下帷幕时，冰心接受了中国文联冯宜英的访问。那时，吴文藻被打成右派已成定局，作协与文联的右派分子阵营也已分明，虽然访问的引子是作家的写作与生活，但冰心不可能不谈及"反右"运动，这与自己的关系实在太密切了。

> 历次运动，如镇反运动的名单，几乎没有一个自己所认识的人，三反时有两三个，五反时又几乎没有，可是这次报纸上所揭发的右派分子，尤其是大右派分子几乎都是自己所认识的人。如文汇报的浦熙修，新观察的戈扬等等。这次的反右斗争就是针对着知识分子，越是知识分子成堆的地方，右派分子越多，如果不反，真不知道要成什么样子，所以有必要反击右派。不反击右派就不能将消极力量变为积极力量。右倾思想不被揭发出来，自己就永远也认识不到自己的反动，早暴露一天就早丢下一天包袱，早澄清一些问题。

"反右"运动在冰心看来，是将消极力量变为积极力量，早一天暴露早一天放下包袱轻装上阵，是从国家建设与文化建设的角度理解"反右"运动，尚未从阶级斗争的高度说事。具体讲到她所认识的右派，"萧乾是她弟弟的同学，从小她就认识他，萧乾人很聪明，就是品行太坏，尤其在男女关系方面"。艾青也是"乱搞男女关系"，吴祖光则是"二流堂的胡闹"，丁玲是一九二七年就认识的，"真没有想到丁玲也是个右派分子"。所谓真没有想到，因为丁玲在她看来，老早追求进步，作品获得过"斯大林奖"，建国后更是文艺界的领导，能想到她竟然是反对共产党的右派？至于什么原因被打成右派，她没有讲，吴祖光是不屑一顾的"胡闹"，萧乾、艾青等都是作风问题，感叹与担心的是："文艺界有很多朋友是右派分子，社会科学界也有很多朋友是右派分子。但不知有没有被错斗的？"自问之后，立即便是自答："也许不会有误！""反右"还没有结束，便提出有无"错斗"的问题，这是很危险的，她立即意识到，以"不会有误"掩饰过去。

自然回避不了吴文藻，这也是吴文藻被打成右派后，现存文字中的首次表态。她认为，吴文藻与上面所说的右派都不同，"他是在学术方面犯了错误"。学术问题自然属于可争鸣的范畴，但吴文藻又确实被打成了右派，冰心的理解是，吴文藻的学术问题也就是社会学，与自然科学不一样，"搞自然科学的人是用同一技术为谁服务的问题，可是资产阶级的社会科学有它的一套体系，它模糊阶级斗争，总想实现它的体系，结果政治观点不对头，永远行不通，与无产阶级的社会科学格格不入"。在冰心看来，资产阶级社会学的学术体系，是吴文藻被打成右派的根本原因，而吴文藻"没有认识到自己错误的严重性时，总是想不通，总是背着一个从日本起义回国的进步包袱，他总是说：'我怎么会是反党反社会主义的呢？我如果反党反社会主义，我就不会回国'"。冰心在接受访问时说："他刚刚检查完自己的思想，挖掘得还很深刻，进步包袱已经放下了。这种消极力量就可以化为积极力量了。"（贾俊学辑《文联旧档案：冰心、许广平、白薇访问纪要》）

声势浩大的"反右"运动，冰心虽然没有被打成右派，但也并不是像她在谈话中那样轻松，一家出了三个右派，多次的批判与检查，实在令其惊魂。她不仅是认识他们（右派分子），也回过头重新审视自己，对身份再行确认。因为她曾经无数次地出国访问、出席国家最高会议、以人大代表到各地视察、报刊上大量发表文章，一度感到自豪，以为已经融入了这个国家的肌体之中了，已经成为人民的一分子了。况且，周恩来也曾代表中共中央作报告，认为"知识分子已经成为我们国家的各方面生活中的重要因素，他们中间的绝大部分已经是工人阶级的一部分"。但是"反右"运动一来，她对自己的身份产生了疑惑：虽然没有打成右派分子，但从思想、感情以及生活方式，与右派分子有什么区别？与吴文藻不都一样吗？现在还能说自己是人民的一分子么？是工人阶级的一部分么？想想东京真是单纯，读了《论人民民主专政》后而一厢情愿地将自己列入"人民"之中，"反右"运动的惊魂，让她清醒地意识到，自己原来根本就不是"人民"，而是资产阶级的知识分子！自己与吴文藻原本就是一个阵营中的人，资产阶级阵营中的知识分子，只不过他是右派，自己侥幸没有被打成右派而已！

在一次民进中央的学习会上，有人说，许多与会人员不愿意承认"民进"是一个资产阶级性质的政党；也有人想在"资产阶级"上面加个"小"字，或是把"民进还是一个资产阶级性质的政党"改为"民进基本上还是资产阶级的政党"等等。冰心则坦率地提出了自己的观点，这种愿望是好的，但是民进的资产阶级性质是改变不了的，因为"民进的绝大多数成员是资产阶级知识分子，他们在政治中有左、中、右三派，而摇摆于左右之间的中间派是大多数。我觉得，我们应当反躬自问：'我究竟是不是资产阶级知识分子？假如是，我是其中的哪一派？'"。

为了回答这个提问，冰心自设了七个问题，像七道测试题来检测自己：

（1）我在为社会主义工作中，是否从个人主义出发？是否有严重的名利思想和雇佣观点？

（2）我在实际工作中，是否脱离政治、脱离实际、脱离劳动、脱离群众？曾否一定程度上传播着资产阶级的错误思想观点？

（3）我在"三反"时期对于知识分子思想改造时所用的群众斗争的方式，我是否有不平或抵触的情绪？

（4）我在苏共二十次党代表大会，揭露了对于斯大林后期错误，批判了个人崇拜的时候，我是不是又重新相信了以前西方帝国主义者对于斯大林的歪曲污蔑？

（5）在匈牙利事件后，国际反动派掀起了一股反苏反共逆流的时候，是否也起了一阵的迷惘与震动？

（6）当右派分子向中国共产党猖狂进攻时，对于他们的种种谬论，是否也有过同情和共鸣？

（7）我在反右派斗争中，是否还在怀疑、彷徨、恐惧，并有抵触情绪？

测试的结果都是肯定的，不敢再问下去了。在这样的一些事实面前，冰心反问自己："我还能说不是一个资产阶级知识分子么？"

在作协的学习座谈会上，冰心主动检查了自己资产阶级知识分子的身份，左、中、右却是未定，在确定身份之后，便大谈起改造来，这个改造的检查，充满了诙谐、调侃、幽默，令人忍俊不禁。她说，周总理有次对文艺界讲话，谈到帽子的问题，他说《西游记》中，当唐僧师徒四众上了灵山，真成佛以后，孙行者要求摘下约束他的紫金冠，如来佛叫孙行者自己摸摸头上，孙行者往头上摸时，帽子已经没有了。冰心说，这个讲话"在我心中不但留了个极其生动深刻的印象，而且这整个故事，给了我极大的教训和鼓舞。我相信，将来必有一天，我们也像道行完满的齐天大圣一样，以达灵山，摸摸头上那顶常常使他头痛欲裂的紫金冠，不知何时已经化为乌有了"！

现在姑且把"西游记"里孙行者取经一段，当作知识分子自我改造过程来做个很"随便"、很"大概"的比方。

我们如果细细考察一下孙行者的身世，和他所受的教育影响，他的思想体系和他的生活习惯等等，他倒真像一个资产阶级知识分子的化身呢。

说到身世，他是石头缝里迸出来，不是人生父母养的，不用说是"高人一等"；他的神通，有七十二般变化，一筋斗十万八千里，他不仅可以说他很像资产阶级知识分子，还应该说他是大资产阶级知识分子。

谈到他受的教育影响，他的住在"灵台方寸山，斜月三星洞"的老师，根本就是"唯心主义"的化身，因此，他所能传授给孙行者的思想体系，必然都是主观主义、个人主义、自由主义、无政府主义。至于他的生活习惯，是在花果山上，水帘洞里，养尊处优，称王作霸，无拘无束，无法无天，自在遨游。这一切都使他发展成为无大不大的一个个人野心家，主观地凭着他的学识才能、七十二般变化、十万八千里的筋斗云，仗着一根可大可小的如意金箍棒，便上灵霄殿上，动起了刀兵。

结局是大家知道的，他毕竟没有跳出如来佛的掌心，他压在五行山下，幸得有救苦救难的观世音指点他皈依正果，保护唐僧，走上悠长而艰苦的取经的路程，也就是自我改造的化妖为佛的路程。

读过"西游记"的同志们，都知道，孙行者保着唐僧取经，这一路上，经过多少折磨苦难，最艰苦的是他自己心里的思想斗争。像他那么一个自高自大、目空一切的人，叫他低声下气，做小伏地拜一个肉眼凡胎的唐僧为师；他云来云往，脱离实际，两个筋斗，便可以在灵山路上打个来回，却叫他辛辛苦苦、脚踏实地、几万里的路程、十余年的时间，一路上与妖魔鬼怪，不断地一面战斗，一面向前，这是多么不容易的一件事。但他毕竟咬紧牙关，经过了九九八十一难的考验，经过了不断的巩固与提高，终于过了脱胎换骨的独木桥，成了正果。其原因是：一方面，他明辨大是大非，从沉痛的经验教训里，他深刻地认识了斜路是走不通的；另一方面，他的神圣的取经事业，不但目标明确，而且前途乐观，一切条件与环境，都有利于他的自我改造。因为他一立下决心，端正了前进方向，除了鬼怪妖魔与他万般为难外，天地神祇都是帮助他的，观音菩萨亲口应许他"叫天天应，叫地地灵"，就是到了山穷水尽的时候，也还有三根救命的毫毛。因此，他终于满怀着信心与勇气，踏上悠长而艰苦的路途，协助唐僧取回真经，自己头上的紧箍咒也自行摘去，功成正果。

风趣地演绎了一通之后，冰心这才言归正传："帽子事小，改造事大，灵山这地方，说远也远，说近就近，早到晚到，全在于我们自己的改造。功德完满，帽子自然不翼而飞。要紧的是，我们国家社会主义建设的光明的远景，正如灵山一样的霞光万道，瑞气千条，在这建设的光荣中，我们一定要赶上去，尽到我们光荣的一份，我们一定不要辜负'三界'与'十方'对我们的保护、帮助与鼓励。让我们在党的整风的号召下，勇敢愉快地背上'批评与自我批评'这件锐利的武器，排好队伍，注视着站在检阅台上的我们的司令员——伟大正确的中国共产党，跟着走在我们前面的进步的同志们，步伐整齐地遵照严肃而嘹亮的口令：'向左转，开步走！'"（《向左转，开步走》）

当冰心喊出了"向左转，开步走"口令之时，恰与中国共产党提出"鼓足干劲、力争上游、多快好省地建设社会主义"的总路线精神合拍，东风骤起，无论是全党、全国各族人民还是冰心，万马奔腾，立即开始了大跃进的赛跑。

> 千万把锄头，千万盏灯，
> 千万座烟囱冒起浓烟，
> 千万个山丘河流变了样，
> 来迎接这空前未有的春天。
>
> 朋友，这"空前"仅仅是个开始，
> 东风还要彻底地压倒西风，
> 一年，五年，十五年，五十年，
> 我们面前还有无数个奋斗的春天！

（《春风得意马蹄疾》）

诗歌中的冰心，热血沸腾，激情澎湃，散文中的冰心更是一扫旧日的柔美与伤感，阳刚得豪气万丈："尤其是去年——一九五七年，就仿佛没有冬天。""这是几千年来的一个大变化！从此冬天失去了它传统的意义，它变成了春天的前奏！……我们不必像英国的诗人雪莱那样，吟一句软软的慰藉和企望的:'冬天来了，春天还会遥远吗？'我们干脆说一句大白话:'我们这里没有冬天!'"(《我们这里没有冬天》)

在这个激情的春天里，冰心参加十三陵水库工地的劳动，也写十三陵工地上的好人好事，为日新月异的变化而赞美，"千万块石头往上垒，/把它垒成个草帽山，/十万顶草帽围着它转，/小孤山一点不孤单！//明年我们再来看，/山又青来水又蓝，/二十万只钢铁手，/开出一片好湖山"。大作家的《小孤山该叫草帽山》，登在了工地蜡笔刻写的《十三陵水库报》快报上。

自从工业、农业等行业大跃进以来，中国作家协会也紧紧跟上，向广大的作家发出了《文学工作大跃进32条》,《人民日报》为此发表《中国作家协会发出响亮号召，作家们，跃进，大跃进！》的报道。冰心参加了这个条例的讨论，虽然她赞成大跃进，但写作上的大跃进还是让她感到胆怯。有人提出写作也可大跃进，一天可以写出一百首诗，冰心立即感到自己跟不上这个步伐。全民生产大跃进，工业、农业她不是很清楚，写作可是有经验，创作大跃进还是想量力而行。因而，在订创作计划时，人家都标高，她却躲在后面，不愿发表创作计划，说是自己"胆子小、脸皮薄"，"万一说出了而写不出，对读者失了信，岂不难受，岂不丢脸"？但那是"人有多大胆，地有多高产"的时代，联系到自己的想法，"骨子里是缩手缩脚，畏首畏尾，替自己预先留下退却的余地，没有破釜沉舟的决心。这也就是暮气、骄气、懒气的变相，是大跃进的绊脚石"。于是，继续自我批判并激励自己:"去冬以来，全国弥漫着生产大跃进的气氛，耳闻目击，莫不是一片万马奔腾的景象，作为人民灵魂工程师的作家们，难道就心不跳，眼不热？难道就不会私自地立下誓愿，订下计划？就在这'万事俱备'的时机，一阵呼喇喇的东风吹起，金鼓齐鸣，全军进击，把'暮气''骄气''懒气'这几个老贼，杀得弃袍割须，落荒而逃！"这时有人认为，作家计划中大部头的东西多，短小的文章少，严文井便趁机提出，冰心同志可以继续写她的"寄小读者"呀。这个点拨还真是动了冰心的心，"这和我的能力程度，写作习惯，都还相合。因此我首先要拾起这根断线，再写'寄小读者';把我随时随地所想到、听到、看到的，小孩子会感到兴趣，而且对他们有益的事情，不断地向他们报告。这种体裁本来是最自由的，内容也最广泛，可以无所不包，无所不谈，还可以无尽无休地写下去"。

于是，《再寄小读者》出现了，在"通讯一"中，冰心仍然以"似曾相识的小朋友"相称，接着写道：

> 二十几年来，中断了和你们的通讯，真不知给我自己带来了多少的惭愧和烦恼。我有许多话，许多事情，不知从何说起，因为那些话，那些事情，虽然很有趣，很动人，但却也很零乱，很片断，写不出一篇大文章，就是写了，也不一定就是一篇好文章，因此这些年来，从我心上眼前掠过的那些感受，我也就忍心地让它滑出我的记忆之外，淡化入模糊的烟雾之中。

> 小朋友，从我第一次开始给你们写通讯算起，不止十年，乃是三十多年了。这三十多年之中，我们亲爱的祖国，经过了多大的变迁！这变迁是翻天覆地的，从地狱翻上了天堂，而且一步一步地更要光明灿烂。我们都是幸福的！我总算赶上了这个时代，而最幸福的还是你们，有多少美好的日子等着你们来过，更有多少伟大的事业等着你们去做啊！

冰心写作《再寄小读者》，成了新中国文坛中的一件不小的事，中共中央机关报《人民日报》为此发表"编者小语"：

> 冰心同志的散文通讯"寄小读者"今天起在副刊上不定期地连载。
> 所以用"再寄"，是从三十多年前的那本"寄小读者"而来。一九二三年，"寄小读者"在"晨报"副刊开始连载，一九二六年出版。作者以充满诗情画意的散文，向小读者们描绘自然景物、旅行见闻，回忆童年的欢乐和母亲的挚爱，抒写

自己的胸怀。"寄小读者"成为当时少年儿童喜爱的读物之一。

三十多年过去了。这三十多年中,小读者和作者都经历了难以描述的剧变。如今,正当祖国跨进一个新的历史时期的时候,冰心同志又拿起笔来,向新的小读者叙述新时代的故事了。冰心同志即将远行访问西欧,我们祝她旅途健康,并且不断地为小读者多寄回一些通讯。

提倡散文,是副刊创刊以来的志愿之一。现在,正是一个万马奔腾的大跃进的年代,有人说:这是诗的年代。我们也相信:这样移山倒海激动人心的年代,一定也会产生更多充实的、优美的散文来!

(《欢迎〈再寄小读者〉》,《人民日报》一九五八年三月十八日)

其实,二十世纪四十年代冰心在重庆曾写过四篇《再寄小读者》,不知是她记忆有误还是有意为之,这一次的《再寄小读者》与二十世纪二十年代的《寄小读者》确实有许多相联系的东西,比如为了孩子,也是即将远行。《寄小读者》报告的是作者前往美国留学的情景,而这次则是作为出国访问的代表团成员,要到欧洲去旅行了。"欧洲本是我旧游之地,没有什么特别新鲜的感觉,现在只挑出途中最突出的奇丽的景物,来对小朋友们说一说。"这次冰心参加的是以许涤新为团长的中国文化访问团访问西欧,说到的话题大多与文化有关,像意大利罗马、那坡里城、庞贝城、西西里岛等城市的文化古迹以及与诗人、艺术家的交往。在威尼斯,冰心将"黑色的、两端翘起、轻巧可爱的小游船"——Gondola,谐音会意译成了"共渡乐"。意大利之后,访问团到了瑞士、英国的伦敦和苏格兰的格拉斯哥、爱丁堡等城市,可写的东西很丰富。但,西欧可是典型的资本主义国家呀,哪些东西可以介绍给中国的小朋友呢?冰心颇费斟酌,就怕西方资本主义的反动内容与资产阶级腐朽的生活方式,影响了正在健康成长的新中国的少年儿童。所以,《再寄小读者》完全没有《寄小读者》描写的放松、细腻与感伤,没有对生命意义的拷问,缺少对生活真切的感受,甚至缺少描写的激情,更无从生命中提炼出的"爱与同情",总是行色匆匆,景点加观感,仓促成篇,没有经过艺术的沉淀,与一般游记并无二致。有的时候,作者还要找出一些东西来说,比如,意大利的西西里岛,作者将描写的重点放在这里:"地主住在城市里,只在夏天,才到他的田庄上来避暑,朝代更迭,土地易主,而直到今天,在意大利土地上辛苦劳动的,都不是土地的主人!这是多么悲惨的境遇!这个意大利靴尖上的足球,在外来的统治者脚上,踢来踢去,虽然在文化艺术上遗留了些精美的宫殿教堂的建筑,里面都有最精致的宝石嵌镶的图案,和颜色鲜艳、神态如生的壁画,而当地的农民生活,却永远停留在半封建半开化的状态之中。'四海无闲田,农夫犹饿死'的惨状,在这里是还存在的!"(《再寄小读者·通讯五》)比如写到人民,常常体现为对中国人民的空泛的赞美:"意大利人民把中国人民当作最好的朋友。他们关心我们、热爱我们,他们认为我们的成就,就是他们的成就;我们的胜利就是他们的胜利;中国人民一寸一尺的进步,都给他们以莫大的鼓舞。"(《再寄小读者·通讯七》)对于老牌资本主义的英国,作者以这样的语言,描写着他们的现代生活:"在英国土地上,到处可以看见外面被烟雾熏得灰暗而里面富丽堂皇的宫室、教堂、银行……等石头建筑;碧绿辽阔的,贵族地主的花园;近代化的华丽舒适的旅馆、俱乐部……'大英帝国'的统治者,在这里过着不劳而获、穷奢极欲的生活!"(《再寄小读者·通讯八》)甚至用这样的词"社会主义无限好,资本主义一团糟",做了"通讯十六"的篇名。这种以民族情绪、阶级观念、制度立场的描写文字,不光是在《再寄小读者》中,在冰心所有的描写域外生活的作品中,都非常明显,她有一篇散文就叫《朝阳和夕阳》,将欧洲的资本主义国家如英国、意大利、瑞士与苏联对照起来描写,一边的"夕阳残照,暮色沉沉;一边是旭日初升,光芒万丈"!

　　一九五八年十月,冰心在茅盾的率领下,到苏联的乌兹别克共和国首都塔什干出席亚非国家作家会议。副团长是周扬与巴金,团员中有肖三、许广平、赵树理、张庚、季羡林、祖农·哈迪尔、杨朔、戈宝权、杨沫、叶君健、纳·赛音朝克图、袁水拍、刘白羽、郭小川、曲波、库

尔班·阿里、玛拉沁夫等人，阵容浩大。"这一次会议包括将近四十个
亚非国家和地区的一百八十多个代表，还有许多从世界各国来的观察
员。亚非作家们的愿望是一致的，他们都代表着人民谴责了战争根源的
殖民主义者，呼吁着亚非人民要更深的互相了解与团结，大家都表示要
在自己创作岗位上，为这一个崇高的目的而努力。"（《再寄小读者·通
讯九》）

　　代表团在乌兹别克境内的参观旅行都是飞机来往，这就给了冰心一
个高空赞美社会主义的视野："这里的天空，永远是晴朗的，从飞机上
下望，看见的是：在丘陵和黄沙之间，不时有一簇一簇的绿树，和一大
片一大片的棉田，闪闪发光的河流，在棉田里蜿蜒穿行。村庄和城市都
是半现在葱郁的树林之中，街市像尺划的一样，极其齐整。"降落地上，
代表团"坐着最新式的小卧车"，进入撒马尔罕、安集延、费尔加纳等
城市，冰心认为这些城市"不亚于我所看过的欧洲的城市，整个城建筑
在绿洲之中，浓密的树荫，覆盖着宽广的柏油路，覆盖着高大的层楼，
其中有公共机关，有书店，有剧场，有旅馆，还有陈列着精美货物的百
货商店。马路中间种着各样的繁花，最普通的是浮动着清香的各色的玫
瑰。马路上走着服装整洁的男女老幼，上班的，上学的，个个脸上露出
幸福的微笑，向着远方来客，投射着亲切的眼光！这便是从前的'饥饿
的草原'和它的落后困苦的人民，十月革命的一声炮响，给他们带来了
社会主义的优越制度，他们整个地翻了身了"！冰心赞美这一切，羡慕
这一切，同时也联想到制度优越将给中国带来的未来："我们不但为乌
兹别克人民眼前的幸福生活，感到高兴，更为我们自己将来的幸福生
活，感到无限的欢欣和鼓舞。乌兹别克的今天，就是我们西北地区的明
天，而且是不远的明天！只有在社会主义的优越制度下，才显出劳动人
民力量的伟大。"（《再寄小读者·通讯十》）

　　自从"十月革命"后，尤其经过第二次世界大战，"制度优越"，不
仅成了社会主义阵容的共识，在资本主义国家也有此呼声，由此造成全
世界"向左转"的一种趋势。虽然斯大林的独裁、对异己残酷的大清洗
曾经引起西方国家的批评，但大多数在制度掩盖下的问题并没有暴露出

来，所以，对这个制度的排头兵、国际共产主义的基地苏联的崇拜与向往，成为一种心态，这大概是冰心对苏联赞美的思想、道德与美学的基础吧。

也就是这次作家会议之后，冰心留在苏联，等待另一个代表团的到来，那是以刘澜涛为团长的中国劳动人民代表团，前来莫斯科参加十月社会主义革命四十一周年庆典。等待期间，住在旅社，做些身心调整与歇息，她没有利用这个空隙写作《再寄小读者》，而是一头扎进了泰戈尔的世界，翻译剧本《齐德拉》，也许她是想用这个方式，滋润一下疲惫、粗粝的心灵。

在莫斯科红场观礼台，冰心观看了阅兵和群众游行，随后访问乌克兰、白俄罗斯，在明斯克，观赏了废墟上建立起来的城市，参观了工厂和集体农庄。在列宁格勒，参观了冬宫、基洛夫工厂等。在涅瓦河畔，观看原子破冰船。尤其是在一个黄昏，到了拉兹列夫湖畔，瞻仰了列宁"写出天才的著作"——《国家与革命》的现场。冰心称这个湖为"幸福的湖，和伟大的列宁多么相称的一个最朴素的湖"！这是冰心近距离走近与描写革命导师的文字，心情竟然与湖水一样的平静。我估计冰心并未阅读过这部主张阶级斗争必然导致暴力革命学说的著作，这是一部产生于她的"爱的哲学"之前的划时代的社会革命著作，是与冰心早年的主张格格不入的学说。我猜测，如果阅读过，冰心的心情一定不会那么的宁静。

国内的参观访问，也成了《再寄小读者》的书写内容，比如河南的红旗渠、花园口灌溉中心、湖北丹江口水利枢纽工程大坝、北京郊区黄土冈人民公社等，参观北京动物园、在天安门广场散步、到人民大会堂开会、甚至"七一"建党节等等，先后出现在《再寄小读者》不同的篇章里。这里的描写，更是无不贯穿新旧社会的强烈对比，共产党好毛主席亲等等。《再寄小读者》计二十篇，从一九五八年三月十一日开笔，到一九六〇年三月二十七日收笔，前后整整两年的时间。以字数计算，完全可以单独出版，但这一回没有像《寄小读者》那样，而是将前十六篇收录在小说、散文、诗歌的合集《小橘灯》之中。以后，也未以单行本面世，从中可以看出，作者对这部《再寄小读者》是不怎么满意的。学者在研究冰心的儿童文学或者散文时，也多未进入该部作品，更不用说独立的评论了。

一九五九年十月一日，中华人民共和国成立十周年。十年大庆，中央政府虽未大赦天下，但对在押政治犯将进行特赦。同时，对于改造好的右派分子进行摘帽。经过一年多的社会主义学院的除旧布新，吴文藻被摘去了右派分子的帽子，但是"摘帽右派"依然还是一个帽子，必须继续思想改造。冰心不像吴文藻在一冷一热中度过国庆，面对这个建设了十年的新中国，终日热血沸腾，放声歌唱。为了显示新中国的伟大成就，北京在建国十周年之际，一批新建筑落成，包括人民大会堂、中国人民革命军事博物馆、北京工人体育场、民族文化宫、农业展览馆、中国革命博物馆、中国历史博物馆、北京火车站、华侨大厦、电报大楼等十大建筑。面对它们，冰心感到无限的骄傲与自豪，按捺不住，总想引吭高歌。她在《走进人民大会堂》中，以紧凑、铿锵的短句，描写了这个梦幻般的会堂。"你走遍天下，你看见过这么伟大，这么崇高，这么瑰丽，这么充满了庄严的诗意的人民大会堂没有？"天安门本不是新中国的象征，但由于是新中国升起第一面五星红旗的地方，是革命领袖检阅人民军队的地方，冰心以仰望的角度、激情的语言，尽情赞美着古老而庄严的天安门，"闪闪发光的琉璃黄瓦，鲜红的高墙，鲜红的纱灯，鲜红的飘飘的旗帜"；赞美着新建成的人民大会堂、革命博物馆和人民英雄纪念碑，赞美着十年前"中国人民站起来了"开天辟地的声音。

十年大庆，新旧对比是个重要主题，冰心最有资格书写这个主题。二十世纪三十年代曾有《到青龙桥去》，《再到青龙桥去》便言明再到青龙桥，决不是"寻梦"，"因为从噩梦中挣扎醒来的人，决不要去'寻'那把人压得喘不过气来的噩梦；同时也不是'访旧'，因为你去访的对象，是新的而不是旧的，是更年轻的而不是更老迈的"。作者说，她是"满怀着热烈的希望，去迎接那扑面的盈盈的喜气"。描写着人民公社中的青龙桥的崭新气象。《献给北京——我的母亲》《最痛快的一件事》，以历史的见证人，控诉了国外的强盗、国内的窃贼，对旧中国的侵略、掠夺、霸占、窃取，是伟大的中国共产党将他们赶走了，"十年来中国人民最痛快的一件事，应该是从中国广大的土地上彻底地、完全地消灭了帝国主义的痕迹"。

十年大庆，给冰心最好的礼物则是天安门观礼台的贵宾券。上午十时，国防部长林彪在北京军区司令员、阅兵总指挥杨勇的陪同下，乘坐国产的阅兵车，检阅天安门广场、东长安街列队的人民解放军陆海空三军，并宣读《中华人民共和国国防部命令》。当受阅部队以威武雄壮的阵容通过天安门广场、通过观礼台时，冰心激动得热泪盈眶，多少天安门的回忆，一下子聚到了眼前，令她感慨万端。最近的一次是一年前的今天，站在身边的是郑振铎先生，没有想到竟然从机上飘落在他国他乡。由郑振铎又跳到罗常培，多年的老友、多么优秀的语言学家，竟然一病不起。有时就是这样，人在最热闹、最兴奋的时刻，却会产生失落与伤感，冰心此刻便是如此："人一过了中年，能在一起话旧的朋友，总是一天一天地少下去，这原也是个'必然性'，但是事到临头，却又忍不住有很深的伤感。……我应该化悲痛为力量，以朋友的遗憾来鞭策自己，认真地努力工作，使自己回忆到这些朋友时，不至于感到有无穷的惭愧！"（《怀念罗常培先生》）

七、"紧箍咒"下的"特权"

自从一九五八年大跃进、人民公社化，大刮浮夸风、共产风，经济上出现了严重的问题，本应反冒进、反左倾，以扭转出现的困境，但毛泽东因为怕影响他的地位、权威与威望，竟又以反右倾的面目，进一步将左倾推向全国。彭德怀元帅等因为说了真话而被打倒，知识分子经过"反右"运动，更是噤若寒蝉。自然科学家、社会科学家、新闻媒体、作家与艺术家等，也都加入了以浮夸风为主的意识形态的大合唱。到了国庆十周年之际，已是佯装繁华，连续三年的困难时期来临，经济状况一片萧条，民不聊生，饿殍遍野。

那么，文艺界的情况如何？作家、艺术家的生活状况如何？

一九五九年四月四日，老舍接受《工人日报》记者严志平访问，大发牢骚，说："我最近的身体很坏，高血压，经常头昏。现在，副食品供应紧张，鸡蛋、牛奶都没有，我经常处于半饥饿状态！"老舍对饮食的要求还不高，但要抽好烟、喝好茶，这就更难了，不是没有钱而是根本买不到。张恨水的作品在新中国出版不了，之前的作品也不能再版，因为"没有教育意义"，虽然政府照顾他，让他当了中央文史馆馆员，但生活非常困难。一九六一年一月十四日，他在接受中国文联沈慧的访问时说："粮食不够吃，找不到保姆，没办法躺下来休息，还要每天劳动。现在什么吃的都买不到，街道上分的一点白菜早已吃完，吃稀饭找点咸菜都不容易，现在亲戚朋友来往很少，到谁家都饿着肚子回去。这年头，日子不好过。我几十年来是习惯喝茶不吃早点的，现在连一两茶叶也买不到。每月中央文史馆分给几盒一角左右一盒的烟，还没抽都碎了。……北京有个天桥市场，一只鸡要卖几十元，这真是骇人听闻，我看没人吃得起，至少我是吃不起。我现在仍要负担八个人的生活费，每天吃窝窝头都感到紧张。"（贾学俊整理《文联旧档案：老舍、张恨水、沈从文访问纪要》）白薇是中国作协的专业作家，百病缠身，饮食无营养，"一天吃咸菜、黄豆，买不到青菜"。二十世纪二三十年代，孙伏园做鲁迅、冰心的编辑，自己也是作家，文学研究会发起人之一，中国现代文学史上大大的功臣，到了六十年代三年困难时期，贫病交加，无任何的副食品补助。"卧床五年不能工作"，"我和我的老婆现在相依为命，我们今年都已六十八岁，她也患有高血压和肠胃等慢性病，吃什么东西都很难吸收。本来我们订有一磅牛奶，对我们这两个病人来讲，不无小补，但在去年十一月也给取消了，我们的牙齿都不好，硬的食物都不能吃。现在除了每月分到一些带鱼之外，很少能吃到别的营养"（孙伏园接受中国文联沈慧访问记录）。

相对而言，在冰心这一时期的文字中，包括接受中国文联的访问，均未出现此类生活困难的记录，就是稿费降低，也未影响他们的生活。相反有大量的此类记录出现，"雇车进城"，到政协供应点"购物""采购年货"，到文化俱乐部"午餐""洗澡""理发""修指甲""打牌"，到屋顶花园"听音乐会"，到全聚德、鸿宾楼或莫斯科餐厅"聚会""用餐"，到北京饭店"吃谭家菜"等。有时冰心一人，有时是夫妇两人，有时会带上孩子或朋友去享受一下。也就是说，当时的物质供应紧张、食品奇缺，但对冰心的生活影响并不大。这与他们作为人大代表与政协委员有关，因为这个身份，享受着特殊供应的票证，政协南河沿的特供点、食堂、俱乐部等便是专门为他们而设的；同时，也与他们两人属于高薪有关，冰心文艺一级、吴文藻教授三级，合起来有五六百元的月薪，加上冰心的稿费收入，千字四五元虽然不高，冰心的文章也不长，但数量多，加上她的名气大，报刊与出版社给的稿费相对高。从地理位置上说，他们住在西郊，相对偏远，但吴、谢进城，多有专车接送，如办私事则雇车，从魏公村到南河沿，也就三四元钱，这对他们来说，不算大的开支。

白薇患有多种慢性病，多次提出到南方休养的要求，均未获准。当时的休养与疗养，也是一种特权，并非是需要休养、疗养的人可以享受的。谢、吴的休养与疗养，不包括冰心出国访问归来在从化温泉的临时安排，有记录可查的有：

一九六一年八月一日至二十一日，全家至大连度假。当天下午，一家人进城，在文化俱乐部晚餐，之后至北京新车站，七点三十分上车，软席包厢，两女儿上铺，吴、谢下铺，前往大连度假。入住大连岭前连接巷三号楼下四号房间，带一小间，四张单床，环境幽静。他们在这里游泳、看电影，与朱光潜、邵钟等人打桥牌，喝酒（一次吴文藻与董竹君、赵亚新等对饮，险些喝醉），看小说《红旗谱》，看《王若飞在狱中》，"一九三四年，我等访归绥时，他正在狱中，一九三七年他出狱时，我们在欧洲，真惭愧！"对照革命烈士，吴文藻在日记中记下了惭愧的心情。回京后，冰心给远在上海的赵清阁写信："这次是全家去（我同文藻带两个女儿）。在大连住得还好，只没有泅水（临行匆促，来不及带游泳衣）。文藻和孩子们倒是去了。回来后发了一场烧，现在已完全好了。"

一九六二年八月六日至十一日，冰心全家上香山避暑，入住香山饭店318房间，两个女儿另住一间，邻居是赵朴初、徐伯昕。饭店一日三餐包饭，在清静的树丛中练气功、游山，午睡后教赵朴初打桥牌，晚餐后到双清别墅散步，夜间看电影《刘三姐》等，只是"房间潮湿，很不舒适"。十一日早饭后，赵朴初则陪冰心、吴文藻"游'见心斋'，环境优美，过去到香山不知多少次，从未游过此处"。

一九六三年八月六日，吴冰与外交官李志昌举行婚礼。头一天的晚饭后，吴文藻与雷洁琼、严景耀结伴乘夜车赴承德度假，下榻烟雨楼招待所。"楼建在青莲岛上，位居避暑山庄之中央，周围风景甚佳。"访文津阁，寻热河源头，游水心榭。两天之后，冰心带了两个女儿、新婚的女婿来到承德避暑，"将朝南正中一间双人床房子给远与志昌作新房用，莹与黎与我同占朝北面湖一面房子"。于是，一家人快快乐乐地在承德参观、游览、打桥牌，还在诗意的微雨中，"以茶会为远与志昌举行'仪式'祝婚"。后梁思成到，吴文藻去车站接，继续游览。一家人一周时间，最后结算，"全家共约费二百五十元"。

以人大代表的身份，到国内进行视察，这本是工作之需要。作为人民的代表、社会的精英，需要了解社情、民情，因而，这种视察就谈不上是一种特权了。但是在经济困难时期，这种视察便有了某种特权的意味。不仅可以了解接触社情与民情、受到民众与社会的尊敬与敬重，同时由于各级政府和机构出面接待，飞机、软席火车、汽车接送，食宿方面也是平日家居所不可比拟的，住在政府办的招待所、宾馆，吃得再简单也有四菜一汤。而作为城市限量供应的粮票、肉鱼蛋等副食品券也可节省下来。这些在食品充足之时均可忽略不计，但在当时却是一项不小的节支。那时尚无旅行、旅游一说，这种视察实际上便是那个时代非一般人可以享受的外出旅行与旅游了。

冰心和吴文藻，一为全国人大代表、一为全国政协委员，却是属于同一民主党派，因而有时可能同时出行，有的则是分到各自的系统。从记录中显示，吴、谢结伴同行的有两次，一次是一九五九年十二月十四日至二十二日，民进中央组织冰心、吴文藻、顾颉刚、张纪元、徐楚波等前往安阳参观，前后八天，住在安阳招待所，吴文藻住 5 号大房间，冰心与张曼苏一屋。那个时代，夫妻同时外出的并不多，住宿一般按性别分配。一次是一九六四年五月二十一日至六月七日，政协组织，赴山东泰安学习，冰心、吴文藻、潘光旦、王芸生、梁纯夫、魏建功、陈麟瑞等参加，体验社会主义教育运动。仍然是按性别居住，冰心下榻农业技术学校，与杜老师、王嘉璇、张静（大夫）、郁华、张英侠同屋，"9：40 上床，月亮很好"。政协委员们游岱庙，登泰山，住山上招待所，在玉皇顶观看日出，步行下山时，吴文藻在日记中写道："对六十三岁的我，确是一个考验，相信自己还可以为人民做一点事情。"

冰心既是人大代表，又是民进会员，而民进属于政协口，因为她的知名度，政协的视察与参观，冰心的名字也常常在列。人大视察的名单中出现冰心是正常的了，同时还有作家"深入生活"一说。所以，冰心国内的视察与参观远多于吴文藻。一九五九年三月十八日至四月八日，全国政协组织政协委员前往河南视察、参观。从北京乘火车启程，冰心、许广平与谢为杰同住一间包厢。同行的还有刘瑶章、艾思奇、李伯球等十余人。当天下榻省交际处，条件"甚好！"，晚上看常香玉的豫剧三团演出《刘海砍樵》。这次视察、参观前后二十天，其中郑州六天，登封四天，洛阳四天，三门峡两天。冰心与谢为杰一起视察，这还是头一回，想起三弟为楫被打成右派，心里难过，冰心在给刘纪华写信时，表达了姐姐的关心，二哥谢为杰还为其寄去了十斤全国粮票。一路上，冰心称许广平为"许大姐"，许广平也以大姐的身份，对冰心多加关心，告诫她"向家中右派应坚持斗争、帮忙"。河南的灾荒严重，但二十天的视察中，没有留下任何的有关灾荒、饿死人的记载。一九六〇年三月一日至二十日，也是二十天的时间，冰心参加全国人大代表、政协全国委员视察团，前往湖北省参观视察。同行的有沈从文、吴半农、彭镜秋等人，乘火车离开北京，一路玩牌，"打百分"。在武汉参观了武钢，"厂址真大，汽车走半天"，"只就烟囱而言，第一个烟囱五十六年用了六个月，最近一个只用十一天半，炼铁炉口圆圆的像几个红太阳并列（？）"。第二天早晨，"过江到珞珈山，远望洪山塔在两峦之间，转过便到武大，先到一亭阁听报告，又上五层看环境，东湖在望，武钢隔水烟囱林立……"冰心在笔记中如此记载。二十世纪五六十年代，"烟囱"是工业化、现代化的象征符号，所以，冰心笔下的烟囱与东湖水、洪山塔协调排列，并无环境之忧。

最愉快的一次旅行，是一九六一年十二月十五日至三十一日，应王震部长之约，冰心、赵朴初、周立波、张僖、郑效洵等到湛江农垦场参观访问。乘飞机到广州，当时的航线为北京—郑州—武汉—广州。广东作协陈残云与农垦所刘因等来机场迎接。下榻羊城宾馆718房，冰心觉得"甚舒畅"。次日与周立波下楼早餐，遇韦君宜、周扬、萧殷、欧阳山等，下午与茅公（盾）夫妇参观陈家祠堂等。李副省长宴请，晚上秦牧送来散文集《花城》。在广州，冰心等在陈残云陪同下游览，与赵朴初至周扬夫妇屋里"谈佛学"，此后又是省统战部宴请，看红线女演出的《思凡》，冰心赞其"声容并茂，甚为可喜"。再乘飞机抵达湛江，下榻霞山海滨招待所，冰心一人住一楼套间，晚看木偶戏《哪吒》，冰心记下一奇事："夜睡前洗脚，灭灯开廉（帘），骤见自己镜中影子，吓了一跳，夜中屡醒，表又停了，十分狼狈。"在湛江海员俱乐部，听说梁思成住在华侨饭店，冰心拜访未遇，留下纸条，梁思成见后回访冰心也未遇，同样留下一张纸条。冰心一行在这里心身放松，至海滨公园看花，与赵朴初、徐楚散步，望海，晚间则与周立波等在客厅玩牌，吃着农场自产的花生，喝着也是农场自产的咖啡。广东人什么都吃，农垦局还请他们吃了一次狗肉，冰心提倡爱一切生灵，别说属于宠物的狗了，而赵朴初还是居士，但广东人将这一切抛在了脑后，只管招待，饭后又看秦腔《三滴血》。本来还要去海南岛，没有想到北京追来一封电报，通知冰心回京，准备参加亚非作家会议。"海南岛去不成了，颇为惆怅。"这次参观访问，冰心留下了长篇散文《湛江十日》，发表在《人民文学》上。

出国访问在中国历来就属特权的象征，出国人员有严格选择。"外事无小事"指的就是将出国访问、接待外宾都当成大事来对待。由于出国人员代表着国家的形象，直到二十一世纪之初，出国仍有置装费、公务外汇补贴等。改革开放前有资格使用外汇的人，那是真正享有特权。冰心出国置装，享受党和国家领导人的待遇，多次到指定的王府井服装店定制旗袍等，而回国时，可以用节省下的"零花钱"，带回一些外国货，哪怕是小小的一把刮胡刀、一瓶香水，都会成为非常诱人、大受欢迎的礼物。冰心频频出国，相当受人羡慕与嫉妒，连许广平也向陆定一部长告状，为什么总是派她出国访问？冰心有自知之明，多次向文联、作协领导提建议，不要总是派她出国，这样的好事大家轮着来。

正如我在"外交形象"一节中所言，冰心在出国访问代表团中的位置，又是别人无可替代的。二十世纪六十年代初，冰心连续三次出国访问。一次是一九六一年三月二十四日至四月二十二日，参加中国作家代表团，出席在日本召开的亚非作家会议常设委员会紧急会议并访问日本。一次是一九六二年二月四日至二十四日，参加夏衍率领的中国作家代表团赴埃及开罗，出席亚非作家会议。回到广州后，恰遇周恩来出访归来，冰心便搭了总理的专机返回北京。还有一次是一九六三年十一月五日至十二月三日，参加以巴金为团长的中国作家代表团赴日本访问，在东京、大阪、奈良、京都等地参观访问，与作家举行座谈会。正是这一次，冰心与巴金到镰仓，拜访日本作家川端康成，冰心请川端康成抽"中华"牌香烟，深得酷爱吸烟的川端的喜爱。同时，冰心在国内多次接待外宾，出席各国大使馆的招待会，陪同外宾在国内参观旅行，比如日本的井上靖、白土吾夫、三宅艳子、松冈洋子等。

笼统地称冰心和吴文藻享受特权，将不会被多数人接受。"他们哪有特权？"追问者定有。但是，如果将他们的生活与三年困难时期饿殍遍野的情景、与文艺界其他作家艺术家"诉苦"放在一起，所谓的特权便突显出来了。这些特权，作为"打江山、坐江山"的老革命而言，因为功勋、因为功劳，成了应得的享受、待遇，那么，冰心和吴文藻有何资格？一个是自称为资产阶级知识分子的作家，一个是刚刚摘帽的右派分子！

无功受禄？免费的午餐？

显然，这里又隐藏了交易。没有享受的资格却是享受了特权，那么，冰心和吴文藻该付出什么？不是以功勋、不是以功劳换取，他们以什么获取？交易成本如何？

功勋与功劳，以生命为成本，冰心和吴文藻，则是以思想改造与写作来换取！

具体到吴文藻，以"说"诉诸，不时"大胆暴露思想"，表示一定要过好社会主义这一关，就是自觉地听党的话、跟党走。吴文藻简称为"听、跟、走"。为了表现思想改造的积极与成果，吴文藻与"反右"之前以躲避和沉默的方式面对会议，判若两人，每一次会议都争着发言，但并不是每次发言都感到满意，因而，又在日记中不断地警告与提醒自己，"热心不忘稳重，凡事不能过于心急，今天最后发言时，有些急躁，必须万分警惕"。"反右"之后，吴文藻恪守思想改造的承诺，每一步都不敢越雷池，而是紧紧跟上党的步伐。"反右"之前，他对总理的报告与人大通过的方式很不以为然，认为那样做不符合程序，预算先做，再报告，报告之后就是鼓掌通过，一片赞成，没有起到人大会议的作用。"反右"之后，吴文藻以政协委员，列席每年的人大会议，包括审议总理的政府工作报告，至此，吴文藻已没有一句批评，没有一条不同的意见，都是拥护。并且对任何领导，比如主席副主席、总理副总理、委员长副委员长，统战部长、中宣部长甚至各部部长、司长的讲话，一概赞成，统统正确，讨论发言便是论证其正确在哪里，伟大在何方。"反右"之前，他对于"辩证唯物主义、历史唯物主义"的座谈，似乎不屑于听，总以各种理由请假、旷课；"反右"之后，他积极报名参加社会主义学院政治课的旁听，对于任何的社会主义意识形态的专题讲座、形势报告，从不放过，听时认真做笔记，回到家还找冰心或同事对笔记，生怕落下了重要内容。所以，他的学习笔记中，总有大量边插、眉插与贴件，其认真与忠诚，不亚于一个虔诚的清教徒。

如果说吴文藻是以"说"诉诸思想改造的成果，那么，冰心则主要是以"写"来体现。自从向左转、开步走之后，冰心的写作基本与意识形态捆绑在一起。农村的社会变迁，从土改互助组到合作社到人民公社不断地向前推进，冰心接触与描写农村，从合作社开始。到了人民公社，她从它诞生那一天起，便歌颂它、赞美它。十年大庆时，邀请了许多国际友人，冰心参与接待，由于她和日本朋友熟悉，于是，借了日本友人的访华观感，聚集到了人民公社："人民公社给我的印象最深，人民公社真好！我参观了四川红光人民公社的托儿所和敬老院，这真正做到了中国古圣先贤的伟大理想——老者安之，少者怀之。"并且感叹，"这是马列主义和中国实际相结合的结果……我现在也在看书，看马列主义的书，研究马列主义怎样能和日本的实际相结合……"《"花洞"的生活方式》将京郊人民公社的食堂描写得花团锦簇，《从"公社果"谈起》将一种甜美的葡萄和桃、梨、苹果、柿子干脆命名为"公社果"。"这些葡萄，来处不远，就在北京的四郊，它也和别的水果一样，都被称作'公社果'，是农村人民公社化以后的伟大的产物！一九五八年以来，我们参观过不少近郊的人民公社，听到了他们的生产计划。也知道他们开辟了多少果园，引植了多少优良品种，我们甚至于看到了广大土地上一行行的细小的树苗。但是我们的眼光毕竟是浅短的，似乎能吃到果子还是许多年以后的事，直等到一串串的紫晶绿玉，罗列在我们的眼前，我们才大吃一惊。"那时描写农村总是离不开人民公社，"人民公社"这个词便是新中国农村的代名词，它不是经济的结构形式，也不是社区的分布区域，甚至不是农民生活的变化，而是政治问题、意识形态话语。因而，在人民公社面前，冰心唯有举起赞美的大旗，而浮夸、贫困、饥饿、死亡、荒芜、凋敝等等的一切，在强大的政治光辉、意识形态话语的遮蔽下，一概视而不见，到处一片光辉灿烂、莺歌燕舞。

每逢新年到来时，冰心都有邀稿，请她作新年祝福，或讲话或文章，如果将她全部的新年祝福之类的文字集到一起，可成一本小书。一九六〇年她有三篇新年祝福，包括"试笔""杂感"与"感谢"，都是大地阳光灿烂、一片欣欣向荣，而那一年带给国人的印象与记忆多是饥饿与浮肿。对于这些真实的情况，她纵未亲历，也应听过，尤其是经常出国可以接触到西方的报道，但冰心认为，那是国外敌对势力"恶毒的宣传"，"等到入中国国境之后，他们没有看见饥饿的面孔，也没有看到垂头丧气的人们，他们看见的是中国整齐葱绿的田野，热闹繁荣的市

场，干劲冲天的人民，堆积如山的菜蔬……"（《谈最新最美的图画》）

农村丰衣足食，大地一片光明，那么城市呢？在冰心的笔下，"北京的居民都欣喜地感觉到，这一年来瓜果菜蔬的供应，特别美好，特别丰盛。一九六二年入秋以来，各种各样的瓜果，像不断的泉流，从四郊涌进北京城里。西瓜、香瓜、桃、梨、苹果、葡萄、柿子……在各处商店的货架上，发出诱人的艳色和浓香"。"至于菜蔬，一九六二年冬天，更是绿叶纷披，白菜、菠菜、芹菜、油菜……以及许多我写不出名字的菜蔬，到处都是！在郊区的大道上飞驰的，很多就是人民公社往城里送菜的大卡车；城里的供销店中，以及街头巷尾，尽是堆积如山的菜蔬。"（《新年寄语》）想想老舍、白薇、孙伏园的诉说吧，可能更接近城市供应的状况。

对于共产党与毛主席的歌颂，也是冰心作品中不可或缺的。"花儿离不开土壤，/鱼儿离不开海洋；/少先队离不开党，/党是我们的亲娘。"冰心借了这首儿歌，抒发了对共产党和政府的感情："有了我们的党和政府，我们的孩子上学有了保证；他们在食物营养上，得到比成人还多的照顾；他们在文娱生活上有好的儿童书籍和好的儿童电影，来教育感染他们的心灵；除了托儿所、幼儿园、小学校等以外，还给他们设立了文化宫、图书馆等等课外活动的场所；使我们的孩子，无论走到那里，永远在一种高尚优美的生活环境之中，使他们像在光天化日之下的花朵一般，天天在茁壮地发育。"（《"党就是我们的亲娘"》）

一九四九年之后，或者说自延安时期，中国共产党形成了一个基本的思维定式，所有取得的成绩，都归功为毛泽东思想的伟大胜利。冰心对这个思维接触得较晚，但她仍然被这个思维所同化。一九六五年，中国乒乓球夺得世界冠军，冰心激动地写道："二十日一早，从广播里听到了我国男女乒乓球队双双获得第二十八届世界乒乓球锦标赛团体冠军的消息！这个巨大的胜利，似乎是我们意料之中的，我却依然从心坎深处涌起了无边的自豪与喜悦，这是中国男女乒乓球运动员技术过硬的胜利，也就是毛泽东思想的胜利！"（《毛泽东思想的胜利》）

二十世纪五六十年代，由于封闭与禁锢，中国与外部世界基本隔绝，意识形态宣传的也都是剥削、罪恶、凶杀、嫖赌，人民生活在水深火热之中，台湾人民则以吃香蕉皮度日等等。中国人从小孩到成人，都为生活在毛泽东时代感到光荣与自豪。冰心作为走遍世界各地的作家，有着比较的可能性，但她亦如井底之蛙的小学生一样，时时涌出生活在这个伟大时代的幸福感与自豪感。

共产主义在冰心的作品中，不仅是一种美好的远景，而且似乎就是即将到达的彼岸。"共产主义"这个名词经常出现在冰心的作品中，仅是以这个名词作为文章题目的便有《撒播共产主义的种子》《共产主义的花朵与园丁》《共产主义的母爱》《为了共产主义的幼苗》等等。同时支持日本、刚果（布）、古巴革命人民的正义斗争，也成了实现共产主义一个部分。至于与共产主义相关的"反帝""反修"这个主题，在冰心的作品中，有了更具体的描写。

一次美国总统艾森豪威尔出访亚洲，冰心著文，判定其为"世界上自有总统以来最臭最丑的一次访问旅行"。行程充满"恐惧紧张"，"有军舰飞机护送，有几十个彪形大汉，紧紧跟随，随时可以舞动刀枪。随行特务人员到处检查'友好国家'的道旁、房顶……甚至于给总统做饭的厨师。最使人骇笑的是一切随行人员，无论是秘书、记者以至于卫士都在行前保了生命险！这也显示了帝国主义者的本质，一方面怕死，一方面死了也还要钱"！批评总统，"坐的自己带去的塑料防弹汽车和直升飞机，总在人家后门，慌慌张张地溜进溜出"。"当这个脸上显出像咬着酸柠檬一样的表情的总统，出现在南朝鲜的公开行列中的时候，头上一直有一架美国直升飞机，挂着二百英尺长的吊梯，和一个特别装置，以便在发生麻烦时，把总统从群众中救出来……总之，这出丑剧的效果，算是做到了极顶了！"（《游街示众的旅行》）国与国之间的国事访问，一切都被漫画化、小丑化，这要在正常的国际环境下，不仅有失礼仪，而且可能引起外交纠纷。

冰心此类时文，远超吴文藻此类发言，有人曾做过一个初步统计，大概有两百篇左右。其中，一九五八年二十八篇，一九五九年五十二篇，一九六〇年五十三篇，一九六一年二十八篇，一九六二年二十六篇，一九六三年二十三篇，一九六四年十一篇，一九六五年六篇，基本占据《冰心全集》的五、六两卷。

于是，我们可以看到吴文藻与冰心，一个以"说"将自己改造的成果，诉之于人，一个以"写"，将改造了的思想，表达于世。效果都是配合政治、加入意识形态宣传的大合唱，为共产党服务，这就是他们享受特权时所需要付出的代价，抑或称为成本。虽然如此，但他们的道德底线却没有突破，这里没有对他人落井下石，背后的告发，没有为特权趋炎附势，而是以他们的自我的言行，向左转，开步走，在"紧箍咒"下，享受"如来佛"——掌控紧箍咒人所给予的某些"特权"。

同时，可以设问：冰心和吴文藻可以不这样吗？回答是：不可以。生存的压力与特权的诱惑，同时逼着冰心和吴文藻一步一步在向前走去。

相对于吴文藻，冰心要清醒一些，她似乎没有那么虔诚，似乎明白自己做了一些什么。有次与赵清阁通信，自嘲尽写一些"鸡毛蒜皮，不登大雅之堂"的文章。一九六一年十一月，巴金的夫人萧珊向冰心邀稿，她被逼急了，依然不给，她认为"那都是些千把字的鸡零狗碎的应急的文章，我不会把它给你的！（不但不给你，也不给人民文学！）我总想聚精会神，写一些我力所能及的好一点的"。她自嘲自己的文章为"时文"，且是"鸡毛蒜皮""鸡零狗碎的应景之作"，我们还能说什么呢？那几年，像样一些的散文，诸如《一只木屐》《海恋》《樱花赞》等，她才敢发表在《上海文学》《收获》《人民文学》等文学刊物上。

此时，只有翻译之作，只有泰戈尔、纪伯伦，才是她心灵的滋润与安慰！

八、红色之旅

一九六五年，吴文藻参加广西的"四清"运动，冰心则到江西的红色土地上，接受脱胎换骨，将思想改造与农村阶级立场、土地革命结合起来。这年的十一月，全国人大、全国政协组成的参观队，前往江西与湖北进行参观考察。这是一支庞大的队伍，队长曾一帆，副队长郭则沉、辛志超、胡子昂；队委刘清扬、胡子婴、易礼容、孙晓村、荣毅仁、屈武，并且组成了中共临时党支部，支书为李文宜、叶宝珊。参观队分为六个小组，线路为：北京——上海——鹰潭——余江——南昌——吉安——井冈山——丰城——武汉。

行前曾一帆作动员报告，言明这次参观队与以前的视察团不一样，以前的视察有些高高在上，这次不仅是参观，还要沉下去，到农村与农民实行"三同"，在同吃同住同劳动中，改造思想。并规定，每一段参观，都要进行自我对照，写出心得体会。江西是红色土地，新中国从这里起步，参观队要有虔诚之心，缅怀与学习革命前辈，体会打江山的艰辛，从而明确今天的幸福生活之不易。曾一帆的动员报告并不长，自然还念了许多条毛主席语录，冰心一一记到笔记本上。此后，这个队长非常尽职，每到一次，都要进行指点，引导队员进行对照，进行思想检查与改造。这让冰心想起早先教会的教父，随时指点迷津，以免信徒迷失方向。

离开北京时，冰心与刚满月的小钢钢（陈钢）合影留念，依然是软席座位，与刘清扬、李文宜、雷洁琼同一包厢。人往南国行，心却还是北京，梦见雪花飘扬，冰封大地，自己一人在雪地孤单独行。江西参观的第一站是鹰潭，重点是余江，听了副县长郑根才的报告，到了邓家埠实地参观白塔渠。余江因为血吸虫病而出名，一九五八年，毛泽东曾为此地消灭了血吸虫而夜不能寐，奋笔写下了两首大气磅礴的七律，前有题款："读六月三十日《人民日报》，余江县消灭了血吸虫。浮想联翩，夜不能寐。微风拂煦，旭日临窗。遥望南天，欣然命笔。"此时的毛泽东风华绝代，激情澎湃，信手拈来，感天撼地。冰心自然是背得出的，不过，她在这里却是做了一个考证："血吸虫据说还是日本医生发现，是寄生在丁螺身上的。"冰心认为"血吸虫"三字是日本的倒装语法，"据说"而有据。参观后，还安排了治愈的三男一女讲治病经过，他们都是"从小被压迫，国民党抽壮丁，病了没有劳动力，身体瘦弱等"，是共产党治好了他们的病，才有了今天的幸福生活。讲时激动，"女的不住拭泪"。

对于这一段的参观学习，根据曾一帆的指示，冰心及时总结了如下的心得体会："开门学习，初步认识到毛泽东思想伟大正确之威力——白塔渠治水与根治血吸虫相结合，具体情况具体解决，落实到发展生产造福人民之上。同时，体会到党的方针政策是从群众中来，调查研究民生疾苦，然后到群众中去，依靠群众自力更生。"并且找到了差距：

1. 为何贫下中农是依靠的对象，而我们资产阶级知识分子不是，因为没有翻身感，没有无产阶级群众他们那样的压迫，就不革命，不是革命的知识分子。

2. 收、土、肥、种，互相促进，新陈代谢。我们在其他条件改进后，就没有改善改造自己的干劲。

3. 主席诗句句有根据，"绿水青山枉自多"，从贵溪钱塘左右山水，可得到事实背景，人民领袖的诗无一句无根据。

4. 我看了地方戏，也是受教育，他们本地艺术形式，本地演员，当地农民的问题，来编唱，是文艺工作深入人民后如鱼得水，同呼吸共命运的结果，值得我们学习，否则是无根之草，终必枯萎。

一九五一年十一月，冰心和吴文藻归来时，我刚刚出生在江西这片红色土地上。进贤是我的出生地，求学地。当冰心的专列，进入进贤的县境时，我正在一处乡间中学——高桥中学，远远地眺望呼啸而过的专列，心生无限的羡慕。当时完全不知道，这支车队中有一位老人，将成为我的研究对象，并且为她建造一座很大的作家博物馆。多少年后，冰心赠书，在写下了"炳根"二字时，驻笔问道："不是我们福建人吧？"我点头："对，江西人！"她想了一下，说："福建人到海外去了，江西人来了福建，还是乡亲。"于是在"炳根"二字后面写下了"乡亲留念"。这次，我们谈到了江西，她说她去过江西，我说那是当然的，我说，您去过进贤吗？老太太又想了一下："不过，你那进贤，只是路过，没有多少印象。"

我后来在她的笔记中看到了她的印象：

> 12 时到达进贤镇，此地属宜春专区，有副县长、蔡书记
> 及本地统战方面领导来招待，于进贤饭店，十分隆重，四菜一
> 汤，并有饺子，饭后还有铺位休息。又看了古巴牛蛙，有斤许
> 重，已是第三代，据说最大的有两斤多。

冰心在短短的对进贤的描述中，提到古巴牛蛙，这确实是进贤农业科学的得意之作。记得我乡间中学的池塘中，便养殖了两只古巴牛蛙，那如牛吼般的蛙鸣威震四方。记得我还以古巴牛蛙为题写过作文，得到老师的赞赏，并且用奖赏的格子纸重抄，张贴在墙报上。

进贤之后是南昌，冰心对南昌的印象很好。"四时许到南昌，沿八一大道到江西宾馆，九层楼，规模之大较北京有过无不及。街道广阔，树木青葱，我与雷同屋住 310 号房。"从二十世纪五十年代直到八十年代初，南昌八一大道的宽畅与江西宾馆的高楼，都令江西人感到自豪。小时候，听大人描述江西宾馆夸张的口气与神态仍在眼前："好高，抬头看屋顶，帽子都落掉了！"那时全国没有几座高楼，九层楼的江西宾馆足以傲视天下，高到抬头都会落帽的程度。参观队住在江西宾馆，参观"八一"起义纪念馆、参观江西拖拉机厂，冰心感慨很多，对照自己，心得两点：

> 1.八一起义纪念馆，创业不易，革命的艰难，革命领导人
> 与我们是同龄人，他们革命时，我们在做什么？
> 2.拖拉机厂赵厂长的讲话，胸襟豪放、宽阔，使我们觉得
> 十分渺小，与他相比，我们还停留在第二三阶段，……"三个
> 为什么，为个人打算越问越糊涂。""躲避困难，在革命道路上
> 就没有立足之处！"

"他们在革命时，我们在做什么？"这个提问，如同惊雷在参观团中的民主人士中间滚过，这种对照的方式实在厉害，一对照便知自己的渺小、在新中国所处的位置。一九二七年夏日，冰心在做什么？在燕京大学美丽的新校园，与司徒雷登沿着未名湖行走，看着博雅塔流出的水注入湖中，看着水位一线一线的上涨，俏皮地说："This is what we have achieved today."（这是我们今天的成绩。）司徒雷登在毛泽东的雄文声讨中离别了中国，自己却是汇入了毛泽东领导的事业中来，还能不听党和毛主席的话？在参观"八一"起义纪念馆时，冰心站在朱德、周恩来、陈毅、郭沫若的雕像前，深思良久。

离开南昌，参观车队浩荡前往井冈山，先在吉安住下，雨中传达、讨论曾一帆讲话，参观了禾埠公社养猪场。座谈时，引出了一个与时代、气氛都不协调的话题："8：30 继续座谈，吴世昌提到牛津毕业考试分四等，一二等就业不成问题，三等差些，四等倒无所谓，因为是富家子弟。一等头脑最好，称为通才，不一定做本行事，其余的人是专才，与我国红专相仿，引起辩论。"这是哪跟哪，怎么会扯到了英国、牛津？那是多么遥远的地方呀，这大概就像冰心在"八一"起义纪念馆，联想到燕京大学一样的道理吧，开阔的思维空间，总是会碰出多彩的火花。

井冈山已不是昔日模样了，冰心与雷洁琼住茨坪井冈山招待所205，"在附近散步，此处与北京旅馆差不多，亦有冷热水等，想当初，毛主席领导上山时的苦处，我们真是踏着烈士的血迹走上康庄大道"。又是一番感慨，心存内疚，不配享受。听井冈山管理局长孙景玉的报告，到井冈山烈士陵园敬献花圈，参观黄洋界、小井、宁冈、大井红军医院，最后在垦殖队举行座谈会。江西省委书记刘俊秀来了，陪同的有管理局书记袁林、吉安地委张书记。作为主人，为参观队饯行。曾一帆代表参观队讲话，不是向江西省委表示感谢，而是对他的队员继续教导：1. 向前看不要向后看；2. 重在表现；3. 向着正确的政治方向走，听党和毛主席的话，一切困难都可克服。每一句话都铿锵有力，落在民主人士的心上。

再回吉安，有个小小的休整，对前一阶段参观学习，进行了相对集中的回顾，并做概括性的心得体会。冰心在这里肯定与盛赞了红色土地上开出的任何一支花朵，包括共产主义劳动大学，他们是那样的美，那样的娇艳，而自己是那样的渺小，那样的丑陋。"脱胎换骨"四个字也就脱口而出，在她看来，像她这样的人，只有脱胎换骨，才能为无限美好的前途与事业服务。

从参观队的行程来看，"脱胎换骨"似乎不是一句空话，吉安之后是丰城，这里与进贤相邻，但丰城不是飞驰而过，曾一帆安排了一周时间，与贫下中农同吃同住同劳动，来一次"脱胎换骨"的实际操练。潘光旦在吉安病倒，冰心前往探望，劝他留在吉安，但潘光旦不想放过这个机会。在丰城县城分组，冰心在第二小组，入住的是小港公社路口大队，与胡子婴、刘清扬同屋。

江西的农活，最辛苦的是夏秋之交的"双抢"，还有年初的春插，到了十一月，基本没有多少农活，转入农闲。参观队选择了这个时候进村，还是明智的。路口大队属于赣抚平原，晚稻收割之后，田垄撒上了红花草子，到了春天，成片的红花草将大地染成紫色，一望无际，成为乡间的美丽风景。参观队没有赶上美景出现，他们与贫下中农的劳作，为红花草培土，可以不赤脚，可以穿鞋子，也可以边劳动边聊天。冰心从中得到体会："贫下中农对于党的方针政策，所以坚定不移地跟走。1. 因为党和政府是解放他们，为他们造福的；2. 因为他们联系实际，了解得深透，学毛选也是带问题学，活学活用。"

在路口，冰心被分配到农民家吃"派饭"，真正的"同吃"。所谓"同吃"，实际上只是形式，纯朴的农民因为有资格招待北京客人，是种荣誉，家里最好的东西端上来，炒鸡蛋肯定会有的，新鲜蔬菜不用说，还可能有腊肉，甚至会专门杀上一只鸡。晚饭后，许多人在门口打谷场上集会、闲谈。冰心坐在稻草垛上找北斗七星，乡间没有电灯，更谈不上光污染，夜黑如漆，繁星满天，却是找不到北斗。老表就告诉她，"北斗要子夜以后才出现"，并问，你们城里看不到吧？冰心说，可以看得到的，只是有月亮的夜晚就看不清楚。老表说，农村人喜欢月夜，走夜路不用打手电。星星不发光，繁星也一样。他们哪里晓得，眼前的这个小老太，就是从小喜欢繁星、以《繁星》出名的冰心。

参观队与农民座谈，大谈社会主义以后的大变化，观看了民兵表演、打靶，还看了农村剧团演出《逛新城》《养猪姑娘》等。并且有一次"出差"，到邻近的洛市公社刘家大队旁听对敌斗争大会。路口一周，曾一帆本是让他们接触农民，实行"三同"，来一次脱胎换骨，实际走下来，几乎就是一次"农家乐"，完全没有遇到脱胎换骨的痛苦。但冰心还是按照曾一帆的指示，得出"放下架子、面子""写作是为革命"的体会。

十二月八日，参观队乘坐专用列车离开丰城，过湖南株洲，前往武汉。江西的红色之旅，给冰心留下了十分深刻的印象，"车行后看一路枫叶正红，田亩地塘均觉有情，江西真是一块好地方"。

十日抵达汉口，入住江汉饭店。"此饭店是法国人开的，本名德明饭店。"之后是逛街，参观武钢，游览东湖，都是冰心的旧游之地。"其间湖光远山，并有野鸭，比西湖璀璨有雄浑之致。"新内容是了解解放路街道四清情况，听了大中小三种学校的关于"四清"的四个报告。其中实验中学的报告，对冰心震动很大：

> 对我最有震动的是，武汉实验中学语文老师廖习蜀，他深受了宣传母爱之毒，模糊阶级观点，在评改学生作文上，亦持此态度。他的检讨使我知道文艺香花毒草大有相反的影响，会后我去和他握手，说你的手成了我的替身，以后我们一同戴罪立功。①

一九六五年的除夕，参观队召开最后一次大会，曾一帆作长篇讲话，盛赞参观学习的成绩，继续指明前进的方向。冰心虔诚地在本子上，记录了满满十七页，成为与吴文藻别后所要交谈的重要内容。

---

① 以上红色之旅的引文，均出自冰心的日记、笔记。

九、红色风暴

一九六六年的新年钟声已经敲过，冰心没有发表新年致辞，吴文藻一月十四日从广西回到北京，十六日为儿子吴平举办再婚礼，算是在新旧年之间添上了一道喜气。

吴平被打成右派之后，一直在天津的汉沽盐场劳动改造，直到摘帽也未回到北京。其间与妻子袁毓麟的婚姻出现了裂痕，冰心和吴文藻多次与双方交谈，终未挽回。一九六一年春节，袁作为家庭成员，最后一次在人民大会堂过年，之后，两人平和甚至含泪分手。婚姻的破裂，不仅让儿子再次受到创伤，父母尤其是父亲的负罪心理也加重，儿子因为自己而受连累，被打成右派、婚姻解体，望着儿子一人出门，再次遁入返回汉沽的夜幕里，理智的吴文藻心痛落泪。

儿子婚姻解体时，时年三十。本来孩子的婚姻，吴、谢这种文化背景的人是不会去管的，但现在到了这种境地，有着负罪感的父母，只得托人为儿子介绍对象。有人介绍了北京阜外医院的一名普通护士，吴、谢接受袁的教训，首先在身份上确认，儿子见过面，也没反对，在确定恋爱关系后，就等父亲从广西回来举行婚礼。"晚饭后5：45，雇车，四人到陈凌霞家，7：45为宗生、凌霞举行婚礼，由阜外医院人事科负责同志李司仪，简单，仅在毛主席像前由新郎新娘行一鞠躬礼，然后自由活动，我等8：20先返，宗生、凌霞于十时许始返，续住有义家一夜。"（吴文藻日记）儿子的婚事，成了一九六六年的插曲，因为接下来的事情，是由激烈的声浪形成的烟雾，让吴、谢两人完全坠入其中，他们在烟雾之中奋力地左冲右突，终于不得要领。

相对于北大、清华，民院不是文化大革命的中心，但是，运动中的每一阵飓风，都会袭击紫竹院旁的校园。五月十七日上午，历史系全体师生召开"声讨邓拓黑帮反党反社会主义大会"，一周之后，与吴晗有联系的历史系教授傅彩焕，自尽于陶然亭公园。之后是林耀华、江浩帆被斗，到三十五人的名单在列，吴文藻以"燕京派""摘帽右派"卷入其中。冰心因为没有民院的教职，开始还有些游离，除了揭发民进杨东莼，再就是揭发文艺界的问题，揭发"四条汉子"中的夏衍，也反思自己的创作。一次，民进无产阶级文化大革命办公室找她谈话，指出《广州花市》《雪窗驰想》存在问题。可冰心并不明白问题出在哪里？回家后与吴文藻分析，吴认为，若写检查，要以今天的标准提高去看，深入分析当时的心理。同时吴文藻提醒她要回作协积极参加运动，冰心便给作协领导写了信，请求回作协参加"文化大革命"。几天后接到电话，告知两项决定："1. 对党组有什么揭发的，2. 或是你自己有什么要说的，都可写了去。"也就是说可以写大字报送去。正当冰心开始自查之时，署名郑季翘的长文《彻底清算周扬反党反社会主义的罪行》在《光明日报》赫然刊出。自从日本归来之后，周扬一直是文艺界的最高也是直接领导，是解释毛主席文艺思想的理论权威，他不仅懂文艺理论，而且翻译过《安娜·卡列尼娜》，现在也成了反党分子？从八月十九日开始，红卫兵在北京首先发起了一场规模空前的"非常无产阶级化、非常革命化"的"破四旧"行动，并迅速传遍全国，弥漫神州大地。

处在红色风暴中的冰心和吴文藻，完全没有先前的沉稳，虽然经历过"反右"运动，虽然不断在思想改造，虽然也在风暴来临之时"有所知有所为"，但这一系列的大动作，一阵阵的狂风巨浪，还是让这两位历经沧桑的老人慌了神、乱了手脚。

晨宗生小妹都回家，大家谈文化大革命，必须彻底，尤其是我这种家庭，必须彻底破旧立新。我们又买了红纸，重新写了林彪语录，我们将毛主席像挂在客厅当中，两旁也贴上语录。

宗生等返，早饭不久，黎等亦返，帮家里破四旧，将相片等撕毁……宗生车票未购到，今夜在家住一宿，向红卫兵登记。

晨，发作协党总支一信，请求：停发工资，我的定期存款

（全部）以及出国衣装并收的礼物以及自己衣饰还给国家。

（冰心日记）

　　三则日记，记载扼要，但是从中流露出惊吓、惊慌、恐惧的心理，甚至要求工资停发、存款上缴。她竟然没有想到，工资、存款没有了，接下来用什么、吃什么呢？不计后果地委屈求全。此时的红卫兵已经打上门来了，首先是盯住了吴文藻从日本带回的资料、杂志与书籍，家里的书也被抄查，"拿走了几本不合符毛泽东思想的书，有《警世通言》等，《关帝庙灵签》，苏联修正主义作家作品等，除外有韩素音、欧阳山、周而复等作品，他们电话是443，随时有书，还可交去"（冰心日记）。尤其是《金瓶梅》，红卫兵一进来，便厉声追问《金瓶梅》藏在哪里。冰心说她没有《金瓶梅》，红卫兵不相信，说你不是著名作家吗，哪有不看《金瓶梅》的。冰心只好说，看是看过，但自己没有这书。红卫兵还是不信，东翻西找了一通，只得留下话来。

　　不仅是民院的红卫兵，与之一墙之隔的北京外语学院的红卫兵也来了。冰心日记中写道："有北京外语学院毛泽东思想赤卫队第四分队队员十人左右，来家检查书籍中之不合符毛泽东思想者（那有封建主义、资本主义、修正主义毒素的），还有其他违禁物品。最后带走了些文藻日记本，上有蒋介石照片者等等，并留下问题八条，贴了大字报等。"这时的冰心还试图说服自己，红卫兵是在"横扫我们思想上的牛鬼蛇神，一定好好接受"，并且表示"和他们一起对自己闹革命"！

　　戴上一个红袖标的"红卫兵"，因为有伟大领袖毛主席的支持、撑腰，走到哪里都有至高无上的权力。大破"四旧"，也绝不止于查抄书籍。书之后便是物，书橱、衣橱、书桌、抽屉、木箱等等全部打开，任毛主席的红卫兵翻取，不要的弃之于地，要的不用允许、不用登记，全部收入囊中。包括银元、现金、手表、皮大衣、旗袍、玻璃丝袜、文胸、电动刮胡刀、打火机、派克钢笔等等，仅存折上的存款就达十几万元，真是大开眼界，见所未见，闻所未闻，这些腐朽的资产阶级生活用品，造反派一一取走。吴、谢两位老人呆立一旁，任其翻箱倒柜。

红卫兵走后，满屋一片狼藉，两位老人瘫坐沙发。保姆沈阿姨紧紧地抱着不满四个月的丹丹（李丹），一家人茫然不知所措。冰心此时的情绪变得十分糟糕，面对现状，再也兴不起一起闹革命的念头，心生深深的困惑。就是在抗战逃难的路上，她也要将东西收拾得清清爽爽，从来都是清爽生活的谢婉莹，现在被红卫兵糟蹋成这样子。她想起了"五四"运动，自己年轻的时候也有过激情，一生经历也应该不少了，除了日本人的烧杀抢劫，除了土匪的打家劫舍之外，怎么能理解原本天真无邪的孩子们，闹出如此野蛮粗俗、无法无天的荒唐事？

这一晚，两位老人就着窗前的月光，躺在零乱的床铺上，没有吃饭，也没有洗漱，月亮照在脸上，两只苍白无力的手握在一起，虽然服下了安眠药，但谁也无法入睡！还好有沈阿姨，安顿了丹丹又来劝导他们，煮了面条端到卧室……

然而，野蛮仅仅是开始。

造反派们没有机构的认同与概念，批斗冰心是不是需要所属单位中国作家协会同意？反正凡是反动的东西，都必须打倒，普天之下，同仇敌忾。此时民院的批斗会也是此起彼伏，游斗反动学术权威花样翻新。红卫兵面对从冰心家抄家得来的实物，激情澎湃，有红卫兵说，全国都找不出第二个资产阶级生活糜烂到如此程度的典型人物，旗袍的衩开得那么高，再穿上透明的丝袜，这不是跟西方的资产阶级太太小姐一样了吗？还有那么多的手表，瑞士的，日本的，上海表都不戴，还爱国，完全是崇洋媚外。有人说，谢冰心从日本回来就带了许多的洋玩意，以后多次出国，英国、法国都跑遍了，好的东西没有带回来，带回来的都是资产阶级的奢侈品，还写《再寄小读者》，教育新中国的儿童，完全是两面派，我们还用得着她来教育吗？七嘴八舌中，红卫兵想出了新花样，办一个谢冰心资产阶级生活方式的展览，全面展示她的资产阶级生活用品，让全院、让全北京、让全中国的人都来看看她的丑恶嘴脸。

三天之后，"谢冰心资产阶级生活用品展览"，在民院图书馆前的广场举行。冰心被押至现场，站在大幅横标之下，脖子上用铁丝挂上一个大牌子，上书"资产阶级作家、司徒雷登的干女儿谢冰心"，司徒雷登与谢冰心的名字错乱书写，并用红笔打上了大大的"×"。先是绕场一周，陪同红卫兵参观，冰心边看边指正，说那些银元只有几块是自己的，没有那么一大脸盆，手表也只有两块，多余的不是她的，还有……红卫兵不让她说，正言厉色道，不得抵赖，都是一类货色。批斗会从上午十时一直开到中午十二时，发言一个比一个激烈、一个比一个亢奋，冰心低头站立，烈日下大滴的汗珠落在地上，任红卫兵用尖刻、粗俗的语言糟蹋。有时也抬头看看造反派和红卫兵们，都不认识，他们也是自己之前"似曾相识的小朋友""亲爱的小读者"吗？

由于冰心的知名度与对展览的好奇，观者越来越多，组织者更是来劲，直到批斗会结束，仍然不让其回家。冰心只得在心里提醒自己，不能与他们为敌，他们年轻，不懂事，而且她在现场，还是从参观的人群中，看到了几双同情的眼光，还有一个红卫兵，给她递过两次水，甚至让她退站到阴凉处。

此时的吴文藻更是被红卫兵严厉管制，接受劳动改造，罪名是现成的"资产阶级反动学术权威""冥顽不改的右派分子"等等，与费孝通、潘光旦等一起由红卫兵监视，在校园劳动，在烈日下拔草。也就是这天，吴文藻拔草归来，路过图书馆，见到冰心还在接受批斗。他停住了，站到冰心的身边，冰心低声让他先回家，但吴文藻站着不动。此时，他是心如刀绞，也如万箭穿心，他自己可受辱，可吃苦，但是他容不得妻子受累，更不能容忍别人如此对待她。自从写下了那篇洋洋洒洒的求婚书后，发誓一辈子要保护病弱的婉莹，现在不仅是病弱，而且年迈，却要遭此大难，自己连搀扶一把都不能，简直是奇耻大辱！无论如何，他都不能走开，而他的到来，又引起一阵骚动，红卫兵嘲笑他："难道还要夫妻双双把家还？真不知羞耻，什么时候也脱不开资产阶级的干系！"不管他们怎么说，怎么批，吴文藻就是不动，像钉子一样钉在冰心的旁边，直到批判会的组织者允许他们回家，吴文藻才给冰心取下那块沉重的大牌子，脖子现出一道道红痕，"都快勒出血来了！"吴文藻在心里呼喊。牌子卸下后，两个人都不能走，瘫坐在地上，造反派又来催促，说自由了，怎么不走了，要不要再开一场批斗会？两个老人只得相互搀扶着站起来，一步一颤地向宿舍区的和平楼走去。

展览加上批斗，成了民院的一道风景。民院虽不是运动的中心，但这一新颖的批斗方式，却引来校外大量好奇的红卫兵，有一次还被红卫兵命令穿上旗袍接受批斗，并嘲笑说，这才"相得益彰"，令冰心再次受辱。吴文藻出于保护的动机，曾向造反派提出，生活是两个人共同的，他也应该与冰心一道，接受革命群众的批判，但造反派回答说，你的罪行比谢冰心严重，要开就开专场批斗会！

这一段时间，两个老人常常是一前一后地回家。沈阿姨总是抱着小丹丹在门口守候，看到老人平安回家，便将丹丹塞到他们的手上，让天真的孩子带给他们些许的安慰。在这一段最艰难的时期，小丹丹成了俩老人生活的勇气与希望，面对丹丹，他们曾相互勉励、保证，要像潘光旦那样坚守"三S"（第一个S是SUBMIT服从，第二个是SUSTAIN坚持，第三个是SURVIVE生存），绝不走老舍那样的自绝之路，老两口坚信，风暴终将过去，太阳还能升起，小丹丹一定会长大！

十、作协牛棚

似乎直到当下才有了资源之说，自然资源、人才资源、科技资源等等，其实，资源早就存在，只是说法不一。比如，阶级斗争年代，阶级敌人便是资源，没有阶级敌人，无产阶级专政如何实行？"文化大革命"中，走资派、牛鬼蛇神都是资源，没有这个资源，"文化大革命"革谁的命？所以，没有阶级敌人、没有走资派、没有牛鬼蛇神的单位，造反派那是很头痛的，甚至觉得不光彩，得想方设法挖掘资源，取得生存、发展与壮大的空间。因而，争夺资源并非始于今日，并非仅是强权、国家的行为，并非是利润与财富的专利，"文革"中对资源的争夺，激烈而残酷，谁要是能抓到"大人物"（走资派）来斗一斗，那真是无限风光，对"大人物"的批斗，显示了造反派的能耐与本事。

从"文化大革命"的意义上说，冰心自然是一个重要的资源，她不仅是著名作家，个人经历丰富，社会关系复杂，与司徒雷登有关系，与国民党有联系，并且有着国际影响，是一个有着多重意义的资源富矿。当民院展览、批斗谢冰心资产阶级生活方式之时，作协便认为冰心隶属作协，虽然作协"黑作家"多，但谢冰心还是不可多得的反面教员（即是稀缺资源）。因而，在一九六六年十月之后，作协便以"集中培训"为名，将冰心关进了文联大楼，成为了作协的专属。

不仅是冰心，"文革"前被发配到南京的陈白尘、广州的黄秋耘也已被揪回作协，实行关押、随时接受批斗。一九六六年十月之后，冰心和吴文藻便失去了文字记录，直到一九七〇年初，冰心进入湖北咸宁"五七"干校。其间只有几页吴文藻被毁的笔记、一九六八年后的家庭账本，其他基本就靠他人的观察与回忆了。不过，回忆与现场记录相去甚远，不仅是时间、地点与事件的准确性，更有主观因素的介入。幸好有陈白尘的《牛棚日记》，通过日记中的有关记录，可以了解冰心的生活，甚至她的心态。

冰心的名字第一次出现在《牛棚日记》中是十一月二十五日，时已冬令，陈白尘为冰心生炉子。"晚回宿舍，为冰心换煤炉生火，成功。她年近七旬，离家独居于此，颇狼狈。其夫吴文藻当年在日本秘密起义，她成为团结对象。归国后写了不少散文，出国多次也做了不少工作，不无微功吧。但她在民族学院（吴在该院任教授）被斗甚惨，衣服都被没收，手表等贵重物品更不用说，而且公开展览，标其出国皮大衣为六千元云。如今她到作协后已很满意了，不再每天揪斗也。"

三个概念十分重要：独居于此、颇狼狈、不再每天揪斗。"独居于此"自然指的是"黑窝"，也就是说起码是在这天之前，冰心被揪回作协，关押在顶银胡同的"黑窝"里；狼狈指的是生活上吧，在民院，吴文藻尚能生炉子，冰心生不起来，每临冬季，家里生炉子的活都是吴文藻干，顶银胡同没有吴文藻，陈白尘试着换煤生火，成功；不再每天揪斗，也就是说在民院的批斗频繁，多至每天，冰心实在难以忍受，到了作协，不再每天批斗，比较而言，便有"满意"之说，但也有不满意处，就是看不到丹丹。冰心感到，与丹丹不仅是隔代亲，还有隔代哺养，承担起了母亲的责任，每次遭斗，想到"下班"就可以见到丹丹，满耳的尖声厉语都听不进去，就想着丹丹的小胖手、嘟嘟嘴、圆圆脸，还有那些牙牙学语。老伴儿也是，一回到家，先就抱过小外孙，逗他玩逗他乐，冰心笑言，文藻重新当一回 Daddy 了。疲惫的吴文藻便说，当 Daddy 有这多空闲？面对开心的老伴儿，冰心在心里感激女儿，在他们最艰难的时刻，留下了一个孩子，感谢上帝的安排。顶银胡同里，批斗是少了些，可是不能见到小丹丹，让她想念。

冰心在"黑窝"的生活，大概有这么几方面的内容：

接受批斗

"黑窝"的主要生活是随时等候批斗，故也可理解为"候斗室"，任何时候不能自由离开，随时处于听候命令的状态，这种等候挨批受斗的心情，真叫"惶惶不可终日"。雷达是刚刚分配到作协的年轻人，他形容位于王府井的文联礼堂，"完全变成了一个大斗技场了"。"那时小礼堂内外，每天人山人海，摩肩接踵，大字报铺天盖地，很像现今的庙会、博览会、商品交易会，敞开大门迎接四海串连客。大中小型批斗会不断，就像庙会里同时上演着好几台节目一样。这儿在斗冰心，因她的母校是贝满女中，就是附近的灯市口某中学，'小将'们斗起来格外起劲，抓住她回答问题时用了'报馆'这个旧词，大骂其反动。"之所以出现如此壮观的批斗场面，就是因为这儿批斗对象多、资源丰富。"出没在这里的'牛鬼蛇神'的名单确实太壮观了：除了周扬、林默涵、刘白羽等，人在外单位，不时可提来批斗外，像田汉、阳翰笙、光未然、邵荃麟、郭小川、贺敬之、李季、冰心、臧克家、陈白尘、张天翼、严文井、侯金镜、吴晓邦、吕骥、李焕之、冯牧、葛洛、韩北屏、戴不凡、屠岸、陶钝、张雷等等，都是本楼的人，那无异身在囹圄，插翅难飞。每个喧嚣的白天结束后，他们才会有片刻喘息，洗去满脸污垢，但关在地下室的他们，又有几人能够安眠？"（《王府大街64号》）到了"文革"的第二年，造反派与红卫兵派性纷起，各自成立了战斗队、兵团之类的组织，不同派别的造反派都有权提审、批斗关押在"黑窝"的"牛鬼蛇神"们。甚至外地来京串联的红卫兵，也可以直接去"黑窝"提人批斗。过去如雷贯耳的大作家，现在可以任意糟蹋，打倒在地，再踩上一只脚，让一些未见过世面的红卫兵小将们十分开心、过瘾。冰心在批斗时不仅因为回答"报馆"时遭到呵斥，在造反派将她定为"司徒雷登的干女儿"时，作了辩解，说国外没有干女儿这一说，同样遭到"反正就是崇洋媚外、反正就是愿意跟着美国主子"的批判。造反派根本不和你讲理，按照他们的思路，将批判的语言暴力进行到底。

一天晚上，造反派单独批斗冰心。"开始冰心谈了一些思想认识，造反派便进行批判，并且要她交代如下的问题：1.你在日本时，与哪些日本人来往？回国后，继续有哪些往来，干过什么勾当？在出国访问时，与他们交谈过什么？ 2.吴文藻离开'驻日代表团'后，你们又在日本住了一年，这一年多时间里，你们又有什么活动？干过哪些坏事？ 3.你在日本时就与地下党有联系，是哪个地下党？与谁有联系？时间，地点。4.你回国怎么拿到美国耶鲁大学的旅费，拿了多少，谁交给你的，有没有交代什么任务？ 5.交代去美国留学的经费来源，怎么得到的？ 6.一九三八年你去云南大学，一九四六年回南京，这期间与司徒雷登有何政治勾搭？ 7.你出国访问时，都放过哪些毒……"（王炳根《冰心在文革中》）这是一次全面的批斗，并且局限在不大的范围内，似为抄底动作，为大规模批斗寻找、提供炮弹，将冰心的资源"做大做强"。但是冰心在回答问题时十分慎重，尤其涉及到日本，只挑一些大家都知道的说一说，具体内容，绝口不提。她和吴文藻都谨记周恩来总理的叮嘱，"日本的情况，打死也不说"。还好那天造反派并没有打，只是将她逼到深夜，感觉实在挖不出新东西，才算罢休。

以冰心为主的批斗场面不多，陪斗却是经常的。"文革"初期，作协有所谓的"保皇党"，刘白羽被斗得不狠；造反派夺权之后，组成了作协造反兵团核心小组，邵荃麟、刘白羽便被推到风口浪尖了。冰心本不是中共党员，更不是党组成员，但一涉及到创作、出国访问、深入生活、下乡视察等等，都有陪斗的份儿。每回批斗旧党组大会，冰心都得出席陪斗。重头的批斗人物，往往要戴高帽，或下跪、双手被捆绑；次要人物，也就是陪斗者也得要有所表示，挂大纸牌是起码的，以示阵容。冰心说她的牌子有时自己带回"黑窝"，下次可以再用，免得浪费纸墨。

主斗、陪斗之外，还有一种"纪念斗"。比如"五一"劳动节、"五·二三讲话"、最新指示发表、"七一"建党日等等，都以举行盛大的批斗会来庆祝、来纪念。一九六七年五月二十三日，毛泽东《在延安文艺座谈会上的讲话》发表二十五周年，以往，每年逢"五·二三"，文艺界都要举行纪念活动，今年逢五，作协造反派如过盛大节日，开了一整天的批斗会，以示隆重纪念。与当下的活动以有哪一级领导、有多少位领导出席而显隆重、而显意义重大一样，批斗会以有多少重量级的"牛鬼蛇神"站台而显阵容。这天，刘白羽、邵荃麟、张光年、严文井、陈白尘、谢冰心等九大黑帮出席批斗大会，阵容强大，规格齐整。预计中还有周扬，但周扬属中央专案组管制，另有批斗任务。批斗纪念会从上午九时至十一时四十分，午餐之后，接着干，直至下午五时。因为是纪念《讲话》，还算文明，年轻的造反派端坐主席台，被斗者只是肃立一旁，甚至连高帽未戴、黑牌未挂，"仅是站立"。但是，这些都是年过半百之人，连续站立五个小时，便是超重体罚了，衣衫湿透，腿软颤抖，且无水补充，冰心曾多次要求跪立，但被造反派斥之"就你多事"。

"牛鬼蛇神"之间开展"批评与自我批评"，进行相互斗争也是一种批斗方式。因为都是"牛鬼蛇神"，所以可以围桌坐立，斗争的形式也较平和，不像接受造反派、红卫兵的批斗，要挂上牌子，要低头弯腰，甚至要双手捆绑，双膝跪地，甚至坐"喷气式"，"黑窝"中没有这些，但语言暴力也是漫天飞舞，比如用语录作刀枪，攻击他人也杀伤自己。有时从"学习室"出来，内心也是伤痕累累，他伤与自伤，只是没有皮肉之苦罢了。

劳动改造

"黑窝"有些啥劳动？扫地、扫楼梯、烧开水、刷厕所、拔草等等，反正过去勤杂工干的活，都由"牛鬼蛇神"来承担，而原先的勤杂工大都参加革命了，当了造反派，成了他们的领导。一段时间，文联大楼被外地造反派占领，还有到北京来串联的红卫兵小将，所有的地方都成了战场，也成了睡房，整个大楼污秽不堪，厕所积水数寸，坑道不通，粪便遍地。通道上都是稻草铺，房间内更是狼藉满地。要一一扫清，运往后院。冲刷女厕所的任务更重，因为"黑窝"中，女性只有冰心、丁宁、凤子等两三人，五层大楼的女厕所都得由她们冲洗，而红卫兵小将用起厕所来，只要有下脚的地方便不放过，真是臭气熏天，卫生草纸更是塞住便池，掏都掏不出来。丁宁比冰心小几岁，见这个小老太低着身子掏粪坑，实在看不下去，便每天提前"上班"，将最脏的厕所清洗干净，让冰心感动。

"搬"在劳动中是经常使用的一个概念。位于王府井大街与美术馆之间位置的文联大楼（现商务印书馆大楼），今天当然有很高的商业价值，当年就有人看中其政治价值，都想在此争得一席之地，"你方唱罢我登场"，一刻也没有停止折腾。搬办公室、搬桌椅、搬图书、搬杂物，搬能搬的一切是常有的事情，谁来搬？自然是"黑窝"里的"牛鬼蛇神"！据《牛棚日记》记载，"文革"前三年，大的搬动就有三次，小的搬动就不用说了，只要有活，"牛鬼蛇神"全出动，并且总是限时限点，革命就是这样雷厉风行，不能有半点儿的拖拉。一次搬草，前院搬至后院，"朔风野大，逆行至苦"。凤子面有难色，冰心的头都扎进稻草里了，刘芝明、阳翰笙等走在前头，休息时到地下室13号饮水，张雷、赵寻、刘厚生站在一起，"阳态度自如，赵默不一语"。

自一九六八年十一月一日开始，劳动制度有了改变，不仅在本单位，每月还要拿出三天时间，到太阳宫劳动。十一月的三天时间是这样安排的：第一天是一日，地头翻土，七日依然翻土，使用的是长方形铁锹，挥动起来极吃力，陈白尘觉得"腰痛剧，但咬紧牙关，未提要求"。到了下午痛处转而减轻，自认劳动可以治病的。这是陈白尘的自嘲，不知冰心如何度过？十一月八日，"天气奇冷，内着皮背心，仍四肢如冰。七时集合，北风怒吼，达六级。连呼'下定决心'者三，精神一振。连续挖土至十时，始休息。倚小屋前避风处与冰心同午餐，都是自带者。四时半提前收工，极疲劳"。陈白尘这回没有自嘲，自带的饭菜在冷风地里如何"午餐"，再也作乐不起来。后来还有一天，冰心等女性去"倒白菜"，也就是给储藏过冬的白菜翻个，算是轻活。男性则去修房，以铁锨铲土送上屋顶，几个老弱病残的"黑帮"颇为难，但也不能不干，于是五个人用三把锨，轮流休息，才算坚持下来。

这个太阳宫对作协的"黑帮"也太当苦力使了，甚至连作协的造反派都看不下去，到了十二月，改到鼓楼北一家钢厂劳动，在师傅指导下筛筛沙子，好多了。那天"应到黑帮三十六人，实到三十五人"。冰心在列，陈白尘负责日志。

接受外调，自列名单

写检查、接受外调并不比体力劳动来得轻松。陈白尘检查交代他的历史问题，曾经一天写过五千字，不仅是回忆时的痛苦，而且有书写的劳累，仅从体力上说，也是很可观的。造反派要冰心写她七十年的经历，并且给了她一个勒令交代的目录："1. 反右前后写过多少毒草？毒在哪里？多少篇？政治目的是什么？潜台词、影射什么？ 2. 对历次运动、无产阶级专政、社会主义制度、党的领导、社会生活，有哪些看法？有哪些言论？向哪些人散布过？ 3. 对总路线、大跃进、人民公社三面红旗的看法和态度，有哪些反动言论？ 4. 在外事活动方面，有哪些反动言论？ 5. 与蒋介石、宋美龄、司徒雷登的关系，有什么接触？"如果按照这个提问回答，冰心便罪恶滔天了，因而，她的交代多为经历与事实，写完便交上去，造反派退回来再写，不像陈白尘那样复杂，一定要追查出叛变革命的细节。想到丁玲也是这样，在革命与叛变之间，无休无止地交代辩白，这时，冰心反倒庆幸自己没有加入共产党，要不，也是说不清楚。这些交代，一次次地递到造反派手上，造反派感兴趣时看看，多是扔在一旁，最后进入废品收购站。二〇〇二年春天，我曾与冰心的女婿陈恕先生专程到天津找一位废品收购人，寻找冰心的手迹，看到的就是冰心在牛棚中的交代材料。可见，当年的造反派并未认真阅读与查找，勒令交代问题，只不过是折磨和摧残人的手段。

接受外调也是一项任务，外单位的造反派找上门来了解情况，隔三差五便有，往往是坐等，容不得你多想，更不会多给你时间，这让冰心有些招架不住。"黑窝"中的造反派看她认识的人多,居然有一天下达命令,要她将所认识人的名单列出来,陈白尘也曾一口气列了八百名,冰心要列的名单可能要超出这个数字,但冰心留有余地,感觉到造反派不知道的一概不列,蒋介石列吗?宋美龄列吗?朱世明列吗?梁实秋列吗?顾毓琇列吗?浦薛凤列吗?那不是找死!应该说,就是在"文革"中,冰心对与国民政府方面人员的关系,隐蔽得还算比较好,直到晚年也未解除,以至一些研究者都不晓得她与上述人物交往的情况。

学习"毛著"

"黑窝"设有专门的学习室,即是学习毛主席著作的场所。每天都有固定的程序,比如早请示、晚汇报、天天读。这些程序造反派都不能干扰,雷打不动。所谓早请示,也有固定的仪式,首先手捧"红宝书"(毛主席语录),姿势端正,立正站立,向着东方,三呼"万寿无疆",三声"身体健康",之后齐声高唱《东方红》。当时同在牛棚的阎纲有个很有意思的场景记录:"'东方红,太阳升……'的歌声在心中荡漾,不知谁说了声'今日立春!'全棚顿时活跃起来。冰心说:'春的信息是能够感觉到的。我是世纪同龄人,有此经验。'大家异口同声:'春来了,春来了,我感觉到了,我闻到了,我听到了!'牛棚里的几十条'牛',不乏著作等身的名家,想象力丰富而瑰丽,可以想见春的消息在他们的艺术世界里被编织成何等诗意的憧憬,但他们依然蜷缩在刺骨的严冬。"(《中国作家协会"文革"记趣》)

学习时,一般情况下,要读一篇指定的文章,比如《南京政府向哪里去》《别了,司徒雷登》,所读往往根据当时的形势与情况而定,没有指定时则以自选阅读完成。"斗私批修"是接下来的项目,谈自己在接受批斗与劳动改造时的活思想等等。学习室并不都如此四平八稳,还要练真功!什么真功?以通读"毛选"四卷练基本功,以背诵重要文章、语录、老三篇、老五篇、诗词、文艺指示、批示等重点,包括最新指示。按说,以负罪之身,潜入书中,可闻琅琅背书声,也是一种短暂的解脱,但是"黑窝"中人,都已上了岁数,过了背书的年龄,要把一篇文章一字不落、一字不差地背出来,那还真叫真功。背不出、背错了,造反派便会指责你对毛主席不忠，缺少无产阶级感情，被封资修的东西塞满了脑袋，装不进伟大领袖的教导，上纲上线很是吓人。冰心虽然年近七十，但记忆力算是好的，有一次在学习室背诵《纪念白求恩》，仅仅是落下了一个"德国的"三字，便被责令停下，被斥之对毛主席没有感情云云。

更有甚者是在公开场合比赛背诵。一次，作协系统组织背诵毛主席关于文艺的指示，人人过关，陈白尘第一个，冰心第五个，刘白羽因为官大，习惯了走路靠汽车，做事靠秘书，尽管毛的批示不知道向部下传达过多少遍，但就是不能完整地背出来，"平日号召大家贯彻指示是第一号人物，背诵却成了倒数第一号人物"，造反派嘲笑他。说他"根本没有把主席的指示记在脑里，印在心里，溶化在血液中，这就不可能落实在行动上"。结论是作协成了修正主义的大本营不足为奇。

背诵这活也曾让"牛鬼蛇神"得意过，尽管也会有错，但当与造反派"打擂台"时，却变得风光无限。一次在农村夏收，田间举行表忠心活动，具体是背诵《为人民服务》，并且有贫下中农在场。背诵的主体是"牛鬼蛇神"，也有造反派与贫下中农的代表。冰心、陈白尘等全部背出，造反派与贫下中农代表中，一字不差者无一人，有的还出了洋相："平常以此责人的某公，背得结结巴巴，三次要人提醒，始得终篇。××也掉了'所以'二字。这两位都小出洋相，面红耳赤。"（《牛棚日记》）

"黑窝"中学习"毛著"对冰心触动最深。不是内容，而是形式。从早请示到晚汇报，从背语录背篇章，到学习室的"斗私批修"，都让她联想到宗教仪式、场所与氛围，想到贝满女中，想到威尔斯利的教堂做礼拜的情景。毛泽东思想是彻底的唯物主义，而宗教是彻底的唯心主义，怎么会如此的相像，殊途同归？一次她竟然不经意地脱口而出，说"读'语录'就像读'圣经'"，还说学习室有些像忏悔室。这话传到造反派的耳里，不得了，当即召开批斗大会，冰心低头认罪，只得申辩说，主席的语录是"人民的圣经"，才算过了关。其实，冰心后来想了想，两句话其实没有多少区别，只不过加了一个"人民"而已，圣经当然也是信徒的圣经，如此狂热的人民比信徒还要虔诚，只不过……她不能再联想下去，更不能说出来。"毛著"必须坚信，并以此作为思想与行动的指南。

走向农村与接受批斗

"黑窝"中人到农村绝不是观光，也不是吴、谢之前参加过的义务劳动，那时虽有思想改造的义务，但劳动多为象征，并非苦力。从牛棚来到农村，可是真正的劳动，并且是超强劳动。选择的时节就令人惊魂：夏收夏种、秋收秋种，"黑窝"全端，牛棚移师，一去便是十天半月，令"牛鬼蛇神"们脱去一层皮，真正脱胎换骨。

这种超强劳动，牛棚中人多者经历四回，冰心计有三次。

一次是一九六八年六月十四日至二十五日，在北京南苑红星公社参加麦收。作协和文联机关全体人员均参加，计有几十号人，全都住一个古庙里，男女分住不同的殿堂，一律地铺。早餐后七时半下地割麦，十一时收工，下午三时至七时继续，麦收的劳动强度大，劳动的时间长，烈日下，一天弯腰七八个小时割麦子、抱麦秆，那些关押牛棚的人怎么受得了？且不能有半点儿的偷闲，一经发现，便会遭到训斥。"牛鬼蛇神"一个个咬牙坚持了十天，希望以发愤的劳动洗刷自己的罪行，但等候他们的却是更加残酷的批斗。麦收行将结束之时，刚刚收割过的麦地，造反派与贫下中农摆下了战场，举行联合批斗会。一边是农村的地富反坏，一边是文联、作协的"牛鬼蛇神"，方式是"喷气式"。所谓"喷气式"，就是将两手反剪于后，用绳索捆绑，捆绑者自然弯腰伸头，捆绑得越紧，弯伸得越厉害，人体便呈喷气状，严重者将捆绑反剪双手的绳索吊起，人体悬空，便呈喷气飞机的姿势，故名"喷气式"。这是批斗大会最惨无人道的体罚方式，冰心虽经多次批斗，但没有被上过"喷气式"，这一回不能逃过。造反派算是体谅她的年龄，只作反剪捆绑，未以悬挂，算是开恩。但炎炎夏日，"喷气式"的站立，足让年近七十的冰心，脚下一片汗湿，但她竟然忍耐坚持了下来。当天的日记，陈白尘以冷峻之笔，记下这罪恶的一幕：

下午文联各协会与生产队联合举行斗争大会，第一次被施以"喷气式"且挨敲打。每人都汗流如雨，滴水成汪。冰心年七十，亦不免。文井撑持不住，要求跪下，以代"喷气式"，虽被允，又拳足交加。但令人难忍者，是与生产队中四类分子同被斗，其中且有扒灰公公，颇感侮辱。

(《牛棚日记》)

涂光群也是经历之人，在他的笔下对冰心充满了敬佩与同情：

造反派把谢冰心等国内外闻名的作家、诗人弄到南郊去，在烈日烤灼下与当地的地主、富农同台批斗。他们的批判发言竟说作家艺术家是"没有土地的地主，没有工厂的资本家"。谢冰心老人在这长长行列中显得特别瘦小，她低头弯腰整整站立了两个小时，但是她牢牢地立着，腿不颤抖，手紧紧贴住身体两侧。我想这真是弱而强，绵而刚的老人啊！别看她体质柔弱，但内心刚强、富有，她比那些手中没有真理，色厉内荏，光靠恐吓、棍棒、吆喝吓人的人强大得多！这就是"文革"中的谢冰心老人。

(《冰心老人》)

第二次是这年的秋天，前往顺义良种场劳动。从九月十三日至二十三日，自带行李，睡稻草大通铺。劳动的时间从早间五时半至十时半，五个小时，下午二时到六时，四个小时，全天仅劳动便是整整九个小时。劳动项目：割玉米秆、掰玉米、剥玉米、搬运玉米秆等等。一天搬运玉米秆，因雨水及露水未干，颇重，还要过独木桥，风又大，极难行。侯金镜因为血压高，头晕不敢过。冰心从桥的那边接过，才解侯之危。顺义虽为京郊，但也没有见过这么多重量级的人物，所以，应贫下中农的要求，利用中午的时间，将所有的"黑帮"列队。作协和文联所属的剧协、美协、音协等，浩浩荡荡一大帮，在良种场群众前一一点名示众。造反派每叫到一人，"黑帮"应声出列，与他们之前的电影里、舞台中、照片上所见大不一样，衣着破旧、容貌不整，甚至不修边幅，有的促狭、有的狼狈、有的尴尬，每出列一人，都会引来一阵哄笑，只有冰心出列，白发黑衣，干净利索，引来一阵惊讶。示众比夏天在南苑红星公社的揪斗文明多了，但那日西北风骤起，极冷，"黑帮"们穿得又少，个个冻得发抖。示众不等于批斗，离开良种场的前一天，批斗大会依然不免。二十二日中午，良种场的广播便作预告，"晚开斗争大会"。五时许提前收工，提前吃饭，八时半进入斗争会场。这次劳动，"黑帮"中的大人物没有来，文联便以张雷为首，作协则以严文井为代表，计有三十余人，两厢侍立，冰心被提到了前头。排列为严文井、谢冰心、张天翼、臧克家、侯金镜、陈白尘、李季、杜麦青。与示众一般，批斗时轮流出列，由于大人物没有来，冰心便被推到了前台，多次出列。令冰心没有想到的是，良种场的造反派要她回答的问题是："为什么写了《寄小读者》，还要写《再寄小读者》，是不是想以资产阶级的思想，牢固地占领阵地，达到改造下一代、改变红色江山的罪恶目的？"冰心认为所提问题很专业，比"司徒雷登的干女儿"有意义，说这个提问，真正地触及到了自己的灵魂，但她表明自己的心是好的，也没有改变红色江山的意思，确实有不少的资产阶级的毒素，尤其是超阶级的爱。她表示要多反思，多批判。更没有想到的是，良种场的造反派竟然接纳了她的自我批判，虽多次出列，并不激烈。但是有个作家自报家门时，想讨好农村的造反派，说"我是贫农出身""我是热爱毛主席的"，却立即遭到拳打脚踢，以示警告。文联的张雷更不一样，想以嬉皮笑脸对付过去，于是造反派不客气，要对他搞"喷气式"。张仍用开玩笑的口气说："别、别、别！我有病。"令人忍俊不禁。

第三次是一九六九年六月十七日至七月一日，冰心参加作协机关赴小汤山麦收。这次的时间最久，劳动的强度也最大，"此间割麦不用镰刀，以手拔之，使根部出土，再以铡刀除之"。冰心绝无赤手空拳拔起麦秆的力量，就是打麦场搬运麦秆的力气也没有，所以，她的活反倒是轻松了一些，与村里的妇女们一道，用麦耙翻晒麦子。劳动时间每天依然很长，但增加了一个小时的"天天读"，五时半开始，在朝阳的照耀下，早祷如仪，读一段或几段语录，对照检查思想，时间到了，再到田间投入麦收战斗。

牛棚时间表

小汤山麦收时节，冰心之所以有轻松一些的活，这与她牛棚的身份发生了变化也有关系。自一九六六年十月入牛棚，到次年三月，由于关押条件所限，冰心的罪行又相对轻一些，改为"早入晚归"。也就是不居于"黑窝"，每天按时来此报到，接受牛棚的管理，晚上则可归家。民院住房上的封条，也因为造反派组织的变化失去了威力，新的造反派组织，否认旧造反派的决定，封条失效，吴、谢的家庭生活，回到了基本正常的轨道。尤其是在一九六七年三月，为了维持国家的正常运转，解放军派出了"三支两军"的队伍进驻各行各业，而到民院实行"三支两军"的军代表李力，即是李克农的儿子，从父亲那儿，李力对吴、谢的情况有所了解，从而也让吴、谢的生活基本恢复正常。那时，吴、谢都使用公共汽车的月票，每月四元。每天清晨，从魏公村开出的第一班车上，总有一个小老太，头上扎了围巾，手里提着饭盒，第一个钻进车里，走到最后一排的座位上坐下，转车一次，在东总布胡同下车。

这样的生活持续了两年，到了一九六九年二月八日，冰心真正从牛棚中解脱，回到群众中接受教育。这时，军宣队与工宣队已经进驻作协，掌握实权，文化大革命也从"斗""批"进入到"改"的阶段。外来的掌权者审查了牛棚中所有人的档案与交代材料，决定从牛棚中放出九人，接受群众教育。这是一个非常重要的决定，军宣队斗委会全体成员出席，廖政委在大会上隆重宣布。这九个人是李华、丁宁、涂光群、刘剑青、冰心、沈季平、谢永旺、葛洛、（大）周明。廖政委毕竟是从事政工多年的军队政治工作者，不像一些从勤杂工上来的造反派，他考虑问题周全，讲话也有水平，说，"他们出去还是要继续批判交代，并不等于解放。而未放的不是没有出路了，要端正态度，交代罪行，抓紧时间，做出决定性的行动。早交代早解决，不交代也要解决。出路，要自己争取。即使叛徒、特务、死不改悔的走资派，最后也给出路，但这是有条件的，要看其罪行轻重、悔过交代。出去与未出去的两种人都要注意两点：1. 对罪行要看得严重些；2. 不要以为革命群众搞错了，冲击是正确的"。最后又说，"我们不是一定要留几个人作永久的反面教员，希望每个人都能出去"。会上宣布了对九个人的管理规定："第一条，老实坦白，接受群众的审查、监督、批判；第二条，听从革命群众的分配，有些会不能参加；第三条，不准乱串办公室，不准私自翻别人材料；第四条，有事出去要请假。"最后要求冰心等九人，每人制订一个"个人改造计划"，九个人又共同制定了"改造守则"。

温情探视与家庭账本

牛棚管制基本处于密封，与外界隔离，集中居住，且有许多以"不"字打头的硬性规定：不得互相串联，不得未经许可私自接待外人，不得随便上街，不得自由地看大字报（只能看指定区域的大字报），节假日尤其是国庆节不得外出，通信与汇款都得经过检查，才能寄出与接收。革命群众除了在批斗会上与"牛鬼蛇神"们"对话"外，其他的时间不能与之往来。不过牛棚没有专门的食堂，关押者也在文联食堂排队打饭，牛棚中人打饭之后，便缩到角落或退到偏僻的桌子上用餐，革命群众也总是避之远远。有一次，严文井、陈白尘几个"黑帮"分子，找不到桌子，便想挤进革命群众已经占用且有空位的桌子上，哪知刚刚坐下，革命群众便像避瘟神似的端了饭碗逃开了，令其颜面尽丢，从此只能"黑帮"坐一桌，绝不敢与革命群众同桌吃饭。刘白羽、张光年这些罪行重的人更知趣，饭打好便回到自己的"黑窝"去吃。冰心则不怕，就在食堂与"黑帮"们共同进餐，有时也有人与之搭话，她也不回避。

"文革"之前，冰心在年轻编辑周明的陪同下，曾经访问过北京的五个孤儿，《人民文学》发表了她的长篇报告文学《我们的五个孤儿》。从此，他们之间建立了联系与感情，称冰心为谢奶奶。"文革"开始后，五个孩子惦记着谢奶奶，当他们打听到冰心被关在牛棚时，专程来此探望，成为冰心在"文革"中接受的一次温情探视。

  有天中午，我正在文联食堂用餐，十几岁的小同庆突然闯到我的跟前说："叔叔，你怎么样？我很想谢奶奶！我想见谢奶奶！"我又惊又喜，这么小小年纪敢如此冒风险来找我要见冰心？！看到小同庆这孩子真诚的眼神和企盼的目光，我动心了，决意冒一次风险让孩子见见冰心。因为正是午饭时间，"牛鬼蛇神"也要吃饭的，只是他们大都被挤在墙角几张饭桌上，不能和群众同吃同欢乐。我要同庆先坐下，等一等。于是我站起身扫视一下食堂，正巧，冰心和张天翼、郭小川、李季几个人在墙角一张桌上闷头吃饭呢。这时饭堂的人正逐渐稀少，许多造反派，来得早走得早，正是好时机。发现目标后，我便牵着同庆的小手走了过去，我对冰心说：同庆要见你。冰心愣了一下，不知孩子要见她做什么。那时常常有莫名其妙的人随便可以批斗"黑帮"的，不想，一见到沉默不语的冰心，小同庆哭了！呜咽着说："谢奶奶，我想你……"

冰心环视一下四周，悄声地问道："孩子，你怎么敢冒这个风险？""谢奶奶，我不怕。"同庆拉着冰心的手说："您不是坏人，您也别怕。您是好人，好人……"

孩子的一句话，一句普普通通的真心话，深深地打动了冰心，她不由得落了泪，长时间紧紧地握着小同庆的手，说不出话来，一股暖流涌向心间。

（周明《有了爱，就有了一切》）

周明在人民文学担任编辑时，积极热情，敬重冰心，多次陪同访问五个孤儿，他们之间结下了友谊。"文革"中，周明依然与冰心保持联系，也是这年的夏天，乘造反派午休之机，冰心把周明叫到楼梯的拐弯处，看看周围无人，悄悄地把几张银行存款单交给他，请他上缴国家，并悄声交代说："这几万元存款，本是人民发给我的薪俸。我没有多少用处，子女们也都各有工资，更不需要。取之于民，还之于民吧，国家还可以拿这钱投资搞建设。"临分手时，还叮嘱："这件事，你帮我办了，只让经手人知道。千万不要告诉别人，我不是为别的，不希望张扬。"后来这笔款又被退了回来，因为那时无人经管这些事。她又不是党员，否则还可把它作为党费上缴！

冰心从牛棚中放出虽未解放，生活却是基本回到了正常轨道。动笔是作家的一个习惯，是一种生活方式，没有写作，作家的意义便失去了。一九六六年到一九六九年，冰心完全中断了写作，但写字的习惯却改不了，不能写文章、不能记日记，记账总可以吧。于是，从一九六八年五月开始，冰心以写作的细腻，记起了家庭琐碎开支账目。也是歪打正着，就是这本十几册的家庭账本，不仅成为冰心研究的重要文献，也成了研究"文革"的宝贵资料，甚至可能为当代中国研究提供了精确的数据。

以一九六八年十二月为例：

（一九六八年）12月1日：擦手油两包，0.42；菜，1.60。3日：蛋，0.96；菜等，1.80；水果等，0.52；莹修鞋，0.25。5日：蛋，1.00；面包、米花，0.34；菜，1.18。7日：苹果，0.35；丹丹车钱，0.50。8日：菜（酱油盐），2.27；洗衣皂4连，1.76；汽（？）油、扣子，0.10。10日：蛋，2.00；菜，1.68；苹果，0.35。11日：茶叶四两，2.40；水果糖，0.80；日历，0.33；（以上结算20.71）。

11日：小本两个，0.26。12日：米22斤，4.69；白糖2斤，1.76；菜，0.29。14日：面粉5斤，0.93；小饼，0.26；草纸，0.20。15日：菜，0.59；苹果，0.40；菜，1.70。19日：菜，0.12；巧克力半斤，1.60；水果糖半斤，0.80；面包，0.30；蛋糕，0.23；桔子2斤，0.50；酱油，0.50。（以上结算15.13，合计35.80）

20日：菜，1.15。22日：《人民日报》三个月，4.50；小块蜂窝煤123块，2.00；油两斤，1.70；饼干面包，0.26；粉丝3捆，0.81；草纸，0.29；火柴7包，0.14；酱油、酒、团粉等，0.62；菜，1.64。23日：大煤块200，4.80；米20斤，4.26；沈阿姨工资，10.00。26日：菜（两次，23、26），1.93；丹丹修鞋，0.15；沙琪玛［账本中写作"萨其马"，下同］，0.20；

米 13 斤半，面 10 斤，4.73。（以上结算 39.18，合计 74.98）

　　27 日：毛选合订本，5.50；五个批示条，0.18。28 日：看病挂号（两次），0.20；菜，1.48；牛奶一磅，7.02。29 日：四篇文章，0.24；鸡蛋 4 斤，4.02；肥皂、米花，0.46；丹丹衣，0.24；菜，0.15。31 日：莹月票，4.00；油半斤，0.43；白糖 2 斤，1.76；酒，0.32；菜，3.45。（以上结算 29.45，12 月合计 104.43）

记录中，可以看出冰心一家平日的开支，从油盐菜米到烟酒糖茶、从牛奶水果到订报买书购"毛选"林彪语录、从孩子的零食到保姆的工资等等，基本上每十天半月结算一次，一九六八年十二月开销 104.43 元，一分钱不落，极其明细。其中便可看出记账者的心情，细心、精致，淡定而平静。这种记录一直坚持到一九八一年，虽然以后的记录并非都由冰心来做，但这样的心情是延续的。交通除了月票之外，在一九六九年的账单上则有另列，可能与开始租用摩托车有关，在账本中，曾有摩托车坊西单调度站的电话，从牛棚中放出之后，则改为租用汽车了，账本中也就出现了汽车公司的电话。关于香烟，所记数量不大，"反右"运动之后，吴文藻因为患荨麻疹遵医嘱戒烟，冰心吸烟，但烟瘾不大。单量消费最高的"毛选"精装本，五元五角，比一个保姆月工资的二分之一还多。

牛棚视野与心情

吴、谢两人心情最糟糕、最低沉，是在入牛棚之前，即在民院抄家、展览、批斗、保姆辞退、住房被封的日子，不仅受辱甚至绝望，吴、谢两人在黑暗中，相互默默地支撑，真正的相濡以沫，穿过了生命的黑暗隧道。因为有了这种相互支撑，才使得他们没像傅雷夫妇，没有走老舍的绝路。

从这种心情中走出来，则是入住"黑窝"之后。以外人的眼光，冰心独居顶银胡同是够狼狈的，连火都生不起来，无依无靠，这仅是外人的视角，从冰心本人的角度呢？处于牛棚之中的冰心，不单是一个狼狈的孤独老人，也是一个灵敏的观察者与思想者，刘白羽、邵荃麟、张光年、严文井、李季、侯金镜、陈白尘、臧克家、黄秋耘等等，哪一个不是作协的领导？不是《文艺报》《人民文学》等机构的负责人？他们是共产党员，对建立新中国有过功劳，有过出生入死，张光年（光未然）创作过鼓舞全民抗战、气势磅礴的《黄河大合唱》，他们都已如此，谢冰心算得了什么呢？如果说"文化大革命"就是要革这样一些人的命，自己被革命也就是顺带的。面对"黑窝"中的"黑帮"们，冰心想起"反右"运动，当吴文藻被打成右派、谢为楫、吴平被打成右派，她有些想不通，但后来发现那么多有思想、有学问的人都被打成了右派，忽然觉得被打成右派也不是耻辱。同样，牛棚中的冰心，发现周扬、刘白羽等那么一大批的革命老干部、文艺界的头面人物都不能幸免，并且比自己更甚，那么谢冰心被批被斗、受辱受苦，也就不足为怪了。她甚至想到，哪一次周扬的讲话、刘白羽的讲话不是谨记于心？不是将其视为党的号召与指示？他们有错，自己当然也有错，他们的错与罪肯定比自己的大，他们能坚持自己为什么不能？

牛棚的视野与思维，让冰心的心情渐渐地开朗起来，变得镇定而从容。

也许这是推理或曰心理分析，但以下的细节便足以体现其当时的心境了。

据同在牛棚的涂光群观察，闷坐在"黑窝"里，等着被传唤挨斗，那真是"惶惶不可终日"的难挨时刻。"但在这短暂的喘息时间，我常常看见冰心老人拿着一本英语小辞典低声吟读着里边的单词。她曾对同室的人说：'你看英语 Nehru（尼赫鲁）这个词（我想起她曾多次访问印度）发音是很轻的，但译成中文，发音就重了。'她热爱中国古典文学，喜欢它的词、句，又同我们讨论过：'你看"桃李无言，下自成蹊"，这个句子多好！'"待斗时刻，还有心情念英语单词，纠正中文里的发音，还有心情沉潜在古典诗词之中，完全不顾批斗风暴的来临，沉着而冷静，甚至有些冷眼旁观的味道。涂光群格外地敬佩，说："冰心老人外边的世界恐怖、纷扰；但她的心是坚强、宁静的，在片刻的平静时光，她仍然能够沉湎于念英语单词、背中国文学的佳句这些美好的境界之中。这些'非政治性'的话语，便是她偶尔发出的。这真是'乱云飞渡仍从容'啊，非有大的学问文章、道德功夫的人难以做到。"(《冰心老人》)

冰心在朝入晚归两年多的时间里，中午没有地方休息，但她自有办法，搬来一把椅子，放在角落处，靠在椅子上，用一块手帕蒙在脸上，闭目养神，还给"难友们"传授经验，只要眯缝了一会儿，下午的精神气就有了，有眯与无眯是大不一样的。这种淡定与乐观的情绪，影响了其他的"难友"。空闲时光，冰心还为臧克家编织过手套，"她不为目前困难所压倒，精神上保持乐观，有一种光明必定会战胜黑暗的气概"。

在红星公社与良种场，冰心不仅参加繁重的体力劳动，还接受了"喷气式"批斗、列队示众，甚至成了批斗的重点。但她依然气势淡定、乐观。一九九三年五月，冰心研究会曾举办"冰心作品的书法与绘画展览"，美学家王朝闻先生寄来了如下的条幅：

> 本世纪二十年代，得读新出版之寄小读者等冰心先生的文学作品，深受其中流露之童心所感染，"文革"初于北京远郊区参加农场改良土壤，当时冰心老人同在并非神话式的生活环境里，仍以其真挚的童心影响同劳动者，文如其人，人如其文，信然。

看来，牛棚生活让冰心开阔了视野，调整了心态，恢复了童心。包括孩子的探视、陈白尘的生火、丁宁的早上班都曾给她以苦难中的温情。

十一、来到向阳湖

以打倒睡在身边的赫鲁晓夫、中国最大的走资本主义道路当权派刘少奇为目标的"革命"，经过两年多的激烈搏斗与社会动荡，到一九六八年十月，目的已经达到。中国共产党在北京召开了第八届扩大的第十二次中央委员会全体会议，给刘少奇定下了"叛徒、内奸、工贼"的罪名，决定将其永远开除出党，并且不久他便在河南开封被迫害身亡，不仅从政治上而且从肉体上彻底消灭了。接着中国共产党第九次代表大会召开，林彪取代刘少奇，正式成为毛泽东的接班人，并写入党章以予保障。

至此，"文化大革命"可以结束了。

但是，根据毛泽东无产阶级专政下继续革命的理论，革命是不会停止的，当刘少奇被打倒消灭之后，发现另一个睡在身边的赫鲁晓夫，竟然在一夜之间产生。林彪四月写入党章，作为接班人登上次帅的位置，但毛泽东对第二号人物充满了革命的警觉，半年之后，林彪发出了第一个号令，全国进入紧急战备状态，号令以电话记录的方式报告毛主席。毛泽东知道后，轻描淡写地说了两个字："烧掉！"但从此锁定了下一个革命的目标！而全国上下，根据林彪的号令，宣布处于紧急战备状态，对于非军事人员也要紧急疏散，各个机关、院校、单位开始了紧急疏散，北京将成为一座空城。

这时，各单位根据毛泽东"五七"指示，在外地乡间建立起来的"五七"干校，成了理想的疏散地。民院的"五七"干校在湖北潜江，作协没有单独的"五七"干校，包含在文化部所属机构的"五七"干校内，地点为湖北咸宁。林彪的号令一出，建设中的干校立时热闹非凡，疏散人员的陆续进入，住房的压力立即突现出来。民院为了缓解压力，吴文藻等一部分人暂时疏散到北京郊区的石棉厂，冰心作为老弱病残者，本可以不去干校，因而，她的"半解放"的身份依旧，一号号令的紧急疏散，就没有"老弱病残"这一说了，都得走，都得离开北京。冰心选择了"五七"干校，作协革命委员会恢复了她的身份，由"半解放"到"全解放"，成了"五七"干校的一名"五七"战士。因而，一九六九年的年关，冰心与郭小川一道，心情愉悦地走上了"五七"大道。

咸宁属于鄂南地区，干校建在向阳湖之滨。所谓向阳湖，原是一片沼泽地，古称云梦泽，"文革"中改的名。有关向阳湖，许多人都有过考证，有过描写。"五四二高地"即是中央文化部咸宁"五七"干校校部所在地。这个军事术语，出自军宣队的手笔，地址是军人勘测选择，干校一切归军人管理，生活军事化。干校有五个大队，分文化部机关、文物口、出版口、电影口、文联作协口，共二十六个连队。此外，还有两个直属剧团，红旗越剧团和勇进评剧团。鼎盛之时，六千余人在此劳动生活，其中有冯雪峰、楼适夷、沈从文、张光年、周巍峙、臧克家、张天翼、萧乾、孟超、陈白尘、侯金镜、冯牧、李季、郭小川、吴雪、陈翰伯、谢冰岩、王子野、邵宇、严文井、韦君宜、周汝昌、顾学颉、王世襄、史树青、吴仲超、李琦等一大批文化界领导干部和知名人士。张光年、周巍峙、臧克家、张天翼、陈白尘、侯金镜、冯牧、李季、郭小川、严文井与冰心都曾是作协"黑窝"中的难友，现在又成了向阳湖的战友。李季还担任了第五连（即作协连）副连长，仅作协连就达一百一十八人，包括家属在内约有一百五十余人。冰心抵达时，五连尚未建起自己的住房，她与张兆和等六人，挤在鲁家湾一位老乡家的柴火间里，窗口只有碗口那么大，室内阴暗，白天都找不见东西，更不用说写字了。

初入干校，冰心首先要过的是生活关。不会走路，道路虽平但一下雨全是泥泞，一步一滑，稍不小心便滑倒，每次出门，都得拄上一根拐棍，既防滑也打狗。乡下的狗欺生，见到陌生人远远便狂吠，冰心虽是爱动物之人，但狗追在脚跟后直叫总让人发怵，只得用棍子挥一挥，吓唬一下，才离得远去。没有电灯，到了夜间，屋里一团漆黑，室外也伸手不见五指。冰心带了手电，电池却要节省着用，甘棠阁来回也得十几公里，既没时间去，也没有能力，买一点儿东西都得托人。还好那时《文艺报》的小年轻吴泰昌是连队的勤务员，冰心总是托他代办一些生活必需品。没有自来水，井水要到很远的地方去挑，冰心挑不动，求人又不好意思，只得用老乡家的水洗漱，每次用水心里都过意不去，总觉得欠了人情与劳力。衣服断不能洗，得忍着，曾创造过近一个月不曾换洗衣服的历史。还好这段时间天气冷，不出汗，要在夏天如何是好？没有桌子，没有椅子，写文章记日记是不可能的，信得写，只好搬了一只小竹椅，坐在屋檐下，以膝盖为桌，在北京电车印刷厂薄薄的横格稿纸上"轻描淡写"。那时，冰心一家散于各地，儿子在塘沽、媳妇留北京、大女儿在兰州、女婿在江西、小女儿在唐山，家里的人都希望得到母亲的消息，冰心只能"统一报告"，统称"亲爱的家里人"，寄往一处，"快快看，看过之后转寄下一处"。老伴儿不解，说你不会用复写纸垫着写？冰心只能说，Daddy 呀，你可知道我是如何写信的呢？

冰心分配至蔬菜组，与作协机关的汪莹搭档劳动，两人抬了大粪桶，去菜地送粪或拾牛粪。"当我俩抬上那个木桶时——即使是空桶，走起路来，她的身子便晃悠起来，仿佛风中摇摆的柳条一般。系桶的绳子短了不行，长了也不行，短了上肩时费劲，太长了走起来不方便。有时，因桶离我太近，走起来难免碰到脚尖。走在后面的我，又不能不下意识地把那个木桶拉到我这边来，以减轻她那边的重量。她一发现就停下来，把桶拉到自己那一头。就这样，我们一老一少，一高一矮，像拉锯一样你拉我拽，走走停停，去送粪或寻找'宝贝'——捡粪。"（《我和冰心抬粪桶》）

更多的时间是看菜地，这个活不重，甚至成了一件愉快事。牛棚中劳动受管制，没有自由，随时可能接受批斗，这里可不一样，享有与群众平等的权利，生活虽有不方便，但一走到大自然中来，便觉得心旷神怡，真有种"解放"的感觉。有时，冰心在一片油菜地里，用一根长长的竹竿，竿头扎了一些小布条，追赶小鸟，嘴里还发出呜呜的声音，一群群小鸟，一会儿钻进这儿，一会儿飞到那儿，像在与赶鸟人躲猫猫，田野上，远近都是赶鸟人，一片呜呜之声！湖面上，陈白尘站在小船头，噜噜噜地赶着大群的鸭子，向油菜地这边游来，他在船上叫道："谢老，您好呀！"冰心也大声应着："白尘，您好呀，您看这蓝天白云……您也成了鸭司令了！"陈白尘也就诙谐地说："'鸭司令'比'牛司令'好多了，刚才，我在那边见到臧克家，我说，转到这边就能见到冰心，克家就说，见到冰心就向她问好，总算有了问好的自由了。他还说，一九四四年，他与力扬上歌乐山，请您为时局向国民党进言签名，当时，您生病在床，就让大女儿签了，后来，国民党的一位要员上了山，询问您签的名。"冰心回忆道："是有其事，我说是！克家说，那个

'是'字，真是掷地有声，一字千金呀！陈白尘将小船停在岸边，上了岸，与冰心并排坐在堤岸上，望着远天。忽然，高空中飞来一只云雀，一边翩翩飞翔，一边引吭高歌，冰心和陈白尘都被感动，冰心说，这声音真是好听，牛棚里就听不到云雀的歌唱。

冰心在咸宁没有写文章，也没有记日记，却写了长信十五通，都是致亲爱的家里人，计有两万余字，如何生活与劳动，具体到走路、睡眠、穿衣、购物、干活、想念家人无一不在信函之中。书信文字平实、心境平静，无景致描写，却多有心理描绘，可见她从牛棚解脱之后的心情。我在一篇文章中曾写道：

> 这些信，记录了冰心五七干校的苦难：潮湿而寒冷的冬天，七十岁的老人要过紧张的集体生活，"日程排得很紧，根本没有午睡。别人比我还紧，这两天劳动，先是拾粪（牛粪）。现在又看菜地，防猪和牛来吃菜。拾粪走得很远，拾粪也出汗，看菜地好一些，不过下雨也得走在雨中"。衣服无法洗换，因为要到好几里外去挑水，一不小心打破一只热水瓶便要懊恼好几天等等。同时也记录了冰心在苦难面前的尊严与豁达，从不叫苦，从不埋怨，正视着苦难，并且在苦难中创造着欢乐。比如，春节时，冰心与郭小川从咸宁到武汉拔牙，这本不是可乐之事，但她将沉重与痛苦变得轻松而诙谐："我已于前天早晨步行四个钟头（8：40—12：30A.M.），到了咸宁。背着包儿，穿着雨衣，和郭小川同行，居然走到后也没有休息，也不觉得疲劳。"七十岁的老人步行四个小时，且背着包，穿着雨衣，其艰难的程度可想而知，但她不以艰难与苦难示于家人，而以亲切欢快的语言将其轻轻覆盖，希望不要引起亲人的担忧。这既是一种处理事情的态度，更是一种对待生活尤其是苦难的精神品格。这一组信，对于人们认识"文革"那一段历史也显得弥足珍贵。
>
> （《私语的品格与价值——冰心的书信》）

离开咸宁并非是冰心的主动要求，而是在突然之间得到通知。本来是好消息，冰心却并不高兴，"反而难过得流下眼泪了"！李季安慰、劝说，"也是革命队伍，到处都受教育"。并说连队要好好欢送。接到通知的第二天早上，冰心坚持站好最后一班岗，还看了半天菜园子，在她的同伴张天翼等人的劝说下，下午才没有去，整理了半天的东西。连队派吴泰昌前往联系火车的卧铺，并有吉普车将其送到车站。走时，来了许多人相送，包括军代表（张政委）在内，没有上工的排长、班长等，行李也是战友们搬运的，虽然没有臧克家式的"一步一滴泪，三步一回头"，但直到火车开动，冰心的心情仍然没有平静。

十二、创"四好"、种棉花

二月十日，冰心重返北京，并没有像原先预计的那样，立即出发前往沙洋"五七"干校。回家时，吴文藻已在候，一个多月虽短，以前出国访问、外出视察有的时间更长，但相互牵挂的心情大不一样的。尤其冰心离京时，吴文藻去石棉厂，挤电车时被摔下倒地，头部受伤，除眼睛之外，满脸都裹上绷带，冰心回屋，第一个念头就是想看看老伴儿的头上是否留下疤痕。此时，冰心的人事关系暂时移到民院，等待的日子，便找到民院革委会，希望分配任务，参加活动，领导让她先处理家务。之后她与吴文藻一道，半天学习半天劳动，"现在劳动就在宿舍院子里，因为盖防空洞，院子当中盖了砖窑，烧砖，挖地，拌混凝土，全院人员和家属都参加了。我做的是浇水工作，整天用水管浇水"（《致吴冰信》）。

老两口同时下干校，与冰心一人去咸宁不同，在时间考虑上就有三种可能：短期、中期还是长期？这涉及到北京的房子要不要留下？留下一间还是两间，保姆沈阿姨要不要同去？行李带多少，家具要不要同行等等。冰心已经有了咸宁的经验，认为带多有带多的好处，少带有少带的方便，两人终日都在这些事情上举棋不定。但此时的心情却是开朗，面对一大堆的问题，也不烦恼，吴文藻依然慢腾腾地整理他的衣物、书籍，有空还和老伴儿想念一下和丹丹在一起的快乐。从精神而言，吴文藻已经与冰心的境界接近，"文革"三年有余，该拷问、该批判、该交代、该检讨的都做过了，原先革命群众认为自己的历史简直是一团乱麻，社会学如何反动等，现在也基本理清楚、弄明白了。吴文藻没有"半解放""全解放"之说，摘帽右派的身份、历史烙在身上的各种印记，都清晰可见，心也就坦然了，不再像"文革"前谨慎再三，也不再像前几年那样惊恐影随，在等待、盼望前往"五七"干校的日子里，有种告别昨日的解脱感，有种年轻人"广阔天地大有作为"的跃跃欲试。

吴、谢两人在北京待命之际，民院开始归还抄家的物品，由于没有登记，抄去后堆放一起，尽管"谢冰心资产阶级生活方式展览"琳琅满目，但到了归还时，却是另一回事。一大脸盆的银元、十几块手表，自然不知去向，吴、谢是生活仔细、明白之人，栽赃的东西退回，缺少的东西却未提出。直到去了"五七"干校，清查"五一六"分子时，上级要抄过家的每一户，必须说明归还的情况，未归还的大概是要记在"五一六"分子身上的。吴、谢两人商量后，由吴文藻执笔做了如下的说明：

兹将退回抄家东西中，不是我们的东西，与未交还的 [东西]，列举如下：

　　1. 表三只，（形式已记不清），当天送还交罗。

　　2. 咖啡色毛毯一条。

　　3. 女黑色高跟鞋及半高跟鞋一筐（约十双左右）。

　　4. 唱片几十张。

　　5. 搪瓷红花脸盆一只。

此外还有未拿到的：

1.白地红花长塑料桌布一条。
2.袁世凯头像银元十元。

六月初公布了名单，吴、谢榜上有名，去的人不少，各种传说与议论都有，最后作了一年的打算，在和平楼208留下了南北两间，存放东西，上锁。六月六日从北京站出发，吴平、陈凌霞夫妇前来送行，搬行李、送水果，钢钢在家只管哭，一定要挤上车，要跟去干校，这回令行前发烧的吴文藻也动了感情，眼眶都湿润了。甫抵干校，冰心给闹着要到车站送行的孙子吴山、孙女吴江写信，报告了一路的心情：

> 爷爷在车上因为有卧铺，休息得很好。你妈妈给带来的药品，使他壮了不少的胆，当天也没有发烧。晚饭我们在餐车上吃。我们要了一盘炒虾段，一碗榨菜肉片汤，还要了一瓶啤酒。夜里也睡得好。七号早晨八点半到汉口，因为下雨汽车不开，大家都坐了船，轮船是"红旗八号"很小。（据说将来要大发展，要做乘客一千人的船。）因为去好几个干校，"五七油田"的人比较多，很挤。但是我和爷爷得到组织上的特殊照顾，都有卧铺，真是太舒服了。因别人都是在条凳上坐了一夜！八号下午一时半左右到了潜江（一路上汉水两岸风景青翠至极，十分好看。）

中央民族学院"五七"干校位于湖北潜江县广华寺，处在江汉大平原。广华寺无寺，二十世纪五十年代在这儿建造了劳改农场，属于湖北劳改局沙洋劳改农场的一个分场，"文革"中关押的罪犯不多，成了民院的"五七"干校。与之比邻的是江汉大油田，产油量与规模都超过了大庆油田，为了保密而称"五七"油田。民院"五七"干校也延续了劳改农场的习惯，"五七"干校前不置潜江称沙洋。

吴、谢两人在路上受到照顾，到了干校则是受到欢迎，一些熟悉与不熟悉的人跑到校门口迎接。完全想象不到，人一离开北京怎么就变得纯朴了？林耀华很勤快，为老师与师母搬行李，费孝通更不用说，高兴得像孩子，说是好久没有见到师母，越活越年轻了，陈永龄也是前后跑腿，俩老人像是回到了家。

一到潜江，冰心立即感觉出条件比咸宁好多了，电灯、自来水，有些房屋是现成的，据说是劳改犯搬离后，农场腾出来给了"五七"干校，小学与幼儿园就在附近，最小的学生，则在干校的临时学校上课。"这里小卖部，什么都有，卫生纸、香烟（大前门等）、席子、帐子、支帐篷的竹竿、点心、酱油、醋等都有，都是没想到的。白糖每月每人一斤，我们带的东西有些是多余了。"只是路不好，只有两段路是水泥的，进入干校的路一片泥泞，不比咸宁好到哪里去，他们还看到一个奇怪的现象，拖拉机拉汽车！因为汽车在泥泞的道路上打滑，根本开不动，只得用拖拉机来牵引。不知是因为心情所致还是为了安慰家人，冰心在信中向孙子孙女描绘起干校未来美好的前景："据说油田医院方面条件更好，使人看了觉得祖国前途真是远大。妈妈将来如有机会来，爸爸如能一块来，那离我们这里就很近。奶奶就可以常常看到你们，你们也可以看到祖国的建设，真是使人兴奋。"并且不无夸张地说："这里新房子又高又大，前后玻璃窗，上有气窗，比和平楼和你们住的屋子都高大。据说冬天每人还有五斤炭，可以生火。"但就是这个房子，让老两口又分居了一段。新房子很高大，却是供不应求，总还有先来后到之说，他们两人只得暂时住集体宿舍。冰心则入住烤烟房，六人一间，虽然分居，但两处靠得很近，除了睡觉之外，其他的时间，吃饭、学习、听报告，都与老伴儿在一起，"我和Daddy到后眠食俱佳，精神健旺，大家都说我们不像七十岁的人"。但也会闹一点儿小别扭，有一次，吴文藻的衣服掉了一颗纽扣，就找冰心去缝。冰心正在忙别的事情，推托未缝，吴文藻不高兴，嘟囔着嗔怪道："还是原配夫妻呢？纽扣都不帮我缝。"说完就走，弄得冰心不好收场。冰心写信告诉兰州的女儿，"我们彼此帮助，彼此鼓励。你们自己多照顾自己，照顾孩子"。尤其是在这里，"我们到后领导和革命群众，对我们格外照顾，到处笑脸相迎。……因为我们两人岁数最大的了，大家给我们预备了小拐杖"。离京时，儿子准备的两床羊皮褥子却是派上了大用场。与北京比，江汉平原雨多潮湿，临时改造的集体宿舍，要是不垫上厚厚的褥子，湿气便往上冲，上面盖了再多也无济于事。"我住的屋子又潮，又朝西，我的床在门口，太阳晒得着，雨也淋得着。"（《致吴冰信》）

吴、谢两人到干校还有一个打算，准备以自己的切身感受与体会，带动全家人走"五七"道路。儿子有过表示，大女儿已在干校，小女儿也想到潜江来看看（北京外国语大学的"五七"干校也在此地），如果全家人都来了，时间则可考虑长久，永远地告别北京。

干校的体制脱胎于部队，实行军事化管理。六月，是林彪提倡的"四好连队""五好战士"的初评月份，吴、谢两人一入干校，即进入"四好""五好"的初评程序。刚来之人，无法参评，但却递上了"五好计划"，并且言明，两人结成"一帮一"的对子，争取年终共创"五好"，实现"一对红"。

"天天读"的仪式，之前曾有描述，此处仪式如昨，全国一统，不再述。"天天读"在相同的仪式之后，却是要读出新思想与新内容，这是"天天读"的关键，所谓毛泽东思想大学校，"天天读"放在第一位，形式与内容都体现在这一天晨光中的个把小时内。吴文藻对读书最是认真，更何况是神圣的"天天读"，每半个月，他都会提前逐日做"天天读"索引，毛主席的语录、林副统帅的指示，并让"莹，记住，不要忘了"。

背语录、背"老三篇"是"天天读"经常出现的事情，之前已有述，此处免去。干校还出现了一种新花样，叫"送语录"。什么叫"送语录"？就是在你最需要鼓励、需要勇气与力量的时候，有人为你送上毛主席的语录。一次，干校召开解放陈霖同志大会，军代表宣读审查结论及审查报告后，陈霖表态，"感情激动，极其动人"。按照之前的程序，接下来是提希望，也就像吴文藻右派摘帽那样，让你再出一身冷汗。但干校在解放军的领导下，没有这样做，而是由各连的"五七"战士代表，给甫解放者赠送毛主席语录。陈霖一下子收到了来自军宣队和六个连队赠送的计有七本《毛主席语录》，"五七"战士代表在送上语录本时，还要背诵三段语录相赠，陈霖一次性地接受了二十多条语录。"一次解放，受用终生"，冰心在次日"天天读"谈到"送语录"的动人情景时说。

一年之后，吴、谢两人也成了送语录的对象，那是他们行将离开干校的前夜，连队在晒谷场上举行了欢送大会，"走的人对连里提希望和要求，留的人给走的每人选送语录"。吴、谢一次性地得了十本语录，还有 N 段需要铭记在心，手上和心里都是沉甸甸的。不过，一回到屋里便让两位老人犯难了，带回北京？家里的语录已经有好多本，而且吴文藻爱用"旧书"，因为那上面有他划出的记号，有眉批与边批，新书用起来不习惯。再说怎么带呢？行李都已打包托运，十本语录不是一个小数，如何是好？还是冰心想出了办法，送给留下的战友，也许他们还有它用。吴文藻这才想起来，陈霖的语录也多送出去了，说不定十本语录，就有陈霖转送出来的呢。冰心抬头看了老伴儿，感觉他干校一年确实有了进步。

到潜江两月余，干校曾有一次"公物还家"活动。为了防潮，冰心的床铺下曾垫了一张竹床，床脚下各垫了四块红砖。活动开始后，各人自查，吴文藻自己没有使用公家的任何东西，无物可还，但发现冰心的竹床，自然要抽出来还给公家，还发现了垫在床脚的红砖，冰心开玩笑，是不是想起了大觉寺？吴文藻却是严肃地说，砖也得归还！冰心也是公私分明呀，但觉得这有些过分，说我们走的时候，红砖绝对不可能带走。吴文藻说，没有看到建房要用吗？烧都来不及，还是归还吧。于是，从外头捡回了一些无用的碎砖头，将那几块红砖一一换下，一一归还！换砖之事，也被吴文藻拿到"天天读"中"讲用"，进行了理论的提升。

在"天天读"的时间开展"讲用"，使得这个活动不断出新，军代表将部队创造的新方式，随时引进干校。一次冰心讲用，谈到钱伟长，她说，钱伟长下到北京特钢厂劳动改造，回来后曾深有感触地说："我最大的收获就是认识到了旧思想同新时代的矛盾，我如果不走这样的一条同工农相结合的道路，就从思想到生活习惯上同时代格格不入，好像辛亥革命后的满清遗老一样，发展下去太危险了。"（吴文藻笔记）冰心说，他们都是有相同经历的人，钱伟长到工厂，他们俩到干校，走的是同一条光明之路，不走光明之路，便会永远处在黑暗中。冰心话有诗意，有哲理，不清楚这个黑暗指的是什么，是"黑窝"、牛棚？还是旧的生活习惯？因为同在一个班，吴文藻接着说："谈主要思想问题，怕紧张，怎样适应公报中预示的大跃进形势，怎样跟上去？疲劳感与继续革命不相容，克服中游思想。与自己前一段比，不敢与新老五七战士们比、更不敢与贫下中农无产阶级感情比，'你们已经是七十岁的人，下来就是好，能做多少就做多少'。"冰心也赞同，作为他们自己，也要破除这种"年老下来就好"的思想。

"天天读"中的讲用，有级别与规格之分，先从班讲，好的到排讲，排可推荐到连讲用的人选，连之后是全校，全校之后可以晋京，到人民大会堂讲用，接受毛主席老人家的接见，享受最高荣誉。这种级别一般人达不到，必须有惊天动地的英雄壮举方可。

秋去冬来，吴、谢到干校八个月的时间，干校进行了"四好""五好"总评，前后安排了十二天时间，从一九七一年一月八日至二十日。军代表中的最高领导者宋政委从北京来到干校作动员报告，经过逐个逐级的评比，进行批评与自我批评，最后选出三名代表到连队讲用：林耀华，讲劳动化与革命化；李文瑾，炊事班九个多月与工人司务们的感情；莫俊卿，破私立公。冰心受到表扬，"一帮一，一对红"只完成了一半任务，给吴文藻的评价却是不高。平生第一次，也是最后一次的"四好"评比，吴、谢名落孙山，此后再也无缘。

干校的主打自然是劳动，以连、排、班为单位，吴、谢进入干校后，由原四个连编成七个连：一连，政治系；二连，民语与汉语系；三连，文艺系；四连，预科；五连，历史系；六连，院部；七连为后勤。吴、谢均入五连，指导员白振声、连长赵秉昆，并且同为一排一班。一排为蔬菜排，"我们有菜地一百二十亩，（瓜地，玉米地，大田，果园等不在内！）九道沟，十块地，昨天下午已摘了苋菜，今天摘西葫芦，已摘了一千九百零二斤。这里蔬菜很困难，但我们保证一天八百斤菜不缺（因为有八百人左右），还支援过外单位"。蔬菜地的活不是很重，但菜地很湿，早晨又有露水，裤子的下半截儿总是湿透。吴文藻爱出汗，常常浑身透湿，换衣服都来不及，洗又干不了。摘西红柿，给西红柿打杈绑架，看去不是重活，也不太累，但不只是露水重，地上泥巴深且软，脚都踩不稳，西红柿叶片流出的墨绿色汁液，脏了衣服洗都洗不掉。冰心是个爱干净之人，洗一回衣服，更要被蚊子咬得半死，吴文藻站在旁边赶蚊子，自己也被咬得满是红斑红点。

　　江汉平原土地肥沃、湿润，夏季光照强烈、闷热，这对外地人尤其是北方人而言，生活极不习惯，却是棉花生长的绝好环境。这里历来是产棉基地，就是油田开发之后，棉花基地依旧。所以，干校的活儿，尽管有蔬菜、建筑、养殖等副业之分，但主业都是种棉，也就是说，每一个"五七"战士都有过种棉的经历。那一年我与萩野先生到潜江考察，正是棉田开花的季节，大片的棉地花团锦簇，红绿相间，一直延伸至天边。随行的冰心文学馆秘书林幼润兴奋得不行，冲进棉地拍照，棉秆高至脖颈，而她的个儿有一米六七，比冰心个儿高多了，可见当年冰心入棉地采棉的光景了。

　　吴、谢入干校一年有余，种棉摘棉一条龙都经历了。从记录中可知，他们八月开始进入棉田，为棉花打尖。此时，棉花在强烈的光照下疯长，农谚云："棉花打尖头伏早，末伏迟，中伏打尖正当时"，所以得争分夺秒，如不将多余的枝打去，花枝便不能充分发育生长。打尖人进入棉地，密不透风，冰心个儿小，完全被棉丛淹没，远处看去，只见棉秆动，不见人在行。连续三天下来，吴文藻中暑，冰心却还有心情笑言，他个儿高，我个儿小，太阳晒不着。其实，闷在里面不透风，更甚！冰心虽然多病，体质却又十分坚强。有一回收工，左右不见冰心，吴文藻便急了，以为她晕倒在棉田里，待他大声叫时，只见远处的棉秆摇动，渐渐才见人影，上到田埂，冰心身上已无半根干纱了。老太太使劲透了几口气，连说，这下才真正体会到了"汗滴禾下土"的滋味了，有人就调侃，谢老，是汗滴棉下土啊！

　　回家的路上，信口拈来"宝塔诗"一首：

种
棉 花
干 劲 大
背 向 青 天
大 地 踩 脚 下
下 种 间 苗 除 草
大 家 匍 匐 向 前 爬
新 苗 出 土 齐 齐 整 整
一 幅 又 新 又 美 的 图 画
只 等 到 秋 天 伸 手 摘 棉 花
五 连 战 士 个 个 心 里 乐 哈 哈

棉田打药，是为重活，自然没有吴、谢的份儿，他们担当的是观察红蜘蛛虫的任务，冰心谓之，杀虫前的"敌情侦察"。侦察多在午间，红蜘蛛也喜闷热，破坏性极强，必须及时发现及时灭之，以保秋天的丰收。大片的棉田，走一遍得半天，草帽下的人谁个不是汗流浃背？

收获的季节到了。棉花与其他的农作物不一样，非一次性收获，而是一茬一茬地采摘，从第一茬到最后一茬棉的采摘，前后可持续一两个月。第一茬棉的质量最好，裂开了嘴的棉桃，吐出雪白的棉花，未吐花的棉桃还青翠欲滴，棉秆与棉叶都像打尖时般的青绿。但天气却是渐凉了，冰心和战友们背了棉筐走进棉田，满怀喜悦动手采摘，那一朵朵雪白的棉花，采在手心，真是一种享受。吴、谢是初次采花摘棉之人，虽然经过农民的示范与辅导，开始还是顾了心情忘了进度，待到抬头时，别的老"五七"战士已经走到好远处，棉筐里的棉花也多出了许多。采花也是熟能生巧，每人采的花回到田头，倒在自己的大筐里，待收工时一一过秤，半天下来，多者有二十斤，冰心还好，有个十二斤，吴文藻则只有八斤二两。冰心说，他就这样，什么都慢。但到了第二天，情况就不一样了，慢手也追上来。根据天气预报，过几天有雨，采棉的季节最忌雨水，九月二十六日，干校动员，"苦干三天，与天奋斗"，摘下第一茬棉花，向国庆献礼，为毛主席争光。采花旺季，全校开展比赛，并在"天天读"上进行讲用，雪白的棉花又镀上了一道金灿灿的政治色泽。

冰心又有了一首"宝塔诗"：

> 看
>
> 棉　田
>
> 绿　茵　茵
>
> 一　望　无　边
>
> 长　势　喜　煞　人
>
> 多　施　肥　勤　打　药
>
> 整　枝　打　叶　又　打　尖
>
> 这　片　地　土　质　就　是　好
>
> 有　烈　士　鲜　血　洒　在　下　边
>
> 为　革　命　抛　头　颅　英　魂　永　在
>
> 开　出　朵　朵　棉　花　洁　白　又　鲜　妍

十月底，采摘最后一茬棉，同时，对采下的棉花进行分级分检，全部按等级上交国家，国家则按等级给干校以种棉补贴。丰收的喜悦在干校的每一个角落弥漫，杀猪宰羊，以示庆贺。冰心也有嗜好，爱吃猪脑，每逢连队杀猪，便有人关照，猪脑留下，猪脑留下，等会儿谢先生便会来取。果然，还没等猪肉上板，冰心便来了，轻快地走来，捧了满满一碗猪脑，稳稳地走回。有人见谢先生如此健步，便议论说，"都是我母亲的岁数，怎么没有裹小脚？"冰心耳尖，说，那要感谢她的父亲，不过，要是裹了腿，也就不用上"五七"干校了。于是引来一阵欢笑。

冬天来了，江汉平原雪飘万里，雪落在泥泞的路上，道路冻住了，雪落在棉田里，一片洁白，雪落在屋顶上，雪落在高耸的油井架上……"五七"战士却没有闲下来，强劳力围着砖窑忙活开了，打浆、做坯、搬坯、垒坯、进窑、点火，等待着另一种的喜悦。冰心、吴文藻这些重活都插不上手，便不停地搓绳子、修草帘子，将编好修好的草帘子，盖在刚刚做成的砖坯上，于是，雪落下来，盖上草帘子的砖坯便不会冻裂。

棉花的话题仍然在延续，窑中点火，棉秆就成了烧煤的引子；泥泞的路上也用得着棉秆，将它扔在不平的路面上，汽车通过不再打滑；猪圈里也用得上棉秆，铺上去干燥，猪睡得好，膘长得肥，而在腐烂后与猪粪一道，成了来年棉田绝好的底肥。作家冰心观察总是细心的，便将这些一一告诉老伴儿，感叹"一方水土养一方人"的道理。到了春天，"五七"战士便又开始为棉花计，吴文藻三月十六日记："全天劳动，上午在棉田搭架放碗捉害虫（地老虎等），下午碗架齐全后将虫药倒进碗里。晚放映纪念巴黎公社一百周年电影晚会《列宁在1918》。"对于电影，我太熟悉了，不止看过五六遍吧，但种过棉花的我，却不懂得也不知道如此捉地老虎的农活。农谚有云，"枣芽发，种棉花"，"谷雨种棉花，省得问邻家"。而"五七"战士与农谚赛跑，三月中旬便开始用营养钵育棉苗，每个营养钵中都放若干棉籽，晒谷场上摆了满地。护理营养钵，吴、谢便要忙活开了，中午也不得休息，怕鸡来啄食、怕鸭来踩踏、怕鸟来偷吃，常常是一人站一边，管不过来得申请加人，日夜守护着"摇篮里的小苗苗"。

营养钵里的花苗终于种到了早已准备好的棉田，一天一个样，棉苗成株，棉田成行，棉花一片。到了一望无际、满眼翠绿之时，第二年的打尖，又切入了吴、谢"五七"干校的生活了，棉花"一条龙"，从"龙尾"又回到了"龙头"。但也就在这时，人生的季节也在转换。

自一九六六年"文化大革命"之后，全国的高校停止了招生，"老三届"的高中、初中毕业后，全部上山下乡或回乡务农。作为一个泱泱大国，完全没有了教育，还有未来吗？还有资格成为地球的一员吗？毛泽东意识到这个问题，发出了"大学还是要办的，我这里所说的主要是理工科大学"。一九七〇年六月，中共中央批转《北京大学、清华大学关于招生（试点）的请示报告》。高等院校在停止招生和停课四年之后，开始招生复课，但"实行群众推荐、领导批准和学校复审相结合的办法"，招收"工农兵学员"。十月五日，国务院电报通知各地，一九七〇年高等学校招生工作，按中央批转的北京大学、清华大学的《报告》提出的意见进行。

中央民族学院的招生，与北大、清华同步进行，但学员入校已是来年的春天了。由于没有考试，成绩参差不齐，学校用了几个月进行补课，相当于短期的预科，之后进入三年大学课程的学习。民院恢复招生之后，课程、教师都得重新设置与安排，在学院急需教员的情况下，吴文藻携冰心，第一批回到北京。

八月六日清早，天刚蒙蒙亮，吴、谢便来到长势旺盛的棉田，等候太阳从江汉平原升起，他们要在阳光下向棉田告别，向江汉平原告别。然而，那天的太阳没有升起，晨光中的云霞依然凝重。两个老人想到一年来的干校生活，相互搀扶着在棉田绕了一圈，看着长势旺盛、已是一人高的棉花，有种说不出的感情，喜悦、留恋?

十三、回到北京

一九七一年八月八日，冰心和吴文藻从湖北潜江"五七"干校回到北京。民院的军代表宋政委、革委会主任李力到车站迎接。下车之后，大雨自天而降，洗净了"五七"战士身上的征尘，感到一阵轻松。

恢复招生令下达之后，民院紧锣密鼓地展开工作。第一批从干校回京人员抵达后的第二天，召开了全院大会，李力主任作报告，宣布民院新的组织机构。此时，作协尚未恢复，民进、人大的活动也没有，回到北京，冰心依然落脚民院。请示了工、军宣队，欢迎冰心参加研究室的工作，桌子就放在吴文藻的办公室，于是就出现了冰心回忆中的"十年动乱的岁月中，最宁静、最惬意的日子! 我们都在民院研究室的三楼上，伏案疾书，我和文藻的书桌是相对的，其余的人都在我们的隔壁或旁边。文藻和我每天早起八点到办公室，十二时回家午饭，饭后二时又回到办公室，下午六时才回家。那时我们的生活'规律'极了，大家都感到安定而没有虚度了光阴"(《我的老伴——吴文藻》)!

研究室成立之后，任务立即下达，赶译美国总统尼克松的《六次危机》。十月四日布置，十月六日原著分配到手，没有机会通读全书，吴、谢即着手翻译，吴文藻译第五章，"赫鲁晓夫资产阶级民主主义与共产主义的斗争"。冰心译第二章，之后两人互为校正，抄正誊清之后，冰心再作文字润色。之后，张锡彤翻译的第一部分也出来了，吴文藻校正，冰心做文字润色，流水作业。由于高层急需阅读此书，时间非常紧张，吴文藻向张师傅建议，将仍在干校的邝平章、宋蜀华、马丽三人调回，充实翻译力量。张师傅接受了这个建议，由于增加了人手，翻译进展很快，十二月十一日全部译稿校完、交出，前后仅用三十五天的时间。

书稿交出，知识派了用场，学问得到释放，吴、谢回家，举杯庆贺。"文革"之后头一回如此舒心，要不是心有余悸，好客的吴、谢一定会邀请研究室的人共饮庆功酒。与此同时，毛泽东对林彪的"短促突击"所取得的胜利公之于世，以中共中央的名义发布第77号文件，宣告了"粉碎林、陈反党集团反革命政变的斗争"取得伟大胜利！

这一年的元旦，大地一片素净。

赶译《六次危机》，就是因为该书的作者、美国总统尼克松，在国务卿基辛格一系列的铺垫下即将访华。这是中华人民共和国成立二十二年后，美国这个世界上超级大国的总统首次踏上另一个东方大国的土地。为了了解这位破冰者，外交部决定翻译他的近作《六次危机》，印成大字本，供毛泽东和国家领导人阅读。中国共产党与中国国家的领导人，对尼克松思想、观念的了解，多出自这本书。不用说，尼克松的访问是成功的，《上海公报》的签订，标志着关闭了二十二年的中美两国大门被打开。

尼克松开启大门之后，世界上尤其是生活在西方国家的知识分子、民国旧人、热血青年等，纷纷申请进入这片红色、古老而神秘的土地。他们迫切想知道和了解中国、探望故国旧友，有的是出于感情，有的出于理智，有的出于好奇，有的则想引进革命，有的当然也想当斯诺、写出一本《红星照耀中国》之类红遍全球的书。而在了解民国旧友、中国作家、学者的栏目中，冰心都列榜首，吴文藻也赫然在列。于是，如开篇所述，冰心和吴文藻自然而然地承担了一个额外的任务——长达五年担当起不断接待外宾、充当"新闻发言人"的角色。

民院的工农兵学员入学了，校园有了生机，不同的民族服装，在校园点缀出鲜艳的色彩。开学那天，举行了隆重的列队欢迎仪式，几十个民族的学员，以整齐、矫健的步伐，进入校园，开始了"上、管、改"的历史使命，冰心和吴文藻都在两旁鼓掌欢迎，在他们几十年的教学生涯中，从未见过如此壮观的景象，如当年解放军进城一般，威武雄壮。

研究室进行了人员的分配与调整，大部分教师担任教学任务，为教学组，开设三门课：中国近代史、世界近代史与民族史，翻译组由吴文藻、邝平章、饶毓苏、谢冰心、林耀华、闻在宥组成，进行《世界史》的翻译。任务由国家下达，用于高中阅读课本。

《世界史》是二十世纪上半期，美国三位著名史学家联合写作的，从文明演进的角度论述人类的历史，即从人类的文明产生，到第二次世界大战结束。划分为四个阶段：文明的开端、古典文明、基督教文明、近代文明，尤其以西方文明的发展路径为重点。文字轻快，论述精当，常有让人耳目一新之见。作者善于以细节来揭示历史大势，在不算长的篇幅内，呈现出一幅有声有色、既有上层精英也有普通民众日常生活的文明发展图景，文学色彩很浓。冰心说她并不爱读历史课本，中学时代便被《圣经》对历史的描述吓住了，总认为记述历史是一件枯燥的事情。读了《世界史》，方知历史可以这样叙述，一部人类的文明史，竟然在三四十万字的书中描述得如此生动有趣，以她的经验，是个很好的青少年读本。

在会上，吴文藻谈了该书在美国风行一时及历经修订的情况，中国曾于一九四六年与一九四八年两次翻译，商务印书馆的版本，他是阅读过的。三位作者，海斯是哥伦比亚大学历史教授，穆恩也曾担任哥伦比亚大学国际关系讲座主讲教授，韦兰是弗吉尼亚州麦迪逊学院历史与社会学教授，毕业于哥伦比亚大学。冰心说："都是你们哥大的。"费孝通则询问老师是否与他们有过交往等等。

冰心拿到书便跃跃欲试，先译了一段"石头的故事"以作试笔：

当一只饥饿的野熊拖着脚步向一户人家的住所走来的时候，也许这家的父亲会迅速地抓起一块石头，用尽全力向那只野兽掷去。在另一只熊到来之前，这个人大概已收集了很多大小合适的石块，堆积在一个他可以即取即用的地方。当他外出猎取野兽和鸟类作食物时，他无疑是用石头向它们投掷，不久他便学会投掷得越来越准确。假如他找到一些硬壳的甜果实，他便用一块石头把它们敲开。在挖取可食的根茎植物如胡萝卜和马铃薯时，他无疑地使用了一根棍子或一块尖石头。

冰心的试笔保持了原作的风格，寓历史事实于轻松、活泼与风趣的描写之中，大历史往往忽略细节，而这里处处都是细节的描写，冰心说这就是文学的描写。吴文藻说，冰心的试笔便是这部著作翻译的风格，费孝通进行补充。其实，田野作业也是恢复历史，那也是以细节说话的。于是整个翻译组便找到了共同的感觉了。

现在出版的这部书，封面只署冰心、吴文藻与费孝通三人的名，其他被"等"去了，实际在当时，翻译组的人员是平等的，每人都担负任务，只是到最后，吴、谢统校、统稿。所有人的翻译回到吴文藻手上，做人名、地名、历史事件的表述的统一校正，并改正翻译中的错误。

就在《世界史》校样初出时，出版总署的军代表来到民院，联系下一步的翻译工作，希望接着翻译 H.G.Wells《世界史纲》。送到吴文藻案头来的《世界史纲》是美国纽约多布尔迪公司一九七一年的版本，书到手便急于翻阅，连午睡都不要了。此后，冰心又与翻译组的费孝通、邝平章等人投入了对《世界史纲》的翻译，冰心所做的工作，主要是最后的文字把关与润色，使之成为了一部名著名译的经典之作。

冰心回到北京不久，有一个青年找上门来，这就是后来成了朦胧诗代表的北岛。北岛的父亲赵济年，"文革"前是中央统战部司局级领导，也曾是民进中央宣传部副部长，冰心则是挂名的部长，凡事不闻不问，"父亲身为副部长，定期向她汇报工作。这本是官僚程序，而他却另有使命，那就是把与谢的谈话内容记录下来交给组织。父亲每隔两三周登门拜访，电话先约好，一般在下午，饮茶清谈。回家后根据记忆整理，写成报告"。"据父亲回忆说，大多数知识分子是主动接受'思想改造'的，基本形式有两种，一是小组学习，一是私下谈心。像谢冰心这样的人物，自然是'思想改造'的重点对象之一，把私下谈心的内容向组织汇报，在当时几乎是天经地义的。""谢冰心可不像她早期作品那么单纯，正如其名所示，心已成冰。每次聊天都步步为营，滴水不漏。只有一次，她对父亲说了大实话：'我们这些人，一赶上风吹草动，就像蜗牛那样先把触角伸出来。'看来她心知肚明，试图通过父亲向组织带话——别费这份儿心思了。"（北岛《父亲》）这是后来北岛的父亲在儿子的面前的谈话。从这个谈话中，我们可以窥视冰心在讲话、谈话、著文背后的真实思想之一二，她与吴文藻有些不同，内在的思想与表达的观念，存在着差异。其实，思想岂能改造？本性岂能改变？能改造的只是外表，造成严重的表里不一、人格分裂。共产党人，从领袖人物毛泽东，到普通的一名成员，都以这种方式大行其道，并且要将所有的人都改造成同一类型，其目的、意义也就四个字：统治、权力。谢冰心心知肚明，吴文藻就未必了。

当北岛的名字还叫赵振开的时候，由于父亲的原因，他较早地接触了供内部参考与批判的"蓝皮书"与"黄皮书"。一段时间，母亲发配到河南信阳"五七"干校，父亲去了沙洋的"五七"干校，弟弟去了中蒙边界的建设兵团，妹妹也被人带到母亲的干校去了，他自己算是幸运，分配到了北京六建公司当工人。建筑公司常年在外地，赵振开收拾行装时，没有忘记带上几本"禁书"，尤其有惠特曼的《草叶集》。在开山放炮的日子里，赵振开的思想同时在爆破，革命、领袖、前途、命运、社会、人性等等的思考不时地在爆炸声中出现。一九七二年春节，全家团聚北京，此时的赵振开已经和彭刚、姜世伟（芒克）这样的"先锋派"成为密友。在一个晚上，赵振开抱了一大包的诗稿，找出其中的一首《你好，百花山》初稿，希望得到父亲的指教。"洁白……冰凌……雪地，／断路……古松……峰峦，／啊，多么壮丽呀，／——百花山！／／

深深的呼吸在山谷轰鸣，／雪中的脚印被湍云溢满，／我采集无数不肯报名的野花，／仿佛拾贝在银白色的海滩。"前两段父亲看得很仔细，并不时抬头看看眼前的儿子，但接下来便似接了个烫手山芋，"顺着原始林间的小路，／绿色的阳光在隙缝里流窜……"不及往下看，便连连命儿子——"烧掉！""烧掉！"是的，太阳怎么可能是绿色的，太阳就是毛主席、太阳就是共产党，那是红彤彤的，儿子将阳光写成了绿色，岂不成了现行反革命？能不把他吓死？

但父亲在盯着儿子烧掉诗稿后，又是漫不经心地说了一句，谢冰心也回了北京。

父亲的话显然是在提醒儿子，第二天，赵振开抱了一大堆的诗稿，敲开了民院和平楼208的大门。开门的是一位瘦小的老太太。赵振开做了自我介绍，说他是赵济年的儿子，要向谢老师求教。"谢冰心先把我让进客厅，沏上茶。她丈夫吴文藻也在，打个招呼就出门了。她篦过的灰发打成髻，满脸褶皱，眼睛却异常明亮；身穿蓝布对襟袄，黑布鞋，干净利索。我坐定，取出诗稿，包括处女作《因为我们还年轻》和《火之歌》等。"赵振开坐等，心情紧张，毕竟是第一次以自己的诗作，呈现于"五四"时期的老诗人面前，他不知道冰心会做出何种反应，甚至感到老诗人已经读到了《你好，百花山》。果然，冰心也在"绿色的阳光在隙缝里流窜"停住了，但与父亲的反应完全不同，老太太说，这才是诗的语言，"阳光是绿色的"，这是你自己的感觉，前面还有些像分段的散文，进入这句后，便是诗了，冰心念出了声音："一只红褐的苍鹰落地古松上，／用鸟语翻译这山中恐怖的谣传。"并说，"苍鹰"与"古松"这种句子，在古诗词中常出现，但你使用了"翻译"与"谣传"便有了新的寓意了。

大出赵振开的意料，完全没有想到，一个大诗人会对自己悄悄的地下习作，有如此真切的体味、如此高的评价。同样是民进的宣传部长，冰心与父亲相差竟然如此之大。"她评价是正面的，对个别词句提出修改建议。兴之所至，她把我从客厅带进书房，在写字台前坐下，从背后的书柜取出《汉语大字典》，用放大镜锁定某个词的确切含义。"

此后，冰心又问了一些赵振开的生活情况，问他为什么在大山有那样的感觉，还问到他的父亲，虽然都称沙洋"五七"干校，但民院的干校在潜江，赵济年的干校是在沙洋，并且开一句不大不小的玩笑，说他现在也不来向她汇报了，派了一个有出息的儿子来。

虽然对《你好，百花山》评价不错，但并未引起冰心的诗情，倒是《因为我们还年轻》让她心生感慨。"文革"中第一次有了作诗的冲动，想和其一首。赵振开走后，冰心坐到桌前，在一个裁开的信封背面写下了《"因为我们还年轻"——答一位年轻朋友》："昨天有一位年轻人来看我，/把他的新诗念给我听。/第一首诗的题目是：/《因为我们还年轻》。//这题目引起了我的诗情——/我看着他热情的年轻的脸，/我轻轻地跟着他念，/"因为我们还年轻"。//我说："年轻人！/虽说是'人生七十古来稀'，/在毛泽东时代就不算稀奇；/你看有多少年过七十的老人，/仍在为社会主义奋斗不息？……"

虽然是和北岛，但诗却出现了完全不同的走向、意向，一为叛逆一为忠诚，冰心以诗性的眼光评述了北岛，却以政治的情怀涵盖了自我，这里也有太阳的色泽，但那绝对不是绿色的，而是金灿灿一片、永远不落，一首以自我的抒写通向毛泽东的颂歌。在一定的意义上说，这两首诗体现了风行了几十年的"颂歌"与行将出道的"朦胧诗"的分野。

《"因为我们还年轻"——答一位年轻朋友》首发民院的墙报。一九七二年五月二十三日，是毛泽东的"文艺圣经"《在延安文艺座谈会上的讲话》发表三十周年，全党全国都在大张旗鼓地庆祝，民院也不例外，那时学报尚未恢复，墙报是现成的，冰心的这首诗便被张贴到了墙报上，新华社记者来民院采访，意识到"冰心"二字的意义，便抄录下来，在新华社播发的通稿中，做了大段的引用，向全世界公布了老作家冰心，重新焕发了革命的青春。"文革"中，《诗刊》《人民文学》等刊物全部停刊，香港的报刊却很繁荣，《大公报》以显著的位置，发表了冰心的新诗，标志着这位老作家停笔七年之后的"复活"。日本、美国及东南亚国家，都以"因为我们还年轻"为题，发表了有关冰心复出的消息。

二战之后，美国将日本作为战败国改造，新中国成立后国民党从大陆退居台湾，朝鲜战争一来，"改造国"变成了"联盟国"，旧金山日美条约签订后，日本成了美国在亚太地区的政治同盟与军事基地，并且在经济上结成依赖关系。尼克松打开中国大门之后，随之登陆的便是日本首相田中角荣，并且抢在美国之前，恢复了邦交正常化。当中日邦交正常化之后，日本的日中友好协会首先发出邀请，中国中日友好协会组团访问日本。这是新中国派出的最庞大的访问团，计有五十五人，团长廖承志，副团长楚图南、李素文、马纯古、赵正洪、张香山、周丽琴、于会泳、孙平化，团员华罗庚、荣毅仁、王芸生等，冰心作为作家的唯一代表参加访问团。这是她归来之后，第四次访问日本，与上一次和巴金一道访问，相距也整整十年。

一九七三年四月十六日，中日友好协会访日代表团乘专机飞抵羽田机场，大批的记者守候，甫下飞机，团长、副团长会见记者，发表讲话。作为中日邦交正常化之后，中国派出如此规格的代表团，自然成了日本媒体的聚焦点，《读卖新闻》记者立即从人群中认出了冰心，靠近前来挥手致意。四月十九日，田中首相在新宿御苑，为中国代表团举办的盛大的赏樱会，日本各界六千余人出席。其中就有冰心的老朋友中岛健藏、白土吾夫等。完全不是国内那样的设想，当中国代表团在盛开的樱花下，汇入六千人的人流之中，整个就像汇入了友谊的海洋。冰心虽然不是团长、副团长，但她的日本朋友最多，几乎没有一刻的消停，以日语、英语、汉语，互致问候，互道珍重，在回答各种问题时，总也离不开"文革"。冰心不能细说，自然也无法请求党委研究之后才说话，但她尽量少说，常常以自己还好作答。也有老朋友问到吴文藻，冰心就说，他的身体比在日本时强多了，都是参加了劳动的原因，这也是"文化大革命"的一大好处，教授、学者不要整天关在书斋里，要与工农兵打成一片，参加劳动。有人则提出劳动的报酬问题，冰心坦然回答，那不成问题，依然是教授的工资，并补充说，"这是令我们惭愧的"。

代表团在东京活动一周，举行了阶段性的总结，廖团长表扬了冰心落落大方的得体表现，说我们不必回避提问，可以根据实际情况灵活回答，尤其下一阶段，代表团将以分组形式进行活动，副团长都是组长，既要把握原则，也要灵活处置，真正像总理要求的那样不亢不卑。东京之后，代表团除廖团长与夫人之外，其他的人均乘坐新干线列车，由关东驶向关西，第一站是工业城市名古屋。

代表团成员虽然都是重量级的人物，但连冰心在内，均为第一次乘坐高速列车，其速度、舒适、气味、上下车的站台，都令代表团耳目一新，那是国内普通列车、甚至于专列也无法比拟的。冰心与荣毅仁坐对面，这位"红色资本家"在"文革"中也没有少受苦，但在外国人面前，保持着尊严，当他坐上高速列车之后，与冰心相向而对却沉默不言，一任窗外的风景飞驰而过。此时的冰心，表面平静，内心却受到强烈的冲击，她对日本太熟悉了，十年变化如此之大，却是她没有料到的。二十世纪七十年代，日本工业高速发展，汽车、铁路、建筑、电子业成为了领头产业，带动日本经济的腾飞。二战之后，日本的基础不会比中国好到哪里去，可是，将近三十年，他们埋头搞建设、搞科研，创造了东亚的经济奇迹，而中国，却是大大地落后了。仅是火车，从干校回来时火车上的那种味道，似乎还残留在身上，新干线上的高铁，哪有一点点气味？比飞机还舒适、干净！此时，她想到一些很不该想的问题，中国啊，为什么永远处在人与人斗争的生活里？这个阶级斗争到底是真实的存在，还是人为的设立？如果将斗争的精力都放到建设上，中国人不比别人愚蠢呀，为什么就建设不起一个繁荣昌盛的国家？知识分子，哪一个不是爱自己国家的人？他们本可以有别的选择，而他们选择了这个国家，能说他们不爱国？选择了这个国家，但领导这个国家的党，不仅不给他们创造机会，还让他们永远抬不起头，要他们无休无止进行思想改造，为什么就不让他们的思想去无休无止地创造？急驰于新干线的高速列车，对她的刺激太大，以至越想越远，以至收不起思想的闸门。

四月二十九日下午，代表团在观看电影《恍惚的人》之后，冰心与文学爱好者进行座谈。冰心对日本的兴趣在经济腾飞，而日本的文学者却是关心中国的"文化大革命"，没有一个人问到经济建设的情况。冰心谈了她对"文化大革命"的感受，显然她没有将自己的思考放进去。

在公开的外交场合，冰心清楚，这里必须严格地按照规定的话语去说，而不是谢冰心如何认为。

冰心单独拜会了老朋友仓石武四郎和夫人，陪同廖承志和夫人经普椿，与三笠宫殿下夫妻会面，与于会泳、浩亮、张瑞芳、李炳淑等出席京都新剧人座谈会。出席座谈会的有近百人，中岛健藏、白土吾夫均在座。座谈会前，日本友人向冰心提出了十一个问题，冰心不得不说。冰心的演讲，大多出自个人的感受，也希望自己的感受能符合党的政策与宣传口径。但就是这样，演讲之后，于会泳还是提出了批评，说最好少讲个人的事情，多讲"文化大革命"的辉煌成就。冰心心想，自己已经是尽到最大的努力了，要她单单讲"文革"的伟大成就，那是无论如何讲不出来的。比如样板戏，她怎么知道是如何产生的，如何辉煌呢？也就是在这一次的访问途中，于会泳与冰心有过一次谈话，说到样板戏的成就时，转到儿童文学的话题上。他对冰心说，江青同志希望能有一些样板儿歌，并说，谢冰心便可以写。其实，这个意思，民院军宣队也向她表达过，只不过都不是正式的，冰心也就以"不会写儿歌"而拖延推辞了。

周恩来总理患病，冰心与国人一样，并不知晓。一九七五年的春夜，总理作最后一次政府工作报告，冰心在给赵清阁写信时还说，"开会时曾见过总理，但匆匆一面，前后都有人，什么话都来不及说。他身体很好，头发还不大白呢。七十六岁的人，总算不错了"。那时，人们有种担忧，希望总理康健，那是民族与国家的希望。但其实，那苍老的脸上、喑哑的声调中，已经隐含了"鞠躬尽瘁"的真实意义。不到一年的时候，一九七六年一月八日，这棵庇护中国共产党、庇护中华人民共和国、庇护中国人民、庇护知识分子的大树轰然倒下。

吴、谢有早间听新闻联播的习惯，这一回电波中传来的是不忍相信的噩耗。想到总理对自己一家的关怀，两个老人伤心落泪。早餐之后，吴、谢进城学习，"首先收听讣告哀乐，连听两遍，然后座谈，大家流泪，谈不下去。沉默良久，始相继发言"。回到家里，冰心将最喜爱也最能体现总理精神气质的那张照片，挂在书柜上方，把长期不用的香炉洗净擦干，焚上多年前从印度带回的檀香，没有花啊，当时又没有花店，便从阳台上采下紫花数枝，一同敬献总理。

十日，院办通知冰心、费孝通午后去北京医院向总理遗体告别，吴文藻未获通知，一天在家，心绪不宁。傍晚时分，冰心回来，全家聚谈总理去世消息，就在太平间吊唁室里，吊唁一个大国的总理，小小的吊唁室如何能安下那个伟大的灵魂？人民大会堂满是总理的足迹，为何不能腾出一角，安放总理的遗容，供国人瞻仰？各种消息从四面八方涌来，全家人"甚感悲伤"。

总理逝世，天下同悲，但是通知随之下达，不得悲，不许悲！吊唁限制在最小的范围内，十里长街送总理，既是出于对总理的热爱，更是对专制与强权的抗争。追悼会上，与他生死相交几十年的毛泽东没有出席。于是，各种事实与传言纷至沓来，"批林批孔"的目的在于"批周公"，"评法批儒"重在批儒，周恩来便是当代的"大儒"。"大树倒，根犹在，批周必乱，反周必败！"是传言中的邓颖超敬谢毛泽东的悼念词。

对总理的不公，对悼念总理的压制，终于导致了天安门广场声势浩大的悼念活动。面对"四五"清明泪祭，七日早间，吴、谢进城学习，"交换五日天安门发生的事情的有关报道，特别是火烧四辆车所传情况确否，须等进一步澄清。我们非目击者，即使在场，也只能知一个角落出现的情况，肯定有坏分子混在之中，但绝大多数是对周总理表示追念之情。这是可以理解的，也是主要的"（吴文藻日记）。吴文藻在发言中并在日记中记下了与当局不同的看法。也就在这天，晚八时，党中央政治局公布了两个决定：一、正式任命华国锋为党中央常委会第一副主席，国务院总理；二、撤销邓小平党内外一切职务。并有记者评述"四五""反革命"事件经过，吴、谢听后，默然无语！

此后又进入声势浩大的批判，政协组织召开"批邓反击右倾翻案风"大会，从第一次开到第七次，冰心与吴文藻均无发言记录，而政治谣言风传。等到将要召开第八次批判大会时，朱老总（朱德）逝世，紧接着是唐山大地震，波及北京，人怨天怒，一同发泄到中华民族这片多灾多难的土地上！民院组织在楼下搭帐篷，不料勉强搭好架子，开始下雨，等把油布覆盖上，越下越大，全家在楼下住，露宿开始，冰心拉肚子，帐篷无厕所，楼上楼下一天无数趟地跑，有时刚刚下来又得上去，诊断为神经性的拉肚子，想起拉便要拉。有一次上去了不久，强烈的震感出现，冰心却许久没有下来，吴文藻急了，冲到楼上，冰心坐在马桶上不起来，说，起不来了，地震就埋在里面算了……

哪儿是灾难的尽头？

九月九日，毛泽东逝世！

这是比地震更为严重的天塌，人们无不为之悲痛欲绝。是大救星、是统帅、是舵手、是领袖、是导师、是继续革命的领路人、是人民的主心骨……中国，怎么可能没有了他呢？"当我低头听到《告全党全军全国各族人民书》的最后一句时，我的紧握着的冰凉的双手已经麻木了。不断涌下的热泪洒在我的手上，把我惊醒过来，惊醒到一个极其悲痛、充满了哽咽声音的世界里！""我们敬爱的领袖毛主席，就这样突然地离开了我们了？这是真的吗？这是可能的吗？不！绝对地不！"（《毛主席的光辉永远指引我前进》）冰心回忆了与毛泽东有关的经历，虽然这位伟人对冰心未有一字的评价，未有一次的面见，但她还是找出了与毛主席有关的一切，以此证明，这位伟大的人物对自己的影响、带来的光明。回忆中忽有所悟，泪光中，"窗外是灿烂的朝阳，万千条的杨柳在阳光中摇曳。柳外的高楼仍在矗立。墙外的流水般的车辆仍在宽阔平坦的大道上驰走，我听到了它们隆隆前进的声音……"多么富有意味的描写，"大救星""红太阳"逝去了，然而，太阳照样升起，杨柳依依，高楼耸立，汽车照样飞驰在平坦的大道上。

第五章　北京、东京、静冈、京都、奈良、上海、北京医院、冰心文学馆、八宝山、八达岭、中国现代文学馆

一、控诉与思考

一九七六年十月，冰心和全国人民一道，欢呼"四人帮"的粉碎。一个新的时代即将开始。元旦那天，恢复了对海外同胞和朋友发表新年祝词，国际广播电台日语部向日本听众广播了她的《新年讲话》，心情与声调都要有了变化，展望新的一年，似有青春与活力在前头召唤。

天安门事件，从一开始便是疑问重重，出于对周总理的热爱与敬重，冰心与吴文藻在一月十日民进学习会上，便发出了"给天安门事件早做结论"的质问。天安门事件直到一九七八年底才予以平反，冰心的发问提前了将近两年。此后的思考深入，冰心直接将天安门事件与"五四"运动并列起来：

> 震撼世界的"四五"运动，在掀起过"五四"运动的天安门广场上掀起了！这是一场声势更大威力更猛的、光明同黑暗的决定中国前途的殊死搏斗。广大中国人民，尤其是新生一代，以汹涌的人潮，巍峨的花山，浩瀚的诗海，来悼念我们社

会主义祖国的中流砥柱——敬爱的周总理……也就是在这一年的十月，在党中央领导下，浩浩荡荡的革命人民，把万恶的"四人帮"押上了历史的审判台。在惊喜交集之中，我感到了第二次解放！

（《从"五四"到"四五"》）

"文革"十年的血雨腥风，神州大地没有一处未受摧残，最为严重的是人，从思想到肉体、从精神到道德、从国家主席到平民百姓、从老知识分子到青年学生，无一幸免。浩劫结束，人们如从噩梦中惊醒，灵魂复苏，有了疼痛、悲伤、愤怒与泪水，"控诉"一词，由不同的声浪，汇成了汪洋大海。

我今天走进人民日报社，感慨万分。我们坐在这儿，控诉和批判"四人帮"炮制的"文艺黑线专政"论，我不由得想起这些年来受到"四人帮"残酷迫害的老同志、老朋友，想起老舍、郭小川、侯金镜、马可、孙维世这些同志。他们已经不在人世，不能同我们一起揭发、批判"四人帮"搞"文艺黑线专政"论的罪行了。……"四人帮"的"文艺黑线专政"论，窒息了社会主义文艺，搞乱了不少人的思想，对于它的流毒和影响，我们决不能小看，决不可低估。

（《对"文艺黑线专政"论的流毒不可低估》）

"十年浩劫，对我们来说，最大的打击，就是老舍先生的死！"冰心的控诉，以"文革"之初被迫害致死的知交老舍开始。那时，她以潘光旦的"3S"为生命的底线，咬紧牙关不走老舍的路，为的就是今天。在她从女儿的来信中，从造反派批斗的口号中，得知老舍宁弯不屈、以死抗争时，不能说半句话，只能在黑夜里与老伴儿以手相示，现在她将压抑已久的情感迸发出来，将对老友的怀念表达出来。她一连写了两篇文章，控诉加怀念。此时，也有不少的记者前来访问冰心，让她控诉

"文革"自己受的迫害，包括批斗、抄家、进牛棚、下干校，冰心却一言以蔽之，说，连国家主席、开国元勋都迫害致死，她的一点儿苦难算不得什么，没有家破人亡就是万幸。我在阅读冰心这一时期的作品，查找访问文章等资料时，很少看到过她谈自己受害的事情。表面看去不记仇，但在内心，实际有一种精神在平衡着她，这种精神，总是在人生最艰难的时刻支撑并引导着她。

一九七七年秋天，韩素音第 N 次来到北京，请了谢、吴二位老友在王府井全聚德吃烤鸭、喝啤酒，那天两对老年夫妻特别地放松、开心。韩素音在酒意渐浓之时，直视着谢、吴，说，自一九七二年之后，这样的聚会也不知道有多少次，但始终没有问过他们这样的问题，"文革"是不是中国革命的必然产物？他们是如何从心里渡过这个关坎的？吴文藻回答了必然产物的问题，并且以韦尔斯的《世界史纲》阐述了这个必然。因为有陆文星在场，他们的交谈都以英语进行，吴文藻讲到此，陆文星便问，是不是《世界史纲》写到了中国的"文革"。吴文藻说，是的，虽然是他的助手波斯特盖特续上去的，但作为历史的发展与叙述手法，没有违背韦尔斯的逻辑与风格。

原本只是喝喝酒聊聊天，但话从吴文藻的嘴出，便觉得有了学术的意味了，韩素音带了录音机，征得同意按下录音键。开机之后，吴文藻却不说话了，韩素音催他，他说现在轮到冰心女士了，他得吃点儿东西。冰心就说，好像在民进组织学习，轮着发言。冰心喝了口酒，点了烟，摆开了说话的架势。

"从日本归来，实际上最终是出于感情的选择，故国故都，虽然出生在福建，但北京才是真正的故乡。以感情的因素对人生做出重大选择，往往要付出代价。'文革'的苦难也可算是代价吧。如果从感情的意义上说，付出了代价总是有悔有恨，但我无怨无悔。一九三二年出版《冰心全集》时，我躲到双清别墅写了一篇长序，那时，外界对爱的哲学多有批评，但我说，'我知道我的弱点，也知我的长处。我不是一个有学问的人，也没有喷溢的情感，然而我有坚定的信仰和深厚的同情'。那时和后来，许多人都没有注意到我说的'信仰'二字，这个信仰实际上支撑了我的一生，平衡了我的一生，让我的心灵在任何的情况下都能保持宁静。因为这个信仰，我没有抱怨、没有仇恨，甚至没有愤怒。《圣经》说，'万事都互相效力'，世间任何事情没有绝对的好坏，每件事不管好坏，都能找出积极的意义，秉此理念，许多原本不堪的局面都可改观。这样的理念，在'文革'中随时支撑着我，让我在苦难、绝境中也能坚守生命，能够从中找出欢乐，寻出积极的意义。许多人认为我在'文革'中是逆来顺受，甚至认为我从归来之后便丧失了自我，其实，我是从另一个意义上去理解生活，包括毛泽东所创造的新中国的生活，'文革'之初，从惊恐到批斗、坐喷气式，我无法躲避，但不自寻绝路，这不仅是因为当时丹丹在我们身边，主要还是因为'信仰'二字！信仰不仅是平衡了'文革'心态，实际上也平衡了我们走出燕南园的心态。司徒雷登为我们建造的小楼，燕园那个环境，文藻那样执着喜爱他的教职，但我们主动选择出走，离弃一切的舒适，八年抗战，胜利之后，这个走出之后的意义才显示出来了。《圣经》中的，当你在舒适中走出，可能就是一次新生。这个新生让我们与伟大的二次大战联系在了一起，没有这种走出，我们的人生将会如何的萎缩，那是不可想象的吧。"

冰心说到这里，已经点燃了第三支烟了，呷了一口酒，沉思了一下，继续说："'万事都互相效力'，对一个人如此，对一个国家、一个民族也是如此，从复兴到毁灭、从积弱到复兴，'文革'对中国的意义，也许就孕育了复兴。"

韩素音与陆文星、冰心与吴文藻，虽然说不上是虔诚的基督徒，但他们有的接受了洗礼，起码也是有基督文化的背景，这个信仰，也许对许多人都是陌生的，但在他们之中却是舒心会意，无须多做解释。也就是因为宗教在大众中陌生化与隔膜化，人们很少能听到冰心这样的话语，就是听到了也体会不出意味，但隐藏在她心中的信仰，其实一直是精神世界中的平衡器，只是鲜为人知罢了。

"上帝，请赐予我平静，去接受我无法接受的。给予我勇气，去改变我能改变的，赐我智慧，分辨这两者的区别。"冰心的内心一直珍藏着贝满中学麦美德教士引导她的诵词。

二、"救救孩子"与《三寄小读者》

一九七七年底，冰心担任编委的《人民文学》，刊登了青年作者刘心武的小说《班主任》，揭露了"文革"对青少年造成的精神伤害。小说产生了巨大的反响，传诵一时，洛阳纸贵。其后，曾为知识青年的卢新华，在《文汇报》发表了短篇小说《伤痕》，也在"反映人们思想内伤的严重性"和"呼吁疗治创伤"的意义上，得到社会的广泛认同。随后，揭露"文革"创伤的小说纷纷涌现，"伤痕文学"应运而生。

"文革"对青少年心灵的伤害严重，是冰心一个重要的观点，这不仅是因为她热爱儿童，一直在为孩子写作，"文革"中却被"亲爱的小读者"在烈日下斗得"汗流浃背""体无完肤"，而且从这个亲历的事件中，意识到了由于青少年的心灵被扭曲，有可能对国家的命运、民族的未来产生不良影响与严重后果。"那时全国百十万个血气方刚、好奇而又无知的男女青年，在林彪、'四人帮'这几个跳梁小丑的教唆下，只因受到了几次伟大领袖的接见，就俨然觉得一身绿军装，一根皮带，一条红卫兵袖章，就可以比当年由全国人民代表大会通过的宪法，拥有更大的权威！""砸玻璃、拆桌椅等等都成了'反潮流'的'勇敢'行动，乱扔果皮糖纸甚至随地吐谈，就更不在话下了。"（《孩子心中的文革·序》）冰心如此描述当时青少年的生活与精神状态，她一贯将青少年看作是祖国的花朵与未来，四个现代化建设的重任寄托在他们身上，而现在花蕊被害虫咬噬了，如何开放？灵魂被摧残了，如何担当大任？因而，当《班主任》《伤痕》等作品出现后，引起了她强烈的关注与共鸣，"救救被'四人帮'坑害的孩子"也成为了时代与民族的呼声。

如果说"伤痕文学"是以揭露批判的方式，"救救被'四人帮'坑害的孩子"，冰心则是以正面教育的方式，疗救被"四人帮"毒害了的孩子。

《三寄小读者》出现了。依然是亲切的口气，心情则由《再寄小读者》的"兴奋"变得"宁静",宁静的心易于思考,发出感叹。作品开宗明义告诉小朋友,"四人帮"与日本帝国主义侵略一样,虽然改变不了历史的进程,但却留下满目疮痍,留下了心灵创伤,他们"扼杀科学和民主的精神,推行蒙昧主义和愚民政策,把'文盲加流氓'式的人物,当作青少年的样板。亲爱的小读者,当'四人帮'横行的时候,看着你们身心备受腐蚀摧残的情景,也真是'悲愤填满了我们的胸臆'呵"!开篇便教育小朋友,要回到"五四"传统的道路上来,要发挥"科学与民主",向着四个现代化迈进。"通讯二"中,冰心以周恩来总理与清洁工的一幅画《清洁工人的怀念》为引子,教导小朋友对劳动人民要有敬畏之心,要像总理那样关心和敬重他们,珍惜他们的劳动,不要乱扔垃圾、纸屑、果皮。不仅是呼吁,并且教给具体的方法:"让我们以后在集体和个人出去过队日或做户外活动的时候,尽情欢乐之余,要记住,把游玩或野餐过的地方,收拾得干干净净,把果皮糖纸之类的东西捡起包起扔在果皮箱或垃圾箱里。若是在山巅水隅找不到果皮箱或垃圾箱,就把这些东西收在挎包里带回来,丢进垃圾箱里。"这本是一个起码的公德行为,但"文革"中的"打砸抢"将其蹂躏。她循循善诱孩子们,将"公德"心收回来,她没有提出更高的要求,没有上升到环保意识、没有讲到爱护景区与每一片土地。

《三寄小读者》计有十篇,与《寄小读者》不一样,与《再寄小读者》也不一样,这里没有动感的描写、没有伤感的氛围、没有抒情的文字、没有域外的风光、没有阶级的激情、没有制度的批判,甚至可以说没有文学性,完全以一个教化者,对小朋友进行一些最基础和最基本的道德、学习与生活等规范教育,通篇充满说教味。老作家冰心难道不知道这是创作之大忌?原因就在于,冰心"救孩心切",所以,脱离了文学的本色,而从社会责任的角度,冒着写作的风险,直面儿童,不惜以教化者的身份,去写一些没有多少文学性的作品。她认为如果不从最基本、最基础的教育入手,如果连起码的公德心都欠缺的青少年,如何能担当起实现四化建设的大任!"伤痕文学"揭露心灵的创伤固然有着惊醒、警示的作用,但批判并不能代替建设,冰心在做着最基本、最基础的心灵建设。她希望以最快的速度、最短的时间、最直接的方式，为孩子送上公德与善良再生的心灵鸡汤！

对于孩子的教育，自知一个人的力量有限，冰心不仅自己做，更是呼吁全社会都来关心，呼吁作家多写儿童文学。她和同行交谈时说："我们现在儿童的客观存在的事实是什么呢？摧残儿童身心的'四人帮'被粉碎了以后，儿童也得到了解放。少年儿童摆脱了所谓'反潮流'、'交白卷'的精神枷锁，而奔向'好好学习，天天向上'的大道。在这摆脱枷锁、走上大道的过程中，就有他们自己不少的问题，有他们自己的苦恼，也有他们自己的欢乐。这其间就有说不尽的事实，讲不完的故事。我们能不能从这些故事中，汲取为儿童所需要而又便于接受的东西，写成有益于他们的作品，使他们能够惊醒起来，感奋起来，向着我们新时期的总任务，三大革命运动、四个现代化的伟大目标前进。"（《笔谈儿童文学》）为了刺激作家们儿童文学创作的热情，兑现自己曾有过的诺言，在人民文学出版社举行的儿童文学创作座谈会上，冰心将二十三年前（一九五五年）儿童文学作家座谈会上八位作家的发言，重提出来，当时大家都表示为祖国的未来——儿童们写作，直到永远。这八位作家是叶圣陶、严文井、高士其、冰心、陈伯吹、袁鹰、金近、韦君宜，"我今天是旧话重提，我想我们大家都不会把说过的话忘记了，而且都会共同努力，把这项工作做好，为孩子们写出更多更好的作品。……把我们毕生的精力献给祖国的后代，不断努力为少年儿童服务，像叶老所说的'直到永远'"（《旧事重提》）！

一九七八年十月，庐山牯岭召开了一次全国少年儿童读物出版工作座谈会，这是一次群贤毕至、少长咸集的盛会。儿童文学作家、理论家陈伯吹、严文井、叶君健、贺宜、金近、包蕾，诗人任溶溶、鲁兵、圣野、张继楼、柯岩、金波等两百多人应邀到会。叶圣陶、冰心、张天翼、高士其因健康状况未能到会，但也都作了书面发言。冰心表示要当好两亿儿童的"炊事员"，努力给孩子们做出色、香、味俱佳的饭菜来。不仅是呼吁，她自己也曾托在英国的凌叔华寻找适合儿童的读物与课本。我做了一个统计，一九七八至一九七九两年间，冰心呼吁作家们来写儿童文学和关于儿童文学创作的文章，竟达八篇之多，并且对一些理论问题开始了拨乱反正。这一段时间，冰心救孩心切，除此之外，她还做了两件事，一是将自己的儿童文学集《小橘灯》再版。另一件事情就是向小朋友介绍儿童文学作品与刊物。作为《一九四九年——一九七九年儿童文学剧本选》的主编，她在序言中向小读者介绍了描写重庆时周恩来和少年儿童机智斗争的《报童》等二十一个剧本。

三、从慰冰湖到岚山

正当冰心倾心为孩子之时，一九七八年十二月十六日，中美正式建交，两国关系正常化。消息传来，冰心真是兴奋得有些按捺不住：

> 十二月十六日的上午，一百万张印着中美邦交正常化的《人民日报》号外，在中国的首都北京散发了！伟大的中国八亿人民和伟大的美国两亿人民，二十九年来的真诚愿望终于实现了，街头巷尾，捧到号外的人，个个喜笑颜开，奔走相告。我这个在美国学习过，到美国访问过，有着许多美国同学和朋友的人，怎能不感到加倍地欢欣鼓舞呢？
>
> （《十亿人民的心愿》）

头一天晚上，北京茫茫大雪，冰心倚窗看着眼前的雪景，"我的旅美的回忆，在这银白的幕上，又一段一段地涌现了出来：慰冰湖上的雪，沙穰医院廊外的雪，'意大利式花园'里的雪……雪景里的人物，就有我的美国老师、美国同学、美国病友以及她们的亲友，这些都是我在半世纪以前，在我去国怀乡、岁暮旅病之中，对我同情、给我慰藉的美国人民"。一写到这些，冰心的笔触便变得柔韧、灵活，还从个人的经历与感情中跳跃出来，延伸到战争时期，回忆起斯诺先生，他的著作在美国和世界各地流行的情景，并送上她深深的祝福与感谢！

中美建交之后，威尔斯利女子学院立即派出代表团访问中国，姑娘们以欢声笑语诉诸"伟大的校友"，已近八十高龄的老祖母到宾馆会见了慰冰湖畔的姑娘们，她们穿的不是细褶裙子，而是长裤；不同颜色的头发，梳的不是髻儿，而是有的披散着，有的剪得短短，这不是半个世纪以前冰心所熟悉的装束，但是那热情的笑脸和兴奋的目光，不是和以前在校园里所遇见的一模一样吗！相隔了几代的校友，一起回忆校园，闭璧楼、娜安辟迦楼，有学生说，那座美国诗人惠特曼曾经描写过的楼，早已拆了重建了。"只有慰冰湖还是波光荡漾地偎依在校园的旁边。"

见到了来自慰冰湖的姑娘们，冰心犹如找回了青春年华，那里有多少美好的记忆，但几十年间，只能沉淀于心，连在孩子们面前也少有提及。何止于她，老伴儿也无不如此！一个早晨，他悄悄地告诉冰心，从此与美国的通讯不需要审查了，美国寄来的书也不会被拆封，惊喜的心情溢于言表。吴文藻说日常事也爱上升到学理层面，说，国与国之间，不同体制的政治集团之间，总是不同的，如果不能存同去异，世界就是隔绝的，"未来学"提出地球村，如果我们不加入这个村寨，真如毛泽东说的是要被开除球籍的，这不是一句戏言！

冰心却总以感情代替思考，依然怀想着失落在慰冰湖的浪花。一九八〇年，大女儿吴冰去夏威夷大学进修，冰心叮嘱她回国前一定要到美国东部旅游，那儿有新英格兰大地，落基山的落日，慰冰湖的波光；那儿有母亲的同学，有母亲的友谊。"到 Wellesley 一定先看校园，首先是 Lake Waban（慰冰湖），我在《寄小读者》中说得最多，在那一时期作品中提到得也最多。你先到湖的右边的 Boat House 去雇一条 Canoe 在湖上划到对面的 Italian Garden，目望威校校舍，绿树中就很好看，湖边有可座谈的有铁栏杆的石座子，此外还有一处小半岛叫 Tupelo Point，据说男女朋友走到 Tupelo Point 那就差不多成功了。在 Celuma Hall 的台上两边，就有 Tupelo Point 的图。""Lake Waban 是我所最喜欢的地方，我去过许多大学校园，都不如 W 校那么美！主要的是她有那一片水！"（《致吴冰信》）

心灵中的慰冰湖，铭心刻骨的感情，时不时便冒了出来，春草中会想到，夏花中会想到，秋雨中会想到，冬雪里更会想到。

　　一个生命到了"只是近黄昏"的时节，落霞也许会使人留恋，惆怅。但人类的生命是永不止息的。地球不停地绕着太阳自转。

　　东方不亮西方亮，我窗前的晚霞，正向美国东岸的慰冰湖上走去……

（《霞》）

　　中美建交之后，威尔斯利女子学院立即邀请冰心前往母校访问，婉拒之时，日本首相大平正芳的邀请又来了。这一回要不要去呢？归来之后，访日便达五次之多，本也想婉辞，但由于访问团的团长是巴金，自己是副团长，八十岁了，还有几次共同出访的机会？同时，中国作协考虑两位团长的情况，同意他们各自带一名子女随访，以便照顾老人的行动起居。巴金带了女儿李小林提前抵京，冰心则让吴青随同。这样代表团里也就多了两位年轻的女士，顿时生动了起来。代表团还有一位副团长林林，团员有艾芜、公木、杜鹏程、草明、邓友梅、敖德斯尔等，随团翻译是陈喜儒。登机后，冰心和巴金坐在头等舱，飞机上供应着各种点心、糖果、饮料，冰心便招手叫年轻人过去，指着酒说："这小香槟不错，你们喝几口吧。"后来陈喜儒回忆："那时两位老人身体精神都很好，每人手里一杯红葡萄酒，边喝边聊。冰心老人说：'二十年前，也是坐在这个位置上，那时还有李季，可惜他不在了。'李季当时在作协主持工作，一个月前突然病故，老人家写了一篇《不应该早走的人》悼念他。巴老看她黯然神伤，转移话题说：'咱们这是第几次一起出访了？一次去印度，一次去苏联，一次去日本。在日本时，人家送你不少礼品，你都分给了大家，人人有份儿。'""冰心老人抬头看了看我的领带说：'你的领带太素了，年轻人，鲜艳些才漂亮。你看看老巴的领带，多好看。'李小林说：'爸爸的领带全是红的。'冰心老人拍了一下巴老说：'人越老，越爱美。'巴老说：'你还说我，看你那毛衣，比吴青的漂亮多了。'冰心老人忍不住笑了起来。"

时任日本首相的大平正芳，多次访问中国，可说为建立和发展中日两国和平友好合作关系呕心沥血。他虽然出身香川县一个农家，但本人有很高的文化修养，热爱中国文化，读过巴金、冰心的作品。因而，中国作家代表团抵达东京之后的第一项活动，就是拜会大平正芳首相。四月二日上午十点，中国作家分乘五辆黑色奔驰轿车，由新大谷饭店出发，前往位于千代田区永田町的首相官邸，会见时巴金拿起蓝绸面的特装本《家》《春》《秋》说："听说大平首相喜欢读书，送几本书做纪念。我们还带来一幅画，是冰心请著名画家吴作人夫妇合作完成的，题目是'友谊之花'。"大平首相深表感谢，但是没想到，这是他第一次、也是最后一次会见中国作家代表团，两个月后大平首相不幸病故。

中国作家代表团从团长到团员，都是海内外的著名作家，每到一地都受到热烈的欢迎。每当巴金致辞时，冰心总是静静地聆听、会心地微笑；当冰心在主席台上演讲时，巴金坐在最前头，认真地听着大姐生动而风趣的话语。宴会上，两位老人常常坐在一起，陈喜儒介于他们之间。出国访问途中，翻译是忙人，双方的交谈都要经过他，连吃饭的时间都没有。巴金总是对陈喜儒说："年轻人，多吃点，你最辛苦。"冰心便会对待亲人一样，为他夹上好吃的菜。一次吃生鱼片，巴金看到陈喜儒吃得很香，就把自己的一份也给了他，冰心说："还有我这一份，也请你代劳。"并告诉他："这是生东西，喝几口酒有助消化。"中国作家代表团在公园里观赏樱花，巴金和冰心走在一起，吴青、李小林跟在后面。巴金说："大姐呀，没有想到你比我大了四岁，走起路来比我还轻松，这几天，可是累了，老了，人老了！"冰心就说："我得告诉你一个办法，吃饭时，不要一直说话，吃饱喝足，就有体力，还有致酒辞，简单一些。"日本人的礼节又多，巴金就请大姐为他分担一些，冰心说："好呀，要是您累了，我来代您致词。"

日本著名的佛学思想家、诗人、国际创价学会会长池田大作先生，得知中国作家代表团访日，专门邀请冰心和巴金，到位于静冈的研修道院参观访问。日本创价学会是一个非常有影响的宗教团体，学会的活动又不限于宗教，他们以宗教为基点，同时在教育、文化与和平事业上，不仅在日本，而且在全世界开展了一系列的活动。池田大作对中国充满了感情，早在一九六八年就公开发表了"池田倡言"，提出承认中华人民共和国政府、恢复中国在联合国的合法席位，在中日之间进行广泛文化交流。一九七四年十二月，池田大作第二次访华，周恩来总理在 305 医院抱病会见。致力于中日友好，成为创价学会共同的心声。所以，当巴金和冰心来到时，池田大作以隆重的礼仪接待了两位中国著名作家。

静冈樱花盛开的庭院，流水潺潺，鸟语花香，几百名小朋友在此唱诗迎候，池田大作发表了热情洋溢的讲话，巴金与冰心分别致答辞，欢聚在诗与友谊的海洋里。池田大作不仅是宗教思想家，同时有很高的文学造诣，对诗歌、音乐和摄影都有不凡的创造，见到巴金与冰心，如遇知己。他们谈到文学，谈到诗词，冰心说："日本有十分出色的女性文学。我看了翻译成英文的《源氏物语》。中国有一位叫李清照的女诗人，她与紫式部差不多生在同一个年代。"她认为，李清照生活的南宋时代，那种严酷的动荡的人生，使她写下了出色的词。池田大作对《源氏物语》与作者紫式部也很有研究，他把生活在和平时代的紫式部与战乱流离的李清照的人生做了比较，并且谈及她们不同的艺术风格。这次交谈，给池田大作留下深刻印象的是："我在冰心七十九岁的时候与她会面。这真的是一位七旬高龄的老人么？她丝毫不给予对方这种印象。有说有笑，思路清晰，反应灵敏。她的声音响亮有力、清晰悦耳且柔和。"在参观了静冈研修道院之后，池田大作请巴金、冰心题字留念，冰心一挥而就："得游名山。更得净友。这乃东游之一大乐事。但愿后继有人，只要中日两国人民子子孙孙友好下去，便能满足老人心愿。"冰心称池田大作为"净友"，既亲切且有深意。这里指的不仅是他们在文学方面的交谈，更指"中日友好"这个大的话题。

四月十日，中国作家代表团在京都岚山拜谒了周恩来诗碑。岚山位于京都郊外，以春天樱花秋日红叶著称。中国作家代表团在剧作家依田义贤的陪同下，来到岚山的龟山公园"周恩来总理诗碑"。诗碑建于两年前，在一座林木葱茏的山岗上，开出一方平地，基座由块石砌成，碑石使用的是京都东郊坚硬的鞍马山石，并呈马鞍形态，上面刻着周恩来青年时代的《雨中岚山》。代表团来到周恩来诗碑，巴金走在最前面，手捧着一束鲜花，低着头，脚步格外迟缓。走到诗碑前，巴老献上鲜花，与大家一起向诗碑鞠躬。摄影留念后，到日式茶室休息。面对苍翠的岚山，一片片、一簇簇盛开的樱花，如缥缈的绯红色的云，山下大堰川的碧水蜿蜒东去，冰心一时有了诗情：

> 参谒总理诗碑，谨步总理"大江歌罢掉头东"原韵：
> 高歌直下大江东，
> 力挽狂澜济世穷。
> 仰首默吟低首拜，
> 岚山一石一英雄。
>
> 冰心·一九八〇年四月十日

巴老接过来，念了一遍，说写得好。翻译将诗做了口头翻译，引起日本友人一阵惊讶。

四月十七日，中国作家代表团从奈良飞回上海，巴金与冰心并行在舷梯，向迎接的人们招手致意。在停机坪上，冰心和巴金等作家被欢迎的人团团围住，吴青护在母亲的身边，有人悄悄地问："您就是吴青老师吧？"吴青说："是呀，你怎么……"那人道："我在电视上认识你的，你一下飞机，我就认出来了，我还是你的学生呢，我跟着你在电视上学英语。"

在中国作家协会上海分会组织的座谈会上，有记者提问冰心，作为代表团副团长、多次访问过日本的作家，这次对日本留下了什么印象？

冰心说："还是日本的建设。每一次到日本，都发现变化极大。二战之后，曾有五年旅居日本，那时，东京的繁华远不及上海，后来，我们被拉下了距离，现在，我们有条件飞速地赶上去，首先要汲取战后日本的经验，重视教育，从娃娃抓起，希望都寄托在年轻人身上，作为政府要加大教育的投入，作为作家，我们有义务写出好作品，自小培养孩子的人性、同情和爱心，而不是'文革'中的那种兽性！"

从日本访问回国后，冰心在上海作了短暂的停留。除了外出开会、作演讲、报告，还接待了编辑、记者、文学爱好者。仅仅几天，冰心下榻宾馆的桌子上的书信报刊，就堆得有半尺多厚。一位儿童医院的老中医，听说冰心从日本访问归来抵沪，便把珍藏多年的《拾穗小札》托人送到宾馆，恳请老作家签名留念。

在回北京前与巴金道别时，冰心有些依依不舍。这次访日，时间不是太长，但却加深了两位老人的感情，并且薪火相传、影响了下一代，吴青与李小林均以姐妹相称。代表团的成员也要分别了，他们在中国民航赠送的纪念小本上，相互题签，以志纪念。冰心的小本上，巴金首先写道："紧跟、紧跟、冰心大姐。"艾芜接着："我年轻的时候，读您的作品，觉得您是我的老师，现在年纪大了，仍然认为您是我的老师。"林林题写的是："我也是您老人家的小读者，拜读《春水》《繁星》，引起我年轻的心学写诗的兴趣，现在仍然是我的老师，对外方面您对付得很得体，我应学习。祝您万寿无疆！"公木题写："您永远是我的老师，说真话而觉得精当。只有真的，才是善的，只有真的善的才是美的。"邓友梅风趣而亲切地说："冰心妈妈，永远学习您，也希望得到您的培育。"

四月二十一日，分别的日子到了，巴金一定要亲自送冰心至机场，直到贵宾厅，又交谈一阵才告别。

四、生命从八十岁开始

回到北京的冰心，没有来得及休息，便立即着手赶译诗集《燃灯者》。

这是一位政治家的诗，作者为马耳他总统，但冰心却是喜爱上了这位总统的诗，每到晚上，就在灯下翻译，吴文藻坐对面的桌前看书、读报，时不时地划道道。冰心有时抬头看看老伴儿，说："文藻，你看写得多美呀，你听。"冰心就念道："呵，泉水／从高耸的岩石涌出的，／

你的命运和我的心一样／就是要不断地歌唱！……"吴文藻咳嗽着，问这是谁的诗。冰心告诉他，是马耳他总统安东·布蒂吉格，最近要来中国访问，耿飚同志交下任务，要赶在他来之前出版。吴文藻还是劝她，出访日本、路经上海，都处于紧张状态，回来又没有好好休息，不要太赶了，八十的人啦！

冰心却说，她真的没有想到自己都快八十了，总觉得还年轻，粉碎"四人帮"后，一下子年轻了许多，有许多的东西要写，有许多的话要说呀！她还对老伴儿说："你看，他写的泉水，多像绮色佳，从高耸岩石上涌出来，飞瀑而下，他说你的命运和我的心便汇集到了一起，多像当年咱们的心情。那时，你是多帅的小伙子啊！"

吴文藻笑了，又咳嗽着，劝冰心还是早点儿休息！自己便开始脱衣上床，冰心则继续在台灯下翻译，吴文藻在床上翻了一个身，微闭了眼睛，睡去了。

冰心译书，许久，抬了头，凝思，又低头翻译，觉得有些累了，有些晕眩，便也上床。迷糊了一会儿，头还是晕眩，她想伸出右手打开床头灯，可是手却抬不起来，左手还可以，右臂和右脚都动不了。冰心唤醒了沈生妹阿姨，吴文藻此时还全然不知，直到沈阿姨将管大夫找来，他才醒了过来，大吃一惊，见到冰心的血压在180—80之间，管大夫说可能是脑血栓，必须赶快送医院。随即与北京医院高干急诊室取得联系，医院迅速派车来接，医生亦随车赶来，同时邻居见吴家夜半亮灯，猜测准有急事，过来打听，知道冰心患急病，便到北京外国语大学宿舍找到吴青、陈恕，由他们陪同前往医院。清晨，吴冰亦赶来，在家接电话，直到上午十时，吴青电话先告知："脑溢血排除在外，可能是脑血栓，尚未最后断定。"冰心发病在凌晨三时半，吴文藻在接过吴青的电话之后，抓紧时间休息了一小时，"服药，预防顶不住"。午后吴青来电话，"告知娘焦急，怕将来行动不了"。

北京医院最后确诊为脑血栓，因为左脑受栓，影响的便是右边，冰心焦急的是，右手如果不能写字，走不了，如何是好？从来都是好动的她，现在被几根管子卡住了，望着雪白的天花板，看到窗外照进来的阳光，而自己却失去了自由！几天、几个月也许还可接受，如果因此再也不能自由地写作与行走，那么，对于一个作家来说，生命还有意义吗？吴青劝母亲不要着急，静下心来养病。大夫也说，还好发现得早，还好不是脑溢血，待脑血管疏通之后，她还是可以行走的，还是可以握笔的。医生的话、女儿的安慰，让她平静了些许。

冰心素以体弱多病出名，但真正的大病却没有患过。因而，一夜之间住进北京医院，且是脑血管方面的病，惊动四方。十年动乱，留下的老作家已经寥寥，而参加过"五四"运动的元老级作家，更是凤毛麟角。这时，刚刚完成拨乱反正，国家的各项事业百废待举，文学艺术正在朝着繁荣发展，国家和人民多么需要这样的老作家！冰心住的是北楼213脑内科，当病情稳定之后，探望的人不断，每至下午，总有人悄悄地走进病房。中国文联、中国作家协会、中国民主促进会、中央民族学院、中央统战部等有关负责人都来看望。老朋友雷洁琼、赵朴初不用说，连福建籍的杨成武将军也特地来慰问。邓颖超大姐闻讯，请她的秘书前来探望，并送来黄色的"和平"月季花。巴金正好来北京准备出访，在李小林的陪同下，到北京医院看望，并劝大姐"要服老"，说"像大姐这样元老级的作家，实在是太珍贵了，大姐自己、我们都要十分珍爱"。叶圣陶老人写信给吴文藻询问病情："闻人言冰心同志抱病，而不得其详，彼此萦念不已。"曹禺听说冰心住院，即写信给冰心："听说你生病，比较重，我十分着急。"作家金近、王路遥、刘剑青、张僖、陈荒煤、周明、吴泰昌、张洁、张抗抗、王蒙、刘心武、邓友梅、严文井等都来探望。费孝通、江先群、陈意夫妇等老朋友分别探望，谢为杰也从南方专程来探望姐姐。对外友协陪日中友协领导人井上靖夫妇、中岛夫人、白土吾夫等均来医院探望。

吴文藻每次探视时，都久久地坐在病床头，说些病后的话，说，民进每次学习，都要问到冰心的病情，说，没有冰心参加的学习，都不热闹；说到吴平到美国进修的事，已经同意接收，但要求以清华大学的名义才好办，因而，还得想些办法；说到反右改正的事，还是要两点论，首先是"反右"斗争的必要性，同时指出斗争扩大化的消极后果。病中的冰心便插了一句："他们当然不会说连'反右'都错了，总还会留几个人不改正，你们三个人肯定是扩大化了，吴平有什么罪？为楫有什么罪？发配到西北去，恐怕以后就死在那儿，现在只说扩大化了，可是失去的一切谁来负责？"吴文藻每次说一点，总是慢吞吞地轻声细语，似乎不带什么感情色彩。

从六月十二日入院，到八月八日出院，两个月还差四天，冰心却感到漫长。这段时间，均由吴青陪护，吴平忙公司的活，姐姐忙出国的事，吴青自己也忙，但总得有人照顾母亲。"只能由我来牺牲了。"吴青在电话中与 Daddy 说。出院回到家，仍然由她陪护母亲，晚上住在同一个房间，以免急时找不到人。果真如此，九月六日，冰心下楼散步，将回时忽然感到腿软，在楼西头倒地，脚骨扭伤，痛得直呼文藻。可吴文藻没有听见，冰心自己又站不起来，恰好有人路过，忙背其上楼。管大夫随即来诊视，一面电话联系北京医院，救护车呼啸而来。吴青陪母亲进院，挂骨科急诊，入住 204 号房间。还好只是骨折，脑未受伤。

医院经过会诊后，诊断为股骨颈骨折。主治医生提出两个治疗方案与病人商讨：一是保守疗法，用牵引的办法；另一种就是动手术，用一个不锈钢的钉子把股骨颈固定起来。从冰心高龄的实际出发，以保守疗法为好，动手术的效果当然会更明显，但存在一定的风险。吴文藻主张选择牵引，冰心说，"与你的性子一样，我可受不了"，坚决选择手术。朋友听说冰心要动手术，并且不是一个小手术，要将钢钉打进骨头里，大都惊呼，夏衍听后，忙叫女儿沈宁告诉谢老太太，千万别"冒险"。阳翰笙、赵朴初等都为她在这么大的年龄坚持动手术感到惊讶、感到担心，不少朋友闻讯赶来劝阻。冰心却笑着对他们说："没有关系，我已经是这个年纪了。人活着就要为人民做一些事，我是一个作家，我得要争取时间站起来，得为孩子们写点东西。"冰心不顾老伴儿、儿女和朋友的劝说，坚持要做手术。经过骨科、神经科、内科医生会诊，手术方案按照有关规定，向中央组织部、统战部、文化部和中国作协作了报告。

九月九日午后一时，进入手术室。此时吴冰已去美国夏威夷大学进修，还是吴青签字、守在手术室门口，吴文藻在家，不敢午睡，坐立不安，便以翻阅康奈尔大学倪维德寄来的《文化唯物论》打发时间。近五时，手术完成，离开手术室，吴青电话，"手术成功，经过良好"。当晚，冰心一夜睡到天明，烧也退了，早间医生查房，对吴青说，"谢老恢复快，可喜"。九月十二日，吴文藻出席政协闭幕式之后去看冰心。"手术后第四天，情况还好，惟痛、口渴、无味。"第二天，吴青电话，"娘通过大便，吃得还可以"。吴文藻这才开始放心。但在日记中警告自己："上次对莹恢复太放心，有些大意，切戒。"

手术之后，尽管恢复得不错，但对急性子的冰心来说，却很悲观。一个落日的下午，夕阳从爬满青藤的窗口照进来，萧乾和文洁若夫妇探望刚走，冰心便不说话了，也不想吃东西。吴青过来看到冰心的眼角有泪，以为是伤痛，要去叫医生，母亲却是摇头，很难过地说，"'饼干'舅舅也就比我小几岁，你看他多健康，写多少文章，娘都快要成了废人了，偏瘫了，还在右边，脚不能走，不能站，手不能动，只有脑子还会想，想了多少的东西，却是不能写出来"。吴青便鼓励说："娘，您一定不要灰心，咱们好好锻炼，像小朋友一样从头开始学习，实在不行，只要脑子会转，小妹就当娘的秘书，娘口述，俺记录。"哄得母亲开心了起来。

手术后第五天，冰心在吴青和陪护的帮助下开始下地，到阳台上晒太阳，在阳光下锻炼手指的伸张能力。看到冰心这种情景，医护人员大为惊奇。医院中的冰心，生活得极有规律。每天六点起床，六点半听新闻，之后便看书。在接受过医生查房，服过药后，下地锻炼一个小时，下午又一个小时，一点点艰难地移动着步子，几十分钟下来，前进不了五米，疼得满头大汗。医生见状，便劝她在椅子上活动，冰心却说："还是这样好，走不了，站一站也是一种锻炼。"医院病房门口有条宽阔的过道，冰心先在屋内练，要走远一些，便到过道上练，甚至坐了电梯下楼，在庭院的草地上练习，每次都是大汗淋漓，每走一步都得咬紧牙关，看了让人难受。一次吴文藻在旁，便劝冰心不必急，慢慢来，冰心白了老伴儿一眼："要是你就好了，我这性子，慢就难受。"一天少走几步也不行，每天都量化，都在增加强度。我见到过冰心练字时的笔迹，完全想象不出她在以后能写出那么漂亮的字。当时她的手不听使唤，握不住笔，横竖捺弯钩，落笔走形，字也装不进格子里，歪歪扭扭、高低不齐地散落纸上。就是靠着毅力，最后将字写得如病前那般隽秀。这时，《光明日报》恰好刊出她为陈于化《月季花》写的序，雷洁琼到医院探望冰心，便将报纸带来，看到她练字的情景，没有劝阻，只是赞叹，还在病房念了冰心文章中的一段话："我不但喜爱玫瑰的色、香、味，我更喜爱它花枝上的尖硬的刺！它使爱花的人在修枝剪花时特别地小心爱抚，它也使狂暴和慌忙的抢花、偷花的人指破血流、轻易不敢下手。我认为花也和人一样，要有它自己的风骨！"念后她对吴青说："你娘就是一个这样的人，有她的风骨，做人、著文、养病，所以我不劝她，除了敬佩之外，为她加油。"终于有一天，冰心可以不用人搀扶，手执拐杖能够自己走动了，她高兴得就像个孩子，逢人便说："我能自己走了！我能自己走了！"这简直是一个生命的奇迹。医护人员看到冰心老人这种情景，激动得流下热泪。于是，老人每天自己拄着拐杖，在病房绿色的地毯上、在长廊上、在花圃旁草地边，一步一步顽强地走着。那时，阳翰笙也在北京医院治病，冰心在前面拄着拐杖走，欧阳老推着小车在后面跟，风趣地对冰心说："大姐，你'高举'我'紧跟'哪！"巴金来医院看望冰心，见面第一句话说："你总想像年轻人那样去做事情，大姐，你要服老啊！"冰心则会心地笑了："我也真是糊涂，不知老之已至啊。"他们谈到去年参加人民代表大会，谈到即将要召开的人民代表大会，又有许多的话，越谈越激动，又都忘记了老。

十月五日，冰心在北京医院度过她的八十大寿。之前，百花文艺出版社送来了粉碎"四人帮"后，冰心写作、结集出版的第一本新书《晚晴集》。一年半前写作的后记，却是体现了此刻的心境："这本集子里忆悼的作品多了一些，恐怕也是自然规律，自己年纪大了，朋辈自然也多'老成凋谢'，再加上'四人帮'文艺专政的十年，雨打风吹，就更显得零落了。但是就在发现了在暴风雨中凋落的花朵之后，也发现了在润湿的泥土里萌苗的幼苗！"冰心总是会在困境中看到光明，在风雪里看到对大地的滋润。这几天，清静的病房显得热闹，《中国少年报》的聪聪等三人，代表一千一百多万各民族小读者，给冰心献花；《儿童文学》的同仁送来杨永青画的贺寿图；第二代、第三代的孩子也都获允许探望，鲜花满屋、喜悦满怀。冰心吩咐吴青，将玫瑰花送一些给住在同楼层的赵丹。吴青送完花回来，说："赵丹很高兴，说谢谢你，并祝贺你八十大寿。"

当祝寿的欢声笑语散尽，冰心又归于平静，躺在床上，望着《儿童文学》送来的那幅画儿：一个绾着丫角、系着红肚兜的小孩，满面笑容扛着两个特大的红寿桃。上书："敬祝冰心同志八十大寿"！这幅画在阳光下，令冰心格外喜悦，像是有股新的生命冲动。"我觉得生命力无穷，自从我二十三岁起写《寄小读者》以来，断断续续写了近六十年，正是这许多小读者，使我永远觉得年轻！"朝阳从窗外照进来，感到一阵阵的暖意，一种跃跃欲试的生气，又望了望邓颖超托人送来的玫瑰花儿，感觉幽香飘来，有这花，有这孩童，有这温暖的阳光，幸福与激情，青春与活力同时涌上了心头。冰心摊开稿纸，写道：

> 每天早晨醒来，在灿烂的阳光下看着它，使我快乐，使我鼓舞，但是"八十"这两个字，总不能使我相信我竟然已经八十岁了！
>
> ……西谚云"生命从四十岁开始"。我想从一九八一年起，病好后再好好练习写字，练习走路。"生命从八十岁开始"，努力和小朋友们一同前进！
>
> （《三寄小读者·序》）

当冰心豪迈地写下了"生命从八十岁开始"几天之后，便精神矍铄地走下了病房绿地毯，走出了北京医院的大门。一九八一年十二月二十六日，北京马路两旁的树，叶落枝干，默立寒风，坐在车里的冰心，却感到了春意。

五、和青年作家

二十世纪八十年代由新老作家组成的金字塔形的创作队伍，不用说，底层是大量新涌现的青年作家，不仅数量大，且冲击强，由他们制造了新时期一波又一波的文艺浪潮。晨光中的冰心总在案头写作，等到太阳升起之后，一天中最重要的写作完成，或是一篇短文，或是长文中的一段。用过早餐，倚着窗外的风景，翻阅报刊，虽多，却不是自己订阅，报刊社赠阅或是作者寄来，八十多岁的老人像年轻人一样，广泛地涉猎、阅读，从中吸收大量信息，保持与时代同步；有时则是在寻找像巴金、萧乾等老友的新作；她更关注的是青年作家和他们的作品，一旦发现好作品，便会喜形于色，见人便说，那篇小说写得多好，这个报告文学深刻，甚至有首好诗也不忘向人推荐。一次，她在《东方少年》上看到黄世衡写的《奶奶，我爱你》，高兴极了。黄是一个无名作者，冰心对小说中反映的中国家庭婆媳矛盾、隔代亲的现象很有兴趣，写了一篇将近两千字的文章予以推荐。

对于青年作家不持亲疏立场，只要是她认为好的作品，便会在不同场合下推荐，而她的推荐，往往给一些有实力的青年作家安上了助推器。一九七六年之后，文学艺术刚刚复苏，刘心武从一个中学调到北京出版社，参与创办大型文艺丛刊《十月》，赠送刊物的名单中自然有冰心。次年，《班主任》发表，立即引起了冰心的注意。一九七七年底，距离元旦还有好几天，冰心收到了刘心武自制的贺年卡，一朵灿烂的报春花，上书："冰心老师，心武拜年。"她当即回拜，并在贺年卡上写道："心武同志：感谢你的贺年片。你为什么还不来？什么时候搬家？冰心拜年！"

之所以有"你为什么还不来"的询问，是因为刘心武的《班主任》发表时，曾致信冰心，希望得到前辈的指导。没想《班主任》发表后，轰动一时，作者自然卷入轰动效应之中。直到一九八一年六月二日，刘心武与北京作家王蒙、邓友梅一道，拜访了冰心，吴文藻在日记中注明"刘系初见"。这年的十一月，儿童文学集《大眼猫》出版，刘心武将样书寄送给了冰心，希望得到新文学中儿童文学"开山祖母"的指教。冰心当即拜读，致信道："感谢您送我的《大眼猫》，我一天就把它看完了。有几篇很不错，如《大眼猫》和《月亮对着月亮》等。我觉得您现在写作的题材更宽了，是个很好的尝试。"刘心武得信后，觉得冰心的话意犹未尽，便前后两次登门拜访，冰心答应待有了新作品，愿意写序推荐，于是，刘心武将近年发表的散文剪贴一起，恭敬地送给了冰心。冰心借作序，对散文的创作发表起意见来："这些年来，我看到不少的散文，似乎都'雕饰'起来了，特别是抒情或写景的，喜欢用华丽的词藻堆砌起来。虽然满纸粉妆玉琢，珠围翠绕，却使人读了'看'不到景，也'感'不到情。只觉得如同看到一朵如西洋人所说的'镀了金的莲花'，华灿而僵冷，没有一点自然的生趣，只配作佛桌上的供品！"尤其是检查起自己，"也曾'努力出棱，有心作态'地写过这种镀金莲花似的、华而不实的东西，现在重新看来，都使我愧汗交下。我恳切地希望我的年轻有为的朋友，要珍惜自己的真实情感和写作的时间，不要走我曾走过的这条卖力不讨好的道路"。表面看去，冰心借为刘心武写序说事，批评散文的"雕饰"之风，也反思自己的"作态""表态"之作；实际是在说，别人犯、自己犯，刘心武散文则没有这种毛病，"是最单纯、最素朴的发自内心的欢呼或感叹，是一朵从清水里升起来的'天然去雕饰'的芙蓉"，希望他趁着"春光正好，春风正劲"，"飞到最空阔最自由的境界里去"！（《〈垂柳集〉序》）这篇序言，在《人民日报》发表，对作者是个不小的鼓励。尤其那时刘心武的作品，不同的声音已经纷起，甚至还有来自高层的批评，冰心的肯定，无疑给作者以信心，要在更宽阔的舞台上显示自己。此后的刘心武果然如此，不仅是小说、散文、儿童文学，还有《红楼梦》研究等，都显示了他广阔而自由的艺术境界。当然，《班主任》并非是冰心推出的，冰心也不可能造就刘心武，但从冰心对刘心武的一路关心，尤其是在他的创作与情绪低潮之时，却是给了他涓涓细流的力量与影响。当他的《如意》出版后，冰心当即回信:"《如意》收到,感谢之至!那三篇小说我都在刊物上看过,最好的是《立体交叉桥》,既深刻又细腻。"因为小说《红豆》,引起对红豆的挂念,刘心武给冰心长信,冰心便回信调侃他"你那封信写得太长了。简直是红豆短篇。请告诉您母亲千万别总惦着那包红豆了,也不必再买来。你忙是我意中事。怎么能责怪你呢?你也太把我看小了"。当《钟鼓楼》还在热评之中,冰心说:"正想向你要书,你的短篇小说集就来了,我用一天工夫把它从头又看了一遍,不错!"这"不错"二字,极是分量。

新时期之初,北京作家群极是活跃,而他们又有得天独厚的条件,有刊物、评家与老作家的扶持。张洁是最早得到冰心关爱的年轻女作家,她从每天收到的大量刊物中、在《北京文艺》上,知道了这个名字,从《有一个青年》这篇小说中,认识了作者并赞同她的描写与观念。冰心认为,张洁满怀对这个"野蛮"青年的爱与同情来描写他,包括对他们这一代人的理解。冰心也以爱与同情的心情,理解着张洁,当她从《北京文艺》的编辑那里,得知张洁是一位年轻的女性,是一位业余作者的时候,更是关心起她来,"总在文艺刊物的目录上,寻找这个名字"。曾有相当一段时间,爱情在中国文学中被设为禁区,张洁是最早冲破禁区的作者之一,她的《爱,是不能忘记的》引起轰动。冰心在读过之后,"感到不是一篇爱情故事,是一篇不能忘记的心中的矛盾,是吗"?作者深以为是,找到了知音。她们的首次见面在哪里,没有记载,但张洁第一次登门拜访冰心,是有记录的,即一九七九年七月十六日,此时,她刚过不惑之年,《从森林里来的孩子》,获得一九七八年全国优秀短篇小说奖,《谁生活得更美好》反响良好,也将获一九七九年全国优秀短篇小说奖。问到年龄,冰心说,与小妹同年出生,张洁望着眼前这个文坛的老前辈,含蓄、慈祥,也就脱口而出:"那我也就是您的女儿,叫您妈妈吧。"冰心笑了,说她又多了一个女儿,并当即叫吴青出来结识这个大了几天的"姐姐"。

一九七九年底,人民文学出版社为张洁出版第一个作品集时,张洁想请"妈妈"写序,冰心哪有不应之理?在回顾了与张洁相识的经过之后，在复述中评价了张洁的深刻思考与人道精神之后，冰心说出了最具分量的一句话："这本集子里的小说、剧本，都是我所看过的。从这些作品中，我看到她的社会接触面和知识面都很广，描写得也很细腻、很深刻。"

因为有了这种理解与亲情，张洁在"妈妈"面前便有了某些"特权"，有时与邓友梅、林斤澜、冯骥才、吴泰昌等访友一同探望老人，坐在冰心身旁的一定是张洁。冰心过生日，送鲜花、蛋糕的人一批接着一批，停留一般不会超过半小时，张洁却是例外，别人走了，她留下，"张洁是最后一个，晚上九点才走"。拜会冰心，就是白天也是要事先联系，但张洁却会在晚上带一帮人来到家里，冰心正要上床，却还会兴致不减地接待"女儿"带来的不速之客。张洁总是得到"冰心妈妈"创作与生活上的双重关爱，她们之间似乎总有许多的话要说，文学的、文学之外的甚至私房话，包括张洁的婚事。冰心多次告诉她，你要上午来，清静，我们可好好说话，下午往往有些"不速之客"，太嘈杂。临时有话要说，就挂电话，可是张洁家并无电话，只得让公共电话传呼，往往却又不在，急得"妈妈"团团转，有时晚间想起要说的话，又怕"女儿"出来接电话受凉、受冻，那个心情，真有些牵肠挂肚。

刘心武和张洁，后来都成了专事写作的作家，文学成就斐然，刘心武的长篇小说《钟鼓楼》、张洁的长篇小说《沉重的翅膀》《无字》都获得过中国当代最高的文学奖——茅盾文学奖。虽然冰心并非是一言九鼎居于高位的领导与批评家，仅是以一个前辈作家的艺术感知力来评价年轻作家，但这种真情的感知与评价，包括人格魅力的感染，对晚辈作家的文学道路与成就、人格完善与尊严恪守，不能说没有影响。

现任中国作家协会主席铁凝，在她首次拜访冰心时，兴奋中夹带局促。那天春日融融，铁凝坐在汽车里激动不已，望着窗外，不时在问带她去的《小说选刊》编辑张日凯："你说我称呼冰心什么呀？叫她阿姨好吗？我去了说些什么呀？"张日凯自然知道冰心是喜爱与年轻人交朋友的，便说："随便你了。"

一九八三年三月二十四日，在北京民族文化宫举行年度全国优秀短篇小说、中篇小说、新诗与报告文学颁奖大会，会后分别举行四项文学奖获奖作者座谈会。会议期间，铁凝向张日凯提出，能不能带她去见见她崇拜的老作家冰心。铁凝这次获奖的小说是她的成名作《哦，香雪》，冰心作为评委，对其评价很实在，说："《哦，香雪》写了一个农村朴实的女孩子，文笔也朴实。"当时，铁凝居住在河北保定，受奖、座谈之后便要回冀。所以，二十八日闭会，二十九日一早，张日凯便给冰心打电话，说："我和获奖小说《哦，香雪》的作者铁凝去看望您好吗？"冰心自己接的电话，爽朗地答应了，她也正想见见这位朴实的姑娘。

步入简朴的会客室，老人已坐在靠窗的方桌前等候，桌上已斟满三杯清茶。那年铁凝二十五岁，老人与铁凝促膝谈心，对青年作家的关爱之情溢于言表，语重心长。"冰心老师，您好！""你是《哦，香雪》的作者吧！来，到这边坐。""我从小就读您的作品，上小学的时候就读。""我的作品落伍了。你的真名叫什么？""就叫铁凝，是不是太坚强了？""坚强不好吗？你做过什么工作？""我当过文学编辑。当编辑有好处吗？""当然有好处，可以看好多别人的作品，提高自己的鉴赏力。《哦，香雪》这篇小说写得好，写了一个农村姑娘，很朴实。你写这篇作品与你下乡有关系吗？""有关系，我插队四年，先到平原，后到山区。""现在需要写写山区，因为这几年山区变化很大呀！你写的人物有固定的原型吗？""没有固定的生活原型。""对，写人物不可能有固定的生活原型。像鲁迅说的：'往往嘴在浙江，脸在北京，衣服在山西……'除非很个别的例子。学历和写作不一定成正比例，但多学习、多读书是必要的。你们这一代青年作家出头早，起点高，我们老一辈人很高兴。但是，你们这一代青年读书少，短外文。要多读书，读中国古典文学作品，也要读外国文学作品。读中国古典文学作品，学习中国民族艺术，学习词汇；读外国文学作品，如法国莫泊桑的小说，主要看他怎样取材，怎样写人。懂外文，可以直接读许多外国作品，学英文就可以，能读就行，不一定能说。""学习就像小孩子摆积木，一块积木摆不出什么东西，许多块积木才能摆出房子啊，大山啊，大桥啊……学习也是这样，知识积累多了，才能用得上，才能写出好作品。前几天，广播电台的播音员读唐张继的诗《枫桥夜泊》把'月落乌啼霜满天'的'乌'读成'鸟',说明这个播音员读书少,文学修养差。""现在有些作品不好。写小说一定要避免编造,因为编造的东西让人一看就不真实,读者一下子就否定了。中国人写小说一定要有中国的民族特色,如果把你的作品译成外文,就应该让外国人看了就知道你是中国人,有中国的生活气息,中国的气派。"冰心一口气说下来,停顿时,铁凝说:"我的作品写得不好,您提点儿意见吧!"冰心不仅鼓励,并且问到了婚姻:"你得了奖,觉得不满足,就好。如果一得奖就满足了就不好。你结婚了吗?"铁凝回答:"没有,我没有时间想这方面的事。"冰心也是赞成,并且现身说法:"这事可遇不可求。你现在出名了,可能会收到许多来信,你要谨慎。头一封信赞扬你的作品;第二封信谈人生哲学;第三封信就向你求爱了。我十九岁就写作品,那时候我收到许多来信,一封也不回,在家把信交给父母,在学校把信交给老师。所以那时候有人说我是'冰心'。梁实秋说我'女人的缺点我都有,女人的优点我一点也没有'(笑)。有的女作家结婚早,就影响写作。"最后铁凝说:"冰心老师,您说的话都很有意义,听起来也很亲切。您给我题个词吧!"冰心提笔,未加思考,写下了:

> 有工夫的时候,多看些古典文学和外国小说(译本也好),这样眼界广些,词汇多些,于年轻的作者有便宜的地方。
>
> 铁凝小朋友
>
> 冰心　三·二十九

谈话时,铁凝立时打消了局促,自然进入到情景之中。真是"与君一席话,胜读十年书"的道理,足令一个年轻的作者受用终生。以后她们时有见面、常有通信。一次,铁凝读到冰心的一篇简短的文章,说"令我愈加明白,朴素对于文学是多么重要。真理原本是朴素的,可是那么多说是捍卫真理的人,把真理涂抹得多花哨啊。"每次收到冰心的信,铁凝都会感到"特别高兴"或是"多么高兴"。一次在信中说:"您对我的鼓励，您信中洋溢着的对一个文学晚辈的疼爱之情，使我受到很深的感动。我珍惜您的每一句话，我相信，您对我所讲的一切，都将是我文学和生活中的福音！"直到二十世纪九十年代，铁凝都是非常尊敬地称"敬爱的冰心先生"，不知从什么时候起，改换了称呼，由"先生"改称"姥姥"，她不能像张洁那般叫"妈妈"，毕竟中间是隔了一代呀。但这个"姥姥"一叫，真令冰心眉开眼笑，说："我就喜欢女孩，我家第三代有五个孩子，只有一个女孩，现在有两个了，多高兴，过来，让姥姥亲亲。"

之所以说受用终生，并非一句虚言，冰心在谈话中讲到"婚姻"之事，告诫她"这事可遇不可求"。说"有的女作家结婚早，就影响写作"。为此事，冰心还有赠言，说"不要找，要等待"。铁凝果然晚婚，在成为中国作协主席之后，在年过半百之后，才步入婚姻殿堂。二〇〇八年仲春三月，作为中国作协主席的铁凝，带领百名重量级作家到福州召开全委会和主席团会议，其间我陪她参观冰心文学馆。在题签本上，铁凝写上了："冰心姥姥，您好！"当她进入那间我从北京中央民族大学移植过来的、也是她第一次拜见冰心的卧室兼书房时，立时泪盈眼眶，她说，她闻到了当年"姥姥"那个房间的气息，"就是这个气息……"便语噎了。

王安忆不是在成名之初，而是在有了相当成就后，急于寻求突破自我的时候，找到了冰心。之前，冰心对于王安忆参加全国优秀作品奖评奖的小说《舞台小世界》认为"有寓意"。并提请评委们关注这个年轻的女作家，"王安忆这个青年作家值得注意，她的创作路子很宽，她的作品不一般，她对生活总有自己的看法。她去年得过奖，对已经得过奖的作家要要求严一些"。至于作品得不得奖，她认为并不重要，她看重的是作家本人。

人们都知道，王安忆是作家茹志鹃的女儿。"文革"之后，茹志鹃在《上海文艺》任职，很快与冰心恢复了联系，有一次趁来北京开会，带了女儿拜访冰心，并希望得到文坛前辈的提携。但实际上，王安忆在拜见冰心之前，已经有相当名气了，出版了五本小说集，那时，她的中篇小说《小鲍庄》《大刘庄》等受到新锐评论的热捧,将其归入"寻根文学"的浪潮之列。但王安忆本人对这几篇小说却没有太大的把握,这是她访问美国归来之后的作品,体现了她在西方文化思潮冲击下的变化,因而,她很想听听前辈作家、尤其是有留美背景的冰心的看法。趁着上海文艺出版社准备给她出一本中短篇小说集,其中收入四个短篇:《麻刀厂春秋》《一千零一弄》《话说老秉》《人人之间》;四个中篇:《大刘庄》《小鲍庄》《蜀道难》《历险黄龙洞》。王安忆"觉得这本集子对我有着非同寻常的意义。这里共收了这一些东西都是我八四年初从美国回来之后的思想、感情、世界观、人生观、艺术观等等方面,都经历极大冲击和变化,似乎有一点长进","非常非常希望您能为我写个序,真的,非常希望"。

王安忆并没有把握,"犹豫了许久,然而还是决心来碰碰运气"。但是,王安忆没有想到,一周之后,冰心的信来了:"你让我作序,我感到荣幸。"并告诉她,《小鲍庄》发表在《中国作家》上,已经看过了。信前还有因为到医院检查耽误及时回信的致歉,这让王安忆十分感动,之后,冰心提出一个要求:"你说赴美后思想有冲击和变化,能言其详否?"并且说,"作品中还看不出"。王安忆更是被老作家的认真精神感动了,于是,写了一封长信,叙述了她的思想变化,信毕,似乎轻松了下来,该说的话都说出来了,不知道冰心是如何看待的。冰心收到王安忆的长信,只是说"帮助我了解一些问题",并不想接她的一些理论上的话题,或以此为据来讲一些道理、发表一些见解,冰心还是回到作品上,"从你的作品中,我知道得更多"。并声言,"序只是说明我个人对你的欣赏和了解"。

冰心本为王安忆的第六本集子写序,但她却将前面五个集子通读了,并且发现都没有序,只有后记之类,这让冰心感慨,说有些像自己,从不请人写序。因而,冰心序中所论作品,也就不限这本《大刘庄》了,从她获奖的《本次列车终点》开始,说它"对上海人的观察和描写都很深刻,很细腻,可谓'入木三分'"。对《大哉赵子谦》,"我觉得我的周围有不少学者都可以归'大哉'这一类,读着十分亲切,又从心底感到悲凉"！说，"安忆的'少作'像《雨，沙沙沙》，是支优美的纯情的歌，那样年轻的优美的歌，是一般年轻的女作家都能写出的。倒是在她'失落'了'优美'，她的心灵'要求着袒露，要求着倾诉'之后的那些作品，却是十分地真实、朴素、细腻而深刻！她从'一团乱糟糟的生活中，看见了美好的闪光……生活中有许多阴暗、丑陋，可美好的东西终是存在，我总是这么相信着，总是怀着这样的心情看待生活'，我十分欣赏她的这种写作态度"！所谓"失落"优美之后的"袒露"，也就涉及到了王安忆的创作的第二个阶段了，从阴暗和丑陋中看到美好，这也让冰心想到了多少年前生活在宿州的赛珍珠，在这片"大地"上，赛珍珠就是以这种心情看待苦难与不幸的，所以写出了不朽的作品。冰心的这个联想十分有寓意，作为在创作上雄心勃勃的王安忆是可以意会的。

冰心对十篇作品一一评过，哪有这么认真的作序者？最后用简洁的语言，再一次肯定："安忆写作的路子很宽，凡是她周围的一切，看到了就能写出。她还年轻，她的生命道路还很长很长，她还会深深地体会到新的悲欢哀乐！她说：'要使我的人生，我的生活，我的工作，我的悲欢哀乐，我的我，更博大，更博大，更博大。'"并鼓励作者，"对的，安忆，就这样地写下去吧！这样就写出了'真诚'，而'真诚'是写作的最强大的动力。"（《我注意寻看安忆的作品》）

序成，冰心寄了一份给王安忆，"一口气读了两遍，非常高兴"！说，"对我创作'转向'的肯定，却使我增加了自信，自信加强了，我便能极为冷静地对待创作上常常会出现的困惑和犹豫，更有可能克服心理的障碍了"。一九八五年十月五日，序在《文艺报》上发表，引来一片惊叹。一个"五四"时期的老作家，如此看重一个新时期的女作家"转向"后的作品，无论是在篇幅上还是在语气上，都很给力。"你为我写的'序'，在《文艺报》发表后，许多年轻的朋友都羡慕我。他们对我说：'你真幸福！'，我说：'是啊，我的福气好！'"

二十世纪八十年代文学复苏与成长之时，冰心这位老作家与新作新人有说不尽的话题，无论是刘心武、张洁、铁凝还是王安忆，冰心的话语对他们有多大的意义，她是不会计较的。这些做法，完全出于一个文学老人的社会责任感，正如她面对干女儿浦丽琳的劝告所回答的："这也是我起码该替国家做的事啊！"除此之外，她还有大量为青年作家、为儿童文学做的序言与评论，比如《〈葛翠琳童话选〉序》《〈摘颗星星下来〉序》《〈绘画儿童成语词典〉序》《〈儿童文学选刊〉序》《〈爱的甘泉〉序》《〈窗外之窗〉序》《谈〈摇篮丛书〉》《〈我的乐园〉序》《〈自然·生活·哲理〉序》等等。对于一个年过八旬的老人而言，其间付出的心血是可想而知的。

六、遍地冰心

粉碎"四人帮"后，亿万读者压抑了许久的阅读与求知欲望得到了释放，控制得严严实实的出版业得到解放，一夜之间，中华大地由一个沉默和禁锢的民族，变成了一个思考与阅读的民族。一九七八年春天，我在最先复刊的《解放军文艺》参加评论写作班，那年的五一劳动节成为了购书节，每个书店、公园甚至杂货店的门前都排成了长队，人们以激动的心情等候求购再版重印禁印多年、被斥之为"封资修"的中外文学名著。冰心参加这个重印、再版、阅读大合唱的作品为《小橘灯》，百花文艺出版社结集的《晚晴集》，出版时间比重版《小橘灯》稍晚些。那时，老作家重印旧作多，在这么短的时间里，拿出新作的唯冰心一人吧。本来，与再版《小橘灯》的同时，中国青年出版社便要重印《关于女人》，但冰心手上连样书也找不到，只得写信向巴金求助。巴金找到了《关于女人》的版本，但最终不是由中国青年出版社再版，而是由西部的宁夏人民出版社担当使命，其中原因，一般人并不知晓。因为巴金的弟弟"文革"被发配到宁夏，"文革"之后调到了出版社，当他得知《关于女人》的再版事，便托了巴金说情，冰心自然同意。于是，《关于女人》的新版，宁夏人民出版社于一九八〇年以当年少有的大 32 开本推出。

二十世纪七十年代末八十年代初，读书热不仅是读，还可以是听。可看可听的电视机那时全国没有几台，收音机大行其道，无孔不入，无处不在，播音员生硬而铿锵的声调也在开始改变，广播电台文艺编辑组为迎合全民的阅读热，大量地改编、广播小说、散文，刘心武《爱情的位置》便是通过小说连播的形式，走进千家万户，引起全民热议。之所以有这个效果，除了广播的覆盖面之外，重要的是"爱情"二字并且呼吁要给以"位置"，这是多么让人怦然心动的事情！多年来，爱情在生活中不能提及，作品中不可触及，现在竟然大呼要给其位置，在中央人民广播电台播出，立即引起全民的收听热。冰心的作品也加入了广播的行列，中央人民广播电台把她的《两个家庭》《分》《我的朋友的母亲》，改编成广播小说，配上音乐，向台湾同胞和全国广播，每次四十五分钟，虽然没有《爱情的位置》那样强烈的反响，但也让听众感到新鲜，旧作在空中获得新生。

自一九七八年拉开了出版旧作的序幕之后，冰心的旧作、旧译与新著，便相继以不同的形式、不同的角色、不同的面貌陆续登场。到一九八五年的八年之间，人民文学出版社等十几家出版社，仅出版冰心作品的单行本计有《记事珠》《吉檀迦利园丁集》《冰心儿童散文选》《三寄小读者》《燃灯者》《泰戈尔小说选》《冰心作品选》《冰心论创作》《冰心》《美的形象》《先知沙与沫》《冰心散文选》《我的故乡》《默庐试笔》等，印数也很大，起印便是一万以上，并且销售得很快，"冰心"再一次引起出版界和读者的热情，就像二十世纪三四十年代北新书局、开明书店制造的神话一般。同时，一套比较完整的《冰心文集》工程，也在上海文艺出版社启动了。

冰心为其写序：

> 回溯我八十多年的生活，经过了几个"朝代"。我的生命的道路，如同一道小溪，从浅浅的山谷中，缓缓地、曲折地流入"不择细流"的大海。它有时经过荒芜的平野，也有时经过青绿的丘陵，于是这水流的声音，有时凝涩，也有时通畅，但

它还是不停地向前流着。

《冰心文集》第一卷于一九八二年出版，至一九八五年出版了三卷，分别为小说、诗歌与散文卷。这里有从未入集的作品，有的甚至连冰心本人也遗忘了，比如在重庆《大公报》上发表的《再寄小读者》四篇，这次也被编者发掘出来，选入第三卷之中。这套文集的出版，立即引起各家出版社的关注，四川人民出版社随后上门，确定了出版《冰心选集》的计划。于是，一九八三年三月，三卷本的《冰心选集》在成都出版发行，卷别分为小说、散文和诗歌，编者已是熟门熟路，很快选编好。此后，海峡文艺出版社出版了《冰心著译选集》（上、下集），从书名上便可得知，这个选本加入了冰心的译文，这可是冰心作品很重要的部分。

这一时期，冰心的作品除日文外，开始被翻译成法文、英文和德文，同时，美国的华文报纸《世界日报》加编者按分十六天连载《关于女人》一书。不过，作为一个重要的作家，她的外文版本远不及巴金、老舍、林语堂等，以及后来的年轻作者，比如刘心武、王安忆等，这大概与她单篇作品的承载量有关。而作为小说形式，与契诃夫、莫泊桑、欧·亨利、都德这样的短篇大师相比，却又缺少世界意义，这大概是冰心作品外文版较少的一些原因。

一九四九年之后，几乎谈不上冰心研究，除了少量的介绍文字之外，较有分量一些的仅有三篇论文：《冰心早期作品初探》《试论冰心的创作》《论冰心的创作》。三篇论文均发表于二十世纪六十年代初期，此时，毛泽东的阶级斗争论日益盛行，研究受到阶级与阶级斗争观念的影响不可避免。冰心没有成为批判的靶子就是万幸的了。

"文革"之后，冰心研究与冰心旧作重版呈现同步现象，甚至篇目也是相同的，即从《小橘灯》入手。以后进入冰心研究领域的人员开始增多，论题也逐渐宽泛，形成了一个"文革"之后冰心研究的第一个涌浪，有深度的文章时有出现。比如杨义比较冰心与外国文学的关系，称其"是一个具有历史意义的人物——以'女子弄文'为'罪'的时代，一去不复返了，中华民族的精神文明的建设，也应有女子的一席不可低估的地位。她所创造的'冰心体'与宋代女词人李清照的'易安体'后先辉映。传统文学的修养，为她的创作灌注了干净而圆润的民族气质；外国的艺术杰作和进步文学思潮给冰心新的艺术营养，给她以新的美学眼光和美学趣味。冰心的处女作《两个家庭》受了易卜生的《娜拉》的某些折光的影响。冰心的'爱的哲学'，在她早年就学于教会学校，便播下种子；日后受托尔斯泰主义等外来思潮的影响，而变得枝叶繁茂"。作者提出，"冰心诗的成就高于小说。《繁星》《春水》最得泰戈尔《飞鸟集》的奥妙。《飞鸟集》表现了人与自然的交融，感情与哲理的交融。冰心接受了泰戈尔的自然与人的心灵相交融的哲理。她以哲人的眼、儿童的眼和诗人的眼来看世界，在微末的自然事物中悟出新颖的思想，把零碎而又闪光的哲理注进短小的诗行。冰心汲取泰戈尔的艺术营养，并没有泯灭自己的艺术个性。她在小诗的格式上受泰戈尔的影响，但在选词和炼句上却受古典诗、词、曲的滋养。冰心对外国文学的借鉴，重在表现格式和艺术手腕；对流派问题、创作方法问题，她基本上采取一种漠然的态度；并没有完全与各种文学流派绝缘。她的小说《最后的使者》受过梅特林克的《青鸟》的影响，《疯人笔记》也带有一点象征的气息"。杨义认为："冰心是'五四'文坛上创'体'而没有开'派'的作家，这是她的经历、禀性、才气所决定的，但同她对外国文学的借鉴只重格式和手法、不重流派和创作方法也是大有关系的。"（《采来百花酿新甜——冰心与外国文学》）

一九八三年四月，冰心研究的第一部专著《冰心评传》（范伯群、曾华鹏合著），由人民文学出版社出版，随后，由范伯群选编的《冰心研究资料》作为"中国现代作家作品研究资料丛书"之一种，由北京出版社出版，又为冰心研究的全面展开，提供了宝贵的资料。这里系统地收录了一九一九年至一九八二年之间，冰心的创作自述和文学主张，阿英、茅盾、沈从文等人对冰心批评与研究的论文，冰心著译年表和目录，并附有冰心研究资料目录索引。

尼克松访华之后，冰心便成了访问与描写的对象，但那多是境外媒体。"文革"之后，尤其是中国以改革开放为标志进入新时期之后，冰心的创作、思想与健康，都成了国内外媒体访问与追踪的对象，从新华通讯社、人民日报、光明日报、文艺报、中国青年报、中国少年报、中央人民广播电台到各省市的北京晚报、新民晚报、羊城晚报、文汇报等，还有众多的杂志，都曾不止一次地播发、编发了访问冰心的消息、文章。每逢元旦、春节、国庆这些重大的节日，尤其是"六一"国际儿童节，必有冰心的发声，必有冰心的访问记出现。二十世纪八十年代之初，不仅有大量创刊的报刊，还出现了大量的文摘类的选刊，始发刊上刊登的访问文章，冰心在访问中说的一些话，于是又在文摘类的报刊上广为传播，覆盖了神州大地各个阶层的读者，"冰心"的名字，不仅是通过作品、通过研究，更是通过现场的访问，走进了千家万户。一些重量级的作家甚至演艺界的知名人士，也都拜访冰心、描写冰心，《文汇报》就曾先后两次刊登了教育界、知识界、文学界的前辈叶圣陶咏叹冰心的诗作。赵朴初在重读《关于女人》后也曾赋诗。

无论是记者的访问还是作家的描写，都使冰心的声望日隆，而刚从造神运动中走出来的中国，这时并不需要神像，这种对冰心的访问与描写便体现了出自文学与良知的真诚。

一九八五年六月十五日，吴、谢结婚纪念日，每年的这天，都会有不同形式的庆贺，哪怕是十年浩劫之中。就在这个纪念日到来之前的五天，六月十日，冰心在"骨痛甚烈"之时，吴文藻得到了一张结婚请柬："胡企望带给我们一张五十五年前（一九二九年）结婚发出的请柬来，系用纯深红颜色硬纸印的。我都忘了请柬是用我父亲吴渊、岳父谢葆璋联名发出的。"（《吴文藻日记》）这个发现太有意义了，冰心立即"骨感止痛"，两人坐在阳光下，端详了半天，陷入深深而又甜蜜的回忆：临湖轩——白丁香——大觉寺——古银杏——三条脚的桌子——坐在夕阳残照、青苔满布台阶上的黑衣新娘……五十五年后，吴文藻仍然不明白，为何要以大觉寺的禅房做新房，冰心这才道破，东方人行基督的婚礼，最后还是要回到东方的禅境里。并言，这不是当年的理性，只是后来多次被人问及，才有此感想，只是下意识的吧，别当真！直接的原因，是住持高僧的邀请。六月十五日，除吴平出差在沪外，孩子们都来了，以吃喜饼、观赏父母、观赏姥姥、姥爷、爷爷、奶奶结婚请柬的方式，度过了吴、谢结婚五十六年的纪念日。

这是冰心和吴文藻最后一次的婚庆纪念！

这是冰心一家最后一次的隆重聚会！

四十五天之后，即七月二十六日，清晨，吴文藻早起，灯开了，他站起来想取手杖，却没有站稳，手杖没有够着，人则坠地倒下。冰心已醒，眼睁睁地看着老伴儿倒下，却是无力相助，于是急忙按下呼唤铃。陈玙大姐、小妹急忙赶来，民院的车很快到了楼下，医务人员、吴青、钢钢一起努力，将老人从楼上以背带扶，送进车内，直奔北京医院。

经神经科医生的初检，决定留院观察，"住3楼306老房间"。二十七日开始接受各种检查，如CT、心电图等，并进行一些治疗。"住院第一天，适遇周末，休息半天，昏迷滑睡。陈钢陪住。午后姥姥（冰心）由大姐（陈玙）陪同来相见。5：00去。"此时，吴文藻尚清醒，并有简单的日记，虽然字迹不清，书写无规则，但还可以看出人是清醒的。直至八月二日，病情保持稳定，八月三日，病情突然逆转，开始昏迷。八月下旬，冰心最后一次与吴文藻见面。当时，她坐在老伴儿的床头，看着他满身插着的食管、导管，心如刀绞，可她无能为力，只能无助地看着他的脸，脸上满是灰白的须茬。阳光已从地平线上落下了，室内早早亮起了苍白的灯光，白色床单下的吴文藻，似乎没有了生气。吴文藻也许感受到床头冰心在凝视的目光，但就是睁不开眼，连头也转不过去，但他能感觉到凝视目光中传递过来的热量。太阳下山了，夏日的屋里也觉得寒冷，他是多么希望冰心就一直坐在身边，给自己以力量，帮助自己战胜恐惧与死亡。

在暮色的灯影里，冰心离开了北京医院，最后一眼回望306号病房窗口的灯光，她平静地对大姐说，她感觉到了文藻的恐惧与痛苦！

九月五日，民院为吴文藻从事高教五十周年，在外宾接待室举行庆祝会。吴文藻、冰心都没有出席，吴青代表父亲讲话，除感谢之外，她也无语。二十天后，九月二十四日，吴平在医院值班，他照例帮父亲用热毛巾擦身、翻身，零点至一时半，吴文藻呼吸困难，脉搏太快，竟然快到每分钟一百四十二次，医生两次加药，均无效果。后来一口痰咳不出来，呼吸也就停止了。

六点二十分，吴文藻教授逝世。

吴平在陪护日记上写道：

> 早，6：20停止呼吸，与世长辞。永别了，亲爱的爸爸！
>
> 宗生

之后，吴平拿起了话机，接电话的正是母亲，她的预感被证实。那天，冰心醒得很早，甚至晚间似乎没有入睡，似乎一直在陪伴老伴儿，和他说话，回忆他们第一次在"约克逊总统"号邮轮的相遇……五点半钟，她起来了，没有像往常一样在书桌前写作，而是推着助步器，一人静坐客厅。电话就在小桌上，触手可及。这天没有阳光，灰白的晨曦布满窗前，室内没有往日的明亮，只有那部红色的话机有些显眼，冰心多望了几眼，铃声就响起来了，传来的是吴平低泣的声音，"娘，daddy 今晨六点二十分走了"。冰心没有一句话，甚至没有问一声 daddy 最后离去的情景，便无力地放下了话筒。

吴、谢八十岁之后，曾经写下了遗书，并言明，去世之后，方可开启。此时，陈玙大姐、吴青一家都已惊醒，护送冰心慢慢地推着助步车回到卧室。冰心打开了吴文藻的抽屉，找出一个封存的信封，当着孩子们的面开启："尸体火化后，骨灰撒在附近通海河流。如不便，不必拘泥。""不必为我举行追悼会、遗体告别仪式。""遗下衣物、存款，如我比娘先走，由娘全权处理。银行存款可酌情将一部分分给儿女（包括外孙儿女），或由儿女商定是否将余款捐公，均可。""关于遗稿、积累资料、摘记卡片等未及整理供参考用者，可留则留，其余作废纸抛弃。过去费过心血的两项成书稿件：西洋社会思想史和中国家族制度，均在文革期间散失……"

早餐之后，吴青、钢钢前往医院，陈恕与大姐留下陪冰心。民院的领导得知消息，立即赶来慰问，说："吴先生去世，我们很痛心，现已报告杨静仁副总理……请冰心同志节哀。"同来的严玉明处长留下来，和冰心商量吴先生后事安排。冰心平静地说："文藻留有遗嘱，不要开追悼会，不要遗体告别，也不要什么仪式，学生费孝通、林耀华和几个孩子去告别就行了。我自己也不去，中央民委、中调部、统战部、中央民族学院的领导也不要参加了。"

吴文藻逝世的消息，在民院、民进、政协等工作过的单位、组织传开了，亲人之间互通音讯，虽然家里没有设灵堂，但吊唁的人还是络绎不绝。为了不惊扰冰心，吊唁的人只在客厅，只有关系十分密切的人，才被允许进入卧室，向冰心表示哀悼。冰心的二弟谢为杰和弟媳李文玲来到家里，为杰紧紧握住姐姐的手，尚未开口，就泪流满面。冰心没有谈吴文藻的事，先问了李文玲的手怎么啦？文玲回答姐姐："昨天下午摔了一跤，骨折了。"冰心看到二弟哭得很伤心，反而劝慰他："不要太伤心了，你最近眼睛又不好，多保重自己的身体。"冰心坚持不让他们到医院告别。

九月二十七日，民院还是在北京医院告别室进行了一个规模极小的仪式，费孝通、林耀华、宋蜀华等几个早年的学生参加，其余便是家人、亲属，包括三个孩子的三家人，吴、谢两家在北京的亲属及他们的下一代。家人订了一个精致的花篮，冰心亲自在白色的丝绸上写下挽词：

献给文藻

婉莹并第二三代的孩子们泣上

十月一日，新华社向海内外播发吴文藻逝世的消息："六届全国政协委员、民进中央常委、中央民族学院顾问、著名社会学家和民族学家吴文藻教授，因病于一九八五年九月二十四日逝世，终年八十四岁。""几十年来，吴文藻教授为中国社会学和民族学的发展培养了许多人才，作出了重要贡献。他热爱中国共产党、热爱祖国、热爱社会主义。根据他的遗嘱，他的夫人谢冰心将他生前三万元存款作为中央民族学院民族学研究生奖学金基金，并把他珍藏多年的图书资料捐给民族学院。"

吴文藻去世的前一天，冰心为袁鹰的散文集写了一篇评论:《喜读袁鹰的〈秋水〉集》，因为老伴儿的离去，停笔十天，直到十月三日，为安徽滁州举行的散文节题写了"醉翁亭散文节"。十天的时间，在冰心漫长的生命旅途中是短暂的，但这十天却让她陪伴吴文藻走过了漫长的一生。每天的回忆，像潮水一般涌上又退下，不能自已，既为当年的选择、也为吴文藻的命运感慨万千。无论是吴、谢的婚姻还是文藻的人生，都已走完了一个过程，死是生的结果，别是爱的必然，再伟大的人生、再忠贞的爱情都不能改变这个规律。清醒如冰心者，不曾为老伴儿的离去而落泪，却平静地思考过他的一生，最终得出的结论是，他有一个完整的人生，他的早年有过创造与灿烂，他的中年有过屈辱与苦难，他的晚年有过追赶与祥和，其间缺一便不能合成完整的人生，这是上帝为芸芸众生规定的人生过程，他现在已经完成了这个全过程。

十月五日，冰心八十五周岁生日，这是一个可以称之为华诞的日子，各方亲友、朋友、学生、读者也都借了这个日子，既是给冰心拜寿，也有安慰之意，也有以贺寿冲淡悲痛之意。但冰心完全不是他们想象的那样，当他们慰问与劝说她时，当他们向她表示悲痛时，她都一一反过来劝说他们，说别难过，"人都有这一天的，文藻八十四岁走了，是高寿，我要是哪一天走了，你们都别难过，上帝已是很厚爱我们了"。冰心在将吴文藻的三万元存款与藏书、文献资料，全部捐献给中央民族学院之后，开始阅读大量的唁电、唁函，包括那些登门吊唁与慰问的人，都未致谢，她也不可能一一回信。于是，在一个大雾之晨，端坐桌前，望着对面吴文藻的空位，开始写作《衷心的感谢》:"文藻离开我已经整整一个半月了。这一个半月，我是在周围一片慰唁声中度过的! 不但几乎天天有朋友和亲人来慰问我，还因为新华社发了文藻逝世的消息，我收到了从国内国外发来的一百七十多封的唁电和唁信。有一些发电或发信人的名字是不熟悉甚至是不认识的。我昨天才有心绪来从头阅读那一大堆函电，我仿佛突然发觉，原来他还有那么多的同行，那么多的朋友，那么多的学生;原来我们还有那么多的了解、同情、关心我们的人！我忍不住涌出了感激的热泪。"冰心摘录了杨堃、周培源、千家驹、袁鹰等人的唁电唁函，最后说："我将遵照一位小朋友要求我的话，写点东西。她说：'我希望吴伯伯能在您笔下重新得到生命！'"

七、往事与现实

果然，当读者希望吴文藻在冰心的笔下重新获得生命之时，恰恰契入了冰心当下的写作之中。

一九三六年英国伦敦的午后茶，伍尔芙曾劝说冰心写自传，当时不合中国人的习惯，以后又是战事逼近，动荡多变，冰心一直没有认真去考虑。但是作为片断自传和零星回忆并没有断过，冰心自登上文坛，便有一个写作的习惯——回忆往事，比如《往事》（一）（二）之中都隐含了作者的个人与情感经历。而《我的文学生活》以及几次回忆"五四"运动的文章，则是显示了自传的成分，较为详细地记录了作者生活的一个方面、或生命中的一个事件。直到八十岁临近，在"思想解放运动"之中，冰心才认真地思考起伍尔芙的提议，"觉得她的话也有些道理。'思想再解放一点'，我就把这些在我脑子里反复呈现的图画和文字，奔放自由地写在纸上"。

这个"自传"是以"我"字打头的。第一篇自然是《我的故乡》，作者生命的源头，闽江之滨的福州。然而，七个月便在襁褓中离去，好在十一岁之后重返故乡，作者将重点放在回到故乡的所见所闻，始终围绕"我的"二字：我所居住的大院、我所见到大院中的对联、我在祖父书房读的书、我进入新式学校的生活以及祖父在我的心中植下的故乡之根。冰心回忆的主体——位于杨桥巷的那座大院，处于人文荟萃的"三坊七巷"之中，为黄花岗七十二烈士之一林觉民的居所。虽然这是一座很有历史意味的大院，但是，直到二十世纪八十年代，冰心的回忆文字依然是首次披露。当以"福州辛亥革命纪念馆"与"林觉民故居"而保留这座宅院时，大院的格局、布置、安排，均以冰心的回忆文字为蓝本，墙上、柱上的楹联，体现的是谢氏家族文化，修复者以为林家"原本如此"，要是没有冰心这篇《我的故乡》，不知道保存下来的房子，会是个什么模样？

《我的故乡》之后，有《我的童年》《我到了北京》《我入了贝满中斋》，《我的大学生活》则是记载了消失了的两所大学——华北协和女子大学与燕京大学。冰心的自传，在她自己看来也属于有分量的文章，因而，都在《收获》发表。这时，中国作家协会也有两家大型刊物创刊，一家是冯牧主编的《中国作家》，一家是丁玲主编的《中国》。新创刊的刊物，大作家的稿件首先就是争夺对象，丁玲与冯牧均派出得力的编辑到谢家邀稿，冰心开始都没有答应，《中国》杂志想将"自传"争取过来，但冰心说"《收获》是巴金办的刊物"。编辑就指望其他新作，还说丁玲当年创办《北斗》，谢先生可是得力的支持者！《中国作家》的编辑则另辟蹊径，提议冰心再开一个专栏。冰心就问，什么专栏？编辑是个对冰心了解之人，提议，您曾经写过一本《关于女人》，来一个"关于男人"如何？这一提议，将冰心在写作"自传"时的人物激活了，比如，写故乡，对祖父与父亲还有许多的未尽之言，未写之事，"关于男人"则可成为"自传"的补充，也可单独成文。于是，冰心爽快地答应了。《我的祖父》《我的父亲》《我的小舅舅》《我的老师——管叶羽先生》《我的表兄们》在半年时间内完成，冠之《关于男人》总标题，发在《中国作家》创刊号及以后的各期上。所回忆的人物与"自传"的时间段持平，多是自传中所没有描写到的细节，因而给读者新颖的感觉，没有似曾相识的重复。比如，"祖父"这个形象，在《我的故乡》《我的童年》《祖父和灯火管制》中多次写到，但在《我的祖父》中，依然有常挂在心头的"许多小事，趣事"，比如"我"偷吸祖父的水烟、背着祖父打麻将牌、惊叫"对对和"等，再次让一个慈爱的祖父与一个"淘气又不守法的'小家伙'"形象，跃然纸上。父亲在"来远"号上参加甲午海战，冰心说她父亲是驾驶"威远"号参战，一些朋友与读者来信纠正，说"威远"号未参加海战，但她仍然认为是在"威"字命名的战船上。此时的冰心已经八十有五，但她相信自己的记忆，在对父亲有关诗词的回忆上，令你不得不相信她记忆力的惊人，像朋友赠谢葆璋的两首七律诗，只有头两句忘了，其他各句都准确地写下来，"×××××××／×××××××／东沟决战甘前敌／威海逃生岂惜身／人到穷时方见节／岁当寒后始回春／而今乐得英才育／坐护皋比士气伸"。"乌衣门第旧冠裳／想见阶前玉树芳／希逸有才工月赋／惠连入梦忆池塘／出为霖雨东山望／坐对棋枰别墅光／莫道假年方学易／平时诗礼已闻亢"。要知道，这可不是唐诗啊，挂在中剪子巷谢家客厅墙上的诗作，七十年之后，她还能记得如此清楚！父亲的形象也在老友的诗行中再生了。

《我的表兄们》写作之时，吴文藻最后一次住进了北京医院，直至逝世。老伴儿病中、弥留之际、逝世前后，冰心基本没有停止写作，包括袁鹰、王安忆在得知为其作品集作序写评论，均在吴文藻病重期间完成的，十分感动和内疚。实际上，这期间冰心还有其他的写作，包括《希望一年三百六十五天都尊师》《回忆中的金岳老》《漫谈集句》等。吴文藻住院之前，人生轨迹"回光返照"，结婚请柬、求婚书等先后重现，这时冰心的思想也特别活跃，常常沉寂在和吴文藻五十多年的共同生活的长河里，想起两个留美的知识分子的人生与命运，感情跌宕起伏，但老人的表面平静，完全遮盖了内心的波澜，以至挡住了他人透视这个世纪老人对老伴儿的眷恋、对半个多世纪共同生活的追忆。所以，吴文藻逝世三个月后，当《婚姻与家庭》杂志向她邀稿时，仅让编辑在客厅等待片刻，她在卧室兼书房，面对老伴儿留下的桌前空位，一口气写下了《论婚姻与家庭》：

> 家庭是社会的细胞。
> 有了健全的细胞，才会有一个健全的社会乃至一个健全强盛的国家。
> 家庭首先由夫妻两个人组成。
> 夫妻关系是人际关系中最密切最长久的一种。
> 夫妻关系是婚姻关系，而没有恋爱的婚姻是不道德的！
> 恋爱不应该只感情地注意"才"和"貌"，而应该是理智

地注意到双方的志同道合（这"志"和"道"包括爱祖国、爱人民、爱劳动等等），然后是情投意合（这"情"和"意"包括生活习惯和爱好等等）。

在不太短的时间考验以后，才能考虑到组织家庭。

一个家庭对社会对国家要负起一个健康的细胞的责任，因为在它周围还有千千万万个细胞。

一个家庭要长久地生活在双方的人际关系之中。不但要抚养自己的儿女，还要奉养双方的父母，而且还要亲切和睦地处在双方的亲、友、师、生等等之间。

婚姻不是爱情的坟墓，而是更亲密的、灵肉合一的爱情的开始。

"二人同心，其利断金"是中国人民几千年的智慧的结晶。

人生的道路，到底是平坦的少，崎岖的多。

在平坦的路上，携手同行的时候，周围有温暖的春风，头上有明净的秋月。两颗心充分地享受着宁静柔畅的"琴瑟和鸣"的音乐。

坎坷的路上，扶掖而行的时候，要坚忍地咽下各自的冤抑和痛苦，在荆棘遍地的路上，互慰互勉，相濡以沫。

有着忠贞而精诚的爱情在围护着，永远也不会有什么人为的"划清界限"，什么离异出走，不会有家破人亡，也不会有那种因偏激、怪僻、不平、愤怒而破坏社会秩序的儿女。

人生的道路上，不但有"家难"而且有"国忧"，也还有世界大战以及星球大战。

但是由健康美满的恋爱和婚姻组成的千千万万的家庭，就能勇敢无畏地面对这一切！

这几乎是一篇婚姻与家庭的宣言，虽然没有出现她与吴文藻的名字，但是字里行间的每一句话、每一个格言、每一段警句，都是从他们半个多世纪婚姻与家庭中概括、提炼、凝聚而成的，是近几个月感情压制而迸发的结果。如果说吴文藻的《求婚书》是他们共同生活的开始，是他们感情生活的理性支柱，那么，冰心的《论婚姻与家庭》，则是他们共同生活的总结，是他们的感情生活从感性到理性的凝聚。

那是一个阳光满窗的夏日清晨，冰心在北京电车公司印售的稿纸上，写下了"我的老伴——吴文藻"。

> 我想在我终于投笔之前，把我的老伴——和我共同生活了五十六年的吴文藻这个人，写了出来，这就是我此生文字生涯中最后要做的一件事，因为这是别人不一定会做、而且是做不完全的。
>
> 这篇文章，我开过无数次的头，每次都是情感潮涌，思绪万千，不知从哪里说起！最后我决定要稳静地简单地来述说我们这半个多世纪以来的、共同度过的、和当时全国大多数知识分子一样的"平凡"生活。

内心波澜汹涌，叙述时却是波澜不惊，难以割舍的感情，终要割舍，吴文藻未竟的事情，自然有人去做。《我的老伴——吴文藻》完成之后，冰心有种解脱感，似乎又回到了"一个人的世界"。此时她的行动虽然受到身体的限制，但她心情平和，思想活跃，关心的事情多，视野也开阔。冰心曾写过两篇"一天"的文章，可见吴文藻走后她的生活与精神状况：

六点之前完全清醒，想着这一天要做的事、要见的人、要写的信或文字等。这时有一两句古人的诗，如同久久沉在脑海底下的，忽然浮出海面，比如"独立中流喧日夜，万山无语看焦山"，也不知是哪一位诗人的诗。这时，用枕边的手电筒照一下床旁的小时钟，六点整，捻开小收音机，收听中央广播电台的"科学知识""祖国各地"或"卫生和健康"的节目，听完"新闻和报纸摘要"起床；七时吃早饭，饭后同小阿姨算过菜账，写昨天的日记，记后又躺下休息，补补精神。休息时总是睡不着的，为避免胡思乱想，就又捻开枕边的收音机，来收听音乐；九点钟一定起来，这时"咪咪"已经拱门进来了，跳上书桌，等着喂它干鱼片，等咪咪满足了，在桌旁一张小沙发上蜷卧了下去，才开始写信、看书报刊；十二点午饭后，躺下休息，听中央台连续广播袁阔成的《三国演义》；午后两点，准时起来，咪咪又拱开门进来了，这上下午两"餐"，它是永远不会失时的。下午又是看报、写字，晚饭是七点，收看电视，"新闻联播"，看球赛，此外，就是看故事片；夜十点钟，一定上床，吃安眠药睡觉。"这就是我的刻板的一天，但事实上并不常是如此，我常有想不到的电话和不速的客人，有时使我快乐，有时使我烦恼，有时使我倦烦，总使我觉得我的'事'没完没了，但这使我忆起我母亲常常安慰并教训我说的'人活着一天，就有一天的事，"事情"是和人的生命一般长短的。'"（《我的一天》）

冰心说这是她刻板的一天，但就是这样的"刻板"生活，足可以将天下事尽纳心底，真是应了她在另一篇文章所引用的古语"秀才不出门，能知天下事"。其实，冰心的每一天，并非都如此，像一笔流水账，而常常是面对天下事，以她手中的笔，尽诉胸中块垒。我做了一个统计，吴文藻逝世之后的一九八六年，冰心除大量的书信与题词外，仅文章便有二十七篇之多，平均一个月有两篇以上的新作面世。这里有对文学现状的关心，有对"创作自由"的主见，也与小朋友说过年，她写悼念丁玲的文章，还有张天翼、吴贻芳，她以含泪的微笑，回忆福州短暂的生活，她书写心灵中的商务印书馆，她有心情来"赏花与玩猫"，回忆当教师的快乐时光，她为"国际和平年"写诗祈祷，她写作喜欢陈祖德、陈祖芬一家子的人与书评，不惜长文推荐"三篇好小说"（即邹志安的《支书下台唱大戏》、李晓的《继续操练》、晓剑的《本市市长无房住》），遥想故乡的茶叶与茶事，她以风趣的语言，谈起了自己的"书斋"（实则就是她的卧室），"桌上有时有一瓶玫瑰，也有笔筒、砚台、桌灯、日历等等，还有两本字典：一本是小小的《英华大辞典》，一本是《新华字典》，因为不论是写汉文或看英文，我往往提笔忘字，或是英文一个字不会'拼了'就得求助于这两本小小的字典"。她更以零星通讯的方式，多次给小朋友写信，谈理想、道德修养，同时也狠狠地发泄了一下心中的愤懑：

> 晚报同志送来十几篇《孩子心中的文革》的稿子要我作序。刚好前几天有位上海朋友给我寄来《新民晚报》上发表的巴金的《二十年前》，讲的也是文革十年中的个人经历。一位八十多岁的老人和一百个当时的孩子今天笔下的"难忘一事"，都记载着"文化大革命"中万民涂炭的惨状。……巴金说"……那十年中间，每个人都有写不完的惨痛的经历。说惨痛太寻常了，那真是有中国特色的苦刑。上刀山、下油锅以及种种非人类可能忍受的'触皮肉'和'触灵魂'的侮辱和折磨，因为受不了它们，多少人死去……"在孩子的"难忘一事"中，就有吴晗和田汉挨斗的惨状，以及一位校长让学生用图钉打脸等事实，看到和忆起都使我气愤填膺！

> 我认为三座大山中，"封建主义"在那时的中国从来就没有彻底被打倒过，帝王、神仙和救世主的思想，也都存在。我们在六十多年前的"五四"游行中所要求的"民主"，也是最近八年，才露出曙光。

> 孩子是中国的希望和未来，只要他们把自己的"难忘一事"永远铭刻在心，法国思想家孟德斯鸠所说的"既无法律，又无规则，由单独一人按照一己的意志与反复无常的心情领导一切"的史无前例的怪事才不会重演！

> （《孩子心中的文革·序》）

她在读了赵大年的散文《房租》之后，也是义愤填膺：

> 从我的许多朋友口里也听到许多使人气愤的事，就像"房租"这篇中所说的"孙子楼"，就是"北京新建的高层居民楼当中，有些竟然被群众称之为'鬼楼'——黑夜不亮灯，长期锁着门……到派出所一查户口本，这些楼房的户主原来都是

'祖国的花朵'……"我不能再抄下去了！我奉劝我平时所挚爱的"祖国的花朵"长大了自己拒不住进这种"鬼楼"，免得阴森的鬼气，四面袭来使花朵未开先萎，而且还会连"根"烂掉！

（《介绍三篇小说和三篇散文》）

冰心很少写这样激愤的文字，就是在控诉"四人帮"时也未曾有过，但此时，性之所致、情之所致，不再节制了，一泻而出。冰心这一年的文字，开始呈现晚年的风格，自由、随性、随意、洒脱，真正是有话就说、想到就写，真正的随心所欲！

八、为士人请命，为教育呼喊

《我的老伴——吴文藻》之后，冰心仍然写作"自传"与"关于男人"，依然写作与这个系列文章相关的零星趣事，其如《话说"相思"》《我在巴黎的一百天》。《在美留学的三年》是继《我的大学生涯》之后的第六篇自传，两文成篇，相隔两年有余。回忆中的吴文藻，已经走进了冰心的生活，写作时，吴文藻却已远逝，人生的感叹凄美而苍凉。美国"家"中的鲍老牧师夫妇、周姨，校园里的教授、同学，"湖社"中的王国秀、谢文秋、梁实秋、浦薛凤、时昭瀛、吴文藻，啊，只有谢文秋来探望过自己，也与陈岱孙聊过当年哈佛图书馆借书的往事。《回国后的头三年》是自传的第七篇，为什么只写"头三年"？大概是因为此时的吴文藻尚在美国，尚无家庭，她仍然是谢家的女儿，所以这里她专门用了一段文字讲搬家："我在头一年回国后，还用了一百元的《春水》稿费，把我们在北京住了十几年的家，从中剪子巷搬到前圆恩寺一所坐北朝南的大房子里。……那时我的父亲升任了海军部次长，朋友的来往又多了些，同时我的大弟为涵又要结婚，中剪子巷的房子不够用了。"以《春水》的稿费来搬家？其实，谢葆璋作为海军次长，薪俸应该不低，完全用不着用女儿稿费，此中微妙之关系，外人与后人是弄不清楚的。那时冰心同父异母的弟妹是否出生？但我的疑问还不在这里，冰心的自传写到这里，便戛然而止，除了零星的回忆之外，作为自传，再无下文。本来，成家之后的燕园生活，抗战时的昆明、重庆，旅居日本直到回国，都是很能出彩的，甚至是波澜壮阔的，一个世纪的风雨，已将她的自传浇注得丰盈丰满、结实挺拔，但冰心却在一九八七年之后，停止了自传的写作！

"关于男人"的系列则是没有停止，《我的老伴——吴文藻》之后，有《我的三个弟弟》《追忆吴雷川校长》《一位最可爱可佩的作家》《怀念郭小川》《悼念金近》《悼念孙立人将军》《我们全家人的好朋友——沙汀》等，直至一九九一年底才将"关于男人"的专栏停下来，但这种题材、体裁仍在写作。专栏中所写的男人除巴金之外，其他的均已逝去，尤其是三个弟弟，都走在了她的前头，竟然由姐姐来写他们的悼念文章。"在写这一篇的时候，我流尽了最后的眼泪！王羲之在《兰亭序》里说'死生亦大矣，岂不痛哉'。我倒觉得'死，真是个解脱'，'痛'的是后死的人！""我的三个弟弟：从小到大，我尽力地爱护了你们。最后也还是我用眼泪来给你们送别，我总算对得起你们了！"

还是在写作的过程中，人民文学出版社便要结集出版《关于男人》，来组稿的又是老舍的女儿舒济，冰心不便推却，一九八八年初便有了一个版本，到了一九九九年初，关于男人的文章又发了不少，出版社提出再版，并且将《关于女人》也收入，书名则用《关于女人与男人》，使原来两本薄书合成了一本厚书，选编者由女婿陈恕教授担任，冰心说，她只写了一个书名。

自从一九八〇年"三进三出"北京医院之后，冰心先是拄着拐，后浦丽琳的一位法官朋友，给她送了一架轻型的助步车，可以在室内活动了，但外出仍是奢望。为了让老人休息好，门上贴了"医嘱谢客"四个字。不能外出的现实改变不了，但接待客人还是能做主的，所以，门铃响起之后，大姐便去开门，如果有约自然便被请进，不速之客，便会婉拒，而这时的冰心，在书房竖起了耳朵，这边话音未落，老太太便发话，请进来吧。所以，有人便对对子：上联"医嘱谢客"，下联"客至必入"。

客多了，时间久了，冰心的待客便形成了一套"程序"：客人往往捧着鲜花，多是玫瑰，老太太接过后，说，谢谢，说，她就爱花，更爱玫瑰；请坐，客人如有女性，则是与之平坐，若有儿童，那优越的位置得让给小朋友；花赞过，便让大姐插到花瓶里，放在显眼的位置上。摆好花，老太太请你喝茶，家乡的茉莉花茶，你在打开杯盖的时候，开始了交谈，问话式、谈笑式、调侃式的，有正事说正事，无正事说趣事，总之是轻松自在，没有拘束。其间，她家的"一等公民"、爱猫咪咪也会过来凑热闹。会客一般在十五分钟至三十分钟之间，时间到了，有人来提醒，这时，她就让你在笔记本上签名，留下电话与地址，说便于和你联系，常客也得写，有人说我前几次都签过，这次就免了吧，老太太说，不行，你搬家了呢？你升官了呢？你调动了呢？每次都得写。也就在这时，令你意想不到的事就要发生了。一百个来客，一百个会提出与老太太合影留念，一百个客人有九十五个有备而来，自带相机，而这九十多部的相机，百分之九十五为日本产品，所以，当你将相机举起的时候，老太太便掷过去一句话："你的相机是哪儿生产的，是日本的吗？"不知其意的客人可能还会炫耀一句："日本进口的！"老太太忽然就不高兴起来："又是日本的，你们应该用国产的相机来和我合影！"声音很大，一脸正气，你不知道发生了什么，这时家人便会出来打圆场，咪咪也来掺和，老太太也就由严肃变和蔼了！

就是这个日本相机，尼康、佳能、索尼、富士，一次又一次刺激着斗室中老太太的神经，还有汽车，虽然不上街，但电视中、广播里的广告，"车到山前必有路，有路就有丰田车"，令她难堪，不能平静。她对日本太了解了，二战结束时，当她从上海飞抵东京，遍地瓦砾，哪有上海繁华？在她旅居日本五年间，这个国家开始复苏，这里自然有美国的扶持，但更重要的是日本人在奋起。一九五一年后，每隔几年便有一次访日，每一次的访问，都让她看到了日本的变化和飞速发展，但那时，访问团不能讲这些，资本主义怎能敌得过社会主义？总结、写文章，都只能停留在友谊二字上，但真正触动她的却是日本的发展与变化。她在日本有许多朋友，她们也到中国访问，从她自己的参观访问中，从与日本朋友的交谈中，她感受到日本之所以在战后迅速崛起，基本经验是重视教育，尤其是中小学的基础教育。因为教育的全民性与普及性，日本从高精尖到普通技工，都是建立在这个基础上的，科学的昌盛与科技的发展，都是建立在这个基础教育之上，光学走到德国的前头了，相机不仅镜头好，更是方便好用，被国人称之为"傻瓜机"，也就是傻瓜都会用的相机，可那"傻瓜机"包含了多少高科技含量？日本的汽车，原本是从美国学来的，但他们现在的自主品牌丰田、日产、本田，何止在中国，就是在美国也大有市场。中国人不比日本人笨，日本人也不比中国人聪明，区别就是在于政府对教育的重视与投入不同，从而出现了巨大的差别。夜里，在她思想"奔腾"之时，不知想过多少遍这些问题，甚至猜测，中国政府决定政策的人，也应该懂得这个道理，可是，为什么却不能付诸实施？究竟有什么原因呢？

冰心再也忍不住了，同时考虑到这是一个敏感的话题，便找了一个角度、以小说的方式，虚构了人物，以独白的口气，试着说说：大学的副教授有一双儿女，小鲁和小菲，参加了高考，成绩不错，却是不想上大学，儿子准备去开出租汽车，因为薪水高，"一个月连工资、奖金带小费，可能有三百块，比正教授还多五十块呢！"女儿想去当餐厅的服务员，"连衣服都不用愁，有高领旗袍和高跟皮鞋穿，收拾个房间、端个盘子什么的，都会干得出色。我每月挣的不会比哥哥少，也许还会有外汇券呢"。副教授不解，知识分子家庭的子女，怎么能不上大学呢？那要被同事笑话的，但儿子的理由充足，令副教授无言以对："爸爸，事情是明摆着的，妈妈教了二十多年的小学，现在病得动不得了，她教书的那个学校，又出不起医药费，她整天躺在床上，只能靠您和我们下了课后来伺候她。那个四川小阿姨都干得不耐烦了，整天嘟囔着说要走。您呢，兢兢业业地教了三十年的大学，好容易评得个副教授，一个月一百一十六块钱工资！如今物价在长，物价长得比工资快得多，什么都要钱买，不向钱看行吗？您不要再'清高'了，'清高'当不了饭吃，'清高'当不了衣穿，'清高'医不了母亲的病。"父亲毕竟是受过传统文化影响的人，"万般皆下品，唯有读书高"，这可是千年古训，到了今天，竟然变成了"万般皆上品，唯有读书低"（此处引用的是原稿，《冰心全集》中的《万般皆上品……一个副教授的独白》为发表时的删改稿）！

　　稿子写完，冰心觉得出了一口气，当天主动将稿子投给了《北京晚报》，"附上讽刺小说一篇，晚报可用否"？副刊编辑李辉收到稿子，"不由得为这位老人关心教育的热忱和干预生活的勇气而感动，当即安排在七月二十五日副刊'一分钟小说'栏目中刊出"。小说排出清样，送总编审读，没有想到在退回的清样上写道："中宣部刚发通知，不让宣传知识分子待遇低，怎么办？"便将稿子压了下来，李辉据理力争，说这又不是报告文学，只是一个小说呀，为什么发不得？总编退了一步，同意发，但需修改，并且亲自操刀，将"如今物价在长，物价长得比工资快得多"删去，改为"出门七件事"。将"一个月连工资、奖金带小费，可能有三百块，比正教授还多五十块呢！"一句，在"可能有……"后面改为"要比您这副教授强多了"。结尾句："真是，万般皆上品，唯有读书低！"改为"真是万般皆上品，唯有读书低吗？"李辉取回被总编改过的清样，很是生气，怎么能随意改动冰心这样大作家的稿子呢？她说的不是实情吗？可转念又想，总编也是怕找麻烦，改了后能发表，对老太太也是一个交代，甚至觉得"总编的修改颇为不易。最后一句，叹号改为问号，语气顿时有了质的转变，力度虽有减弱，却也多少表达出冰心的初衷"（李辉《还原晚年冰心》）。本是试探性地发表一点儿意见，却没有想到这一试探便被人家打压下来，这种任意改动与删节文稿的事情，在她几十年的创作生涯第一次遭遇，冰心十分生气！当即电话李辉，李辉也因为此事，与主编闹僵着，正准备调离呢，或许这个稿子投错地方了？即给李辉寄去一信："你们的主编是谁？你到人民日报可能和姜德明同志同事。这位同志和我比较熟。"并请李辉告诉"家的地址"，"有信不必从报社转了"。只想从私人管道保持联系。

　　《万般皆上品……一个副教授的独白》，讽刺的是当时中国社会"脑体倒挂"的独特现象。冰心描写的是餐厅服务员、出租汽车司机比教授的收入高的现象，实际上还有更尖锐的语言，"造原子弹的不如卖鸡蛋的""开飞机的不如摆地摊的"，过去是知识越多越反动，现在似乎是知识越多越无用了。长期下去，中国的科技现代化还有希望吗？中华民族在地球上还有立足之地吗？用日货不是不可以，但咱们自己必须赶上去，对教育不重视、知识不值钱，如何实现四个现代化？现代化首先得要教育先行！

也就在这时，一本《人民文学》送到手上，头篇是两位不知名作者的报告文学《神圣忧思录——中小学教育危机纪实》（苏晓康、张敏），正是冰心忧心的话题。她改变以前看杂志的习惯，先看目录，随手翻阅，重点的再细看，这回一上来就放不下：中小学教育呀，真是危机了，作品列举的数目与现状，触目惊心，学生人数的剧增，师资却奇缺，师范学院却是招不到新生，连教师的儿女也不当教师，与《万般皆上品……》描写的情景一样，但这不是讽刺小说而是现实、是事实！一位老教师说："一九五七年反右以后知识分子就瘪了，后来闹'文革'，教师的罪比谁都多，从此地位一落千丈。后来拨乱反正了，世道清明了，是不幸中之大幸，可是教师的地位，恕我直言，名曰升，实则降。其他行业的待遇上去了，教师上得慢。"而在一九四九年前，教师的职业是梦寐以求的，这位老教师报考的那一年，一千多人去考，只取九十多人，谁个不珍惜？现在竟然到了中小学教师队伍不稳定、老化、后继无人。官员多次发布利好消息，然而，福音归福音，实现起来遥遥无期！

将近三万字的报告文学，八十七岁的老人一口气读完，"看得我泪如雨下"！连连称赞"真是写得太好了，太好了"！第二天清晨，浓阴满窗，开始说话了，八十七岁的老太太以"请求"的姿态说话，"请求我们中国每一个知书识字的公民，都来读读"这篇报告文学，因为就在几个月前，针对中小学教师"任务之重，待遇之低，生活之苦"，"写了一篇小说《万般皆上品……》。委婉地、间接地提到一位副教授的厄运，而这篇'急就章'，差点被从印版上撤了下来……因为有这一段'经验'，使我不能不对勇敢的报告文学的两位作者和《人民文学》的全体编辑同志致以最崇高的敬礼"！再次说出的话就不是委婉的文字：

这篇《神圣忧思录》广闻博采，字字沉痛，可以介绍给读者的句子，真是抄不胜抄。对于这一件有关于我们国家、民族前途的头等大事的"报告"文章，我还是请广大读者们自己仔细地去考虑、思索，不过我还想引几段特别请读者注意的事实：

"小平同志讲：实现四化，科学是关键，教育是基础，但这个精神，并没有被人们认识，理解，接受。往往安排计划，总是先考虑工程，剩下多少钱，再给教育，……日本人说，现在的教育，就是十年后的工业。我们是反过来，……教师特别是小学教师工资太低，斯文扫地呵！世界银行派代表团来考察对中国的贷款，他们不能理解：你们这么低的工资，怎么能办好教育？可是我们同人家谈判时，最初提的各个项目，没有教育方面的，人家说，你们怎么不提教育？人的资源开发是重要的。后来人家把教育摆在优先援助地位，列为第一个项目。我们要等人家来给我们上课！"

作为一个中国人，我们不感到"无地自容"吗？我忆起抗战胜利后一九四六年的冬天，我们是第一拨到日本去的，那时的日本，真是遍地瓦砾，满目疮痍。但是在此后的几次友好访问中，我看到日本是一年比一年地繁荣富强，今天已成为世界上的经济大国。为什么？理由是再简单不过！因为日本深深懂得"教育是只母鸡"！中小学教师的工资，要在一般公务员之上。

香港的中小学教师也亲口对我说，他们的待遇也比一般公务人员高。

……还有一位教师充满着感情说："教师职业是神圣的，这神圣就在于甘愿吃亏。可是如果社会蔑视这种吃亏的人，神圣就消失了。做教师的有许多人不怕累和苦，也不眼红钱财，但唯有一条，他们死活摆脱不了，那就是对学生的爱。除了学生四大皆空。他们甚至回到家里对自己的孩子都没有耐心，不愿再扮演教师这个社会角色，但无论心情多坏，一上讲台什么都扔了，就入境了。这种心态，社会上有多少人了解？……"

这种心态，我老伴和我都能彻底地了解：死活摆脱不了的，就是对学生的爱。但也像另一位教师说的："像我们当年，社会那么污浊，自个儿还能清高，有那份高薪水撑着呢……"

不过如今我们的两个女儿（她们还都是大学教师），没有像我们当时那样高薪水撑着，她们也摆脱不了教师的事业。她们有了对学生的爱，也像我们一样得到了学生的爱。

"爱"是伟大的，但这只能满足精神上的需要，至于物质方面呢，就只能另想办法了。

办法有多种多样，是不是会有人"跳出"，离开教师的队伍？

大家都来想想办法嘛，我只能回到作者在文前的题记："我们从来都有前人递过来的一个肩膀可以踩上去的，忽然，那肩膀闪开了，叫我们险些儿踩个空。"

（《我请求》此处引用的是原稿，《冰心全集》中是删节稿）

是的，那时吴文藻在燕京大学的月薪三百六十元，在云南大学是四百二十元，而到了重庆当参事，工资就降下来了，并且要打折扣，教师的工资却是不打折的。现在自己的两个女儿也都是教授、副教授，可工资待遇，与二十世纪三四十年代的教授相差太大了！冰心写此文，恰是一九八七年的"双十"，稿成之后，冰心署下了日期，看了看窗外，浓阴业已散尽，阳光已是满室了。她想，这个请求应该在《人民日报》上发表才好。

稿子送到《人民日报》，打开一看，问题之尖锐、语言之犀利、请求之恳切、道理之明了，都让人无不动容。文艺部的袁鹰、姜德明看过后，都认为是好文章，只是又像个"烫手的山芋"，但还是马上签发了。然而，正在全国引起巨大反响的《神圣忧思录》，却在被调查之中，"取材人是谁，被取材的是谁，逐一彻追查；正当盘问他们取材事实与取材内容的真伪时，冰心的《我请求》被拿到《人民日报》"。虽然"调查结果判明，《忧思录》涉及内容均属事实"。（北京西城区原教育局长给作者之一张敏的信，冈田祥子《はじめに——謝冰心の「我請求」を中心に》）但是，发表冰心这样一位老作家对一篇全面涉及到教育改革敏感话题报告文学的评价，还是十分慎重的。恰在此时，由于作品激起社会强烈反响，十一月七日，《人民文学》邀请北京中小学教师座谈《神圣忧思录》，冰心受到邀请。行动不便的冰心，只好将她的《我请求》复写件送去，《神圣忧思录》的责任编辑高远在会上大声地宣读了冰心的文章，"与会者无不惊讶，因为这才知道冰心写了文章《我请求》倍加称赞《忧思录》，为冰心对教育的深思所感动。以至与会当中有人说，'如果中央当局对冰心的文章提出非难，我们会当即将身边的，有着比《忧思录》更悲惨的事实拿出来作证。'"（张敏致冈田祥子的信，《はじめに——謝冰心の「我請求」を中心に》）

一九八七年十一月十四日，《我请求》终于在《人民日报》发表，果然，所引起的反响不下《神圣忧思录》，但冰心重读发表的文章时，发现被删改过，其中一句重要的话，在谈到日本教师待遇时说的"中小学教师的工资，要在一般公务员之上"被整句删除。冰心气不打一处来，心跳加快，险些晕倒。然而，读者并不知道这一切，文章不胫而走，为了教育而"请求"，请求之人是冰心，一位经历了多个政权更迭、走遍世界的"五四"老人，其分量可想而知。十一月二十七日，北京朝阳区新源里三中语文教师张心愿，在天安门广场把他个人自费复印的《神圣忧思录》与《我请求》分送路人，希望国人都来关注这件事情。冰心自己说："我几乎每天都能得到一两封小读者的来信，都是他们从课本上读到《寄小读者》或《小橘灯》的反响。没想到我得到大读者对我的作品反响最多的，却是这篇《我请求》！大约有好几十封吧，而且写信人多数不是教师。他们也都同情我的看法。"由《神圣忧思录》和《我请求》引起的中小学教育改革风暴，无法判断它们产生了多大的作用，事实是，也就在这年十一月底，国务院确实出台了一个提高中小学老师工资待遇的文件，冰心知道后，心里感觉到了些许的安慰。

一段时间，不时有记者前来就《万般皆上品……》《我请求》提出的教育问题进行访问。来自台湾《联合报》记者张自强问冰心，说"您在《我请求》中说，一直很关心中小学教师的事情，那么，您是从何时开始有此心情的呢"？冰心的回答竟然使用了"四十年"这个概念。四十年前，当然指的是"反右"运动之前，"三十年代，教师的社会地位相当高、待遇也很好，是被人羡慕的职业的。冰心本人也受过良好的教育，那时也曾任过教师，长大成人的两个爱女也任职教育界，所以对教育的关心应该特别深"。"冰心用极小的声音对我说：'我年轻时没有勇气发表作品。我已上了很大年纪，如果不写想写的东西，也许就会没有时间写了……而且我觉得现在比以前开放多了'。""她望着我，突然伸直腰背说：'我已经上了这把年岁，没有什么可怕的了。我一定要讲想讲的话。'""进入八十年代后，中国经济的自由化使年轻人的目光转向待遇稍好的职业，没有人愿意辛辛苦苦地上了大学后去当工资及社会地位都低的教师并不奇怪，连现职的教师都在忙着使尽手段转职。""大陆的知识分子没有作为人才被用到合适的地方，专业岗位上的人员因等级而被不当地过低任用，工资长期搁置不动，居住条件也无丝毫改善，健康状况极其恶劣等等。""教师们一年只发一个笔记本和两支圆珠笔。上课时，用白粉笔写字非常小心，生怕一旦用完，不晓得以后怎样教学生。说是武汉有二百余所中小学校，但没有一所学校有单杠，只有一所学校有跑道。"冰心在记者面前继续说出她的思考、说出她所知道的事实，并坚信："现在较以前似乎开放了，而且不管怎样，自己的时间已不多了，不能犹豫了。"（张自强《冰心晚年的景况》）冰心在说这些话的时候，已经表示了她要抓住教育这个大问题不放的决心，有一股年轻人豁出去的勇气！

之后不久，《人民日报》创刊四十周年纪念，邀请冰心著文。她认为又是一个说话的机会，在感谢《人民日报》发表了她的许多文章后说，"我最感谢的还是那一篇一九八七年十月十日写好，直到十一月十四日才发表的《我请求》"。冰心将这两个日期写出来，显然还有情绪，之后便将话题引到如鲠在喉的教育危机上来：说《教育与职业》今年五月号里有两篇文章，一篇是《重视教育，提高全民族的素质》，另一篇是《制定教师法，提高教师地位和待遇》。

前一篇的文章一开头便说:"十三大报告明白指出'百年大计,教育为本','必须坚持把发展教育放在突出的战略地位'。……如果今天我们还不痛下决心与狠心,把教育事业落实在行动上而不停留在口号上……那么,报复将在我们的子孙后代,将在二十一世纪。"

后一篇文章内提到:"现在浪费现象十分严重。去年教师节时,全国政协政教组邀请农村教师代表座谈时就发出呼吁,把挥霍浪费的钱财节约下来用在教育上……我们近来在报上看到:2500万元建成一个'死厂',200多台机器设备面临变成废铁的危险……近二三年花外汇3亿美元,进口食品机械3000台套,其中冰激凌机700多台,雪糕机300多台……有人说我们只看到'冰激凌危机''雪糕危机',没有看到'教育危机'。"作者呼吁用十三大精神统一我们的思想,把发展教育放在突出的战略地位。

然而,睿智的冰心并非一味地打出这些负面的牌,还将代表正面的力量也拉了出来:"好了!我终于看到了五月二十八日《人民日报》上面登出的使全国人民兴奋的消息!就是说,五月二十七日上午李鹏总理主持召开国务院第六次常务会议,决定停建一批不必要的楼堂馆所,省下的钱将用于教育和改善人民生活。"并说,"我感谢这英明的决策,也感谢使我知道消息的《人民日报》"。

果然,《我感谢》再一次遭到腰斩,且幅度比前两次都大。责任编辑李辉保存了那份被删改过的清样,多少年以后公布出来:

《我感激[谢]》即为此而写[指约稿]。她在文中,谈自己与副刊三十多年的历史渊源,但落笔重点却是谈教育,谈提高教师地位和待遇的社会问题。与发表《万般皆上品……》时的情形类似,《我感激[谢]》一文先后经过了部主任、报社副总编辑等人的多处修改与删减，现根据保留下来的清样予以还原——

1."我感谢人民日报文艺部的诸位编辑同志：从袁鹰、姜德明……李辉、刘虔。"后面四个人名删去。

2."袁鹰同志回忆说"改为"编辑同志回忆说"。

3."我记得在一九五六年六月我还在人民日报上发表过一篇《一个母亲的建议》，这篇东西的内容我却不记得了，《冰心文集》里也没有收进去。"将后面"这篇东西……"删去。

4.谈到一九八七年十一月十四日发表《我请求》一文的反响情况，删去后面一句："当然，我也从'出口转内销'的消息中，知道'上头'有些人对这篇很不满意，这些事不说也罢了。"

5.删去"我想读者手里一定都有《人民日报》，也一定都看过，都称赞过了，就不必重抄了"。

6."千家驹同志，你太乐观了，报复已经来了！我的大女儿吴冰前天给我看一张《文摘报》，是今年第五百二十四期（日子是五月二十九日），上面有《解放日报》五月二十二日的一篇文章，讲到发生在我父母之乡的福建省的一件事情：《闽东八百教师弃教　百余学校被迫关门》里面说'福建东部宁德地区……已有八百五十三名教师离职另谋出路……主要是待遇差。一位当代课的教师月收入仅三十三点五元……他弃师做茶叶买卖，三天就赚了三百多元，等于一学期的工资……金涵地区一女教员辞职去摆鞋摊，比任教时的月收入增加近十倍。"全段删去。

7.冰心引《制定教师法，提高教师地位和待遇》一文内容："有人说我们只看到'冰激凌危机''雪糕危机'，没有看到教育危机——用十三大精神统一我们的思想，加强对教育方面的危机感，挤一些钱来办教育不是不可能的。"此处"用十三大……"后面部分，被改为冰心自己的话："作者呼吁用十三大精神统一我们的思想，把发展教育放在突出的战略地位。"

（李辉《还原晚年冰心》）

面对如此删改，李辉感到十分不安，从《北京晚报》到《人民日报》，删改文章之事都被他遇上了，他仍然不敢再做主发表删改后的文章，将清样寄冰心阅定，冰心十分无奈地回复："你改了文章可以登！我不写，对不起袁鹰等同志。"

其实，删节的还不止是李辉所标出的七处，我校对了原稿，被删除的还有七处：与李辉所列出的一样，几处是删除了"千家驹同志""方明和葛志成同志"的名字，其他的是："这两篇文章里的警句很多，为了得到全面了解，我希望读者们自己去详细阅读。我只抄下一部分。""'必须坚持把发展教育放在突出的战略地位'。……但实际情况怎样呢？事实是我们始终没有把教育投资当生产投资，还是把教育当成软任务而不是硬任务……外国有句名言，'重不重视教育就看你在教育事业上舍不舍得花钱'""不把小学教师的待遇提高一倍、两倍而不是百分之十、百分之二十……那么，报复将在何时？""这说明我们是有钱的，为什么用来发展'首要位置'的教育事业就没有钱呢？"都是十分尖锐的语言，虽然后三处均为"抄录"千家驹与方明、葛志成文章的话，但冰心的用意决非一个抄字，她要将这些尖锐之词，通过她的文章聚集放大，以引社会的重视。然而，却被一一删除，从内心而言，她十分生气，甚至愤怒，但发表总比不发表强，只得忍气吞声，才有了以上无奈的回复。

教育总是与教师联系在一起的，知识分子古时也被称之为士。这一年，《人才报》的宁民庆来函约稿，冰心压了一段时间，忽然有一天她想到了一些社会现象与问题，认为也许这个专门的人才报纸可以讨论讨论："我从小读书，老师说：'士'为四民之首，所谓之'士'，当然指'读书人'了。现在都讲'无农不稳''无工不富''无商不活'，无'士'呢？没有答案，我也说不出来，请您在《人才报》上问问读者们吧！"

果然，《人才报》刊出了冰心的这封信，也果然引起了讨论，但由于这个问题太敏感，信件转给了冰心。冰心得到反响，有了底气，便将话说开了：

前几年，不少领导人常说：无农不稳，无工不富，无商不活。其后，又有人加了一句：无兵不安。这些话都对，概括得也非常准确。可惜尚缺一个重要方面——无士怎么样呢？

士，就是知识、文化、科学、教育，就是知识分子、人才。

我们看到，冰心在教育问题发声时，使用了一个战法，她自己说是当"文抄公"，将他人文章中的尖锐之语言、重要之观点，以巧妙之"抄法"，鲜明地简要地突现出来，然后借题发挥、借力发威。冰心这一次依然是用了这个战法，以读者反响，自问自答：江西的一位读者说，"无士不旺"，黑龙江的读者说，"无士不昌"，四川的读者说，"无士不兴"，三个人、三封信、一个共同的观点，均在说明，一个国家一个民族，不重视教育，不尊重知识，不爱护士人，那么，这个国家和民族就不会兴旺，就没有前途。

冰心最后发力道：

他们三位身在天南地北，却不约而同地说了同一个意思。可见人同此心，心同此理，我也似乎无需再多说什么了。我只希望领导者和领导部门谛听一下普通群众、普通知识分子的心声，更要重视"无士"的严重而深远的后果。"殷鉴不远"，只要回想一下十年大乱中践踏知识、摧残知识分子、大革文化命所造成的灾难，还不清楚吗？

岁月易得，"五四"运动七十周年就在眼前。七十年前，一批思想界、文化界的先锋人物，于国事蜩螗之时高举民主和科学大旗，向封建势力、军阀势力和帝国主义势力冲击，揭开中国的现代史页。时隔七十年，我们今天还是要大声疾呼：要让德先生、赛先生在中国这个古老的土地上生根、发芽、开花、结果。如果不重视"士"，不重视科学、教育、文化，德先生和赛先生就成了空谈，现代化也会流于纸上谈兵。

（《无士则如何》）

霍达的报告文学《国殇》发表后，编辑希望冰心写一篇评论。这一回，她借了霍达之文，又发力了一回。她说，一看到《国殇》两个字便"心惊肉跳"，待看完作品后，却是感到了"惊心动魄"，她佩服女作家的勇气，说不像我这个"多少事欲说还休"的老人，但实际上她自己哪里是"欲说还休"呢？冰心将作品中"脑体倒挂""中西比较"的现实摘录之后，点出了"人才外流"的题："说'腾飞'是很乐观的话，长出翅膀的知识分子，有的已经折掉了，坠地了，有的已经飞走了，'外流'了，抢救谈何容易！"这些话冰心写在纸上，她是多么希望决策层能看见呀，但这一回，她有些泄气："呼吁，请求，是没有多大用处的，我有这个经验！"

挽救教育危机，无论寄希望于高层还是底层、是领导还是人民，现实都让冰心忧心，尤其她是个急性子的人。但挽救一个国家、一个民族教育危机岂是心急得了的？心急而至悲观，说心都死了。作为政协委员、常委，每次开会之时，虽然因为行动不便，不能临会，但记者还是会追上门来采访。有一回，她竟然拒绝接受记者访问，问其原因，她竟伤心落泪，因为就在前几天，她看到报纸上刊出，西部省份的一些小学教师的工资发不出，他们为了这个神圣的事业苦苦支撑，但连饭都吃不上。冰心反问，我还有什么脸见记者呢？悲观也好、伤心也罢，被压抑的感情，遇上火花，竟又会砰地点燃。一次，作为政协常委享受的"待遇"，读到政协内部编辑的《学习参考资料》（第四期），有篇南开大学教授陈荣悌写的《从脑体倒挂看四化和教育危机》，"看了以后，使我死水般的情绪又起了澜"！

这篇发表在政协内部刊物上的文章，将中国教育的现状、知识分子的待遇，放在历朝历代、境内境外进行了广泛的纵向比较，本来应该是提供给决策层阅读参考的资料，自称为"文抄公"的谢冰心将其公之于众，使之大白天下。本来还有美国和日本的横向比较，但她打住了，调侃道"它们都是资产阶级国家，引多了怕会倒我们中国人的胃口，我也不费那劲去抄"。这哪里是在抄，明明是在发狠呢，一篇两千多字的文章，竟是在病中，前后花了四个月才完成，"我明明知道'写了也白写'，但我的'老而不死'的心，却总在大声地斥责我说'白写也要写'，至于有没有人看那是另一个问题"！

对于教育问题，本想从讽刺入手，但没有想到小小的讽刺一开始竟遭到"挫折"，"挫折"之后，她改变了战法，自我调侃为"文抄公"，"借力发功"，使得文章有行之道。但讽刺的小说还在做，比如《远来的和尚》《落价》便是通过人物形象，道出了知识分子在自己国家的尴尬地位，道出了"一切东西都在涨价，只有两样东西落价，一样是'破烂'，一样是知识……"深刻的社会问题。

对于为什么写"问题讽刺小说"，她在接受来自故乡的《文化春秋》杂志主编魏世英访问时说，"五四之后，我写'问题小说'，写的是当时的问题。我现在又开始写'问题小说'了。……我现在写的小说多半有点讽刺性，讽刺现在的时事，比如读书无用论啦、脑体倒挂啦，还有现在小学教师工资低、生活困难啦等等，你拿散文来写就没什么力量。拿小说的形式来写就有动人的力量。所以我觉得写小说有时候挺重要的"。并说，现在写的小说都有着"辣"，虽然篇幅很短，但都有点儿讽刺的意味。说，"我现在看书看报不太喜欢看那些风花雪月的东西，因为这些东西没什么看头，写得好的不多。倒是对时局、对社会问题有个看法，有个批判，我觉得这对社会进步有好处。现在报纸上还是谈风花雪月的多"。冰心说到这里，便又气不打一处来，从桌子上找出一份《参考消息》，手指着报纸："前几天我看《参考消息》，说突尼斯的教育经费是国家整个经费的百分之二十五，突尼斯是个非洲国家，面积才十六万平方公里，人口才七百七十一万，他们因为文盲太多，所以就拿国家经费的四分之一来做教育经费。我们才多少啊？我们人口算十一亿吧，有两亿多文盲，我们的教育经费才百分之二点零三，太低啦！堂堂一个中国，素来还是礼仪之邦哩！现在搞出个读书无用论来，学生退学做生意，将来的后果就不堪设想。"

又是教育，一点就着。她还悄声地告诉魏世英："我现在有时候心里非常难过。有很多人来这里看我，他们坐的车都是外国的。广告上说'车到山前必有路，有路必有丰田车'。……我想为什么不把买'奔驰'、买'皇冠'、买'丰田'车的钱用来自己研究搞中国车？现在'红旗'车领导也都不用。为什么不坐？为什么不能把它做好呢？所以国库越来越空虚，教育经费就越来越少。人说路是自个儿走出来的，我们现在总是颠倒。在这一点上我们还不如印度。印度人对用国产的东西很自豪，无论是汽车、手表还是电冰箱等等。"

于是，又是感慨万千！

在为士人请命、为教育呼吁的时候，冰心表现出了惊人的异样，完全不是人们印象中的温文尔雅。她视野开阔、反应敏锐、语言泼辣、文风犀利，简直有些长歌当哭，敢爱敢恨，这让中国的"老读者""大读者"和"小读者"，见识了一个站在风口浪尖上的老太太的形象，简直令人难以置信，这是谢婉莹么？这是冰心女士么？这是冰心奶奶么？人们在心底里重新给这个熟悉的形象定位，也正是在这一点上（当然还有后面更令人敬佩的地方），让冰心在新时期里，更加赢得广大读者的热爱与关心、敬重与敬佩！

一九八八年七月一日，北京图书馆（即现国家图书馆）和中国现代文学馆联合主办了"冰心文学创作生涯七十年展览"，成为这座国家级图书馆搬到白石桥新址最热闹、最隆重的一次活动。"来人如潮，不是几十人，而是数百人，有被邀请的，也有闻讯而来的。"赵朴初书写了展标，巴金送来了花篮，王珲的巨幅油画，耸立在门口，近两米高的油画，大海的背景上，冰心"显得清丽、典雅，一双眼睛，充盈着真诚的爱"。

年逾花甲的老作家黄宗江、作协党组书记唐达成，都称"小读者"，老朋友雷洁琼、赵朴初、胡絜青和刘白羽、张光年、冯牧、魏巍、周而复、凤子等都来了，艾青坐着轮椅也来了。阳翰笙、臧克家、王蒙等写来了热情洋溢的贺信。中国文联、中国作协、中华文学基金会、中国民主促进会、文艺报社、人民文学杂志社等单位和个人送来了大大小小的花篮。

国家图书馆馆长任继愈主持开幕式，唐达成讲话，盛赞这位中国文坛寿星，以一颗真诚的爱心，七十年如一日为中国文学做出了卓越的贡献。他说："冰心七十年漫长的创作生涯，比我们在座的许多同志的年龄还要长。回想我们从事文学工作时，谁没有读过她的作品，谁没有受过她的教诲和熏陶，谁又没有为她博大宽厚的心胸和冰清玉洁的情操所吸引呢？甚至在她八十岁时，她还以小说《空巢》震撼文坛，帮助我们理解人生的真谛。"

自小便称冰心为"大姐"的萧乾，现在不仅是著名的作家，也是中央文史馆馆长，开始致辞：

五四以来，冰心大姐的《寄小读者》《超人》《繁星》《春水》的艺术成就，在文学史上早有定评，无需我来饶舌，更用不着我为她在现代文学史上摆位子。不少文章赞美她为人善良、正直、对人热情，也用不着我来锦上添花。在我心目中，她完美得够得上一位"圣者"。

五十年代，甚至直到七十年代，冰心大姐同所有知识分子一样，也是领导指到哪儿就走到哪儿，只求当个螺丝钉，当个驯服工具。……八十年代是反思的年代……不再认为仅仅当个驯服工具就够了。他们要走出教条主义之塔，先天下之忧而忧，不怕风险，敢于干预生活。……知识分子不只是闭门埋头搞自己的业务的人，还应该是一个国家、一个民族的良心。

在这一点上，八十年代的冰心大姐，还有巴金，是中国知识分子的良知的光辉代表。尽管她年奔九十，腿脚也不利落了，然而她不甘于躺在自己已有的荣誉上。不，她的笔片刻也没停过。在热情扶持青年创作之余，她仍在写着其重要性绝不亚于《寄小读者》或《超人》的醒世文章，如《我请求》《万般皆上品……》《介绍三篇小说和三篇散文》《〈孩子心中的文革〉序》。她声嘶力竭地为中小学教师呼吁，毫不犹豫地谴责"文革"。从她管"孙子楼"叫"鬼楼"这一点，可以看出她对社会上特权阶层的深恶痛绝。一位编辑曾对我说："冰心老太太的文章好是好，就是烫手……"这就是说，她不写那种不疼不痒的文章。她的文章照例不长，可篇篇有分量。在为民请命、在干预生活上，她豁得出去。

读过《寄小读者》的人，都知道冰心大姐的哲学，中心是一个"爱"字。她爱大海，爱母亲，爱全国的小朋友。她更爱咱们这个多灾多难的祖国。那是她在历代圣贤以及泰戈尔的影响下形成的哲学。只有真的爱了，才能痛恨。

冰心大姐深深地爱咱们这个国家，这个古老民族，这个党，所以对生活中一切不合理的现象才那么痛恨。

可以向冰心大姐学习的很多很多，但我认为最应学习的是她那植根于爱的恨。那些满足于现状、维护现状、利用现状自己发旺的人，就生怕有人对现状有所指摘。其实，这样的人心里所爱的，只是他自己：他的地位、权势和既得利益，因而才对生活中不合理的现象那么处之泰然，那么熟视无睹。不能恨的，根本也不能爱。

老年知识分子当中，还有冰心大姐这样敢于讲点不中听的话的作家，这是中华民族的希望。她永远不老，她那支笔也永远不老，因为她的心紧紧贴着人民大众。

萧乾的致辞，越说越激动，越讲越深刻，令在场者动容。这个自小便称冰心为大姐的老人，确实最懂得冰心，了解大姐的内心世界，也敢于肯定大姐心中的"恨"。直到这时，这个爱与恨交集的形象，才被鲜明地表达了出来。压制太久（用冰心的话说，起码是四十年了），爆发愈烈，这就是冰心为什么会揪住教育问题死死不放的原因，她不能不说，并且还有话要说，并且是愈后愈显得毫无畏惧！当时在现场的一位女作家感慨："人们爱她，不是别的，是她的人品和文品！"邵燕祥在他的杂感《老未必朽》写道：北京办"冰心文学创作生涯七十年展览"，"使人看到冰心七十年如流水常新的创作生涯。少作清新，几无人企及，已自不易；而晚年关心教育，关心幼小，关心未来，发为呼声，并不是人人都能做到的。自然不是止此一位。就文学界说，八十岁左右以上的人，如巴金、夏衍，也都仍然站在当代思想的前列，以他们的人格、文品浸润下一代人。如问我尊敬什么样的老人，我当如此回答"（《老未必朽》）。

展览开幕式，冰心未到场，她说"我是因为不愿听赞美之词才有意晚到的"。开幕结束后，人们分头观看展览时，冰心才来。她坐着轮椅上来，家人推着轮椅缓缓而行。参观展览的人涌向她，向她祝贺、向她致意、和她握手与问候。现场记者写道："一幅幅照片、一片片手稿、一件件实物，静静地正向参观的人们讲述着一个真诚、执着、顽强的饱含着爱的生命故事。于是，人们也默默地在心底发出呼应：'冰心永远不老，她那支笔也永远不老，因为她的心紧紧贴着人民大众！'"

九、与巴金南北呼应

萧乾在冰心展览的致辞中有过这样的一句话："八十年代的冰心大姐，还有巴金，是中国知识分子的良知的光辉代表。"将这两位作家并列在一起，十分贴切。两位老人二十世纪八十年代之后已经很少见面了，但思想的追求、感情的共鸣，常常将他们联系在一起，以至出现了南北呼应的生动局面。

萧乾致辞，巴金并未在场，同日，冰心收到巴金的信，告诉了她准备为《冰心传》写序，冰心回信说，"你的真话，使我感动，就那么写吧，几十个字就可以了。'人生得一知己足矣！'"几天之后，巴金的序出来了，对冰心的评价与萧乾几近：

> 冰心大姊不过比我年长四岁，可是她在前面跑了那么一大段路。她是"五四"文学运动最后一位元老，我只是这运动的一个产儿。她写了差不多整整一个世纪，到今天还不肯放下笔。尽管她几次摔伤、骨折，尽管她遭逢不幸，失去老伴，她

并不关心自己，始终举目向前，为我们国家和民族的前途继续献出自己的心血。虽然她有很长的写作经历，虽然健在的作家中她起步最早，她却喜欢接近年轻读者，在他们中间不断地汲取养料。

她这个与本世纪同年龄的老作家的确是我们新文学的最后一位元老，这称号她是受之无愧的。但是把"老"字同她连在一起，我又感到抱歉，因为她的头脑比好些年轻人的更清醒，她的思想更敏锐，对祖国和人民她有更深的爱。我劝她休息，盼她保重，祝愿她健康长寿。然而在病榻前，在书房内，靠助步器帮忙，她接待客人，答复来信，发表文章。她呼吁，她请求，她那些真诚的语言，她那些充满感情的文字，都是为了我们这个多灾多难的国家，都是为了我们大家熟悉的忠诚、老实的人民。她要求"真话"，她追求"真话"，将近一个世纪过去了，她还用自己做榜样鼓励大家讲"真话"，写"真话"。我听说有人不理解她用宝贵的心血写成的文章，随意地删削它们。我也知道她有些"刺眼的句子"不讨人欢喜，要让它们和读者见面，需要作家多大的勇气。但是大多数读者了解她，大多数作家敬爱她。她是那么坦率，又那么纯真！她是那么坚定，又那么坚强！作为朋友，我因这友谊而深感自豪。更难得的是她今天仍然那么年轻！我可以说：她永远年轻！

思想不老的人才永远年轻！

巴金在其他的许多场合，多次赞扬冰心讲真话的品格，实际上也是他们共同的追求。讲真话，写真情，说起来容易，做起来太难了。假话一般是用来保自己、骗他人，以达某种目的。真话则不然，是坦然自我、有时是要牺牲自我，但它维护了基本的道德准则，成为社会良知，成为社会发展的基本动力。如果大学教授都在说假话，还有科学的昌盛吗？知识分子不说真话，能有所创造吗？经历过"文革"的冰心、巴金等作家，深切地感觉到那真是一个假话盛行的时代，假话无法推动社会前进，只能拉向倒退。比如，知识青年上山下乡，假话弄得那么崇高，知识分子学种田、接受贫下中农再教育，弄得那么神圣，社会还能前进？冰心与巴金是从国家、社会、民族发展的大义上，提倡讲真话，写真话，纵然不能完全讲真话，但无论如何也不能讲假话。

正是在这一点上，二十世纪八九十年代的冰心与巴金，两位老人南北呼应，相互支撑。自一九七八年始，巴金希望将被"四人帮"耽误的时间抢回来，决定写他的随想录，"一篇一篇地写，一篇一篇地发表"。每年一本，一共写五本。他自己给这些文章界定为"不是四平八稳，无病呻吟，不痛不痒，人云亦云，说了等于不说的话，写了等于不写的文章"，它应该是"一声无力的叫喊"。巴金说是一本小书，实际上是一部大书，因为他说真话，吐真情，触动了一些人和社会的神经，引起强烈的反响。

巴金写作《随想录》，冰心始终关心、关注，当香港三联书店出版了《随想录》和《探索集》的单行本，"冰心大姊"在接到赠书时，一口气读完，称赞巴金"真能写！而且写得痛快"。第三集《真话集》还在写作中，巴金便有三封信向大姐谈及此事。"最近在家养病，总算一字一字地把《随想录》第三册《真话集》写完了。"并说，"只要手能动，我还是要写下去"。同时寄去其中的一篇《"人言可畏"》，请冰心看看，"这文章早该写了，尽管有人不高兴，但是我说了心里话"。《"人言可畏"》为女作家受到社会压力而写，巴金为没有直接给那位女作家道义支持而自责，也对社会的现象进行了抨击。文章没有直接说出女作家的名字，而明眼人都可以看出，那位女作家是谁，出访日本时，他们谈到这位女作家的经历与压力，所以，巴金才有了早就该写这篇文章的话，同时才会挑出来寄给冰心。有时，巴金还将海内外对《随想录》的评论报告给大姐："日本京都有个萩野脩二评论《真话集》，称我为'真正的爱国者'，倒比某些厌恶我的同胞更了解我。"（巴金1984年10月7日信）因而，无论反应如何，巴金坚持为在晚年找到随想录的方式来写作，来表达自己的真情实感，为自己说出真心话而感欣慰。"幸而我还能拿笔，还可以写我的《随想录》。"当第五册《随想录》快要出书时，巴金有些喜形于色地告诉冰心大姐："只有一件值得我高兴的事：我的《随想录》第五册就要脱稿了，还差一篇文章。说了自己想说的话，总算没有辜负我这支笔，本月内一定编好送出去。您也替我高兴吧。"（巴金1986年8月4日信）"我那第五本小书下个月可以印出来。我总算说了一点真话。还要争取到一些时间认真思考、思考。"（巴金1986年12月13日信）

冰心也为巴金寻找到《随想录》的形式讲真话而高兴，她在许多场合下说过，要响应巴金老弟说真话的号召，写说真话的文章。她说，她在《散文世界》开的专栏"想到就写"就是受到《随想录》的影响。五本《随想录》出齐后，袁鹰来信，问冰心："巴金同志的《随想录》，有的同志推崇为当代散文的巅峰之作，我很同意这种评价……不知您有没有兴致和时间写一两千字……"冰心收到信后，说："我不但有兴致，而且有愿望"，这个愿望实际上从读到巴金《随想录》中的第一篇便有了。冰心认为："'真挚'是一切创作的灵魂和力量！巴金的散文之所以被推崇为'当代散文的巅峰'，就是因为在他的每篇散文里，句句都是真心话！"知己之见，冰心一语道明巴金散文的艺术特色，并且对一些绕来绕去不敢写真话的文章提出了批评："现在的确有许多散文，在我看来，都是朦朦胧胧的不知所云。作者若是不敢写出真心话，又何必让读者浪费猜谜的时间呢？"冰心毕竟不是评论家，也不能够冷静和客观，多是以自己的情感方式来阅读巴金的作品，常常是不能自已。她说她自从一九八〇年得了脑血栓，病后，神经似乎脆弱了许多，独自的时候看到好文章或好事，就会笑出声来；读到或是遇到不幸的事，就会不自主地落泪，虽然在人们面前，她还能尽力控制。这次一边读巴金的《随想录》，"一边笔不停挥地写着，因为旁边没有人，我又悄悄地落了眼泪，这眼泪是《病中集》中的'真话'催下来的"。并且诙谐地说："我也说句真话吧！"冰心在写过这篇文章之后，依然还读《随想录》，一九八九年八月那一段时间，冰心认为无书报可看，又从头看了一遍《随想录》，再一次被打动："我掉了眼泪，我为有你这样一个'老弟'而感到自豪！"而巴金在读了《我请求》《我感谢》《万般皆上品……》《落价》等火辣辣的文章后，在读到"想到就写"栏目中的系列文章后，也为冰心说真话，吐真言，表现出一种无私无畏的精神而感动。他说："我因为有这样一位大姊感到骄傲，因为您给中国知识分子争了光，我也觉得有了光彩。"

由于《随想录》的影响大，版本也多，北京华夏出版社为了满足海外华夏儿女的阅读需要，也为了给巴金贺寿，决定出版《随想录》的繁体字竖排线装本。为了留下纪念，在锦盒的封面上，由冰心题签"巴金随想录"，字体清隽飘逸，还有大红的印章，使这套书更具华夏文化的韵味。巴金拿到这套书，真是爱不释手，当即在第一本样书的第一册，签名赠送冰心大姐，并附上一信："谢谢您的信，也谢谢您的九十朵红玫瑰，更感谢您的题字，现在书出来了。看见您的字仿佛见到您本人，我真高兴，托人带一套给您，请您接受我的感谢……"

晚年的巴金也是大放光彩，所做之事甚多，但简而言之，可称为"一言"与"一行"，"一言"就是《随想录》，"一行"呢？当属建立中国现代文学馆。这"一言"与"一行"，将在中国文学史甚至是中国历史上留下一笔。

巴金关于建立"现代文学资料馆"的建议之前，曾呼吁建立"文革"博物馆，这对经历过"文革"、不希望"文革"悲剧重演的人来说，意义非凡，正视历史，以史为鉴，是共产党历来的态度。但是这个提议却遭到压制，甚至连文章都不能在境内发表。冰心知道此事，十分生气，甚至愤怒，但在这样的问题上，老人的力量是多么的有限，她只能在心底祝福巴金平安，不要再出什么事情了，"文革"中、"文革"前因言获罪难道还少吗？对于胎死腹中的"文革"博物馆，美国倒是有些社会学、人类学、博物馆学的学者们在悄悄地搜集资料，包括"文革"时期的小报、像章、红卫兵袖标与战旗、批斗"走资派"和反动学术权威的照片等。冰心曾在私下里对前来探望她的电影制片厂的朋友说，以后研究"文革"，可能要到美国去留学。吴文藻坐在身边，还加上了一句专业术语，但愿不再出现"文革"那种场面的"田野作业"。于是，冰心讲到她在田头受批斗的情景，并且幽默地说，可惜，那时你们没有将这些田野"喷气式"场面拍成电影。朋友就说，他们中央新闻制片厂也都被造反派占领了，几个可以做事的，都得跟拍毛主席，还有西哈努克。冰心就说，谁还当真会去拍呀，谁会认为那是有意义的东西？"文革"博物馆不能对巴金提供任何帮助，但对"现代文学资料馆"（后正式定名为"中国现代文学馆"），冰心积极响应，尽全力支持。巴金在《随想录》是这样构想的："'文学馆'是一个资料中心，它搜集、收藏和供应一切我国现代文学的资料，'五四'以来所有作家的作品，以及他们有关的书刊、图片、手稿、信函、报道……等等，等等。"为了带头，巴金首先"准备交出自己收藏的书刊和资料，还可以捐献自己的稿费"。"希望在自己离开人世前看见文学馆创办起来，而且发挥作用。"憧憬着"十年以后欧美的汉学家都要到北京来访问现代文学馆，通过那些过去不被重视的文件、资料认识中国人民优美的心灵"。

冰心与巴金有着相同的认知，一九八〇年访问日本，在参观了日本近代文学馆后，与友人馆前合影留念，就萌生建立中国现代文学馆的念头，冰心请巴金牵头倡议，她来响应。所以，巴金提议后，冰心立即附议，中国作家协会牵头成立筹备委员会，冰心成了当然的筹委会委员，同时还有曹禺等其他七位著名人士。冰心不仅在名义上，更是在行动中支持，对于名称，有时则直呼"巴金资料馆"。有一次，冰心给李小林写信，说："我死后，凡是有上下款的书和人送我的字画和小孩的信（总有几千封），都交巴金资料馆！"在给巴金的信中，冰心再一次告诉了这个决定："我的东西已决定都交资料馆。"巴金得到这个信息，非常高兴，"您要把那么些珍品送给资料馆，太慷慨了，我很高兴，谢谢您"。接着，巴金纠正道："但您不能说是'巴金资料馆'，您也是资料馆的一位股东、一位大股东啊。您同'五四'时期开始的我国新文学的关系太深了。叶圣老同您，你们两位是仅存的两大功臣，无论如何应当给你们树碑立传。中国需要这样一个文学资料馆。"

但是，要建造这样一座为作家"树碑立传"的馆所，确是困难重重。房子只能暂寄在万寿寺，当年慈禧太后从紫禁城至颐和园途中的一座行宫。中国现代文学馆在有了暂时的办公场所后，冰心便开始捐赠，她打电话给时已调进文学馆任副馆长的舒乙。舒乙是老舍的儿子，不仅熟悉，而且有着某种亲情，冰心说："给你们准备了礼物，来取吧！"舒乙带了个馆员，骑上脚踏车就来了，一看，堆在桌子上像座小山，大吃一惊；再看，都是宝贝呀，太珍贵了，这自行车怎么驮得了？于是，赶快回去，开了辆面包车来，也都装得满满当当。面对坐在一旁不动声色的冰心，舒乙明知故问："老太太，您真舍得？这可成了文学馆的镇馆之宝啊。"冰心仍然平静地说："这些东西，文革中没有抄去，有的放在箱子底下，有的塞在储藏室里，现在总算有了一个好的归宿。我要谢谢你们，谢谢老巴！"据中国现代文学馆研究员刘屏撰文介绍，冰心先后捐赠了一百多幅珍藏的字画，其中有清代画家王素的《捕鱼图》、陈植的国画《松》、胡絜青书老舍抗战时期的《戏墨诗》、抗战胜利后蔡叔慎画的《歌乐山图》、一九四六年冰心随吴文藻赴日前老友陈伏庐画赠的《朱竹图》、日本武者小路实笃的《石榴图》、沈尹默的条幅、赵朴初书《总理逝世周年感赋》、梁实秋隔海书赠的《无门关》条幅、冰心二十世纪四十年代初书赠顾一樵条幅等。在捐赠物品中，光是冰心自己的手稿就有九十五篇，其中有她晚年获得全国短篇小说奖的作品《空巢》、系列散文《三寄小读者》，以及《老舍和孩子们》等回忆文坛故友亲朋等手稿，还有一九二六年在美国威尔斯利女子学院研究李清照词所作的毕业论文的影印件、晚年许多作品的获奖证书及海内外著名作家的签名书，国内外作家、朋友写给她的大量书信和贺年片，日本唐招提寺的鉴真和尚画像，以及湖州的古铜镜等。

　　但是，紫竹院终究不是中国现代文学馆的久居之地，无论是作为对资料的保存，还是研究、展览与办公，都不能适应文学馆的发展与特点，建设新的馆舍，势在必行。可在皇皇京都给文学一席之地，岂是易事？无奈之下，巴金只得求助共产党和人民政府，他亲自给江泽民总书记写信，陈述建立中国现代文学馆新馆舍的理由和意义。冰心立即呼吁，一九九三年二月二十二日清晨五点，盥洗之后，请来毛笔和荣宝斋信笺，上书邹家华副总理："文学馆很需要一个新馆舍来收藏'五四'以来我国现代作家的创作成果，这是我们国家和民族的重要文化窗口，需要国家的支持和帮助。"她还说愿在自己的有生之年看到新馆的建成和揭幕。信很长，搁下笔就累倒了。这封信很快送到了邹家华的手中。当天，分管国家计划委员会的邹副总理批示："拟原则同意立项建馆，规模大小另行商定，按资金可能安排建设进度，未建成前，暂时按现在情况过渡。"也是当天，邹家华又亲自打电话给冰心说："您的事我已经给您办了。"这让冰心露出了微笑。巴金的事就是自己的事，现在事情有了个眉目，她当然高兴。在中国现代文学馆的建设上，巴金和冰心两位老人总是南北呼应，终成大事。馆成，巴金的手模镶嵌在中国现代文学馆大门的推手上，每个进入文学馆的人，与巴金"握手"，记着这位发起建造这座文学殿堂的老人。冰心仍然是在背后，以她的灵魂，默默地守护这座文学殿堂。

十、以猫为伴

《我的一天》中，上下午各有一次喂猫的描写，这猫便是咪咪。看看冰心对这只猫的描写：

> 这只小白猫，叫"咪咪"，雪白的长毛，眼睛却不是蓝的，大概是个"混血儿"吧。它是全家的宠儿。它却很倨傲，懒洋洋地不爱理人。我当然不管给它煮鱼，也不给它洗澡，只在上下午的一定时间内给它一点鱼干吃。到时候它就记得跑来，跳到我书桌上，用毛茸茸的头来顶我，我给它吃完了，指着一张小沙发，说"睡觉去！"它就乖乖地跳上去，闻闻沙发上的垫子，蜷卧了下去，一睡就是半天。

（《漫谈赏花与养猫》）

这后一句话最是重要："在白天，我的第二代人教书去了，第三代人上学去了，我自己又懒得看书或写信的时候，一只小猫便也是个很好的伴侣。"

养猫便是为了给老人做个伴儿。

那时，民院的同事宋蜀华家的猫生了三只小猫，十分可爱。冰心曾经养过狗，也养过猫，岁数大了，对小生命更是珍爱。搬入新居后，养狗不行，养猫还是可以的。吴青征得母亲同意，将宋家的三只白绒绒的小猫藏在书包，回到家像变魔术似的，一只一只地抱出来，放在桌上。每一只都活泼可爱，冰心端坐桌前，小猫便在桌子上爬来爬去，有一只特别淘气，顺着老太太的手爬到了她的身上。冰心高兴地说，就这只了，就这只，你看，这猫还有名堂，尾巴是黑的，身上有三个黑点，这叫"鞭打绣球"。老太太当即还为它取了名字，就叫咪咪。夏衍是爱猫一族，因为住四合院，早早就养猫了，"文革"前曾养过两只小黄斑，夏公落难，关进秦城监狱，一关就是好多年，猫也老了，但都顽强地活着。直到夏公出狱，猫远远闻到了等候多时的主人味道，从角落步态蹒跚走过来，夏公还未坐稳，黄猫翘起尾巴，轻勾裤腿，围脚转圈，然后蜷曲在夏公的脚边躺下了。夏公好动感情，将离别多年的爱猫抱到怀里，但当夏公抱起的时候，黄猫已经死了，它就是要等到主人回家的那一刻！冰心听了这个故事，落泪了。夏衍听说谢老太太也养猫，非常赞成，专程前来探望。冰心得意地告诉夏公，您看，多漂亮，那黑尾巴可以够得着身上的三个黑点，这叫"鞭打绣球"。夏衍对猫可有讲究，说："且慢且慢，这种长相的猫可能还有一个名字，等我查了猫书再告诉您。"夏衍回到家，立即翻出猫书，果然，还有一个名字，便打了电话告诉冰心说："老太太，您说'鞭打绣球'，也可以叫"拖枪挂印"，这名字是不是更堂皇一些？"

咪咪来到谢家，冰心说，她只负责和咪咪玩，最多喂喂猫点心、干鱼片什么的，煮鱼、洗澡、梳毛、搔痒痒、打屁屁都是吴青与陈恕的事。他们之间也特别地亲、亲昵地称"我们的小儿子"，下班回家，第一句话不是问候老妈，而是问："我们的小儿子呢？"这时，咪咪便会从老太太的房间里窜出来，知道有东西吃了，耍娇要吃，饱餐之后还要黏在一起，躺到"爸爸"或"妈妈"的怀里，晚上就睡在他们两人的中间。但是，如果咪咪有个伤风感冒什么的，老太太可是急，催着它的

"爸爸""妈妈"上医院，回来问这问那，可是仔细，比对第三代还关心。所以，家里人说，咪咪是"一等公民"，他们第二代、第三代都是"二等公民"，谁都没有咪咪的地位高。

咪咪到谢家不久，老太太便以其为题材写过一篇小说《明子和咪子》，对咪咪的到来有过很详细的描写，其中有一段是非养过猫的人写不出的，她写得很传神。冰心养猫，本是为了做伴儿，在晚年孤寂的时光里，有个相伴的生灵。咪咪不仅为她带来欢乐，还带来安慰。一次在与某报社的电话里，得到一个令其十分生气的消息，老太太放下电话，推了助步车，回到卧室的书桌前，胸中的气愤未消，心跳加快。就在这时，咪咪跳上桌面，望着主人的脸色，感觉有些不对，便将后腿顶住桌面，前爪搭在主人的胸前，用踩奶的方式，轻轻地来回踩、按、摩，两只深情的眼睛一眨不眨地凝视着主人。如此持续了许久，老太太才轻轻地用手抚摸着咪咪的长毛，舒了一口闷气，咪咪这才蜷缩到主人的身上睡去了。老太太很感动，觉得咪咪真是"善解人意"，不知从哪儿学来的"察言观色"，以后，每逢烦心事，咪咪总会出现，踩呀按呀，消气解闷，给予安慰。联系夏衍家黄猫的故事，老太太曾细细地思量过猫界的事，觉得神秘莫测。

咪咪带来的欢乐更是说不尽。冰心著文，咪咪坐在一旁观看，时不时还用爪子指指点点，意思是那空白处可写，等老太太完成一页，它会对着满是黑字的手稿盯看半天，然后满意地"喵喵"两声，意思说很好很好！我曾为冰心的一张照片配说明词："老作家认真写作，猫博士仔细审阅。"猫的习性慵懒而高贵，但咪咪有时却很勤快，冰心说它是"人来疯"。家里来了客人，和主人交谈，咪咪一点也闲不住，跳到桌上，立在主宾视线的中间，如在客厅的沙发上，无论旁边坐了什么人，它都要挤进去，并且不时地要发表意见，"喵喵"几声，相机一举起，客人还未站好，咪咪便跳了上去，选择最能出镜的位置摆POSE。还有陈钢为姥姥拍照，也是少不了咪咪，一段时间，咪咪的玉照随着冰心满天飞，知名度可高呢。舒乙笑言，咪咪成了谢家最大的明星，最少有一个亿的追星族。一次，我要挑选一张照片，为《冰心作品选》做封面，舒乙说，选有猫的，老太太一准喜欢！"我的相簿里，几乎全是咪咪。不但如此，我的朋友们知道我爱白猫，于是送我的挂历、台历和贺年、贺生日的卡片上，都是白猫，有的卡片上的猫还有白毛！我的屋里几乎是白猫的世界。"（《咪咪和客人之间》）舒乙编了一本《冰心近作集》，封面上除了冰心喜爱的玫瑰花，还有咪咪，吴青就说："这本书的稿酬，应该归咪咪！"

咪咪是公猫，公猫必发情，一次情动，不辞而别，满世界找朋友去了。整一天没见着咪咪的老太太可急坏了，令陈玙大姐四处寻找，到了第二天上午还无踪影，老太太终于控制不住了，大哭，哭过，取出笔纸，繁简并用，上书：

> 尋貓：本人不慎走失白貓一隻，頸帶白色項圈，黑尾巴，身上有三個黑點。有尋見者，請通知教授樓 34 單元 3 號，或電話 890771—分機 433，費神之處，不勝感激。
>
> 失主啟
> 1989 年 10 月 21 日

一连写了好几张，又令大姐速速张贴。这一张贴，惊动四邻，猫没有寻得，"寻猫启事"却不见了，一看那隽永的字迹，那电话号码与门牌，便知是谢老太太的字，"冰心的字可有价值呢"！所以，见者便会小心地揭下收藏，当然猫也是会留意的。直到第三天的中午，小保姆在厨房做饭，见到对面屋顶上有只猫游荡，那身影，不就是咪咪吗？连忙冲下楼，老太太则在厨房这边苦唤，咪咪这才回头回家，"流浪了两天，变得蓬头垢面"。老太太心痛得不行，赶忙命人洗澡、吹风，抱在怀里，破涕为笑。

文人多爱猫、养猫，咪咪的知名度日隆，稿约也就纷至沓来。作家林斤澜也养猫，一次代《东方纪事》向冰心约稿，并且点名谈"养猫"。老太太却说，她不养猫，咪咪是吴青与陈恕养的，与她无关，只得将观察来的"养猫"的事儿说一说，最后竟冒出了句"咪咪现在四岁多了。

听说猫的寿命一般可以活到十五六岁。我想它会比我活得长久"。两件事后来都一语成谶!

冰心最后一次写咪咪是在为其辩正。"有好几个年轻朋友写我的访问记,都说我书桌上爬着一只雪白的波斯猫,我要声明一句,我的咪咪不是波斯猫。波斯猫浑身雪白,从来没有杂色的,猫眼睛是蓝色的,也有一只是黄色,另一只是蓝色的,我不喜欢波斯猫,因为一眼就看出它是一只外国猫。"显然,她不喜欢外国品种的猫,她说她的猫是杂色的,有"鞭打绣球"的雅号,有"拖枪挂印"的威武,后来还有"雪中送炭"之谓,这一切都证明它不是波斯猫。冰心在这篇文章中无意透露了一个信息,咪咪的点心,由鱼干变成了"猫饼干"。"猫饼干是一块像人字的有一分钱币那么大,是外来货,它极其爱吃,每逢我拿出那只小圆饼干盒,它就高兴得在地上打滚,然后就跳到我的书桌上来,吃完了就满足地蜷卧在我旁边,我要写字写信就得让人把它抱走。"(《我的咪咪不是波斯猫》)冰心所说的猫饼干,实际上就是后来广为使用的猫粮。二十世纪八九十年代之间,国内尚无生产猫粮的企业,猫粮是由冰心的孩子们或朋友从国外带回,所以她说是外来货。有一次她正以猫饼干喂咪咪,我在旁,不知什么话题竟然说到"以后这只猫归我"之类的话,所谓"以后"自然是指上述那句"谶语"。老太太说:"好呀,从现在起,你管咪咪的吃喝,我吃得简单,咪咪吃的可是进口饼干,得用外汇。"我当然爽快答应,老太太哪会真让我掏钱呢?

但是,老太太也有说到做到的。同样是猫,孩子们后来又抱来一只小的,根据冰心的标准,这可能是真正的波斯猫了,她不喜欢,并且不喜欢就是不喜欢,爱憎分明,连它的名字"奔奔"都不爱听。奔儿来家时,也是小猫,养过猫的人都懂得,小猫贪玩,大猫老猫爱睡。奔儿抱来,咪咪已有四五岁了,奔儿老要去逗咪咪,咪咪睡了又不爱玩,奔儿就去咬去追,老太太便认为这是外国猫在欺负中国猫,非常生气,一见到奔儿便赶,根本不让进到她的卧室,更不用说享受一等公民的待遇了,客人来了也没它的份儿。时间久了,奔儿一见到老太太便跑便躲,发展到后来怕见生人,胆子好像特别的小,成天只待在"爸爸""妈妈"

的房间里。老太太还写信告诉远在美国进修的大女儿："新来的猫，是陈钢从罗慎仪家抱回来的波斯猫，它太活跃了，总欺负咪咪，十分讨厌，我也不给它鱼干吃！"为此，吴青也有微词，说她妈妈特不公正，奔儿真是可怜，一见老娘就躲。但老太太依然如故，以至没有多少人知道冰心家还有另一只叫"奔儿"的波斯猫呢。

十一、再求民主

　　咪咪确实成了冰心暮年生命中的一道暖色与亮光。多年不得出门，"行万里路"本是她的习性，从未被病痛困住过，无论是国内的考察还是国外的访问，每一次都能成行，现在因腿脚不便困于家中，甚至在床上翻个身都得求助他人。于是，日渐生出了痛恨那一副失去了意义的"躯壳"，恨不得抛弃了这一副拖累了灵魂的躯壳。可是躯壳不存，灵魂安附？而此时的精神世界又特别活跃，虽足不出户，可人世的一切洞若观火。她说，她有许多的话要说出来，这是她容忍躯壳拖累的唯一原因。

　　自从实行改革开放的新政后，以经济建设为中心，使得国家安定、开始走向富强，但随之新的矛盾又出现了：教育缺失、道德失准、投机倒把、一切向钱看，官倒盛行、腐败不绝，官二代正在不择一切手段攫取社会的资源与财富、权力与地位……一个正在改革的社会、一个处于变化的时代，出现问题不足为奇，只要正视，接受人民的监督，听到人民的意见，许多问题都可以在改革中解决。冰心"五四"时期便持社会"改良"而非"革命"的态度，现在更是赞成改革，"改革"也即"改良"。一次，与新华社记者郭玲春谈话，说到一些作家的作品远离现实，她很不满意，说，这十年，文学繁荣了，女作家，年轻作家，从农村成长的作家多了。但是，与生活不切合，或不知人间甘苦，带有幻想色彩的文章却是不可取的。她希望多写一点儿社会上的实况。所谓"实况"，冰心解释说，那就是"写美好的，也揭露不公平的现象"。"不要为写作而写作"，她这样要求年轻一代。"我也从来不应酬编辑的。倘若他们限期或者出题，我就不干。"冰心说，她再不能退回去，二十世纪五六十年代的情况不一样，那时为了生存，现在她不怕了，她应该站出来说话，作为作家，她要有良知。她认为，无论是改革开放之前，不让知识分子思想，还是改革开放之后，不让知识分子说话，都是对"五四"精神的反动，她要从"五四"的立场出发，说一些应该说的、必须说的话。

躯壳的痛苦常常被心灵的飞扬所驱散。

一九八八年底，中国民主促进会第八次代表大会在北京举行，由于年龄上的原因，冰心卸下了副主席，又鉴于她的影响与威望，尤其对民进建设所做的贡献，大会推举其为名誉主席。这是民进历史上第一位女性名誉主席，也是本届唯一的名誉主席。大会结束后，冰心坐在手推车上接受了记者的访问。当有记者问道："谢老，您被民进的同志推举为名誉主席，有什么想法呢？"冰心坦然地回答："我老了，做不了多少具体事情了。"随后便提高了声调，"但有一个想法，非讲不可。这就是：民主党派要同共产党肝胆相照，荣辱与共。同时，还要敢于民主监督。民主党派不要光是中共一号召，就举手同意，要认真、负责地对中共和政府的某些腐败现象进行批评、监督，真正地发挥民主党派的作用。"冰心的民主监督、对中共腐败现象进行批评、监督的话，在一九五七年之后的任何的民主党派中，都难以听见了，冰心在记者面前直言，也是给全体民进会员的鼓励。当听说民进"八大"开得很活跃、民主气氛很浓时，她高兴得连声说"那好，那好，越讲民主越好。这就是进步"。

其后新当选的副主席冯骥才、邓伟志在楚庄的带领下，专程拜访了冰心。见到三位民进的新领导、同时又是熟悉的朋友，冰心兴致勃勃，侃侃而谈，说："既然我们已经是'同党、同志'，我就有什么说什么……"她这一说可不得了，"民主党派用的是纳税人的钱，用的是人民的钱，一定要为纳税人服务，为人民群众说话。不为人民说话，就不成其为民主党派，就没有存在的必要"。一九五七年之后，敢说民主党派用的不是共产党的钱？冰心正本清源，将"人民的钱"这一简单的事实点破，这让已是著名作家的冯骥才都眼睛一亮。在谈到多党合作的十六字方针时说："'长期共存'是权利，'互相监督'是义务。现在，在监督方面比较弱。"之后，更是语出惊人，奉劝年轻人胆子要大，说，巴金的胆子就很大，要向他学习，并且将话引到自己的身上，"毛主席讲，说真话要有'五不怕'。第一不怕离婚。我谢冰心现在已经没有婚姻可言了。第二不怕开除党籍。我不是党员，不存在开除党籍的问题。我是民进会员。请问三位副主席：你们会因为我讲真话，开除我会籍吗？"三位副主席都笑了起来，"你们笑了，看来你们不会开除我，那我就要再往下说"。邓伟志后来在写纪念文章时说，冰心前辈的"高见"，都是难得听见，甚至闻所未闻，真正的振聋发聩！

在讲过"两不怕"之后，一九八九年就到了，这可是一个不平常的年份。这年是"五四"运动七十周年纪念，冰心在这年接受了三次重要的访问：

先是上海《文学报》捷足先登，记者先自述，并言明："冰心是'五四'运动的积极参与者，是至今健在已不多的'五四'运动的见证人。"

之后便是冰心了：

"是'五四'惊雷把我震上了写作的道路。"冰心缓缓地回忆说，"当时主题是反对'二十一条'，反对列强，科学与民主是以后才提出的。前些日子，我写了一篇《七十年前的"五四"》，七十年过去了，依我看，科学进步要比民主进步快一些。"她轻声细语地说着，但她的眼神却无法掩饰她内心的激动。

"中国文盲太多，知识水平太低。今天承认教育问题的失误能解决多少？"她从书桌上取过《群言》第四期，翻到《提高教师工资乃当务之急》一文，递给我。那上面，她划了许多杠杠，写着几段批语。

"你看看这张表，联合国教科文组织的统计表，这几十个国家的教育投资，我们是倒数第一。说要大家过紧日子，可有的人不过，花几十万外汇进口豪华轿车，这些钱不搁在教育上，也不投在中国的汽车制造厂，他们想干什么?! 老百姓做不了多少主。"她摇摇头，叹了口气。

"科学与民主是我们七十年前所希望的，"她又接着说，"注重科学，它立即会有经济效益。但也应看到，今天的教育是十年后的经济，特别是中小学教育，教育不上去，民主就没有扎实的基础。我很担心，到二十一世纪中国九百六十万平方公里会变成文化大沙漠。但我很幸福，活不到那么长，看不到了。"

（江迅《"五四"前夕访冰心》）

之前冰心单谈教育，这回将教育与民主搁在了一起，两个重要的观点必须提示一下：国家的钱搁不到教育上，为什么，因为人民做不了主，缺乏民主，他们只凭自己的意志行事；教育上不去，民主也就没有基础。这是远见！当我们今天一谈到民主时，便有人振振有词，说中国人目前的水平与素质还够不上"民主"。所以，冰心在多年前便发出了教育上不去，民主无基础的警示。这个报道最后写道："冰心说，科学与民主是我们七十年前所希望的。七十年过去了，科学要比民主进步快一些。我们多反映人民心愿，体现更多的民主，这正是热爱祖国。"同时发表了冰心为《文学报》题词："我们多多反映人民的心愿，体现更多的民主，这正是爱祖国嘛。"

教育、民主与爱国，并将其连接在一起，是《文学报》访谈冰心的主题词。

《科技日报》当然要来。科学是"五四"两大命题之一，而科学是需要人才的，记者在颂扬了冰心一番之后，立即切入正题：

"现在知识分子不受尊重，待遇也低，这对于中国的前途真是不堪设想。前些天《人民日报》转发了我写的《无士则如何》，现在只说无农不稳，无工不富，无商不活，无兵不安，可无士又怎么样呢？士，就是知识、文化、科学、教育，就是知识分子、人才。农、工、商、兵，不受教育，没有知识，都兴不起来。我只希望领导者和领导部门谛听一下普通群众、普通知识分子的心声，尤其要重视'无士'的严重而深远的后果。

"我现在写文章多半是针对教育问题的，因为教育的确是成问题。打个比方，'民以食为天'，作为当家人，一个主妇，安排生活总是从有限的收入里先把买米买面的钱划出来备好，然后才是冰淇淋、水果什么的，有余力时再买。作为国家领导人，也应把教育放在与米、面一样的地位，当作主食对待才好。不能总是口头上说'教育是百年大计'，可一到实施起来，总是先搞经济什么的，把剩余的钱再搞教育。这跟日本正相反。日本说，'今天的教育就是十年后的经济'；我们是'今天的经济十年后的教育'，差得太远了！所以说'脑体倒挂'嘛，你现在培养不出人才来，将来怎么办？"

八十九岁的冰心老人思路敏捷，谈吐清晰，一番滚烫的话语，表露出忧国忧民的赤子之心。她与我谈起她前年发表的那篇产生轰动效应的《我请求》的文章来，对发表时删去了关于日本文部省（教育部）一九八四年作出的有关教师待遇要高于一般公务员之上的规定的一段话颇有不满，她说：

"这就是讳疾忌医呀，人家的好样子你不学，难道还怕国人知道？中国人口占世界人口的百分之二十二，可教育经费在全世界国家里却是倒数第二。美国每四个人里就有一个大学生，而我国每四个人里就有一个文盲，多么羞耻呵！我作为一个中国人简直都无地自容！"

老人动情了，她那张慈祥和蔼的脸上布满了忧虑激愤的神色，睿智的目光也严肃起来：

"七十年前'五四'运动，我们就提出科学与民主，可现在还是不行，就是没有重视教育的力量。没有教育，就没有知识，而没有知识就根本谈不到科学与民主。其实民主也是科学中的一种，不懂科学只能是惟命是从。封建主义在中国始终没有被打倒过，科学观念太薄弱。你们《科技日报》更应该提这个问题。

"我记得古人说过：'为政不在多言'。中央关于教育工作座谈会已开过，说的话就要抓紧落实。身教比言传更重要。我们今天纪念'五四'，还是要大声疾呼：要让德先生、赛先生在中国这个古老的土地上生根、发芽、开花、结果。如果不重视'士'，不重视科学、教育、文化，德先生和赛先生就成了空谈，现代化也会流于纸上谈兵。"

冰心先生坐在硕大的写字台后面，明亮的阳光从玻璃窗里射进，洒在她花白的头发上，一片银辉。我感到她那纤小的身材那般伟岸、圣洁。这位从"五四"时期开始握起一支"为人生"的笔的智慧恬静的女作家，在她走过七十年坎坷的创作道路时，仍以顽强的生命活力和蓬勃的创作激情关注着社会进步，全社会都敬重她。

（黎玉华《一片冰心在玉壶
——访"五四"时期文学老人谢冰心》）

冰心在这个谈话中又有了发展，民主是科学的一个部分，不懂科学、没有知识便是"惟命是从"，就谈不上民主。这个道理被冰心言简意赅地说了出来，却没有引起多少人的重视，尤其是那些只讲民主的人的重视，实际上，在冰心看来，教育、民主与科学是一个现代社会三位一本的系统工程，缺了哪一环都不行。蒋介石曾在"民主""科学"之前，加上"伦理"一词，尽管胡适不赞成，蒋介石依然反复提起，台北的中正纪念堂至今高悬着"伦理""民主""科学"三面大旗。而所谓"第五个现代化"——民主现代化，也可以说是从系统角度来论述问题，只不过使用的语言不同罢了。

《文艺报》记者晓蓉来到谢家，天安门广场前已经浩浩荡荡。虽已是春天，但冰心的表情凝重，神态若霜。

"五四"七十周年前夕，敬爱的耀邦同志离我们而去了。我心里非常难过。每每提起，都要落泪。他虽然死了，虽死犹生。因为他将永远活在人民心里，活在中国文化人心里，活在我们作家心里。

"科学"与"民主"是"五四"的两面旗帜，是"五四"精神的精髓。七十年来，科学有了发展，但民主却远远落后于科学的发展，其原因很值得我们反思，其实，没有民主，科学无法发展，教育也无法发展。今天，不是承认教育没抓好是失误吗？

七十年前"五四"运动时，我还只是一个不满十九岁的大学预科生。当时的目的很明确，就是反对日本帝国主义，反对签署卖国条约。那时工农群众跟学生联合，因为我们的总目的很一致：爱国。我们说"请不要卖日货"，他们就马上把日货从柜台上拿下来。天下兴亡匹夫有责。爱国的文化人今天仍不应当忘记这点。

我还记得七十年前在天安门前看到的华表。纪念"五四"时有必要重提它最初是作什么用的。古时，华表叫作"谤木"，就是立在领导门口，老百姓有什么意见就贴在上面。古人说，"天听自我民听，天视自我民视"，就是说，民意代表天意。天的声音你怎么听得到呢？你就听人民的声音吧！天正在注目什么呢？你就看看人民的眼光吧！可是后来华表像石头狮子一样成了装饰品。

（晓蓉《冰心：民主落后于科学的原因值得反思》）

晓蓉第一次听到了有关华表最初的意义。老太太这回再次将民主、科学、教育放在一起，没有民主也就没有科学与教育，系统说再次体现，说明了冰心的深思熟虑。就在晓蓉回味的片刻，冰心像是想起什么，提了笔，成一联"天听自我民听，天视自我民视"，对着记者再解释了一遍，并说，这一联今天最适合贴到天安门的华表、也就是谤木上去，然后直视了女记者一眼："你敢将它贴到华表上去吗？"晓蓉接过对联，低头说："不敢！我不想给您带来麻烦，不想给我自己找麻烦，也不想给《文艺报》惹祸！"

就在"五四"纪念日即将来临，全国对民主的呼声日益高涨之时，中国民主促进会决定创办《民主》月刊。这个刊物是一九四九年之前马叙伦为反对国民党独裁统治而创办的，停刊多年，民进在民主的声浪中，接过马老、郑振铎、徐伯昕的刊号，再举"民主"大旗，"促进社会主义民主政治，推动各项改革，建设精神文明，为爱国统一战线服务，使民进也有参政议政、发挥社会舆论监督的渠道和为知识分子广开言路的园地"。冰心极是赞成《民主》的创刊，赞成《民主》的办刊宗旨，但是，老太太心生疑虑，民进能办好这个刊物吗？她说："近日来常有报刊的记者来采访我，要我谈七十年前'五四'的情况，也不免要谈到'科学'和'民主'，还问我七十年以后的'科学'和'民主'比七十年前的，有没有进步？我说七十年过去了，当然应该有些进步，但是我觉得'科学'上的进步比'民主'快得多。"这就是她疑虑的原因，但是，冰心还是认为，民主并不是太复杂的事情，主要是执政党和政府，让老百姓知情，让老百姓说话，现在连这个都做不到，"民主"如何做得到？"我认为，对整个国家来说，透明度越高，凝聚力就越大，这样才能万众一心地把国家搞得繁荣昌盛起来！"

十二、依然故我

一九八九年天安门广场事件之后，韩素音来到中国，刚入北京饭店，首先打电话，询问近情。冰心回复老朋友，她很好，"文革"都过来了，现在还过不去？海外的许多朋友来信询问，有的通过朋友打听，冰心笑着说，不会传她又死了一回吧？吴冰得到富布赖特（Fulbright）基金资助，与李志昌在美国进修，一封又一封信来，老太太平静地告诉女儿："如今我寄信告诉你，此间已一切平静，生活如常，我们也从来没有什么惊扰。我们吩咐孩子们不要出去，我自己当然从来不去。亲戚家也没有什么，老二腰摔了，只在家给特班的学生上课，并已偕陈恕晚上出去散步。丹丹、冰冰有时也不来（吃）晚饭，也不打电话，我们就打电话去。总之，他们都好，冰冰说是功课忙，丹丹有朋友等，反正他们住得远，你们又不在家，我们鞭长莫及。"并且告诉他们，"外语学院早就放假了，学生都走了，北京学院除了中小学，无形中都放假了"。老太太一个不漏地给远方的亲人报平安了。

冰心在情绪平复之后，继续以之前的风格写文章，思路都衔接着。她不是担心办不好《民主》杂志吗？到了十月，第一、二期的《民主》出刊了，大出她的所料，办得太好了，阅后用了"狂喜"二字来表达心情。"我为我写的那篇自卑的祝词，感到羞愧！我居然发出了'我们办得好这个刊物吗？'这种'世事洞明''人情练达'的疑问！"九十岁的老人什么事没有见过，竟然会为一本刊物"狂喜"，因为在她看来，这里的文章实在太精彩。首先是柯灵的《幸存者的足迹》，题目就很有意思，"幸存者"，什么时候的幸存者？打开一看，说的原来是夏衍。"夏衍同志是我的老朋友，他也送过我一本《懒寻旧梦录》，我也细看了，知道了许多本来不知道的事，感触也很深，但那些旧梦都已过去多年，不寻也罢。我倒是同意柯灵同志所说的：'我们期望能看到旧梦以后的新梦。'我想'新梦'定比'旧梦'难写多了！"之后是江北的《黑色的星期六》，纪念胡耀邦的文章。"读了使我泪下。正像胡耀邦同志夫人李昭所说的那样，他'为党为人民操劳了一生'。我自己特别感受到的是他为千百万个错划为右派的知识分子改正了冤假错案，使这些本来就不被人重视而又打入地狱的臭老九，重见了天日！"其中有这样一句话，被冰心放大起来，"从天安门到八宝山，十五点五里长的街道两旁，到处挤满了人，宽阔的十里长街，再一次记录下一个悲哀的史实"。这是送别胡耀邦悲壮的情景，八宝山之后，骨灰便要离京，送到江西德安的共青湖安葬。冰心将"再一次"三个字又放大："这里说'再一次'，指的是上一次悲痛的'十里长街'，是一九七六年千千万万的人民，号哭着追送周恩来总理灵车的动人场面。"并且引申道，"这时我想：第三次这样的'十里长街'，会什么时候重新出现呢？"这是一个疑问句，也是一个否定句，冰心在此是"借文发问"，引人深思。还有贺宛男的《一个非党副县长的心里话》，"我想请同志们细细地去重读一遍！为什么一个'非党'的副县长，她要为民主政治争气，却弄到了'欲干不能，欲罢难休'的痛苦境地？为什么中青年非党从政者中不少发出了'要从政，一定要入党的声音'。现在的中国的执政者，当然是共产党，但是非党人士不也是中华人民共和国的公民吗？为什么只能'该握手时握手，该举手时举手，该拍手时拍手'呢？这是我们中国的公民们应该严肃地思考的问题"。明白地表达了老太太对非党领导干部成为摆设、从政而无实权的情况的不满。还有金性尧《功臣不可为》，"是读了故宫博物院印过的汪景祺的《读书堂西征随笔》里谈到的一些'功高震主'而不得善终的事实"。这个主自然是古代所说的君王、君主，但冰心打通古今，"使我想到那个'主'，所关心的只是自己的权力，而不是人民的好处，所以'飞鸟尽，良弓藏；狡兔死，走狗烹'，是古来枭'主'心中不易的真理，从近代的世界史看来，又何尝不是如此"！冰心将这个"不易的真理"的圈子放大至世界，实际上联系到她的一篇文章中提到的周恩来、胡耀邦，则可断定为她是以中国、以"文革"垫底的。

仅在创刊号上便有这么多精彩的文章，第二期跟上，徐章英《关于教育问题的某些思考》，冰心认为"也值得细读"。她说引用文章里一段"老调"，"就是每次领导上作'政治报告'，必有一句：'百年大计，教育为本'，但是在分配'经费'时，却总是'一工交，二财贸，剩下多少给文教'。这是不是'上有政策，下有对策'呢，中国的公民们也要弄个明白"。还有作家赵丽宏的《友尊》！冰心称之为"举发性"的文章："一个博物馆警卫居然变成了博物馆革委会主任。他和'四人帮'时期的康生一样，'都是抄家物资，凡是有点古气的，都集中在我这里了'，'由我一人掌管，旁人不得过问'，骄横之气，使人发指！这使我想到至今还没有下落的我的被红卫兵们抄去的郭老、茅公和老舍先生夫妇送我的字、画、扇子等等……"在民主、教育与"文革"等问题上，依然是那个战法，借文发问，借题作文，借力发威，一点儿也没有变化，而且让人感到老太太真是不屈不挠、不忍不让，并且是老而弥坚。最后还表扬了一番编辑，"我佩服你们年轻人的勇气"，这种勇气是"既已办了，就要敢说敢言，反正我也无乌纱帽，不怕承担风险"。冰心接着调侃，说"我也没有乌纱帽，但是我老了"。并且用毛主席的话作为座右铭鼓励他们："世界是你们的，也是我们的，但是归根结底是你们的。你们青年人朝气蓬勃，正在兴旺时期，好像早晨八九点钟的太阳，希望寄托在你们身上。"（《喜读〈民主〉第一、二期》）

以后的《民主》成了冰心最爱读刊物，一次，杂志主编请冰心写个"新春寄语"，老太太爽快应承。她没有泛泛地写几句过年的话，而是动真格，一开始便抓住几年前《我请求》中被删除的那句话做文章，日本文部省公布，"中小学教师的工资，要在一般公务员之上"。"为什么要删？为什么我们不能和日本比？日本的科技、经济为什么这么发达？正因为他们重视中小学教育，重视教师和人才。日本一个小国，土地和我们的四川省差不多大，人口也只有我们的五分之一，资源也比我们少得多。为什么今天他们敢和西半球的、强大的美国比高低？只因他们重视教育，人才辈出。"她借助刊物上的《"肥"与"瘦"》一文，又做了引申："我记得我十岁左右，看到那时民办的报纸上有一副对联，是：'宰相合肥天下瘦，司农常熟百姓饥。'大概当时的宰相是安徽合肥人，司农是江苏常熟人，这副对联充分发泄了人民对官'肥'民'瘦'的痛恨！""我自一九八〇年伤腿后，闭门不出已有十年之久。但我每月都到北京医院去做一次体检，在走过天安门广场时，看见人民大会堂门前停的小轿车，都是'奔驰''皇冠'等等，从前周总理和胡耀邦同志坐的红旗车，几乎没有了！我想若是用买这么多的外国车的外汇，去改进'红旗'的构造，那么我们的官员们也可以和印度、泰国的官员媲美，因为我知道他们从来不乘坐外国的轿车。"语言泼辣，且指名道姓，褒此贬彼，毫不客气。最后对民进的期望，更见风骨：

我常说，我们有和执政党"长期共存"的权利，就该尽上

"互相监督"的义务。我们要做对他们"促进"的诤友，不应该做一个只懂得"握手，举手，拍手"的被人漠视的、无足轻重的所谓朋友！

（《新春寄语——愿〈民主〉同人有话就说》）

之前，冰心担任全国散文与杂文的评委会主任，一九八九年一月六日至十二日评委会在北京召开。另一位评委会主任唐弢，在初评篇目出来后，专门去了冰心家，征求这次评奖的意见。正事谈过，便聊天，讲到胡风的事情，冰心突然说："最近我买了一部《十三经》，读了以后，才发现有很多深刻的话，古人都讲过了。我读了前几卷，有的不懂，如《周易》，有的太繁琐了，如《礼记》之类，只有《毛诗》还看得进去。一直看到第十三卷《孟子》，我心里忽然感到豁然开朗，没想到两千多年以前的古人，就主张'民主'，而且言论精辟深刻！孟子主张'与民同乐'，他处处重视'人民'，把'人民'放在'君主'之上。他说，国人皆曰可用，则用之；国人皆曰可杀，则杀之。这里的'国人'，就是'老百姓'，就是'人民'。凡事不能由'君王'擅自做主。孟子还主张君臣平等，他说君之视臣如土芥，则臣视君如寇仇。这话说得多么直接痛快！孟子还说：'富贵不能淫，贫贱不能移，威武不能屈，此谓之大丈夫。'他把'富贵不能淫'放在首位，足见'贫贱不能移，威武不能屈'凡是有操守的人都还容易做到，富贵了而能不被淫是比较困难的。因为富贵了必然有权，有权就有了一切，'一朝权在手，便把令来行'；有了权就可以胡作非为，什么民意，都可以不顾了！这些都是富贵能淫的人。富贵了而能不被淫的人，从我国几千年的封建历史上看，几乎数不出几个来！"唐弢当时觉得老太太的思想真是敏锐而犀利，但这些话如果写成文章，一定会有人认为她在隐喻、影射现实。没有想到，之后，冰心将与唐弢说的话，真的写成了文章，并且说得更有条理，民主的气息更浓，批判的矛头更锐，文章的题目就叫《谈孟子和民主》。从之前的谈话，到之后的文章，几乎没有变化，只是更条理，并且用白话来做注解，比如说到"君之视臣如土芥，则臣视君如寇仇"，冰心解释道，"意思是当君王把人民踩在脚下的时候，人民就可以把君王当作敌人"。她与唐弢谈话自然不需要解释，文章是给读者看的，而这一解释，便更加敏感、犀利了。还推荐大家找来这本古书，细细地读它一遍！

闲时，老人常自嘲："近十年来常常得到朋友们逝世的讣告，在'惊呼热中肠'之余，总会想起至圣先师孔老夫子的一句至理名言，就是'老而不死是为贼'。"她认为自己就是那个"贼"，想请她的老朋友王世襄刻一枚"是为贼"的闲章，时不时地警醒一下自己，但王世襄笑着摇头说："我不能为敬爱的人刻这种不恭敬的印章，在日本的时候，您和吴先生就是我的亲人呀。"冰心再托人，找到胡絜青，胡絜青开始也不同意，舒乙说老太太好玩呢。胡絜青这才去请一个职业的刻图章的人，并且付一笔报酬，"王老先生替我刻了，还亲自送来。我真是喜出望外"。这才果然有了"是为贼"的闲章，遇上最好的同辈朋友，才会使用，而同辈还有几人？所以，印章是刻了，用得却不多，用她的话说，主要是"聊供自警"！

曾经一段时间，文坛似乎一片沉寂，老太太的家却是热闹，这里可以说、可以笑，可以说真话、听真话。老太太像普度众生的观世音，几句话便可开导你的灵魂。那一段特殊时期，去老太太家的人——众！快到十月五日，冰心八十九岁的生日，喜爱她的人按捺不住，并且中国也有过九不过十的说法，于是，人口相传，大张旗鼓，准备为老太太庆贺九十华诞。

到了那一天，真是热闹非凡，小小客厅欢声笑语，寿贺连连。当时在场的周明做了生动的记录：

那天，是金秋十月五日，星期四，一个晴朗的、微暖的、灿烂的秋日。这正是桂子飘香时节，恰逢文坛大师冰心老人九十寿辰。从来不曾有过这么多人喜气洋洋地汇聚在她这小小的客厅里。而且，客厅里摆满了祝寿的字画、贺卡、礼物和鲜艳夺目、多姿多彩的花篮。

客厅里泪光融融，热气腾腾。前来祝寿的有她的老朋友，老作家，中青年诗人、作家，她的读者和少年儿童们。还有国家领导人和有关部门负责人。人们川流不息，络绎不绝。

今天，依然眼明耳聪、思维敏捷的冰心老人高兴地身披一条上面绘有福字万寿图的红丝巾，安坐在她客厅的沙发上，同前来拜寿的人们一一握手言欢。有几位在她作品哺育下成长起来的中年作家，还硬是扑到地上给老人家叩头。她用手扶起他们，一再婉谢。

（《心花传世多》）

文章具体地记述了胡絜青特意为她绘制的"祝寿图"，"瑶池果熟三千岁，海屋寿添九十春"；舒乙送来从老舍生前亲手栽植的柿树上采摘的鲜柿子，"其中一只柿子宛若寿桃。冰心手捧柿子，端详良久，百感交集"。臧克家、光未然，赵朴初也分别送来了热情洋溢的贺诗。赵朴初集李太白句赠曰："中间小谢又清发，南极老人应寿昌。"臧克家书道："论年纪你是我大姐，谈写作你是我的老师；你九十，我八五。老了？不老！我们都有颗赤子之心。"光未然的诗则表达了众多人的心愿，"冰心心肠热，心花传世多。预约十年后，再献祝寿歌"。还有艾青在夫人高瑛的陪同下，扶病来到冰心府上祝寿，冰心请艾青共饮一杯黄酒后，亲切地抚着他的膝盖说："你身体不好，怎么还要来。"这天，前往冰心家中拜寿的还有各界知名的学者、作家、艺术家夏衍、葛志成、陈荒煤、萧乾、刘白羽、范荣康、丛维熙、邓友梅、张锲、谌容、丁宁、吴泰昌、霍达、王为政等两百多人。作家严文井是冰心的老朋友，他最清楚冰心老人一生爱猫，便在这一天，特意送来一只可爱的黑猫，作为生日的礼物，冰心好欢喜哪！许多在海外和国内各地的朋友、作家发来贺函贺电，祝福冰心老人健康长寿。

周明在文章中还写道，他发现冰心脚下放着两盆精致的松树盆景，上面的红绸带署名是中国作家协会副主席冯牧。还有"著名作家、中国作家协会副主席王蒙和夫人崔瑞芳（几天后王蒙亲往补拜）托秘书送来一篮鲜花，红色绸带上写着：'祝冰心先生万寿无疆。'冰心关切地问：

'王蒙身体好些了吗？'秘书介绍说：'比过去好些了。不久前他在烟台养病时还下海游泳呢。'冰心不无欣慰地说：'那就好。请告诉王蒙我非常惦记他。'"老太太之所以专门问到王蒙，因为她一直将其视为知己。当得知李鹏在人大常委会上提出，为了尊重王蒙专心从事文学创作和文艺评论的意愿，免去他的文化部长职务的时候，冰心一方面为王蒙高兴，一方面也为在这个时候的免职抱不平。王蒙之后，暂无部长，由中宣部副部长贺敬之代替。此时这个代部长也来祝寿，同时还有李铁映，他们带来一盆飘香的缅桂。看到桂花，老太太说："我是庚子年阴历闰八月十二日出生的，也就是一九〇〇年十月五日，正是桂花飘香的时节，我很喜欢这种花。"此时的李铁映为中央政治局委员、国务委员兼教委主任，冰心呼吁重视教育的文章，多次提到他的名字。据周明的记载，这天冰心没有谈不愉快的教育问题，一任李铁映说话，"看到你的身体这么健康，我们的文学事业就有希望了，祝你活到百岁，跨三个世纪，这是我们文学界的一大福。你集'五四'到现在七十年的文化传统于一身，创作了许多小说、散文、诗和儿童文学作品，又搞翻译，介绍了外国许多优秀文学作品；是'五四'新文化运动中涌现出来的第一批作家，也是现代女作家中最早的卓有成就者。读者不会忘记你，我们不会忘记你……"这里所说的"读者"与"我们"划得很清楚，"我们"当然指的是他所代表的官方。贺敬之本是诗人，但他的诗与冰心的诗，可谓是"国统区"与"解放区"的区别。这天贺敬之动情地赞美了冰心，说"冰心老人的作品影响了几代人，哺育了几代作家。而且老人的作品在海外也产生了深远的影响。老人健康长寿就是文学界的福"。当李铁映关心地问起冰心生活上还有什么困难时，老人风趣地说："目前的困难是这屋子里的花太多了。我现在是'屋小于舟'，'春深似海'啊！"

邓颖超作为老朋友送来了贺函，费孝通、雷洁琼自然前来祝寿，冰心对他们表示了衷心的感谢。胡乔木拜寿，提前了两天，十月三日，胡乔木带了贺词与花篮，为谢冰心老师拜寿，送上了亲自题写的"文坛祖母，冰心老人，九十大寿，一片天真。胡乔木敬奉"。"文坛祖母"的评价不可谓不高，"一片天真"不可谓不纯，且以学生的身份出面。冰心一般不接受别人称其为老师，但胡乔木不同，他在参加革命前曾就读清华，吴文藻、谢冰心都曾在清华任教，所以，接受了胡乔木一直以学生身份称两位为老师的习惯，有时称师母，冰心也接受。

巴金的花篮是一色的玫瑰，九十朵玫瑰花。巴金在给冰心大姐送了大花篮的同时，还从上海写来了诚挚的贺信，信中说："九十岁！您并不老！您的文章还打动千万读者的心。最近我常常想，您好像一盏明亮的灯，看见灯光，我们就心安了……"看到巴金的花草，冰心最是兴奋："巴金最知道我的心思，我最喜欢红玫瑰，不但颜色好看，有风姿、风度，而且带刺，有风格、风骨。"

十三、现实与梦想

天安门广场事件之后，一些活跃的刊物相继被整顿、被停刊。当袁鹰写信告诉冰心，《散文世界》等四个刊物停刊的消息时，冰心说，那是意料中事。老太太不仅是这家刊物的顾问，主编袁鹰和编辑人员都是她的老朋友，冰心也不光是刊物的一般作者，而是"想到就写"专栏作家，有了好稿便交他们发表，《无士则如何》便是发表在这家刊物上的。对于这样一家并非政治、也非时事类，只是有的散文偶有议政议时的刊物，也不允许其生存，心里真是寒意顿生。但在晚辈面前，她还得豁达、放松，当袁鹰在信中引用了"无可奈何花落去"表达无奈的心情时，冰心则接了下句，"总归还有'似曾相识燕归来'的时候"，并且说，"我们乐得休养一下"。但这故意"轻松"总还是有些不自在，便又将自己拿出来开涮一下："您祝我健康长寿。我长寿而并不太健康，长寿就是长受（罪），奈何？"而在巴金的面前，却又显得坚强："你说'存在就是力量，活下去就是战斗'，同时你要活下去，便得积蓄力量，多吃多睡，否则就不行了。"两个曾经南北呼应的老作家，现在又在默默地相互鼓励，在这里使用了"活下去""存在""战斗"等字眼，令人肃然起敬，这也让人理解了她对袁鹰说的"休养一下"的含意。

但现实依然严峻。就在一家家刊物撤换主编、更换班底，一家家刊物被整顿、被停刊之时，冰心的稿子也发不出去了。删改稿子的"第一回"刚刚过去，现在又遇到了用不出稿的"第一回"。有篇叫《神来之笔》的稿子，写好后本想给《人民文学》，周明拿到稿子不像之前的兴奋，犹豫再三，主编易人，他没有把握，于是，冰心告诉他，寄到上海去，给《收获》杂志，但这个稿子最终没有发出来，就是在"全集"连目录也不存。不知道这篇写于一九九〇年初的文章，触犯了什么天条？再就是《文汇月刊》停刊。这是一家在文学、文化、新闻界和社会上有着广泛影响的刊物，上级只一纸公文，说停刊便停刊了。

停刊的消息公布后，编辑部的人都很激愤，但也是无可奈何，便想着来一个有意味的告别，出一本停刊号，也算在中国出版史上留下一笔。并且设想，停刊号邀请巴金、冰心这样一些平时十分关心刊物的重量级作家写文章，编辑嵇伟主动请缨，向冰心约稿。冰心的稿件应约而来：

> 《文汇月刊》的编辑嵇伟给我来了一封信，大意说我们文汇月刊，奉命在第六期以后停刊了，要我写一篇散文，算是月刊对读者的告别纪念……
>
> 这样的信不是第一封了！今年北京也停办了好几种散文刊物，编辑们向我慨叹地说：这是"无可奈何花落去"。我回信说：你忘了这首词的下一句："似曾相识燕归来"。这是多么乐观的、充满了希望的诗句！
>
> 说到告别，我觉得中国人的"告别"也比西方人乐观，来看我的外国朋友走的时候说"拜拜"——别了，而中国朋友却总是充满乐观地说"再见"。
>
> 但是，在西方，就说英国吧，诗人雪莱，在他的《西风颂》最末的两句也是充满了向前看的乐观，他从秋天一直写到冬天，还快乐地说：
>
> 如果冬天来了。
>
> 春天还会遥远吗？

我要引用这两句诗，作为《文汇月刊》对读者的告别纪念！

恰如一些刊物编辑的感觉一样，多么好的文章，可是细一想，便也觉得"烫手"了。题目就叫《"如果冬天来了"》，将当前的时局比喻为严酷的"冬天"，这样行吗？文章果真登在"文汇"的停刊号，那才叫绝呢！果然，一送审，便被压下来了。退稿？这对冰心这样的大作家是多大的不敬！于是，编辑想出一个办法，自作主张地将冰心的稿子删改了一番，变成了一封作者来信。这种改动，编辑出于职业道德，不敢擅自发表，便将删改后的小样寄给冰心"过目"，说是"非常时期，只有用这种'非常办法'，无可奈何。还望先生您谅解"。冰心看过删改后的小样，如何谅解呢？这已不是她的文章了！立即回复，拒绝刊登。直到这年九月，收到编辑的道歉信，冰心才在心里原谅了他。

上海本是文化重镇，是开放的大都市，但这一回，不仅是巴金说的他喜欢看的《世界经济导报》停了，《文汇月刊》停了，《文汇报》也要改版，在这里，冰心也开有"想到就写"专栏，编辑的改版来信让她感觉到"也许不需要那些随便乱写的文字了"，便也自动将专栏停了。

之前，冰心曾对自己的"躯壳"有过抱怨，甚至诅咒，抱怨病痛的躯壳拖累了精神，恨不得抛弃那个躯壳，那时，碍于精神无依托，有许多的话要说，有许多的文章要写，没有躯壳如何行？便也迁就了躯壳。现在，这个哈姆雷特似的问题又一次严峻地提出来了，冰心的文章竟也无处发表？冰心的文章竟会被人任意删改？这对老太太来说是太严峻了。她对外国的记者说，她现在依然写作，因为欠的"文债"太多。但对大事不发表意见了，只就一些小事写点儿小文章，应付索稿者。这与前一段为教育、为人才、为民主大声疾呼的冰心，判若两人。既然精神不能发力，抛弃躯壳的念头又冒出来了。她对巴金说："我坐着写字，谈话，一切和好人一样，一站起来，就全身都瘫了！一点劲儿没有，我真恨自己的身体……"她给在美国进修的大女儿写信说："每月仍赴医院一次检查，一切尚好。不过总盼你们回来，两年多了，我也有些事要同你兄妹安排安排。年纪到了九十的人，总不会太长久，而且我真觉得活得很累。""说来已经十年，这十年日子不是好过的。坐下还好，站起来就是个废人。""有时夜中醒来，真想解脱了去，这样不但身体拖累了精神，也拖累了别人！""我羡慕那些得了急病的人，一下子就走了。""得了一种头晕心慌全身战抖的病，总之我近来常想，老而不死，很无聊。身体拖累了精神，身体又拖累了许多人，不如死了，大家都安顿。"

冰心这里说的"有些事要同你兄妹安排安排"，指的就是她的后事，就在这一年，她公开说，已经立下了遗嘱，对后事有了交代。

然而，九十岁的人主动去结束自己的生命，也不可能。况且家人照顾周全，且都无怨言，外面也会吹进几阵和煦的春风。当"双百"方针发表三十五周年的时候，她爱读的《群言》杂志向她约稿，她的精神又振作起来，思想又活跃开来：

在我们的想象里，"百花齐放"是一幅多么鲜丽的画图；"百家争鸣"是一个何等痛快的场面！但是要"百花齐放"，必须有风和日丽的"天时"，也要有阔大肥美的"地利"。"百家争鸣"也要有据理力争（这"理"是对国家对人民有利的理）、畅所欲言的自由激发的论坛。

提倡双百方针的领导者，必须布置安排下一个能促成"齐"与"争"的空气和环境。

我的手边正放着一本《龚自珍全集》，随便翻开，正看到他的一首《咏史》：

金粉东南十五洲，万重恩怨属名流。

牢盆狎客操全算，团扇才人踞上游。

避席畏闻文字狱，著书都为稻粱谋。

田横五百人安在，难道归来尽列侯？（重点是引用者加的）

足见中国历史上已有了不少的"文字狱"！但诗人还有一首沉痛的呼吁：

九州生气恃风雷，万马齐喑究可哀！

我劝天公重抖擞，不拘一格降人材。

今天，我们不信天公，却相信人力。只要有"抖擞"起来的人力，那么，"不拘一格"的"人材"，自然会一群一群地"降"下来的！

（《关于"百花齐放百家争鸣"》）

文章刊出后，中国新闻通讯社播发了全文。香港《明报》在显著的位置转载，文前有引言：

著名作家冰心最近发表文章，呼吁领导者为中国的政治和文化发展提供"空气和环境"。她指出，"百花齐放"必须有"天时"和"地利"。而"百家争鸣"也要有据理力争、畅所欲言的自由激发的论坛。

（《中国政治文化发展，冰心盼有言论自由》）

无独有偶，这一年春节，严文井写信向冰心索字。熟人求字、索字已是平常之事，冰心本可以展纸提笔便写，但这一回却是十分的隆重，将少女时代在贝满中斋读书时集龚的记忆，跃然纸上。一口气写了八首绝句，完全凭着记忆。其中有"偶赋凌云偶倦飞，一灯慧命续如丝，百年心事归平淡，暮气颓唐不自知"。"少年哀乐过于人，消息都防父老惊，一事避君君匿笑，欲求缥缈反幽深。""卓荦全凭弱冠争，原非感慨为苍生，仙山楼阁寻常事，阅历天花悟后身。"这些诗句与她在《关于"百花齐放百家争鸣"》中对龚定庵的引用一样，表示了她那时复杂的心境与情感，少年的志气，经历的磨难，百年重重的心事，都集心头，也即是"时事沧桑心事定，胸中海岳梦中飞"的心境，但曾任人民文学出版社的社长严文井完全被老太太"真正的少作"弄蒙了。这些少女时代的集龚，今日和盘端出，深意何在？严文井受宠若惊却又不解其意，急令出版社古典文学功力深厚的林东海来做注释，并力主《当代》杂志，发表冰心"真正的处女作"。林东海拿到诗稿，取出《龚自珍全集》逐一查找，"因龚集至今未编索引，查找三十二句龚诗的出处并加以校核，殊非易事。虽说用的是死功夫，却也弄得眼花缭乱，晕头转向"。查找以死功夫还能办到，但如何解释诗中的用意，却也把这位古典文学的专家难住了，也是一头雾水，不解其意。只得以"同乡后学"的身份拜访冰心。谁知老太太轻轻地以一句话，将满腹的心事都掩盖过去："当时只觉得好玩，像玩七巧板似的，没有什么用意"，并令"你们也不要推测了"。这个"你们"当然包括了严文井的讨问在内。因而，林东海的注释只能局限于龚自珍的原诗，无法进入冰心的"集龚"。严文井的文章，倒是有了一些思考，冰心说"并无深意"，他则不信："但我这个穿凿成性的人有时又禁不住往龚自珍身上想。那个了不起的龚自珍，他反对'衰世'，叹息'万马齐喑'，想挽救被扭曲的'病梅'，颂扬'山中人'，喜欢王安石，支持林则徐，等等等等，是他的哪一种思想吸引了那个刚脱男装不久的少女呢？"（《一直在玩七巧板的女寿星》）这个拷问已经接近了冰心的深意了，但还在边缘，只是追问到冰心集龚的少女时代，同样忽略了重示集龚的晚境。实际上，冰心真正是"诗言志"的，她集龚的诗句不下几十首，挑出八首示人传世，每一句诗都可以读出她当时的思想与心情。这种情绪一直在心间漫延。在她得知一家新的散文刊物《绿叶》即将创刊时，欣然挥笔题字："绿叶是第一个给苦度严冬的'天下寒士'们，以最初的风和日暖的消息！题绿叶双月刊，冰心辛未冬。"

"只能写一些小事小文章"的冰心，此时开辟了另一道写作的风景，做梦和写梦。现实忌讳碰，梦想总可写："我梦见：我仿佛是坐在一辆飞驰着的车里，这车不知道是火车？是大面包车？还是小轿车？但这些车的坐垫和四壁都是深红色的。我伸着左掌，掌上立着一只极其纤小的翠鸟。""这只小翠鸟绿得夺目，绿得醉人！它在我掌上清脆吟唱着极其动听的调子。那高亢的歌声和它纤小的身躯，毫不相衬。""我在梦中自己也知道这是个梦。我对自己说，醒后我一定把这个神奇的梦，和这个永远铭刻在我心中的小翠鸟写下来，……这时窗外啼鸟的声音把我从双重的梦中唤醒了，而我的眼中还闪烁着那不可逼视、翠绿的光，耳边还缭绕着那动人的吟唱。"一个很美的梦,一个令巴金羡慕的梦,但梦总有个理由吧,冰心自我追问:"做梦总有个来由吧?是什么时候、什么回忆、什么所想,使我做了这么一个翠绿的梦?我想不出来了。"(《我梦中的小翠鸟》)

这也正是应了"日有所思,夜有所梦"的谚语,冰心说想不出梦的理由,其实,你只要联想一下她对"百花齐放、百家争鸣"的憧憬,便可解梦一二,向往着色彩缤纷的世界,这是冰心在大学时代演出梅特林克的《青鸟》时便悟出的,梦中的青鸟是一种幸福的憧憬,小翠鸟是自由的象征,这个梦不用弗洛伊德,也是可以解析出含意的。

如此解梦,并非我的牵强附会。自从行动不便,"失去自由"之后,"几乎每夜都做着极其欢快而绚丽的梦"。冰心在梦中遨游五洲大洋,会见新朋老友,从北京中剪子巷,至美国慰冰湖,从日本东京高楼中间凹进去的静雅的"福田家"小餐馆,到巴黎卢浮宫繁华的台阶上圆圆的大花坛,从罗马的博物院到飞机舷窗下望茫茫无际的沙漠,滚滚滔滔的尼罗河……梦中的灵魂,飞翔在空旷无际的自由世界,"这是我的躯壳所寻不到的"。冰心描述梦境的时候,也会告诉梦的"源头":"这些好梦要归功于我每天收到的、相识或不相识的海内外朋友的来信和赠书,以及种种的中外日报月刊。这些书信和刊物,内容纷纭繁杂,包罗万象,于是我脑海中这千百朵飞溅的浪花,在夜里就交织重叠地呈现出神妙而奇丽的画面!"现实的色彩造成了梦中的斑斓。她还做过一个梦,梦见自己有间面对太湖硕大的书房,她自己分析,这可能是由另一个现实引发的:"文革"之中,"老伴被挤到我住的九平方米的小屋子来,和我合用一张书桌。我们像小学生一样,并排坐着,一男一女,一人一个抽屉。我看书时他也看书,我写字时他也写字,我们总是互相干扰。我现在出不去了,只有盼望他出去开个会什么的,好让我有个独在的时间……是否在我的下意识里,曾希望眼前突兀着一张面湖的自己的书桌呢?真也难说!"(《说梦》)冰心从梦的憧憬中得到启发:

据说一个人年纪大了,总是在回忆中过日子,想的、说的、写的，甚至做的梦也都是过去的事。我愿意往另一个极端想，就是一个人在小的时候，总在是想望中过日子，想的、说的、写的，甚至于做的梦也都是未来的事。理想原也是一个梦，一个青少年应该有自己的梦想。梦想自己和国家和人类的未来，把自己认为是美好的许多光景，重叠地构成一幅最新最美的画图，然后用你和你的小伙伴们一辈子的努力，来把它实现、完成。那么，这种开朗喜悦的心情，也不会小于我做的这一个好梦！

（《梦的启发》）

此话也符合了今日的"中国梦"之说。冰心自己解梦说，"梦，最能'暴露'和'揭发'一个人灵魂深处连自己都没有意识到的'向往'和'眷恋'。梦，就会告诉你，你自己从来没有想过的地方和人"。也就是说梦最易泄密，梦也有一定的危险性，如果说梦中的小翠鸟还要进行一番分析才能揭示出那个期盼中的秘密，那么，《我的家在哪里？》则是直接宣示了那个秘密了：

> 昨天夜里，我忽然梦见自己在大街旁边喊"洋车"。有一辆洋车跑过来了，车夫是一个膀大腰圆、脸面很黑的中年人，他放下车把，问我："你要上哪儿呀？"我感觉到他称"你"而不称"您"，我一定还很小，我说："我要回家，回中剪子巷。"
>
> 只有住着我的父母和弟弟们的中剪子巷才是我灵魂深处永久的家。连北京的前圆恩寺，在梦中我也没有去找过，更不用说美国的娜安辟迦楼，北京的燕南园，云南的默庐，四川的潜庐，日本东京麻布区，以及伦敦、巴黎、柏林、开罗、莫斯科一切我住过的地方，偶然也会在我梦中出现，但都不是我的"家"！
>
> 这时，我在枕上不禁回溯起这九十年所走过的甜、酸、苦、辣的生命道路，真是"万千恩怨集今朝"，我的眼泪涌了

出来……

梦中回家，一定与最后的归去有关。这也是冰心在躯壳得不到自由、躯壳拖累精神、灵魂格外活跃时常常流露出的情愫，它在梦中出现，不足为奇，但冰心在写作梦境时，却也有了神来之笔：

> 前天下午我才对一位年轻朋友戏说，"我这人真是'一无所有'！从我身上是无'权'可'夺'，无'官'可'罢'，无'级'可'降'，无'款'可'罚'，地道的无顾无虑，无牵无挂，抽身便走的人，万万没有想到我还有一个我自己不知道的，牵不断、割不断的朝思暮想的'家'！"
>
> (《我的家在哪里？》)

这段话加入到对梦境的解说，便使得冰心那一片虚幻的梦境，有了鲜明的现实意味了。"双清"也好，追查也罢，停刊、文章无处发表，大事不让说，处处设禁忌……也好、也罢！对她这个无"权"可"夺"、无"官"可"罢"、无"级"可"降"、无"款"可"罚"的"四无九旬老人"而言，意味着什么呢？都不在乎了，只是那个灵魂深处的家，令她眷恋！

梦境又遇上了现实。这时的冰心还会做起"白日梦"。一次去北京，我应福建《散文天地》之托，向老人约稿。冰心爽快地答应，让我明后日来取。三天过后，我再去时，稿子已就，放在一个小小的信封里，说如果再不来，她就付邮了。出门展开一看，开始有段话，好像她刚刚发表的《我的家在那里？》出现过，但接下来的一段话，虽不振聋发聩却是引人深思：

> "胡同"这个街巷的名称，是中国别的省市所没有的！据说是元朝入主中原，带来的蒙古名称，"胡同"是"井"的意思。"胡同"的名字，雅的有"百花深处"，俗的有什么"狗尾巴"、

"羊尾巴"之类，如今都改了。我可总记得"东厂胡同"和后面的"奶子府"即是明末奸险宦官和与他狼狈为奸的皇帝奶妈王氏所居之地。说到这里就忽然想起清初有位充满了亡国之思的孤愤诗人的两句诗，他以"咏紫芍药"为题，写："夺朱非正色，异种亦称王"；孔夫子说过："恶紫之夺朱也，恶郑声之乱雅乐也"，这诗里的"夺朱"因为明朝的皇帝是姓"朱"的，"异种亦称王"因为牡丹是花王，而芍药是"异种"，居然自己也"称王"了。我觉得这两句诗不错。话说远了，就此打住。

（《牵动了我童心的一文一画》）

搁下稿子，想了半天，不得要领，只是觉得这几句话太有历史与现实的含量了。冰心描写梦境的文字，自然也引起了人们的关注，连巴金也羡慕得不行，说，大姐做的都是"美梦"，我怎么尽是"怪梦"。萧乾著文称赞读了大姐的那个梦："仿佛握到了一颗使人爱不释手的水晶，玲珑剔透，似在素淡的月色或绰绰灯影下看人生。映照出的是一个小而完整的穹苍：大姐走过的和正在走着的灿烂旅程。"而人民日报原副总编范荣康则将这两篇文章一同夸了："近读香港《大公报》，有吾兄《大姐的梦》一文，冰心老人那篇《我的家在哪里？》确实像'一颗使人爱不释手的水晶'，堪称上乘（不知国内发表于何处——如果我还在《人民日报》工作，将以未能发表这样的佳作为憾）。兄的举荐文章，由文及人，说得极是。读了这两篇也就五六百字的短文，才更知短文之可贵，不是人品文品极佳之老手不能出此。现在有些'老作家'，只因官气太大，动笔就是几千、万字，矫揉造作，全是水货，见这两篇短文，恐无容身之地。"（《冰心与萧乾》）

研究者面对冰心描写梦境的美文，大赞其锦绣，说是文字炉火纯青，感情真挚深沉，但是很少有人深入到梦境中去探讨这个梦的现实。时过境迁，如果剥离了那个时代的背景，孤立的梦境确实是美的。

一九九〇年对于冰心来说，并非只有梦中才有高兴的事，这年年底，有两件事情给她以精神补偿。一是葛翠琳成立的"北京少年儿童图书研究社"举办以"冰心"的名字命名的"儿童图书奖",在人民大会堂进行了第一届"冰心儿童图书奖"颁奖活动,全国二十八种图书获奖。如果以主办单位的级别而言,它是一个北京市的社会团体,但由于使用了"冰心"的名字,再加上韩素音、雷洁琼是评奖的名誉主席和主席,使得这个奖项熠熠生辉,产生很大的影响。同时更由于当时冰心受到某种压制与不公,所以,将冰心的名字冠之于某个奖项,在某种程度上平衡了社会心理。冰心没有出席颁奖活动,吴青代表母亲宣读了书面发言,冰心自然认为奖项的目的是为儿童文学创作与出版的繁荣。另一件事是在她的故乡召开了"冰心文学创作七十年学术讨论会",全国各地几十名专家学者,云集福州,探讨冰心的文学创作。中国现代文学馆、福建省文联和作协出面,主办了这个学术研讨会。实际上,这是冰心从事文学创作七十年以来举办的头一回学术研讨会,但她自己却认为没有这个必要:"您们为了我在几十年中写下的几篇短小的、所谓的'创作',而举行了这么一个消耗了许多精神和物质的大会,请让我说一句道谢的,引用北京最新的一句歇后语,是'高射炮打蚊子——小题大做'!"研讨会到底打了多少"蚊子",收获了多少论文,成果几何,似乎都不重要,唯独在这个时候研讨了这样的一位既充满了爱又不乏辛辣的老作家,便意义非凡了。

十四、信中情,词中趣

写信是作家与外界联络的重要渠道,虽然冰心家早有电话,但在家庭电话不普及的时代,电话找人不方便,往往是门房传达室传呼,大呼小叫,整个社区都听到。传呼的人时有不在,握着话筒白等了半天,冰心在信函中,常有"电话都找不到你"的抱怨,因而有事有话,还是写信好。

如果将冰心一生中的信函收齐,估计也有一两百万字,但这些信函大都散失,包括与吴文藻恋爱时长达六年的通信,不说在美国留学,回国之后的头三年，用她的话说，也不是没有写东西，仅与吴文藻的通信，便可积下厚厚一大本。旅居日本的通信，五年时间，与国内与海外的联络也不少。一九四九年之前，除了有心人如赵清阁等、有史料意识的如巴金、胡适、梁实秋等，其他基本未保留下来。二〇〇八年由陈恕、周明编辑的《冰心书信全集》，大概有四十余万字，收入的主要是二十世纪八九十年代的信函。这一段时间，她足不出户，会议与外出的平台撤去后，好交往的冰心除了客人来访，就是写信了，哪怕居住在同一个城市，也以信件交往。

二十世纪八十年代后，人民文学出版社的周达宝曾动过出版冰心书信的念头，但冰心告诉她，她的信都不长，且为简单的说事，出版不易。翻开冰心的书信集看看，似乎大都如此，但是，如果将其与作品、人生、受信人的身份联系起来，便会被她那自然流露的情感所感动。

一九九三年，上海女作家竹林写过一篇《冰心与萧乾》的文章，真切地描写了他们之间那种亲切、风趣的"姐弟情谊"。文中说，走进民族学院这幢简朴的楼房，年过八旬的萧乾先生突然变得步履轻松，手杖挂在腕上，迅捷地走在前面，再不要人搀扶。走进那间温馨的书房，握过手后，萧乾"上身前倾，脖子伸得长长，半是淘气半是乞求地把自己右边的脸颊给过去。于是她在那里亲切地吻了一下。他似乎不满足，依然猴着不起身。她又亲了亲，他这才直起身"。

"你现在当了官了，架子大了。"她拍拍他，"说好九点半来的，我都等半天了。"

他歪着脑袋笑，不知是满不在乎，还是掩藏一份知错的愧意，像变戏法一样，取出一包枸杞，一包软糖——似乎要以此来搪塞自己的迟到。

她竟不领情，并且机智地揶揄："你又把自己不吃的东西拿来送给我！"

"我吃，我吃的！"他急得连连声明。

她仍不信："你不是有肾病不能吃糖吗？"

"可这糖我吃。"他用一种不容置疑的语气说,"这糖,不是一般的糖;这糖,咳,这糖……"似乎要数出这糖与众不同的好处来,但终于词穷。她便又锋利地点穿:"难道这糖能治病?""反正,这糖对身体有好处。"他就大言不惭地接过来了,并且得意洋洋地晃了晃脑袋。

"你什么时候吃啊?"她忍着笑,终于相信了的样子。

"我看电视的时候吃。"他认真地解释,"每次吃一颗。有时两颗……"

那神情,仿佛随时准备抓一颗糖扔进嘴里,她倒劝阻起来:"听说肾病吃糖不好,你还是别吃了,要听医生的话。"

"我最听医生的话了,"他忙又表白,"医生说不吃糖我就不吃糖,医生说不吃盐我就不吃盐,我连喝咖啡都不搁糖,我还常吃生食……"

"你还茹毛饮血吗?"

"有什么办法,只要医生吩咐。"

她意识到自己受了捉弄,这个淘气的小弟,总是要以自己的顽劣激起她宽厚的深爱:"看到你,我就想起了我弟弟,小时候,你们尽干坏事。"

……

冰心又想起了什么:"吴青说,饼干舅舅可真小气,信封都是用旧挂历糊的。"

萧乾不吭声,只是笑,调皮而狡黠地笑,眼睛眯成一条线,嘴弯成了月牙。冰心大惑不解,追着问:"到底是怎么回事?你怎么这么穷,用旧挂历糊信封?"

"嘻——"他终于笑出声来,一副恶作剧的样子,"那可是专为你准备的。"

见他的大姐还不明白,他不由得大卖关子:"就是专给您的——给别人,我不用这种信封。""为什么?"

"您不是反对用公家的信封吗?"他俏皮地反问,一改刚才的义愤。

"可也没让你用旧挂历糊呀！"冰心还是那么认真。

"那我就用文史馆的信封给您写信啦！"这口气，简直是一半威胁一半撒赖。

"不行不行！"冰心居然真怕他这么做，连连阻拦。

"那我还用旧挂历糊。"这就是全然在撒赖了。

"你不能买点信封吗？街上去买点。用旧挂历糊，多麻烦呀，又浪费时间。"冰心低声细语，那样耐心，如同在跟一个不肯在饭前洗手的小弟弟讲道理，就差没把那双小脏手按在水里打肥皂了。

这是他们见面时的打趣，而在信函中的风趣、幽默和直言处处皆是。一九八七年，萧乾在《北京晚报》"五色土"副刊上发表了一篇回忆"反右"与"文革"的文章，冰心阅后，直言道："你的那篇文章，《记忆与启迪》，太隐讳了。绝不会令人想起一九五七年和'文革'的日子，不如我们那两篇被晚报取消了的序，你认为如何？李辉也不痛快了些日子。反正在这个日子，只能万马齐喑。望珍重。"冰心极少用自己的文字去比较他人的文章，但对萧乾则可以像姐姐对待弟弟一般，说"你看姐姐如何如何，你这样做不咋的"云云。天安门广场事件时，境外记者十分关注冰心老人的态度，一次竟有一大批记者登门采访。萧乾十分担心，"前几天听说一大批记者登门去访问您，很是着急。您的门禁还应严一些。这么七嘴八舌地盘问您老人家，太不该了……"信毕，萧乾似漫不经心地附上一句："国务院已正式派我接叶圣陶老人的馆长职了，启功先生任副馆长。"这个馆长便是中央文史馆，是一个正部级的学术机构，职务和荣誉都是很高的。大姐得信，当日便回，用这样的语气表扬着："今年是你'得意年'，出了那么多的书，又当上了什么馆长，继叶老之后，名誉不低呀！看你的得意劲儿！""当大姐的当然也跟着你得意，我面上也有光彩呀。"但随之转移话题，说他的幸福是因为有了文洁若，并在信中大赞文洁若："萧乾能得到你，太幸福了，他不配！"萧乾的字一般说来很潦草的，但写给大姐的信，字个儿大，但还是被调侃：

> 饼干馆长大人：
>
> 　　大函和《文汇报》文章均拜领。您的字太"龙飞凤舞"了，大姐老了，实在看不清，是不是该骂？Shadick（谢迪克）九十还结婚，真是老而不死。即使你不乖，还是愿你
>
> 　　新春百吉！

以后，冰心经常用"馆长"头衔"开涮"饼干弟弟，说真想你们，你是有车阶级，应该多来看看她这布衣老姐，还借了女儿的话说，饼干舅舅当了馆长，也不理他们了云云。那次见面时说到信封之事，也是有"典"的，说，看到一封"中央文史馆"的信，吓了一跳。萧乾明白准是用了公家信封惹的祸，从此便有手糊信封之举，专门用来给大姐写信。他们就是在这样的风趣、调侃中，流露着纯朴的真情。

当然也有正经说事的。一次，萧乾来信，郑重其事地说："我是个不大管事的馆长。有一位党员副馆长，他非常负责，天天都上班，到处出差。我去年十月去了趟银川，今年六月去一趟上海。都是人家把一切筹备好了，我去点点卯而已。我还是坐在家里干我自己的那点杂活。"之后，他告诉大姐一件伤感的事情：

> 　　凌叔华前天（下午五点）去世了。小滢来电说下周开追悼会（在石景山），一定要我去。我答应了。上星期二她在弥留中，突然醒过来提出要去北海及史家胡同故居。医院及家属商议后，认为应满足她这一最后愿望，就开了辆救护车，由一位大夫及几位护士陪同。她望着北海说了声："白塔——柳树"，史家胡同那里现在是座幼儿园。娃娃们还向她献了花。可是回去两天都恢复不过来，随之就逝世了。追悼会由作协主办，小滢出钱。说陈西滢的骨灰也已运来了，以后一道葬在无锡陈家茔地。

她漂泊半生，总算死在中国。

晚年的凌叔华与冰心常有信件来往，基调是孤寂与思乡。吴文藻去世，她在伦敦得到消息，即致函感叹劝导冰心："人生本来如梦如客，多想想快乐的往事，目前苦恼，努力忘记它吧！"但她自己也抑制不住那种天涯忧伤："我本来想到今年十月回国还可以再找一些老友相聚，以了心愿，不想只在一二个月内，先是郑林庄后是文藻，天道是无情的，还说什么？以前，我每次回国，总是一次比一次朋友少了，好比秋风落叶，一回相见一回稀了。"

凌叔华写此信已届八十五岁的高龄，真正是迟暮之年，写到老友的离去显得格外凄凉，先前美好回忆与近前哀伤情景，重叠在了一起，真是无奈也无力，天道如此，还能说什么？这当然是一般人的感叹，凌叔华却还多了一重。自从一九四七年随丈夫定居英伦之后（陈西滢出任中国驻联合国教科文组织常任代表），凌叔华就一直在海外漂泊，其间虽然有过风光，甚至有过辉煌，比如曾经在英国、法国、美国和新加坡等地多次举办过画展，尤其是使她的天才绘画在有着文艺复兴传统的欧洲显示出绚丽的色彩。还比如，二十世纪五十年代初曾由英国荷盖斯出版社出版过她在伍尔芙的鼓励下写作的、又一篇一篇寄给伍尔芙看过的、最后在伍尔芙去世后从她的旧居中找出的自传《古歌集》（Ancient Melodies，傅光明译为《古韵》）。这部散发着东方韵味的自传，曾成了当年英国的畅销书，并译成法、德、俄、瑞典等文字出版，但是，正如凌叔华在信中感叹的那样，毕竟天道无情，尤其是渐入老境，社会和舞台得渐渐让给他人。就在一夜之间，发现原来她的朋友、她的文化、她的心灵之乡都不在这里，她有多少话需要诉说，有多少的时间需要打发，有多少的事情要做而又不能，独处他乡所造成孤岛般的苦恼与烦闷，随着暮年的逼走，越来越是明显，而陪伴她的是（陈西滢先生于一九七〇年三月谢世）位于伦敦亚当森街十四号四层小楼空旷的寓所，阴暗的客厅，客厅中清一色古旧中式陈设、字画、古玩，以及由此寄托的故国旧情的怀想。所以，凌叔华在信中向她的老朋友坦露："我在此一肚子苦恼，谁也不要听，只好憋着气，过着惨淡的时日！"

过着惨淡生活的凌叔华，寻找一切机会回国，寻老友聊天，她对冰心说："回到北京后，第一个要见的朋友是你，希望你可以拨冗见我。我俩可以瞎撩（聊）一番，五六十年前的老话，乃至于目前有趣有见解的闲谈，都没有关系吧！"没有目的，只是瞎聊、回忆、闲谈，便知足便是欢乐，便是了却孤处海外无处诉说无人要听的寂寞。每次回国，冰心都要用专门的时间，满足凌叔华的愿望，有时也像在英国一样，在暖阳下喝着下午茶，就着北京的点心，说着"江阴强盗无锡贼"，说着吴文藻、说着陈西滢、说着伍尔芙，天南海北，尽兴而散。

凌叔华最后决定回国定居。英国人以住房大闻名，凌叔华在伦敦住惯了大房子，当然不习惯几十平米的宿舍，冰心、萧乾、邓颖超等人都为她的住房作过努力、有过关照，最后在复兴路落实了一套较大的公寓。凌叔华可以回来了，可以结束孤居海外惨淡的时日了，但是，她的归来真正成了叶落归根。二十世纪八十年代的最后几天，她被人用担架从飞机上抬下来，凌叔华最后的一封"信"，竟是女儿陈小滢发出的"讣告"：

英籍华人作家、画家凌叔华（Shu-Hua Ling Chen）教授，落叶归根，一九九〇年五月二十二日十八时五十四分病故于故乡北京，享年九十岁。兹订于六月六日（星期三）上午九时半在石景山医院举行仪式，亲戚和生前友好向安睡在鲜花丛中和作品中的凌先生作最后的告别。

冰心年事已高，没有出席告别仪式，萧乾在信中告知了一切。

与巴金的信体现的是倾心关爱。目前所能搜集到两人的通信，冰心致巴金七十五件，巴金致冰心五十一件。一般而言，冰心的信短，字少，而巴金的信长，字多，凡收到巴金的长信，冰心既是高兴，又要心痛，责备他不应抱病写这样长的信；又一般而言，冰心的信一次完成，而巴金的信就很难说，有时得写好几次，如一九九四年元旦的那封信，用了"两年"来完成，总共一百二十个字，写到第五十个字的时候，"手指动不了"，只得等到第二天再写。在那五十个字中，巴金有将希望寄托"明年"的字样，而在信末的问候语上，则出现了"新年好"。对于巴金的每一封来信，冰心都倍感珍贵，除了回信外，就是珍藏起来，选用了一个精致的蓝色锦盒，将巴金的来信一封封地保存在盒子里，想念时便找开盒子看看。巴金则说："这些年，那一代老人留在世上的越发少了，我和她的通信也更多了起来。我的手不听指挥，写字很吃力，写的信比她少一些，她给我的多，最多的时候一周有两三封，不过每封信都很短。她的笔很勤，我很喜欢她的信。"有一天，冰心望着窗外浓荫的树影，想起了南方，想起了巴金，忽然"心血来潮"，挥毫写下了如下的文字："人生得一知己足矣，斯世当以同怀视之"，这是当年鲁迅题赠瞿秋白的联句，冰心取来，题赠给"巴金老弟留念"。时为一九九〇年八月十日。巴金收到冰心的信与题字，很是激动："今天您的友情使我的生命放光彩。"并且不足："'足矣'？生命没有足的时候，它需要更多的光和热，也能放更多的光、发更多的热！"（一九九〇年八月二十六日）

冰心给巴金的最后一封信是一九九七年二月二十二日：

巴金老弟：

我想念你，

多保重！

冰心

巴金回给冰心最后的一封信是一九九七年六月十一日，信的全部内容为：

冰心大姊：

我也很想念您！

巴金

我在一篇文章中，曾用三个感叹号表述他们最后的想念：

一种最后的思念与叮嘱！
一种长河落日的道别！
一种相知相爱的人生挥手！

保存冰心信件最多的是赵清阁，当年那个在战火中编辑《弹花》的小编辑、活跃在抗协的女作家，重庆时便与冰心有了大量的通信，复员后全部带回了上海，以后东京——上海、上海——北京，信函不断。如果说，赵清阁保留下的冰心早年信札，成为研究冰心珍贵的文献，那么，晚年冰心与赵清阁的通信，则更多体现为相互的"宽怀"。因为都进入了暮年，因为都有了挥之不去的病痛，但冰心却总是安慰赵清阁，甚至还为她寄过治病的费用，当然还会通报民国熟人的情况，一九九二年与一九九三年的两封信，可视晚年信函的缩影：

清阁：
　　得你书信十分欢喜，知你身体不好，我近来也不行了，写什么都很勉强，知你已安上了空调，那东西真管用，已通开关时要小心！邓大姐病故，我送了花篮，写了文章，但那都没用了！
　　雪林也和我通信，她似乎还不错。冰莹和我并不太熟。我家过的是阳历生日（十月五日），你拜寿拜早了，谢谢你惦记着！祝你保重。

冰心
一九九二年九月十日

清阁：
　　您信收到，知道您身体仍是不好，冬季尤应保重。我近来很糟，浑身骨疼，本来就用助步器行走，现在还得有人照应，客人来照例在内室坐谈。我也不说身体不好的话，到底年纪到了，好在我不必外出，算来做废人已做了九十三年，也腻烦了，好在孩子们对我很照顾。大夫对骨疼毫无办法，生命在于运动，我这九十三年没有运动的人，能够存在，已经不错了，是不是？大家宽怀吧，我们全家人都问您好，附上前年相片一张，向您拜年。

冰心

一九九三年一月十一日

我在阅读冰心晚年的信函时，发现请求题字者众。从未曾谋面的生人到老朋友，从一般读者到著名人物，这里固然有声望、名声的原因，也因为冰心的字漂亮，进入二十世纪九十年代，字也如文一般，炉火纯青。一九八〇年三进三出北京医院，她病后不能握笔，握笔，字也不成型，到后来恢复到病前的状态，甚至比之前的字还有进步，隽永、清秀、富有韵味。对于求字者，老人自然无法一一满足，只得择人择事随心情而为。我做了一个统计，仅是一九九二年至一九九三年两年，请求冰心题字的机构与个人，便达百余次，得到冰心题字的数量大致是二分之一左右。当然，这里有一些是老太太主动给身边的人题写的，以作纪念。

冰心的题字有一部分是"任务"性的，只得按照指定的内容去写，属"命题写字"。比如给希望工程题字，则是："儿童是祖国的未来和希望。希望工程是一项神圣而伟大的工程！"为《中华少儿海峡两地书》题词："促进同胞友谊，加强两岸了解，敬贺《中华少儿海峡两地书》出版。"为《老人天地》题词，写的是"人老心不老"。为"冰心儿童图书新作奖"题词："得奖仅仅是创作的开始，千里之行，始于足下。"为北京一六六中学题词："一九九四年是一六六中学建校一百三十周年。一六六中学的前身，是贝满中斋，是我最亲爱的母校！追忆前情，感激无尽！"为《未来作家》题词："'作家'的称呼，是读者赐予的，不是自己'封'的。要做一个未来的作家，一定要等有真情实感的时候，才下手动笔，那样才能得到读者的理解和同情。祝《未来作家》创刊！"

对于无指定内容的题字，则属自由发挥，十分有趣，且富有哲理。她为一位海边的读者题字是："我愿大家都像海，既虚怀，又广博。"为儿童题字："专心地学习，痛快地游玩。"为《各界》杂志创刊题词："人人关心各界，人人服务各界。"在老朋友罗青长的生日寿卡上题写"青长长寿"。她为中国文学出版社出版《相片》英文本题写的是："居住适宜处往昔有德行，置身于正道是为最吉祥。"为女婿陈恕的题词，与对他的厚望与人品融为一体："谦卦六爻皆吉，恕字终身可行。"为周明题写的是："谁把钿筝移玉柱，穿帘海燕双飞去。"这是晏殊《蝶恋花》中的两句，可是周明并不会把弄琴弦呀，是否与他从《人民文学》调入中国现代文学馆有关？她为浙江浦江仙华山"望松亭"题写的楹联诗意盎然："千仞岩岫连云碧，一岭松涛带露青"，与此联相对的楹联"曲径纡回旋谷口，奇峰突兀插云天"，则是夏衍所书。冰心未曾游过此山，夏衍为浙江人氏，此联是否与夏衍有关？

在卧室，挂有一幅祖父谢銮恩老先生的字，冰心常以为骄傲，说祖父的字多好，诗也好。这种对于家族文化的认同，也体现在她的题字之中。"知足知不足，有为有弗为"，"事能知足心常乐，人到无求品自高"，便是先祖子修公的自勉句。而她为吴平、也为我题写的则是乡贤林则徐的警句："海纳百川有容乃大，壁立千仞无欲则刚。"包括她敬爱的周恩来的诗句："与有肝胆人共事，从无字句处读书。"

有时，她题写自己作品中的诗句或格言，像"童年呵／是梦中的真／是真中的梦／是回忆时含泪的微笑""大海呵！／哪一颗星没有光，／哪一朵花没有香，／哪一次我的思潮里，／没有你波涛的清响？"都曾多次题写过。一九九三年她应我之邀，题写过一段很长的格言：

> 爱在右，同情在左，走在生命路的两旁，随时撒种，随时开花，将这一径长途，点缀得香花弥漫，使穿枝拂叶的行人，踏着荆棘，不觉得痛苦，有泪可落，也不是悲凉。

她为湖北《黄冈青年报》的题字，体现了她一生的爱好与为人的风骨：

> 我喜爱玫瑰花，因为她有坚硬的刺，浓艳淡香，都掩不住她独特的风骨！

十五、精神驿站

天安门广场事件之后，尽管邓小平高调宣布："原来制定的基本路线、方针、政策，照样干下去，坚定不移地干下去。""我们要用行动证明，我们的改革开放政策不但不会变，而且会进一步得到贯彻执行。"同时，新一届以江泽民为核心的中央高层领导也已建立。一切似乎都已恢复正常，但是，凝重气氛依然，由于经济发展的速度放慢，失业与物价成了社会问题，知识分子对党和政府有了明显的疏远，经常以"他们""你们"和"我们"来分界。而这时东欧剧变，推倒柏林墙，东西德实现统一，强大的苏联也解体了，一个庞大的社会主义阵营，一夜之间在大地上轰然消失。这时的经济界、思想界都处于混乱状态，有人以昔日学习苏联老大哥的腔调，发出了"苏联的今天便是我们的明天"之感叹。因而，如何重拾信心，像拨乱反正之时，落实知识分子政策那样，重新赢得知识分子的信任和拥护，是当时中共高层领导在严肃思考、认真对待的问题。

自从开始为教育呼吁、为士人请命、为民主呐喊，冰心的名字再一次风行中华大地。之后，当有人无行、跟风的时候，巴金曾用坚定的语言赞美冰心："许多人战战兢兢抱头摇尾的时候，您挺胸直立，这种英雄气概，这种人格的力量，我永远忘记不了！"在公开场合，巴金称冰心大姐的存在就是一种巨大的力量，是一盏心灵的明灯。萧乾则推崇大姐是知识分子良知的代表，还有夏衍、臧克家等这样的一些大家，都在文品与人格上推崇冰心。这一切，都将冰心推至无人替代的位置。叶圣陶先生在世时，冰心曾戏言，她是在一人之下，万人之上，一九九〇年，叶老仙逝，冰心便说她成了万人之上了。这当然指的是年龄，但实际上，声望何不如此？因而，在凝重的气氛下，冰心和她的家被"天下寒士"们称呼为温暖的"精神驿站"。

平时的来访者，记载在几大本厚厚的签名本中。我也挑出一九九二年、一九九三年两个年份做过统计，来访者多达五百多批，人次过千。这里包括作家、学者、艺人、电视主持人、乡亲、读者、外宾等等。而每年十月，冰心的生日，更是一个盛大的欢聚，庆生、加油，"精神驿站"热闹非凡，成为大家共同的节日。

一九八九年十月，先后有两百多人前来祝贺冰心九十华诞，到了一九九〇年呢？还是九十，九十大寿当然可以满满的过上两次！谁承想，早在半个月前，祝寿的人便络绎不绝了。有人说，对这样高龄的老人，完全不用管九呀十呀，以后年年庆！既是为冰心，也是为大伙儿。舒济专门到北京荣宝斋挑选了只小拇指肚一般大小的"老寿星"，生日那天，送到冰心的手上，老人喜爱得不得了，对着舒济说，"我忽然觉得我'伟大'了起来！这是我九十年来从来未有过的快感！谢谢你给我的'小'寿翁"。舒乙则早早交代北京幽州书院，让他们给冰心送"寿桃"，"这是北京的老规矩，而且最好送九十个。他们照计而行，无奈全北京竟找不到一处地方还会做。费了好大的劲，方找到一位老者，是'稻香村'的老人，答应给做两'堂'。一堂是九十个带豆沙馅的，用胭脂点上小红嘴尖；另一堂是九十个白糖馅的，先蒸后烤，也都点缀着红'寿'字。这两堂寿桃得了碰头好，最讨冰心先生的高兴"。寿过数日，舒乙去看老太太，一见面就说："你的主意真好！那天我真怕客人把寿桃全拿跑了，告诉大姐偷偷留起来一二十个，要不然家里人都差点吃不着。"因为大夫不允许冰心吃油性太大的奶油蛋糕，"寿桃"既对她的口味，又无后顾之忧。冰心决定将祝寿的贺词、贺联、字画一概送给中国现代文学馆，还要送舒乙本人《冰心文集》第五卷。仅仅签字还不算，让人取出抽屉里所有的图章："都拿出来！都盖上！"舒乙一边盖，她一边解释：这是魏建功的藤刻印，这是刘淑度送的，这是于非暗刻的，这也是于非暗的，这两个都是王世襄刻的……一共十一枚。"怎么样？特别吧？"她觉得这个主意大概也不错，看着这些大大小小的红印，不由得也兴奋起来。她还小心地取出一张宣纸夹在书皮和扉页之间，为的是不让印泥洇了。

仅比冰心小三岁的钟敬文教授，也早早就准备好了祝贺冰心九十华诞的礼物，这个礼物不是别的，而是诗三首：

其一

自然母爱两萦心，文字澄鲜见性真。
谁意雷霆动地日，女儿曾现健儿身。

其二

涛翻艺海势汹汹，一代清才角众雄。
我是文场趿行客，相随安得拟云龙。

其三

繁星璀璨春波媚，哲理诗情濯我魂。
白首回思余味在，心香一缕祝生辰。

三首诗题为《赠冰心女士三绝》。这里有些人生的典故，比如"其二"，说的是"五四"运动的事，钟敬文小冰心三岁，但也受到"五四"的影响，也受到冰心散文的影响，曾说"我是'五四'的儿子"。二十世纪二十年代初，他的散文就以"冲淡静默，平远清秀"而著称，郁达夫就说他是步"冰心体的后武"。钟敬文主要从事民俗学方面的研究，是我国民俗学的奠基人。他曾经与吴文藻多有联系，探讨民俗学与人类学、社会学的关系。在说到小诗的时候，冰心"还忆起青年时代的一件往事：在燕京大学读书时，周作人先生是北京大学教授，在燕京大学兼课，教我们国文。有一天，周先生给我们发一篇讲义，我一看，正好是我在报纸上发表的文章，我没有出声，心里不禁暗笑。因为当时我在学校用的学名是谢婉莹，这篇报纸上的署名是冰心女士，周先生没有料到，他推荐的范文的作者，就是他的一个女学生。钟敬文听着冰心的叙述，禁不住笑了起来。冰心的口角上也浮着笑意。这段故事，给钟敬文教授留下了极为深刻的印象，他一直记着，成为这次晤面的一段佳话"（吴泰昌《冰心的生日》）。同样，冰心将新出版的《冰心文集》第五册题签赠送给钟敬文，作为回赠的礼物。

第二个九十华诞，依然有两百多人来给冰心拜寿、来"精神驿站"欢聚。令老人意外与感动的是，生日当天，接到了台湾文学界一些朋友打来的越洋电话，祝贺她九十岁的生日，还在电话中唱起了"Happy birthday to you"，尤其是台湾的老友孙立人从台北发来贺电："海内存知己，天涯若比邻，欣逢九十大寿，敬祝福如东海，寿比南山。弟孙立人拜贺。"孙立人将军自重庆歌乐山一别，便无联系了，只是到了前两年，台湾朋友策划着邀请冰心赴台访问，双方才知道了彼此的信息。夏初，孙立人在得知冰心的消息，曾驰一封怀旧信函，冰心阅读时落下了辛酸的泪水。现在又得到老友的贺寿电文，再次感叹："孙将军，软禁三十三年，这是多么长的时间哪。此中苦衷可想而知。"也就在说过此话的一个半月，十一月二十一日，香港朋友寄来《明报》剪报一份，展开来看，竟是"因兵变案软禁三十三年，抗日名将孙立人病逝"的消息，令冰心愕然。随后，屡次替孙将军和冰心之间传递信息和相片的许迪教授也来信告知："孙立人将军的丧礼确是备极哀荣，自动前往吊唁者一万余人，今后在台湾大概不可能再有同样的感人场面了……"看到许教授寄来的软禁后的孙将军照片："已是老态龙钟，当时的飞扬风采已不复留存！本来应是三十三年峥嵘的岁月，却变成蹉跎的岁月，怎能不使人悲愤？"冰心随后写作了《悼念孙立人将军》一文，同时献上绝句一首："风云才略已消磨，其奈尊前百感何，吟到恩仇心事涌，侧身天地我蹉跎。"这是冰心少时集龚留下的，没有想到，"竟是为孙立人将军写照了！哀哉"！

还有一个人为冰心九十华诞填词，就是与冰心、孙立人同船赴美留学的顾毓琇。二十世纪九十年代，顾毓琇搬离郊外别墅住进费城老年公寓之后，怀旧之情日浓，回忆前尘往事、填词作诗谱曲成了日常方式，"瑞雪又来临／夜半闻吟／高楼人静听鸣琴／辞旧迎新冬去也／待报佳音／／客梦空追寻／一片清心／小桥流水别情深／冬去春来怀老友／夜已深沉"。这首词表达了顾毓琇二十世纪九十年代前后诗意心境，而贺冰心九十华诞的词也是寄托了往日思绪：

临江仙　寿冰心姊九十

风雨同舟周甲子

新诗玉洁冰清

南溟西蜀弄箫笙

抗战风雷起　　凯歌庆太平

讲学燕京桃李盛

文章报国豪情

元宵圆月寿星明

九十康强颂　　蟠桃祝百龄

　　九十二岁的生日，不以热闹而以别致著称。中国新闻社贾国荣、耿军等年轻朋友，早早就在谋划，如何为老太太过一个与众不同的生日？往年的生日，朋友拜寿，鲜花、贺联、寿桃……能不能让老太太回一"寿礼"，以做永久纪念？这时耿军从口袋中摸出一张名片，说，就这个，给老太太印些名片，写上字，签上名，来者有份。正在一旁的陈钢补充说，可以让他姥姥写一句话，限印一百张，更有意义。别致的方案就这样形成了，回家给冰心一说，同意，说，只受不授、有来无往，非礼也。但写哪一句话，却让冰心费起神来。

　　这一夜，吃过"速尔眠"的冰心，仍然不能入睡，九十二年的光阴，一幕幕的在眼前掠过，龙旗、五色旗、青天白日旗、五星红旗，从旗下走过的她，辛酸苦辣一齐涌上了心头。她想到战争，想到每一次政治运动，想到一次次的重大变故。是的，从战争到和平、从国事到家事、从运动到变故，都有足够的理由，东京大审判，就是犯下了那么大罪行的战争罪犯，也有他的理由，甚至也认为无罪，美国更有投下原子弹的理由，"文革"有理由，但这一切的理由，均出于各自的利益与立场，那么，有没有一种超越这些功利的理由呢，从而让那些功利的理由不能成立，不能实行？"文革"刚刚结束，她曾经主张要大力提倡"五热爱"，但这个"五热爱"是不是还有功利的要求呢？她在黑暗中思索着、寻找着一种超越理由之上的精神，奔腾的思想关不住闸门，也就不关了，任其自由飞翔。寻遍万水千山，老太太的思想最后像一只小鸟，落在了一个枝头上，这个枝头只有一个点，只有一个字，那就是爱，这个爱是超越一切之上、不要任何附加条件，亦如枝头那样单纯，但可枝繁叶茂，生出参天大树，荫庇天下。她认为，如果有了爱的立场，有了爱心，战争与杀戮，纵是不能完全制止，起码也可少些杀戮。

不知道什么时候，老太太终于迷迷糊糊地睡着了，梦中又去中剪子巷、去了慰冰湖、去了箱根，醒来时忽然发现，原来自己转了一大圈竟是回到了原点，也知道那几个字的笔划、那句话如何写了。晨光中，老太太取出笔，写下了"有了爱便有了一切"八个字，就在陈钢上班之前，唤他进来，慎重地将字交给了他。

这是她自日本归来之后，再一次向世人明确她的哲学理念，"有了爱便有了一切"！这句话，在《寄小读者》中就有了，"有了我的爱便是有了一切"，从异国他乡的病中所悟，现在将"我的"二字取下，就不单是个人经验，而是以九十二年的人生，对人世的呼唤，这八个字也可以读为"没有爱便会失去一切"，失去亲情、失去信任、失去人心、失去天下……

耿军、贾国荣都是摄影记者，有很好的构图感觉，他们将冰心的手迹缩小，在名片的方寸之间排列，用亮丽的粉红色卡纸，一面印冰心手迹，竖排，"有了爱便有了一切"，一面的右上角印"谢冰心"签名体，下竖书1992.10.5，中间是一个一寸见方的烫金的大寿字，并有地址、电话和邮编，三色编号印刷，印数一百。

十月初到，拜寿的人便喜气洋洋地登门了，老太太笑脸相迎，机智、风趣的话语，与鲜花一样，塞满那个小小的客厅。合影时，咪咪自然要过来抢镜头，离开时，老太太会神秘地告诉你，俗话说有来无往非礼也，今天她也有礼相送，随之便从一小盒中取出一张名片，递到你的手上，随之引起一阵惊呼，有的要选号，有的要签字。老太太笑着说，不能选号，一号早早收起，留给巴金，其余的号码打乱，拿到多少号就多少号，童叟无欺，一律平等。吴泰昌得到的是 18 号，不但数字吉祥，老太太格外厚爱，在名片下面还亲笔写着"泰昌留念　冰心"。"她在递给我这份珍贵礼品时说，你们每年来替我贺寿、添寿，希望我多活几年，活到百岁，我心里明白，这是你们的好意，但人都要老，都要寿终正寝，这是不可抗拒的自然规律，别说普通人，伟人也逃脱不了这个规律。活一天，高高兴兴地活一天，就多做点事，高高兴兴地做点事。"冰心在这里说的是多做点好事，没有将她的思考都说出来，冯骥才则在感慨："使我一直不解的是，您历经那么多时代的不幸，对人间的诡诈与丑恶的体验较我深切得多，然而，您为何从不厌世，不避世，不警惕世人，却对人们依然始终紧拥不弃，痴信您那句常常会使自己陷入被动的无限美好的格言'有了爱便有了一切'？这到底是为了一种信念，还是一种天性使然？"冯骥才得到那张编号 77 号的名片也颇是有趣：

> 再说那天，老太太！您怎么那么高兴。您把我妻子叫到跟前，您亲亲她，还叫我也亲亲她。大家全笑了。您把天堂的画面搬到大家眼前，融融的爱意使每一个人的心情都充满美好。于是在场朋友们说，冯骥才总说给冰心磕头拜寿，却没见过其的磕过头。您笑嘻嘻地说："他是个口头革命派！"
>
> 我听罢，立即趴在地上给您磕了三个头。您坐在轮椅上无法阻拦我，但我听见您的声音："你怎么说来就来。"等我起身，见您被逗得正在止不住地笑，同时还第一次看到您挺不好意思的表情。我可不愿意叫您发窘。我说："照老规矩，晚辈磕头，得给红包。"
>
> 您想了想，边拉开抽屉，边说："我还真的有件奖品给你。

今年过生日时，有人给我印了一种寿卡，凡是朋友们来拜寿，我就送一张给他做纪念。我还剩点，奖给你一张吧！"

粉红色的卡片鲜美雅致，名片大小，上边印着金色的寿字，还有您的名字与生日的日子。卡片的背面是您手书自己的那句座右铭："有了爱便有了一切。"

您说，这寿卡是编号的，限数一百。您还说，这是他们为了叫您长命百岁。

我接过寿卡一看，编号77，顺口说："看来我既活不到您这分量，也活不到您这岁数了。"

您说："胡说。你又高又大，比我分量大多了。再说你怎么知道自己不长寿？"

我说："编号100是百岁，我这是77号，这说明我活七十七岁。"

您嗔怪地说："更胡说了。拿来——"您要过我手中的寿卡，好像想也没想拿起桌上的圆珠笔在编号每个7字横笔的下边，勾了半个小圈儿，马上变成99号了！您又写上一句："骥才万寿，冰心"。

大家看了大笑，同时无不惊奇。您的智慧、幽默、机敏，令人折服。您的朋友们都常常为此惊叹不已！尽管您坐在轮椅上，您的思维之神速却敢和世界上任何人赛跑。但对于我，从中更深深的感动则来自一种既是长者又是挚友的爱意。

（《致大海》）

远在台湾的苏雪林，以她毕生为之付出的屈赋研究作为献给冰心的生日礼物：《屈赋论丛》《楚辞新诂》《屈原与九歌》《天问正简》四种及《我研究屈赋的经历及所遵循的途径》一文。书是托人送来的，信是苏雪林自台北寄出的，除了贺寿，便是谈书。冰心在收到这套书与苏雪林的信后，回信道："《屈赋新探》四卷拜领，我读了好几天，真是深入！我不是个学问家，不会研究，尤其是深奥的屈赋，您真是教育了我！病了一个月，肺炎，刚刚出院，心乱腕弱不能多书。老了只有多保重！亲您！"

冰心还真读了，且评价甚高，"真是深入"，并说是教育了她。苏雪林得此知音，简直有些欣喜若狂，即回长信一封，并提出了进一步的要求，希望有一短文在台湾发表。此时冰心虽可著文，但要对一部百万言的皇皇巨著说几句话，那还真是要斟酌再三的。

冰心的生日，开始除了既是民主党派领导（人大副委员长）、更是老朋友雷洁琼、费孝通等人外，基本都是些文化界的朋友，十月五日，真正成了"天下寒士"欢聚的节日。文人学士之间的无拘无束、自由、欢乐、风趣、幽默，尽情发挥、尽情释放。精神驿站的信息，自然通过媒体、口口相传等不同渠道，在社会上传播开来。于是，这个精神驿站也引了官方的兴趣和关注，冰心生日的日历牌也在中南海的办公桌上打上了记号。

与"天下寒士"欢聚一样，执政党也是选择冰心的生日作为传达的方式，那些自高层来的贺寿花篮，从一九九三年开始出现，并且是"年年高"。十月五日这一天，冰心在北京医院，本是"躲生"之道，但中宣部部长丁关根、统战部部长王兆国也有探望病人的特权，带了随从与花篮，径直去了医院，在病房为冰心贺寿。这个信息，通过各种媒体迅速传达出去。一九九四年十月五日，冰心九十四岁生日，与九十华诞一样，提前一年便贺九十五华诞，这回不仅仅是民间，不仅是朋友，中央政治局常委、国务院副总理李岚清，刚开完会就风尘仆仆地赶来，送来花篮。当时已是十一点半，冰心正在用餐，听说李岚清来，老人示意陈恕把轮椅调转过来，李岚清迎上去握着冰心的手，谦恭地祝她生日愉快，说，"我们都是您的学生，小时候都读您的书，您经常不断地关心教育，我们非常感谢您"。冰心回了八个字，"百年大计，教育为本"。李岚清说，"对，您身体好了以后，我再来听取您对教育工作的意见，祝您早日完全康复"。当冰心第二个九十五华诞到来之时，无论是民间还是官方、是天下寒士还是中共高层，祝寿活动达到了高潮。既为老太太的年龄、也为老太太的声望，同时通过与老太太接近与亲近，各有所得，各显张力，心灵的、友谊的、声望的、信任的、权益的等等，真是皆大欢喜。

　　北京医院北楼，属部以上高级干部病房，一些有着重要影响的作家、艺术家、科学家也住在这里，冰心每回住院，均在北楼，与夏衍、阳翰笙、赵丹、赵朴初、曹禺、雷洁琼、萧乾、陈光毅、项南等曾为病友。为了病人的静养与治疗，医院平时管理甚严，虽然地处闹市，但院内静谧，连楼道上、庭院中的脚步声，静夜里都听得清清楚楚，所有医务人员穿着软底鞋，以保持步履轻盈。但是，一九九五年十月五日这一天，医院被冰心的生日打破了平静。当秋日的阳光照在病房绿藤掩映的窗口，老人还在沉睡，丁关根和中宣部有关领导便来了，给老人祝寿。他们倒是没有"扰人清梦"，在窗台留下九十五朵玫瑰组成的花篮，留下了叮咛与祝福便走了。老人醒来，望见窗台上的玫瑰花篮，幸福地笑了，陪伴的吴青告诉母亲，花篮是丁关根部长送来的。老太太说："他真早啊，我怎么就睡着了？还做了一个梦，梦见 Daddy 坐在身边，但不是来祝贺生日，问我，他的右派帽子是谁给戴上的？怎么不见了？"正说着，统战部长王兆国和副部长刘延东来了，他们给老人送来了别致的礼物，一件玫瑰红的羊绒衣，说是希望老人永远年轻。老人一生喜欢红玫瑰，也喜爱玫瑰红颜色。吴青立即将羊绒衣给娘穿上，老人风趣地说，"这辈子我第一次穿红衣服，结婚时都是穿白的"。显然，玫瑰红给老人带来了喜悦，给寿辰增添了喜庆。王兆国还向老人转达了中共中央政治局常委、全国政协主席李瑞环对她的祝福与慰问，老人就说："谢谢！谢谢！"并将刚刚做出的决定告诉他们："中国有句古话，叫作有来无往非礼也，我也要向大家赠送一件礼物，把《冰心全集》的十万元稿费捐赠给中国农村妇女教育发展事业。"吴青补充说道，"妈妈一向重视教育事业，特别是妇女教育，希望在有生之年，为中国农村妇女教育事业发展尽点力量"。王兆国高度赞扬了老人爱国爱民之心，并祝她健康长寿。老人就说："活着看香港回归祖国没有问题，前阵子侄子从香港回来看我，我还告诉他一九九七年我要去香港看一看，香港回归祖国，大家高兴，我也高兴。"王兆国称赞老人是位伟大的女性，老人谦虚地说："过奖了！"到了下午，刘延东又来了，这回不是代表统战部，而是代表中共的最高领导人——中共中央总书记、国家主席江泽民，送来了一只大花篮，代表总书记向老人致以亲切问候，并祝她生日快乐，健康长寿。她还告诉老人，江总书记高度赞赏老人将《冰心全集》全部稿费捐给中国农村妇女教育发展事业，对老人为中华文化所做的杰出贡献，人们是不会忘记的。

第二天，新华通讯社向全世界播发了电讯："走过世纪风雨依然一片冰心——江泽民主席祝贺冰心九十五华诞。"所有的中央媒体、世界不同语言的报刊、全国各地的省市报纸，都刊登了这一消息，《光明日报》还刊登记者朱冬菊采写的通讯《九十五朵玫瑰献给冰心》。

也许是冥冥之中吧，一九九八年十月五日，竟然提前为老太太过起了九十九华诞。冰心依然在北京医院，丁关根这回不仅是代表中宣部，还受江泽民委托，向冰心赠送花篮和生日蛋糕。丁关根说："江总书记非常关心您，要我前来看望，向您问好，祝您生日快乐，健康长寿。"他还说，冰心先生是二十世纪同龄人，是杰出的中国现代儿童文学的开拓者。几十年来，冰心先生辛勤笔耕，把毕生精力奉献给她所挚爱的文学事业，用优秀的作品和高尚的人品赢得了文艺界的尊敬，赢得了国际文坛的赞誉，赢得了一代又一代读者的爱戴。同样，王兆国不仅代表统战部，还受李瑞环委托，将九十九朵芬芳的红玫瑰送给冰心，为冰心贺寿，并说："李瑞环主席十分关心您，我们大家也都很挂念您。愿您健康长寿、生日快乐！"

此时的冰心生命脆弱，除家人外，其他人均被告知，不要前往拜寿。

十六、从研究会到文学馆

我是与"天下寒士们"一道走近冰心的。我在《福建文学》任职时，曾经为纪念冰心创作七十周年组织了一个专版，并以此接触冰心，领略了她晚年的风采。对于从福建走出去的这么一位重要的作家，萌生了一个成立她的研究会的念头。我虽非闽人，但我在外历来被人认定为福建人，我从《福建文学》调至理论研究室任职时，这里空空荡荡。也好，白手起家，给了我一个千载难逢的机会。当时有两个选择，发起组织成立散文学会、发起组织冰心研究会。这两项可谓福建在全国意义上最大的特色，散文当然也包括了冰心，本土的则有郭风、何为等一批在全国叫得响的散文作家，但最终我选择了冰心。一次和我在福州军区时的朋友朱苏进聊天，谈及此事，他以一贯的幽默说了一句话，那可是福建最大的"名、优、土、特"呀！

现在想来，我的选择，恰恰是契合了为舒解凝重气氛，将冰心视为"精神驿站"的社会与政治心理。既是对名望、影响的礼赞，也是对温暖、真情的寻求，延续了《福建文学》"冰心文学创作七十年"纪念专辑、福建与北京联合召开的学术讨论会、北京以冰心名字命名的儿童读物奖等活动，放大、延长了一年一度的庆生欢聚。但是，当我提出这个构想之时，首先受到了吴青的阻击，她在电话中对我说，她妈妈不会同意的。说过，搁下电话，说要去上课了。

那时，我正在北京参加一个由公安部《啄木鸟》杂志主办的"公安题材文学创作讨论会"，文坛行走多年结下的人脉开始起作用。我在会上对吴泰昌、对周明说及此事，我说，仅仅把冰心局限在一个儿童文学作家上是不公平的，冰心对文学和社会的贡献，远大于目前的论定。周明非常赞同我的观点，并且说，在目前的气氛里，成立冰心研究会尤为重要，更有意义，还主动答应亲自出面，说服老太太。果然，在会议行将结束时，神通广大的周明悄悄对我说："你可以去了，老太太答应了！"我问他是如何取得她的同意的，周明说用毛主席语录说服的，开始她不同意，说不行，她死了以后，有人会骂她的。周明回老太太话："老太太，您是一个纯洁的人、一个高尚的人、一个脱离了低级趣味的人，有人骂您，那个人便是坏蛋！"一席话将老太太逗乐了，是这样的吗？周明严肃地回答，是这样的！老太太放话了，那就不管了。周明说完，叮嘱我，见到老太太不要说成立不成立的事，就说你的具体想法，首先在哪儿开会，她会给个意见的。

一九九二年三月十九日午后，魏公村槐花飞扬，我步行前往中央民族学院教授楼。陈玙大姐开门，先让在客厅小坐，三分钟后，请进到冰心的卧室兼书房，老太太已经端坐在写字台前。这一回是先要求签上名，我说两年前也是这个时候来拜访过她，老太太说，不记得，来的人太多。送上给老太太的礼物，她最爱的茉莉花茶和花巷肉松，老太太连连说好，台湾人来也给带肉松，但没有家乡的好，油放得太多。坐定后直入主题，我说："周明和您说过了，我们希望将这件事做起来。"我又说，"先生您是家乡的骄傲，我们成立冰心研究会，是一个长远的设想，近期则是收集资料，并适当地组织一些活动……"老太太不接受"骄傲"之类的话，说："原先那个房子，要搞成我的故居，我想，中国都爱搞故居，这要占去多少房子？我没有同意，如果要搞，就搞成林觉民的故居吧，房子是我祖父从林觉民那儿买下的。"我说："那年您给我的《故乡的风采》就是记载了您曾经在故乡的生活，十分动情。"老太太说，家乡的东西好，去年，有人带了一箱福橘，好甜。家乡的水果多，又好。于是，我们说到了莆田的枇杷、荔枝，漳州的芦柑、龙眼，在浓浓的乡情中，"冰心研究会"得到了老太太的默许。

这个晚上，我和《警坛风云》的吴励生前往北河沿，拜访张锲。当我说到下午见到冰心，谈到在福建成立冰心研究会的事，本来显得疲惫的张锲，立时活跃和兴奋起来。他从书架上取下一本刚刚由巴金签送的《巴金书信集》，说，有四十多封是写给冰心大姐的，他都打上了道道，打开书给我看，继而念了起来："您这个'五四'文学运动最后一位元老，一直到今天还不肯放下笔，为着国家民族的前途不停地奉献您的心血。您这个与本世纪同龄的人，您的头脑比好些青年人的更清醒，思想更敏锐，对祖国和人民有更深的感情。您请求，您呼吁，您不是为着自己。过了将近一个世纪，今天您还要求讲'真话'，还用自己做榜样要求人讲'真话'，写'真话'。我听说还有人不理解您那用宝贵的心血写成的文章，随意加以删削，还有人不喜欢您讲的那些真话。但是大多数读者了解您，大多数作家敬爱您，您是那么坦率，那么纯真，那么坚定，那么勇敢，更难得的是那么年轻。现在我还想说一句：'永远年轻！'""思想不老的人永远年轻，您就是一个这样的人。"老实说近一年来我常常想到您，我因为有您这样一位大姊感到骄傲，因为您给中国知识分子争了光，我也觉得有了光彩。近九十岁的人了，您还写出叫人感到'烫手'的文章，使人尝到'辣味'的作品，您为什么？还不是为了我们国家的繁荣昌盛……还不是替受苦受难的人争取较公平的待遇……还不是……总之，谢谢您，我要听您的话争取长寿，多写点东西，多讲几句真话……"张锲念到这里，停了一下，接着说，一九八九年后，巴金对冰心的评价更高了，你们听听，有一次，他问小林，冰心怎样？担心她会有麻烦，"因为有好些国家的朋友关心您这位德高望重的老太太"。他写信对冰心说："更难得的是七十几年来您一直不曾放下您的笔，您一直是年轻学生的老师和朋友。九十岁！您并不老！您的文章还打动千万读者的心。最近我常常想，您好像一盏明亮的灯，看见灯光，我们就心安了。""我仍然把您看作一盏不灭的灯，灯亮着，我走夜路也不会感到孤独。"张锲的朗读有着明显的安徽口音，但动情，几乎是一气将上述的内容念完。念完后又说，这个研究会成立太重要了，作协要支持你们，基金会要支持你们，不仅仅是你们福建省的，要提高规格，要有气魄，架子搭起来要大，不要小气，不要从省的立场考虑问题，要搞成一个全国性、世界级的，这样才与冰心的身份与地位相称。说这样的好活动，以冰心的名声，完全可以在海内外开展一系列的活动。有着丰富组织经验的张锲如是说，并且主动提出，这个会应该请巴老当会长，王蒙、张洁和他这些人都只能当个副会长，他们都是老太太的崇拜者，并且指定说，炳根你就当秘书长，实际的事情都由你来做，来主持，就像他现在主持的中华文学基金会。同时将国际上的一些知名人物也邀请到研究会中来，包括斯诺夫人、韩素音等。张锲的夫人鲁景超是吴励生北京广播学院的同学，看到先生如此激动，便说，他已经累了一天，回家一句话不愿说，一谈到冰心便兴奋成这个样子，也是一种缘分。他们的孩子出生时，老太太专门题了字，"有女万事足"！太合他们的心意了，还说，她就是重女轻男。

那一夜，北京刮起了沙尘暴，但在我的心中却是星光灿烂。

一九九二年十二月二十四日至二十五日，经过登记注册的"冰心研究会"成立大会在福州市召开，看看组织机构，这是一个什么样的阵容啊！叶飞、叶至善、何少川、阳翰笙、赵朴初、胡絜青、夏衍、韩素音（瑞士）、海伦·福斯特·斯诺（美国）、雷洁琼、楚图南担任顾问，巴金出任会长，王蒙、许怀中（常务）、萧乾、张洁、张锲（常务）、张贤华（常务）、吴泰昌、卓如、周明、林爱枝、俞元桂、郭风、舒乙、葛翠琳、潘心城出任副会长，王炳根任秘书长（法人代表），吴励生、陈毅达任副秘书长，丁仃、王光明、孙绍振、刘登翰、南帆等四十五人任常务理事。为一个作家成立一个研究会，如此高的规格，不仅是福建省，在全国也是独一无二！冰心的威望，可见一斑。

二十四日上午，蓝顶的福建画院，沐浴在金色的暖阳下，一百多位专家、学者、福建省的领导、福建师大的师生聚集一堂，出席了"冰心研究会"成立大会。吴青、陈恕、陈钢专程前来，为每一位与会人员带来了人民文学出版社赶印的《关于女人与男人》；先前为成立冰心研究会鼓与呼、也是研究会的领导组成人员张锲、舒乙、吴泰昌、周明、李幸等也专程前来出席成立大会，我向大会报告了成立冰心研究会的意义、价值、筹备与工作情况。从大会的讲话，到给大会发来的贺电贺函来看，"冰心研究会"的成立大会，所指向的并非仅是这个机构成立的必要性，更多的是对这个机构主体——冰心的赞美与颂扬。

巴金说，"冰心大姐是五四新文学运动的最后一位元老，她写作了将近一个世纪，把自己全部的爱奉献给一代一代的青年，她以她的一生呕心沥血，为中国的文学事业做出了巨大的贡献，她是中国知识界的良知。我敬重她的人品文品并以她为榜样"。张锲说，"凡是有泉水的地方，凡是有炊烟的地方，凡是有机器轰鸣的地方，凡是有车船行走的地方，就有人知道冰心的名字，就有人读过冰心的著作，就有人了解冰心的事迹。在中国，冰心是个家喻户晓的名字；在世界，冰心是个被人争相传颂的名字。冰心属于中国，属于全人类，但首先属于福建"。他称冰心"是一位伟大的作家""一个伟大的爱国者""一座雄伟的大厦，是一片浩瀚的海洋"。中国作家协会称"冰心是文坛泰斗，是我国现代文学史上最有影响的文学前辈之一。她的作品文笔清丽、意蕴隽永，显示了女作家特有的思想情感和审美意识，具有独特的艺术风格和很高的艺术表现力，在新文学史上写下了辉煌的一页，对中国现当代文学做出了卓越的贡献"。中共福建省委书记陈光毅说："冰心先生是本世纪我国享有盛名的作家，为中国的文学事业做出了不可磨灭的贡献，在海外作家和读者中也产生了很大的影响。冰心先生是中华民族和福建人民的优秀女儿，人品与文品一样为世人所称道。"中共福建省委常委、宣传部长何少川说，"冰心先生是受人尊重和爱戴的老作家。自'五四'运动以来，她一直潜心创作，勤奋笔耕，直到现在，虽已九十三岁高龄，仍然孜孜不倦地为人民写作。她在小说、散文、诗歌、儿童文学、翻译以及文学理论等诸多领域的重要建树，丰富了我国民族文化的宝库，她的作品，以清新优雅、玉洁冰清的风格和深邃高远的内涵独树一帜，在中国现代文学殿堂中闪烁着令人注目的光辉"。时任中共福州市委书记习近平说："我们福州出的名人很多，像民族英雄林则徐、思想家严复、第一个翻译家林纾、'二七'烈士林祥谦等，科技界现在还有陈景润、侯德榜，文学艺术界像邓拓、胡也频等，都是我们福州人。在这么多的人才中，冰心老人以她在文学史上这么一个大的跨度、长时间里占有重要的位置和她的爱国爱乡这么一种精神，在福州尽人皆知，引以骄傲。"他说，"冰心的作品时间跨度大，真实、艺术地表现了时代，反映了纷繁的社会生活和人民群众的思想情感，影响深远、流传广泛，教育、熏陶了几代人的思想，是冰心给予我们宝贵的精神财富。冰心研究会的成立对于充分发掘这一财富，研究冰心及其在中国、世界文学中的地位等都具有十分重要的意义。"福建政协副主席、林则徐后裔凌青说，"冰心先生是我国'五四'运动以来现代文学的巨匠"，"我们这一辈人小时候都受到过冰心作品的影响"。

海外的赞美也十分动情。美国的斯诺夫人说，"那时（指认识冰心时的三十年代），冰心被认为是中国女性最优秀的作家，有着独特的文学抒情风格。她很美丽，很有魅力，他们夫妇堪称中国青年婚姻的楷模"。英籍华人作家韩素音说，"冰心的伟大天才，卓越的创作成果，将成为中国文学的重要部分。可以说，她是中国儿童文学最早的开拓者和奠基人，她优美的作品同时也使许多妇女感到，她是把灵魂向大家真实地展示"。并从她与世界文学的见多识广，肯定"冰心，她已不单是中国作家，她是国际作家，多才多艺的天才"！

　　一次性地将这么多赞美之词献给一位老人，献给一个作家，伴随着满堂的鲜花与掌声，这是一个哪怕在中国文学史与世界文学史上的重要性远超冰心的作家都难以得到的，这个情景的出现，完全超出了我的预料。细加分析，这里有作品的因素，有人品的因素，但也与历史与环境密切相关，政界与学界，举旗与树旗，也都在一定的意义上，寻找和表达了各自的心理需求。

　　然而，当人们将鲜花、掌声、赞美之词堆积在她身上的时候，这位老人却在远处清醒观望，她轻轻地拨开那些身外之物，说了这么一番让所有的人都惊愕的话：

　　　　研究是一个科学的名词。科学的态度是：严肃的、客观的、细致的、深入的，容不得半点私情。研究者像一位握着尖利的手术刀的生物学家，对于他手底的待剖的生物，冷静沉着地将健全的部分和残废的部分，分割了出来，放在解剖桌上，对学生详细解说，让他们好好学习。

　　　　我将以待剖者的身份静待解剖的结果来改正自己！

　　吴青代表母亲字正腔圆地宣读了这个"上冰心研究会同人书"，全场肃然，之后又是长时间的掌声。

　　是夜，举行了"繁星之夜朗诵晚会"，上午开成立大会时的花篮与花排，已经变换了位置重新排列，灯光下的鲜花更加鲜艳夺目。布景上的"繁星之夜"四个大字，被那无数流动的星星环绕，蓝丝绒布在灯光、在星光的闪烁照射下，伸展出无限的远方。我后来在一篇文章中写道："繁星之夜，永不忘却的夜晚。走出大厅，果然是满天闪烁的繁星。今晚，还有一个日子，十二月的二十四日，圣诞节前的夜晚——平安夜。

这个经过多方商定的、不经意的日子，竟然是选定冰心精神世界的支点上。"

研究会成立后，本应组织开展研究，但是，当我面对冰心研究会创办出版的《爱心》时，有些犹豫了。《爱心》杂志的创刊号，刊登成立大会时所有的发言、讲话、贺信、贺电，封底是冰心"上冰心研究会同人书"的手迹，这是两个相悖的"阵营"呀，一方是"赞美"的人群，一方是"求是"的冰心，仅就成立大会而言，还能有各自的理由，也能够各自成立，但是接下去的研究呢？说多了好话，赞美太多，老太太未必高兴；老太太想听的话，这在当下的环境里、在一个慈爱的老太太面前，如何说得出口？这时既没有二十世纪二三十年代批评的自由，也缺乏八十年代探索的激情，这就可能使得甫一成立的研究会陷入两难境地。

建造冰心文学馆这个动议将冰心研究会带出了两难境地。为冰心建造一座作家博物馆，搜集有关冰心的一切，尽入其中，让广大读者通过这个通道走近真实的冰心，为专家学者深入展开研究保留丰富的资料，将暂存于世的"精神驿站"打造成永久的"精神堡垒"。为此，我们在福州曾试探性地举办两次大的活动，一次是"冰心生平与创作展览"，一次是"冰心作品书法与绘画大展"，前一个展览参观者众，连展一周，观众逾万，直到撤展的那一天，仍然有学校安排前来参观撤下的展板；后一个展览有全国各地的学者、作家、画家、书家的参与，他们因为"冰心"二字，而专门创作书法、绘画作品，无偿提供。这两次活动，仅相隔一年时间，让我信心大增。打了报告，向省政府申请建筑立项。但是，真正要为一个健在的作家建造一个博物馆，不仅前无古人，简直就是现实浪漫主义。尽管有冰心的影响与声望，但影响与声望并不等同金钱与土地。首先在选择馆址上，遇到了极大的困难，甚至有可能使这个现实的构想成为浪漫的泡影。在福州，我几乎是跑遍了每一片空置的土地。当每一寸土地都必须卖出一个好价钱的时候，没有多少钱要寻得一块用于文化建设的土地，真是比登天还难。一年多的奔跑，耗尽了心血，销蚀了信心，几乎让我放弃。只是这样的一个理念令我前行：在整整的一个世纪中，冰心是独一无二的，因为有了这样的一个作家，才使得这个世纪的文学色彩多了一层色调，当所有的作家都在塑造为生存、为正义、反压迫、行抗争的形象时，只有从高空飘来一朵祥云，飞来一个安琪儿，告诉人间有一种爱与同情，也可消解冲突，化解矛盾，将社会与人心引向光明。作为一个受压迫的民族，需要抗争，但作为一个民族的生存，同样需要一种博爱，前一种的形象几乎占满文学的画廊，后一种形象，微弱得仅存冰心一人，我们需要保存和发扬这种微弱的精神之光，才可以造成一个健全的民族，才可以造就一个健全的国家与国民。仅以斗争示人，仅以斗争哲学昭告天下与后人，而缺少爱的哲学，将会影响民族与国民健全的肌体，扭曲人们的心灵。我希望建造冰心的博物馆，让今人与后人，走近这么一位作家，走到这么一位充满了爱心的作家身边，感受与分享一个世纪中的另一种色彩与文学精神，在灵魂中增添温暖与亮色，也从社会教育的角度，不为后代留下缺陷。仅仅是这个理念支撑了我的努力，最困难的时候，我曾言，如果我为之努力的这位作家是别人，那么，我一定会放弃，但因为她是冰心，我们的民族、社会、精神、心灵，都需要这份遗产。

恰如冰心，为了一个纯静的天地而逃离北平艰难奔向滇池一样，坚持是有效的，坚持可达目的地。当福州这座她出生的古老的城市无立足之地时，选址的视野开阔至她的祖籍地，这退出的一步，立时海阔天空。长乐县的政府和人民，以热情的胸怀，以肥沃的土地，拥抱了呼之欲出的冰心文学馆。奠基、打桩、起架、立柱、封顶、装修，全部的建设过程仅仅用了一年半的时间。我在这个过程中同时完成了用于陈列展览的图片、实物、版本、手稿、信函等资料的收集，展览的脚本也在我的手中完成，有关工作人员，紧锣密鼓地加班加点，布展完成之后，就等着落成开馆了。

一九九七年八月二十五日，冰心处女作《二十一日听审的感想》发表的日子，一个建筑面积达四千五百平方米、占地十三亩、且有一个七十亩的爱心公园作为配套的冰心文学馆，在闽江之滨落成。当年郑和扬帆西洋的港湾，沧海桑田，如今立起的是"冰心"的旗帜。这天午后四时，骄阳似火，人们从四面八方赶来参加、见证冰心文学馆的落成典礼。就在开馆的那一刻，从西天飘来一团彩云，将炽热的阳光遮住，清风徐来，水波荡漾，凉爽如秋。清风与祥云，就这样伴随了前后一个多小时的开馆仪式。

已是中共福建省委副书记的何少川，代表省委、省政府提出，建成后的冰心文学馆，要成为全国宣传与研究冰心的中心、对外文学交流的中心、爱国主义教育基地、精神文明的窗口和旅游休闲的景点。他和副省长潘心城向我与林德冠授牌。冰心有个书面发言，由陈恕教授宣读。专程从北京前来祝贺冰心文学馆开馆的中国现代文学馆舒乙馆长致辞，充满了激情、洋溢着诗意。他手上捏了一张小纸头，站在麦克风前，先是用诗一样的语言，表达了对眼前这座精致而漂亮的文学馆的赞美与落成开馆的祝贺，之后，便给它来了一连串理性的定位：

> 它是全世界第一座为依然健在的一位大作家建立的文学馆；
>
> 它不是在旧居或故居基础上建立的，而是专门择地特别建筑的文学馆；
>
> 它是头一个纯粹为作家建立的专业馆，馆主不是兼有思想家、革命者的身份，也不是共产党员，而纯粹以自己文学成就赢得人们的尊敬和爱戴的；
>
> 它是第一个以个人命名的文学馆；
>
> 所有这些都使得冰心文学馆非同凡响，它的建立格外引人瞩目，成为中国文坛上的一件大事。

巴金的题词，由我宣读，道出了冰心文学馆的全部价值与意义：

> 愿冰心大姐的一片爱心，感动更多的人！

当冰心逝去、当"精神驿站"消失之后，冰心文学馆便是"朝圣"之地，这座"精神堡垒"，成为地球上的一个新坐标，将永存人间、永驻大地！

十七、最后的荣誉

冰心最后一次住进北京医院，是在一九九四年九月二十四日，从此再未出院。住院期间，还有些应邀的题字，写得最多的是"有了爱就有了一切"，与两年前题写这句话有了一字之差，将"有了爱便有了一切"，改为"有了爱就有了一切"，由"便"改为"就"，加重了肯定的分量，没有试探、没有犹豫，她认为就是如此！这个肯定句延续了基督的"博爱"，也延续了孔子的"仁爱"，向着世人表达了坚定的信念！冰心最后的绝笔也是这句话，字型不分、字体不辨、横竖不准、排列不清，却是顽强地呈示着老人的世纪遗言。

冰心最后手书的作品应为：《我家的精品》（一九九四年三月六日）、《〈雷洁琼文集〉序》（四月十一日）、《纪念叶老诞辰一百周年》（七月十五日）。其他在医院中的几个书面发言，均为口授之作，由陈恕记录下来，再念给她听，加以修改、确认。此时的冰心，更多的时间是休养、是治疗、是病痛、是神游四方。北京医院总是那么的安静，窗口绿藤掩映，盛夏室内也很清凉，不用空调，不用风扇，老人就静静地躺在床上，望着室内的高窗，高窗口翠绿的藤蔓。二十世纪八十年代初她曾有美文《绿的歌》，写她坐汽车回到南方的故乡，对绿的惊喜和感悟，绿是希望，绿是春光，绿也能带来恬静，病榻上的冰心，也常常想起这些，但更多的时候，是望着室内高高的天棚，数着天棚上镶嵌着细花图案的天花板，从一数到十，数到三十，再从四十五倒至一……有一段时间，老人换到新装修的病房，天花板不一样，横的九块，竖的十三块，但每次数似乎都不一样。一天她问陪护小汪，三九是多少，小汪逗她说，姥姥，三九二十一。老人听后，说不对，三九二十七、二加九是十一，一共是一百一十七块。小汪就说："姥姥，您是对的，真了不起，要争取活到这个岁数。"老人说，一百一十七？太长了，只要活一百岁，可还有两年！那是多少天？她向陪护小汪发问。

不仅是无聊，更是痛苦。一九九七年八月，也就是冰心文学馆开馆的那几天，因进食被噎、肺部感染引起发烧，医院决定给她插上鼻饲管。从那以后，她的进食都必须是流质，通过管道直接进入胃中，从此也就失去用餐时品味咸淡酸甜的人生乐趣，而饲管插上后，有了依赖，再也不能拔下，鼻孔里始终有条管道。老人觉得极不舒服，为此展开过好多次"抗争"。"有一天，姥姥趁我不注意把管子拔了，见了我，就像孩子做错了事情一样，说，我错了，我不对，我不再拔了。后来她睡了，我出去一下，她又拔了，见我进来就连忙认错。我说，姥姥，您刚才是不是假睡？她承认了，我就说，姥姥还拔我就走了，我没有尽到责任，医院会批评我的。姥姥听说我要走，连忙抓住我的手，说，她不再拔了。你不能走。"看护她的小汪如是说。自从插上鼻饲管后，老人不再会客，不再接受探视，更不接待任何媒体的访问。深知母亲的吴青说，妈妈活得太累太痛苦了。曾经陪护过冰心的小辉说，姥姥常常会半夜把她叫醒，说难受，有时则是要和她说话，说说家里的事情，说说读了姥姥的什么书，背上一段她更高兴。此时的冰心，白天与黑夜常常颠倒，白天睡多了，晚上就不睡，就要说话，就说难受，很像哭夜的孩子，喊个不停。

除了有专门人员陪护，每日，家人轮流值班。三个孩子三家人，轮流来医院照看，一家一天，每周如此，每月如此，每年如此，风霜雨雪，从无间断。无论是儿子还是儿媳，是女儿还是女婿，是孙儿还是外孙，对老人都好，都亲热，只要家人走进病房，感觉有了依靠，心情就平静许多。孩子告诉老人外面发生的一些事情，社会上的信息，边说边为老人作抚摸或按摩，让一直卧床的肌肉活动起来，松弛下来，有时，还让老人坐上小推车，在医院的走廊上来回"散步"。陈恕说，老人有时对新近的事情记不住，但对以前的事情、尤其是童年生活，记得相当清楚，甚至连一些儿歌童谣都能背出来。为了让老人的大脑处于活动状态，他们总是尽量地和老人多说话，每天的新闻都讲给她听，这样虽然躺在病床上，还能和时代一道前进。比如朱镕基当总理，老人很关心，多次询问新任总理的情况。邓小平去世时，她也清醒，听有人说邓小平如何伟大，老人会不经意地问一声，那周总理呢？香港回归那天，她一定要坐起来看电视，并写下了"香港回归，我心痛快"！

最令老人高兴的是小女儿前来陪伴，吴青一来，安静的病房便充满了生气，吴青总会带来许多新鲜的话题，总会逗娘乐，"小老鼠"——吴青开个头，老人接上——"上锅台"——"偷油吃"——"下不来"——"叽里咕噜滚下来"。老人在念完后一句时，还会双手张开，做了一个滚的动作，"五星红旗迎风飘扬，胜利歌声多么响亮……"吴青打着拍子，老人和她合唱，一直唱到"歌唱我们亲爱的祖国，从今走向繁荣富强"，一直唱到老人的眼角有了泪花。吴青说，妈妈就爱唱这首歌。老人说过，她就喜欢她的小女儿，总会设法给她带来欢乐。有一回轮到吴青一家值班，老人希望是吴青来，小汪则认为是陈恕来，两人为此打赌。后来，陈恕来了，老人算是输家，小汪就问："姥姥，刚才我们打赌，是您输了吧。"没想到老人神秘一笑，说，不记得了。一般而言，老人兴奋的情绪不会持续太久。有时，她需要休息，闭上眼睛，小憩一会儿，如有客人在场，则会坚持睁开眼睛，以保持应有的礼貌。老人一生总是念念不忘为社会为国家做事，只要不是躺在病床上，只要还能握笔，哪怕是为人题个字，在赠送的著作上签个名……此时的老人，所能做到的就是坚持将眼睛睁开，和爱她的人说说话。但就是这样也不容易，老人有时会表现出莫名的烦躁，"怎么办呢？""怎么办呢？"老人常常被这四个字纠缠不休，似在问天，又像天问！躺在病床上的老人，似乎有许多的事情要办，有许多的事情又不好办，却也无能为力，只能以"问天"的方式，表示最后的不安。于是，大夫安慰她，家人安慰她，说，没有什么怎么办，慢慢来，就会好的。但有时，则会出现更加激烈的情绪，"我要死了！""该死了！""早该死了！"苍老而苍凉的声音在空阔的病房里回响。常常无法清楚地表达她的痛苦，只是直呼难受，这时，家人总是安慰老人，说，不难受，捏捏，按摩按摩就好了。老人有时就在这种安慰声中，在家人的捏拉按摩下，平静下来。有时则不行，得要大夫来，或数脉搏，或听心跳，或量血压，或做心电图，等这一切做过，大夫确诊没有异常，便告诉老人，说，谢老，没有什么问题，好好休息吧。老人就听大夫的，但惧怕护士，见到那只白色的托盘，知道又来采血样，本能地侧过头去，将那边的耳朵藏在枕头里，像是要躲那一针。护士过来，哄她，谢老，你看这是什么？待老人注意力转移时，采血的针已在耳垂上扎下了，老人一惊，护士连说，好了好了，并已轻巧地取下了血样。有一次护士走后，我坐到老人的身旁，只见两只手背扎满了针眼，皮肤都变黑了，只有两只大耳，可用扎针取血样了。

依然穿过医院楼道静静的长廊，绿藤掩映、室内安静，先生依然躺在病床上，见到我们走近，微微地侧过她的头来。陈恕说，娘，我来了，还有福建的王炳根，来看您了。我靠近先生，向她老人家问好。她点头示意，表示谢谢。随即便转向陈恕，很清楚地说出了"冰淇淋"三个字。陈恕会意，说，娘，带来了，马上给您喂。我在陈恕喂冰淇淋的时候，坐到先生的床前，先生一口一口地吃着，咽食的速度很快，陈恕说，老人不怕冰，但怕烫，热的东西不爱吃，特别爱吃的是冰淇淋。陈恕告诉我，一般的冰淇淋糖分较高，而老人糖吃多了容易胀气，这是专门为老人准备的无糖冰淇淋。全北京也就那么一家厂家，生产这种无糖冰淇淋。很快，一杯冰淇淋喂完，陈恕问，娘，还要吗？先生点头，示意还要。陈恕说，好，刚才是巧克力的，这回换吃香芋的。吃过冰淇淋的先生，精神显得很好，脸色有些红润，我再近前，发现先生的头发细而柔软，倍有光泽，并且，在细嫩的白发间，生出了不少黑色的毛发，犹如新生之婴儿，或许，真是一种生命的奇迹，出现在先生的身上？

大夫来了，大夫站在床前，问，谢老，还认识我吗？先生先是摇头，说，不认得，继而又说，您是大夫。大夫说，这就对了，我姓什么，这回先生毫不犹豫地说，姓赵，赵大夫。我看了一眼大夫胸前的名牌，果然姓赵。大夫说，最近谢老的情况不错，认识人，前不久，她对所有的人都叫小辉（小辉是以前的小保姆，照顾了老人两年）。大夫转而问道："谢老，您刚才吃了什么？"先生说："冰淇淋。""什么冰淇淋？""巧克力的。""好吃吗？""好吃！"大夫对我说，谢老有时会用英语回答，chocolate ice cream，好听极了，有时，她的英语的发音比汉语的发音还清楚。

这时，我简单地介绍了在福建长乐建立冰心文学馆的情况，许多人前来参观，从七八岁的小学生到七八十岁的老人，还有海外的专家和学者，他们都非常敬慕冰心，一些高层领导和著名学者，都称自己是冰心的"小读者"。赵大夫听后，风趣地说，谢老，您真是了不起啊，可以说是很伟大。先生却不停地摇头，说："不伟大。"……"也许有吧……有的人伟大。"大夫又问："这个伟大的人是谁呀？"先生先是说，不知道，停顿了一下，继而说出一个人的名字："周总理。"

赵大夫在做过例行的检查后，俯身对先生说，谢老，您老要好好保重，您是我们国家的国宝。先生在听了大夫的话后，我忽然发现，她的脸上露出了羞涩的红晕，像谦虚的孩子那样，先是摇了摇头，继而轻声地而却是清楚地说："最多只能算个家宝。"先生说过此话，含笑瞄了一眼坐在一旁的陈恕。真是没有想到，先生还是这样的清醒和幽默。等到大家都领会出了先生的意思之后，为老人的睿智与幽默乐了。

（王炳根《绿藤掩映的窗口》）

此时的冰心，说不上患了什么病，这架运转了将近一百年的机器，机件都已老化，肾脏、心肝、胃肠、血管……身体的每一个部位，只有在药物的强力推动下，才肯缓慢地运转，隔一段时间，老人的身上便要多出一条管道。十年前，老人在遗嘱中曾言，"我如果已经昏迷，千万不要抢救，请医生打一针安乐针，让我安静地死去"。别说尚未完全昏迷，就是彻底进入昏迷，只要那口气还在，就还得艰难地活着，此时上升为国宝级的人物，她已无权选择死亡。

无论欢乐与痛苦，活着，都是一种荣誉！

住在北京医院的冰心，还真连获了五项荣誉：一是在作协第六次全国代表大会上，被推举为中国作家协会名誉主席，主席为巴金，这是中国作协历史上，首次设立名誉主席的位置，以后也只有名誉副主席而无名誉主席了；二是获得总部设在日本的"内藤寿七郎国际儿童奖"；三是由马来西亚拿督、世界著名华人传媒人张晓卿提议，由"世界福州十邑同乡总会"设立的意在鼓励全球华文文学创作的"冰心文学奖"；四是《冰心全集》出版；五是被黎巴嫩总统授予国家级雪松骑士勋章。

《冰心全集》是在《冰心文集》的基础上，增加了一九九二年之后的作品及部分信件等内容，由"文集"的六卷本，扩为"全集"的八卷本，由海峡文艺出版社出版。这是冰心继二十世纪三十年代之后的第二个"全集"版本，全集采用了编年体的形式，可说是一个供研究者使用的版本。八卷本的《冰心全集》一次性推出，高调亮相，在人民大会堂举行出版座谈会，邀请了中共福建籍、民主党派等高层领导，邀请了中国重量级的作家、学者出席。中国新闻社记者耿军、黄少华以这样的语气播发了消息："中国文学界近百位杰出代表此刻切身体会到'德高望重'四个字的分量：包括费孝通、雷洁琼、卢嘉锡、赵朴初、叶飞、杨成武、项南等与会者，比预定时间提前半小时就静静地坐进了《冰心全集》出版座谈会所在的人民大会堂的浙江厅。"新闻稿这种写法，当是出手不凡。实际情况也是如此，正在北京访问的韩素音出席座谈会，萧乾、王蒙、张锴、谢冕、严家炎等都坐在普通的座位上，除了翟泰丰以中宣部、中国作协的名义讲话外，其他人均以朋友与读者的身份发言。这套《冰心全集》第一版印刷了六千套，并很快售罄，再版重印。

授予黎巴嫩国家级雪松骑士勋章的仪式，为了让冰心本人能够出席，国家文化部、外交部在北京医院专门布置了一个房间。因为翻译黎巴嫩作家纪伯伦的作品，使得这位生活在东西方交汇点上诗人的作品，在中国广袤的大地上流传，"多亏了这位伟大的女士，纪伯伦的声音和他的人文思想才能得以不仅在黎巴嫩和美国而且在中国传播"。法利德·萨玛哈大使代表黎巴嫩总统埃利亚斯·赫拉维，向冰心宣读总统亲自签署的第 6146 号命令，授予她"黎巴嫩国家级雪松骑士勋章"。勋章上银色的太阳中长出雪松树，绿色的雪松象征永恒，它是黎巴嫩的国徽，太阳中还露出黎巴嫩白雪覆盖的高耸山峰。大使按阿拉伯人的习俗，弯腰轻吻了冰心的手，冰心面带慈祥的笑意，全场响起了热烈的掌声。

这是冰心最后一次出席公开活动，她坐在轮椅车上，接受了这个荣誉，接受了雷洁琼、赵朴初、翟泰丰、刘延东、张光年、陈荒煤、王蒙、萧乾、楚庄、邓友梅等人的祝贺。

轮椅车缓缓地推离会场，冰心尽可能睁大眼睛，以慈祥的目光，向在场的朋友做最后的致谢！

十八、世纪的告别

一九九九年二月十六日，中国已卯年春节。已卯为兔年，前一天则为戊寅年，虎年。民间的说法是，病重的老人难以度过虎年，冰心在虎年的最后几天，医院再次发出病危通知，又有老虎尾巴最后一扫的说法。她的"饼干小弟"在二月十一日已先她而去。此时的冰心自然不知，并且渡过了这个难关。这次病危通知发出后，朱镕基总理在除夕的前夜，到北京医院看望冰心，说，他来看望老人，表达他的心意，并在探视本上写下了："祝冰心老人健康长寿。"之后，胡锦涛、温家宝也到医院看望，胡锦涛同时代表了江泽民。当冰心避开了老虎尾巴之后，吴平陪伴母亲度过除夕，迎来新年的春节。当大年初一的阳光照进病房，老人又开始清醒，儿子带来了鲜花，祝贺母亲的百岁大寿。因为按照民间的习惯，过年后即是百龄了，但就在亲人、朋友、读者，准备在这年的十月五日，隆重庆贺老太太的百岁华诞之时，死神再次叩门。二月二十四日，由主治医生张永强签置的"病危通知单"，再次发出：

肺部感染

心力衰竭

肾功能不全

目前病情变化：

急性心力衰竭，肾功能衰竭，休克，酸碱平衡紊乱。

我院医护人员正在努力抢救，特此通知家属。

　　我在这次得知冰心病危通知后，与之前的几次不一样，有种不祥的预感，虽然我相信老人顽强的生命力，但感觉这一次恐难挺过。由于尚处春运期间，连续三天没有买到飞机票，直到二十八日的下午，我才登上了厦门航空公司的 8115 航班，直飞北京，选择了离中央民族大学最近的万年青宾馆住下。打了电话，告知我已到北京，吴青说，她妈妈的情况很不好！

　　下午五点，我来到教授楼 34 单元。吴青正在做卫生，说，明天姑姑要来，她已在杭州等车，要赶来见妈妈一面，她说，妈妈很痛苦，呼吸都很困难，走了也是解脱，她在遗嘱中说，希望能打一针安乐针，让她平静地死去，但这不可能了。她很顽强，但也确实痛苦……尽管知道妈妈走了是一种解脱，可在感情上又接受不了，妈妈走了，她就没有妈妈了……吴青说到这里，伤心落泪……之后，便将我带到老人的卧室兼书房，在衣橱上，有一张放大了的披着白色纱巾的彩色照片，吴青说，就用这一张照片，这是钢钢为姥姥拍的，照片就放在这里，让爱她的人来家时，在这里向妈妈告别。吴青说，到时，将父亲的骨灰从八宝山请来，让他们回到这屋里，与妈妈同住一段时间，他们已经很久没有在一起了。我又一次环顾了这间普通的卧房兼书房，几架书橱依然靠墙而立，先生住院前的书桌整洁如昨，两张木板铁架床上，铺着干净的蓝格子床单。冰心最后的作品《我家的精品》便是写这个房间，老人留在手迹上最后的文字，依然是一个"情"字。我走近这书柜，望着那一排排的书与小摆件，想起她最后离开燕南园的心情，她也曾写过一篇《丢不掉的珍宝》，说的也是包括鲁迅在内的作家赠书。走过一个世纪的风雨人生，在即将离开这个世界的时候，珍惜与留恋的仍然是友人的作品与友情。冰心确实是独特的，是世俗社会的"另类"，她从不收藏，包括吴文藻因为爱好留下的字画，都被她送出去了，家里没有一件像样的家具，书桌是胶合板的、椅子是仿皮的，就是收藏珍宝的书柜，也是胶木壁板、镶嵌玻璃拉门，普通得不能再普通了。冰心也不是没有钱购置像样一些的家具，但她认为两者并没有什么区别，因而，她总是将钱捐出去了，用到了自己为之呼吁的教育事业或更加需要钱的灾区，自己过着简朴的、普通的生活。

回到客厅，陈恕将老人的遗嘱给我看，并且有一封陈钢当天从美国发来的传真。陈钢说，他在异国他乡为姥姥祝福为姥姥祈祷，他坚信姥姥的生命力的顽强，他期待着金秋十月为姥姥百岁华诞举行盛大的生日聚会，但他也深知自然规律的力量，如果那个时刻到来的时候，他希望全家人的心情是一种平和，是姥姥贯穿生命中的那么一种乐观与平和，她留给每一个活下来的人的是一种活生生的乐观、平和的榜样，是那种曾经沧海难为水的豁达，是"世事沧桑心事定，胸中海岳梦中飞"的胸怀。陈钢虽然这样说，但他这封密密麻麻长达四页纸的信，却是和着泪水写完的，读着这封对姥姥每一项后事都有精细的考虑与安排的信，我感受到了陈钢那种铭心刻骨、痛苦而又豁达的爱！

晚餐后，我和陈恕商量着明天什么时间去北京医院看望老人，陈恕说，他全天在那儿值班，什么时候去都行，我说那就上午吧，希望早点儿见到先生。然而，就在这时，老人平日最喜爱的猫，开始在屋里烦躁不安，从窗台跳下又跳上，并且惊叫着，吴青说，不好，咪咪不正常！是不是妈妈不好？急忙打了电话去医院，吴冰在医院值班，回答说，还好，吴青说，这是奇怪，只要妈妈不好，咪咪就惊叫，好像他们之间有感应。这就是与老人相处了十五年的猫！

吴青在接过几个电话后，回到她的书房备课，明天三月一日，她说上午有四节课，陈恕也到隔壁房间打电话，为他领导的教研室年轻教师安排课程。按说，此时我应该回到酒店休息了，但却没有走，一人待在客厅看电视，咪咪望着我轻声地叫着，似是无力的哀鸣，我唤它上来！咪咪这才跳上沙发，用它浊黄的眼睛看着我，随后蜷曲着躺在我的腿上。我用手轻轻地抚摸着陪伴了先生十五年业已苍老的猫，感受到温暖，也感受到苍凉。

陈恕在安排好课程之后来到客厅，应我的要求，复印几份资料，其中有老人的遗嘱。就在这时，电话铃响了，我急忙奔到客厅，提来话机的子机交与陈恕，还好，是一个熟人询问老人情况的电话。也就在陈恕通话的同时，另一个电话又冲进来了，由于设置了呼叫等待，陈恕在得到信号后，立即中断了与对方的通话，接进了呼叫。也就在那一刻，我明显地感到陈恕语音与语调的变化，他只是低声地应着，在他说了一声"我们马上就去"之后，便放下电话，说，谢先生不好，立即去医院！

陈恕关闭复印机后，急忙进到书房，吴青在那儿备课，陈恕说："吴冰来电话，娘不好，让我们快去！"陈恕边说，边收拾照相机和小录像机，吴青则立即给吴平打电话，给中国作家协会联络人吴殿熙打电话，告诉他们直接去医院。我在客厅等候，手足无措，我当然明白情况的严重性，也许这是先生向她的亲人发出的最后一个信号！

我的留下也许就是预感，如果回到宾馆，一时恐难找到我。在征得同意之后，我与吴青、陈恕同去医院。我们下到楼下，二月最后的一个早春之夜，风，依然寒冷。我穿上大衣，陈恕裹紧风衣，吴青将方形围巾扎在头上，我们从大院中走出，来到门口等候李志昌开来的车，有几辆车经过，都不是，等待，很短的时间，此时却是那样的漫长。我说要不要打个电话，陈恕说，他们肯定出来了，打电话家里也没人接，又有几辆车停在门口，终于听到了叫声，我们上到最后的那辆车上。李志昌自驾车，副驾驶的位置上是李冰，我们三人挤进后座，车不能调头，直行左拐上西三环。李志昌开得很快也很稳，他说，只要三十分钟，吴青心急，对路上不按车道行驶的施工车多次出言。我望着车外闪过的路面，来回川流的车辆，在见到霓虹灯街景的时候，我知道，北京医院就要到了。

北京医院的大门已经关闭，陈恕眼尖，说，那不是哥哥嘛，他也到了。吴平从家直接打车过来，他已从大门旁的小门闪进。我们的车停在路边，吴青拿了通行车证找警卫交涉，很快，大门开启，车可以直接开进去，经过一个弯道，就是北楼了，谁也没有说话，下了车就直冲楼道。当我们进入 304 号病房时，吴青直奔床前，只听见医生说，别太激动，别太激动，老人走的时候，没有痛苦，吴青过去抱住了妈妈。我不相信先生就这样走了，病房的一切都像往常，不知道见过多少次吴青这样抱着母亲说话，唱儿歌，我以为，吴青还是在与她的妈妈说话，先生也一定是能听得清楚的，但是我的耳边听到的却又是医生的声音，谢老是九点走的，九时整。医务人员已经开始在一件一件地收拾、推开原先围满了病床的各种仪器，老人身上的氧气管与鼻饲管也已拔下，吴冰站到病床的另一侧，以手帕擦着她的眼泪，吴冰说的也是这句话，妈妈走的时候，没有痛苦……此时的先生平静地侧身躺着，眼睛微闭，安详而平和，就像以往进到这间病房，见到先生侧卧于病床上一样。

陈恕过去与母亲话别，陈恕贴着先生的脸，吴青从被子下握着娘的手，说，钢钢上午还发来传真。陈恕说，他们也代表他来送姥姥；之后是吴冰、李志昌与李冰三人，他们先是贴着，继而是俯身凝视着那张平时给过他们多少欢乐与微笑的脸；再就是吴平，孙子吴山也赶到了，吴平、吴山在告别时，还代表了远在澳大利亚的陈凌霞与吴江。告别时，我一一为他们拍下了珍贵的镜头。最后是我，就我一人，我向先生话别，我俯下身，贴着先生的脸，仍然感受到她残留的体温。我说，我今天下午才从福州飞来，我来向先生告别，为先生送行，我还说了一句，我代表家乡的人民向先生告别！

中国作家协会的有关人员和领导先后赶到医院，最先到的是吴殿熙，之后是吉狄马加和李荣胜，金坚范也来了，张锲来的时候，北京医院的院长在场，张锲感谢北京医院对冰心先生长达四年多的精心医疗和护理。在讲到病情时，吴平将最后一次的病危通知单给我看，显示的是身体各部位器官严重衰竭！吴冰说，中午的时候，母亲的体温还有低烧，三十八度左右，后来逐渐下来了，就再没有上去，吴青六点多钟打电话还基本正常。吴青说，但是咪咪有感应。吴平对我说，你与老太太真是有缘分，就像是从福建赶来为老人送终。

后来，翟泰丰来了，刘延东来了，他们先后在先生的病床前鞠躬，刘延东久久地站在先生的面前，默念着先生会永远活在人们心中之类的话。此时陈恕赶回家为先生取假牙，我便担当起照相与摄像的任务，尽管我们都有心理准备，但都准备不足，我的相机中仅有的十三张胶片和陈恕相机中的一卷胶片很快用完，小摄像机的电池也没有了，这就意味着，接下来的场景，无法做图像的记录了，我为自己的匆忙和疏忽而遗憾！

也就是在这时，吴山忽然发现，仰卧着的奶奶，像是有了呼吸，薄薄的床单微有波动。这一发现令在场所有的人都屏住了呼吸，侧过头去，从平视的角度仔细观察，床单果真起伏，有的位置还明显，我望了先生的面容，再一次想到她只是睡着了，并不是离开了我们。这些情况，惊动了值班医生，经过仔细的观察，说，这是残留在内脏器官中气体的流动，而我们，却是祈盼奇迹的出现！

陈恕赶来了，医务人员细心地为先生装上了假牙。先生离开她住了长达四年多的病房，晚间十一时十五分，在家人的帮助下，抬上了推车，离开304病房，缓缓地通过长廊，长长的廊道上，没有一点儿声响，先生就这样悄悄地走了。我和陈恕从楼道冲下，站在电梯口迎候先生。

出到北楼的门外，深夜十一时二十五分，二月最后的三十五分钟，寒气袭人，想到先生盖着单薄的床单，行走在夜深的寒风中，不是夜凉如水，而是夜寒如冰，先生却要单独远行！送行的人不由自主地围过来，护在先生的身边，先生一生都给他人温暖，现在我们这些得到过她无限之爱的人，也是深爱着她的人，祈望能在先生远行的第一站给她些许的温暖！先生曾说：爱在右，同情在左，走在生命路的两旁，随时撒种，随时开花，将这一径长途，点缀得香花迷漫，使穿枝拂叶的行人，踏着荆棘不觉得痛苦，有泪可落，也不是悲凉。

繁星下围护在先生身旁的人是吴平、吴冰、吴青、吴山、李志昌、陈恕、李冰、翟泰丰、刘延东、张锲、金坚范、吉狄马加、李荣胜、吴殿熙等，再就是我，一个七个小时前才从福州赶来为先生送行的家乡人。我们围护在先生的身边，伴着小推车在冷风中缓缓而行……忽然之间，我似乎感到天空一片灿烂，抬头望去，万里夜空，满天的繁星闪烁，一时，我为这灿烂的繁星而震惊！

满天繁星，你是来为先生送行的么？

> 繁星闪烁着——
> 　　深蓝的太空，
> 　　　何曾听得见它们的对语？
> 沉默中，
> 　　微光里，
> 　　　它们深深的互相颂赞了。

这是先生七十八年前发表的《繁星》中第一首小诗，它曾经迷倒过多少人！它曾经产生过怎样的影响！它曾给过多少人的温暖与希望！这在中国现代文学史上都是一个奇迹，在您远行的夜晚，我将它献给您，连同满天的繁星。

星空下的太平间，是间低矮的小平房，这也是周恩来总理远行时停歇过的地方，人们都知道，先生敬爱总理，在这远行的第一站，竟然是跟随了敬爱之人，这对生者是一种安慰！在家人的帮助下，缓缓地向总理走近，那口绿色的柜子，可是总理停歇过的"驿站"？吴冰为妈妈整好了最后的行装，洁白的被单与枕套，吴青说，妈妈一生都是爱干净爱整洁，尽管医务人员让我们放心，但当那绿色的小铁门关合之时，真是有一股浓重的寒意与悲伤袭上心头！

我们都走了，先生一个人留下？

再次上到304号病房，房内犹存先生的气息，家人开始收拾先生使用过的衣物，还有那件黄色的披巾，就是多少次在照片中出现过、披在先生肩上的黄色披巾，实际上，它只不过是一块普通的浴巾！我带走的是那个花瓶和最后陪伴先生的红玫瑰。

回到万年青宾馆，已是三月一日的凌晨了，我在离开宾馆时怎么也不会意识到带回的竟是最后陪伴先生的六枝玫瑰，这个现实实在不能接受！人生竟是这样的么？除了提这个问题，我几乎是没有思考的力量，眼前一直浮现先生最后的遗容，她好像就在宾馆房间的窗前。我关了灯，一点儿也不感到害怕，好像在与窗前的先生默默对语。快到天明，迷糊了一阵，醒来时，想到人生，想到每一个人都将有的孤单远行，不免生出了一种悲凉与哀伤。

我拧亮了灯，坐了起来，翻开先生住院期间的探视记录本。这是一本深蓝封面的记事本，里面记录了近几年探望先生的签名和留言，开列出来，每个名字都有很重的分量。打开电视，中央电视台早间新闻，女播音员以平和的声音，播发了新华社昨晚发出的消息，备受人们尊敬和爱戴的文坛世纪老人冰心，昨天晚上九时在京与世长辞，享年九十九岁……

直到这时，泪水从我的眼里涌出。

三月一日上午，我来到先生家，献上了第一个玫瑰花篮，一百枝玫瑰，寓意冰心百年玫瑰人生。从三月一日至四日，我基本在先生的家里，或接电话，或接待来访记者。母亲的离去并未打乱吴青正常安排，一日上午，授课四节，直到中午十二时才回家。陈恕在家，电话已经是不离手了，一个接一个的电话，中央电视台在早间新闻，中央人民广播电台的新闻联播，还有昨晚中国新闻社向全世界播发的新闻，将冰心去世的消息传向了海内外。同时，昨天晚间十时，香港凤凰卫视就播了，美国之音早间也播了，新华社昨晚最后一条通稿，十时便有重要消息的预告，全国重要的报纸、电台和电视台都采用了这条消息。我是九点多到先生家的，桌上有两份传真，都是从美国来的，一份是陈钢的，另一份是刘再复的，上书："中国伟大的现代散文之母冰心永垂不朽，您的名字永远代表着爱与光明！"敬挽于美国科罗拉多大学。而最早在那本悼念簿上写下了"这个世纪的孩子读着您，下个世纪的孩子望着您，全中国的孩子都永远怀念您"的是中国青年杂志的杨浪与中国妇女报的谢小华。到了十时，中央电视台的记者赶来拍摄午间新闻三十分钟需要使用的图像。

先生的遗像，原先安放在卧室兼书房，我送的那个花篮，便将像前的位置占满了，随后中国新闻社摄影部的任晨鸣送来了一个大花篮。任晨鸣与陈钢是好朋友，先生许多照片就是他拍摄的，这次还带来一张先生九十华诞肩着大红披巾举杯祝贺的彩照，放大后装在镜框里。任晨鸣提议，将先生的遗像安放到客厅原先一直挂总理像的位置，总理像则暂请到先生的书房，这样，让来人有个鞠躬的地方，有个放花篮的地方。于是，我们将两位老人的照片，互相换了一个位置。吴青下课回来，又一遍细心地擦去遗像前的书柜上哪怕一丁点儿的灰尘。

到了晚间，屋里已经摆满了花篮，其中有张兆和率子女沈龙朱、沈亮雏送来的插满金黄色玫瑰的精致花篮，有马来西亚《明报》《星洲日报》张晓卿托人送来的高大而华丽的花篮，有北京出版社、《十月》编辑部等出版单位送来的体现文人色彩的花篮，有先生曾经写过的"咱们的五个孩子"周同山、周同庆、周同来、周同贺、周同义送来的精致的小花篮……《中国青年报》很是别致，他们已是第二次登门了，第一回来采访，见到满屋的花篮，但先生的书桌上却是空着的，先生晚年待得最多的地方，就在她的书桌，她在这儿写出了一篇又一篇漂亮的、犀利的文章……先生走了，书桌依在。第二回来时，年轻的女记者，带了一百枝玫瑰，不是花篮，不插花瓶，也没有挽联，就那么清清爽爽地插在花泥上，说这一百枝玫瑰象征着冰心在书桌写出的无数作品。

巴金送来的花篮，摆在遗像的面前，一百枝红玫瑰，上面写着"冰心大姐安息"。昨天下午，吴青告诉我，与小林通电话，巴金舅舅的身体也不好，小林说，她不能来看姑姑了，说着说着，就在电话的那头哭了，吴青说到此时也泣不成声。为了不让病中的巴金受刺激，先生走后，没有告诉巴老，这些天，以医嘱的名义，不让听广播、看电视，读给他听的报纸，绝对不能涉及先生的有关消息，这个一百枝的红玫瑰花篮，是李小林托中国作协送来的。

傍晚时分，夕阳从窗口照进，照在先生前面那一大片的花篮上，点燃在先生面前的"小橘灯"越来越亮，先生就在花丛中、烛光里……

吴文藻的遗嘱由冰心执行，冰心的遗嘱自然由子女来执行。但是，如何执行这个遗嘱，并非是子女说了算的。遗嘱中的安乐死没有执行，"遗体交北京医院解剖"，可以执行，但是"不要遗体告别，不开追悼会；骨灰放在文藻的骨灰匣内，一同撒在通海的河内"，如何？遗嘱说，"以上一切要在最短最快的时间完成"！

三月一日下午，就是先生去世后的第一天，中央统战部召开了专门的会议。全国政协、中央统战部、中国作家协会、国家安全部、民进中央等单位的负责人，吴平、吴冰、吴青、李志昌、陈恕等出席，就冰心后事安排进行协商。在各方人员都充分发表意见之后，最后归纳为：1.统一的说法，不叫"追悼会"，也不叫"遗体告别"，而称"送别冰心"，这样既没有违背冰心先生的愿望，也满足了方方面面人员的感情；2.地点在八宝山第一告别室，为了解决人员杂乱的问题，半天的时间全部定下，这样就没有外人了；3.时间暂定三月十九日上午十时，报告中央后确定；4.横幅可以用两条，门前一条写上"送别冰心"，红底白字，室内一条则为"有了爱就有了一切"，蓝底白字，字体为先生的手书体；5.用鲜花，不用纸花，不用挽联挽幛等，所有参加送别的人，手持一枝红玫瑰，献给先生，以此向先生作最后的告别！最后，刘延东就送别人员和规格再次说明，所谓适度规模，人员多少为适度？各方面提出方案，最后确定，适度规模就是要照顾到各方面人员的感情，让想来向冰心先生告别的人都能来，满足他们的感情；而规格，自然也指的是先生的朋友，包括许多党和国家的领导人，都是先生的朋友和读者，他们都很敬重冰心先生。

一个与所有的追悼会、告别会不一样的告别方式，一个颠覆性的世纪葬礼，在中共中央中枢神经的中南海府右街联席会上产生了。这是一种体现冰心一生为人与为文精神，符合冰心作为世纪同龄、文坛祖母、"五四"运动最后一位元老等多重身份的老人的独特送别方式！

三月二日，各地发来的唁电真如雪片般地飞来，一大早，桌子上就摆起了一大堆。我最先翻到的是湖南爱心书屋的唁电："今晨，我们从电视里获悉，冰心奶奶因老归去，不胜悲痛，世上任何事物都会老去，唯有爱心永远年轻，冰心奶奶的爱心将永远活在我们的心里……"《冰心文集》的责任编辑宫玺在唁电中出一楹联："文坛痛失老祖母，学界争燃小橘灯。"女作家铁凝写道："惊悉冰心先生辞世，特别悲痛。先生留给世界的至真至善至美的文字，先生对文坛晚辈广博深厚的爱心让我一生铭记。"之后，女作家忽然改变了称呼和位置，发自内心地喊道："冰心姥姥，我很想您！"广州的"红线女"在唁电中说："痛惜冰心大姐远行不胜哀悼，愿冰心大姐安息，她对人民的爱心永存！"《台港文学选刊》全体同仁出一挽联，上联："百年热望，执金笔，点点繁星闪耀中华文学天空；一朝临永诀，文坛上下共惊，巨痛中，追隽永诗意，宜将明灯高擎。"下联："一片冰心，倾玉壶，绵绵春水滋润读者心灵大地；几番梦魂归，海内海外谐振，长怀时，承博大爱心，还把香泽广播。"大多数的唁电行文很长，像一些出版社、杂志社、报社等单位，他们在沉痛悼念先生时，对先生的文学成就、人格力量等都做了高度的评价，并且多忆及先生对各自的出版社、杂志社、报社的关心和支持等。

九十二岁高龄的赵朴初老人从北京医院的病床上起身，眼含泪花，情凝笔端，挥毫写下：

冰心大姐千古

万口诵嘉言爱就是一切

四方传妙笔文可耀千秋

赵朴初敬挽

也有来自海外的唁电，像美国、泰国、新加坡、日本、香港、台湾等，远在美国旧金山的诗人王性初，他的外婆谢婉珠与先生是同辈分的姐妹，其唁电为："冰心姨婆那盏心灵之灯，将永远闪亮在全世界善良人们的心中！"美国耶鲁大学中国论坛、全美中国作家联谊会会长冰凌则称冰心先生"百岁人生，一世辉煌"！泰国华文作家协会会长司马攻高度评价先生对中华文化做出的杰出贡献："冰心先生对中华文化，尤其文学方面，做出了重大的贡献，泰国华文作家永远缅怀她。"当先生辞世的消息传到日本，"内藤寿七郎国际儿童奖金"理事长葛西健藏先生发来很长的一个电报，称"冰心女士不仅是一位享誉海内外的女作家，更是一位爱儿童、以身作则献身儿童事业的楷模……向冰心女士颁发首届内藤寿七郎国际儿童奖，以弘扬冰心女士的爱心精神"。日本株式会社佐藤国际机构总裁佐藤明雄、夫人佐藤明子唁电中说："从今日的日本报纸惊悉冰心女士仙逝，谨表衷心的哀悼。冰心女士的仙逝，是中国文坛的巨大损失，她为日中文化交流，留下了伟大的业绩。其九十九岁生涯令人敬佩，也使我们获益匪浅。冰心女士亲自挥毫为我们书写的'人到无求，心自安宁'，是我们的家藏珍宝。"日本东海租赁株式会社社长塚本幸司唁电说："去年三月拜访位于福州长乐市的冰心纪念馆时，还曾听福建省文联王炳根介绍说先生相当精神，今天突然接到这意想不到的沉痛消息，令人几疑耳朵有误。事出突然，想必先生的各位亲属亦是悲痛不已，惟愿节哀顺变，多加保重。冰心先生，安息吧！"

连日来的电话、电报、传真、Email，一切与外界联系的通讯工具，全都为先生而忙碌，同时，客厅的花篮在不断地增加，有时到了脚也插不进的地步。为了让后面来的人有表达感情的地方，每天，都得请走一部分的花篮，有的送到中国作协的会议室，有的则暂时放到门口的楼道上，还有一部分的红玫瑰，吴青则一枝枝的将花瓣摘下，将其晾干，做成干花瓣，集成一小筐一小筐。吴青说，这样可作长时间的保留，妈妈以前也是这么做的，所以无论什么时候，妈妈都有玫瑰相伴。

文洁若先生是和她的弟弟文学朴同来的，文先生刚刚失去老伴儿萧乾，现在又失去了冰心大姐，"萧乾走后，大姐也走了，真是没有想到的"，文先生这样说。我扶着这位《尤里西斯》的译者，这位略显单薄而坚强的老人，问候她的身体，文先生说，还好！她告诉我，萧乾住院两年，她没有请过人，都是自己亲自照顾。文先生望了望先生的遗像，说，也算是尽到了她的责任！林耀华被人扶着来向师母告别。一九八五年老师吴文藻西去时，他曾有过反思，现在，师母也又西行，林耀华来到师母面前，再次默默地反思、致哀，我从他那无声的哀容中，似乎读出了这一点。魏巍一个人艰难地上到二楼，他的家住在北京军区的八大处，自己要了车，一个人上了楼，他要在这里向先生话别。魏巍没有带来花篮，他以自己的方式表达对先生的怀念："一颗善良美丽的星辰殒落了，而她的光芒，将永远留在几代中国人的心里！"魏巍在宣纸上写下了他对先生的理解，工作人员将他的墨宝献在先生的面前，魏巍在鞠过躬后，便默坐于沙发。陈恕过来问候他的身体，前一段时候，他也曾得过一场重病，是脑溢血，总算挺过来了。我与魏巍交谈，从他的气色中，从他的话语里，感受到他还是一个军人，一位曾经写过朝鲜战场上"谁是最可爱的人"的老军人！李连杰教授是与他的夫人同时来的，这位平时善于演讲的人，来到先生面前，却是黯然，好像有许多的话要说，可一时又无法表达。我们让他坐下，坐在先生的面前，这时，他才平静了一些，他说，第一次见到先生的时候，是一九四七年，那时，他在北京二中读书，先生应贝满女中邀请到校作演讲，一部分的育英中学和二中的同学也参加了。李连杰说，那时，他们的手上都有《繁星》《春水》和《寄小读者》，他们是带着书来听先生演讲的，但先生却没有讲她的创作，她讲了在日本的见闻。临走时，他写下了："诗之心，国之魂，诗如其人——冰心！"

不断有人来，不断有人向先生献花，大红的签名本也一本一本地签满了，人们从自己的角度，谈论着先生，回味着先生曾给予他们的爱与温暖，信念与力量！无言者也有，个头很高，高得必须低头弯腰进门，我见到他站在先生面前，许久许久，一句话未说，忽然，"扑通"一声跪在地上，跪在了先生的像前，连连叩了三个头，每一个响头都可以听见额头击地沉重的声音，每一个响头都震撼着在场的人的心灵！

从三月一日至十九日，许多媒体都给了怀念冰心足够的版面和时段。《人民日报》（海外版）开辟了"永远的冰心"专栏，每日发表两三篇悼念文章，《文汇报》《光明日报》《中国青年周刊》《北京晚报》《北京青年报》《文艺报》《人民文学》《福建日报》《福州晚报》《海峡》《散文天地》《散文》《爱心》《海内外文学家企业家报》《深圳特区报》等，香港《大公报》《明报》等报刊，都开辟了专栏或者出版了专刊，一些受过冰心影响的作家，纷纷在报刊上发文，表达对冰心的思念。冰心逝世之后在报刊上发表悼念文章的作家可以列出这样的一大串的名单：王蒙、赵清阁、冯骥才、吴泰昌、周明、彦火、祝勇、李耀宗、赵国青、何镇邦、航鹰、王炳根、闵捷、林谷、江荒、陈瑞统、楚楚、卢新宁、黄安榕、宁宝柱、贾国荣、袁旦庆、白天文、高洪波、张正恒、顾宜凡、许怀中、郭风、章武、张贤华、（泰国）梦莉、（美国）王性初、李镇、孙绍振、刘登翰、郑颐寿、张锲、臧克家、于川、王明波、耿军、杨浪、舒乙、傅光明、杨永辉、黄小瑜、任晨鸣、费在山、袁力、王洪斌、曲志红、雷洁琼、许嘉路、霍达、张洁、阮章竞、应红、（美）宗鹰、（美）展我、（美）赵浩生、涂光群、黄嫣梨、邓伟志、朱以撒、谭谈、谢冕、何亮亮、曾敏之、张诗剑等等。

同时，开明出版社出版了楚庄主编的《永远的冰心》，团结出版社出版了张锲、陈恕任名誉主编，李朝全、凌玮清任主编的纪念冰心逝厚达五百七十四页的《世纪之爱：冰心》，香港明窗出版社出版了《冰心温暖人间——一个世纪的影集》等专集。

三月十八日下午，在送别先生之前，全家人相约到了最后的送别地，为了完美地实现玫瑰送别的方式，需要考虑到每一个细节，"任何的一个细节都应该是完美的"。从音乐的试听，花篮的摆放，大门前的横幅，一一都考虑到了，但是，改变不了的事实还是有的。八宝山第一告别室，多用于重要人物的追悼会，党和国家领导人等送的花圈，固定在四周，每送别一个人，只要将横幅上的名字换去、将纸扎花圈的挽联，落款换成另一个人的名字，重新一场的追悼会布置便算完成。根据在中央统战部达成的送别方式，对现存的布置显然具有颠覆性与破坏性。要将全部的纸扎花圈换成鲜花，不仅工程浩大，而且这些纸扎花圈因为固定在墙壁上，就是取了下来，鲜花也无处摆放，况且江泽民等中央政治局常委、人大、政协、中央统战部、国家安全部、中国作协等都要赠送花圈，如全部改为花篮，再大的告别室，也陈列不下。虽然已经从广州、昆明等地空运了大量的玫瑰到现场，但那只够送别的人使用，要将纸花圈改为鲜花篮，鲜花便成了大问题。因而，花圈此项只得妥协，依照传统行事。横幅必须换下，将"×××同志追悼会"撤去，升上了蓝底白字冰心手书的世纪遗言"有了爱就有了一切"，下方是大幅的彩色照片。不佩白花、不戴黑纱，手持玫瑰鲜花送别，可以做到。方小宁从广州带来的玫瑰，陈于化从昆明空运来的玫瑰，还有耿军准备的两百枝特殊玫瑰，十九日早晨七点，便陆续运抵第一告别室。

家人在八时前抵达北京医院。先生的遗体经过解剖，遗容经过马燕龙师傅精心打理、化妆，已经停在了北京医院的告别室。吴文藻走时，也是马燕龙师傅整容，毛泽东、周恩来、朱德、邓小平等都是马师傅整的容。他虽已退休，但当得知冰心即将远行时，说他也算是先生的小读者，他要亲自为先生梳理。经过马师傅梳理后的遗容，如生前般的端庄慈祥。刘延东、翟泰丰、高占祥等赶到医院为先生启程送行，北京医院的吴蔚然教授与病区的医务人员都来送别。

八时十分，先生从北京医院启程西行，最后一次从天安门前经过。这是最初影响先生走上文学之路的广场，"五四"运动的发祥地，先生也是那场轰轰烈烈运动中的一员。一九九九年是"五四"运动八十周年，为了纪念给中国带来科学与民主的伟大运动，已有不少的报刊从年初就已开始向先生邀稿，向这位世纪老人、"五四"运动最后的一位元老邀稿。那时，人们都相信先生生命力的顽强，都盼望先生能再跨入下一个世纪，然而，先生却在今天，默默地向她的广场做最后的告别。

人们不能留下先生，只能留下先生的"五四"精神！

九时许，先生来到她漫长人生的最后一站，就在这里，人们将以玫瑰送别先生。门前大红的签名本上，早早就有人在签名、留言，在"送别冰心"的第一告别室的门前，人们陆续地来到。当天北京的气温只有五度，陈钢设计的向姥姥告别的背景音乐在寒风中低回，那是大海的声音，那是广博的心境，当悠扬的小号在远方吹响，太阳正从海面上升起，壮观、温暖。我在号声的召唤下，来到先生的身旁，先生就熟睡在玫瑰花中，听着枕边阵阵涛声，我看到的先生，就像我在一九九〇年见到她时的情景，她的嘴角微微地张开，划出了一个永恒地留在人间的微笑，她对所有与她告别的人微笑，她笑得是那样的慈祥和优美。先生漫长一生的一百年，风风雨雨的一个世纪，她在风雨中跋涉，在世纪中行走，为了心中的爱，为了一生的追求，她保持高贵的步伐和高尚的品格，纵是在苦难之中也保持了她的尊严和优雅。这回，先生在长睡二十天之后，又对每一个向她走近的人露出了微笑。先生身上洁白的床单，布满万千的玫瑰花瓣，犹如先生平日爱穿的旗袍，白底玫瑰色的素洁、高雅而华贵的旗袍！先生一生爱穿旗袍，各种款式与花色的旗袍。吴青说，妈妈对旗袍有极高的鉴赏力，尽管她的个儿不高，但穿上经过她自己挑选的旗袍，立时亭亭而立啊。我理解此时的先生，便是身着深红玫瑰花瓣缀成的旗袍，亭亭立于大海的岸边，听着涛声，沐着阳光，亲切地与每一位向她走近的人道别！

家人与巴金赠送的花篮，摆放在先生的两旁。

大海的涛声、德彪西的钢琴，波动着的淡蓝的幛帘，"有了爱就有了一切"的世纪遗言。先生的大幅彩色照片似乎立于大海的波浪之中，每一位前来送别的人，将手持的玫瑰轻放在先生的身旁，鞠躬，经过先生的身旁，做最后一次的道别。来到她面前送行的人有李瑞环、李岚清、丁关根、王光英、程思远、吴阶平、何鲁丽、许嘉璐、王兆国、赵朴初、雷洁琼、罗青长、钱伟长、陈俊生、陈孚凌、经叔平、罗豪才、张克辉、王文元等，有出席中国作家协会和中国文联全委会的委员、主席团成员，几百位重量级的作家和艺术家，有从福建家乡专程前来的潘心城、陈奋武、储榕霖、林灼铭等，有从日本专程而来的女作家冈田祥子，有美国母校威尔斯利女子大学的柯玛凯教授，有美国公使威廉·麦克希尔（William Machill）的夫人，有黎巴嫩大使派来的代表，有北京一六六中学的学生，有先生多年的老朋友，有许多与先生不曾谋面的小读者，他们从遥远的地方来，他们从寒风中来，他们来到先生的面前，再一次沐浴爱的温暖，听听大海的声音。江泽民、李鹏、朱镕基、胡锦涛、尉建行、李铁映、贾庆林、温家宝、曾庆红、万里、乔石、荣毅仁、丁石孙、成思危、叶选平、卢嘉锡、习仲勋、彭冲、费孝通、孙起猛、杨静仁等送了花圈。

一列一列的人走过，从先生的面前走过，一列一列的人又走近了先生，他们为先生献的红玫瑰，一层一层地覆盖着，先时的玫瑰花瓣缀成的旗袍，又缀上了一枝枝玫瑰，形成深红厚实的锦面，成为玫瑰鲜艳的披肩。一时，先生成了花中人、花之精灵，深爱先生的人为先生完成了最后的一个造像，这是先生一生以爱换来的殊荣！

一百枝玫瑰献上了，五百枝玫瑰献上了，一千枝玫瑰献上了，更多的玫瑰还要献上，寒风里，有人在路上匆匆赶来，纵还有万千玫瑰，岂能回报先生一个世纪对人类的不尽的爱！

十一时四十五分，已近午时，先生启程了。灵车汽笛的长鸣，似是来自水兵的军舰？先生在汽笛的长鸣声里，在大海的涛声之中离去；巨幅的彩色照片，从车窗探出头来，似向世人挥手告别……

正当汽笛鸣起、先生启程之时，忽然远天的寒流，凝成的万千雪粒，一时自天穹纷纷洒下，洁白晶莹，落地有声，如雪之莹冰之心，送行的人感到十分惊讶，或许这就是冰之心，融入大地，归为自然！

纷杂的人群肃静，任洁白晶莹的雪粒，洒落大地，洒在枝头，洒在自己的身上！

也就在冰心灵车启动的那一刻，正在上海华东医院的巴金，似有某种心灵感应，忽然问起陪同人员，冰心怎么样？陪同人员仍然没有说出实情，但这回巴金不依，要和冰心通电话。李小林答应父亲，回家就打，但父亲不依不饶，说现在就打，他有话要和大姐说。

所有参加送别的人，带回了两件东西，一件是小画册，印有冰心各个时期的照片，由家人自费印制，套在一个精致的封套中，以作纪念；一件是官方印制的《冰心先生生平》。这个生平，亦如送别会上的悼词，算是盖棺定论吧。"生平"中给冰心四个定性的头衔：

二十世纪中国杰出的文学大师，忠诚的爱国主义者，著名的社会活动家，中国共产党的亲密朋友。

陈钢一人始终守在焚烧炉旁。待陪同送行的家人与亲朋用过餐后，我们再回到八宝山的焚烧炉前，此时，老人的火化全部完成，所有的骨灰都收殓在一个布口袋，裹上红绸布后，护送到旅行车。陈钢一直默然无声地紧紧拥抱着姥姥，回到民院宿舍，冰心生活了十六年的单元房。吴文藻的骨灰盒已从八宝山请回，就在那张书桌上，家人将冰心的骨灰摊开在书桌的红绸布上，骨灰呈小块状，纯洁、雪白！

冰心和吴文藻的骨灰最后合在了一起，他们将在天堂相逢，永远生活在一起。骨灰安葬两处，一处在八达岭长城脚下中华名人文化园的驼峰之上，一处在中国现代文学馆内，墓碑经过精心设计，碑石上刻着赵朴初手书字体：

谢冰心（1900—1999）

之墓

吴文藻（1901—1985）

遵照冰心修改过的遗嘱，骨灰盒内写上了：

长乐　谢婉莹

江阴　吴文藻

长城脚下的墓碑前，雕塑家使用了《寄小读者》初版封面的意象，冰心和吴文藻相偎的头像，碑下黄铜铸造的小读者，席地而坐，膝上摊开一本正在阅读的书。中国现代文学馆内，墓碑并不明显，坐标是钱绍武的雕塑，年轻的冰心，手不离卷，托腮凝思。

从此，这里四季有玫瑰环绕，纵是冰天雪地；春天里，日本作家专程种下的八重樱盛开，繁花似锦！

2014 年 6 月 19 日完稿、8 月 3 日改毕；
2015 年 7 月删改，10 月再改于根叶绿营。

附录一 冰心简表

清光绪二十六年庚子（1900） 生

十月五日（农历庚子年闰八月十二）生于福建省福州府城隆普营，名谢婉莹。

清光绪二十七年辛丑（1901） 一岁

随父亲谢葆璋、母亲杨福慈移居上海，住在昌寿里。

清光绪二十九年癸卯（1903） 三岁

全家迁居山东烟台，父亲任烟台海军练营营长，并开始筹建烟台水师学堂。

清宣统三年辛亥（1911） 十一岁

父亲离任烟台水师学堂，全家迁回故乡。住福州城内南后街杨桥巷口万兴桶石店后。

中华民国元年壬子（1912） 十二岁

入福州女子师范预科。

中华民国二年癸丑（1913） 十三岁

父亲应召到北京政府海军部任职，住东城铁狮子胡同中剪子巷14号。

中华民国三年甲寅（1914） 十四岁

入北京贝满女子中斋（今为北京一六六中学）。

中华民国七年戊午（1918）十八岁

贝满女中毕业，升入协和女子大学理预科。

中华民国八年己未（1919） 十九岁

参加"五四"运动，八月二十五日，北京《晨报》发表署名"女学生谢婉莹"的第一篇文章《二十一日听审的感想》。九月十八日，《晨报》连载署名"冰心女士"的小说《两个家庭》。

中华民国十年辛酉（1921） 二十一岁

加入文学研究会，在革新后的《小说月报》发表散文《笑》。理预科毕业，转入燕京大学文本科二年级。

中华民国十二年癸亥（1923） 二十三岁

《繁星》（诗集）、《超人》（散文、小说集），由商务印书馆出版。《春水》（诗集）由新潮社出版。燕京大学文本科毕业，获文学学士学位，同时获金钥匙荣誉奖。开始为《晨报副镌》"儿童世界专栏"撰写《寄儿童世界的小读者》通讯。赴美国留学，在赴美途中结识吴文藻。

中华民国十五年丙寅（1926） 二十六岁

美国威尔斯利女子学院研究院毕业，获文学硕士学位。离美回国。《寄小读者》（通讯集）由北新书局出版。同年，至母校燕京大学任教。

中华民国十八年己巳（1929）　二十九岁

吴文藻获美国哥伦比亚大学法学博士学位回国，在燕京大学任教，同时清华大学兼课。冰心和吴文藻在燕京大学临湖轩举行婚礼，婚后住燕南园60号新建住宅。

中华民国十九年庚午（1930）　三十岁

《往事》（小说、散文集）由开明书店出版。

中华民国二十年辛未（1931）　三十一岁

长子宗生（吴平）出生。《南归》（散文、小说集）由北新书局出版。译作《先知》（黎巴嫩凯罗·纪伯伦散文诗集）由上海新月书店出版。

中华民国二十一年壬申（1932）　三十二岁

《冰心全集》（《冰心小说集》《冰心诗集》《冰心散文集》）由北新书局陆续出版。《最后的安息》（小说集）由商务印书馆出版。《闲情》（诗、散文集）由北新书局出版。

中华民国二十二年癸酉（1933）　三十三岁

清华大学任教。《去国》（小说集）由北新书局出版。

中华民国二十四年乙亥（1935）　三十五岁

《平绥沿线旅行纪》由平绥铁路管理局出版。长女宗远（吴冰）出生。《冬儿姑娘》（小说集）由北新书局出版。

中华民国二十五年丙子（1936）　三十六岁

游历欧美，包括美国、英国、意大利、瑞士、法国、罗马尼亚、德国、苏联等国家。

中华民国二十六年丁丑（1937） 三十七岁

回国。次女宗黎（吴青）出生。

中华民国二十七年戊寅（1938） 三十八岁

离开北平，到达云南昆明。

中华民国二十八年己卯（1939） 三十九岁

由昆明迁到呈贡县，住"默庐"。在呈贡简易师范学校义务教课。

中华民国二十九年庚辰（1940） 四十岁

举家迁到战时陪都重庆。任妇女指导委员会文化事业组组长。

中华民国三十年辛巳（1941） 四十一岁

遴选为国民参政会第二届参政员。迁居歌乐山"潜庐"。

中华民国三十二年癸未（1943） 四十三岁

开明书店出版《冰心著作集》（小说集、散文集、诗集三卷）。《关于女人》由天地出版社出版。

中华民国三十五年丙戌（1946） 四十六岁

离开重庆，到达日本东京。

中华民国三十六年丁亥（1947） 四十七岁

《冰心小说选》由开明书店出版。

中华人民共和国成立（1949） 四十九岁

《冰心选集》由上海中央书局出版。受东京大学之聘任非常勤讲师，讲授中国文学。《如何鉴赏中国文学》（演讲集）由东京大日本雄辩会讲谈社出版。

一九五一年 五十一岁

全家回到祖国。

一九五三年 五十三岁

加入中国作家协会，出席中国文学艺术工作者代表大会，同时参加全国文协会员代表大会。参加中印友好协会访问团访问印度。

一九五四年 五十四岁

《冰心小说散文选集》由人民文学出版社出版。被选为第一届全国人大代表，出席会议。

一九五五年 五十五岁

一九五五年，译作《印度童话集》由中国青年出版社出版。译作《吉檀迦利》（泰戈尔著）由人民文学出版社出版。赴印度出席亚洲作家会议。赴瑞士洛桑出席世界母亲大会。参加中国代表团到日本出席禁止原子弹和氢弹世界大会。回故乡福建视察、体验生活。

一九五六年 五十六岁

中篇小说《陶奇的暑期日记》由少年儿童出版社出版。加入中国民主促进会。

一九五七年 五十七岁

到南京、镇江、扬州、无锡、宜兴、苏州、上海等地参观。参加中国代表团赴埃及出席亚非人民团结大会。

一九五八年　五十八岁

参加中国文化代表团，到西欧访问。散文集《归来以后》由作家出版社出版。和石真合译的《泰戈尔诗选》由人民文学出版社出版。到乌兹别克塔什干参加亚非作家会议。参加中国劳动人民代表观礼团，出席苏联十月社会主义革命四十一周年典礼。

一九五九年　五十九岁

到河南郑州、登封、三门峡等地参观。被选为第二届全国人大代表。

一九六〇年　六十岁

散文集《我们把春天吵醒了》由百花文艺出版社出版。到湖北参观工厂和水利枢纽工程。《小橘灯》由作家出版社出版。出席第三次全国文学艺术界代表大会，被选为中国作家协会理事。

一九六一年　六十一岁

出席在东京召开的亚非作家会议常设委员会紧急会议。应王震之邀，到湛江农场参观访问。

一九六二年　六十二岁

到埃及开罗出席第二届亚非作家会议。散文集《樱花赞》由百花文艺出版社出版。

一九六三年　六十三岁

参加中国作家代表团赴日本访问。

一九六四年　六十四岁

散文集《拾穗小札》由作家出版社出版。当选为第三届全国人民代表大会代表。

一九六五年　六十五岁

到江西、湖北参观访问。

一九七〇年　七十岁

到湖北咸宁"五七"干校劳动。与吴文藻一起，到湖北潜江中央民族学院"五七"干校劳动。

一九七一年　七十一岁

离开湖北，回到北京。

一九七二年　七十二岁

与吴文藻、费孝通等合译尼克松的《六次危机》，美国海斯、穆恩、韦兰的《世界史》，英国赫·乔·韦尔斯的《世界史纲》。

一九七三年　七十三岁

参加中日友好协会代表团访问日本。

一九七五年　七十五岁

当选为第四届全国人大代表。到北京、天津等地参观。到四川、云南、贵州、湖南四省参观。

一九七八年　七十八岁

被选为第五届全国人大代表。被选为第五届政协全国委员会常委。

一九七九年　七十九岁

被选为中国文联副主席、中国作家协会第三届理事。当选中国民主促进会第六届中央委员会副主席。

一九八〇年　八十岁

任中国作家访日代表团副团长，赴日本访问。《晚晴集》由百花文艺出版社出版。

一九八一年　八十一岁

《空巢》获全国优秀短篇小说奖。译诗《燃灯者》（马耳他安东·布蒂吉格著）由人民文学出版社出版。

一九八三年　八十三岁

当选中国民主促进会第七届中央委员会副主席。

一九八五年　八十五岁

吴文藻病逝。

一九八七年　八十七岁

受邀出席中国共产党第十三次全国代表大会。

一九八八年　八十八岁

北京图书馆举办"冰心文学创作生涯七十年展览"。被推举为中国民主促进会中央名誉主席。

一九八九年　八十九岁

担任全国优秀散文（集）、杂文（集）评奖评委会主任。第一届"冰心儿童图书奖"在北京颁奖。

一九九一年　九十一岁

《冰心近作选》由作家出版社出版。福建省召开冰心创作七十年讨论会。

一九九二年　九十二岁

《冰心散文选集》由百花文艺出版社出版。《冰心九旬文选》由香港勤＋缘出版社出版。《冰心选集》(小说卷、散文卷、诗歌卷、翻译卷、文学理论卷、儿童文学卷)由河北教育出版社出版。《冰心美文精粹》由作家出版社出版。在中国民主促进会第七次全国代表大会上，被推举为名誉主席。"冰心研究会"成立，巴金任会长，法人代表、秘书长王炳根。

一九九三年　九十三岁

《关于女人》《关于男人》由香港勤＋缘出版社出版。冰心研究会创办《爱心》杂志。"冰心生平与创作展览"在福州市举办。《冰心文集》(6卷本)由上海文艺出版社陆续出版。

一九九四年　九十四岁

"冰心作品书法与绘画大展"在福州举行。《温馨小说》由上海文艺出版社出版。

一九九五年　九十五岁

黎巴嫩政府授予国家级雪松骑士勋章。荣获"彩虹翻译奖"荣誉奖。《冰心全集》(八卷本)由海峡文艺出版社出版。在北京人民大会堂举行《冰心全集》出版座谈会。"冰心文学馆"在福建省长乐市奠基。《当代中国文化名人传记画册·冰心》由浙江摄影出版社出版。世界福州十邑同乡总会主办的"冰心文学奖"(第一届散文奖)，在北京揭晓。被推举为中国作家协会名誉主席。

一九九七年　九十七岁

冰心文学馆落成，举行开馆典礼。获首届内藤寿七郎国际儿童奖。《冰心译文集》由译林出版社出版。

一九九九年　九十九岁

一九九九年二月二十八日，在北京医院逝世，享年九十九岁。

附录二　参考文献、资料

1.《冰心全集》（八卷本），卓如编，海峡文艺出版社。

2.《我自己走过的路》（冰心佚文集），王炳根选编，人民文学出版社。

3.《冰心文选》（六卷本），王炳根选编，福建教育出版社。

4.《冰心自述》，王炳根选编，大象出版社。

5.《冰心书信全集》，陈恕、周明编，人民文学出版社。

6.《吴文藻教授自传》，《晋阳学刊》1982年第6期。

7.《沧海往事——中国现代作家书信集锦》，赵清阁编，上海文艺出版社。

8.《海外拾珠——浦薛凤家族收藏师友书简》，浦丽琳编，百花文艺出版社。

9.冰心日记、笔记（未刊）

10.冰心档案（未刊）

11.吴文藻日记、笔记（未刊）

12.吴文藻档案（未刊）

13.冰心家庭账本（1968—1985）（未刊）

14.探望冰心签名本（1985—1999）（未刊）

15.《冰心论》，李希同编，北新书局。

16.《冰心研究资料》，范伯群编，北京出版社。

17."冰心研究丛书"《冰心论集》(八卷本)，王炳根主编，海峡文艺出版社、上海交大出版社。

18.《爱心》杂志，王炳根主编，1993 年创刊号至 2013 年冬季号 (总共 46 期)。

19.《黄河青山》(张逸译)，黄仁宇，生活·读书·新知三联书店。

20.《冰心与萧乾》，文洁若，上海三联书店。

21.《为霞满天·冰心》，周明，西安太白文艺出版社。

22.《我知道的冰心》，吴泰昌，生活·读书·新知三联书店。

23.《人生有信》，刘心武，凤凰出版传媒集团江苏人民出版社。

24.《老人与书》，李辉，南京师范大学出版社。

25.《在巴金身边工作的日子》，陈喜儒，《人民文学》2013 年第 10 期。

26.《忆冰心》，陈喜儒，《作家杂志》2014 年 7 月号。

27.《神圣忧思录——小中学校教育危机记录》，苏晓康、张敏，日文版，冈田祥子译，东京株式会社同学社。

28.《冰心：非文本解读》，王炳根，海峡文艺出版社。

29.《冰心：非文本解读》(续)，王炳根，中国文联出版社。

30.《冰心老人》《人生的滋味》，涂光群，中国工人出版社。

31.《牛棚日记》，陈白尘，生活·读书·新知三联书店。

32.《对人世的告别》，陈白尘，生活·读书·新知三联书店。

33.《成长纪事——冰心研究会成立 20 周年、冰心文学馆建馆 15 周年》，冰心研究会、冰心文学馆编辑出版。

34.《冰心志》，张天禄主编，海风出版社。

35. 王炳根日记 (1992—1999 年) (未刊)

36.《晨报》《晨报·副镌》各期。

37.《小说月报》(1921 年之后各期)。

38.《燕大周刊》各期。

39.《燕大校刊》各期。

40.《新文学史料》各期。

41.《中国现代文学研究丛刊》各期。

42.《燕京大学人物志》，侯仁之主编，燕京研究院编。

43.《国民参政会纪实》（上下卷），孟文涵主编，重庆出版社。

44.《近代中国海军大事编年》（上卷），刘传标编纂，海风出版社。

45.《清末海军史料》，张侠、杨志本、罗澍伟、王苏波、张利民合编，海洋出版社。

46.《中国社会学史——一门学科与一个时代》，阎明，清华大学出版社。

第一辑已出版书目	1	《逍遥游——庄子传》 王充闾 著
	2	《书圣之道——王羲之传》 王兆军 著
	3	《千秋词主——李煜传》 郭启宏 著
	4	《草泽英雄梦——施耐庵传》 浦玉生 著
	5	《戏看人间——李渔传》 杜书瀛 著
	6	《心同山河——顾炎武传》 陈 益 著
	7	《孤独的绝唱——八大山人传》 陈世旭 著
	8	《泣血红楼——曹雪芹传》 周汝昌 著
	9	《旷代大儒——纪晓岚传》 何香久 著
	10	《烂漫饮冰子——梁启超传》 徐 刚 著
第二辑已出版书目	11	《忠魂正气——颜真卿传》 权海帆 著
	12	《花红别样——杨万里传》 聂 冷 著
	13	《感天动地——关汉卿传》 乔忠延 著
	14	《西风瘦马——马致远传》 陈计中 著
	15	《此心光明——王阳明传》 杨东标 著
	16	《梦回汉唐——李梦阳传》 泥马度 著
	17	《天崩地解——黄宗羲传》 李洁非 著
	18	《幻由人生——蒲松龄传》 马瑞芳 著
	19	《儒林怪杰——吴敬梓传》 刘兆林 著
	20	《史志巨擘——章学诚传》 王作光 著

图书在版编目（CIP）数据

爱是一切：冰心传 / 王炳根 著. -- 北京：作家出版社，
2016.10

（中国历史文化名人传丛书）

ISBN 978-7-5063-8915-0

Ⅰ. ①爱… Ⅱ. ①王… Ⅲ. ①冰心（1900～1999）- 传记
Ⅳ. ①K825.6

中国版本图书馆CIP数据核字（2016）第091669号

爱是一切——冰心传

作　　者：王炳根
传主画像：高　莽
责任编辑：袁艺方
书籍设计：刘晓翔 + 韩湛宁
责任印制：李卫东　李大庆
出版发行：作家出版社
社　　址：北京农展馆南里10号　　　　　邮　　编：100125
电话传真：86-10-65930756（出版发行部）
　　　　　86-10-65004079（总编室）
　　　　　86-10-65015116（邮购部）
E-mail:zuojia@zuojia.net.cn
http://www.haozuojia.com（作家在线）
印　　刷：北京汇林印务有限公司
成品尺寸：152×230
字　　数：475千
印　　张：33.5
版　　次：2016年10月第1版
印　　次：2016年10月第1次印刷
ISBN 978-7-5063-8915-0
定　　价：73.00元（精）